통 계 학

[제3판]

류 근 관

法 文 社

건희에게

제3판을 내며

이번 개정에서 내용상으로 큰 변화는 없다. 제2판의 오탈자를 수정하고 엑셀 가이드 및 사용된 자료를 업데이트하고 여러 표현을 수정했다. 처음 생각보다 작업량이 늘어나 제3판으로 이름 짓게 되었다.

제3판을 내면서 많은 분들의 도움을 받았다. 서울대학교에서 내 수업을 들은 여러 학생들이 제2판의 오류를 찾아 주었다. 인천대학교 무역학부의 박구웅 교수님은 몇 차례에 걸쳐 제2판에 남아 있는 여러 가지 문제점을 지적해 주셨다. 대학원생 조교인 박사과정의 전계형 군과 정재원 군, 석사과정의 남상욱 군, 미국의 컬럼비아 대학으로 유학을 떠난 김미루 군은 전체적으로 수정 작업을 주도해주었고 석사과정의 박용준 군, 유선희 양, 이정민 양과 함께 최종 원고를 꼼꼼하게 검토해주었다. 법문사 영업부 김영훈 부장과 편집부 김제원 부장은 이번에도 책을 아름답게 만들어 주셨다.

살수록 신세만 진다. 이 책의 판이 바뀔수록 더욱 연로해지시는 부모님의 은혜에 새삼 한없는 고마움을 느끼게 된다. 모든 분께, 특히 부모님께 감사드립니다.

2013년 1월

저 자

제2판을 내며

초판을 낸 지 7년이 지났다. 그간 내 수업을 들은 학생, 청강한 학생, 내 책으로 자습한 학생, 외부의 독자, 익명의 독자께서 보내준 귀중한 조언, 질문, 질책 내지 격려에 크게 감사드린다. 이 개정판은 지난 7년간 일어난 세상의 변화, 학계의 변화, 독자 여러분의 고견을 반영하여 얻게 된 산물이다.

이 개정판에서의 주요 변화는 다음과 같다. 비대칭도, 첨도, 부트스트래핑을 이용한 표본분포 도출방법, 평균에 관한 단일표본 검정, 복수표본 검정, 회귀분석에서의 검정방법 등을 추가하였다. 연습문제를 업데이트하고 연습문제 풀이를 전체 문제로 확대하였다. 필요한 수식과 유도과정의 증명은 가급적 부록에라도 수록하여 책 자체의 완결성을 높였다. 많은 새로운 예를 추가하였다. 실증분석의 경우에는 가급적 최신의 자료를 이용하였다. 책의 체제를 총 23장에서 22장으로 축소하였다.

개정판을 내면서 많은 사람의 도움을 받았다. 서울대학교에서 내 수업을 들은 수재들이 귀중한 조언을 해주었다. 수정작업에도 많은 시간을 들여 참여해주었다. 권지혜, 박건춘, 박정흠, 윤준현, 임샛별, 장민수 군이 그들이다. 특히 윤준현 군은 상대적으로 나이가 많다는 이유로 전체 개정작업을 총괄하는 추가적인 부담도 떠안았다. 대학원생 조교인 김미루, 김원주, 최창훈, 한요셉 군은 원고를 최종적으로 검토해주었다. 통계처리 작업에도 많은 도움을 주었다. 법과대학에 다니던 송영훈 군은 연습문제를 꼼꼼하게 풀어주었다.

한국갤럽은 2007년 한국 대통령선거의 설문지 자료를 제공해주었고, 통계청 표본관리과의 김상진 사무관은 경제활동인구조사의 새로운 안내서를 제공해주었다. 서울대학교 미대 졸업생인 이선미 양은 책의 삽화를 새로 그려주었다. 서울대학교 경제학부 졸업생인 하성백 사장은 무려 지난 8년여 간이나 내게 무료로 홈페이지(ezstat.co.kr)를 서비스해주고 있다. 이 사이트를 통해 독자 여러분과 내가 수시로 만나고 있으니 고마울 따름이다. 법문사 영업부 김영훈 부장과 편집부 김제원 부장은 책을 아름답게 만들어 주었다. 도와주신 모든 분께 깊이 감사드린다.

2010년 2월

저 자

책을 내며

사람은 경험으로부터 배운다. 경험은 사람마다 다르고 경우마다 다르다. 한 번의 경험을 진리라고 우기는 미성숙한 사람이 있는가 하면, 누구나 느끼는 것을 부정하는 폭력적인 사람도 있다. 둘 다 지성인이 아니다.

통계학은 미지의 세계에 대한 안내자이다. 경험과 정보와 자료를 객관적으로 분석하고 처리하는 데 도움을 준다. 물론 잘못을 범하기도 한다. 다만, 막무가내로 우기거나 부정할 때보다 잘못을 범할 가능성을 줄여준다. 미지의 세계를 알려면 인내심과 노력이 필요하다. 조금씩 알아갈 수 있을 뿐이다.

이 책은 내 강의의 산물이다. 기존의 어떤 통계학 책과도 다르다. 중요한 특징은 다음과 같다.

- 수식 대신 상식과 말과 대화로 한다.
- 공식의 증명보다는 직관, 만화, 도표, 그림을 강조한다.
- 자료의 중요성을 부각시킨다.
- Excel을 이용하여 통계지식을 활용하게 한다.
- 인터넷 상에서 자료를 찾아 분석하게 한다.
- 주입시키기보다는 스스로 생각하게 한다.
- 가상자료보다는 실제자료를 이용한다.
- 통계학의 응용사례를 예로 든다.
- 딱딱한 말보다는 유머 섞인 말을 쓴다.
- 책의 홈페이지(ezstat.co.kr)가 있다.

여러분이 이 책의 특징을 좋아할 것으로 확신한다. 이 책을 통해 여러분이 통계학과 친해지고 통계학의 유용성을 알게 되기를 바란다.

이전의 통계학 책은 수식이 상식을 압도했다. 수식을 풀고 증명하는 과정에서 무언가 배운 것 같은데 막상 현실에 적용하려면 앞이 캄캄했다. 누군가 현실의 문제를 책에 있는 연습문제 형태로 정리만 해주면 자신이 있는데……. 현실에는 그 누군가가 없다. 이 책은 상식이 수식을 앞선다. 그런 점에서 책과 현실의 거리가 줄었다. Excel로 실제자료를 분석하게 한다. 백 번 듣는 것보다 한 번 보는 게 낫고, 보고 듣는 것보다 경험해 보는 게 낫다. 이 책을 펴면 통계학을 경험한다.

P. Halmos는 '오솔길을 산책하며 연필도 공책도 없이 어려운 수학개념을 연인에게 쉽게 풀어서 설명해 줄 수 있는 사람'이 수학을 진정으로 잘하는 사람이라고 말한다. 이 책은 여러분이 통계학을 잘 하도록 도와준다. 동기유발 없이 수식만을 나열

하는 방식을 배격한다. 생활 속에서 발견되는 문제로부터 통계학적 사고의 필요성을 역설한다. 물론 공식의 암기와 그 기계적 응용에만 익숙한 독자에게는 이 책의 설명 방식이 여름밤의 모기처럼 지겨울지도 모른다. 책을 탓하기 전에 한국적 교육제도를 원망하라. 암기의 시대는 끝났다. 공식과 논리를 외우려 들지 마라. 의미를 새기고 실생활에 적용하라.

자료를 정리하고 해석하는 일, 이게 통계학이 할 일이다. 이 책의 구성도 그 순서를 따랐다. 제1부에서는 자료의 중요성을 역설하고, 변수별로 자료를 정리하는 방법을 설명한다. 이어 제2부에서는 자료를 관계되는 변수 집단으로 묶어 정리하는 방법을 소개한다. 이상이 이른바 기술통계학(descriptive statistics)의 내용이다. 제3부에서 우연, 확률과 변동성을 다루고 나면, 제4부와 제5부에 걸쳐 정리된 자료에 담긴 의미를 해석하는 방법을 공부한다. 이처럼 자료에 담긴 의미를 되새기는 일을 추론통계학(inferential statistics)이라고 부른다.

이 책의 내용에 바탕을 두고 기초 통계학(introductory statistics), 중급 통계학(intermediate statistics), 계량경제학 입문(introductory econometrics)의 강의를 다음과 같이 꾸며 볼 수 있다. 이때 수준에 관계없이 부록의 Excel 따라잡기 공부와 실제자료 및 인터넷자료를 이용한 연습문제 풀이는 누구에게나 중요하다.

기초 통계학 : 제1–6장, 제9–12장, 제17–20장
중급 통계학 : 제1–2장, 제4–6장, 제9–13장, 제17–22장
계량경제학 입문 : 제1장, 제5–8장, 제11–13장, 제20–22장

누구든 제1장을 읽고 통계학을 생각하라. 통계학을 좀 아는 사람은 제13장을 음미하며 읽어 보라. 대학원생 및 경험적 연구자 가운데 표본추출, 표본분포, 추론에 대해 쉽되 깊이 있게, 직관적으로 이해하고 싶으면 제13–22장을 집중적으로 읽어 보라.

이 책을 내면서 많은 사람의 도움을 받았다. 서울대학교에서 내 수업을 들은 학생들이 세 차례에 걸쳐 동원되었다. 첫째 해에 자료정리와 편집을 맡아준 서울대학교 경제학부의 홍설희 양과 권혁린, 양용현, 장호규, 최용옥, 한태식 군, 이제는 미국의 경제학 박사과정으로 유학을 떠난 위스콘신의 김지영 양과 조윤영 양, 유펜의 주하연 양, 예일의 김세익 군, 스탠포드의 신용석 군, 버클리의 전병힐 군에게 큰 고마움을 표한다. 사실상 이들의 도움으로 책의 골격이 갖추어졌다.

둘째 해에 책의 세부편집과 내용보완, Excel 따라잡기 완성, 만화 아이디어 제공, 유명 통계학자의 프로필, 자료 디스켓 정리, 색인 작성 등 중요한 일, 궂은 일 마다

않고 도와 준 서울대학교 경제학부의 손성빈, 이상윤 군, 석사과정의 심승규 군에게 크게 감사한다. 유학 간 Stanford의 김재명 군, 유펜의 임선혜 양, 콜럼비아의 임형준 군도 막바지 교정에 도움을 주었다. 경제학부의 하성백 군은 이 책의 내용과 관련하여 여러분과 내가 만날 홈페이지(ezstat.co.kr)를 제작해 주었다. 이 홈페이지를 통해 여러분과 내가 끊임없이 만나게 되기를 바란다.

셋째 해에 책의 최종 출판에 앞서 유용한 논평을 해주고 책의 마무리 교정을 도와 준 서울대학교 경제학부의 김정한 군과 최휘진 군, 경영학과 새내기인 오세원 군, 이화여자대학교의 강기원 양, 특히 서울대학교 경제학부의 박선영 양에게 큰 신세를 졌다. 박사과정의 빈기범 군은 주식 수익률 자료를 이용하여 여러 가지 유용한 그림을 그려주었고 마지막 두 해에 걸쳐 책의 진행사항을 일일이 점검해 주었다. 서울대학교 경제학부의 오수현 양, 석사과정의 이화령 양과 심승규 군, 박사과정의 빈기범 군, 재경직 공무원인 김봉준 군, 금융연구원의 정근호 군은 책의 내용을 파워포인트로 멋지게 작성해 주었다. 특히 빈기범 군과 심승규 군의 노력이 컸다. 서울대학교 미술대학의 박성수 군은 책에 등장하는 만화를 그려 주었고 같은 미술대학의 조창근 군은 책의 표지를 디자인해 주었다. 한편 서울대학교 경제학부의 홍성관 군은 초판 1쇄본에 나타난 오자를 지적해 주어 2쇄본 이후 이를 수정할 수 있게 해주었다. 경제학부 대학원의 이종석 군은 'EXCEL 따라잡기'를 보완해 주었고, 같은 대학원의 박정재 군과 함께 초판 2쇄본의 오류를 수정해 주었으며, 경영대학 대학원의 지승민 양은 색인을 추가해 주었다. 지난 여러 해에 걸쳐 나를 도와 준 이들의 노력이 없었다면 내가 이 책을 냈을 가능성은 0%이다. 나는 서울대학교에서 수재 중의 수재를 가르치는 기쁨 외에 막대한 도움까지 받았다.

서울대학교의 동료인 이철희 교수님은 실제 자료를 분석하는 연습문제를 제공해 주었다. 이철희 교수님은 경험적 연구의 중요성을 알고 연구와 강의에서 이를 실천하고 있다. 고려대학교의 남재현 교수님은 책 전체에 걸쳐 유용한 조언을 해주었다. 인터넷 사이트에 접속하여 자료를 받아 분석하는 문제는 남재현 교수님의 아이디어이다. 노동연구원의 남재량 박사님은 자료를 처리하는 데 많은 도움을 주었다. 마이크로 패널자료의 구축 및 처리에 있어서 그는 한국 내에서 이미 상당한 위치를 굳히고 있다. 통계청의 윤연옥 사무관님은 우리나라의 표본조사 방식을 설명하는 자료를 보내 주었다. 한국보건사회연구원의 박능후 박사님은 국내건강검진자료를 이 책에서 활용할 수 있게 해주었다. 한국갤럽은 한국의 15대 대선 관련 여론조사 설문지를 보내 주었다.

교정 막바지 단계에서도 여러 대학의 교수님들로부터 막대한 도움을 받았다. 고려대학교 경제학과의 신관호 교수님, 동국대학교 경제학과의 안형택 교수님, 서울대학교 경영학과 고봉찬 교수님, 이화여자대학교 경영학과의 김진호 교수님이 여러 유익한 조언 또는 제안을 해주셨다. 서울대학교의 동료인 박준용 교수님과 고려대학교의 김창진 교수님은 부족한 책에 대해 과분한 서평을 해주셨다. 그리고 서울대학교 자연과학대학의 박성현 학장님, 연세대학교 경제학과의 유병삼 교수님 그리고 경북대학교 경제통상학부의 정기호 교수님은 책의 편성과 내용에 관해 도움을 주셨다. 서평도 해주셨다. 책의 곳곳에 이 분들의 도움이 배어 있다.

지난 13년간 UCLA, Stanford, 홍콩과기대학, 서울대학교에서 내 통계학 수업을 들으며 좋은 제안을 해준 학생들에게도 고마움을 표하고 싶다. 현재 LA Lakers의 농구선수인 Mark Madsen은 Stanford 재학시절 들었던 수업 중 내 수업이 가장 인상적이었다고 한 기자회견에서 말해 나를 기쁘게 했다. 또 1999년 1월과 2월, Stanford의 모든 홈경기에 나를 지정석으로 초대해 주기도 했다. 통계학을 빌미로 많은 혜택을 누렸다. 이런 도움에도 불구하고 여전히 남아 있는 오류는 전적으로 내 탓이다. 책을 만드는 과정에서 법문사의 여러분께서 수고해 주셨다. 이 자리를 빌어 모두에게 감사의 뜻을 전한다.

1980년 3월 어느 날의 서울대학교 교수회관, 사회계열로 서울대에 입학했던 나는 2학년이 되면서 이른바 경제학과 진입식을 치르고 있었다. '왜 경제학을 선택했는가?' 한 명씩 돌아가며 이유를 말해야 했다. 내 차례는 뒤였다. 멋있는 대답은 이미 남아 있지 않았다. '계량경제학을 공부하려고 경제학과에 왔습니다(이런 멋없는 대답이 어디 있는가). 제 이름이 근관인데 '근'과 '관' 모두 무게를 재는 우리나라 전통의 계량단위 아닙니까? 계량경제학이 제 운명이라고 생각합니다.' 운명이 뭔지도 모르고 말장난이 유머인줄 알았던 시절의 엉터리 같은 대답 한 마디. 멋있는 이유를 대려던 억지가 지난 20여년간의 내 생활을 규정했다. 그간 부족한 제자를 이끌어 주신 서울대학교의 정기준 교수님과 Stanford 대학교의 Takeshi Amemiya 교수님께 이 자리를 빌어 큰 감사의 말씀을 드립니다.

2003년 2월

류 근 관

차 례

제1부 통계학과 자료의 정리

제3부 우연, 확률과 변동성

제5부 유의성 검정

그림 목차

표목차

통계학자 목차

제 1 부
통계학과 자료의 정리

제 1 장　통계학과 자료

제 2 장　히스토그램

제 3 장　평균과 표준편차

제 4 장　정규분포로의 근사

제 1 장
통계학과 자료

어른들은 숫자를 좋아해요. … '친구는 몇 살이니?', '형제는 몇 명이니?', '몸무게는 어느 정도니?', '친구 아버지의 수입은 얼마니?'와 같은 것만 묻죠. 어른들은 이런 숫자로부터 친구에 대해 중요한 사실을 알 수 있다고 생각하나 봐요.

–『어린 왕자』 중에서 –

생텍쥐페리(Antoine de Saint-Exupery, 프랑스 소설가, 1900-1944)

1. 왜 통계학을 배워야 하나

우리말을 안 익히면 어떨까? 살 수 없다. 한시도. 영어를 안 배우면? 불편하다. 적당히 지낼 만은 하다. 통계학을 모르면? 괴롭다. 아주 괴롭다. 속고 살기 십상이다. 통계학은 하나의 언어다. 수많은 사람이 쓰는 언어다. 인터넷처럼 사용 인구가 나날이 는다. 경제학, 경영학, 사회과학, 인문과학, 법학, 의학, 공학, 자연과학 등 분야를 막론하고 통계학을 쓴다. 신문, 방송, 광고, 논문, 스포츠 기사, 정치 연설문 등 어디서나 통계를 본다. 우리는 통계 속에 묻혀 산다.

통계가 사용된 예를 보자. 우리나라 통계청에 따르면, 2008년도 우리나라 여성의 경제활동 참가율은 50.7%이고 남성은 74.4%이다. 여성의 경제활동 참가율이 남성에 비해 훨씬 낮다. 통계청이 발표한 '2008년 7월 고용동향'에 따르면 실업자는 지난달보다 5천 명 증가한 76만 9천 명, 실업률은 3.1%로 나타났다. 2008년 한 해 동안 POSCO 주식의 주간수익률은 삼성전자에 비해 평균적으로 높았다. 주간 수익률에 담긴 위험 또한 높았다.

통계학의 유용성을 보이는 예를 보자. 담배 가격을 10% 인상하면 청소년층의 흡연이 어느 정도 줄어드는가? 직업훈련은 재취업률을 높이는가? 임금률에 미치는 효과는? 외국인 직접투자가 늘면 경제성장률이 제고되는가? 특정 광고가 매출증가 효과를 가져왔는가? 실업급여를 지급하면 실업기간이 느는가? 노동시장에서 여성에 대한 차별이 존재하는가? 특정 지역 출신에 대한 차별은 있는가? 주식시장에서 외국인이 돈을 잘 버는가? 사실상 수많은 문제에 통계학이 쓰인다.

타산지석이라고 했다. 엉터리로 통계가 쓰인 예를 보자. '청소년에게 성장탕을 복용시킨 결과 한 해 4.32cm였던 평균 성장치가 95.83% 늘어난 8.36cm에 달했다' (모 일간지 기사 중). '놀라운 일입니다. 우리나라에서는 나이가 든 사람일수록 진보적입니다.' (모 방송국의 심야토론 중). '주식투자를 할 때 저점에서 사고, 고점에서 팔아야 돈을 법니다.' (투자 전문가의 조언 중). '3할대 타자가 세 번을 범타로 물러났으니 이제 안타 칠 때가 되었습니다' (야구 해설 중). '딸만 둘 낳았으니 이제 아들 낳을 차례다. 하나만 더……' (시어머니 걱정 중).

엉터리는 얼마든 더 있다. '원칙을 지키며 펀더멘털에 따라 투자한 결과 3개월 만에 800%가 넘는 높은 수익률을 올렸습니다' (대학생 모의주식투자 대회 1등 팀에 대한 전문가 평가 중. 참고로 재무교과서에 따라 원칙을 지키며 분산 투자하면 1등할 가능성은 거의 없다. 하지 말라는 위험한 짓만 골라해야 그나마 1등할 가능성이 생긴다). '수능 성적과 입학 후 학점 간에는 상관관계가 낮습니다. 수능 성적은 입학 후의 성취를 예측하는 데 별로 도움이 되지 못합니다' (서울대학교 교무처 발표 중.

아마도 학과별로 따로따로 수능 성적과 학점 간의 관계를 분석하면 둘 간의 상관계수가 높게 나오지 않겠는가. 서울대학교 교무처 관계자는 발표에 앞서 학과 간 차이를 통제하는 신중함을 보일 필요가 있다).

통계학은 미지의 세계에 대한 안내자이다. 미지의 세계를 탐험하고 싶으면 통계학을 배우라. 통계학이라는 언어를 익히라. 통계학은 운동과 같다. 이론과 함께 실습이 중요하다. 잘못 쓴 통계학은 거짓말이 된다. 자신도 속고 남도 속인다. 잘 쓴 통계학은 유익할 뿐만 아니라 재미도 준다.

2. 자 료

통계학은 자료를 분석하는 학문이다. 왜 자료를 분석할까? 이론만 갖고는 충분치 않기 때문이다. 왜 일부의 자료만을 분석할까? 전체에 대한 자료가 없기 때문이다. 물리적 · 경제적 또는 시간적 제약으로 인해 일일이 전체를 조사하지 못한다. 따라서 일부만을 조사하여 이로부터 전체의 특성에 대해 짐작 내지 추론해 보고자 한다. 이때 관심의 대상이 되는 전체를 **모집단**(population)이라 하고 조사된 일부를 **표본**(sample)이라 부른다.

모집단의 특성을 **모수**(parameter)라 하고 이에 대응하는 표본의 특성을 **통계량**(statistic)이라 한다. 표본을 분석하여 모집단의 특성을 짐작해내기 위해서는 **추론**(inference)의 과정이 필요하다. [그림 1-1]은 모집단과 표본, 그리고 표본추출과 추론의 관계를 보여준다.

통계학은 표본의 자료를 수집, 정리, 요약하고 나아가 요약된 자료를 토대로 그 자료의 모태가 되는 모집단에 대해 짐작, 추측해보는 작업을 포함한다. 이때 제대로

그림 1-1 모집단과 표본의 관계

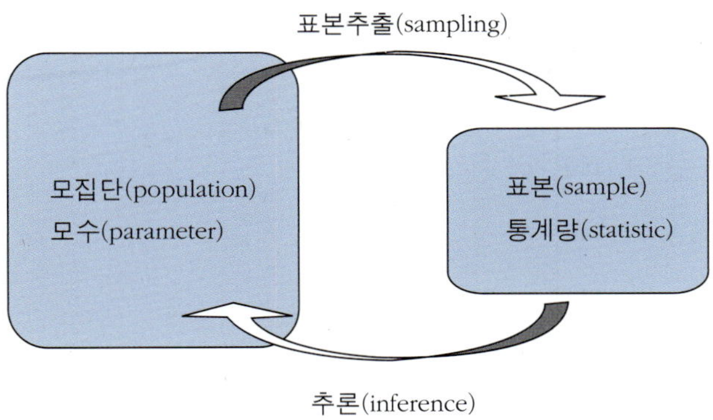

된 자료를 제대로 분석해야 한다. 분석대상과 동떨어진 자료를 놓고 씨름해봐야 스스로는 시간만 허비할 뿐이고, 남에게는 알게 모르게 거짓말을 하게 되기 십상이다. 통계학은 잘 위장된 거짓말이 되기도 한다.

자료를 얻는 방법에는 크게 실험과 관측의 두 종류가 있다. 자연과학과 의학분야에서는 종종 실험을 통해 자료를 얻는다. 실험에서는 연구자가 실험대상을 통제하기 용이하다. 인문, 사회과학 분야에서는 많은 경우 실험이 불가능하거나 가능한 경우라 하더라도 반사회적, 반인륜적인 경우가 일반적이다. 이 경우 연구자는 관측을 통해서라도 자료를 확보해야 한다. 관측에서는 실험과 달리, 연구자가 관측대상을 통제하기 어렵다.

관측자료는 한 시점에서 여러 개체를 관측하느냐, 아니면 한 개체를 여러 시점에 걸쳐 관측하느냐에 따라 **횡단면자료**(cross-section data)와 **시계열자료**(time-series data)로 분류된다. 횡단면과 시계열의 특성을 결합하여 여러 개체를 여러 시점에 걸쳐 관측하면 정보의 양이 더욱 많아진다. 이러한 자료를 **종적 자료**(longitudinal data) 또는 **패널 자료**(panel data)라고 부른다.

횡단면 자료든, 시계열 자료든, 종적 자료든 분석목적에 맞게 사용하라. 예컨대 시간에 걸친 개체의 변화를 파악하려면 시계열 자료나 종적 자료를 이용해야 한다. 횡단면 자료는 시간에 따른 개체의 변화를 제대로 알려주지 못한다. 우리나라 보건복지가족부에서 조사한 국민건강영양조사 자료를 예로 들어 보자. 이 자료는 2007년 하반기에 무작위로 4,594명을 조사한 횡단면 자료이다.

[그림 1-2]는 국민건강영양조사 자료에 입각하여 연령집단별로 남성과 여성의 평균 키를 따로따로 구해 보여주고 있다. [그림 1-2]를 보면 남성의 평균키는 20대에 최고에 달하고, 그 이후에는 계속 줄어들어 60년간 15cm 정도 줄어드는 것처럼 보

그림 1-2 연령집단별 평균 키

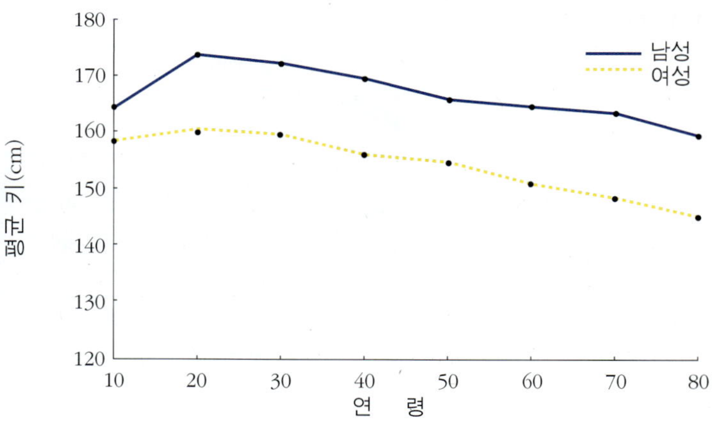

인다. 여성의 경우도 비슷하다. 그렇다면 평균적인 사람은 나이가 들면서 키가 15cm 정도 줄어드는가? 아니다. 그림에서 20대의 사람들은 80대의 사람들과 다른 출생집단(birth cohort)에 속한다. 조사시점인 2007년에 20대인 사람들은 1980년 즈음에 태어났고 80대인 사람들은 1920년 즈음에 태어났다. 소득수준이 낮고 영양상태가 부실했던 20세기 초반에 태어난 전세대는 경제성장의 혜택을 누리며 태어난 후세대에 비해 키가 작다. 이를 **출생집단 효과**라고 부른다. [그림 1-2]에는 출생집단 효과와 연령 효과가 혼합되어 있다. 15cm의 차이 가운데는 그 일부만이 연령 효과이고 나머지 대부분은 출생집단 효과일 것으로 판단된다.

[그림 1-3]은 출생집단별로 시간에 따른 나이의 변화를 나타내 주는 그림이다. 인구학에서는 이를 **렉시스 도표**(Lexis diagram)라고 부른다. 도표상에 O로 표시된 45도 선을 예로 들어보자. 그녀는 1920년에 태어나 해방되던 해에 만 25살이 되었고 만 40살에 4.19혁명에 참여했으며 2011년 현재 여전히 건강을 유지하고 있다. 반면 X로 표시된 그녀는 1980년에 태어나 만 22살에 2002 한국-일본 월드컵 축구를 즐겼고 2011년 현재 한 외국계 은행에서 일하고 있다. 조사시점인 2011년 현재 O는 나이 91살, 키 150cm이고, X는 나이 31살, 키 165cm이다. X는 O보다 키가 15cm 더 크다. 이 차이는 연령차 때문이 아니라 주로 출생 연도의 차이에서 비롯되었다.

렉시스 도표를 이용하여 횡단면자료, 시계열자료, 종적 자료의 차이를 설명해 보자. 일정 시점을 정해 그때 생존해 있는 사람들을 조사하면 이를 횡단면자료라고 부른다. 예컨대 2011년에 당시 생존해 있는 O와 X를 조사하여 모은 O_3, X_2는 횡단면자료이다. 이는 2011년도 위로 뻗은, 세로축과 평행한 점선을 따라 자료를 모으는

그림 1-3 렉시스 도표

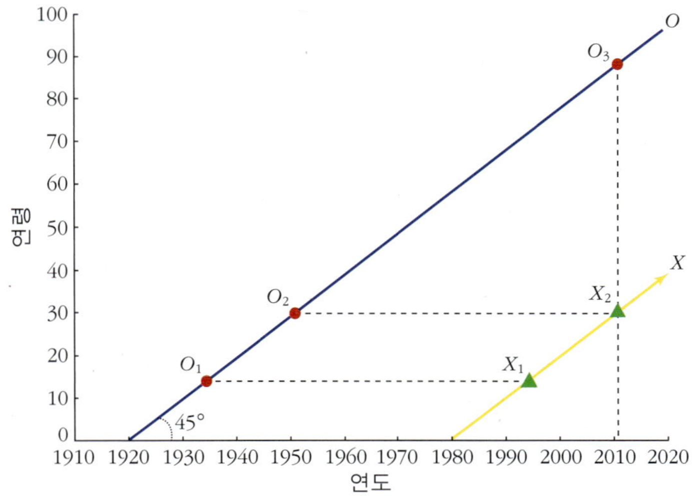

주: O_2와 X_2는 같은 나이를, O_3와 X_2는 같은 시대를 나타낸다.

방법이다. 반면 한 개체의 일생을 조사한 자료를 시계열자료라고 한다. 예컨대 개체 O에 대해서 그 45도선을 따라 O_1, O_2, O_3 등의 자료를 모으면 이는 하나의 시계열자료를 이룬다. 마지막으로 두 개체 이상에 대해 각각의 45도선을 따라 자료를 조사하여 모으면 이를 종적 자료라고 부른다. 그림에서 O에 대해서는 O_1, O_2, O_3 등의 자료를, X에 대해서는 X_1, X_2 등의 자료를 모은 전체가 하나의 종적 자료를 이룬다.

일반적으로 종적 자료는 시계열적인 측면과 횡단면적인 측면을 모두 갖추고 있다. 종적 자료는 여러 개체를 여러 시점에 걸쳐 조사하므로 한 개체의 여러 시점에 걸친 정보를 제공하는 시계열자료 또는 한 시점의 여러 개체에 걸친 정보를 제공하는 횡단면자료보다 정보량이 많다. 위의 그림에서 우리가 (O_1, O_2, O_3)와 (X_1, X_2)로 이루어진 종적 자료를 갖고 있으면 우리는 출생집단 효과와 연령 효과를 분리해낼 수 있다. O_1과 X_1의 차이 또는 O_2와 X_2의 차이는 순수하게 출생집단 효과를 나타낸다. 반면 O_1과 O_2의 차이 또는 X_1과 X_2의 차이는 순수하게 연령 효과를 나타낸다. 횡단면자료에서 두 효과를 구분해낼 수 없는 것은, O_3와 X_2를 비교하기 때문이다. O_3와 X_2는 출생집단 및 나이가 모두 다르다.

요약하면 횡단면 분석에서는 한 시점에 존재하는 상이한 개체를 비교하는 반면, 시계열 분석에서는 한 개체를 여러 시점에 걸쳐 비교한다. 종적 분석에서는 여러 개체를 여러 시점에 걸쳐 다양하게 비교함으로써 보다 풍부한 분석이 가능하다. 연구의 목적에 따라 자료를 잘 선택해야 한다. 그렇지 않을 경우 오류를 범하게 된다.

> 자료를 이용하기 전에 연구 목적에 부합하는 자료를 선택하였는지부터 확인하라.

3. 변 수

생텍쥐페리의 소설 『어린 왕자』에는 '네 친구의 목소리는 어떻니?', '그는 어떤 놀이를 좋아하니?', '그는 나비를 좋아하니?' 와 같은 중요한 질문에서부터 '친구는 몇 살이니?', '형제는 몇 명이니?', '몸무게는 어느 정도니?', '친구 아버지의 수입은 얼마니?' 와 같은 부실한 질문까지 등장한다. 우리나라 통계청의 인구조사 문항에는 '당신은 몇 살입니까?', '당신의 가족은 몇 명입니까?', '당신 가구의 소득은 얼마입니까?', '당신은 기혼자입니까?', '당신은 직업이 있습니까?' 등의 질문이 들어 있다. 통계청의 인구조사는 나이, 가족의 수, 가구소득, 혼인 상태, 취업 상태 등을 묻고 있다. 응답자의 특성 가운데 나이, 가족의 수, 가구소득 등은 질문에 대한 대답이 숫자로 표현되므로, 양적인(quantitative) 성격을 가지고 있다. 반면에 혼인 상태는 현재의 결혼 상태에 따라 미혼, 기혼, 사별, 이혼, 별거 등으로 답해지고, 취업 상태는 취업, 실업, 경제활동 불참 등으로 답해지므로 이러한 특성은 질적인(qualitative) 성격을 갖고 있다.

숫자로 표현할 수 있는 특성을 확률변수(random variable) 또는 단순히 변수(variable)라고 한다. 양적인 특성은 처음부터 숫자로 표현되므로 변수이다. 질적인 특성이라도 이를 숫자로 하면 변수가 된다. 위의 예에서 취업, 실업, 경제활동 불참 등으로 표현된 취업 상태는 그 자체로서는 변수가 아니다. 하지만 취업은 1로, 실업은 2로, 경제활동 불참은 3으로 바꾸어 코딩(coding)하면 이는 이제 변수가 된다. 취업 상태처럼 숫자가 아닌 특성을 왜 굳이 숫자로 바꾸어 표현할까? 편하기 때문이다. 우선 자료를 입력하기가 쉽다. '경제활동 불참' 이라고 컴퓨터 자판을 두드리는 것보다 '3' 이라고 치는 게 편하다. 19번 쳐야 할 게(확인해 보라) 한 번이면 된다. 입력된 자료를 처리하기도 좋다. 취업자수를 세든, 실업률을 구하든 문자보다는 숫자가 편하다. 숫자로 하자. 변수로 하자.

변수는 이산적(discrete)인 변수와 연속적(continuous)인 변수로도 구분된다. 이산적인 변수의 예로는 가족의 수가 있다. 가족의 수는 2, 3, 4, … 등의 값을 갖는다. 가족의 수는 일정한 단위로 증가하는 값만을 가진다는 점에서 이산적인 변수다. 반면에 연속적인 변수의 예로는 나이와 가구소득이 있다. 가족 수와는 달리 나이와 가구소득이 취하는 값은 임의의 최소단위에 따라 그 배수로 증가하지 않는다. 예컨대, 나이는 시간에 따라 연속적으로 변한다는 점에서 연속적인 변수이다. 물론 대답하는 과정에서 나이가 이산적으로 기록되기도 한다. 나이를 말할 때 나이가 20.124…살이라고 말하지 않고 만으로 20살이라고 말하기 때문이다. 양적인 특성을 숫자로 표현하면 이는 그 특성에 따라 또는 그 기록되는 방식에 따라 연속적인 변수가 되기도 하고 이산적인 변수가 되기도 한다. 반면, 질적인 특성은 숫자로 표현하면 반드시 이산적인 변수가 된다.

4. 실험연구

2009년 가을 신종인플루엔자, 약칭 신종플루가 전 세계를 강타하고 있다. 새로 개발된 신종플루 백신의 예방효과를 알아보고자 한다. 효과를 어떻게 입증할 것인가? 백신이 투여된 집단과 그렇지 않은 집단을 비교하는 실험을 생각해 보자. 피험자(subject)들을 백신이 투여되는 처리집단(treatment group)과 백신이 투여되지 않는 통제집단(control group)에 무작위로 배정한다. 일정 기간이 지난 뒤 두 집단 간 신종플루 발병률을 비교함으로써 백신의 효과를 판단한다. 처리집단의 발병률이 통제집단의 발병률보다 유의미하게 낮을 때, 백신의 효능이 인정된다.

어떻게 피험자들을 처리집단과 통제집단에 공정하게 배정하는가? 무작위로 배정하면 된다. 확률 메커니즘을 이용하면 된다. 예컨대 개별 피험자에게 동전을 높이 던지게 하여, 앞면이 나오면 처리집단에 배정하고 뒷면이 나오면 통제집단에 배정해 보자. 개별 피험자는 50 대 50의 확률로 처리집단 또는 통제집단에 배정된다. 이처럼 객관적인 확률에 따라 피험자들을 처리집단과 통제집단에 배정할 때, 우리는 실험이 무작위로 통제되었다고 한다. 무작위 통제를 통해 두 집단은 확률적 특성이 같게 구성된다.

확률에 의존하는 무작위 통제 대신, 피험자의 식생활 습관, 건강상태, 흡연여부 등 건강에 미치는 제반 요인을 주관적으로 판단하여 두 집단을 인위적으로 구성하면 어떨까? 외관상 공정해 보이는 인위적 판단이 오히려 두 집단 간에 실질적인 차이를 가져온다. 주관이 개입되면 새로운 백신을 개발한 쪽에서는 가급적 건강한 피험자를 처리집단에 배정하려는 유혹에 빠지기 때문이다. 두 집단을 공정하게 구성하려면 무모할 정도로 냉정하게 확률적 원칙을 적용하는 편이 낫다. 동전던지기의 결과는 던지는 피험자의 건강상태와 무관하다. 공정하게 만들려고 인위적으로 노력하는 것보다 동전던지기나 시키는 무관심이 두 집단을 더 공정하게 만든다.

실험과정에서 이중 눈가림(double blindness)이 유지되면 더욱 바람직하다. 이는 실험대상인 피험자도 실험을 집행하는 연구자도 사실상 눈가림 상태로 실험에 임해야 한다는 뜻이다. 이중눈가림의 첫 번째 눈가림은, 피험자가 자신이 진짜 백신을 투여받고 있는지 가짜약(僞藥, placebo)을 투여받고 있는지 모르게 한다는 의미이다. 처리집단과 통제집단에 걸쳐 피험자가 보이는 발병률의 차이는 백신 자체의 예방효과를 드러내게 된다. 수술 후 통증에 시달렸던 환자들에게 가짜약을 '진통제'라고 말하고 투여했을 때, 이들 중 3분의 1 정도가 통증의 완화를 경험했다는 사례가 있다. 이러한 심리적 효과를 호손효과(Hawthorne effect)라고 한다. 백신의 효과를 측정하는데 있어 심리적 효과를 차단하면 도움이 된다.

첫 번째 눈가림은 그 대상이 피험자라면 두 번째 눈가림은 그 대상이 연구자다. 연구자는 피험자가 어느 집단에 속해 있는지 알게 되면 자신의 연구에 유리한 방향으로 실험 결과를 왜곡할 유인에 직면하게 된다. 예컨대 백신의 예방효과를 입증하고 싶은 연구자가 처리집단의 피험자에게는 친절하게 대하고 통제집단의 피험자에게는 쌀쌀맞게 대한다거나 또는 처리집단의 피험자에 대해서는 신종플루 판정의 기준을 높이고 통제집단의 피험자에 대해서는 그 기준을 느슨하게 적용하면 실험결과가 왜곡된다. 이러한 왜곡의 가능성을 제거하기 위해 연구자 역시 피험자가 어느 집단에 속해 있는지 모르도록 조치해야 한다. 이것이 두 번째 눈가림이다.

무작위로 통제된 실험은 이중 눈가림에 의해 그 실험의 가치가 올라간다. 무작위 통제와 이중 눈가림의 요소를 모두 갖춘 실험을 '무작위로 통제된 이중 눈가림 실험'(randomized controlled double blind experiment)이라고 부른다. 이는 이상적인 실험 설계의 토대를 이룬다. 이하에서는 잘 설계된 연구와 그렇지 못한 연구의 예를 차례로 살펴보고자 한다.

소아마비 백신 실험

1954년에 미국 소아마비재단은 소아마비 예방의 목적으로 개발된 솔크 백신(Salk vaccine)의 효능을 대규모 실험을 통해 평가하기로 결정하였다. 발병률이 높은 지역의 초등학교 1, 2, 3학년에 재학 중인 학생들이 실험대상이었다. 이 실험은 처리집단과 통제집단을 설정한 후, 두 집단 간 발병률을 비교함으로써 백신의 효능을 평가하고자 했다. 2학년생 22만 2천명에게만 백신을 투여하였고 1, 3학년생으로 이루어진 72만 5천명의 통제집단에는 백신을 투여하지 않았다. 2학년생 가운데 12만 4천명은 백신투여를 거부했다. 백신투여가 효과를 발휘했다면, 백신을 투여받은 처리집단과 투여받지 못한 통제집단간 소아마비 발병률은 유의미한 차이를 보여야 한다.

그런데 피험자들을 처리집단과 통제집단으로 나누는 과정에서 문제가 생겼다. 초등학교 2학년생에게 백신을 투여하려면 일단 부모의 동의가 있어야 했는데, 부모의 동의 여부가 뜻하지 않게 두 집단 간 차이를 가져왔다. 전반적으로 부유한 가정의 부모가 백신투여에 쉽게 동의해 준 것으로 밝혀졌다.

소아마비는 가난한 가정의 아이들보다 부유한 가정의 아이들에게서 높은 발병률을 보인다. 대부분의 질병은 가난한 사람에게서 더 많이 발생하나 소아마비는 다르다. 가난한 가정의 어린이들은 어머니로부터 소아마비 항체를 물려받을 가능성이 높다. 이들은 비위생적인 환경에 노출되어 소아마비 항체가 형성될 기회도 많다. 상대적으로 부유한 가정의 아이들은 소아마비 항체가 형성될 기회가 적다. 소아마비에 약한 부유한 집의 아이가 백신투여 집단에 좀 더 많이 포함되어 있는 상태에서, 처리집단과 통제집단 간의 단순비교는 백신의 효과를 과소평가하게 만든다.

전문가들은 소아마비재단의 실험이 지니는 문제점을 지적하고, 새로운 실험을 설계해야 한다고 건의하였다. 즉, 통제집단도 부모가 백신의 투여에 동의한 어린이들로 구성함으로써 통제집단과 처리집단이 가지고 있는 체계적 차이를 제거해야 한다는 주장을 폈다. 그러면 통제집단과 처리집단이 보다 동질적인 배경에서 뽑히게 되는 셈이므로, 소아마비 발병에 대한 소득의 효과와 백신의 효과가 혼동될 우려는 사라진다. 그렇다면 부모가 동의한 어린이들을 어떠한 방식으로 두 집단에 배정할까? 무작위 통제의 방법이 사용되었다. 개념상 각 어린이에게 동전을 던지게 하여, 앞면이 나오면 처리집단에 배정하고 뒷면이 나오면 통제집단에 배정한 셈이다.

백신의 효능을 평가하기 위한 실험설계에서 또 다른 핵심적 사항은 가짜약의 사용이다. 백신과 동일한 용기에 든 식염수를 통제집단의 어린이들에게 투여하였다. 가짜약의 사용으로 인해 피험자들은 자신이 처리집단에 속해 있는지(백신을 투여받았는지), 통제집단에 속해 있는지(가짜약을 투여받았는지) 알지 못했다. 통제집단의 피험자들과 비교해 볼 때 처리집단의 피험자들이 보이는 반응은 치료받고 있다는 안도감에 의한 것이 아니라 백신치료 자체에 의한 것이다.

의사들은 일정 기간이 지난 뒤 어린이가 소아마비에 감염되었는지 판별한다. 진단하는 의사들이 특정 어린이에게 백신이 투여되었다는 사실을 알게 되면 소아마비 증상을 보여도 소아마비로 진단을 내리지 않을 가능성이 있다. 이러한 왜곡의 가능성을 제거하기 위해 의사들로 하여금 어린이들이 어느 집단에 속해 있는지 모르도록 조치했다. 투여 받는 환자나 투여하는 의사 모두 진위 여부를 알 수 없게 만든 가짜 백신을 이용함으로써 새로운 실험은 이중 눈가림의 목적을 달성했다.

다음 〈표 1-1〉은 새로 실시된 무작위 통제 실험과 초기 소아마비재단의 실험으로 나누어 처리집단과 통제집단 각각 어린이 10만명당 소아마비 발병률을 보여준다. 소아마비 발병률은 처리집단에서 훨씬 낮게 나타났다. 이로써 솔크 백신의 효능이 입증되었다. 하지만 두 실험결과를 비교해 보면, 무작위로 통제된 실험에서는 백신 투여가 소아마비 발병률을 71에서 28로 낮춘 반면, 그렇지 못한 소아마비 재단 실험에서는 그 효과가 발병률을 54에서 25로 낮추는 정도에 그쳤다. 이러한 차이는 왜 발생했을까? 소아마비재단의 실험에서는 부모의 동의 여부가 통제되지 못했기 때문이다. 부모의 소득이 혼동요인으로 작용했다. 무작위 통제가 안되는 탓에 혼동요인의 부정적 효과가 백신의 긍정적 효과를 일부 상쇄시켰기 때문이다. 처리집단에는

표 1-1 1954년 솔크 백신 실험 결과

무작위 통제된 이중 눈가림 실험			무작위 통제가 안된 실험		
	표본크기	발병률		표본크기	발병률
처리집단	200,745	28	처리집단	221,998	25
통제집단	201,229	71	통제집단	725,173	54
투약거부집단	338,778	46	투약거부집단	123,605	44

주: 발병률은 10만명당 발병환자수를 의미함.
출처: J. M. Tanur, *et al.*, *Statistics*, 3rd ed., Wadsworth & Brooks, 1989, p.12, Table 1.

2학년생 가운데 부모가 백신의 투여에 동의한 어린이들만이, 통제집단에는 1, 3학년 어린이 전체가 부모의 동의 여부와 관계없이 포함되었다.

무작위로 통제된 이중 눈가림 실험은 초기 소아마비재단 실험의 문제점을 최소화해준다. 솔크 백신이 전혀 효과가 없다고 가정해보자. 그렇다면 두 집단에서 소아마비 발병률은 대략 같아야 하고, 관측된 차이는 단지 집단을 무작위로 배정하는 과정에서 나타난 우연의 산물일 뿐이어야 한다.

이때 순전히 운에 의해서 〈표 1-1〉의 좌측과 같은 결과가 나타나게 될 확률을 계산해냄으로써, 백신이 무용지물이라는 가설을 평가한다. 백신이 무용지물이라는 가정하에서 계산해 보면, 처리집단과 통제집단 사이의 발병률이 〈표 1-1〉의 좌측에서와 같은 정도 또는 그 이상의 차이를 보일 확률은 약 1백만분의 1에 지나지 않는다고 한다. 기적을 믿지 않는 한 이를 우연의 산물로 보기는 어렵다. 백신이 효과가 있었다고 판단해야 한다.

반면 무작위로 통제되지 않는 소아마비재단의 실험에서는 많은 자의적인 요인들, 즉 어떤 어린이는 그 부모가 백신의 투여에 동의했고… 등이 집단간 발병률 차이에 영향을 미치게 된다. 확률을 계산하려면 이들 요인을 일일이 파악해야 하나 사실상 곤란하다. 관측된 차이가 우연의 산물인지 아니면 백신의 치료효과인지를 판단하기 어렵다.

무작위로 통제된 실험이 곤란한 경우, 차선책으로 다른 통제집단을 비교대상으로 사용하기도 한다. 예를 들어, 새로운 치료를 받은 최근의 처리집단과 전통적 치료를 받은 과거의 통제집단을 비교한다. 같은 시기의 통제집단을 이용한 **동시적**(synchronous) 통제실험과 과거의 통제집단을 이용한 **비동시적**(non-synchronous) 통제실험은 다르다. 최근의 처리집단과 과거의 통제집단은 치료의 차이를 제외하고도 그 밖의 많은 점에서 차이가 나기 때문이다. 잘된 실험설계는 같은 시기에 뽑은 통제집단을 사용한다. 다시 말해서 동일한 시점에 존재하는, 동질적인 집단으로부터 처리집단과 통제집단을 구성해야 바람직하다.

성장탕의 효과

다음은 1999년 3월 11일자 조선일보에 실린 기사이다.

"키 안 크는 아이 한약 효과 있다"

한약을 복용해서 성장장애를 겪는 청소년의 성장치를 거의 2배로 늘리는데 성공했다는 임상통계가 나와 주목을 끌고 있다. 대전 나동규 한의원의 나동규 원장은 '97년 1월부터 '98년 12월까지 남녀 200명의 청소년에게 성장탕을 복용시킨 결과, 한 해 4.32cm이었던 평균 성장치가 95.83% 늘어난 8.36cm에 달했다' 고 밝혔다.

대전대학교 한의학연구소가 발간한 논문집에 실린 논문에서 나씨는 '성장판이 닫히지 않은 사춘기 전 청소년(대략 여자 12세, 남자 14세) 중 연간 성장치가 5cm 이하인 청소년을 대상으로 통계를 잡았다' 고 밝혔다. 이 청소년들이 치료를 받기 전 평균 연간 성장치는 4.33cm. 같은 또래 청소년의 평균 성장치 5.79cm에 비해서는 약 25%인 1.46cm가 적은 수치이다. 나원장은 이같은 성장장애를 겪는 아이들에게 자신이 개발한 성장탕 2종류를 3회 이상 복용시킨 결과 이같은 효과를 얻었다고 밝혔다. 성장탕을 복용한 뒤 달성한 연평균 성장치 8.36cm는 청소년 평균 성장치인 5.79cm에 비해서도 2.67cm가 더 많은 수치이다.

위에 인용한 기사는 '성장탕' 이 키가 잘 자라지 않는 청소년의 성장에 도움이 된다는 내용을 담고 있다. 평균적으로 한 해 키가 4.32cm밖에 자라지 않던 청소년 200명이 성장탕을 먹은 후 평균 8.36cm씩 자랐다고 한다. 그렇다면 성장탕은 청소년의 키를 자라게 하는 데 놀라운 효과가 있다는 뜻인가?

이 실험에는 뭔가 잘못이 있다. 실험을 시행한 한의사는 '사춘기 전 청소년 중 연간 성장치가 5cm 이하인 청소년' 을 대상으로 위와 같은 결과를 얻었다고 한다. 그렇다면 성장탕을 복용하지 않은 청소년은 어떻게 되었는가? 그들은 성장탕을 복용한 청소년들보다 덜 자랐을까? 바로 여기서 이 실험의 첫 번째 결함을 발견하게 된다. 나원장은 통제집단 없이 처리집단만으로 실험을 했다. 이 실험은 통제된 실험이 아니다. 따라서 이 실험 결과는 신빙성이 없다.

이 실험을 바로잡으려면 어떻게 해야 할지 생각해보자. 먼저 성장탕을 복용하지 않는 통제집단을 만들어야 한다. 통제집단은 '성장탕의 복용' 에 있어서만 처리집단과 다르고 다른 조건에서는 동질적이어야 한다. 즉, '사춘기 전 청소년 중 연간 성장치가 5cm 이하인 청소년' 을 대상으로 비교해야지 청소년 평균과 비교해서는 안된다. 만약 그렇지 않으면 실험에 편의(偏倚, bias)가 개입된다. 올바른 실험을 위해서는 실험대상으로 뽑힌 청소년들을 무작위로 처리집단과 통제집단으로 배정하여 한쪽은 성장탕을 복용시키고, 다른 한쪽은 복용시키지 않아야 한다. 이때 통제집단에 가짜 한약을 복용시키는 방법이 있으면 더욱 좋다.

앞에서와 같은 설명에도 불구하고 여전히 의문이 남는다. '실험이 잘못되었다 하더라도 성장장애를 겪던 청소년이 성장탕의 영향으로 빨리 자란 것은 사실이 아닌가?' 만약 이와 같은 질문을 했다면 여러분은 비동시적 통제라는 두 번째 잘못을 저지른 셈이다. 성장탕을 복용하기 '이전'과 성장탕을 복용한 '이후'를 비교하면 안 된다. '이전'과 '이후'는 분명히 다른 시간이므로 성장탕의 복용여부 이외에도 많은 요인이 다르다. 과거는 현재에 대한 적절한 비교기준이 되지 못한다.

상식적으로 생각해보면, 지금 연평균 5cm 이하로 자라는 아이들이 계속 그 속도로 자라리라고 기대하기는 어렵다. 사람들은 저마다 성장 사이클이 다르기 때문에 12-14세에 키가 작았던 아이들이 나중에는 더 빠른 속도로 자라곤 한다. 한 해 4.32cm밖에 자라지 못하던 아이들이 이후에 그보다 빨리 자랐다 해서 전혀 놀라운 일은 아니다. 기사에 보도된 '성장탕'의 효과는 과학적 근거가 없다.

5. 경험적 연구

경험적 연구(observational study)는 통제된 실험과 다르다. 실업자에 대한 직업훈련이 재취업률을 높이는 데 기여하는지 알아보고자 한다. 문제는 실업자를 대상으로 직업훈련의 효과를 측정하기 위한 실험을 설계하기가 어렵다는 데 있다. 이때는 관측자료를 이용한 경험적 연구에 의존하게 된다. 경험적 연구의 경우 실업자 스스로 직업훈련을 받을지, 안 받을지를 결정한다. 연구자는 실업자의 행동이 가져오는 결과를 지켜볼 뿐이다. 잘 통제된 실험이라면, 실업자 스스로가 아닌 연구자가 직업훈련을 시킬 집단(처리집단)과 직업훈련을 시키지 않을 집단(통제집단)을 구분해야 한다.

흡연의 효과에 대한 연구는 경험적 연구일 수밖에 없다. 어느 누구도 연구자를 기쁘게 하기 위해 억지로 담배를 피거나 끊지 않는다. 그럼에도 담배를 피는 집단과 피지 않는 집단의 제반 건강상태를 비교하는 것은 흡연의 효과를 파악하는 데 도움이 된다. 심장질환, 폐암 등의 질병은 비흡연자들보다 흡연자들 사이에서 더 자주 발견된다. 즉, 흡연과 질환들 간에 관련성(association)이 존재한다. 담배를 많이 피우는 사람은 적게 피우는 사람에 비해 폐암 발병률이 높고, 담배를 적게 피우는 사람도 전혀 피우지 않는 사람보다는 발병률이 높다. 하지만 관련성은 인과관계(causation)에 대한 심증을 제시할 뿐이지 확증을 주지는 못한다. 흡연과 질병의 관계 이면에는 사람들을 흡연자로 만들고 동시에 병들게도 하는 이른바 혼동요인(confounding factor)이 숨겨져 있을지도 모른다. 만약 단지 혼동요인의 존재 때문에 흡연과 질환들 간에 관련성(association)이 존재했던 것이라면 담배를 끊는다고 해서 질병이 예방되지는 않는다. 금연을 한다고 숨겨진 혼동요인이 바뀌지는 않기 때문이다.

예컨대 담배도 피우게 만들고 폐암 발병률도 높이는 유전자가 존재한다면 이러한 유전자의 존재 여부는 흡연과 폐암의 관계를 살피는 데 있어서 하나의 혼동요인으로 작용한다. 흡연자의 높은 폐암 발병률이 흡연의 효과인지 그 유전자의 영향인지 분간해내기 어렵다. 이처럼 제3의 요인이 처리(treatment)와 관련이 있으면서 동시에 처리집단과 통제집단의 반응에 차별적인 영향을 주는 경우, 이를 혼동요인이라고 부른다.(이제는 흡연의 부정적 효과가 과학적으로 잘 입증되어 있다.)

경험적 연구는 유용한 방법이기는 하지만 종종 사실관계를 오도하기도 한다. 혼동요인이 존재하기 때문이다. 경험적 연구에서는 혼동요인이 제대로 통제되지 않음으로써 잘못된 추론을 가져올 위험이 있다. 처리를 제외한 다른 모든 면에서 처리집단과 통제집단 사이에 체계적인 차이가 없어야 하나, 많은 경우 그렇지 못하다. 통제되지 못한 요인들이 혼동요인으로 남아 추론을 왜곡시킨다. 아래 보기를 통해 경험적 연구에서 혼동요인이 초래하는 문제점을 살펴보자.

보기 1 한 내과전문의가 심장질환을 앓고 있는 중년 남성들에게 혈중 콜레스테롤 수치를 낮추는 약을 처방하였다. 어떤 남성 환자는 의사의 처방을 잘 따르나 다른 환자는 잘 따르지 않는다. 여기서 처방된 약의 80% 이상을 복용한 환자를 순응자(順應者, adherer)라 부르고 그렇지 못한 환자를 비순응자(非順應者, non-adherer)라고 부르자. 자료를 보니, 순응자의 사망률은 비순응자의 사망률 25%에 비해 낮은 15%였다. 이것은 약의 효능을 뒷받침하는 증거처럼 보인다. 과연 그런가?

해 설 의사의 처방을 따를지 말지는 연구자가 결정하는 게 아니라 피험자 스스로가 결정한다. 순응자와 비순응자는 처방된 약의 복용 정도만 다른 게 아니라 건강에 대한 태도 및 생에 대한 애착 정도도 다르다. 순응자들은 건강에 훨씬 더 관심이 있고 자신을 더 잘 보살핀다. 처방된 약의 복용 정도 말고도 순응자가 비순응자에 비해 더 오래 사는 이유가 여기에 있다. 경험적 연구에서 단순한 비교는 잘못된 결론을 가져올 위험에 직면한다. 자발적으로 직업훈련(job training)에 참여한 실업자와 그렇지 않은 실업자를 단순 비교하여 직업훈련이 재취업률에 미치는 효과를 분석할 때도 이와 유사한 문제가 발생한다.

보기 2 임산부는 종종 초음파 검사를 통해 태아의 건강상태를 확인한다. 한 경험적 연구에 따르면, 모태에 있을 때 초음파에 노출되었던 태아는 초음파에 노출되지 않았던 태아보다 태어나면서 체중이 덜 나가는 것으로 드러났다. 초음파 검사가 태아의 체중 미달을 유발하는가?

해 설 초음파에 노출된 태아는 그렇지 않은 태아와 비교해, 초음파에 대한 노출을 제외하고도 여러 측면에서 다르다. 이는 임산부나 산부인과 의사 모두 태아에게 문제가 있다고 느낄 때 초음파 검사에 합의하기 때문이다. 초음파 검사와 태아의 체중 미달은 임신 중 태아에 무언가 문제가 있음을 공통적으로 나타낼 뿐이다. 잘 설계된 실험연구에 따르면, 초음파 검사 자체는 태아의 체중을 감소시키지 않는 것으로 밝혀졌다.

보기 3 정부가 록(rock) 그룹인 '서태지와 아이들'의 4집 음반을 규제한 것을 두고, 한 TV 프로그램에서 생방송으로 찬반토론이 벌어졌다. 옳다, 그르다 논쟁이 한창인 가운데 시청자들의 의견이 모아졌다. 전화를 건 시청자는 정부의 규제가 옳은지 그른지에 대한 자신의 의견을 개진하였다. 예상과 달리 나이가 많은 응답자일수록 정부의 규제에 대하여 반대하는 비율이 높았다. 한 토론자가 말했다. '놀라운 일입니다. 우리나라에서는 나이가 든 사람일수록 더욱 진보적인 태도를 보이고 있습니다.' 과연 그럴까?

해 설 젊은이일수록 서태지와 아이들에 관련된 TV 프로그램을 시청할 가능성이 높다. 나이 든 사람 가운데는 아주 일부만이 그러한 프로그램에 관심이 있다. 나아가 전화비까지 들여 자발적으로 의사 표시를 할 노인은 더욱 드물다. 여러분의 할머니, 할아버지가 그 TV 프로그램을 시청하고 더 나아가 전화까지 하겠는가? 전화 응답자는 연령대별로 우리나라 전체 국민을 대표한다고 보기 힘들다. 이러한 비대표성의 문제는 나이 든 집단에서 더욱 심하다. 나이 든 사람 가운데서는 정부의 규제에 대하여 아주 분개하는 일부의 사람만이 의사 표시를 했다. 놀라운 일은 우리나라 노인층의 진보적 성향이 아니라 한 토론자의 통계학적 무지와 그 무지가 주는 용감함이다.

이 밖에도 경험적 연구의 문제점을 알려주는 예는 많이 있다. 주위를 둘러보면 카지노에서 도박을 하여 돈을 땄다는 사람이 많다. 상식적으로 생각해 보라. 카지노업자가 자선사업자가 아닌 한 어떻게 딴 사람이 잃은 사람보다 많겠는가? 돈을 잃은 사람은 속이 상해서 조용히 있는 반면, 딴 사람은 신이 나서 이를 동네방네 알리고 다니는 것 뿐이다. 주식시장에 돈이 몰리는 이유도 이와 비슷한 측면이 있다.

한때 친구들과 밤새워 돈내기 포커(poker)를 친 적이 있다. 아침에 정산해 보면 땄다는 금액보다 잃었다는 금액이 많았다. 돈이 밤새 하늘로 증발한 것일까? 아니다. 잃은 친구는 이른바 개평을 뜯기 위해 실제보다 더 많이 잃었다고 말하고, 딴 친구는 개평을 덜 뜯기려고 실제보다 덜 땄다고 말하는 것뿐이다. 세금회피를 위해 고소득 자영업자가 소득을 축소 보고하는 것과 같은 이치이다.

이러한 예는 얼마든지 더 있다. 기업 규모별로 따로따로 성장률을 계산해 보면, 작은 기업일수록 성장률이 높게 나오는 경향이 있다. 왜 그런가? 과연 작은 기업의 성장이 빠른가? 꼭 그렇지 않다. 대체로 작은 기업은 아예 망하는 기업이 많다. 관측된 자료를 가지고 성장률을 계산할 때 아예 망한 기업의 마이너스 성장률은 계산 과정에서 배제된다. 즉, **생존편의**(survivorship bias)가 존재한다. 그 결과 작은 기업의 성장률이 큰 기업의 성장률보다 높게 나타난다. 매일 노는데 학점이 괜찮은 학생이 있는 반면, 공부만 열심히 하는데도 학점이 안 좋은 학생이 있다. 학점관리용으로 쉬운 과목만을 골라 듣느냐, 아니면 인생에 도움이 되는 과목은 난이도에 관계없이 다 듣느냐, 그것이 문제이다.

경험적 연구에서 근본적인 문제는 처리집단과 통제집단 사이에 처리여부를 제외하고도 그 외의 많은 요인이 다르다는 점이다. 때때로 이러한 차이들은 보다 작고 동질적인 하위집단을 따로따로 비교함으로써 제거할 수 있다. 이를 혼동요인에 대한 **통제**(統制, control)라고 말한다.

예를 들어, 흡연자와 비흡연자의 사망률 단순 비교는 사실을 오도할 수 있다. 흡연자 중에는 남성이 많은데 남성은 여성에 비해 심장질환에 걸릴 가능성이 더 크기 때문이다. 이 경우 흡연자와 비흡연자간 심장질환 발병률의 차이는 성 차이에 기인한 것일 수 있다. 성별이라는 혼동요인을 제거하려면, 남성 흡연자와 남성 비흡연자, 그리고 여성 흡연자와 여성 비흡연자를 따로따로 비교해야 한다.

연령이 또 다른 혼동요인으로 작용할 수도 있다. 나이에 따라 흡연습관이 다를 뿐 아니라, 폐암 발병률도 다르기 때문이다. 흡연자와 비흡연자 사이의 비교는 성별뿐만 아니라 연령에 대해서도 따로따로 해야 한다. 예를 들어, 나이 55-59세의 남성 흡연자들은 같은 연령대의 남성 비흡연자와 비교해야 한다. 이로써 나이와 성별이 모두 통제된다. 이는 비교대상인 두 집단에서 나이와 성별이 같기 때문이다. 이렇게 되면 두 집단은 흡연여부만이 다르게 된다. 물론 나이와 성별 이외의 다른 요인이 여전히 혼동요인으로 남아 있을 수는 있다.

학과별로는 남녀간 합격률에 차이가 없음에도 불구하고 대학 전체로는 남녀간 합격률에 차이가 있을 수 있다. 여학생은 합격률이 낮은 학과에 주로 몰리고 남학생은 상대적으로 들어가기 쉬운 학과에 몰렸으면 여학생의 전반적 합격률은 남학생에 비해 낮게 된다. 아파트 단지별로 따로따로 살펴보면 새로 지어진 아파트가 이전에 지어진 아파트보다 평당 가격이 높음에도 불구하고 서로 다른 아파트 단지를 통합해서 이를 전체적으로 보면 마치 이전에 지어진 아파트가 최근 지어진 아파트보다 도리어 평당 가격이 높은 것처럼 보일 수 있다. 이전에 지어진 아파트가 대규모 단지에 위치해 편의시설 등 대단지의 혜택을 누리면 그렇게 된다. 이처럼 하위집단에서 관찰된 관계는 하위집단들이 결합되었을 때 그 관계가 바뀌어 나타날 수 있다. 이를 심슨의 역설(Simpson's paradox)이라고 부른다. 심슨의 역설은 경험적 연구에서 적절한 통제가 얼마나 중요한지 알려 준다. 바람직한 경험적 연구를 위해서는 혼동요인을 통제해야 한다.

6. 이 책의 구성

이 책은 제1부부터 제5부까지로 이루어져 있다. 「제1부 통계학과 자료의 정리」에서는 변수별로 자료를 요약하는 방법을 배운다. 제1장에서는 통계학에서 다루는 자료엔 어떤 종류가 있는지, 자료의 특성인 변수란 무엇인지, 실험연구와 경험연구는 어떻게 다른지에 대하여 살펴보았다. 제2장에서는 히스토그램으로 자료를 요약하는 방법에 대하여, 제3장에서는 평균과 표준편차로 자료의 특성을 수치화하는 방법에 대하여 공부할 예정이다. 제4장에서는 정규분포에 대해 공부한다. 자료가 정규분포를 따르는 경우 평균과 표준편차만 알면 충분하다.

「제2부 상관관계와 회귀분석」에서는 자료를 관계되는 변수별로 묶어 정리하는 방법을 소개한다. 제5장에서는 두 변수 사이의 상관관계에 대하여 공부한다. 이를 바탕으로 제6장에서는 두 변수 간의 관계에 대한 회귀분석을 소개한다. 제7장에서는 회귀분석의 오차에 대하여 살펴본다. 제8장에서는 회귀분석한 결과를 수식과 그래프로 보여주는 회귀직선에 대하여 공부한다.

제1부와 제2부는 자료를 변수별로 따로따로 또는 관계되는 변수끼리 묶어서 요약하는 방법을 소개한다. 제1부와 제2부에서 소개하는 통계학을 기술통계학(descriptive statistics)이라고 부른다. 자료를 기술하는 방법에 대해 다루기 때문이다. 이와 달리 제4부 및 제5부에서 배우는 통계학은 추론통계학(inferential statistics)이라고 부른다. 확률적 개념을 이용하여 미지의 세계에 대해 추론하는 방법을 배우기 때

문이다.

「제3부 우연, 확률과 변동성」에서는 확률의 기초 개념, 확률 계산의 법칙, 평균의 법칙 및 중심극한정리 등에 대해 공부한다. 제9장에서는 확률의 기초 개념과 계산 법칙에 대하여, 제10장에서는 이항공식에 대하여 배운다. 제11장에서는 이른바 대수의 법칙이라고 불리는 평균의 법칙을 소개한다. 제12장에서는 확률의 법칙과 이항공식 등을 바탕으로 확률변수의 기대값과 표준오차를 구하는 방법을 배운다. 제13장에서는 중심극한정리를 공부한다.

제3부에서 배우는 내용은 제1, 2부의 기술통계학과 결합하여 제4부와 제5부에서 배우는 추론통계학(inferential statistics)의 토대가 된다.

「제4부 표본추출」에서는 표본조사의 과정, 확률오차의 개념, 표본비율의 정확성, 표본평균의 정확성 등에 대하여 공부한다. 제14장에서는 통계자료를 얻기 위한 표본조사 방법에 대하여 소개한다. 제15장에서는 대규모 표본조사의 실례로 우리나라 실업률 조사에 대하여 공부한다. 제16장에서는 표본추출 과정에서 나타나는 확률오차 개념을 소개한다. 제17장에서는 표본평균의 정확성에 대하여 공부한다.

「제5부 유의성 검정」에서는 여러 가지 검정 방법에 대하여 살펴본다. 제18장에서는 가설 검정의 원리와 기본 개념, z-검정, t-검정, 부호 검정 등을 소개한다. 제19장에서는 두 집단간 평균의 차이가 유의한지에 대하여 검정하는 방법을 소개한다. 제20장에서는 회귀분석 모형에 입각한 추론 방법을 소개한다. 제21장에서는 20세기 인류 최고의 발명품 중 하나로 꼽히는 χ^2-검정을 소개한다. 마지막으로 제22장에서는 유의성 검정에 있어서의 몇 가지 주의 사항을 말하고자 한다.

7. 복습문제

1. 임산부의 운동은 자연유산의 위험을 증가시키는 것으로 인식된다. 그러나 한 경험적 연구는 정기적으로 운동을 하는 임산부가 그렇지 않은 임산부보다 오히려 자연유산을 할 가능성이 낮다는 것을 보였다. 이 연구결과를 비판적으로 평가하라.

2. 흡연과 건강에 관한 한 연구에 따르면 각 연령별, 성별로 한번도 흡연을 한 적이 없는 사람은 평균적으로 흡연자보다 건강하다. 그러나, 흡연 경험이 있는 사람 중에서는 계속 흡연하는 사람이 담배를 끊은 사람보다 훨씬 건강하다.
   (1) 왜 남성과 여성 그리고 각기 다른 연령층을 따로따로 연구했는가?
   (2) 이 연구의 통계적 교훈은 '당신이 흡연을 시작하지 말았어야 했으나, 한번

흡연을 하게 되었다면 멈추지 않는 편이 낫다' 는 것처럼 보인다. 논평하라.

3. 간암과 흡연 사이에는 관련성이 있다. 그러나 음주는 혼동요인으로 작용한다. 이는 다음을 의미한다. 둘 중 한 가지 의견을 선택하라.
   (1) 음주는 간암을 유발한다.
   (2) 음주는 흡연과 관련되어 있다. 그리고 음주는 간암을 유발한다.

4. 한 교도소에서 재소자들의 사회적응을 돕기 위한 프로그램을 실시한다. 프로그램의 목적은 석방 후 2년 안에 감옥으로 다시 돌아올 재범률을 낮추는 데 있다. 이 프로그램에는 '신병 훈련' 이라고 불리는 군대식 훈련과정이 들어 있다. 프로그램 참여는 자발적으로 이루어진다. 교도소 대변인에 따르면, '신병 훈련을 완수한 범죄자들은 다른 범죄자들에 비해 재범률이 낮다' 고 한다.
   (1) 처리집단은 누구인가? 통제집단은?
   (2) 이는 경험적 연구인가 아니면 무작위 통제실험인가?
   (3) 이 연구에는 어떤 문제가 있는가? 답하고 설명하라.

5. 본문의 〈표 1-1〉은 솔크 백신의 효능에 관한 무작위 통제실험의 결과와 그렇지 못한 실험의 결과를 따로따로 보여준다. 다음 각 진술을 읽고 답하라.
   (1) 이 결과는 무작위 통제실험과 그렇지 못한 실험에서 투약거부집단에 속한 아이들이 비슷한 가족 배경을 가지고 있다는 것을 보여 준다. 〈표 1-1〉의 어느 부분이 이러한 주장을 뒷받침하는가?
   (2) 이 결과는 두 실험의 통제집단에 속한 아이들이 상이한 가족 배경을 가지고 있다는 것을 보여준다. 〈표 1-1〉의 어느 부분이 이를 보여 주는가?
   (3) 무작위 통제가 안 된 실험에서 통제집단과 투약거부집단에 속한 어린이 모두에게 백신이 투여되지 않았다. 그러나 투약거부집단에서 소아마비 발병률이 낮게 나타났다. 이유는 무엇인가?
   (4) 무작위 통제가 안 된 실험에서 백신이 효과가 있다는 것을 보이기 위해, 투약거부집단의 발병률 44와 백신투여집단의 발병률 25를 비교한다고 해보자. 이러한 비교는 백신의 효과를 과대평가 하겠는가, 과소평가 하겠는가? 답하고 설명하라.

6. 솔크 백신 실험은 지역 공공기관과의 상담을 통해 선택된 학군에서만 실행되었다. 실험 학군에는 1, 2, 3학년생 어린이들이 대략 3백만 명 정도 있었다. 미국

전역에는 1, 2, 3학년생들이 1,100만 명 정도 되었다. 실험 지역에서는 소아마비 발병률이 다른 지역에서보다 대략 25% 정도 높게 나타났다. 솔크 백신이 아이들에게 소아마비를 예방하기는커녕 도리어 촉진한 것은 아닐까? 답하고 설명하라.

7. 유방암은 여성들에게 보편적인 질병 중 하나다. 조기에 발견하면 성공적으로 치료할 가능성이 높다. 나이가 40세부터 64세 사이에 속한 6만 2천 명의 여성을 대상으로 하나의 실험이 행해졌다. 이들 여성은 무작위로 두 집단에 배정되었다. 처리집단에 배정된 여성은 X-ray 진찰을 포함한 연간 정기검진을 권유받았다. 실제로 처리집단에 속한 2만 2백 명의 여성이 정기검진을 받기로 했다. 그러나 처리집단에 속한 여성 중 만 8백 명은 정기검진을 거부했다. 통제집단에 배정된 여성은 통상적인 건강 관리만을 제공받았다. 이 실험이 수년간 실시되었다. 처음 5년간의 결과가 다음 표에 나타나 있다.

연구를 수행한 병리학자들은 ①정기검진이 유방암을 제외한 기타 질병에 대해서는 거의 효과가 없었다는 점, ②가난한 여성들은 부유한 여성들보다 정기검진을 수락하는 경향이 낮았다는 점, ③유방암과 달리 대부분의 질병은 부유한 여성들보다 가난한 여성들에게서 좀 더 빈번하게 나타난다는 점 등을 지적했다.

(1) 정기검진이 생명을 구하는가? 표의 어떤 수치가 이 점을 증명하는가?
(2) 왜 기타 사망률이 처리집단 전체와 통제집단에서 비슷한가?
(3) 왜 거부자 집단이 수검자 집단보다 기타 사망률에서 높게 나타나는가?
(4) 유방암은 가난한 사람보다 부유한 사람에게서 더 빈번하게 발생한다. 표의 어떤 수치가 이를 보여 주는가?
(5) 정기검진을 수락한 여성들의 기타 사망률은 21/1,000인 반면, 거절한 여성들의 기타 사망률은 이보다 두 배 정도 높은 38/1,000이다. 정기검진은 기타 사망률을 절반으로 감소시켰는가? 답하고 설명하라.

집단별 사망률 비교

	크기	유방암		기 타 요 인	
		사망자	사망률	사망자	사망률
처리집단	31,000	39	1.3	837	27
수검자	20,200	23	1.1	428	21
거부자	10,800	16	1.5	409	38
통제집단	31,000	63	2.0	879	28

주: 사망률은 인구 1,000명당 사망자수를 의미함.

(6) 정기검진이 유방암의 위험을 줄이는지 보기 위해 1.1과 1.5를 비교한다고 해 보자. 이것은 옳은 비교인가? 이러한 단순 비교는 정기검진의 효과에 유리한가, 불리한가?

8. 인터넷 사이트를 이용한 문제

1. 우리나라 통계청의 홈페이지(http://kostat.go.kr) 또는 한국은행 홈페이지(http://ecos.bok.or.kr)에 접속하면 경제통계 데이터베이스(DB)에 접근할 수 있다. 연도별로 세입과 세출항목으로부터 재정수입과 재정지출의 자료를 구하라. 또 실질 경제성장률 자료도 구하라. 정부가 재정정책을 경기조절의 방편으로 쓴다면 경기가 좋으면 흑자재정을, 경기가 나쁘면 적자재정을 쓸 것이다. 과연 그런지 연간 경제성장률과 재정흑자 · 적자의 관계를 그래프로 그려 살펴보라. 여기서 재정흑자는 GDP(국내총생산)에 대비한 비율로 구해 사용하라. 즉, (재정수입－재정지출)/GDP. 왜 재정흑자의 수준보다 그 비율이 나은 척도인지 생각해 보라. 또 위의 그래프가 정부의 경기조절 정책을 보여 주는 데 적절한지 생각해 보라.

9. 요 약

1. 자료의 특성을 숫자로 표현할 때 이를 확률변수 또는 단순히 변수라고 한다. 변수는 성질에 따라 양적인 변수와 질적인 변수로 구분된다. 양적인 변수는 연속변수와 이산변수로 세분된다. 질적인 변수는 반드시 이산변수가 된다.

2. 출생집단별로 시간에 따른 나이의 변화를 나타내 주는 그림을 렉시스 도표라고 한다. 이는 횡단면자료, 시계열자료, 종적 자료를 구분하는 데 도움을 준다. 개념상 나이의 효과와 출생집단 효과를 분간하는 데도 유익하다.

3. 나이의 효과를 주장하기에 앞서 먼저 사용된 자료가 횡단면자료인지 시계열자료인지 종적 자료인지부터 살펴보아야 한다.

4. 경험적 연구에서는 연구자가 피험자들을 처리집단과 통제집단으로 배정하지 않

는다. 피험자 중 일부는 스스로 처리조건을 만족시킴으로써 처리집단을 이루고 다른 피험자들은 통제집단을 이룬다. 예를 들어, 흡연에 관한 경험적 연구에서 흡연자들은 스스로 처리집단을 형성하고 비흡연자들은 스스로 통제집단을 형성한다.

5. 경험적 연구에서 한 요인이 다른 요인과 밀접한 관계, 즉 관련성을 갖는다는 사실은 두 요인간에 인과관계가 존재할 가능성을 시사한다. 하지만 관련되어 있다는 사실 자체가 곧바로 인과관계의 존재를 의미하지는 않는다.

6. 경험적 연구에서 처리효과는 다른 혼동요인에 의한 효과와 구별하기 어렵다. 이로 인해 경험적 연구로부터 잘못된 인과관계를 끌어낼 수 있다. 두 요인이 관련되어 있는 경우, 두 요인간 인과관계를 논하기 전에 두 요인 모두와 관련된 제3의 요인, 즉 혼동요인이 존재하지는 않는지 조사해 보아야 한다.

7. 경험적 연구에서는 반드시 다음 질문을 해 보아야 한다. 피험자들이 어떻게 처리집단과 통제집단에 배정되었는가? 처리여부를 제외하면 두 집단은 서로 동질적인, 즉 비교가능한 집단인가? 어떤 요인이 처리효과를 혼동시키는가? 혼동요인을 통제하기 위해 어떤 조치가 취해졌는가? 그 조치는 타당한가?

8. 혼동요인은 좀 더 동질적인 하위집단끼리 비교함으로써 통제할 수 있다.

9. 통계학자들은 종종 비교를 사용한다. 예컨대 처리(솔크 백신 투여)가 반응(소아마비 감염)에 미치는 효과를 알아내기 위해, 그들은 처리집단의 반응을 통제집단의 반응과 비교한다. 일반적으로 다른 대상과의 비교 없이 처리효과를 판단하기는 어렵다. 본문에 소개된 성장탕의 효과는 통계적 근거가 취약하다.

10. 만약 처리여부를 제외한 다른 요인에서 통제집단이 처리집단과 동질적이면, 두 집단간 반응의 차이는 처리의 효과에 기인할 가능성이 크다.

11. 처리집단이 통제집단과 다른 요인에 있어서도 다르면, 이들 요인의 존재는 처리효과에 혼란을 가져온다.

12. 피험자들을 처리집단과 통제집단에 무작위로 배정하는 이유는 두 집단을 서로

비슷하게 만들기 위해서이다. 이렇게 설계된 실험을 무작위 통제실험이라고 부른다.

13. 가능하면 통제집단에게는 진짜약과 유사하게 보이지만 결과에는 중립적인 가짜약을 투여한다. 반응의 차이는 진짜약에 대한 심리적 호감보다는 진짜약의 실질적 효능에 기인한 것이어야 하기 때문이다.

14. 이중 눈가림 실험에서, 피험자들은 그들이 처리집단에 속해 있는지 혹은 통제집단에 속해 있는지 알지 못한다. 피험자의 반응을 평가하는 연구자도 마찬가지다. 이중 눈가림은 반응에 있어서, 또 평가에 있어서 편견이 개입할 여지를 없애 준다.

15. 연구를 검토할 때, 다음과 같은 질문을 해보아야 한다. 통제집단이 있는가? 동시적 통제와 비동시적 통제 중 어느 방법이 사용되었는가? 피험자들은 어떻게 처리집단과 통제집단으로 배정되었는가? 연구자의 통제하에서 배정되었는가(통제실험), 아니면 연구자의 통제범위 밖의 과정에 의해서 배정되었는가(경험적 연구)? 통제된 실험인 경우 피험자의 배정이 확률에 의해 이루어졌는가(무작위 통제), 아니면 연구자의 주관적 판단에 따라 이루어졌는가?

16. 하위집단에서 관찰된 관계가 하위집단들을 묶고 나서 보면 바뀔 수 있다. 이러한 현상을 심슨의 역설이라고 한다. 심슨의 역설은 혼동요인을 통제할 필요성을 일깨워 준다.

레오나르드 지미 새비지(Leonard Jimmie Savage, 미국, 1917-1971)

여러분이 배우게 되는 통계학은, 이미 100년 전에 기초가 거의 완성되었다. 하지만 100년 전의 통계학조차 완전히 이해하는 사람도 많지 않다.

최근의 통계학은 매우 첨단화하여, 옛날 사람들은 상상조차 하지 못했을 정도로 발전하였다. 물론 여타 학문도 최근에 눈부신 발전을 이루기는 했지만, 통계학이 하나의 독립된 학문으로 발전한 시기가 상대적으로 늦다는 점을 감안할 때, 최근 100년간의 통계학 발전은 실로 눈부시다.

본격적으로 통계학을 공부하기 전에, 통계학자 한 사람을 소개하고자 한다. 물론 이 학자의 이론을 공부하자면 앞으로 몇 년 간은 더 통계학으로 골치를 썩여야 하겠지만…….

20세기의 위대한 통계학자를 꼽자면, 피셔(R. A. Fisher, 1890-1962), 새비지 등이 있다. 이 중에서 특히, 다양한 분야의 학문에 깊은 관심을 가지고 이들 학문에 통계학을 응용하는 데 일생을 바쳤던 새비지는 과연 어떤 인물이었는가?

새비지는 1917년 11월 20일 미국 디트로이트에서 태어났다. '지미'라는 이름은, 출산 후 어머니가 심한 병을 앓는 사이, 유모가 그를 그렇게 부르면서 붙여졌다. 아버지 루이는 교육을 거의 받지 못했지만, 아들에 대한 교육열만은 대단하였다.

새비지에 관한 재미있는 일화는 꽤 많이 있다. 고등학교 때, 새비지의 담임 선생님은 그가 대학에 진학하는 것을 반대했다. 수업 시간에 전혀 집중하지 않고, 아이큐도 평균 이하라는 것이 이유였다.

사실 새비지는 시력이 장님에 가까울 정도로 나빴기 때문에, 아무리 집중해도 집중한 것처럼 보이지 않았다. 선생님의 반대로 대학 진학이 어려워진 새비지는 개인적인 친분관계를 통해 겨우 대학에 진학하게 된다. 그런데, 나중에 새비지가 학문적으로 성공하여 교수가 되었을 때, 아이러니컬하게도 그의 학생 중에는 고등학교 담임 선생님이 포함되어 있었다. 아마 그의 담임 선생님은 새비지의 강의에 집중했으리라.

대학에는 간신히 진학했지만, 역경은 계속된다. 화공학도였던 새비지는 실험실에서 폭발 사고를 일으켜 과에서 퇴출된다. 하지만 이 사건 이후 그는 물리학, 수학 등을 공부하면서 통계학자로서의 면모를 갖추게 된다.

새비지는 유명한 경제학자인 밀튼 프리드먼(M. Friedman, 1912-2006)과 상당히 가까운 관계였다. 프리드먼은 선배로서 새비지의 단점을 많이 지적해 주어, 새비지가 학자로서 성공하는 데 절대적인 기여를 했다. 둘은 서로를 존경해 평생 학문적인 동료의 관계를 유지하나 때로는 라이벌이 되기도 하였다.

새비지의 가장 유명한 저서는 "통계학의 기초"(Fundamentals of Statistics)이다. 그는 54세의 이른 나이에 세상을 떠났다. 그는 뛰어난 학자였을 뿐만 아니라, 예술분야에도 많은 관심을 기울인 엘리트였다. 그는 이혼을 하고 대학에서 배신당하는 등 시련을 여러 번 겪게 되지만, 인생의 여유를 잃지 않았다.

제 2 장

히스토그램

악화가 양화를 구축!

1. 자료의 정리

자료를 정리할 때 그림도 그리고 수치도 계산한다. 그림과 수치는 상호 보완적으로 자료를 요약한다. 대표적인 그림으로 시계열 그림, 줄기-잎 그림, 히스토그램, 파이 도표, 상자그림, 산포도 등이 있다. 자주 쓰는 통계치로 평균, 중앙값, 표준편차, 백분위수, 사분위수, 상관계수 등이 있다.

그림을 통한 자료의 요약은 과학이라기보다 예술이다. 이제 예를 통해 몇 가지 그림을 그려보자. 베이브 루드(Babe Ruth, 미국, 1895-1948)는 야구 역사상 가장 위대한 선수 가운데 한 명이다. 그는 1920년부터 1934년까지 15시즌을 뉴욕 양키즈(New York Yankees)의 야구선수로 활약하였다. 그는 야구를 통해 인생의 교훈을 터득했다. 'I hit big or I miss big. I like to live as big as I can.' 'It's hard to beat a person who never gives up.' (UCLA의 E. Leamer교수가 그렇다. 테니스 칠 때).

〈표 2-1〉은 연도별로 베이브 루드가 친 홈런수를 보여준다. 이 자료는 베이브 루드 한 개인을 시간에 따라 관측한 시계열 자료이다. 이를 그림으로 나타내면 [그림 2-1]의 **시계열 그림**(time-series plot)을 얻는다. 시계열 그림은 시간에 따른 자료의 변화나 추세를 파악하는 데 적절하다. 베이브 루드는 첫해 54개의 홈런을 기록하며 화려하게 뉴욕 양키즈 커리어를 시작한다. 부상으로 출장 경기수가 100게임을 밑돌았던 1925년과 은퇴하기 직전의 1934년을 제외하면 그는 매년 34개 이상의 홈런을 쳤다. 부상에서 회복한 그는 1926년 이후 전성기를 구가한다. 1927년, 연간 홈런 60개의 대기록을 달성한다. 베이브 루드는 1932년을 고비로 쇠퇴기로 접어든다('가는 세월 그 누가 막을 수가 있으랴', 서유석의 노래 가운데).

여러분은 이제 [그림 2-1]에서 세로축을 10단위의 구간별로 묶고 각각의 구간에 몇 개씩의 자료가 속하는지 세어보기 바란다. 예컨대, 연간 홈런수 40-50의 구간을 살펴보자. 구간을 나타낼 때 왼쪽 경계는 포함하고 오른쪽 경계는 포함하지 않는 것으로 약속하자. 즉, 홈런 40개는 40-50 구간에 속하지 30-40 구간에는 속하지 않는다. 음영으로 표시된 40-50 구간의 가로 띠에 속한 점은 일곱 개이다. 베이브 루드는 15년 양키스 선수시절 일곱 시즌 동안 연간 홈런을 마흔 얼마(forty something)로 쳤다.

표 2-1 베이브 루드의 연도별 홈런수

1920	1921	1922	1923	1924	1925	1926	1927	1928	1929	1930	1931	1932	1933	1934
54	59	35	41	46	(25)	47	60	54	46	49	46	41	34	22

주: 1925년 베이브 루드의 출장경기수는 100게임에 못 미쳤다. 그래서 홈런수를 괄호 안에 표시하였다.

그림 2-1 시계열 그림 : 베이브 루드의 연도별 홈런수

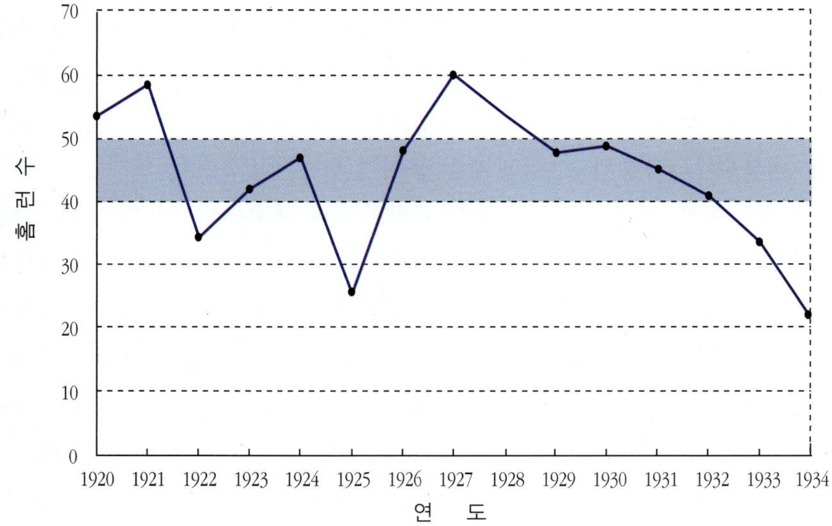

베이브 루드가 친 연간 홈런수는 매년 두 자리 숫자이다. 이는 10단위를 나타내는 숫자와 1단위를 나타내는 숫자로 이루어져 있다. 이때 큰 단위의 숫자를 줄기로 작은 단위의 숫자를 잎으로 간주해보자. 줄기별로 잎들을 모아 정렬하면 이른바 **줄기-잎 그림**(stem-and-leaf plot)이 얻어진다. [그림 2-2]를 보라. 그리는 방법은 먼저 위에서 아래로 하나의 직선을 그린다. 직선의 좌측에 줄기를 표시한다. 10단위 숫자를 위에서 아래로 오름차순으로 정렬한다. 다음으로 직선의 우측에 잎을 표시한다. 1단위 숫자를 줄기별로 좌에서 우로 오름차순으로 정렬한다. 자료에 같은 숫자가 반복되면 그 반복되는 횟수만큼 잎을 그려 넣는다. 예컨대 베이브 루드가 41개의 홈

그림 2-2 줄기-잎 그림 : 베이브 루드의 연간 홈런수(1925년 제외)

줄 기	잎						
2	2						
3	4	5					
4	1	1	6	6	6	7	9
5	4	4	9				
6	0						

그림 2-3 잎의 윤곽만 그린 그림 : 베이브 루드의 연간 홈런수(1925년 제외)

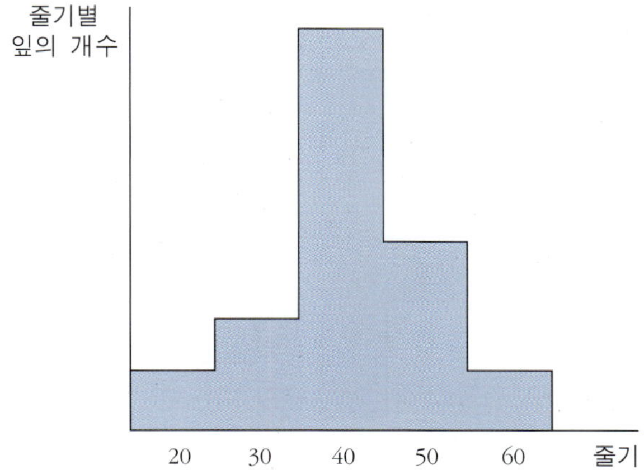

런을 친 시즌이 둘이므로 4의 줄기에 1의 잎이 두 개 표시되어 있다.

이제 줄기-잎 그림에서 잎의 자세한 모습은 감추고 줄기와 잎의 윤곽만을 그려보자. 다만 윤곽을 시계 반대 방향으로 90도 돌려놓자. [그림 2-3]은 이렇게 얻어진다. 가로축에는 줄기가 작은 데서부터 커가는 순서로 표시되어 있다. 줄기는 10자리 숫자를 나타낸다. 잎이 없어진 만큼 줄기를 원래의 단위로 표시하자. 예컨대 [그림 2-2]의 줄기 2를 [그림 2-3]에서는 가로축 20으로 표시하자. 세로축은 줄기별로 잎의 개수를 나타낸다. 예컨대 20의 줄기에는 잎이 하나만 있다. 40의 줄기에 가장 많은 7개의 잎이 있다. 다음 절에서 배우겠지만 이러한 그림이 바로 **히스토그램**(histogram)이다. 히스토그램은 줄기별로 잎의 개수를 나타내주는 그림이다.

베이브 루드가 세운 연간 60개의 홈런 기록은 이후 34년간 깨지지 않는다. 1961년, 같은 양키즈 구단의 로저 매리스(Roger Maris, 미국, 1934–1985)는 61개의 홈런을 침으로써 선배의 기록을 깬다. 매리스 자신의 기록은 37년 뒤인 1998년 세인트루이스 카디널즈(St. Louis Cardinals)의 마크 맥과이어(Mark McGwire, 미국, 1963-)에 의해 깨진다. 빅맥이란 별명의 맥과이어는 그해 경이적인 70개의 홈런을 기록한다. 〈표 2-2〉는 연도별로 맥과이어가 친 홈런수를 보여준다.

기록은 깨지라고 있는 법. 빅맥의 기록은 3년 뒤인 2001년 샌프란시스코 자이언츠(San Francisco Giants)의 배리 본즈(Barry Bonds, 미국, 1964–)가 73개의 홈런을 때

표 2-2 마크 맥과이어의 연도별 홈런수

1987	1988	1989	1990	1991	1992	1993	1994	1995	1996	1997	1998	1999
49	32	33	39	22	42	(9)	(9)	39	52	58	70	65

주: 1993년과 1994년 맥과이어의 출장경기수는 100게임에 못 미쳐 홈런수를 괄호 안에 표시하였다.

그림 2-4 겹-줄기-잎 그림 : 마크 맥과이어와 베이브 루드의 연간 홈런수 비교

잎	줄기	잎
2	2	2
9 9 3 2	3	4 5
9 2	4	1 1 6 6 6 7 9
8 2	5	4 4 6
5	6	0
0	7	

림으로써 무너진다. 배리 본즈는 기록을 돌파하는 홈런인 71호와 72호를 당시 로스앤젤레스 다저스(Los Angeles Dodgers)에서 활약하던 한국인 투수 박찬호(1973-)로부터 쳐냈다.

베이브 루드와 마크 맥과이어. 둘의 홈런기록을 각각 하나씩의 줄기-잎 그림으로 나타낸 뒤 이를 좌우로 겹쳐 비교해보자. [그림 2-4]를 보라. 이를 **겹-줄기-잎 그림**(back-to-back stem-and-leaf plot)이라고 부른다. 이 그림을 보고 대답해 보라. 평균적으로 한 해 누가 더 많은 홈런을 쳤는가? 시즌에 걸친 홈런수의 변화는 누가 더 심한가? 누가 더 훌륭한 홈런타자인가? 그 기준은?

비교를 공정하게 하기 위해 출장 경기수가 100경기에 미치지 못하는 시즌은 배제하였다. 베이브 루드는 1925년이 제외되었고, 마크 맥과이어는 1993년과 1994년이 제외되었다. 이제 남은 자료는 베이브 루드가 14개, 마크 맥과이어가 11개. 자료의 수가 다른 데서 오는 시각적 차이를 없애줄 필요가 있으므로 맥과이어의 잎 하나는 베이브 루드의 잎 하나보다 14/11배만큼 크게 그렸다. 이로써 [그림 2-4]의 겹-줄기-잎 그림에서 좌우의 줄기-잎 그림이 같은 면적을 갖게 되었다.

그래프 기법을 하나 더 배우자. **파이 도표**(pie chart)는 파이 조각의 크기로 자료의 구성비를 표시한다. 피자 조각을 연상하라. [그림 2-5]의 파이 도표는 베이브 루드의 구간별 홈런수 구성비와 우리나라 이동통신 시장의 사업자별 시장점유율을 보여준다. 가장 큰 조각 하나씩만 살펴보자. 베이브 루드의 홈런수 자료는 그 절반이 40-50 구간에 속한다. 2009년 5월 현재 SK텔레콤의 국내 이동통신 시장점유율은 50.6%이다.

그림 2-5 파이 도표

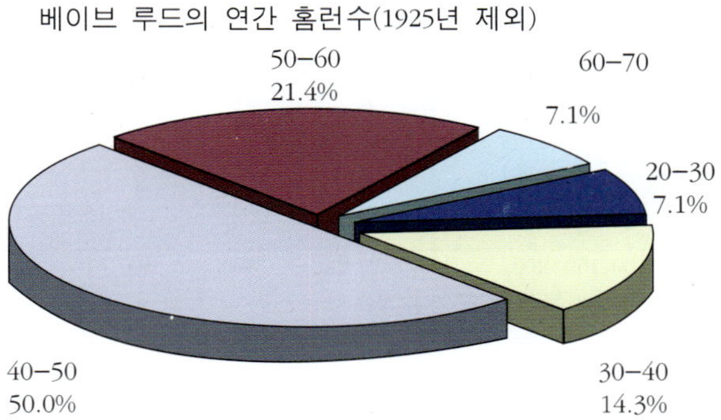

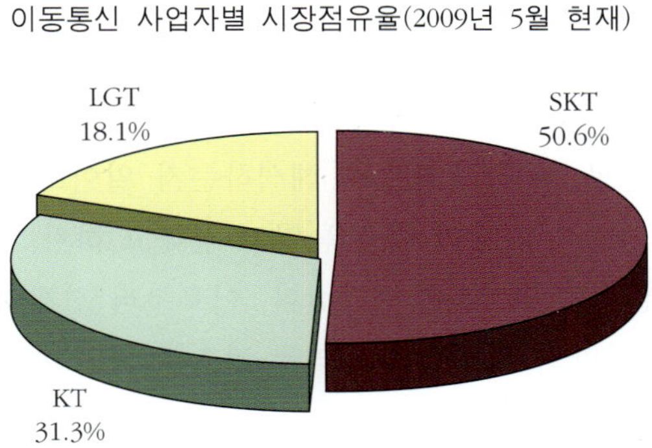

2. 히스토그램의 예시

앞서 본 줄기-잎 그림은 줄기별로 잎의 개수를 보여준다. 숫자 구간별로 그 구간에 속한 자료의 개수 또는 점유율을 보여주는 그림이 히스토그램이다. 예를 들어보자. 우리나라 근로자 가구의 월소득은 얼마나 될까? 물론 가구마다 다르다. 그러면 어떻게 다르고 얼마나 다른가? 즉, 월소득은 서로 다른 근로자 가구에 걸쳐 어떻게 분포되어 있는가? 이 질문에 대한 답을 얻기 위해 전국에서 무작위로 표본 가구를 선정하여 그 월소득을 조사한다. 조사를 통해 얻어진 표본 가구의 소득을 일일이 숫자로 나열하면 그 내용을 파악하기 어렵다. 때문에 자료가 지닌 정보의 손실을 최소화하면서 자료를 요약할 필요가 있다.

히스토그램은 자료의 분포를 그림으로 요약해 보여준다. [그림 2-6]은 2007년도 우리나라 근로자 가구의 월소득 분포를 나타내 주는 히스토그램이다. 가로축에는 월소득을 나타내는 50만원 단위의 눈금이 0원부터 1000만원까지 표시되어 있다. 히

그림 2-6 2007년도 우리나라 근로자 가구의 월소득 분포

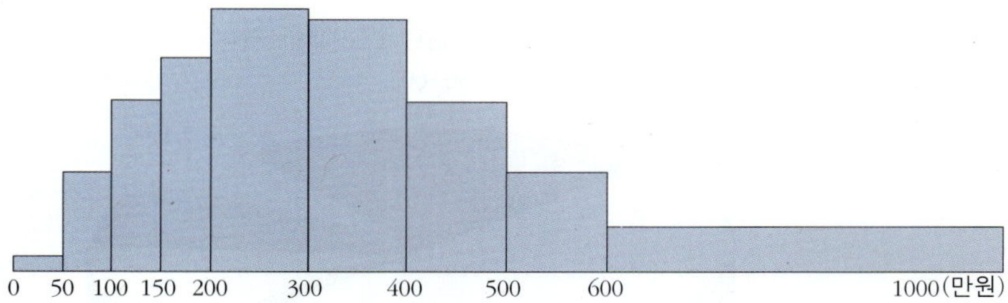

출처: 통계청 국가통계포털
주: 월소득 1000만원 이상인 근로자 가구는 그 비율이 아주 낮아 제외함

스토그램은 여러 개의 블록(block)들로 이루어져 있다. 블록의 밑변을 이루고 있는 구간을 계급구간(class interval)이라고 부른다. 예컨대 0원-50만원, 100만원-150만원, 200만원-300만원, 300만원-400만원, …, 600만원-1000만원 등이 계급구간이다. 블록의 면적은 해당 구간에 속하는 가구의 수에 비례하도록 그려져 있다.

이제 히스토그램을 어떤 방식으로 해석하는지 알아보자. 월소득이 100만원부터 150만원 사이인 근로자 가구의 비율을 알고 싶다고 하자. 이 구간에 해당하는 블록의 넓이는 전체 넓이의 약 7%에 해당한다. 이로부터 전체 가구 중 대략 7%가 100만원 이상 150만원 미만의 월소득을 올리는 것으로 파악된다. 한편 100만원 이상 150만원 미만의 소득을 얻는 가구와 500만원 이상 600만원 미만의 소득을 갖는 가구 중 어느 쪽이 더 많은가? 100만원-150만원 구간에서 블록이 더 높으나, 500만원-600만원 구간에서 블록의 밑변이 더 넓기 때문에, 블록의 면적을 계산해야만 두 구간에 속하는 가구 수의 비교가 가능하다. 두 블록의 면적을 계산해보면, 500만원-600만원 구간에 속하는 가구의 수가 더 많음을 알게 된다.

히스토그램에서는 블록의 면적이 비율을 나타낸다.

월소득이 1000만원 이상인 가구는 가로축에 표시되어 있지 않다. 월소득이 1000만원 이상인 가구는 무시한 채 히스토그램을 그렸기 때문이다. 이러한 고소득층 근로자 가구의 비율은 1% 미만이다.

3. 히스토그램 그리기

히스토그램을 그리기 전에 먼저 **분포표**(distribution table)를 작성해야 한다. 분포표는 계급구간별로 그에 속한 가구의 비율을 보여 준다. 즉, 표본가구의 소득자료를 소득 구간에 따라 분류하고, 각 계급구간에 속하는 가구의 수를 센다. 다음으로 구간별 가구의 수를 전체 가구수로 나눈다. 이는 소득구간별 가구의 구성비율을 나타낸다. 여기서 구간별 가구의 수를 **도수**(frequency) 또는 **빈도**라 하고 구간별 구성비율을 **상대도수**(relative frequency) 또는 **상대빈도**라고 부른다. 〈표 2-3〉은 소득구간별로 상대도수를 보여 주는 하나의 분포표이다.

계급구간(class interval)을 어떻게 나누고 또 그 수를 얼마로 해야 하는가? 자료가 밀집된 곳에서는 자료를 잘게 나누어 계급구간을 좁게 잡고, 자료가 듬성듬성한 곳에서는 계급구간을 넓게 잡는다. 또 계급구간의 수는 자료가 증가함에 따라 증가시키되 각 계급구간마다 어느 정도의 자료는 확보되도록 한다.

구간을 설정하고 나면, 구간의 경계점에 해당하는 자료를 어떻게 처리할지 미리 정해두어야 한다. 이산변수의 경우에는 변수가 취하는 가능한 값을 계급구간 내에 존재하게 함으로써 경계점 처리에 신경을 쓰지 않아도 된다. 예를 들어, 가족수는 2명, 3명, 4명, … 등의 이산적인 값을 가지므로, 계급구간을 1.5명–2.5명, 2.5명–3.5명, 3.5명–4.5명, … 등으로 설정하면 된다. 반면에 연속적인 변수의 경우에는 혹시라도 경계점에 해당하는 자료가 존재할 경우에 대비하여 경계점 처리에 대한 약속을 미리 해 두어야 한다. 〈표 2-3〉에서는 계급구간별로 좌측 경계점에 속하는 자료는 해

표 2-3 2007년도 우리나라 근로자 가구의 월소득 분포

소득구간	비율(%)
0만원–50만원	1
50만원–100만원	4
100만원–150만원	7
150만원–200만원	9
200만원–300만원	22
300만원–400만원	21
400만원–500만원	14
500만원–600만원	8
600만원–1000만원	14

출처: 통계청 도시가계조사
주: 반올림으로 인해 비율의 합이 정확히 100%가 되지는 않는다.

당구간에 포함시키고, 우측 경계점에 속하는 자료는 포함시키지 않았다. 따라서 300만원의 소득을 갖는 가구는 200만원-300만원 구간이 아닌 300만원-400만원 구간에 포함되어 있다.

이제 분포표가 완성되었으므로 히스토그램을 그리는 직접적인 단계로 들어가자. 우선 가로축을 그려 넣자. 이때 다음과 같이 그려 넣는 실수를 범하지 말아야 한다.

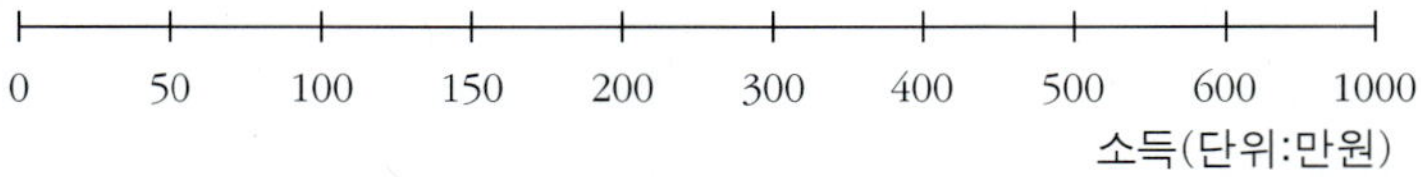

위의 그림은 모든 구간이 동일한 폭을 갖도록 표시한 결과 500만원-600만원 구간이 150만원-200만원 구간보다 폭이 두 배라는 사실을 반영하지 못하고 있다. 구간을 표시할 때는 실제 구간의 폭에 비례하도록 가로축을 그리는 것이 바람직하다. 참고로 왜 폭을 다르게 정했는지 생각해 보라.

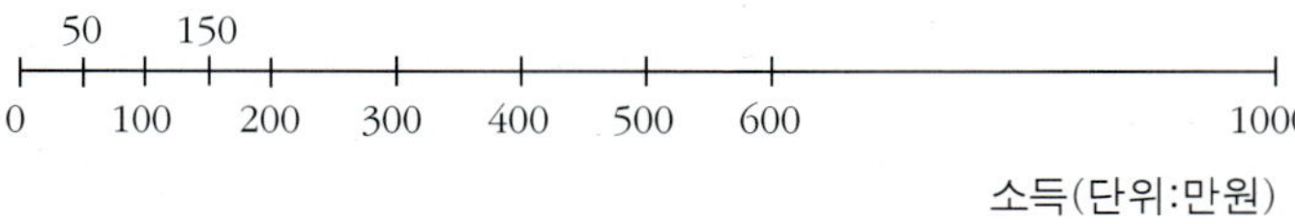

다음 단계는 블록을 그리는 것이다. 앞서 구한 비율을 높이로 하여 블록을 그려보면 [그림 2-7]과 같은 엉터리 히스토그램이 얻어지게 된다. 이 히스토그램을 보면 월 소득 600만원-1000만원 사이에 속하는 가구가 200만원-300만원 사이에 속하는 가구보다 많은 듯한 느낌을 준다. 이는 사실과 다르다.

이러한 문제가 발생하는 이유는 계급구간의 폭이 서로 다르기 때문이다. 계급구간의 폭이 다른 경우, 구간별 비율을 블록의 높이로 삼으면 폭이 넓은 블록의 면적은 과대 평가된다. 여러분 중에 '면적이 과대 평가되면 어떤가? 면적이 아닌 높이로 비율을 나타내면 될 것 아닌가?' 라고 우기는 사람이 없기 바란다. 우리의 시각은 2차원에 그려진 히스토그램에서 1차원 개념인 높이보다 2차원 개념인 면적을 선호한다. 어차피 시각에 호소하려고 히스토그램을 그린다. 우기지 말라. 면적으로 하자.

그림 2-7 구간에 속한 자료의 비율로 높이를 삼지 마라

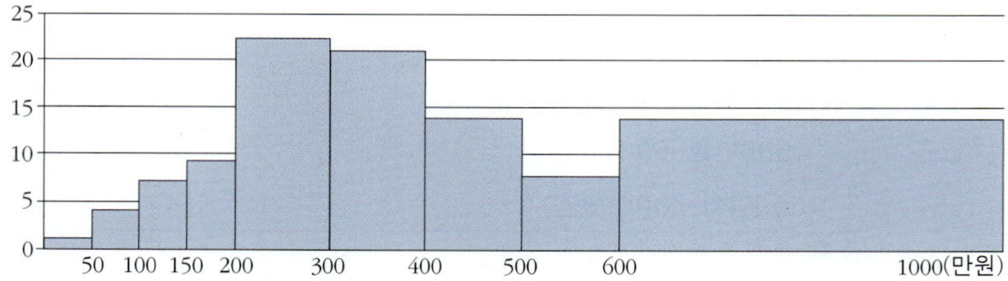

구간별로 〈표 2-3〉에 제시되어 있는 비율이 해당 블록의 면적이 되게 하려면 블록의 높이를 적절히 조정해 주어야 한다. 먼저 가로축을 50만원 단위로 나눈 후, 각각의 계급구간이 몇 개의 부분구간(sub-interval)을 포함하는지 조사한다. 다음으로 각 계급구간에 속한 자료의 비율을 그 계급구간 내에 있는 부분구간의 수로 나눈다. 마지막으로 그 얻어진 값을 블록의 높이로 삼으면 블록의 면적이 자료의 비율을 나타내게 된다.

예를 들면 500만원–600만원 구간은 500만원–550만원, 550만원–600만원이라는 2개의 부분구간으로 이루어져 있으므로, 전체 8%를 2로 나눈 4%를 높이로 설정한다. 이와 같은 처리방법은 500만원–600만원 구간에 속해 있는 8%의 가구가 2개의 부분구간에 균등하게 분할되어 있다는 가정하에, 각각의 부분구간에는 평균적으로 4%의 가구가 속해 있도록 자료를 배열하는 것이다. 같은 방식을 적용하면 200만원–300만원 구간에 속해 있는 22%의 자료는 2개의 부분구간에 각각 11%의 비율로 속해 있다고 간주한다. 이에 따라 11의 높이를 갖는 블록으로 나타낸다. 다른 구간에 대해서도 동일한 방식으로 비율을 조정하여 블록을 그려 넣으면 [그림 2–8]을 얻는다.

> 계급구간별로 비율을 폭으로 나누어 해당 블록의 높이로 삼으면, 이제 비율은 블록의 면적으로 표시된다.

히스토그램을 해석함에 있어서 세로축의 의미를 되새길 필요가 있다. 블록의 높이를 얻기 위해 구간에 속하는 자료의 비율을 부분구간의 수로 나누었기 때문에, 세로축은 각각의 부분구간에 속하는 자료의 비율을 의미한다. 예를 들어 500만원–600만원 구간에서 블록의 높이가 4라는 것은 500만원–600만원 구간에 속해 있는 폭 50만원의 구간 각각에 4%씩의 자료가 포함되어 있다는 의미이다. 이리하여 500만원–600만원 구간 전체에는 8%의 자료가 포함되어 있음을 알게 된다.

그림 2–8 2007년 근로자 가구의 월소득 분포

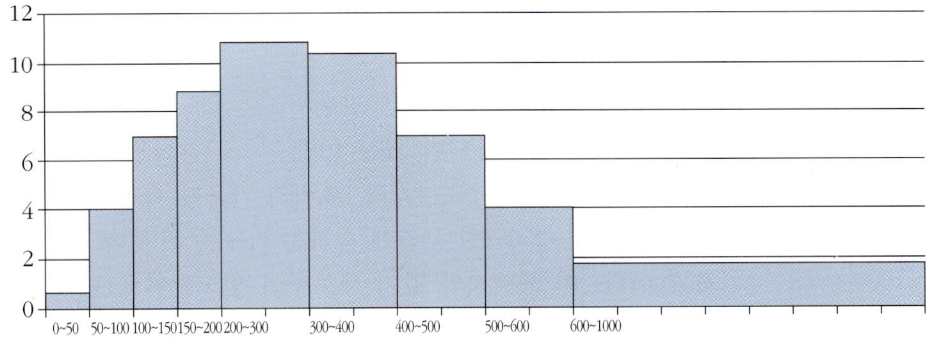

4. 밀도단위

히스토그램에서 각 블록의 면적은 해당 구간에 속하는 자료의 비율을 의미한다. 그러면 히스토그램의 높이는 무엇을 의미하는가? 앞 절의 히스토그램에서 세로축 한 단위는 50만원 크기의 가로축 한 단위에 속하는 가구의 비율을 나타냈다. '가로축 단위당 비율'을 **밀도단위**(density scale)라고 한다. 히스토그램의 높이는 이러한 밀도를 나타낸다.

> 히스토그램에서 블록의 높이는 밀도, 즉 가로축의 단위구간당 속한 자료의 비율을 나타낸다.

히스토그램에서 블록의 높이는 밀도를 의미하고 그 면적은 비율을 의미한다. 두 개념을 혼동하지 않기 위해 [그림 2-8]의 100만원–150만원 구간과 500만원–600만원 구간에 해당하는 블록을 예로 들어보자. 블록의 높이는 100만원–150만원 구간에서 더 높으므로 밀도는 이 구간에서 더 크게 되나, 블록의 면적은 500만원–600만원 구간에서 더 넓으므로 이 구간에 더 많은 비율의 근로자 가구가 속하게 된다. 이는 한국과 미국을 비교할 때, 인구밀도는 한국이 더 높지만 인구는 미국이 더 많은 것과 같은 이치다.

히스토그램에서 세로축에 밀도단위가 사용되는 경우, 계급구간별로 블록의 면적은 해당 구간에 속하는 자료의 비율을 나타낸다. 따라서 히스토그램을 구성하는 모든 블록의 면적은 합치면 1이 된다.

> 세로축에 밀도단위가 사용되는 경우, 블록의 면적은 해당 구간에 속하는 자료의 비율을 의미한다. 히스토그램의 전체 넓이는 100%가 된다.

보기 1 그림은 어느 도시의 가구소득을 나타내는 히스토그램의 일부분이다. 약 몇 %의 가구가 150만원–250만원 사이의 소득을 얻고 있는가?

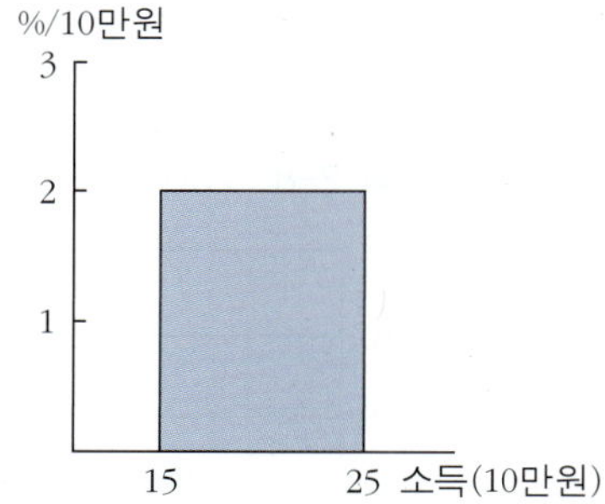

해 설 블록의 높이가 2이므로, 150만원–250만원 구간에 포함되어 있는 10만원 단위의 10개 구간에는 각각 2%씩의 가구가 속해 있다고 본다. 그러므로 150만원–250만원 구간에 속하는 가구는 전체 가구 중 20%를 차지하게 된다. 이 예에서와 같이 세로축이 밀도단위로 표시된 경우, 블록의 면적은 해당구간에 속하는 자료의 비율을 의미하게 된다.

5. 변수의 통제: 따로따로 분석하기

1960년대 이후 여성의 경구피임약 사용이 보편화됨에 따라 경구피임약의 복용이 혈압을 높이는 부작용이 있는지가 논란의 대상이 되었다. 피임약 복용과 혈압의 관계를 파악하려면 피임약 복용 집단과 비복용 집단 간의 혈압분포를 비교해 보아야 한다. 두 집단의 연령분포가 서로 다른 경우 혈압 수치의 단순한 비교는 잘못된 결론을 가져오므로 주의해야 한다. 실제로 비복용자 집단에서는 3분의 2 이상이 나이 30을 넘었으나 복용자 집단에서는 절반 정도만이 30세를 넘었다.

그러므로 두 집단 간 혈압 분포가 상이한 데에는 피임약의 복용 여부는 물론 연령이라는 혼동요인의 영향도 존재한다. 피임약만의 순수효과를 알아내기 위해서는 연령이라는 변수를 통제해야 한다. 즉, 연령 집단별로 복용자와 비복용자의 혈압분포를 따로따로 비교해야 한다.

표 2-4 연령과 경구피임약의 복용 여부가 혈압에 미치는 영향

혈압	17세-24세		25세-34세		35세-44세		45세-58세	
(mm)	비복용자	복용자	비복용자	복용자	비복용자	복용자	비복용자	복용자
90 미만	–	1	1	–	1	1	1	–
90-95	1	–	1	–	2	1	1	1
95-100	3	1	5	4	5	4	4	2
100-105	10	6	11	5	9	5	6	4
105-110	11	9	11	10	11	7	7	7
110-115	15	12	17	15	15	12	11	10
115-120	20	16	18	17	16	14	12	9
120-125	13	14	11	13	9	11	9	8
125-130	10	14	9	12	10	11	11	11
130-135	8	12	7	10	8	10	10	9
135-140	4	6	4	5	5	7	8	8
140-145	3	4	2	4	4	6	7	9
145-150	2	2	2	2	2	5	7	9
150-155	–	1	1	1	1	3	2	4
155-160	–	–	–	1	1	1	1	3
160 이상	–	–	–	–	1	2	2	5
총비율	100	98	100	99	100	100	99	99
관측치수	1,206	1,024	3,040	1,747	3,494	1,028	2,172	437

자료를 연령에 따라 구분한 후 연령집단별로 따로따로 복용자와 비복용자의 혈압 분포를 비교하면 최소한 연령이라는 변수는 통제할 수 있다. 연령별로 따로따로 살펴본다면, 연령은 더 이상 혼동요인이 아니다. 자료를 연령과 피임약 복용 여부라는 두 변수에 따라 이른바 분할표(cross-tabulation)로 정리하면 〈표 2-4〉와 같다. 이제 25세–34세 사이의 여성집단에서 피임약의 복용이 혈압에 어떤 영향을 미치는지 알아내기 위해서는, 이 연령층에 해당하는 복용자와 비복용자의 혈압분포를 비교해 보면 된다. 한편 연령이 혈압에 미치는 효과를 알아내려면 복용자와 비복용자별로 혈압분포가 연령의 증가에 따라 어떻게 변하는지 관찰하면 된다. 이리하여 연령과 피임약의 복용이 혈압에 미치는 영향을 각각 분리해서 살펴볼 수 있다.

[그림 2-9]는 〈표 2-4〉의 자료를 이용하여 25세–34세 사이 여성의 혈압분포를 복

그림 2-9 경구피임약의 효과

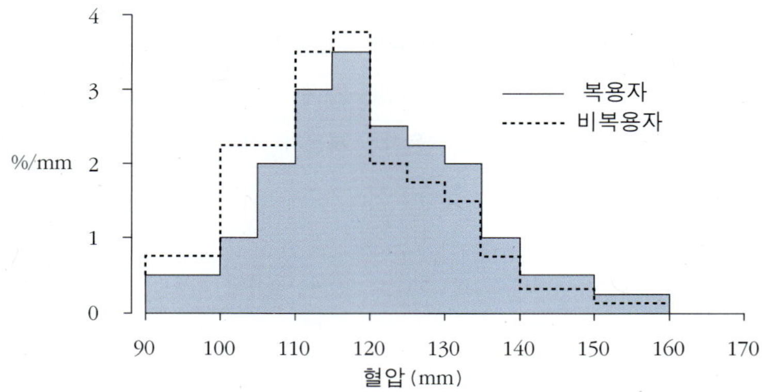

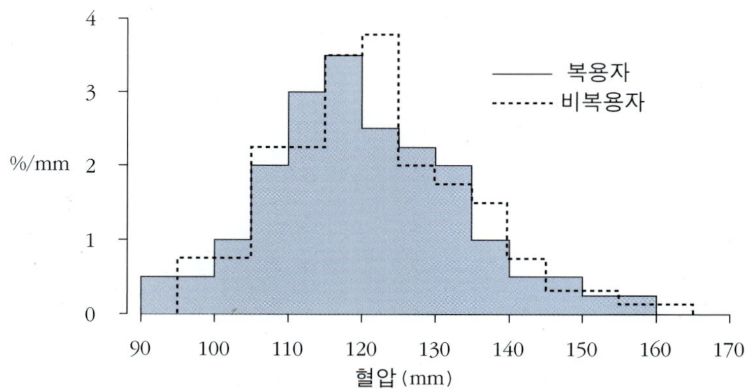

주: 위 · 아래 그림 속의 실선의 히스토그램은 25–34세 여성 1,747명의 경구피임약 복용자에 대한 혈압분포를 나타낸다. 위의 그림에서 점선의 히스토그램은 3,040명의 비복용자에 대한 혈압분포를 나타낸다. 아래 그림에서 점선의 히스토그램은 비복용자의 혈압분포를 오른쪽으로 5mm만큼 이동시켜 얻어낸 혈압분포이다.

용자와 비복용자로 구분하여 그린 히스토그램이다. 이는 앞서 배운 겹-줄기-잎 그림에 해당된다. 이 그림의 상단에 있는 두 히스토그램은 서로 비슷한 모양을 보이고 있다. 그러나 복용자 집단에 대한 히스토그램이 비복용자 집단에 비해 120㎜를 기준으로 우측에서는 높고, 좌측에서는 낮다. 이는 복용자 집단에 혈압이 높은 사람이 많고, 혈압이 낮은 사람이 적다는 의미이다.

이제 비복용자들의 혈압에 각각 5㎜를 더해 보자. 이때 비복용자의 히스토그램은, [그림 2-9]의 아래에 나타나 있듯이 우측으로 5㎜만큼 평행 이동하게 된다. 아래 그림을 보면 두 개의 히스토그램이 대략적으로 일치함을 알 수 있다. 이로써 피임약의 복용이 여성의 혈압을 약 5㎜ 정도 상승시키는 것으로 추정된다.

[그림 2-10]은 〈표 2-4〉를 그래프로 나타낸 것이다. X축은 연령, Y축은 혈압, Z축은 비율을 나타낸다. 이 그림을 통해서 연령별로 복용자와 비복용자의 혈압분포를 시각적으로 비교해 볼 수 있다. 예를 들면, 복용자의 그래프가 비복용자보다 혈압이 높은 곳에서는 더 길고 혈압이 낮은 곳에서는 더 짧다. 이는 경구피임약의 복용이 혈압을 상승시킨다는 사실을 확인시켜 준다. 복용자든 비복용자든 높은 연령층일수록 혈압이 높은 쪽에 더 많이 분포되어 있다.

물론 연령을 통제한다고 모든 요인이 통제되는 것은 아니다. 근본적으로 위의 분석은 실험자료가 아닌 관찰자료에 의존했기 때문이다. 피임약의 복용 여부는 실험에 참가하는 여성 각자가 결정했다. 위의 분석은 연령만 통제했지 혈압에 영향을 미치는 다른 많은 변수는 통제하지 못했다. 하지만 피임약 복용과 혈압의 관계에 있어

그림 2-10 연령 및 경구피임약의 복용 여부와 혈압의 관계

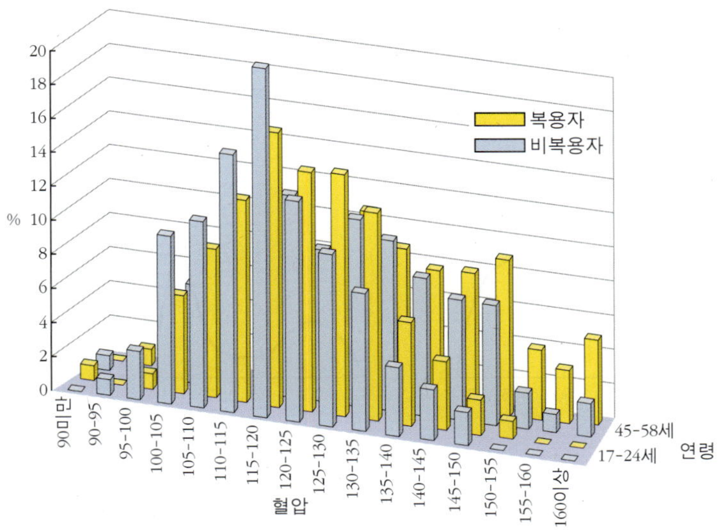

서 연령이라고 하는 하나의 중요한 혼동요인만은 통제했다. 연령은 피임약 복용 여부와 관련이 있고 혈압과도 관계가 있다. 연령이나마 통제한 분석은 그렇지 못한 분석보다는 일단 진일보한 셈이다.

6. 복습문제

1. 아래의 히스토그램은 어느 학급의 성적분포를 나타내고 있다.

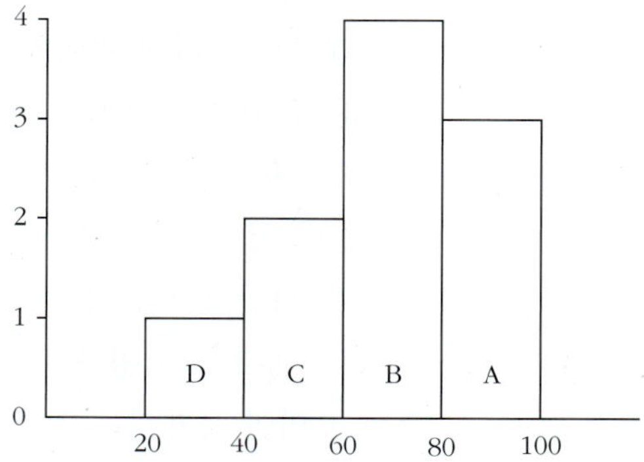

(1) 어느 블록이 60-80점 사이의 점수를 받은 학생을 나타내는가?

(2) 20-40점 사이의 점수를 받은 학생의 비율이 10%라면 40-60점 사이의 점수를 받은 학생의 비율은 얼마인가?

(3) 60점 이상의 점수를 받은 학생의 비율은 얼마인가?

2. 다음은 3개 학급의 성적에 대한 히스토그램이다. 이 중 어느 것이 우수한 학생과 열등한 학생의 이질적인 집단으로 이루어진 학급의 성적분포라고 생각하는가?

(a) (b) (c)

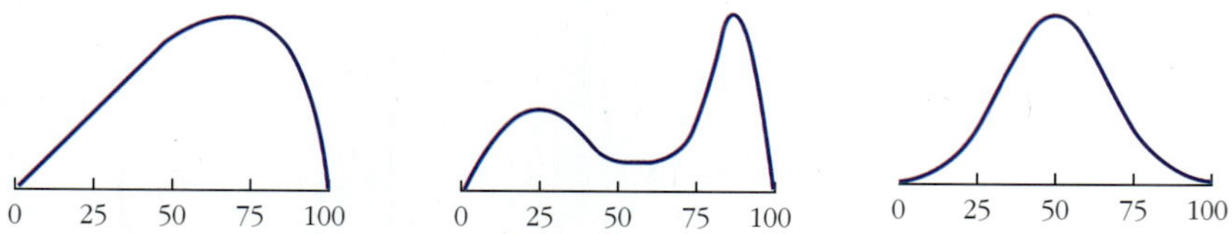

3. 다음 세 개의 히스토그램 가운데 하나는 근로자 집단의 임금(Y)에 대한 히스토그

램이다. 개별 근로자의 임금을 두 배로 늘리거나(2Y) 개별 근로자에게 각각 100만원의 보너스를 추가로 지급하면(Y+100) 히스토그램의 모양은 변하게 된다. 다음 히스토그램은 Y, 2Y, Y+100 가운데 각각 어느 변수의 분포를 나타내고 있는가? 옳게 연결하라. (단, 히스토그램에 500 이상의 값은 표시하지 않고 절단시켰다.)

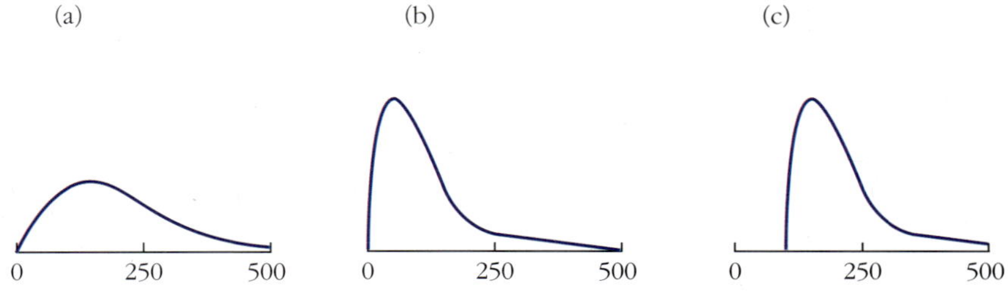

4. 다음 표는 1960년, 1970년, 1991년 현재 25세 이상 미국인들의 교육 수준 분포를 나타내고 있다. (단, 교육 수준은 재학년수로 측정하였다.) 계급구간은 좌측 경계를 포함하고 있으나, 우측 경계는 포함하지 않는다. 예를 들어, 둘째 행의 자료는 5년 이상 8년 미만의 재학기간을 의미한다.

(1) 표를 이용해 1991년 자료에 대한 히스토그램을 그려라.

(2) 1970년 자료에 대한 히스토그램을 그리고, 이것을 1991년의 히스토그램과 비교하라. 이를 이용하여 1970년과 1991년 사이에 교육수준에 변화가 있었는지, 만일 그렇다면 어떤 종류의 변화가 있었는지 설명하라.

(3) 1960년에서 1970년에 걸쳐 교육수준은 어떻게 변화하였는가?

교육수준	1960	1970	1991
0–5	8	6	2
5–8	14	10	4
8–9	18	13	4
9–12	19	19	11
12–13	25	31	39
13–16	9	11	18
16 이상	8	11	21

5. 근로자들의 월급여에 대한 히스토그램이 아래와 같이 주어져 있다. 블록별로 괄호 안의 숫자는 50만원 단위의 구간당 구성비율을 %로 나타낸 수치이다. 조사대

상 중 월급여가 500만원을 넘는 사람은 없다고 하면, 100만원–250만원 구간에서 히스토그램의 높이는 얼마가 되어야 하는가?

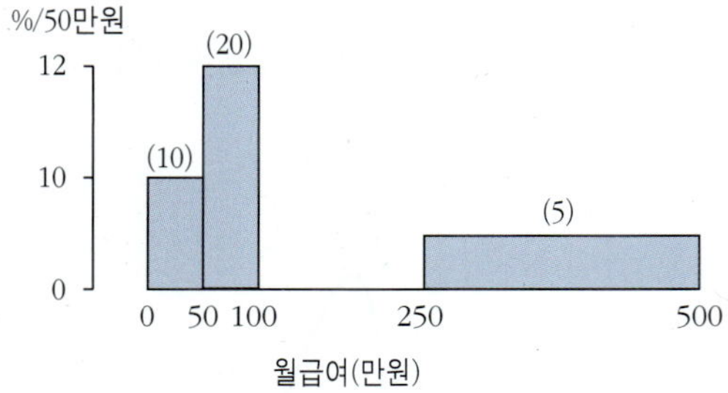

6. 다음은 남성 흡연자의 일일 흡연량에 대한 조사결과를 나타낸 히스토그램이다. 각 구간의 밀도는 괄호 안에 표시되어 있다. 또한, 각 구간은 좌측 경계에 해당하는 값은 포함하나 우측 경계에 해당하는 값은 포함하지 않는다.

(1) 하루에 10개 미만의 담배를 피는 사람의 비율은 대략 몇 %인가?

(2) 하루에 한 갑 이상 두 갑 미만의 담배를 피는 사람의 비율은 약 몇 %인가? 단, 1갑에는 20개피의 담배가 들어 있다.

(3) 하루에 담배를 1갑 이상 피는 사람의 비율은 얼마인가?

(4) 하루에 15개피의 담배를 피는 사람의 비율은 얼마로 짐작되는가?

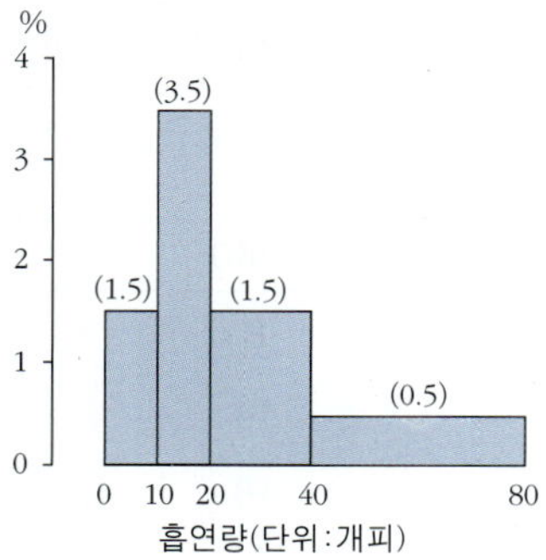

7. 25세–39세 사이의 여성에게 얼마나 많은 수의 자녀를 갖고 있는지 물어본 뒤, 그 결과를 교육수준에 따라 아래 표로 요약하였다.

(1) 자녀수는 이산변수인가, 연속변수인가?

(2) 이 자료를 히스토그램으로 나타내라. 단, 자녀수가 5명 이상이면 5명이라고 간주하기로 한다.

(3) 이로부터 어떤 결론을 얻을 수 있는가?

25세−39세 여성의 교육수준별 자녀수의 분포

자녀수	고졸 여성(%)	대졸 여성(%)
0	25.4	49.3
1	24.5	18.8
2	32.0	23.0
3	13.2	7.1
4	3.7	1.5
5명 이상	1.1	0.4

8. 출산 횟수가 혈압에 영향을 미치는지 알아보기 위해 자녀가 2명인 여성들과 자녀가 4명인 여성들의 혈압 분포를 조사하여 아래 결과를 얻었다. 어느 집단의 혈압이 더 높은가? 이로부터 출산횟수가 두 집단간 혈압의 차이를 초래한 요인이라고 주장하면 이는 타당한가? 논평하라.

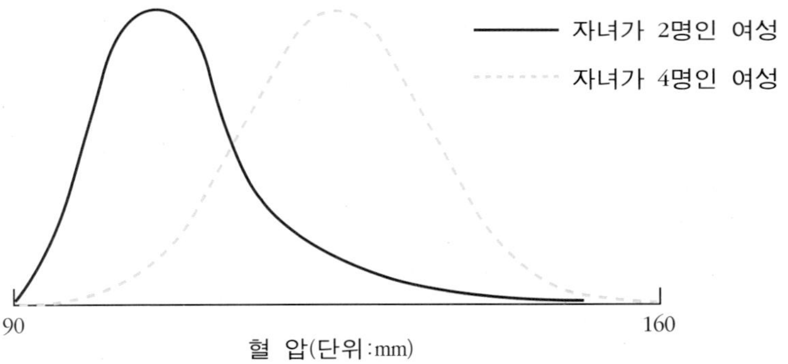

9. 본문의 〈표 2-4〉를 이용해 다음 질문에 답하라.
   (1) 17세−24세 사이의 복용자 중 140㎜ 이상의 혈압을 가진 사람의 비율은 얼마인가?
   (2) 17세−24세 사이의 비복용자 중 140㎜ 이상의 혈압을 가진 사람의 비율은 얼마인가?
   (3) 이로부터 어떤 결론을 얻을 수 있는가?
   (4) 17세−24세 사이의 연령층에서 복용자와 비복용자의 혈압에 대한 히스토그램을 그리라. 이로부터 어떤 결론을 얻을 수 있는가?
   (5) 17세−24세 사이 비복용자들의 혈압에 대한 히스토그램과 25세−34세 사이 비복용자들의 혈압에 대한 히스토그램을 그리라. 두 히스토그램을 비교함으로써 어떤 결론을 얻을 수 있는가?

10. 뉴욕 거주자의 주거 형태에 대한 1990년도 자료가 다음 표와 같이 주어져 있다. 자기 명의의 집에 거주하는 사람과 임대한 집에 거주하는 사람으로 구분하여 방의 개수를 보여준다.

소유형태별 방의 개수

방의 개수	자가소유(%)	임대소유(%)
1	2.0	9.2
2	3.8	12.9
3	11.9	32.5
4	14.5	26.5
5	16.7	12.5
6	22.3	4.8
7	11.7	1.0
8	6.5	0.3
9개 이상	10.5	0.4
비율의 합	99.9	100.1
관측치수	785,120	1,782,459

(1) 자가소유, 임대소유별로 방의 개수에 대한 히스토그램을 그려 보라. 뉴욕에서 10개 이상의 방을 가진 집에 거주하는 사람의 비율은 무시해도 좋을 정도이므로, 9개 이상은 9개로 간주하자.

(2) 자가소유의 경우 총합이 99.9%이나, 임대소유의 경우 총합이 100.1%라는 사실을 어떻게 설명할 수 있는가?

(3) 자가소유의 경우보다 임대소유의 경우에 방 1개짜리 집에 사는 사람의 비율이 높게 나타나고 있다. 이는 자가소유보다 임대소유의 집에 사는 사람의 수가 절대적으로 많기 때문인가?

(4) 전체적으로 볼 때 자기 명의의 집에 사는 사람과 임대한 집에 사는 사람 중 어느 쪽이 더 많은가?

11. 키에 대한 히스토그램이 다음과 같이 주어져 있다. 다음 중 이 히스토그램에 부합되는 설명 둘을 고르라.

(1) 165cm 25명, 170cm 50명, 175cm 25명

(2) 163cm 10명, 166cm 15명, 170cm 50명, 175cm 25명

(3) 165cm 30명, 170cm 40명, 175cm 30명

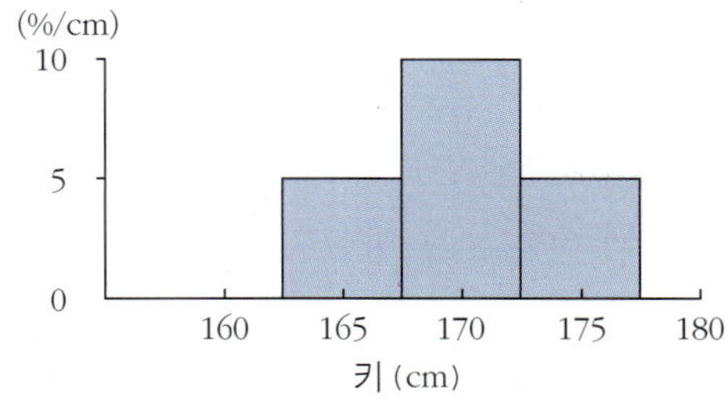

12. 다음의 두 히스토그램 중 하나는 심장마비, 암 등으로 인해 죽는 사람들의 연령분포이고, 다른 하나는 교통사고, 살인, 자살 등 사고로 인해 죽는 사람들의 연령분포이다. 설명과 그림을 옳게 연결하고 그 이유를 말하라.

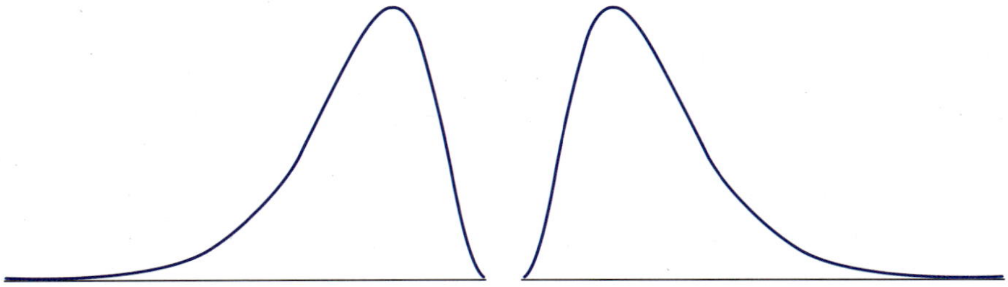

13. 다음 표는 1880년과 1970년 조사에서 얻어진 성인들의 나이 끝자릿수에 대한 분포를 나타내고 있다. 직관적으로는 각 자릿수에 10%의 사람들이 대응되어야 할 것 같지만, 실제로는 그렇지 않았다. 예를 들면 1880년도에는 16.8%의 사람들이

나이 끝자릿수 분포

나이 끝자릿수	1880(%)	1970(%)
0	16.8	10.6
1	6.7	9.9
2	9.4	10.0
3	8.6	9.6
4	8.8	9.8
5	13.4	10.0
6	9.4	9.9
7	8.5	10.2
8	10.2	10.0
9	8.2	10.1

나이의 끝자릿수가 0이라고 대답했다. 반면에 1970년에는 이 비율이 10.6%로 줄었다.

(1) 두 분포를 히스토그램으로 그리라.

(2) 1880년에는 0과 5에 높은 비율의 사람들이 있었다. 이러한 사실을 어떻게 설명할 수 있는가?

(3) 1880년에는 홀수와 짝수 중 어느 쪽이 더 많았는가? 1970년에는 어떠한가?

14. 다음은 2011년 5월 11일자 조선일보에 실린 기사이다.

> 우리나라 아동들은 가정에서 친부모로부터 학대를 당하는 경우가 가장 많으며, 특히 3세 미만의 영아가 학대 당하는 사례가 증가하고 있는 것으로 나타났다.
> 11일 보건복지부가 2010년 한 해 동안 전국 아동전문보호기관에 접수된 신고 사례를 바탕으로 발간한 전국아동학대현황 보고서에 따르면, 학대받는 아동들의 41%는 거의 매일 학대를 경험했으며 2~3일에 한 번이 19.1%, 일주일에 한 번은 12.2%로 나타났다. 아동학대는 가정에서 대부분(87.9%) 일어났고 집 근처 · 길가(2.8%), 복지시설(2.2%), 어린이집(1.8%), 친척집(0.9%), 학교(0.6%), 이웃집(0.6%)에서도 아동학대가 발생했다. 특히 유치원 · 어린이집 · 학교 · 학원에서의 학대가 전년보다 증가한 것으로 조사됐다. 부모 중 친부로부터 학대를 당한 경우가 49.4%로 가장 많았고, 친모 30.2%, 계모 1.9%, 계부 1.3%, 양부 · 양모 0.4%로 조사됐다. 이에 따라 부모로부터 학대를 당한 경우는 83.2%로 나타났다. 이외에 타인 9.4%, 친인척 6% 등으로 조사됐다. 가족유형별로는 부자(父子)가정의 아동학대 사례가 29.8%로 가장 많았으며, 친부모가정(29.2%), 모자가정(15.6%), 미혼부 · 미혼모 가정 (2.6%)이 뒤를 이었다.

위에 제시된 자료를 근거로 '친부모가 계부모 또는 양부모에 비해 아이들을 더 학대하는 경향이 있다' 라고 주장하고자 한다. 이 주장의 문제점에 대해 비판적으로 논하라. 또한 위와 같은 주장을 하려면 자료를 어떻게 모아 어떤 방식으로 분석해야 하는지 구체적으로 개선책을 제시해보라.

15. 한 대학에서 표본을 추출해 학생들의 학점 평균을 조사하였다. 이에 대한 히스토그램이 아래에 주어져 있다. 참고로 학점은 2.0점이 학사경고를 면하기 위한 최저점이다.

(1) 다음 주장은 참인가, 거짓인가? 1.5-1.6 사이의 평점을 받은 학생보다 2.0-2.1 사이의 평점을 받은 학생이 더 많다.

(2) 다음 주장은 참인가, 거짓인가? 2.5-2.6 사이의 평점을 받은 학생보다 2.0-

2.1 사이의 평점을 받은 학생이 더 많다.

(3) 평점 2에서 히스토그램이 위로 솟아 있는 이유는 무엇이라고 생각하는가?

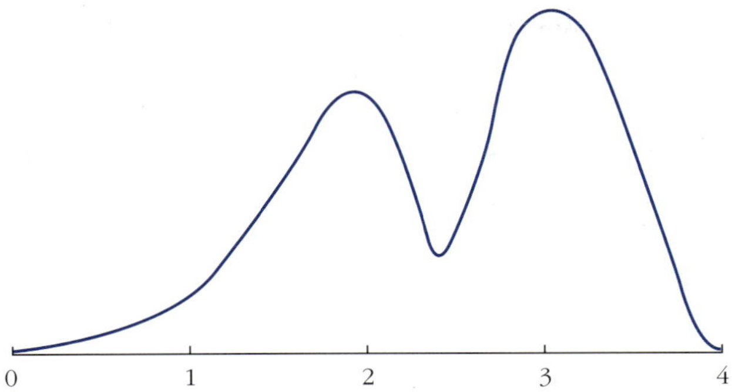

7. 실제 데이터를 이용한 연습문제

> **[참고] Excel의 "데이터 분석" 도구를 이용한 히스토그램 그리기**
>
> Excel의 **"히스토그램"** 도구를 이용할 때 등간격 계급구간 밖에 설정할 수 없음에 유의하라. 그리고 히스토그램 도구에서 출력하는 결과는 각 계급구간에 속하는 상대도수(relative frequency)가 아닌 절대도수(absolute frequency)임에 유의하라. **"계급구간"** 옵션에서 오름차순의 숫자 컬럼을 설정할 경우 이 컬럼에 속하는 각각의 숫자는 계급구간의 경계점으로 인식된다. 하나의 구간이 있을 때 Excel은 그 오른쪽 경계점은 해당구간에 포함시키고 그 왼쪽 경계점은 포함시키지 않는다. 이는 관행 및 우리 책 제2장의 설명과 다르다. 유념하라.

※ 대우데이터를 이용하여 다음 문제에 답하라.

1. 직업이 봉급생활자나 자영업자(JOB1의 코드가 1이나 2)인 가구주들을 대상으로 월평균소득의 히스토그램을 그리라. 또한, 자영업자와 봉급생활자 집단 각각에 대하여 가구주 월평균소득의 히스토그램을 그리라.

※ 서울 강남구의 아파트 가격 데이터를 이용하여 다음 문제에 답하라.

2. 아파트 가격자료가 수록된 Excel 파일의 워크쉬트(work-sheet)에는 모두 몇 개의 변수와 몇 개의 관측치가 있는가? 질적인 변수로는 어떤 것들이 있는가? 각 변수의 단위는 무엇인가?

3. 가격자료로는 상한 시세, 하한 시세 및 그 둘의 중간값이 수록되어 있다. 중간값 시세를 기준으로 가격의 평균과 표준편차 및 가장 비싼 아파트 가격과 가장 싼

아파트 가격을 구하라. Excel의 '기술통계법' 도구를 이용하라.

4. 아파트 평수와 단지 규모 각각의 평균과 표준편차를 구하라. 또 가장 큰 아파트의 평수와 가장 작은 아파트의 평수도 구하라. 마지막으로 이를 앞 3번 문제에서 구한 결과와 함께 보기 편리한 형태의 표로 작성하여 제시하라. 기술통계법 도구를 이용하면 된다.

5. 적절한 형태로 아파트 연령의 히스토그램을 그려서 다음 문항에 답하라.
   a. 연령이 10년 이상 15년 이하의 아파트보다 20년 이상 된 아파트가 더 많은가?
   b. 1981년에서 1983년 사이(경계 포함)에 지어진 아파트의 비율은 몇 %인가?

6. 아파트 가격의 히스토그램을 그리라.

7. 아파트 평수의 히스토그램을 그리라.

※ 컴퓨터 가격 데이터를 이용하여 다음 문제에 답하라.

8. 컴퓨터 가격의 히스토그램을 그리라.

9. 컴퓨터를 데스크탑과 노트북으로 나누어 각각 가격의 히스토그램을 그리라.

8. 인터넷 사이트를 이용한 문제

1. 우리나라 경제는 미국 경제의 영향을 많이 받는다고 한다. 주식시장에서 그 관계를 찾아낼 수 있을까? 이를 위해 먼저 KOSDAQ 시장과 NASDAQ 시장의 일별 지수 움직임을 살펴보자.
   (1) 한국은행 홈페이지(http://ecos.bok.or.kr ⇒ 6 증권 / 재정 메뉴 ⇒ 6.2 주식거래 및 주가지수 ⇒ 6.2.1 주식시장(일별) ⇒ 코스닥지수에 체크) 및 파이낸스 야후(http://finance. yahoo.com ⇒ Get Quotes에 nasdaq으로 검색 ⇒ Historical Prices)에 접속하여 코스닥 지수 및 나스닥 지수의 최근 1년치 일별 자료를 확보하라.
   (2) 매일매일의 일일수익률을 연율로 환산하여 계산하라. 이에 대해서 각각 히스토그램을 그리라. 참고로 일간 자료 z_t가 있을 때 그 수익률은 $r_t = \ln z_t -$

$\ln z_{t-1}$로부터 구한다. 이를 위해 Excel 함수인 ln(·)을 이용할 수 있다. 여기서 ln은 자연로그변환(natural logarithmic transformation)이다. 일일수익률을 연율로 환산하려면 $250 \times r_t$를 계산하면 된다. 이는 1년에 대략 250거래일(trading day)이 존재하기 때문이다.

9. 요 약

1. 자료를 정리하는 방법에는 그래프를 이용하는 방법과 수치를 이용하는 방법이 있다. 시계열 그림, 줄기-잎 그림, 히스토그램, 파이 도표, 상자 그림, 산포도 등이 그래프를 이용하는 대표적인 방법이다.

2. 히스토그램은 면적을 통해 비율을 나타낸다. 그러므로 특정한 계급구간에 속하는 자료의 비율은 그 구간에 해당하는 블록의 면적을 계산함으로써 얻는다.

3. 히스토그램에서 계급구간별로 블록의 높이는 그 구간에 속하는 자료의 비율을 그 구간의 폭으로 나눔으로써 얻는다. 이때 블록의 높이가 밀도단위로 표현되었다고 말한다. 밀도란 자료가 빽빽한 정도를 나타낸다. 인구밀도의 의미를 생각해보라.

4. 세로축에 밀도단위를 쓰면 면적이 비율을 의미하므로 전체 면적은 100%가 된다.

5. 결과에 영향을 미칠 수 있는 기타의 요인은 종종 분할표를 작성함으로써 통제할 수 있다.

제 3 장

평균과 표준편차

평균만으론 곤란!

1. 자료의 중심과 퍼진 정도

히스토그램은 많은 양의 자료를 그림으로 나타낸다. 히스토그램에서 중심과 '중심 주위로 퍼진 정도'를 생각해 보자. [그림 3-1]에는 두 개의 히스토그램이 있다. 중심과 중심 주위로 퍼진 정도가 표시되어 있다. 두 히스토그램은 동일한 중심을 갖고 있지만 그 주위로 퍼진 정도는 두 번째 히스토그램에서 더 크다. 히스토그램에서 **평균**(mean)과 **중앙값**(median)은 중심을 찾는 데 사용한다. **표준편차**(standard deviation)와 **사분위수 범위**(interquartile range)는 중심으로부터 퍼진 정도를 측정하는 데 사용한다.

히스토그램을 중심과 중심 주위로 퍼진 정도의 두 가지 정보만으로 요약할 때 문제가 없는 것은 아니다. 예를 들어 [그림 3-2]는 해수면을 기준으로 한 지표면 높이의 분포를 나타내는 히스토그램이다. 수평축을 따라 해수면 위의 높이는 (+)로, 그

그림 3-1 히스토그램의 중심과 퍼진 정도

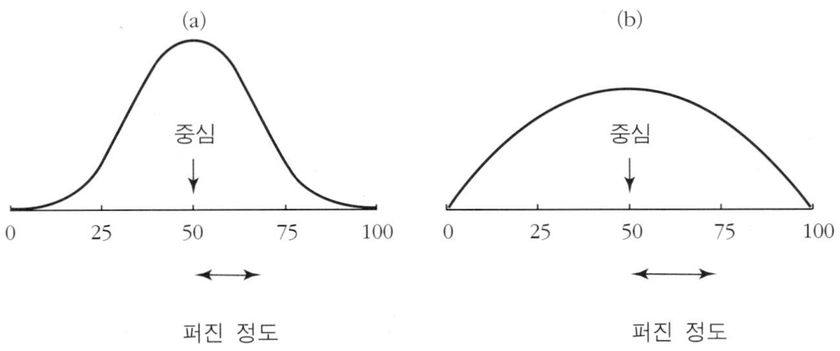

그림 3-2 해수면을 기준으로 한 지표면의 고도분포

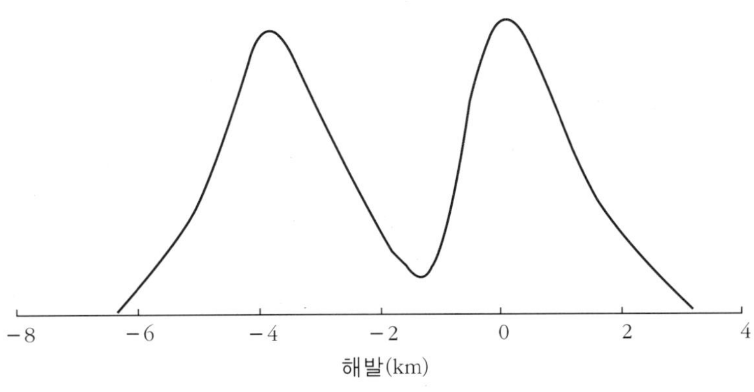

아래는 (-)로 나타나 있다. 단위는 킬로미터(km)이다. 이 그림은 해저의 지표가 해상의 지표보다 훨씬 많은 비중을 차지하고 있음을 보여 준다. 또 이 그림은 두 개의 봉우리를 갖고 있다. 봉우리가 두 개라는 사실은 중심의 의미를 퇴색시키고 그 중심 주위로 퍼진 정도의 의미도 반감시킨다. 나아가 중심과 중심 주위로 퍼진 정도만 보고서는 봉우리가 두 개인지 한 개인지 판별하기도 어렵다.

2. 평균, 중앙값, 최빈치

자료를 요약해 주는 대표값으로 **평균**(mean)과 **중앙값**(median), 그리고 **최빈치**(mode)를 들 수 있다.

평균의 개념을 정의하자. 예를 들어 6, 4, 2, 2, 1의 자료가 있다고 치자. 이때 평균은 $\frac{6+4+2+2+1}{5}=3$이다.

이를 일반화하여 변수 X에 대하여 X_1, X_2, $\cdots$, X_n 등 n개의 관측치가 주어져 있다고 하자. 표본평균은 $\overline{X}$라 하자. 표본평균은 관측치의 총합을 관측치의 개수로 나누어 구한다.

$$\overline{X}=\frac{X_1+X_2+\cdots+X_n}{n}=\frac{1}{n}\sum_{i=1}^{n}X_i$$

평균은 관측치의 총합을 관측치의 개수로 나누어 구한다.

평균이 중요한 정보이기는 하지만 전부는 아니다. [그림 3-3]은 평균이 같지만 퍼

그림 3-3 평균은 같지만 퍼진 정도가 다른 세 개의 히스토그램

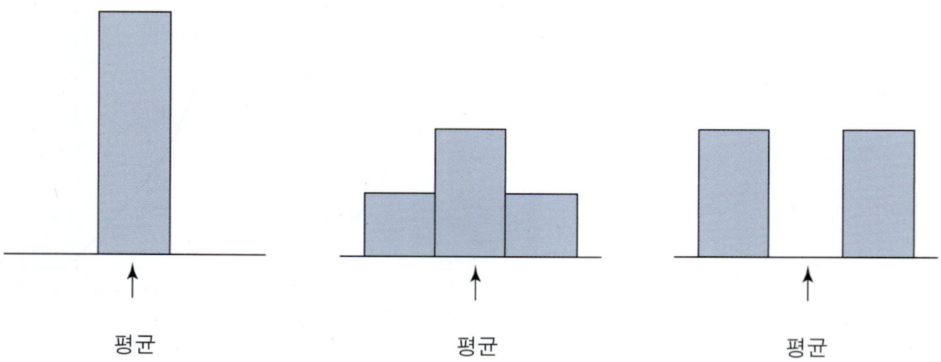

진 정도가 다른 세 개의 히스토그램을 보여준다.

평균으로 자료를 요약하는 과정에서 개인적 차이는 무시될 수밖에 없다. 예를 들어 연령별 평균 신장을 조사할 때 조사 대상 20대 남성의 평균 신장이 173cm라고 하더라도 그들 중 상당수는 180cm보다 크고, 다른 몇몇은 165cm보다 작다. 평균은 이러한 차이를 드러내 주지 못한다.

중앙값은 절반 이상의 숫자들이 이 값보다 크거나 같고 동시에 절반 이상의 숫자들이 이 값보다 작거나 같은 수로 정의된다. 중앙값은 히스토그램의 면적을 양분하는 점이다.

히스토그램은 중앙값에서 그 면적이 양분된다.

중앙값의 개념을 다음 네 개의 예를 통해 좀 더 살펴보자.

(1) 1, 5, 7
(2) 1, 2, 5, 7
(3) 1, 2, 2, 7, 8
(4) 8, −3, 5, 0, 1, 4, −1

(1)에서 중앙값은 5이다. 세 개의 숫자 중 두 개가 5 이상이고 동시에 두 개가 5 이하이기 때문이다. (2)에서는 2와 5 사이의 어떤 값도 중앙값이다. 굳이 하나의 값을 고른다면 2와 5의 중간인 3.5를 중앙값으로 선택한다. (3)의 경우 중앙값은 2이다. 다섯 개 숫자 중 네 개가 2 이상이고 세 개가 2 이하이기 때문이다. (4)의 경우 중앙값을 찾아내기 위해 숫자를 증가하는 순서로 재배열해 보자.

−3, −1, 0, 1, 4, 5, 8

네 개의 숫자가 1 이상이고 네 개의 숫자가 1 이하이다. 따라서 1이 중앙값이다.

중앙값은 전체 관측치수를 n이라 할 때 $\frac{n+1}{2}$번째로 크거나 작은 값이 된다. 여기서 $\frac{n+1}{2}$번째 값이라 함은 n이 홀수일 때는 그대로 잘 정의되나 n이 짝수일 때는 $\frac{n}{2}$번째 값과 $\frac{n}{2}+1$번째 값의 중간으로 이해하면 된다.

최빈치는 가장 많이 관찰되는 값으로 정의된다. 위 (3)의 자료에서 최빈치는 2가 된다.

그림 3-4 국민건강영양조사 중 여성 1960명의 몸무게에 대한 히스토그램

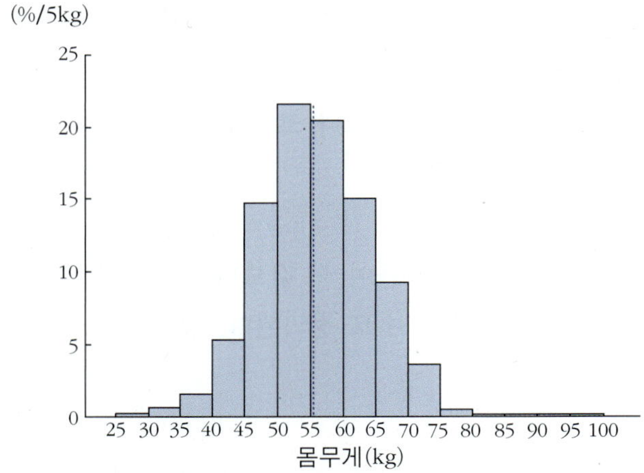

주: 평균은 점선으로 표시되어 있다. 절반에 못 미치는 47.8%의 여성만이 평균체중보다 무겁다.

> 히스토그램은 최빈치에서 그 높이가 제일 높다.

히스토그램에서 평균과 중앙값이 어떻게 관련되어 있는지 살펴보자. [그림 3-4]는 2007년 국민건강영양조사에 있는 10대 이상 여성 1,960명을 대상으로 몸무게의 분포를 나타낸 히스토그램이다. 평균은 55.3kg이고 점선으로 표시되어 있다. 이때 절반인 50%의 여성이 평균체중보다 무거울 것이며 나머지 절반인 50%의 여성이 평균체중보다 가벼울 거라고 생각할 수 있다. 하지만 이러한 추측은 사실과 다르다. 절반에 못 미치는 47.8%의 여성만이 평균보다 무겁고, 52.2%의 여성이 평균보다 가볍다. 즉 평균과 중앙값은 같은 값이 된다는 보장이 없다.

간단한 숫자를 예로 들어 평균과 중앙값의 관계를 살펴보자. 1, 2, 2, 3의 네 숫자가 있다. 이 자료는 [그림 3-5]에서 보듯이 2를 중심으로 대칭이다. 히스토그램이 어

그림 3-5 숫자열 1, 2, 2, 3에 대한 히스토그램

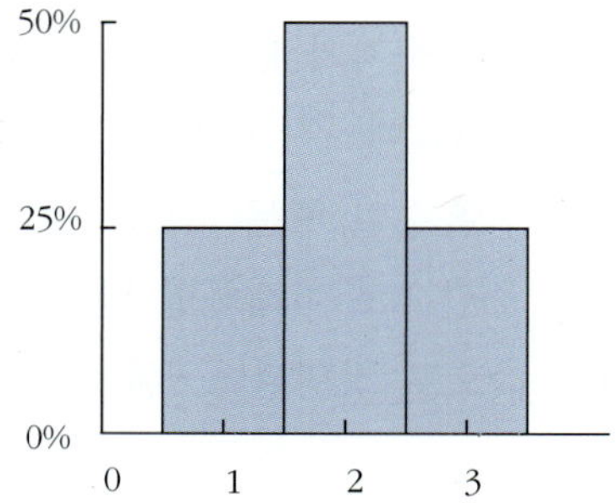

그림 3-6 히스토그램의 모양과 평균-중앙값의 관계

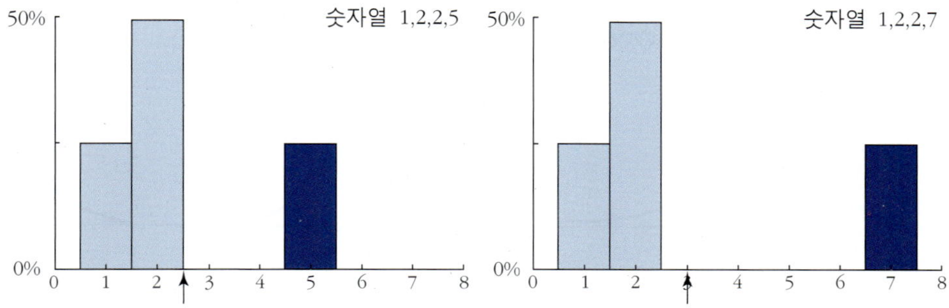

주: 평균은 화살표로 표시되어 있다. 히스토그램은 평균점에서 지지할 때 균형을 이룬다. 검은 블록이 우측으로 이동할수록 평균도 우측으로 이동하게 되고 결국 전체 면적의 75%가 평균 좌측에 있게 된다.

떤 값을 중심으로 대칭이면 평균과 중앙값은 같다. 히스토그램 절반의 영역은 중앙값의 왼쪽에 위치하고, 나머지 절반의 영역은 중앙값의 오른쪽에 위치한다.

만약 위의 자료에서 3의 값이 더 커지면 어떻게 될까? [그림 3-6]에서 보듯이 3 위에 그려진 직사각형이 오른쪽으로 이동한다. 히스토그램의 대칭성이 사라진다. 각각의 히스토그램에서 평균은 화살표로 표시되어 있다. 화살표는 검은 블록을 따라 오른쪽으로 이동해 간다.

한 블록이 면적은 작더라도 평균으로부터 멀리 떨어져 있으면 이 블록은 평균에 가까운 큰 블록과 균형을 이룬다. 아빠와 아기가 균형을 이루면서 시소를 타는 모습을 연상해 보라. 평균 좌우의 면적이 다를 수 있는 이유는 바로 여기에 있다.

> 히스토그램은 평균에서 균형을 이룬다.

[그림 3-7]은 히스토그램의 세 가지 꼬리 유형을 보여준다. 꼬리가 오른쪽으로 늘어져 있을 때(right skewed) 평균은 중앙값의 오른쪽에 위치한다. 반면, 히스토그램의 꼬리가 왼쪽으로 늘어져 있으면(left skewed) 평균은 중앙값보다 작게 된다. 히스토그램이 어느 쪽으로도 치우치지 않고 좌우 대칭이면(symmetric) 평균과 중앙값은 같다.

만일 평균과 중앙값의 차이가 크면, 분석 목적 및 자료의 특성에 맞게 적당한 대표값을 선택해야 한다. 예를 들어 어느 기업에서 사장 한 명은 엄청난 연봉을 받지만 대부분의 일반 근로자들은 낮은 보수를 받는다고 해 보자. 이때 단지 평균임금이 높다는 이유만으로 이 기업의 임금수준이 높다고 생각해서는 안 된다. 평균임금이

그림 3-7 히스토그램의 세 가지 꼬리 유형

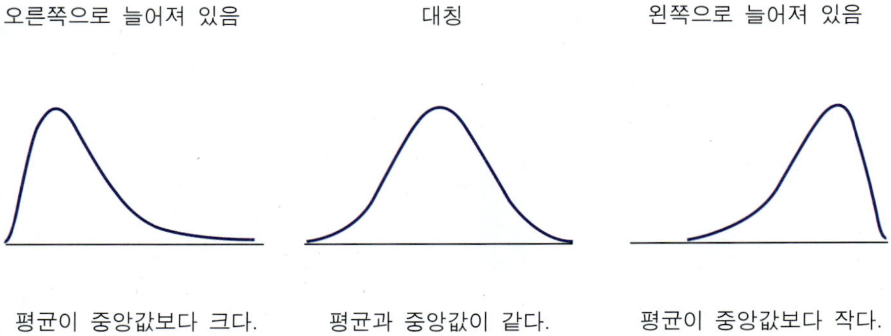

높게 나타난 것은 전적으로 사장 한 명의 영향이기 때문이다. 꼬리가 한 쪽으로 치우친 분포에서 평균은 극단적인 값의 영향을 받아 꼬리가 치우친 쪽으로 이동하게 된다. 평균의 대표성도 훼손된다.

3. 제곱근-평균-제곱

다음의 다섯 숫자를 살펴보자.

$$0,\ 1,\ -3,\ 3,\ -1$$

이 다섯 개의 숫자는 얼마나 큰가? 평균은 0이지만 이는 숫자들의 대표적 크기를 알려주지 못한다. 양의 값이 음의 값을 상쇄한다는 사실을 알려 줄 뿐이다. 숫자들의 대표적 크기를 측정하는 가장 손쉬운 방법은 부호를 제거하고 평균을 구하는 것이다. 그러나 통계학자들은 **제곱근-평균-제곱**(root-mean-square)이라는 다른 방식을 즐겨 사용한다. 이때 실제 연산은 제곱근-평균-제곱이라는 표현의 역순으로 하면 된다.

- 제곱(S): 모든 수를 제곱하여 부호를 없앤다.
- 평균(M): 제곱된 값들의 평균을 구한다.
- 제곱근(R): 그 평균의 제곱근을 취한다.

$$\text{RMS}=\sqrt{\text{숫자들의 제곱의 평균}}$$

보기 1 다섯 개의 숫자 0, 1, -3, 3, -1에 대하여 평균, 부호를 제거한 숫자들의 평균, 그리고 RMS를 구하라.

해 설 평균 $=\frac{0+1-3+3-1}{5}=0.0$

부호를 제거한 숫자들의 평균 $=\frac{0+1+3+3+1}{5}=1.6$

$$\text{RMS}=\sqrt{\frac{0^2+1^2+(-3)^2+3^2+(-1)^2}{5}}=2$$

RMS는 부호를 제거한 숫자들의 평균보다 크다. 이 관계는 모든 숫자들이 동일한, 예외적인 경우를 제외하고는 항상 성립한다.

[보기 1]에서 다섯 개의 숫자가 모두 +3이라고 해보자. RMS는 $\sqrt{(3^2+3^2+3^2+3^2+3^2)/5}=3$이 된다. 이는 다섯 개 숫자들의 평균과 같다. 다섯 개 숫자가 -3으로 모두 같아도 RMS는 여전히 3이다. 이처럼 모든 숫자가 같으면 RMS는 평균을 나타내는 M과 같게 된다. 물론 부호를 제거한 숫자들의 평균 말이다. RMS가 M과 같게 되는 것은 모든 숫자가 같을 경우에만 예외적으로 그렇다. 일반적으로 RMS는 M과 다르다. RMS가 M보다 크다. 숫자가 서로 다르면 평균(M)의 좌우에 위치한 제곱근(R)과 제곱(S)은 정확히 상쇄되지 않는다. 평균(M)을 구하는 과정이 중간에 들어 있기 때문이다.

4. 표준편차

숫자들이 평균 주위로 퍼져 있는 정도를 생각해 보자. 만일 어떤 사람이 머리는 오븐에 넣고 나머지 신체부위는 냉장고에 넣었다면 이 사람이 느끼는 평균온도는 분명 적정수준이다. 실제로는 어디 한 군데 성한 구석이 없을 것이다. 동네 목욕탕에서 온탕과 냉탕을 없애고 두 탕에 든 물을 섞어 하나의 '미지근탕' 을 만들었다고 하자. 이 탕의 온도를 온탕과 냉탕의 평균온도와 같게 두더라도 이 미지근탕을 찾을 손님은 없다. 앞의 예에서는 온도가 평균 주위로 퍼져 있을수록 나쁘고, 뒤의 예에서는 온도가 평균 주위로 적당히 퍼져 있어야 좋다. 여기서 온도가 평균 주위로 퍼져 있는 정도를 측정할 필요성을 느낀다.

자료의 숫자들은 평균으로부터 어느 정도 떨어져 있다. 이를 알아보기 위해 우선 개별 숫자를 평균으로부터의 편차로 표시해 보자.

(평균으로부터의 편차) = (개별 숫자)-(숫자들의 평균)

표준편차(standard deviation)는 개별 숫자들이 평균으로부터 떨어져 있는 정도를 측정한다. 표준편차는 편차들의 RMS와 대체로 비슷하다.

표준편차는 평균으로부터의 편차들의 RMS와 대체로 비슷하다.

보기 2 네 숫자 20, 10, 15, 15에 대한 표준편차를 구하라.

해 설 우선 평균을 구한다. 평균$=\frac{20+10+15+15}{4}=15$

다음 평균으로부터의 편차를 구한다. 각 숫자에서 평균을 빼주면 된다. 값은 5, -5, 0, 0이다. 마지막으로 RMS를 '대략적으로' 구한다. 여기서 대략적으로 구한다는 것은 평균을 구할 때 편차 제곱의 합을 자료의 개수로 나누는 것이 아니라 '자료의 개수-1' 로 나누는 것을 의미한다.

$$\text{표준편차}=\sqrt{\frac{5^2+(-5)^2+0^2+0^2}{4-1}}=\sqrt{\frac{25+25+0+0}{4-1}}=\sqrt{\frac{50}{3}}\approx\sqrt{16.7}\approx4.1$$

이를 일반화된 수식으로 나타내보자. 표본표준편차는 하나의 관측치가 표본평균으로부터 대략 얼마나 떨어져 있는지를 보여준다. 이는 먼저 편차의 제곱을 더하고 이를 '자료의 개수-1' 로 나누어 표본분산을 구한 뒤 그 제곱근을 취함으로써 얻을 수 있다. 표본분산은 S^2, 그리고 표본표준편차는 S라 한다면

$$S^2=\frac{(X_1-\overline{X})^2+(X_2-\overline{X})^2+\cdots+(X_n-\overline{X})^2}{n-1}$$

$$=\frac{1}{n-1}\sum_{i=1}^{n}(X_i-\overline{X})^2$$

$$S=\sqrt{\frac{1}{n-1}\sum_{i=1}^{n}(X_i-\overline{X})^2}$$

표준편차를 구할 때 분모에는 '자료의 개수-1' 이 등장한다. 이는 표준편차를 구할 때의 **자유도**(degrees of freedom)이다. 자유도의 개념에 대해서는 다음 절에서 다룬다. 표준편차는 원래의 자료와 동일한 단위로 표현된다. 표준편차를 RMS와 혼동

하지 말아야 한다. 표준편차는 원래 숫자들의 RMS가 아니라, 평균으로부터 떨어진 편차들의 대략적인 RMS를 의미한다.

참고로 표준편차를 구하는 연산에서 제곱근을 취하는 R의 연산을 제거하면 이는 분산이 된다. 즉 분산은 평균으로부터의 편차들의 대략적인 MS(mean square)가 된다.

앞에서 소개한 국민건강영양조사에는 10대 이상의 여성 1,960명이 표본으로 선정되었다. 이들의 평균 신장은 155.4cm이고 표준편차는 6.8cm이다. 표준편차가 6.8cm라는 것은 국내건강검진자료 표본의 많은 여성이 평균키에서 6.8cm 이하로 차이가 나거나 조금 더 차이가 남을 의미한다. 예컨대 많은 여성의 키가 평균키로부터 2.5cm라든지 5cm라든지 7cm 정도 다르다는 것이다. 여기서 표준편차를 SD로 나타내면, 2.5cm와 5cm는 1SD보다 작고 7cm는 1SD보다 조금 크다. 평균키와 2SD(13.6cm) 이상 차이 나는 여성은 아주 드물다.

표준편차는 숫자들이 평균으로부터 얼마나 떨어져 있는지를 알려준다. 대부분의 숫자는 평균으로부터 표준편차 단위로 1단위 이내만큼 떨어져 있다. 그리고 극히 일부의 숫자만이 평균으로부터 표준편차 단위로 2단위 또는 3단위 이상 떨어져 있다.

평균과 표준편차를 이용한 다음의 68-95 법칙은 경험적으로 많은 자료에서 성립한다. 사실상 이 법칙은 뒤 4장에서 배울 정규분포의 특성 가운데 하나이다.

숫자들의 약 68%가 평균에서 1SD 떨어진 영역(평균±1SD) 내에 존재하며 나머지 32%는 그 영역 밖에 존재한다. 그리고 대략 95%가 평균에서 2SD 떨어진 영역(평균±2SD) 내에 존재하며 나머지 5%는 그 영역 밖에 존재한다. 이러한 68-95 법칙은 많은 경우에 성립한다.

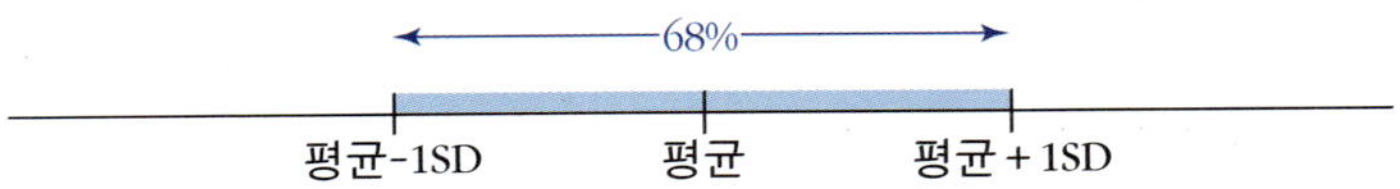

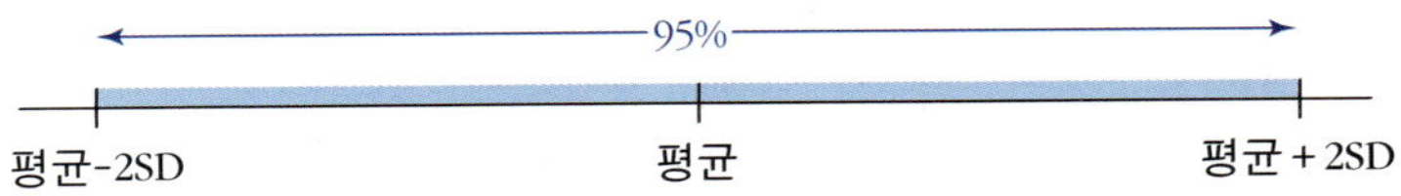

[그림 3-8]은 2007년 국민건강영양조사에 등장하는 10대 이상 여성, 1,960명을 대상으로 키의 분포를 나타낸 히스토그램이다. 평균은 점선으로 표시되어 있고 1SD 내의 영역은 음영으로 표시되어 있다. 음영으로 표시된 부분은 평균키와 1SD 이내

그림 3-8 여성 키의 히스토그램 (평균±1SD의 범위)

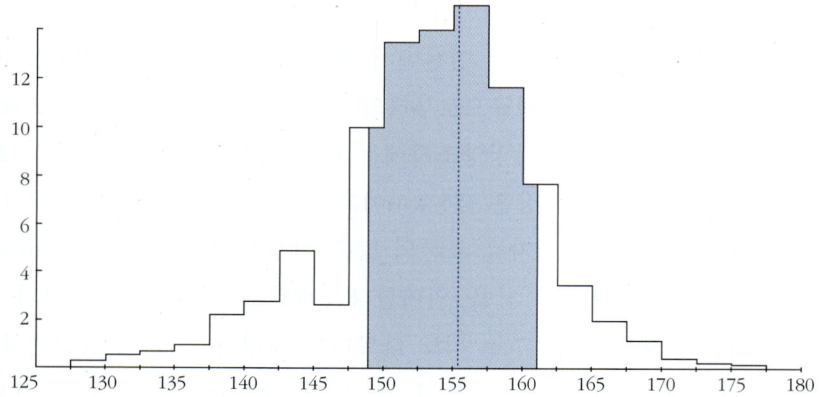

주: 2007년 국민건강영양조사자료 중 10대 이상의 여성 1,960명의 키의 분포를 보여준다. 평균은 155.4cm이고 점선으로 표시되어 있다. 평균으로부터 1SD(=6.8cm) 이내의 범위가 음영으로 표시되어 있다. 69.5%의 여성이 그 범위에 들어 있다.

의 차이를 보이는 여성을 나타낸다. 이 영역은 대략 전체의 69.5%이다. 즉, 전체 여성의 69.5%가 평균키와 1SD 이내의 차이를 보인다.

[그림 3-9]는 동일한 히스토그램을 나타낸다. 이번에는 2SD 이내의 영역이 음영으로 표시되어 있다. 이 영역은 평균키와 2SD 이내의 차이를 보이는 여성을 나타낸다. 이 영역은 전체의 95% 정도이다. 즉, 전체 여성의 95%가 평균키와 2SD 이내의 차이를 보인다.

이를 종합하면 대략 69.5%의 여성이 평균키와 1SD 이내의 차이를 보이며 약 95%의 여성이 평균키와 2SD 이내의 차이를 보인다. 이 표본에서 평균키와 3SD 이상의

그림 3-9 여성 키의 히스토그램 (평균±2SD의 범위)

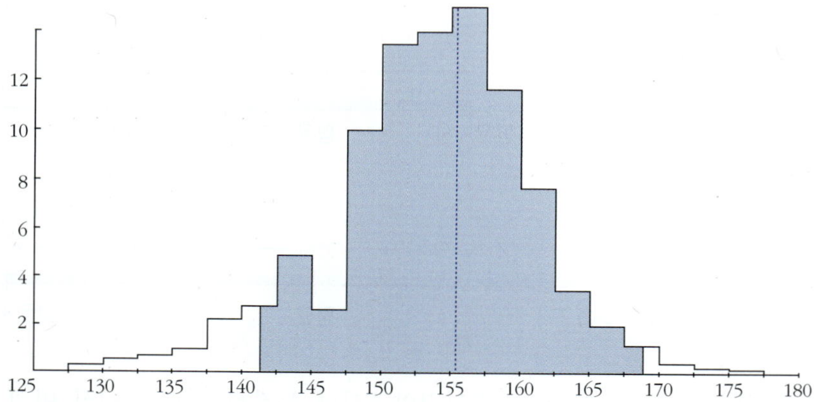

주: 2007년 국민건강영양조사자료 중 10대 이상의 여성 1,960명의 키의 분포를 보여준다. 평균은 155.4cm이고 점선으로 표시되어 있다. 평균으로부터 2SD(=13.6cm) 이내의 범위가 음영으로 표시되어 있다. 95%의 여성이 그 범위에 들어 있다.

차이를 보이는 여성은 1,960명 가운데 단 아홉 명 존재할 뿐이다. 이 자료에서는 68-95 법칙이 비교적 잘 성립한다. 그런데 68%, 95%라는 값은 대체 어디서 나온 것인가? 이는 정규분포에서 나온다. 정규분포에 대해서는 다음 장에서 배운다.

5. 자유도

앞에서 표준편차 내지 분산을 구할 때 제곱한 편차들을 합친 뒤 이를 무언가 하나의 숫자로 나누어 주었다. 일종의 '평균'을 구한 셈이다. '평균'을 구할 때 나누어 주는 그 무언가의 숫자, 그것이 바로 자유도이다. 자유도는 합쳐진 값들 중에서 실질적으로 '자유로운' 값들의 개수와 같다.

자유도라는 명칭은 다음과 같은 이유에서 붙여졌다. 평균으로부터의 편차는 자료의 개수만큼 존재한다. 그러나 편차의 합은 언제나 0이다. 이러한 제약은 편차들 중 자유롭게 값을 취할 수 있는 것을 하나 줄인다. 따라서 자유도는 전체 자료의 개수에서 하나를 뺀 값이다. 앞의 [보기 2]에서 4개 편차의 합은 0이다. 만일 3개의 편차값을 안다면 나머지 4번째 편차의 값을 알 수 있다. 그렇기 때문에 자유도는 3이 된다. 표준편차를 구할 때 자유도는 '자료의 개수－1'이다.

왜 자료의 개수가 아닌 자유도로 나누어 표준편차를 구하는가? 자유도를 고려하여 나누어주지 않고 자료의 개수로 나눈다면 표본으로부터 구한 표준편차는 실제의 표준편차를 과소평가하게 된다. 이 점을 이해하기 위해 극단적으로 자료의 개수가 하나라고 해보자. 그러면 그 자료의 값이 표본평균이 되고 편차의 값은 영이 된다. 표본으로부터 표준편차를 구할 때 잔차제곱을 자유도로 나누어 제곱근을 취하면 표준편차는 0/0의 제곱근으로 나타난다. 이는 수학적으로 부정형(indefinite form)이 되어 그 값이 결정되지 못한다는 사실을 알려준다. 반면 자유도가 아닌 자료의 개수로 나누어 제곱근을 취하면 표준편차는 0/1의 제곱근으로 나타나 그 값은 0으로 확정된다. 잠시 생각해보라. 자료 하나로부터는 퍼진 정도를 구할 수 없다. 퍼진 정도는 영이 아니라 "알 수 없다"가 정답이다. 정답을 얻으려면 자유도로 나누어 주어야 한다.

6. 측정오차, 편의, 이탈값

이상적인 세계에서는 동일한 대상을 여러 번 측정할 때 매번 동일한 측정치가 얻어질 것이다. 그러나 현실 세계에서는 아무리 신중을 기하더라도 측정할 때마다 측정치가 달라진다. 개별 관측치를 실제의 값과 다르게 만드는 측정 상의 오차를 **측정 오차**(measurement error)라고 한다. 측정오차의 문제는 시장에서 상인이나 고객이 딸기의 무게를 잴 때나 옷감의 길이를 잴 때도 등장한다. 측정오차를 줄일 수 있으면 참값을 알기가 그만큼 쉬워진다.

측정오차로 인해 관측치의 값은 측정할 때마다 변한다. 그럼에도 불구하고 측정을 반복하는 이유는 무엇인가? 첫째, 단 한 번 측정한 값은 측정오차 때문에 참값과 다르다. 이때 여러 번 측정하여 그 관측치들의 평균을 내면 오차가 줄어든다. 둘째, 여러 번 측정한 값을 상호 비교하면 측정오차가 어느 정도의 크기를 갖고 있는지 짐작해 볼 수 있다. 예컨대 몸무게를 두 번 측정했을 때 두 측정치가 몇 그램밖에 차이나지 않는다면 각각의 측정에서 측정오차는 단지 몇 그램밖에 되지 않았을 것이라고 짐작된다. 반면에 두 측정치가 몇 백 그램만큼 차이난다면 각각의 측정치는 몇 백 그램만큼 참값과 차이를 보일 것으로 생각된다.

> 아무리 세심하게 관측하더라도 매 번의 관측치는 서로 다르다. 어느 정도 다르게 나올 것인가? 이에 답하기 위해서는 관측을 여러 차례 반복하면 된다.

측정오차의 크기는 관측치들의 표준편차(SD)를 통해 알아낼 수 있다. 실제의 값으로부터 관측치가 얻어지는 과정을 수학적으로 표현하면

(개별 관측치) = (실제의 값) + (측정오차)

가 된다. 이 식으로부터, 우변에 등장하는 측정오차의 표준편차는 좌변에 등장하는 관측치의 표준편차와 같게 됨을 알 수 있다. 이는 실제의 값이 상수로 고정되어 있기 때문이다. 표준편차는 평균으로부터 퍼진 정도를 나타내 주기 때문에 상수를 더하는 변환은 표준편차를 변화시키지 않는다.

> 관측을 반복한 뒤 그 관측치들의 SD를 구하면, 이는 측정오차의 SD와 같게 된다. SD의 크기는 한 번의 관측에서 측정오차가 어느 정도일지를 말해 준다.

측정오차 말고도 관측치를 실제의 값과 다르게 하는 요인이 또 있다. 예를 들어 정육점 주인이 저울로 쇠고기의 무게를 잴 때 검지손가락으로 그 고기를 누르고 있다고 생각해 보자. 이때 저울로 잰 무게는 실제 무게를 과대평가하게 된다. 개별 관측치는 측정오차 말고도 또 다른 오차에 직면하게 된다. 다른 예를 들어 보자. 어느 직물 상점의 주인이 95cm 길이에 1m라고 표시한 줄자를 사용한다고 하자. 이 상점

에서 판매되는 1m 길이 옷감의 실제 길이는 1m보다 체계적으로 짧을 것이다. 푸줏간 주인의 검지손가락이나 눈금이 잘못 표시된 줄자는 측정에 있어 하나의 체계적인 오차를 가져온다. 이러한 오차는 측정오차와 달리 방향성을 갖는다. 체계적인 오차는 아무리 측정을 반복하여 평균을 취하더라도 서로 상쇄되어 없어지지 않는다. 이처럼 방향성을 갖는 하나의 체계적인 오차를 **편의**(偏倚, bias)라고 부른다.

편의는 모든 관측치에 동일한 방향으로 영향을 준다. 반면 측정오차는 관측치를 참값보다 크게 할 수도 있고 작게 할 수도 있다.

관측치들이 측정오차뿐 아니라 편의에 의해서도 영향을 받는 경우 앞서 소개한 수식은 다음과 같이 수정되어야 한다.

(개별 관측치) = (실제의 값) + (편의) + (측정오차)

편의가 존재하지 않는 경우 반복측정으로 얻어진 아주 많은 측정치들의 평균은 실제값에 가까워진다. 즉 측정오차는 상쇄되어 줄어들고 궁극적으로 없어지게 된다. 그러나 편의가 존재하는 경우 여러 관측치에 걸쳐 평균을 구하더라도 그 평균은 실제값보다 크거나 작게 나타난다. 대개 편의는 측정과정 자체만을 보고 찾아내기 어렵다. 관측치를 외부의 기준이나 이론적인 예측치와 비교하여 편의의 존재 가능성을 늘 검토해 보아야 한다.

한편 극단적인 관측치를 **이탈값**(outlier)이라고 한다. 주의 깊게 행한 실험에서도 작은 비율의 이탈값은 나타날 수 있다. 이탈값이 있을 때 이를 어떻게 처리할 것인가? 많은 경우 이탈값을 무시하는 방식을 선택한다. 나름대로의 이론에 맞지 않기 때문이다.

그러나 이것은 이론이 현실을 앞서는, '앞뒤가 뒤바뀐' 상황이다. 어떤 관측의 결과를 있는 그대로 받아들이지 않고 관측치가 어떻게 나타날 것이라고 기대하면서 관측 과정에 주관적으로 개입해서는 곤란하다. 자의적인 기준을 정해두고 마음에 들지 않는 자료를 버린다면 분석결과는 심각하게 왜곡된다. 의미 있는 분석결과를 얻기 위해서는 명백한 착오가 아닌 한 가급적 모든 자료를 받아들여야 한다.

7. 복습문제

1. 본문의 [그림 3-2]에서 태백산맥은 좌표축의 왼쪽에 위치하겠는가? 중앙에 위치하겠는가? 아니면 오른쪽에 위치하겠는가?

2. 사업체가 제출한 임금 총액 자료로부터 시간당 평균임금을 계산하려면, 지급된 임금 총액을 총 노동시간으로 나누면 된다. 불경기에는 시간당 평균임금이 상승하고 불경기가 끝나면 시간당 평균임금이 하락하기 시작한다. 이를 어떻게 설명할 수 있는가?

3. 대학에 등록된 학생들의 경우 평균연령이 높겠는가? 중앙값 연령이 높겠는가?

4. 다음 숫자들에 대해 RMS가 1, 10, 20 중 어느 값과 비슷할지 말해 보라. 일일이 계산할 필요는 없다.
   (1) 1, 5, −7, 8, −10, 9, −6, 5, 12, −17
   (2) 22, −18, −33, 7, 31, −12, 1, 24, −6, −16
   (3) 1, 2, 0, 0, −1, 0, 0, −3, 0, 1

5. 99, 97, 101, 105는 100과 거의 비슷하지만 어느 정도 벗어나 있다. 이때 그 벗어난 정도에 대한 RMS를 구하라.

6. 10명의 시험성적과 사전 예측치가 다음과 같이 주어져 있다. 예측오차의 RMS가 3.6이라면 이를 믿어야 하는가? 단, 예측오차는 실제치와 예측치의 차이로 정의된다.

   실제치: 88 70 81 85 63 77 66 49 71 69
   예측치: 90 99 87 80 42 70 67 60 83 94

7. 한 조사원이 어느 마을에서 18세부터 24세까지의 남성 백 명을 표본으로 얻었다. 다른 조사원은 동일한 조건하에서 남성 천 명을 표본으로 얻었다.
   (1) 어느 조사원의 표본에서 평균키가 더 크겠는가? 아니면 서로 비슷하겠는가?
   (2) 어느 조사원의 표본에서 키의 표준편차가 더 크겠는가? 아니면 서로 비슷하겠는가?

(3) 키가 가장 큰 사람은 어느 조사원의 표본에서 나올 확률이 높겠는가? 아니면 그 확률이 두 표본에 걸쳐 동일하겠는가?

8. 다음은 두 임상실험에 참가한 피험자들의 몸무게에 대한 기초자료이다. 이 중 한 실험에서는 실험대상이 처리집단과 통제집단에 무작위로 배정되었고 다른 실험에서는 그 배정이 무작위로 이루어지지 않았다. 다음 (i)과 (ii) 가운데 어느 자료에서 배정이 무작위로 이루어지지 않았다고 생각하는가? 왜 그렇게 생각하는가?

		사람수	평균몸무게(kg)	표준편차(kg)
(i)	처리집단	1,012	83.25	11.25
	통제집단	997	64.35	10.70
(ii)	처리집단	995	74.70	12.95
	통제집단	1,017	73.35	11.95

9. 운동이 심장병에 미치는 효과를 알아보기 위해 한 연구원이 런던 운송국에 소속된 버스운전자들을 운전기사와 차장으로 구분하여 집단별로 심장병의 발병률을 조사하였다. 차장은 요금을 징수하기 위해 하루종일 걸어다녀야 하기 때문에 운전기사에 비해 훨씬 많은 운동을 하게 된다. 두 집단의 연령분포는 거의 비슷하며 모든 사람들은 동일한 일을 10년 이상 계속해 왔다. 심장병의 발병률은 차장 집단에서 월등히 낮게 나타났다. 따라서 이 연구원은 운동이 심장병을 예방한다는 결론을 내렸다. 하지만 다른 연구원은 이 결과에 회의적인 반응을 보였다. 그는 자료를 면밀히 검토하던 중 회사가 운전기사와 차장을 고용할 때 유니폼을 지급했으며 지급된 유니폼 크기에 대한 기록이 보관되어 있다는 사실을 알아내었다.

(1) 두 집단의 연령분포가 비슷하다는 것이 왜 중요한가?

(2) 모든 사람들이 동일한 일을 10년 이상 해 왔다는 것이 왜 중요한가?

(3) 왜 앞의 연구원은 차장을 런던 운송국의 경영자가 아니라 운전기사와 비교하였는가?

(4) 왜 뒤의 연구원은 결과에 회의적인 반응을 보였는가?

(5) 유니폼의 크기가 어떤 유용한 정보를 제공한다고 생각하는가?

10. 어느 고등학교의 고3 학생은 746명이다. 이들의 학년말 성적을 조사하였는데, 최저점수는 31점, 최고점수는 96점, 점수의 중앙값은 48점이었다. 누군가가 이들

746명 점수의 합을 48점×746명으로 구한다고 하자. 통상적으로 이 값이 실제 점수의 합보다 클지 작을지 설명하라.

11. 한 지역에서 그 지역에 살고 있는 가구의 거주 기간을 조사하였다. 1년 미만 거주한 가구는 20%이고, 15년 이상 거주한 가구는 25%이다. 35년 이상 거주한 가구도 5%나 된다. 평균 거주 기간이 10년이라면 표준편차는 (1년, 2년, 10년, 25년)정도가 될 것이다. 괄호 안에서 맞다고 생각되는 답을 고르라.

12. 다음 물음에 답하라.

(1) 서울시는 서울시 소속 모든 근로자의 임금을 동일하게 매달 10만 원씩 올려주기로 결정하였다. 이러한 조치가 서울시 소속 근로자의 월평균 소득이나 소득의 표준편차에 어떤 영향을 주겠는가?

(2) 만약 일률적으로 임금을 5%씩 올려준다면 월평균 소득과 소득의 표준편차에 어떤 영향을 주겠는가?

13. 다음 세 종류의 히스토그램을 보고 질문에 답하라.

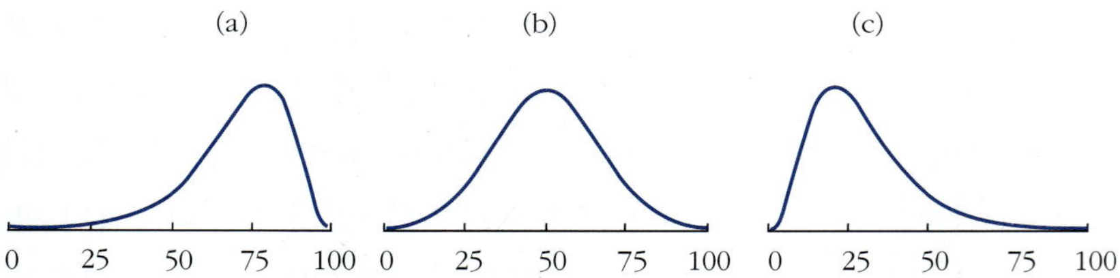

(1) 각 히스토그램에 맞는 평균을 30, 50, 70 가운데 선택하라.

(2) 다음 각각의 조건과 부합되는 히스토그램을 선택하라.

(i) 중앙값이 평균보다 작다.

(ii) 중앙값과 평균이 거의 같다.

(iii) 중앙값이 평균보다 크다.

(3) 세 번째 히스토그램의 표준편차는 5, 15, 50 중 어느 값과 비슷하겠는가?

(4) 첫 번째 히스토그램의 표준편차는 세 번째 히스토그램의 표준편차보다 작은가? 답하고 설명하라.

8. 실제 데이터를 이용한 연습문제

※ 대우데이터를 이용하여 다음 문제에 답하라.

1. 직업이 봉급생활자나 자영업자(JOB1의 코드가 1이나 2)인 가구주 전체를 봉급생활자와 자영업자로 나누어 월소득의 평균, 중앙값, 표준편차를 구하라. 위의 통계량에 입각하여 봉급생활자와 자영업자간 근로소득의 분포가 어떻게 다른지 논하라.

2. 봉급생활자 및 자영업자 각각의 집단에서 연령과 소득이 어떠한 관계를 갖고 있는지 분석하고자 한다. 이를 위하여, 가구주들을 근로상태에 따라 봉급생활자와 자영업자로 나누고 또 각각의 근로상태별로 연령에 따라 25세-29세, 30세-34세, 35세-39세, 40세-44세, 45세-49세, 50세-54세, 55세-59세 등 7개의 연령집단으로 나눈다. 그리하여 총 $2 \times 7 = 14$의 하부집단을 고려한다. 각 하부집단별로 평균근로소득을 구하고 연령과 소득의 관계를 그래프로 표현하라. 위의 결과를 기초로 한 개인의 소득이 연령에 따라 어떻게 변화해 가는지 알 수 있는가? 알 수 있으면 그 관계를 설명하고, 알 수 없으면 왜 알 수 없는지 그 이유를 밝히라.

3. 음주자와 비음주자의 평균소득을 비교하여 음주가 소득에 미치는 영향을 분석하라. 음주와 소득의 관계에 혼동요인으로 작용할 가능성이 있는 변수를 둘 이상 제시하고, 그 이유를 설명하라. 혼동요인은 데이터에 들어있는 변수 중에서 선택하라. 참고로 대우데이터는 음주자의 경우 P2 값이 1이고, 비음주자의 경우 P2 값이 2이다.

※ 서울 강남구의 아파트 가격 데이터를 이용하여 다음 문제에 답하라.

4. 이 지역 아파트 가격의 평균 및 최빈치를 구하여 서로 비교하고, 그 결과가 히스토그램의 모양과 어떤 관련이 있는지에 대하여 논하라. 최빈치를 구할 때 아파트 가격을 본인이 적절하다고 생각하는 구간별로 묶어라. 평균과 최빈치를 계산하는 Excel 함수는 average(·)와 mode(·)이다.

※ 컴퓨터 가격 데이터를 이용하여 다음 문제에 답하라.

5. 데스크탑과 노트북으로 나누어 컴퓨터 가격의 평균, 중앙값, 표준편차를 구하라. Excel 함수 중 표준편차를 구하는 함수는 두 가지가 있다. stdev(·)와 stdevp(·)가 그것이다. 둘의 차이에 유념하라.

9. 인터넷 사이트를 이용한 문제

1. 제2장에서 한국은행 홈페이지(http://ecos.bok.or.kr) 및 파이낸스 야후(http://finance.yahoo.com)에 접속하여 코스닥 지수 및 나스닥 지수의 최근 1년치 일별 자료를 확보한 뒤, 그 일일수익률을 구한바 있다. 여기서는 지수별로 일일수익률의 평균과 표준편차를 구하라.

10. 요 약

1. 히스토그램에 그려진 자료는 종종 평균과 표준편차라는 두 값으로 잘 요약된다.

2. 평균 $= \dfrac{\text{숫자들의 합}}{\text{숫자들의 개수}}$

3. 히스토그램은 평균에서 균형을 이룬다. 이런 점에서 평균은 히스토그램의 중심이다.

4. 중앙값의 왼쪽에 히스토그램 영역의 절반이 위치하고 그 오른쪽에 나머지 절반이 위치한다.

5. RMS=숫자들의 제곱(S)의 평균(M)에 대해 제곱근(R)을 취한 값으로 쓰여진 순서의 역순으로 계산한다. 즉, S⇒M⇒R순으로 계산한다.

6. RMS는 부호를 제거한 숫자들이 대체로 얼마나 큰지를 나타내 준다.

7. 표준편차는 평균으로부터 떨어진 거리를 나타낸다. 숫자들은 평균으로부터 어느 정도 떨어져 있다. 표준편차는 이러한 편차들의 대체적인 크기를 나타내 주는 값이다. 표준편차는 평균으로부터의 편차들의 RMS와 대략적으로 같다.

8. 표준편차(SD)는 (평균으로부터의) 편차의 제곱의 합을 '자료의 개수−1'로 나눈 뒤 그 제곱근을 취함으로써 구한다. 여기서 '자료의 개수−1'을 표준편차 계산에 있어서의 자유도라고 한다.

9. 숫자들의 약 68%가 평균으로부터 1SD 이내의 영역에 존재한다. 그리고 약 95%의 숫자들이 평균으로부터 2SD 이내의 영역에 존재한다. 이러한 68-95 법칙은 경험적으로 많은 자료에서 성립한다.

10. 동일한 대상을 아무리 세심하게 관측하더라도 각 관측치는 다르게 나타난다. 이는 측정할 때마다 측정오차가 개입되기 때문이다. 따라서 하나의 관측치를 받아들이기 전에 먼저 측정오차의 크기를 추정해야 한다. 가장 좋은 방법은 관측을 반복해 보는 것이다.

11. 개별 관측치에 포함된 측정오차의 표준적인 크기는, 동일한 상황하에서 측정을 반복한 뒤 그 관측치들의 표준편차로 추정할 수 있다.

12. 편의가 존재하면 관측치는 참값보다 체계적으로 크거나 작게 나타난다.
다음 수식을 보자.

(개별 관측치) = (참값) + (편의) + (측정오차)

측정오차는 관측할 때마다 변하지만 편의는 꼭 그렇지는 않다.

13. 세심하게 행해진 관측에서조차 어느 정도 이탈값이 나타날 수 있다.

14. 평균과 표준편차는 이탈값에 의해 크게 영향을 받는다.

제 4 장

정규분포로의 근사

경험적 연구자들은 정규분포가 수학적 정리라고 믿으며 수학자들은 그것이 경험적 사실이라고 믿는다.

- 리프먼(Gabriel Lippman, 프랑스, 1845-1921) -

1. 단위변환

화씨로 표시된 기온(F) 을 섭씨 표시된 기온(C)으로 변환시키는 공식은

$$C=\frac{5}{9}(F-32)$$

이다. 이처럼 상수를 더하거나, 상수를 빼거나, 상수를 곱하거나, 또는 상수로 나누는 변환을 일반적으로 **단위변환**이라고 부른다. 단위변환 가운데 평균을 빼주고 표준편차로 나누어 주는 변환을 특별히 **표준화**(standardization)라고 부른다. 표준화된 값은 **표준단위**로 표현되었다고 말한다. 표준화된 변수는 평균이 0이고 표준편차가 1이다.

어떤 상수를 자료의 모든 수에 더하면 평균은 그 상수만큼 증가한다. 하지만 표준편차는 변하지 않는다. 평균 주위로 퍼진 정도는 변하지 않기 때문이다. 모든 수에 어떤 상수를 곱하면 평균과 표준편차는 그 상수만큼 곱한 값으로 변한다. 단, 음수를 곱한 경우라면 표준편차는 그 수의 절대값을 곱한 값으로 변한다.

변수 X가 평균이 μ이고 표준편차가 σ인 하나의 분포를 따른다고 하자. 그러면 X를 표준화하여 얻은 변수 $Z=(X-\mu)/\sigma$는 평균이 0이고 표준편차가 1인 분포를 따르게 된다. 거꾸로 평균이 μ이고 표준편차가 σ인 분포를 따르는 변수 X는 평균이 0이고 표준편차가 1인 변수 Z로부터 $X=\mu+\sigma Z$의 변환을 통해 얻을 수 있다. 표준화를 할 때 상황 및 목적에 따라 모평균과 모표준편차를 이용할 수도 있고 표본평균과 표본표준편차를 이용할 수도 있다.

보기 1 (1) 1, 3, 4, 4, 5, 7에 대한 평균과 표준편차를 구하라.

(2) 위의 숫자들에 3을 곱하고 7을 더할 경우 10, 16, 19, 19, 22, 28이 된다. 이 숫자들에 대하여 평균과 표준편차를 구하라.

해 설 (1) 평균은 4이다. 평균으로부터 −3, −1, 0, 0, 1, 3만큼 떨어져 있기 때문에 표준편차는 $SD=\sqrt{[(-3)^2+(-1)^2+0^2+0^2+1^2+3^2]/(6-1)}=\sqrt{20/5}=2$ 이다.

(2) 평균은 $3\times4+7=19$이다. 그리고 표준편차는 $3\times2=6$이다. 물론 변환된 숫자를 이용하여 직접 계산할 수도 있다.

[보기 1]의 (1)에서 1, 3, 4, 4, 5, 7의 여섯 숫자는 평균이 4이고 표준편차가 2였

다. 이 여섯 숫자를 표준화하면 −1.5, −0.5, 0, 0, 0.5, 1.5가 된다. 이 숫자들은 평균이 0이고 표준편차가 1이다. 한편 [보기 1]의 (2)에서 10, 16, 19, 19, 22, 28의 여섯 숫자는 평균이 19이고 표준편차가 6이었다. 이 여섯 개의 숫자를 표준화해도 −1.5, −0.5, 0, 0, 0.5, 1.5의 동일한 값들이 얻어진다.

[보기 1]에서 (1)과 (2)의 숫자들은 표준단위로 동일한 값들을 갖는다. 측정단위가 바뀌어도 표준단위로 표시된 값은 변하지 않는다. 즉 덧셈, 뺄셈, 양수의 곱셈 및 양수의 나눗셈 변환을 하더라도 표준단위로 표시된 값은 변하지 않는다.

측정단위가 다른 자료들을 비교할 때 각각의 자료를 표준화하면 편리하다. 더 이상 측정단위에 대해서는 신경 쓰지 않아도 되기 때문이다. [보기 1]의 자료를 히스토그램으로 그리면 아래와 같다.

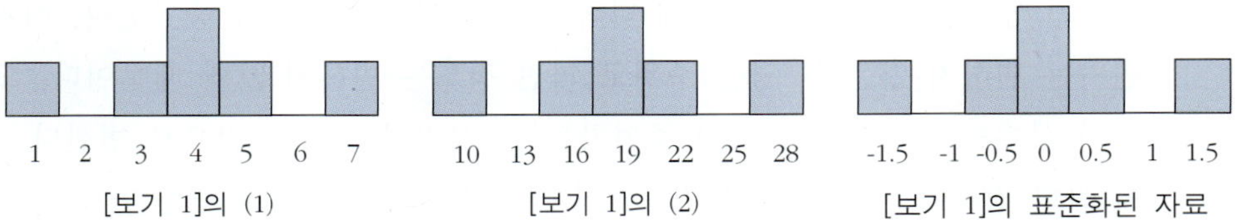

원자료를 이용해 그린 처음 두 히스토그램은 전반적인 모양이 같다. 좌우 대칭이고 봉우리가 하나이다. 분포의 전반적인 모양은 측정단위와 무관하다. 두 히스토그램은 가로축에 표시된 단위만 다르다. 이 둘을 표준단위로 바꾸어 그리면 모두 세 번째 히스토그램과 같게 된다. 관측된 자료를 이용하여 그린 히스토그램을 **경험적 히스토그램**(empirical histogram)이라고 부른다. 사실상 이제껏 그린 히스토그램은 모두 경험적 히스토그램이다. 그렇다면 경험적 히스토그램을 평가하거나 근사시킬 하나의 기준이 있을까? 그 기준 중 하나가 정규분포곡선이다.

2. 정규분포곡선

정규분포(normal distribution)곡선은 1720년경에 프랑스의 수학자였던 아브라함 드 무아브르(Abraham de Moivre, 1667−1754)가 발견하였다. 이후 한 세기 반이 지난 뒤 벨기에의 수학자였던 아돌프 케틀레(Adolphe Quetelet, 1796−1874)는 정규분포곡선을 하나의 이상적인 히스토그램으로 생각하였다. 케틀러는 실제 자료를 통해 얻어낸 히스토그램을 비교할 하나의 기준으로 정규분포곡선을 이용하였다.

평균이 μ이고 표준편차가 σ인 정규분포곡선의 식은 다음과 같이 표현된다.

$$f(x)=\frac{1}{\sqrt{2\pi}\sigma}e^{-\frac{1}{2}\left(\frac{x-\mu}{\sigma}\right)^2},\ -\infty<x<+\infty,\ 여기서\ e=2.71828\cdots$$

우리는 $f(x)$를 **확률밀도함수**(probability density function)라고 부른다. 이는 밀도단위(density scale)를 써서 확률과 관련된 개념을 나타내주는 함수이다. 가로축을 x로 세로축을 $f(x)$로 두고 $(x, f(x))$의 관계를 그림으로 그리면 평균이 μ이고, 표준편차가 σ인 정규분포곡선의 그래프가 얻어진다.

정규분포곡선의 그래프(또는 간단히 정규분포곡선)는 하나의 히스토그램이다. 다만 자료로부터 그려낸 히스토그램이 아니다. 실제자료로부터 히스토그램을 그리면 그 모양이 매끄럽지 않다. 모양을 부드럽게 고쳐주기 전에는 이를 수식으로 표현하기가 쉽지 않다. 정규분포곡선은 실제자료의 분포가 아니라 실제자료의 분포를 근사시켜 줄 하나의 수학적 모형이다. 이는 개념상 모집단에 해당한다. 그래서 평균과 표준편차를 표기할 때 영어 알파벳 대신 그 모태가 되는 그리스 문자 μ와 σ를 사용했다. 하나의 수학적 모형, 이를 하나의 모집단처럼 인식한 것이다. 이러한 인식 하에서 우리는 μ를 **모평균**(population mean), σ를 **모표준편차**(population standard deviation)라고 부르기로 한다.

앞에서 우리는 주어진 자료를 히스토그램으로 정리하고, 그 중심과 중심 주위로 퍼진 정도를 평균과 표준편차로 측정한 바 있다. 이는 사실상 **표본평균**(sample mean)과 **표본표준편차**(sample standard deviation)이다. 표본으로부터 구한 평균과 표준편차이기 때문이다.

평균이 0, 표준편차가 1인 정규분포를 특별히 **표준정규분포**(standard normal distribution)라고 한다. 확률변수 Z가 표준정규분포를 따를 때, 이를 $Z\sim N(0,\ 1)$로 표시한다. 표준정규분포의 확률밀도함수는 다음과 같다.

$$f(z)=\frac{1}{\sqrt{2\pi}}e^{-\frac{1}{2}z^2}, \qquad -\infty<z<\infty$$

표준정규분포와 관련해 다음의 **68-95-99.7 법칙**을 알아두자. 이는 앞서 소개한 68-95 법칙을 확장한 것이다.

- -1부터 1까지의 구간에 속한 표준정규분포곡선 아래 영역의 넓이는 약 68%이다.
- -2부터 2까지의 구간에 속한 표준정규분포곡선 아래 영역의 넓이는 약 95%이다.
- -3부터 3까지의 구간에 속한 표준정규분포곡선 아래 영역의 넓이는 약 99.7%

이다.

[그림 4-1]은 표준정규분포곡선을 보여준다.

그림 4-1 표준정규분포곡선

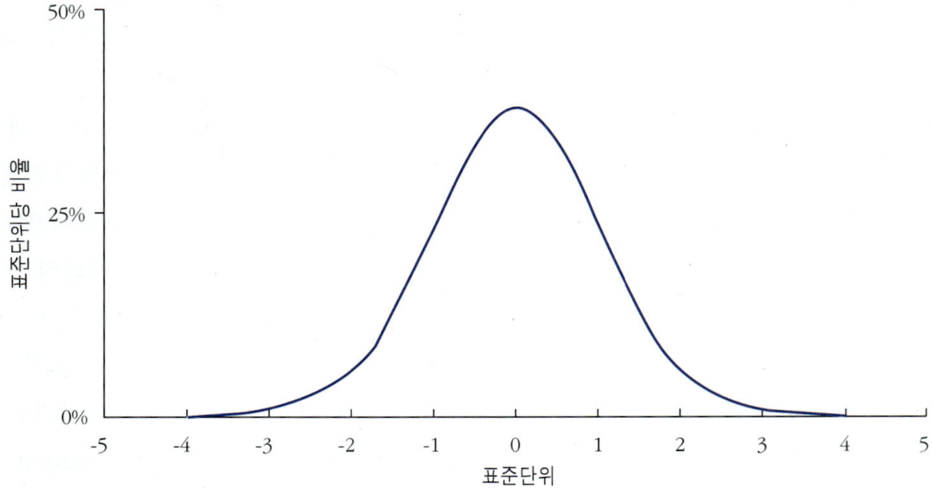

정규분포에 관해 정리해 보자. 앞에서 소개한 $f(x)$는 평균이 μ이고 표준편차가 σ인 정규분포의 확률밀도함수이다. 하나의 확률변수 X가 이런 $f(x)$를 확률밀도함수로 갖는다고 하자. 그러면 X는 평균이 μ이고 표준편차가 σ인 정규분포를 따르는 확률변수라고 한다. 간단히 **정규확률변수**(normal random variable)라고도 부른다. 우리는 이를 $X \sim N(\mu, \sigma^2)$으로 표기한다. 정규확률변수 X가 취할 수 있는 값 x와 그 확률밀도함수 $f(x)$값을 대응시켜 그래프로 그리면 이는 정규분포곡선이 된다.

정규분포곡선은 몇 가지 중요한 성질을 갖는다. 첫째, 평균을 중심으로 좌우 대칭이다(symmetric). 둘째, 종 모양을 띤다(bell-shaped). 셋째, 봉우리가 하나이다(single-peaked). 정규분포곡선은 평균과 표준편차에 의해 그 모양이 완벽하게 묘사된다. 평균과 표준편차가 달라지면 정규분포곡선의 중심과 퍼진 정도는 달라지나 그 전반적인 모양은 변하지 않는다. 이런 의미에서 정규분포곡선은 단 하나뿐이다. 표준정규분포곡선을 통해 모든 정규분포곡선의 모양을 파악할 수 있다.

많은 히스토그램은 그 전반적인 모양이 정규분포곡선의 모양과 비슷하다. 이때 히스토그램 상호간 세로축의 좌표값을 비교할 수 있으려면 가로축의 단위를 각각 표준단위로 바꾸어 주어야 한다. 표준단위로 표현된 값은 원래의 값이 평균으로부터 어느 쪽으로 얼마나 떨어져 있는지 알려준다. 평균보다 큰 값은 표준단위로 표현할 때 양의 부호를 가지며, 평균보다 작은 값은 음의 부호를 가진다.

2007년 국민건강영양조사에 따르면 우리 나라 여성의 평균키는 155.4㎝이고 표준편차는 6.8㎝이다. 어느 여성의 키가 169㎝라고 해보자. 그녀의 키를 표준단위로 환산하면 어떤 값을 갖게 될까? 이 여성은 평균키보다 13.6㎝만큼 크다. 이때 13.6㎝는 표준편차의 2배이므로 표준단위로 표현할 때 이 여성의 키는 +2의 값을 갖게 된다.

보기 2 2007년 국민건강영양조사에서 조사된 여성에 대하여,

(1) 다음을 표준단위로 변환하라.

(i) 162.2㎝ (ii) 141.8㎝ (iii) 155.4㎝

(2) 표준단위로 −1.2의 값을 갖는 키의 실제값을 구하라.

해 설 (1) 평균은 155.4㎝이고 표준편차는 6.8㎝이므로,

(i) 162.2㎝는 평균보다 6.8㎝만큼 크다. 즉 1SD만큼 크기 때문에 162.2㎝는 표준단위로 +1의 값을 갖는다.

(ii) 141.8㎝는 평균보다 13.6㎝ 작다. 즉 2SD만큼 작기 때문에 141.8㎝는 표준단위로 −2의 값을 갖는다.

(iii) 155.4㎝는 평균과 동일하다. 즉 평균에서 0SD만큼 떨어져 있기 때문에 155.4㎝는 표준단위로 0의 값을 갖는다.

(2) 이 키는 평균키보다 1.2SD만큼, 즉 1.2×6.8㎝ ≈ 8.2㎝만큼 작다. 따라서 이 키는 대략 155.4㎝−8.2㎝=147.2㎝이다.

[그림 4-2]는 표본에 속한 여성 키의 히스토그램과 표준정규분포곡선을 함께 보여주고 있다. 히스토그램의 가로축은 cm 단위로 아래에 나타나 있고 표준정규분포곡선의 가로축은 표준단위로 위에 나타나 있다. 위 · 아래 가로축의 두 단위는 [보기 2]에서처럼 서로 대응된다. 즉 162.2cm는 +1의 값에, 141.8cm는 −2의 값에, 155.4cm는 0의 값에 대응된다.

히스토그램의 세로축은 cm당 퍼센트를 나타낸 왼쪽의 축에 그려져 있다. 표준정규분포곡선의 세로축은 표준단위당 퍼센트를 나타낸 오른쪽의 축에 그려져 있다. 두 단위가 어떻게 대응되는지를 알아보기 위해 각각의 축에서 가장 큰 값을 서로 비교해 보자. 오른쪽 축에서의 50은 왼쪽 축에서의 7.35에 대응된다. 그것은 1SD가 6.8cm이기 때문이다. 즉 1SD당 50%가 존재하는 것은 6.8cm당 50%가 존재하는 것이며 이는 곧 cm당 7.35%가 존재하는 것을 의미한다.

그림 4-2 여성의 키 분포를 나타내는 히스토그램과 표준정규분포곡선

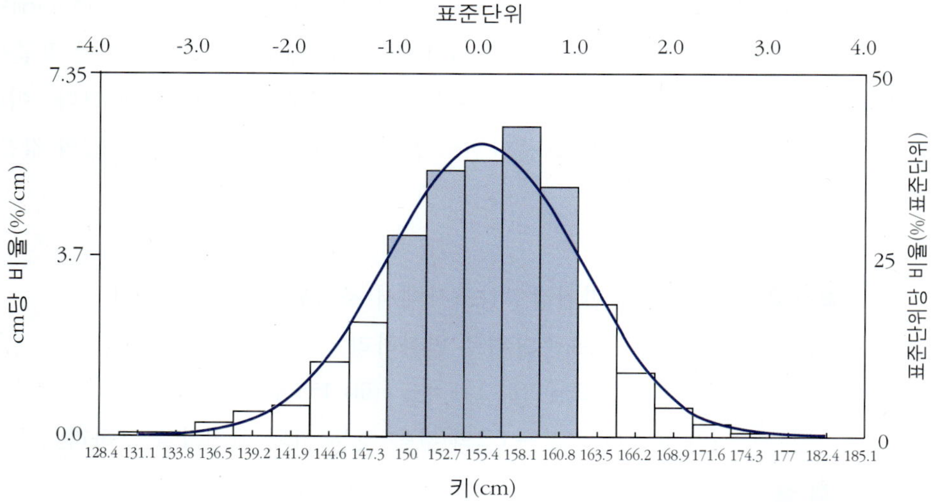

주: 히스토그램의 아래 148.6cm와 162.2cm 사이의 면적은 표준정규분포곡선 아래 -1과 +1 사이의 면적과 같다.

$$\text{표준단위당 } 50\% = 6.8\text{cm당 } 50\% \approx \text{cm당 } 7.35\%$$

많은 경우 대략 68%의 자료가 평균으로부터 ±1SD 내에 존재한다. 여기서 68%라는 값이 어디서 도출되었는지 알아보기 위해 [그림 4-2]를 보자. 울퉁불퉁한 히스토그램과 매끄러운 표준정규분포곡선은 그 모양이 상당히 비슷하다. 평균으로부터 1SD 이내의 영역이 음영으로 나타나 있다. 히스토그램은 부분적으로 표준정규분포곡선보다 높거나 낮은 영역이 있기는 하지만 대체로 높은 부분의 영역과 낮은 부분의 영역이 상쇄된다. 그리하여 히스토그램 아래 음영으로 표시된 부분의 넓이는 대체로 표준정규분포곡선 아래 −1과 +1 사이의 넓이와 비슷하다. 이때 −1부터 +1 사이에 위치한 표준정규분포곡선 아래의 넓이는 약 68%이다. 여기서 68%라는 값이 나온 것이다.

한편 많은 자료에서 95%의 숫자들이 평균으로부터 ±2SD 이내에 존재한다. 이때의 범위는 (평균−2SD)로부터 (평균+2SD)까지가 된다. 히스토그램이 정규분포곡선과 유사하면 히스토그램 아래 영역의 넓이는 정규분포곡선 아래 영역의 넓이와 비슷하다. 그런데 "평균 −2SD"부터 "평균 +2SD" 사이 정규분포곡선 아래의 넓이는 약 95%이다.

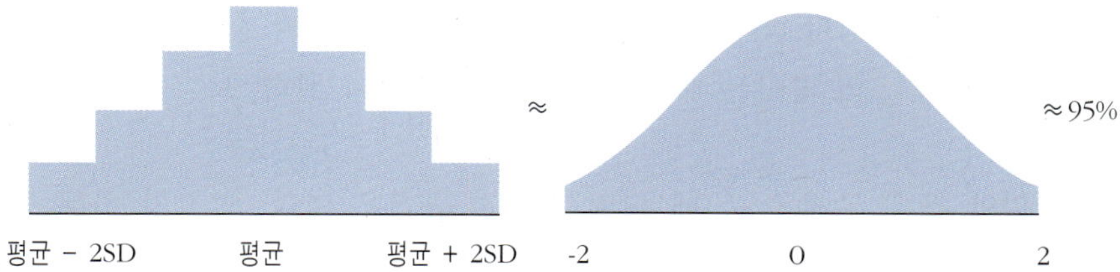

정규분포곡선을 이용하면 어떤 구간 내에 속한 숫자의 비율을 근사적으로 쉽게 알아낼 수 있다. 우선 구간을 표준단위의 구간으로 변환한다. 그리고 표준정규분포곡선으로부터 대응되는 영역의 넓이를 구하면 된다. 이러한 과정을 **정규분포로의 근사**(normal approximation)라고 말한다. 이러한 근사적 계산은 애당초 히스토그램의 모양이 정규분포에 가까울수록 보다 정확하다.

3. 표준정규분포곡선 아래의 영역 찾기

이 책의 부록 [표 1]에는 표준정규분포곡선 아래 영역의 넓이가 나타나 있다. 예를 들어 0부터 1 사이에 있는 표준정규분포곡선 아래의 넓이를 알기 위해서는 z값 1.00에 해당하는 값을 읽는다. 이는 1.0의 행과 0.00의 열이 만나는 곳에 위치한 값이다. 이 값이 0.3413이므로, 표준정규분포곡선 아래 0과 1 사이 영역의 넓이는 34.13%이다.

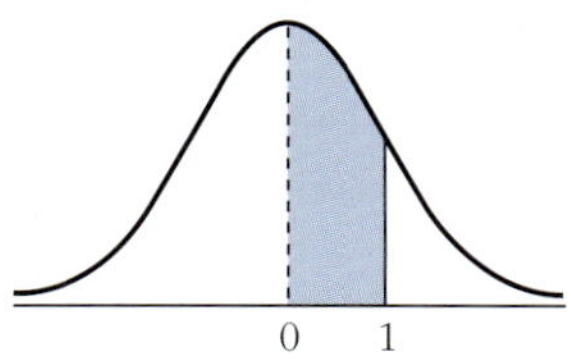

그런데 다른 영역의 넓이에 대하여 알고 싶을 때는 어떻게 해야 하는가? 이 경우에 대한 해결책은 [보기 3]에 예시되어 있다.

보기 3 정규분포곡선 아래 -2부터 1 사이 영역의 넓이를 구하라.

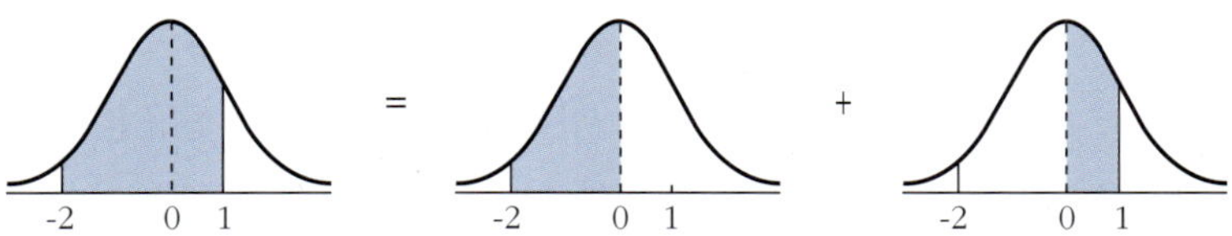

해 설 -2와 1 사이 영역은 그림과 같이 두 부분으로 이루어진다. 대칭성에 의해 -2와 0 사이의 넓이는 0과 2 사이의 넓이와 동일하고 대략 48%

이다. 그리고 0과 1 사이의 넓이는 대략 34%이다. 따라서 −2와 1 사이의 넓이는 대략 48%+34%=82%가 된다.

위와 같은 문제를 풀 때 어떤 정해진 규칙은 없다. 알고자 하는 영역과 표준정규분포표로 알려진 영역을 나름대로 연결시키면 된다.

4. 자료에 대한 정규 근사

다음 보기를 통해 주어진 자료를 정규분포로 근사시키는 방법, 다르게 표현하면 자료의 히스토그램을 정규분포곡선으로 근사시키는 방법에 대해 알아보기로 하자.

보기 4 2007년 국민건강영양조사에서 남성의 키는 평균이 168.7㎝, 표준편차가 8.9㎝이다. 이 때 150.9㎝와 177.6㎝ 사이의 키를 가진 남성의 비율을 정규분포곡선을 이용해 구하라.

해 설 이는 키의 히스토그램에서 150.9㎝와 177.6㎝ 사이의 영역을 구함으로써 알 수 있다.

1단계: 원하는 구간을 표시하라.

2단계: 가로축에 평균을 표시하고 구간의 값을 표준단위로 변환하라.

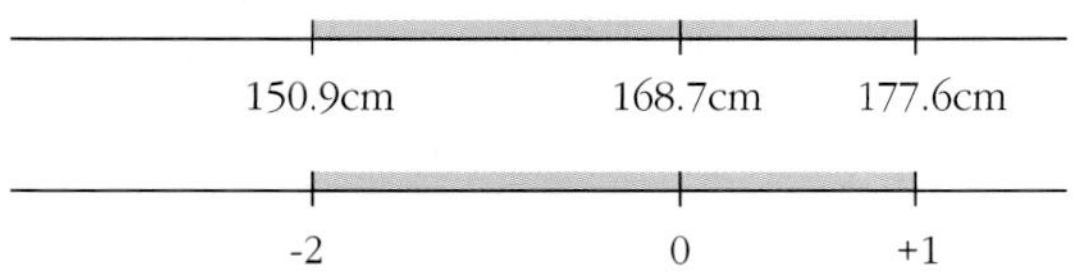

3단계: 표준정규분포표를 이용하여 표준단위로 표시된 구간에 해당하는 영역을 구하라. 구하는 비율은 표시된 영역의 넓이인 82%와 비슷한 값을 갖게 된다. 여기서 82%라는 수치는 정규분포곡선을 이용한 추정치이다. 이 구간에 속해 있는 자료의 실제 비율이 약 84.1%임을 감안하면 자료에 대한 정규근사를 통해 비교적 정확한 추정치를 얻게된 셈이다.

보기 5 매일 영업이 끝난 뒤 어느 은행에 남아 있는 잔고는 평균이 1조원이고 표준편차가 0.2조원인 정규분포에 의해 잘 근사된다고 하자. 지급준비금은 0.7조원 이상이어야 한다.

(1) 특정 영업일에 이 은행의 잔고가 지급준비금 이하로 떨어질 가능성은 얼마인가?

(2) 표준편차가 0.2조원이 아니고 0.1조원이라면 위 (1)의 답은 어떻게 변하겠는가?

해 설 (1) 평균이 1이고 표준편차가 0.2이므로 잔고가 0.7보다 작을 확률은 표준단위가 −1.5보다 작을 확률과 같다. 표준정규분포곡선은 0을 기준으로 대칭이므로 −1.5보다 작을 확률과 1.5보다 클 확률은 동일하다. 따라서 표준정규분포표에 의할 때 잔고가 지급준비금 이하로 떨어질 확률은 50%−43.32%=6.68%이다.

(2) 평균은 변하지 않았고 표준편차만 0.1로 작아졌다. 이 때 잔고가 0.7보다 작을 확률은 표준단위가 −3보다 작을 확률과 동일하다. 따라서 특정 영업일에 이 은행의 잔고가 지급준비금보다 작을 확률은 50%−49.865%=0.135%이다. 이 은행이 지급준비금 부족을 겪게 되는 날은 거의 없을 것이다.

그림 4-3 평균과 표준편차

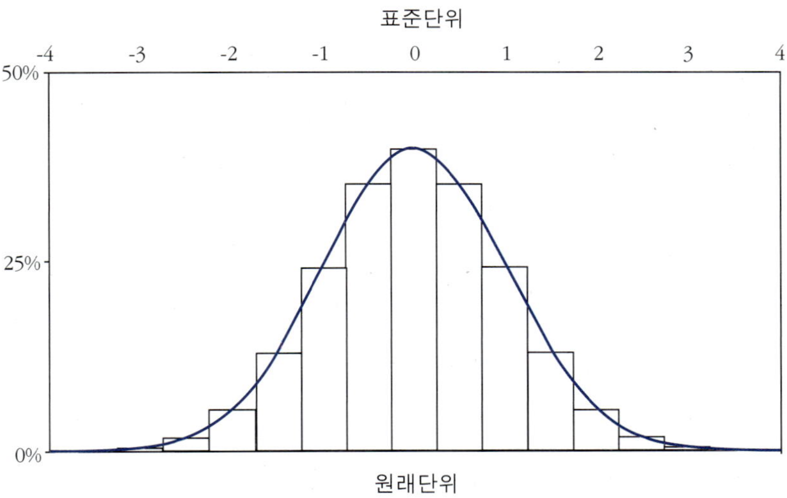

주: 정규분포를 따르는 히스토그램은 중심과 중심 주위로 퍼진 정도에 의해 잘 요약된다.

많은 히스토그램이 정규분포곡선과 비슷한 모양을 갖는다. 이러한 경우에는 평균과 표준편차가 좋은 **요약 통계량**(summary statistic)이 된다. 중심을 나타내는 평균과 평균으로부터 퍼진 정도를 나타내는 표준편차만으로 히스토그램에 대한 모든 정보가 요약될 수 있기 때문이다. 하지만 이는 히스토그램의 모양이 정규분포곡선과 비슷할 때 그렇다. 히스토그램이 정규분포곡선의 모양과 비슷하지 않은 경우에는 평균과 표준편차가 좋은 요약 통계량이라고 할 수 없다.

5. 백분위수

정규분포라는 이름은 마치 다른 곡선은 비정상적이라는 인상을 준다. 하지만 그런 것은 아니다. 많은 히스토그램이 정규분포곡선과 유사하지만, 다른 많은 히스토그램은 정규분포곡선과 다르다. 예컨대 소득의 히스토그램은 정규분포곡선과는 거리가 멀다. 평균과 표준편차는 정규분포곡선을 따르는 자료를 요약하는 데는 아주 유용하다. 하지만 정규분포를 따르지 않는 자료에 대해서는 평균과 표준편차만으로 충분하지 않다.

[그림 4-4]는 통계청의 마이크로데이터(micro data)를 이용하여 2008년의 가구별 연간소득을 그린 히스토그램이다. 이 그림에 나타난 소득은 평균이 약 3,486만원이며 표준편차가 약 1,829만원이다. 이러한 소득분포를 평균과 표준편차가 같은 정규분포를 이용하여 근사시키면 대략 2.5%의 가정이 음의 소득을 갖게 되는 결과가 얻어진다. (각자 자습해보라!)

그림 4-4 연간 가구소득 분포

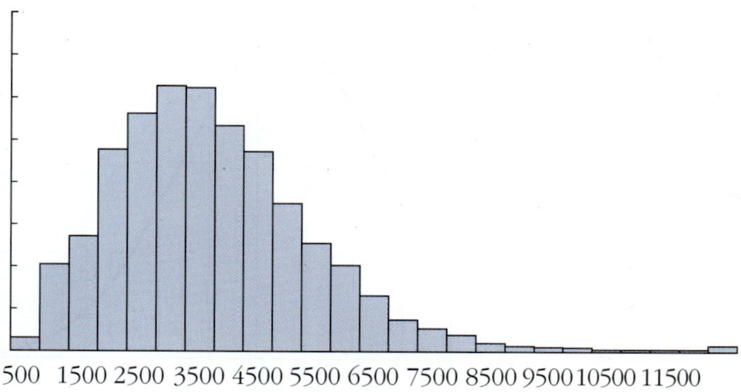

출처: 통계청 마이크로데이터

이러한 문제점이 생기는 원인은 무엇인가? 이는 [그림 4-4]의 히스토그램이 정규분포곡선과 다르게 꼬리가 오른쪽으로 치우친 모양을 띠고 있기 때문이다. 소득분포는 대체로 꼬리가 오른쪽으로 치우친 모양을 취하는 경향이 있다. 이러한 히스토그램을 요약할 때에는 **백분위수**(percentile)의 개념이 유용하다. 백분위수에는 제1백분위수부터 제99백분위수까지 총 99개의 백분위수가 있다. 이들은 하나의 히스토그램을 백 개의 균등한 영역으로 나누는 99개의 경계점 값들이다. (99개의 경계점은 하나의 실선을 백 개의 구간으로 나눈다.)

백분위수의 개념을 소득분포의 예를 갖고 설명해 보자. 〈표 4-1〉을 보라. 제1백분위수는 589.5이다. 이는 1%의 가정이 연간 589만 5천원 미만의 소득을 벌고 나머지 99%의 가정이 그 이상의 소득을 번다는 뜻이다. 제10백분위수는 1484.7이다. 10%의 가정이 연간 1,484만 7천원 미만의 소득을 올리며 90%의 가정은 그 이상의 소득을 올린다.

표 4-1 연간 가구소득 분포 : 2008년, 한국

백분위	백분위수(만원/년)
1	589.5
10	1484.7
25	2242.8
50	3254.1
75	4438.5
90	5687.3
99	8887.9

출처: 통계청 마이크로데이터

6. 사분위수와 상자그림

백분위수 가운데 제25백분위수, 제50백분위수, 제75백분위수를 특별히 **제1사분위수**(first quartile), **제2사분위수**(second quartile), **제3사분위수**(third quartile)라 부른다. 제1사분위수, 제2사분위수, 제3사분위수는 히스토그램 아래의 면적을 사등분하는 세 개의 경계점을 이룬다. 제50백분위수는 제2사분위수이며 중앙값이다.

사분위수 범위(interquartile range)는

(사분위수 범위) = (제3사분위수) − (제1사분위수)

로 정의된다. 이는 히스토그램에서 중앙의 자료 50%가 속하는 구간의 폭에 해당된다. 자료가 퍼져 있을수록 사분위수 범위는 더욱 큰 값을 갖는다. 자료가 퍼진 정도를 측정할 때 표준편차는 극단적인 값의 영향을 너무 많이 받는다. 극단적인 값이 존재하는 경우 표준편차를 대신하여 사분위수 범위를 사용하면 좋다. 앞 절 소득분포의 예에서 사분위수 범위는 4438.5 − 2242.8 = 2195.7이다.

자료를 요약할 때 종종 최소값, 제1사분위수, 제2사분위수, 제3사분위수, 최대값 등 다섯 개 숫자를 사용한다. 이를 자료의 **다섯 숫자 요약**(five number summary)이라고 부른다. **상자그림**(box plot)은 이 다섯 숫자를 그림으로 나타내 준다. [그림 4-5]는 앞 절의 가구소득 분포를 상자그림으로 나타낸 것이다. 최소값과 최대값 대신 제10백분위수와 제90백분위수를 사용하였다. 만일 여러분이 극빈층과 고소득층의 소득에도 관심이 있으면 최소값과 최대값 대신 제1백분위수와 제99백분위수를 쓰면 된다. 최소값과 최대값 대신 제5백분위수와 제95백분위수를 쓰기도 한다.

상자그림에서 상자는 세 개의 사분위수를 나타낸다. 아래쪽 경계선은 제1사분위수, 중앙선은 중앙값인 제2사분위수, 위쪽 경계선은 제3사분위수를 나타낸다. 상자의 세로 길이는 제3사분위수와 제1사분위수의 차이로서 사분위수 범위가 된다. 상자의 아래 위 끈은 그 끝이 제10백분위수와 제90백분위수를 표시한다. [그림 4-5]의 상자그림을 보면 소득분포는 꼬리가 오른쪽으로, 여기서는 위로 늘어져 있음을 알 수 있다.

상자그림은 특히 여러 개의 분포를 비교할 때 유용하다. [그림 4-6]은 우리나라 증권거래소(Korea Stock Exchange: KSE)에 상장된 9개 종목의 2008년 1년간 주간수익

그림 4–5 상자그림 : 연간 가구소득 분포

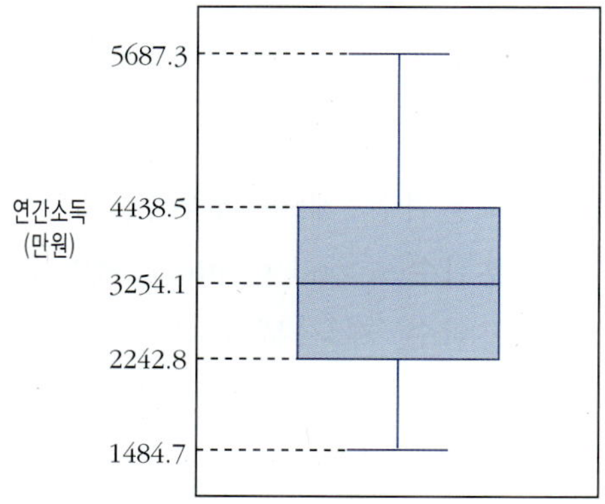

그림 4-6 상자그림 : KOSPI 지수와 거래소 개별종목의 2008년 주간수익률

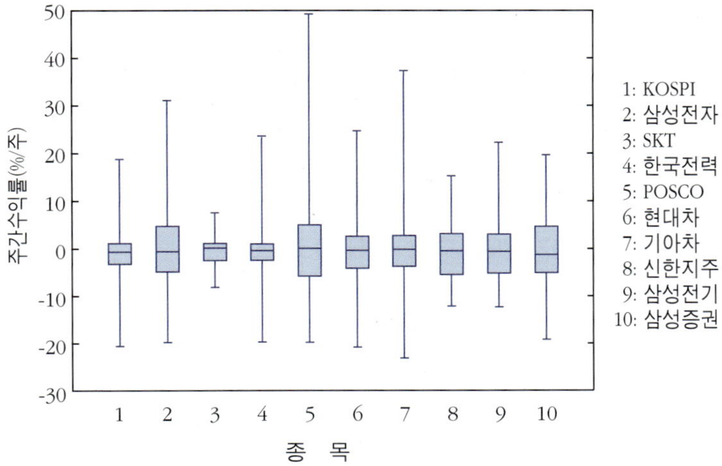

률 분포와 KOSPI 지수의 동기간 주간수익률 분포를 함께 보여준다. 중앙값 수익률을 보자. 개별종목 중에는 KOSPI 지수의 중앙값 수익률을 웃도는 종목도 있고 밑도는 종목도 있다.

두 개 종목만 따로 뽑아 보자. [그림 4-7]은 POSCO와 삼성전자의 2008년도 주간수익률 분포를 비교해 주고 있다. 수익률 중앙값을 보면 POSCO가 삼성전자보다 더 높다. 사분위수 범위를 보면 POSCO가 삼성전자보다 투자위험도 더 컸음을 알 수 있다. 세상에 공짜는 없다. 평균적으로 수익률이 높으면 위험도 크다. 2008년 한 해 동안 POSCO는 상대적으로 고수익/고위험('no guts, no glory') 종목이었던 반면 삼성전자는 저수익/저위험('돌다리도 두드리고 건너자') 종목이었다.

[그림 4-7]을 보면 상자 끈의 아래 위로 점들이 표시되어 있다. 이는 제10백분위수

그림 4-7 상자그림 : POSCO와 삼성전자의 2008년도 주간수익률 비교

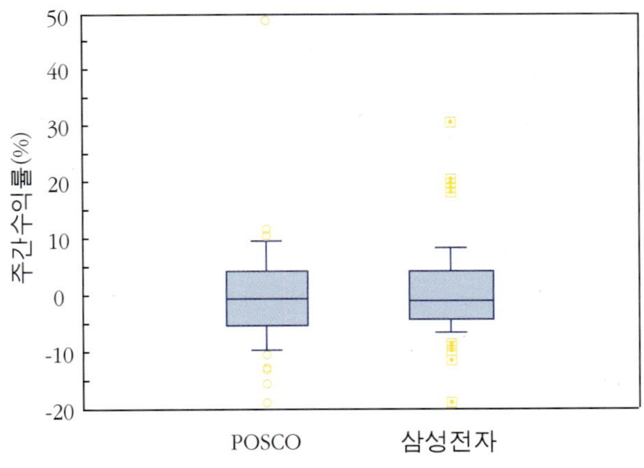

보다 작거나 제90백분위수보다 큰 값들을 나타낸다. 만약 우리가 상자의 끈을 최소값과 최대값까지 늘렸더라면 이들 극단치를 따로 표시할 필요는 없었을 것이다. 상기하라. 우리는 최소값과 최대값 대신 제10백분위수와 제90백분위수를 사용했다. 극단치들을 보면 POSCO의 경우 주간수익률이 최대 +49%에서 최소 −20%까지 실현되었다. POSCO 주식에 투자하여 한 주만에 49%를 벌 수도 있었고 20%를 잃을 수도 있었다. 주간수익률의 범위가 +49%−(−20%)=69%나 되었다. 삼성전자의 경우 주간수익률의 범위가 POSCO에 비해 좁았다.

7. 백분위수와 정규분포곡선

히스토그램이 정규분포곡선을 따를 때 표준정규분포표를 통해 백분위수를 구하는 방법을 살펴보자.

보기 6 2009년도 1학기 한 대학에서 통계학을 수강한 학생들의 중간고사 성적은 50점 만점에 평균이 27.93이고 표준편차가 8.52이었다. 점수분포는 정규분포에 가까웠다. 이때 상위 5%에 해당하는 학생의 점수를 추정하라.

해 설 상위 5%는 하위 95%이므로 이는 제95백분위수를 구하라는 문제이다. 제95백분위수가 평균보다 SD 단위로 큰 정도를 z로 표현하자. 즉, z는 표준단위를 나타낸다. 표준정규분포표로부터 $z=1.65$일 때 0과 1.65 사이의 영역의 넓이가 약 45%임을 알 수 있다. 즉 통계학 중간고사 점수가 제95백분위수이기 위해서는 평균보다 1.65SD(=1.65×8.52=14.06)만큼 높은 점수를 받아야 한다. 따라서 이 분포에서 제95백분위수는 27.93+14.06=41.99점이었을 것으로 추정된다.

백분위와 백분위수를 혼동해서는 안 된다. 백분위수는 원래 자료상의 값을 뜻하는 반면 백분위는 퍼센트 비율로서 밑으로부터의 순위를 나타낸다. 위의 예에서 제95백분위수는 41.99점이고 41.99점은 백분위로 환산하면 95%이다.

8. 복습문제

1. 사람들의 체온은 화씨로 평균이 98.6도이고 표준편차가 0.3도이다.

(1) 이 값들을 섭씨단위로 바꾸어라. '섭씨=(5/9)×(화씨−32)' 의 변환공식을 이용하라.

(2) 어떤 사람의 체온이 화씨단위로 평균체온보다 1.5SD만큼 높다. 이 값을 섭씨단위에서의 표준단위 값으로 바꾸어라.

2. 아래에는 다섯 명의 실제 점수와 표준단위로 환산된 점수가 아래 위로 짝지어 나타나 있다. 빈칸을 채워라.

79	64	52	72	__
1.8	0.8	__	__	−1.4

3. 100개의 시험 성적에 대한 자료가 표준단위 형태로 나타나 있다. 이 자료들 중 처음 10개의 값은 다음과 같다. 이 값들은 이상이 없어 보이는가? 아니면 어떤 오류가 있다고 생각되는가?

−5.4 4.5 1.0 −0.15 3.3 −6.1 −7.2 −10.3 0.8 8.3

4. 2009년도에 미국의 한 법학대학원에 입학서류를 낸 지원자들의 LSAT 점수는 평균이 169점, 표준편차가 9점이었다. 최고 득점자는 178점을 득점했다. LSAT 점수의 분포가 정규분포를 따른다고 볼 수 있는가?

5. 한 어휘력 검사에서 수험생의 점수는 평균이 500점이고 표준편차가 100점인 정규분포곡선을 따른다고 한다.

(1) 350점과 650점 사이에는 몇 퍼센트의 학생이 있겠는가?

(2) 400점과 600점 사이에는 대략 1,000명의 학생이 있다고 하자. 이때 450점과 550점 사이에는 대략 ____명의 학생이 있겠는가? 아래의 숫자 중 하나를 선택하여 빈칸을 채우고 설명하라.

440, 500, 560

6. 한 수업에서 학점 분포는 평균이 3.0이고 표준편차가 0.87인 정규분포곡선을 따른다. 다음의 빈칸을 채우고 간단히 설명하라.

(1) 학점이 3.9인 학생은 학점 분포에서 ____번째 백분위에 위치한다.

(2) 75번째 백분위에 위치하기 위해서는 학점이 ____이어야 한다.

7. 한 수업에서 기말고사 성적에 대한 히스토그램이 아래와 같다고 하자. 다음 문장의 참 · 거짓을 판별하고 설명하라. '이 히스토그램은 정규분포곡선을 따르지 않기 때문에 기말고사 성적에는 무엇인가 채점 상의 오류가 있다.'

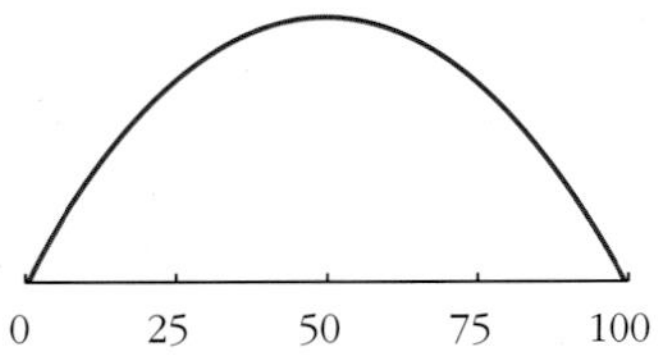

8. 과천에서 빵집을 운영하는 류건희 씨는 매일 팔지 못하고 버리는 빵이 너무 많다는 것을 알게 되었다. 그래서 그는 빵의 판매량에 대한 조사를 하였다. 그 결과 빵의 일일판매량은 평균이 30kg이고 표준편차가 10kg인 정규분포를 따른다는 사실을 알게 되었다. 그래서 그는 매일 40kg의 빵을 만들기로 작정했다. 그렇다면 어느 하루 이 빵집에서 빵이 모자라게 될 확률은 대략 얼마나 되는가?

9. 한 나라에서 25세부터 54세 사이 남성의 연간 소득은 2009년도 기준으로 평균이 $35,000이고 표준편차가 $23,000이다. 단지 0.1%의 남성만이 $150,000 이상의 소득을 올린다. 그렇다면 연간 소득이 $35,000와 $150,000 사이인 남성의 비율은 40%, 50%, 60% 중 어느 값에 가까울 것인가? 하나의 값을 선택하고 간략히 설명하라.

10. 센서스 조사의 정의에 따르면 '가족'은 함께 거주하는 둘 이상의 사람으로 구성되지만 '가구'는 동일한 거주 단위에 함께 사는 한 명 이상의 사람으로 구성된다. 즉 한 가구는 한 사람, 또는 한 가족, 더 나아가 관계는 없으나 같이 거주하는 사람들로 구성될 수 있다. 한 센서스 자료를 보면 가족의 평균소득은 가구의 평균소득보다 약 10%가 높았다. 이러한 결과가 어떻게 나타날 수 있는지 간단히 설명하라.

11. 한 수업에서 조교가 퀴즈를 냈다. 퀴즈는 10개의 문항으로 이루어져 있고 부분점수는 없다고 한다. 시험점수를 매기고 나서 조교는 각 학생들이 맞춘 문제의 개수와 틀린 문제의 개수를 기록하였다. 이때 맞춘 문제의 개수는 평균이 6.4개, 표준편차가 2.0개였다. 그렇다면 틀린 문제의 개수는 평균이 ____이고 표준편차가 ____이다. 빈칸을 채우고 설명하라.

9. 실제 데이터를 이용한 연습문제

※ 서울 강남구의 아파트 가격 데이터를 이용하여 다음 문제에 답하라.

1. 제2장에서 그린 아파트 평수의 히스토그램을 보고, 이것이 정규분포에 가까운지 논하라.

2. 제2장에서 그린 아파트 연령의 히스토그램을 보고, 이것이 정규분포에 가까운지 논하라.

3. 아파트 평수가 재산의 척도라고 가정한다면 강남에서 재산상으로 상위 25%에 해당하는 사람들은 대체로 몇 평 이상의 아파트에 거주하는가? 40평짜리 아파트는 재산상으로 상위 몇 퍼센트에 해당되는가? 또 이는 몇 백분위에 해당되는가?

10. 인터넷 사이트를 이용한 문제

1. 우리나라 기상청의 홈페이지(http://www.kma.go.kr) 또는 통계청의 통계 데이터베이스인 KOSIS에 접근하여 국토 · 기후 항목으로부터 최근 31년간 서울, 부산, 대구, 광주, 대전 등 우리나라 5대 도시 각각의 연간 강수량에 관한 자료를 다운로드받으라. 우리나라의 연간 강수량을 측정하기 위해 관측지점이 정해져 있음에 유의하라. 이들 5개 관측지점별로 연간 강수량에 대한 평균과 중앙값을 구하라. 또한 각 관측지점에서 강수량의 히스토그램을 그리고 각각의 히스토그램이 정규분포에 가까운지 판단하라.

11. 요 약

1. 모든 수에 상수를 더할 경우 평균은 그 상수만큼 커지나 표준편차는 변하지 않는다. 모든 수에 양의 상수를 곱할 경우 평균과 표준편차는 그 숫자를 곱한 값으로 변한다. 단 음수를 곱하면 평균은 그 숫자를 곱한 값으로 변하나 표준편차는 곱한 수의 절대값을 곱한 값으로 변한다.

2. 표준단위는 하나의 수치가 평균으로부터 좌우로 몇 SD만큼 떨어져 있는지를 나타내 준다.

3. 종종 히스토그램은 정규분포곡선과 대체로 비슷한 모양을 띤다.

4. 정규분포곡선은 평균을 중심으로 대칭이고, 종 모양을 띠고 있으며, 봉우리가 하나이다. 정규분포곡선 아래 면적과 관련해서는 68-95-99.7 법칙이 성립한다.

5. 숫자들이 정규분포곡선을 따른다면 자료가 어떤 구간 내에 어느 정도 비율로 분포되어 있는지 쉽게 알 수 있다. 구간을 표준단위로 바꾸고 표준정규분포곡선 아래 대응되는 영역의 넓이를 구하면 된다. 이러한 일련의 과정을 정규분포로의 근사, 또는 줄여서 정규근사라고 부른다.

6. 정규분포곡선을 따르는 히스토그램은 평균과 표준편차로 잘 요약된다. 이러한 경우 평균과 표준편차는 좋은 요약 통계량이다.

7. 정규분포를 따르는지 여부와 상관없이 하나의 히스토그램은 백분위수를 사용해 요약할 수 있다. 백분위수는 특히 정규분포를 따르지 않는 분포를 요약할 때 유용하다.

8. 백분위수 가운데 제25, 제50, 제75백분위수를 특별히 제1, 제2, 제3사분위수라고 부른다. 사분위수 범위는 제3사분위수와 제1사분위수의 차이로 정의한다. 사분위수 범위는 표준편차와 함께 자료가 퍼진 정도를 측정한다.

9. 자료를 다섯 개의 숫자로 요약할 때 최소값, 제1사분위수, 제2사분위수, 제3사분위수, 그리고 최대값을 쓰기도 한다. 상자그림은 이 다섯 개의 숫자를 그림으로 나타낸 것이다. 이 때 최소값과 최대값 대신 제10백분위수와 제90백분위수, 제5백분위수와 제95백분위수, 또는 제1백분위수와 제99백분위수를 사용하기도 한다.

12. 부 록

(1) 확률변수와 확률밀도함수, 분포함수

앞서 우리는 정규분포곡선에 해당하는 확률밀도함수를 살펴본 바 있다. 여기서는 확률변수, 확률밀도함수, 분포함수에 대해 좀 더 논의해 보도록 하자.

확률변수는 불확실성 하에서 어떤 가능성이 실현되느냐에 따라 하나씩의 **실수값**(real value)을 대응시켜주는 함수이다. 사전적으로는 하나의 확률변수가 어느 값을 취할지 알 수 없다. 다만 어느 구간에 속한 값이 어느 정도의 확률로 실현될지 짐작해 볼 수는 있다. 그러한 짐작을 수치적으로 표시해 주는 함수가 바로 확률밀도함수이다. **확률밀도함수**(probability density function)는 간단히 p.d.f.라고 나타내기도 한다.

이하에서 확률변수는 X로, 확률밀도함수는 $f(x)$로 표기하자. 확률밀도함수는 다음 특징을 갖는다.

(1) 확률밀도함수의 값은 음이 될 수 없다.

(2) 확률밀도함수 아래 전체 면적은 1이다. 즉, $\int_{-\infty}^{\infty} f(x)dx=1$. 이는 모든 가능성을 다 합치면 100%가 된다는 성질에 해당된다.

한편 $(x, f(x))$의 쌍을 그림으로 그리면 확률밀도함수의 그래프가 얻어진다. 확률밀도함수를 $(-\infty, x]$의 구간에서 적분해 얻는 함수를 **누적밀도함수**(cumulative density function) 또는 **분포함수**(distribution function)라고 한다. 간단히 c.d.f.라고도 부르고 기호로는 통상 $F(x)$로 나타낸다. 즉, $F(x)=\int_{-\infty}^{x} f(u)du$, $-\infty<x<+\infty$. 분포함수는 다음 특징을 갖는다.

(1) $F(-\infty)=0$.

(2) $F(x)$는 x에 대하여 감소하지 않는다.

(3) $F(+\infty)=1$.

확률밀도함수는 밀도단위를 써서 확률과 관련된 개념을 나타낸다. 무슨 말인가? 이는 확률밀도함수 아래의 면적이 확률을 나타낸다는 의미이다. 확률밀도함수 자체의 값이 확률은 아니나 이를 특정 구간에 대해 적분하면 그 구간의 확률을 얻을 수 있게 된다. 예를 들어 보자. 확률변수 X가 하나의 구간 $I=(a, b]$에 속할 확률을 구한다고 하자. 구하는 확률은 확률밀도함수 $f(x)$ 아래 면적 중 구간 I에 해당되는 면적과 같다. 면적을 구하는 수학적 기법이 **적분**(integration)이다. 확률밀도함수를 주어진 구간에서 적분하면 그 구간의 확률을 얻게 된다. 즉 분포함수의 정의에 의해 다음 식이 성립한다.

$$P(X \in I)=P(a < X \leq b)=\int_a^b f(x)dx=F(b)-F(a)$$

(2) 정규분포

이제 정규분포를 따르는 확률변수의 확률밀도함수에 대해 공부해 보자. 확률변수 X가 평균이 μ이고 표준편차가 σ인 정규분포를 따를 때, 이를 $X \sim N(\mu,\ \sigma^2)$으로 나타낸다.

정규분포곡선의 그래프상에서 평균 μ는 그래프의 무게 중심을 나타낸다. 그렇다면 표준편차 σ는 어떤 기하학적 의미를 가질까. 이를 알아보기 위해 정규분포의 확률밀도함수 $f(x)$를 x에 대해 두 번 미분해보자.

$$f(x)=\frac{1}{\sqrt{2\pi}\sigma}e^{-\frac{1}{2}\left(\frac{x-\mu}{\sigma}\right)^2}$$

$$f'(x)=\frac{1}{\sqrt{2\pi}\sigma}e^{-\frac{1}{2}\left(\frac{x-\mu}{\sigma}\right)^2}\times\left[-\frac{x-\mu}{\sigma}\cdot\frac{1}{\sigma}\right]=-f(x)\frac{x-\mu}{\sigma^2}$$

$$\begin{aligned} f''(x)&=-f'(x)\cdot\frac{x-\mu}{\sigma^2}-f(x)\frac{1}{\sigma^2} \\ &=f(x)\left(\frac{x-\mu}{\sigma^2}\right)^2-f(x)\cdot\frac{1}{\sigma^2} \\ &=f(x)\cdot\frac{1}{\sigma^4}[(x-\mu)^2-\sigma^2] \end{aligned}$$

$$\Rightarrow x=\mu\pm\sigma \text{ 일 때, } f''(x)=0$$

즉 정규분포곡선의 그래프상에서 $x=\mu\pm\sigma$일 때, 확률밀도함수의 이차도함수가 0이 됨을 알 수 있다. 이차도함수가 0이 되는 점을 특별히 **변곡점**(inflection point)이라고 부른다. 변곡점은 기울기가 증가하다가 감소하거나, 또는 감소하다가 증가하기 시작하는 점이다. 그래프의 곡률이 바뀌는 점이 바로 변곡점이다. 이상의 논의로부터 우리는 $x=\mu\pm\sigma$의 위치에 변곡점이 존재함을 알게 되었다. 정규분포곡선에서 표준편차 σ는 평균인 μ로부터 좌측 또는 우측의 변곡점까지의 거리로 해석된다.

(3) 비대칭도와 첨도

비대칭도(skewness)는 말 그대로 하나의 분포가 좌우로 얼마나 비대칭적인지를 측정하는 척도이다. 하나의 확률변수 X에 대한 n개의 관측치 X_1, ⋯, X_n이 주어져 있을 때 비대칭도는 다음 수식으로 정의된다.

$$비대칭도=\frac{1}{n-1}\left[\left(\frac{X_1-\overline{X}}{S}\right)^3+\left(\frac{X_2-\overline{X}}{S}\right)^3+\cdots+\left(\frac{X_n-\overline{X}}{S}\right)^3\right]$$
$$=\frac{1}{n-1}\sum_{i=1}^{n}\left(X_i-\overline{X}\right)^3\Big/S^3$$

여기서 S는 표본표준편차를 의미하고 나누는 숫자로는 여전히 자유도인 $n-1$이 쓰이고 있다.

위에서 정의된 비대칭도는 어떻게 하나의 분포가 좌우로 치우친 정도를 측정할 수 있을까. 열쇠는 세제곱에 있다. 평균으로부터의 편차를 세제곱 해주었기 때문에 음의 편차보다 양의 편차에 극단적인 값들이 많을수록 비대칭도는 양의 값을 취하게 되고 그 반대의 경우에는 비대칭도가 음의 값을 취하게 된다. 정규분포의 경우처럼 자료가 평균을 중심으로 좌우 대칭적으로 분포하면 비대칭도는 0이 된다.

한편 **첨도**(kurtosis) 내지 꼬리가 두꺼운 정도(fat-tailedness)는 하나의 분포가 얼마나 두꺼운 꼬리를 가지고 있는지, 즉 좌우 불문하고 양 극단에 얼마나 많은 자료를 가지고 있는지 측정하는 척도이다. 첨도는 다음 수식으로 정의된다.

$$첨도=\frac{1}{n-1}\left[\left(\frac{X_1-\overline{X}}{S}\right)^4+\left(\frac{X_2-\overline{X}}{S}\right)^4+\cdots+\left(\frac{X_n-\overline{X}}{S}\right)^4\right]$$
$$=\frac{1}{n-1}\sum_{i=1}^{n}\left(X_i-\overline{X}\right)^4\Big/S^4$$

여기서도 S는 표본표준편차를 의미하고 나누는 숫자로는 여전히 자유도인 $n-1$이 쓰이고 있다.

위에 정의된 첨도는 어떻게 분포의 양쪽 꼬리가 두꺼운 정도를 측정할 수 있을까. 열쇠는 네제곱에 있다. 평균으로부터의 편차를 네제곱 해주었기 때문에 음의 편차든 양의 편차든 극단적인 값들이 많을수록 네제곱한 값은 더욱 커지게 된다. 참고로 정규분포의 경우에는 첨도가 3의 값을 갖게 됨이 알려져 있다. 따라서 첨도가 3을 초과하면 극단적인 값이 정규분포의 경우보다 좀 더 빈번하다는 의미로 해석된다. 많은 금융 상품의 수익률 자료는 첨도가 3을 넘는다.

아브라함 드 무아브르(Abraham De Moivre, 프랑스, 1667-1754)

드 무아브르는 1667년 5월 26일 프랑스의 한 청교도 집안에서 태어났다. 그는 스물 한 살의 나이에 2년간의 감옥 생활을 마치고 청교도 박해를 피해 영국으로 건너가 난민 생활을 시작한다. 영국에서 그는 과외교사로 일하면서 수학 공부를 하였으며, 주로 뉴턴의 저작을 읽은 것으로 전해진다. 1697년 그는 30살의 나이에 Royal Society 회원으로 선출된다.

드 무아브르는 베르누이 가문과 인연을 맺게 되는데 그 연유는 이러하다. 제이콥 베르누이의 조카였던 니콜라스 베르누이는 제이콥이 죽은 뒤 그와 비슷하면서도 약간 다른 이론을 펼치게 된다. 제이콥이 특정 수준의 신뢰도를 만족하는 관측횟수 n을 찾으려고 했던 데 비해, 니콜라스는 거꾸로 관측횟수 n을 주어진 것이라고 볼 때 이것이 어느 정도 수준의 신뢰도를 가져다 주는지 파악하려고 했다.

니콜라스는 드 무아브르에게 관련 연구를 함께하자는 제의를 한다. 베르누이 가문의 뒤를 좇고 싶지 않았던 드 무아브르는 이 제의에 응하지 않다가 나중에 가서야 이 연구에 매달린다. 결국 우리가 현재 '이항분포의 정규분포로의 근사'라 부르는 것을 도출하게 된다. 이항분포의 정규분포로의 근사란, 쉽게 말하면 동전을 여러번 던졌을 때 앞면이 나오는 횟수의 확률분포는 정규분포곡선으로 잘 근사된다는 것이다. 결국 드 무아브르는 베르누이로부터 시작했지만 베르누이의 한계를 벗어난다.

드 무아브르가 이항분포의 정규분포로의 근사를 도출하는 과정은 수학적으로 다소 복잡하지만, 그 결과는 추후 피어슨(K. Pearson, 1857-1936) 등에 의해 정규분포곡선의 시초로 여겨지게 된다. 물론, 드 무아브르가 확률밀도함수라는 개념을 생각했을 가능성은 거의 없지만, 그가 이를 한 개의 곡선으로 생각한 것만은 분명하다. 후에 그는 정규분포를 실용화할 수 있는 기법을 도출하는 데 주력한다. 사실 드 무아브르가 추대받는 것은 정규분포곡선의 도출보다도 그 이후의 노력 덕분이다.

드 무아브르의 식으로부터 동전을 n번 던졌을 때 앞면이 $n/2$보다 일정 비율만큼 더 많이 나올 확률을 간단하게 계산해낼 수 있다. 드 무아브르는 베르누이가 요구했던 만큼 엄청나게 많은 수의 관측이 없이도 그 계산을 가능하게 했다. 일단 한 단계 발전한 셈이다. 하지만 정규분포곡선이 실용화될 수 있음을 밝히기 위해서는 한 걸음 더 나아가 이 함수를 적분할 필요가 있었다. 현재는 이러한 값들이 매우 간편하게 정리되어 있어 적분 때문에 중노동 할 필요가 없지만, 당시의 드 무아브르는 그의 식을 적분하는 데 상당한 어려움을 겪었으리라. 어쨌든 몇 년의 작업 끝에 그는 $\int_{-a}^{a} \frac{1}{\sqrt{2\pi}\sigma} e^{-(x-\mu)^2/2\sigma^2} dx$라는, 현재 여러분이 자주 보게 되는 적분 값을 계산해 내기에 이른다.

드 무아브르는 또한, 시행횟수 n보다는 그 제곱근인 $\sqrt{n}$이 더 중요하다는 것도 인식하게 된다. 즉, 단순히 n이 커질수록 신뢰도가 커지는 것이 아니라, $\sqrt{n}$이 커질수록 신뢰도가 커짐을 밝혀냄으로써 현재 우리가 제곱근법칙이라고 부르는 개념을 확립하기에 이른다.

드 무아브르는 불확실성의 계량화라는 측면에서 확실히 베르누이를 넘어섰다. 하지만 베르누이와 마찬가지로, 실제 확률을 모를 때 그 확률을 계산해내는 방법은 알지 못했다. 예컨대, 검은 공과 빨간 공이 일정한 비율로 섞여 있는 상자로부터 n개의 공을 뽑을 때 검은 공이 절반보다 많이 나올 확률은 계산할 수 있었지만, 추출된 공 가운데 1/3이 검은 공일 때 이로부터 유추하여 상자 속 검은 공의 비율이 과연 1/2과 유의하게 다른지는 판단할 수 없었다.

추정에 관한 이러한 한계는, 추후 드 무아브르와 베르누이의 연구결과를 바탕으로 라플라스가 극복하게 된다.

제 2 부
상관관계와 회귀분석

제 5 장

상관관계

상관관계가 곧바로 인과관계를 말하지는 않습니다.

1. 산포도

이제까지는 한 번에 하나의 변수만을 다루는 방법에 대해 살펴보았다. 하나의 변수가 아닌, 두 변수 사이의 상호관계를 분석하기 위해서는 다른 방법이 필요하다. 중간고사와 기말고사 성적간의 관계를 예로 들어 보자.

어떤 한 강좌 수강생 190명의 중간고사와 기말고사 성적을 생각해 보자. 중간고사 성적과 기말고사 성적을 분리하여 각각 분석하면 두 변수간의 관계를 파악하지 못한다. 두 변수간의 관계를 파악하기 위해서는 **결합분포**(joint distribution)를 보아야

그림 5-1 중간고사 성적과 기말고사 성적의 산포도

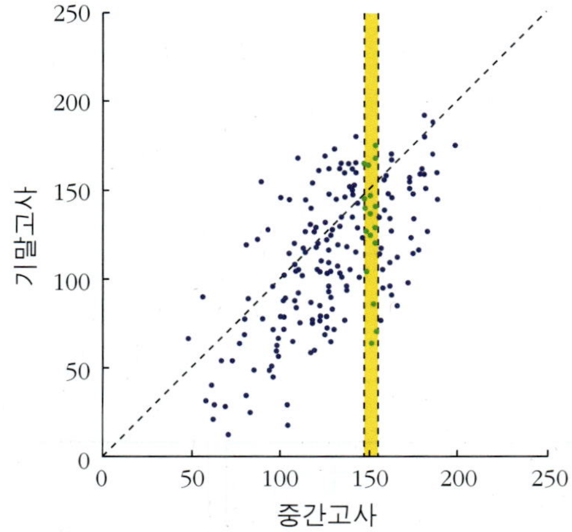

주: 중간고사와 기말고사 성적 사이에 양의 상관관계가 존재한다. 중간고사 성적과 기말고사 성적이 같은 순서쌍은 원점을 지나는 45도선상에 위치해 있으며 중간고사 성적이 150점 근처인 순서쌍은 점선으로 표시된 세로띠 안에 표시되어 있다.

그림 5-2 산포도 위의 점과 산포도의 대략적인 모양

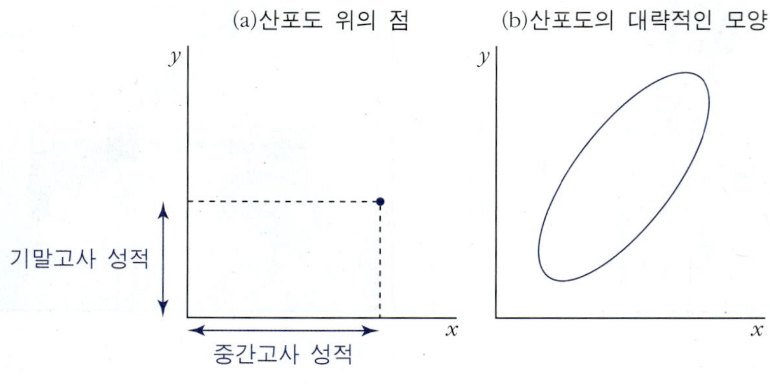

한다. 두 변수간의 관계는 [그림 5-1]에서처럼 **산포도**(scatter plot)로 나타낼 수 있다. 산포도에 나타난 각각의 점은 중간고사 성적과 기말고사 성적으로 이루어진 한 개의 순서쌍을 표시한다. 가로축의 x값은 중간고사 성적을 나타내며, 세로축의 y값은 기말고사 성적을 나타낸다.

[그림 5-2]의 (a)는 산포도에 점을 표시하는 방법을 보여준다. [그림 5-1]의 산포도는 타원형으로 흩어진 구름 모양을 띠고 있다. 이러한 산포도를 간략하게 그릴 때에는 [그림 5-2]의 (b)와 같이 대략적으로 타원형만 그려도 좋다.

다시 [그림 5-1]을 보면 x값이 증가할 때 y값도 증가하는 경향이 있고, 이는 점의 분포가 우상향(右上向)하는 데서 잘 드러난다. 이때 두 변수 사이에 **양의 관계**(positive association)가 존재한다고 표현한다. 거꾸로 x값이 증가할 때 y값이 감소하는 경향이 있으면 점의 분포는 우하향(右下向)하게 된다. 이때는 두 변수 사이에 **음의 관계**(negative association)가 존재한다고 말한다.

이제 [그림 5-1]의 45도선을 보자. 이 선 위에 있는 점에서는 중간고사와 기말고사 성적이 같다. 그러므로 중간고사 성적과 기말고사 성적이 비슷하다면 산포도상에서 이들의 성적을 표시하는 점들은 [그림 5-3]에서처럼 45도선 주위에 위치하게 된다.

실제의 산포도에서는 점들이 [그림 5-3]에서보다 45도선 주위로 더 많이 흩어져 있다. 이는 중간고사 성적과 기말고사 성적 사이에 존재하는 관계가 약함을 뜻한다. 중간고사 성적은 기말고사 성적을 추측하는 데 얼마나 큰 도움을 줄까? [그림 5-1]에서 점선으로 그려진 세로띠 안에는 중간고사 성적이 150점 근처인 순서쌍들이 표시되어 있다. 이 순서쌍들은 세로띠 안에서 아래위로 흩어져 있다. 중간고사 성적이 비슷하더라도 기말고사 성적에는 여전히 많은 차이가 존재하기 때문이다. 중간고사 성적을 알고 있더라도 기말고사 성적을 정확히 예측하기는 어렵다.

그림 5-3 중간고사 성적과 기말고사 성적이 비슷한 경우

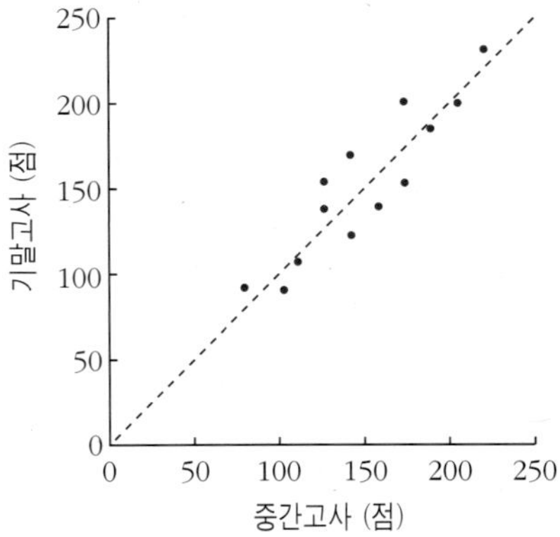

두 변수 사이에 강한 관계가 존재할 때 어느 한 변수의 값을 알면 다른 변수를 예측하는 데 큰 도움이 된다. 그러나 반대로 약한 관계가 존재할 경우에는 어느 한 변수에 대한 정보가 나머지 변수를 예측하는 데 그다지 큰 도움이 되지 않는다.

두 변수가 있을 때 종종 한 변수의 값을 이용하여 다른 변수가 취할 값을 설명하거나 짐작하고 싶어진다. 이때 이용하는 변수를 **독립변수**(independent variable) 또는 **설명변수**(explanatory variable)라 부르고, 설명 내지 짐작의 대상이 되는 변수를 **종속변수**(dependent variable) 또는 **피설명변수**(explained variable)라고 부른다. [그림 5-1]에서는 중간고사 성적이 독립변수로서 x축에 표시되어 있다. 중간고사 성적과 기말고사 성적 사이의 관계를 분석할 때 반드시 중간고사 성적을 독립변수로 두어야 할 필요는 없다. 만약 기말고사 성적으로부터 중간고사 성적을 추측하는 데에 초점을 맞추고 싶다면 기말고사 성적을 독립변수로 설정해야 한다.

2. 상관계수

산포도에서 점들의 분포가 타원형의 모습을 띤다고 해보자. 산포도상에 그려진 두 변수간의 관계를 숫자로는 어떻게 표현할 수 있을까? 이를 위해 우선 [그림 5-4]의 (a)에서처럼 x값의 평균과 y값의 평균으로 이루어진 점을 표시하자. 이 점이 바로 타원형 분포의 중심을 나타내는 **평균점**(point of averages)이다.

다음으로 타원형이 옆으로 퍼져 있는 정도를 측정하기 위해 x값의 표준편차(수평 표준편차)를 구한다. 대부분의 점은 [그림 5-4]의 (b)에서 보듯이 평균점 좌우로 두 배의

그림 5-4 산포도의 요약

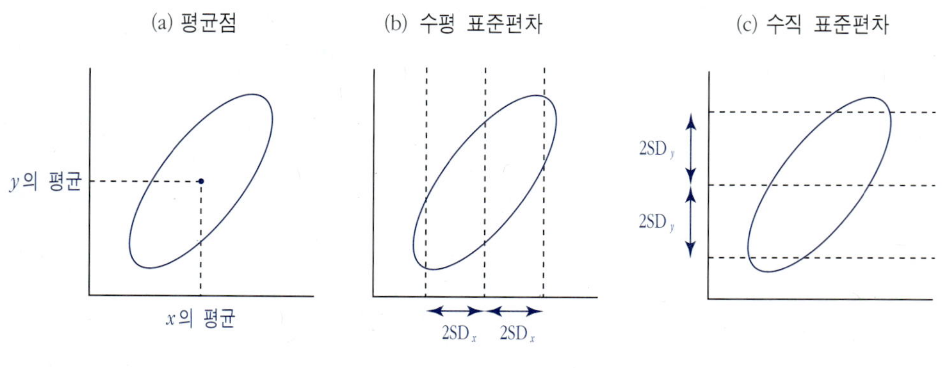

그림 5-5 산포도에서 상관계수는 점들이 어느 하나의 선 주위로 밀집해 있는 정도를 측정한다

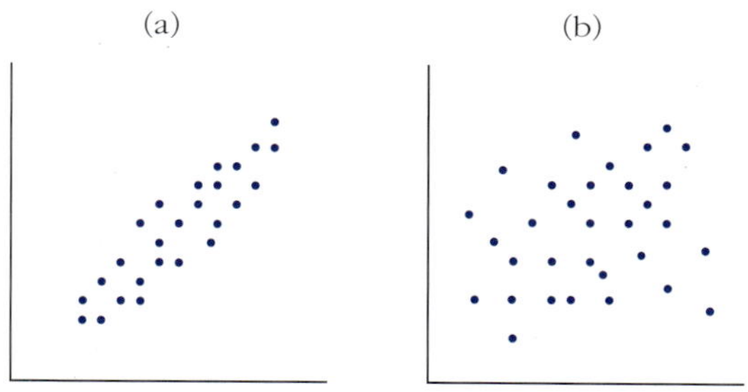

주: 1에 가까운 상관계수는 (a)의 산포도에서 보듯이 점들이 하나의 선 주위에 몰려 있음을 의미한다. 반면 0에 가까운 상관계수는 (b)에서 보듯이 점들이 퍼져 있음을 의미한다.

수평 표준편차만큼 떨어진 거리 이내에 존재한다. 같은 방식으로, y값의 표준편차(수직 표준편차)는 타원형이 위아래로 퍼져 있는 정도를 측정한다. 대부분의 점은 [그림 5-4]의 (c)에서 보듯이 평균점 위아래로 두 배의 수직 표준편차만큼 떨어진 거리 이내에 위치한다.

지금까지 언급된 통계량은 x값의 평균과 표준편차, y값의 평균과 표준편차이다. 이 통계량들로부터 타원형 분포의 중심이 어디인지, 타원형이 각각 수평과 수직으로 얼마만큼 퍼져 있는지는 알 수 있다. 하지만 두 변수 사이의 관계가 어느 정도 강한지는 여전히 알지 못한다.

[그림 5-5]의 산포도를 보자. 두 산포도는 중심이 같고 수평으로 보든 수직으로 보든 비슷하게 흩어져 있다. 그러나 첫 번째 산포도에서는 점들이 빽빽하게 밀집해 있는 반면, 두 번째 산포도에서는 점들의 밀집도가 훨씬 느슨하다. 평균과 표준편차가 동일하더라도 두 변수의 관계 역시 같은 것은 아니다. 따라서 두 변수간의 관계가 얼마나 강한지 측정할 필요가 있다. **상관계수**(correlation coefficient)는 이러한 용도로 가장 널리 쓰이는 통계량이다. 상관계수는 두 변수간 선형관계의 방향과 강도를 측정해 준다. 통상 r로 표시한다.

> 두 변수로 이루어진 자료는 일반적으로 다음과 같은 통계량으로 요약된다.
> · x값의 평균과 표준편차
> · y값의 평균과 표준편차
> · 상관계수
> 상관계수는 두 변수 사이에 존재하는 선형관계의 방향과 강도를 측정한다.

[그림 5-6]에는 여섯 개의 산포도가 있다. 각 산포도에는 50개씩의 점이 찍혀 있다. 각 산포도에서 x와 y 모두 평균이 3이고 표준편차가 1이다. 다만 산포도별로 상

그림 5-6 양(+)의 상관계수 값을 갖는 여섯 개의 산포도

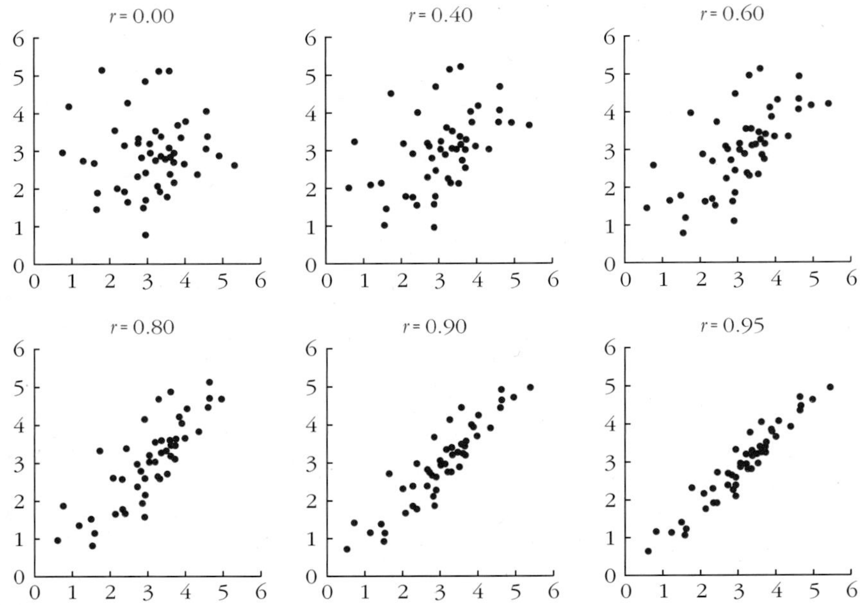

주: 각각의 산포도는 가로, 세로 모두 평균 3, 표준편차 1의 동일한 값을 갖는다. 각각의 산포도에는 50개씩의 점이 찍혀 있다.

관계수는 다르다. 왼쪽 최상단에 있는 산포도는 상관계수가 0이다. 자료는 일정한 형식 없이 분포해 있다. 즉, x가 증가할 때 y가 증가하거나 감소하는 등의 규칙성이 없다. 점들이 제멋대로 흩어져 있기 때문이다.

다음 산포도는 상관계수가 0.40이다. 두 변수간 선형관계가 보이기 시작한다. 그 다음 산포도는 상관계수가 0.60이다. 선형관계의 강도가 더욱 커진다. 선형관계는 마지막 여섯 번째 산포도에 이르기까지 그 강도가 계속 증가한다. 상관계수가 1에 가까워질수록 두 변수간의 선형관계는 더욱 강해진다. 상관계수가 1인 경우는 **완전상관**(perfect correlation)이라고 부른다. 이때 모든 점들은 정확히 하나의 선 위에 위치한다.

지금까지는 두 변수간 양의 관계가 존재하는 경우를 살펴보았다. 이제 두 변수가 음의 관계를 보이는 경우를 보자. [그림 5-7]에는 여섯 개의 산포도가 그려져 있다. 각 산포도에는 50개씩의 점이 찍혀 있다. 각 산포도에서 가로, 세로 모두 평균은 3, 표준편차는 1이다. 산포도에 나타난 방향이 [그림 5-6]에서 보았던 것과 다르다.

상관계수가 +0.90인 산포도와 −0.90인 산포도는 점들이 하나의 선 주위로 밀집해 있는 정도가 같다. 다만 방향이 다르다. 상관계수가 양인 경우에는 점들이 우상향하는 선 주위로 분포해 있는 반면, 상관계수가 음인 경우에는 우하향하는 선 주위

그림 5-7 음(-)의 상관계수 값을 갖는 여섯 개의 산포도

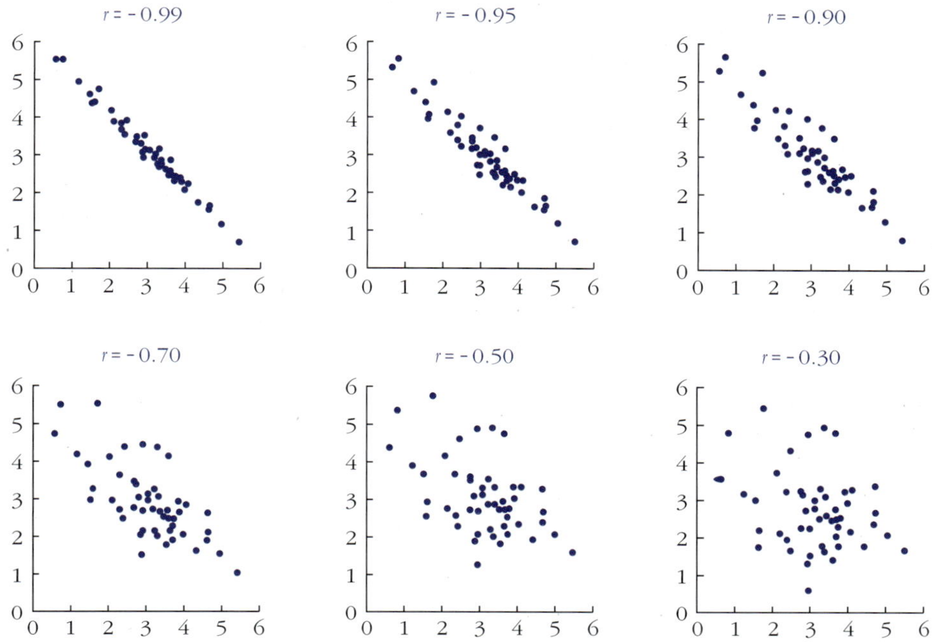

주: 각각의 산포도는 가로, 세로 모두 평균 3, 표준편차 1의 동일한 값을 갖는다. 각각의 산포도에는 50개씩의 점이 찍혀 있다.

로 분포해 있다. 완벽한 음의 상관관계는 모든 점이 하나의 우하향하는 선 위에 위치할 때 나타난다. 이때 상관계수는 −1의 값을 갖는다.

> 상관계수는 항상 -1과 +1 사이에 존재한다. 두 변수간에 양의 상관관계가 존재하면 한 변수가 증가할 때 다른 변수도 증가하는 경향이 있으므로 점의 분포가 우상향한다. 반대로 두 변수간 음의 상관관계가 존재하면 한 변수가 증가할 때 다른 변수는 감소하는 경향이 있으므로 점의 분포는 우하향한다.

일반적으로 x와 y의 표준편차는 모두 0보다 크다. 만약 예외적으로 표준편차가 둘 다 0이면 산포도상의 점들은 한 점으로 몰리게 된다. 이때 상관계수는 정의할 수 없다. 산포도상의 한 점으로부터는 상관관계를 알 수 없다. 변수 하나의 표준편차는 0이고 다른 변수의 표준편차는 양의 값을 취하면, 두 변수간의 상관계수는 0이 된다. 이는 한 변수의 값은 변화하는 데 다른 변수의 값은 전혀 변하지 않기 때문이다.

3. 상관계수 구하기

두 변수 X와 Y에 관하여 n개의 관측치 $(x_1,\ y_1)$, $(x_2,\ y_2)$, $\cdots$, $(x_n,\ y_n)$이 주어져 있다고 하자. 표본평균은 $\overline{x}$와 $\overline{y}$로, 표본표준편차는 SD_x와 SD_y로 나타내자. 두 변수간의 상관계수를 r이라고 하면 이는 다음과 같이 구한다.

$$r=\frac{\sum_{i=1}^{n}(x_i-\overline{x})(y_i-\overline{y})}{\sqrt{\sum_{i=1}^{n}(x_i-\overline{x})^2}\cdot\sqrt{\sum_{i=1}^{n}(y_i-\overline{y})^2}}$$

즉, 상관계수를 구하는 절차는 다음과 같다.

1. 각 변수를 평균으로부터의 편차로 바꾼다.
2. 두 편차를 서로 곱한 뒤 합친다.
3. 각 편차를 제곱하여 합치고, 다시 제곱근을 취한다. 두 제곱근을 곱한다.
4. 위 2에서 얻은 값을 위 3에서 얻은 값으로 나눈다.

상관계수를 구하는 공식을 다소 변형시켜 보자. 분모와 분자를 각각 자유도인 $n-1$로 나누면 다음 식을 얻게 된다.

$$r=\frac{\sum_{i=1}^{n}(x_i-\overline{x})(y_i-\overline{y})/(n-1)}{\sqrt{\sum_{i=1}^{n}(x_i-\overline{x})^2/(n-1)}\cdot\sqrt{\sum_{i=1}^{n}(y_i-\overline{y})^2/(n-1)}}$$

위 식에서 분모에 등장하는 것은 두 표준편차의 곱이다. 위 식에 입각하여 상관계수는 다음과 같이 구할 수도 있다.

1. 각 변수를 평균으로부터의 편차로 바꾼다.
2. 두 편차를 서로 곱한 뒤 합친다. 그 결과를 자유도로 나눈다.
3. 두 표준편차를 곱한다.
4. 위 2에서 구한 값을 위 3에서 구한 값으로 나눈다.

상관계수를 구하는 위의 식에서 분자에 등장하는 것은 두 변수 X와 Y간의 공분산(covariance)이므로 상관계수는 공분산을 두 표준편차의 곱으로 나누어 구하는 셈이다.

$$r = \frac{Cov(X,\ Y)}{SD_x \cdot SD_y}$$

여기서 공분산은 $Cov(X,\ Y) = \sum_{i=1}^{n}(x_i - \overline{x})(y_i - \overline{y})/(n-1)$로 정의된다.

공분산을 구할 때 관측치별로 x와 y의 편차들을 서로 곱해주는 이유는 무엇인가? 이는 두 변수 x, y간의 관계가 편차들의 곱에 반영되기 때문이다. 예를 들어 한 관측치에서 x가 평균보다 클 때 y도 평균보다 크면 두 편차의 곱은 양수가 된다. 반면 다른 관측치에서 x가 평균보다 클 때 y는 평균보다 작으면 두 편차의 곱은 음수가 된다. 공분산은 이런 편차 곱들의 평균, 좀 더 엄밀히 말하면 자유도로 나눈 평균에 해당되기 때문에 두 변수 사이에 대체로 양의 관계(positive relation)가 우세한지 아니면 음의 관계(negative relation)가 우세한지 알려준다. 상관계수는 공분산의 부호(sign)를 물려받는다. 이로 인해 x가 평균보다 클 때 y도 대체로 평균보다 크면 양의 상관계수가 얻어지나 x가 평균보다 클 때 y는 대체로 평균보다 작으면 음의 상관계수가 얻어진다.

상관계수가 공분산과 같은 부호를 유지한다면 굳이 상관계수를 정의한 이유는 무엇인가? 상관계수는 여러 유용한 특성을 갖기 때문이다. 첫째, 공분산과 달리 상관계수는 측정단위와 무관하게 정의된다. 둘째, 상관계수는 그 값이 −1과 1 사이로 한정된다. 상관계수의 부호와 함께 그 절대값도 의미 있게 정의되려면 그 값이 변수의 측정단위와 무관해야 한다. 예컨대 키와 몸무게간의 상관계수는 키를 cm로 재든 피트(feet)로 재든 그리고 몸무게를 kg으로 재든 파운드(lb)로 재든 그 값이 일정해야 한다. 상관계수를 구할 때 공분산을 두 표준편차의 곱으로 나누어주는 이유가 여기에 있다. 공분산으로부터 단위를 제거해준 결과 상관계수의 값은 언제나 −1과 1 사이로 한정된다.

보기 1 다음 자료에서 두 변수간 상관계수를 구하라.

x	y
1	5
3	9
4	7
5	1
7	13

[참고] 표의 첫 번째 행(行, row)에는 하나의 조사대상으로부터 얻은 두 변수의 값이 표시되어 있다. 이 두 숫자는 산포도상에서 하나의 순서쌍을 이룬다. 다른 행의 경우도 첫 번째 행과 마찬가지 방식으로 이해하면 된다.

해 설 두 변수간의 공분산 및 각 변수의 표준편차를 구한다.

$Cov(X, Y)=4, \quad SD_x=\sqrt{5}, \quad SD_y=2\sqrt{5}$

공분산 4를 각각의 표준편차의 곱인 10으로 나누면 상관계수는 0.4로 얻어진다.

상관계수가 어떻게 두 변수간의 관계를 나타낼 수 있을까? [그림 5-8]의 (a)를 보자. 평균점을 지나는 수평선과 수직선이 산포도를 네 부분으로 나눈다. 평균점을 원점으로 볼 때, 어느 한 점이 1상한(북동쪽)에 있으면 두 변수 모두 평균보다 크다. 이때 각 변수의 편차는 모두 양수이며 그 곱도 양수이다. 평균점을 기준으로 3상한(남서쪽)에 있는 점의 경우, 두 편차가 모두 음수이므로 그 곱은 양수이다. 나머지 2(북서쪽), 4(남동쪽)상한에서는 양의 편차와 음의 편차가 곱해지므로 그 곱은 음수이다. 이 모든 곱들의 합을 '$n-1$'로 나눈 평균이 공분산이다. 상관계수는 공분산의 부호를 그대로 물려받는다. 상관계수는 [그림 5-8]의 (b)에서처럼 평균점을 기준으로 1, 3상한의 점들이 2, 4상한의 점들보다 우세하면 양의 값을 취한다. 거꾸로 [그림 5-8]의 (c)에서 보듯이 2, 4상한의 점들이 1, 3상한의 점들보다 우세하면 음의 값을 취한다.

그림 5-8 상관계수

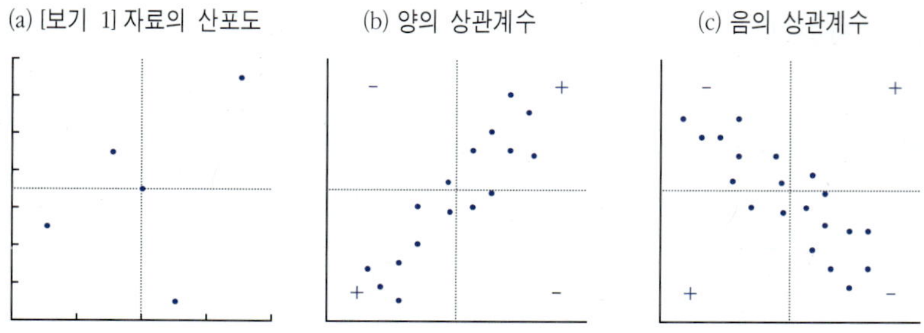

공분산과 상관계수는 전략적 자산 배분(strategic asset allocation)에 있어 유용한 개

념이다. 예컨대 두 자산의 수익률이 같은 방향으로 움직이는지 아닌지는 두 수익률 간의 공분산 내지 상관계수를 보면 알 수 있다. 개별 자산의 기대수익률(expected return)과 수익률의 표준편차 등 다른 조건이 동일하다면 상관계수가 낮은 자산들로 포트폴리오(portfolio)를 구성하는 편이 전체적으로 위험을 줄이는 데 도움이 된다. 옛말에 계란을 한 바구니에 담지 말라고 했다. 계란을 한 바구니에 담으면 위험이 분산되지 않기 때문이다. 수익률이 같은 방향으로 움직이는 자산들보다 다른 방향으로 움직이는 자산들을 섞어 포트폴리오를 구성하면 개별자산의 위험이 상쇄되어 전체적으로 보면 위험이 줄어든다. 한 자산의 수익률이 낮을 때 다른 자산의 수익률이 높은 경향이 있어 전체적으로 투자 위험이 감소하게 되기 때문이다. 현대재무이론(modern finance)은 상관계수 개념을 이용한 위험 분산(risk diversification)을 강조한다.

4. 상관계수의 특징

상관계수는 다음 특징을 갖는다.

1. 상관계수는 측정단위와 독립적으로 정의되어 단위를 갖지 않는다. 즉, 하나의 변수에 상수를 더하거나, 빼거나, 양의 상수를 곱하거나, 나누는 변환을 해도 상관계수는 변하지 않는다.
2. 상관계수는 방향성을 갖지 않는다. 즉, x와 y의 상관계수는 y와 x의 상관계수와 같다.

상관계수의 계산 과정을 각자 생각해 보라. 위 두 성질이 성립함을 쉽게 알 수 있다.

5. 상관계수와 관련된 유의사항

상관계수의 의미

상관계수가 0.8이라는 것은 모든 점의 80%가 하나의 선 주위에 빽빽하게 밀집해 있다는 것을 의미하지 않는다. 또 상관계수가 0.4일 때보다 선형관계의 강도가 두 배로 강해진다는 의미도 아니다. 상관계수는 산포도 상에서 점들이 전체적으로 하나의 선 주위에 얼마나 밀집되어 있는지를 말해 줄 뿐이다. 두 변수간 상관계수가 0.8이면 상관계수가 0.4인 경우보다 선형관계의 강도가 강하지만 두 배만큼 강하다고 말할 수는 없다.

산포도상에서 표준편차를 변화시킬 때의 시각적 효과

[그림 5-9]를 보자. 두 산포도를 비교해 보면 왼쪽 산포도에 있는 점들이 하나의 선 주위로 훨씬 더 빽빽하게 밀집되어 있는 느낌을 준다. 즉, 상관계수가 왼쪽의 산포도에서 더 클 것으로 생각된다. 하지만 두 산포도에서 상관계수는 0.7로 같다. 상관계수가 같음에도 불구하고 착시현상이 발생한 이유는 변수들의 표준편차가 왼쪽의 산포도에서 더 작기 때문이다.

그림 5-9 표준편차를 변화시킬 때의 시각적 효과

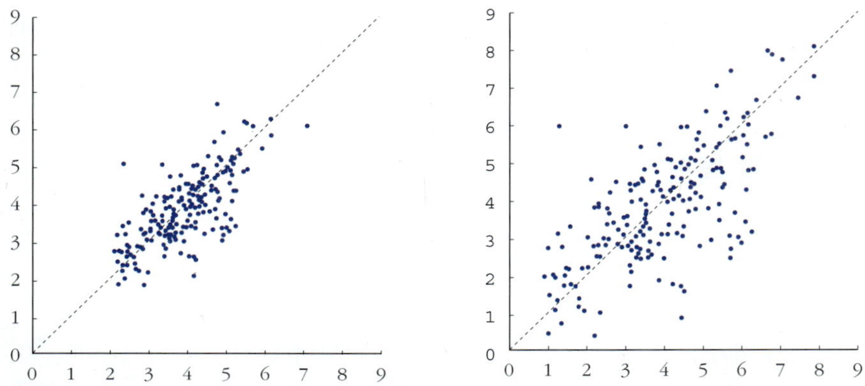

주: 두 산포도는 0.70의 동일한 상관계수를 갖는다. 그러나 왼쪽의 산포도는 표준편차가 작기 때문에 점들이 훨씬 더 밀집한 것처럼 보인다.

상관계수가 유용하지 않은 경우

상관계수는 타원형을 띠는 산포도에서 두 변수간 선형관계를 설명하는 데 적합하다. 타원형이 아닌 산포도의 경우에는 상관계수의 유용성이 떨어진다. 구체적으로 이탈값(outlier)이 존재하거나 비선형 관계가 존재할 때 그렇다. [그림 5-10]의 (a)를 보라. 처음 5개의 점은 1에 가까운 상관관계를 보인다. 그러나 ▲로 표시된 이탈값을 포함시키면 상관계수는 거의 0으로 떨어지게 된다.

한편 [그림 5-10]의 (b)에서는 두 변수간에 강한 관계가 존재함에도 불구하고 상관계수가 0에 가깝다. 두 변수간 관계가 선형관계가 아니기 때문이다. 주위 온도와 사람이 느끼는 쾌적함간의 관계가 이와 비슷하다.

종종 비선형 관계는 변수변환을 통하여 선형관계로 바뀌어진다. 예를 들어 두 변수 x와 y의 관계가 [그림 5-11]의 (a)와 같은 비선형관계에 있을 때, y를 자연로그 변환해 주면 x와 $\ln(y)$의 관계는 [그림 5-11]의 (b)에서 보듯이 선형관계로 바뀐다.

그림 5-10 상관계수가 유용하지 않은 경우

(a) 이탈값

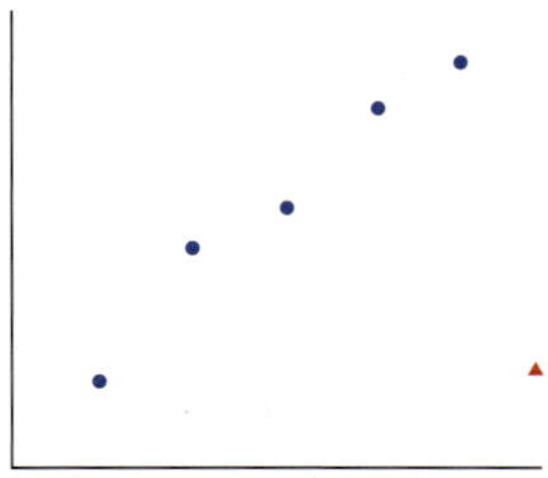

(b) 비선형관계

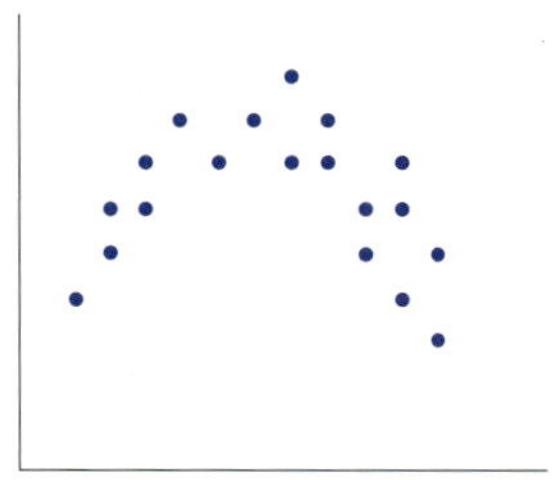

주: 상관계수는 이탈값이 존재하거나 관계가 비선형성을 보일 때 유용성이 떨어진다.

로그변환을 하고 나면 둘간의 선형관계를 측정하기 위해 x와 $\ln(y)$간의 상관계수를 이용할 수 있다.

그림 5-11 그래프 변환

(a) 원래의 비선형 관계

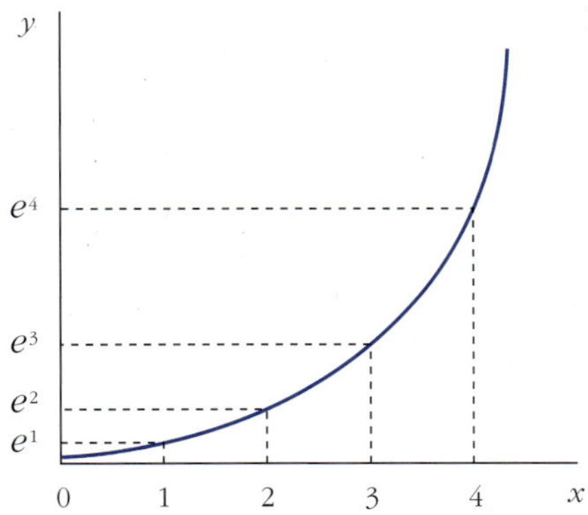

x와 y의 관계

(b) 선형관계로의 변환

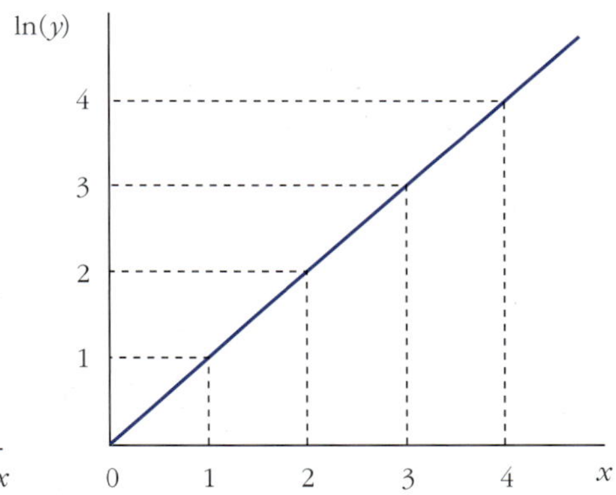

x와 $\ln(y)$의 관계

주: 종종 비선형관계는 변수변환을 통하여 선형관계로 바뀌어진다.

상관계수가 실제의 관계를 과장하는 경우

비율이나 평균의 자료를 갖고 구한 상관계수는 실제의 관계를 과장하는 경향이 있다. 국가별 자료를 이용하여 흡연자 비율과 폐암 사망률 사이의 상관계수를 구하면 0.7로 매우 높다. 이 수치는 흡연과 폐암 사이에 강한 상관관계가 있는 듯한 인상을 준다. 그러나 흡연 및 폐암 발병의 주체는 국가가 아닌 개인이다. 따라서 개개인에 있어서의 관계를 측정하려면 국가별 자료가 아닌 개인별 자료를 사용해야 한다.

그림 5-12 비율이나 평균으로부터 구한 상관계수는 실제의 관계를 과장한다

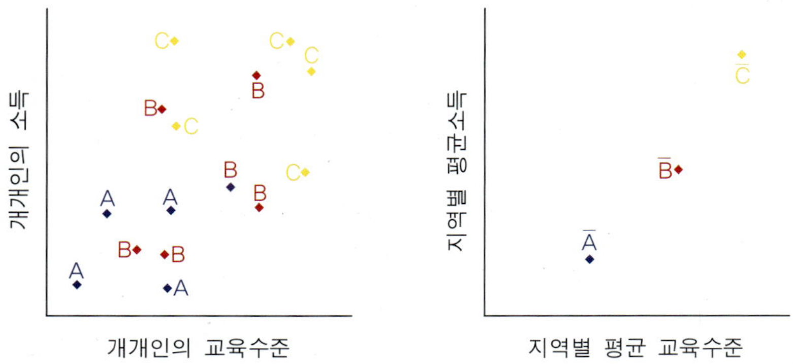

주: 왼쪽 그림은 A, B, C로 표시된 세 지역에서 개인별로 교육수준과 소득의 관계를 나타낸다. 각 개인은 거주지역의 문자로 표시했다. 오른쪽 그림에는 지역별로 평균이 찍혀 있다. 왼쪽 개인별 자료의 경우 상관계수는 1보다 훨씬 작으나, 오른쪽 평균 자료의 경우 상관계수는 거의 1에 가깝다.

다른 예를 살펴보자. 개인별 자료를 이용하여 성인의 교육수준과 소득간의 상관계수를 구하면 0.44의 값이 얻어진다. 반면 지역별 평균 교육수준과 평균소득의 자료를 이용하여 동일한 계산을 하면 0.94가 나온다. 개인별 상관관계를 알아보기 위해 지역별 상관관계를 사용하면 이는 실제의 관계를 과대평가하게 된다.

> 지역이나 국가 등 집단을 단위로 하여 구한 상관계수는 개개인에게 적용되는 관계를 과장할 가능성이 있으니 주의하라.

각 지역에서 개인별 소득자료는 그 지역의 평균소득 주위로 흩어져 있다. 개개인의 자료를 이용하지 않고 지역별 평균자료를 이용하면 원래 흩어져 있던 정도가 지역별 평균을 구하는 과정에서 줄어든다. 지역별 자료의 분포는 실제의 분포 이상으로 두 변수간의 관계를 과장할 가능성이 크다. [그림 5-12]는 이와 같은 효과를 나타낸다.

종종 국가별 자료를 이용하여 행복은 소득과 무관하다는 주장을 펴는 경우를 본다. 가난한 국가의 평균 행복지수가 부자 나라의 그것보다 결코 낮지 않다는 것이다. 하지만 행복을 느끼는 주체는 국가가 아니라 개개인이다. 국가 단위에서 관측된 관계를 개개인에게 적용하면 무리가 따른다. 나아가 소득 이외의 국가간 차이도 통제해 주어야 한다.

상관관계가 곧바로 인과관계는 아니다

미성년자 학생의 어휘력과 발 크기는 강한 상관관계를 보인다. 그러나 이는 인과관계가 아니다. 새로운 단어를 습득한다고 발이 커지는 것도 아니고 발이 커진다고 단어가 저절로 외워지는 것도 아니다. 초등학생이 중학생, 고등학생으로 커갈수록 어휘력도 늘고 발도 커지는 것뿐이다. 나이라는 변수가 제3의 요인, 즉 혼동요인으로 작용한 셈이다.

보기 2 자유무역과 경제성장: 많은 경제학자들은 자유무역이 경제성장을 촉진시킨다고 믿는다. 무역이 자유로울수록 다른 국가의 기술을 쉽게 접할 수 있으며 경쟁을 통해 국내기업의 생산성을 증대시킬 수 있다는 것이다. 실제 연구에서도 자유무역과 경제성장간에는 양의 상관관계가 존재하는 것으로 나타났다. 과연 자유무역이 경제성장의 원동력이라고 말할 수 있을까?

해 설 보호무역정책을 채택하는 많은 국가들이 부적절한 거시경제정책을 채택하고 있다. 이들 국가의 낮은 경제성장이 보호무역정책 때문인지 아니면 잘못된 거시경제정책 때문인지 판별하기 어렵다. 또한 보호무역정책을 실시하고 있는 국가는 상당수가 아프리카와 그 밖의 저개발지역에 집중되어 있다. 이러한 국가들의 낮은 경제성장은 보호무역정책 말고도 다른 요인에 기인할 가능성이 크다.

보기 3 자본유입과 경제성장: 중국내 12개 성(省)을 대상으로 조사한 결과 해외자본을 많이 유치한 성일수록 경제성장률이 높았다. 이 결과로부터 해외자본이 경제성장을 촉진시켰다고 말할 수 있을까?

해 설 해외자본과 경제성장간에는 **역인과관계**(逆因果關係, reverse causality)의 문제가 존재할 가능성이 높다. 해외투자자는 자신의 귀중한 돈을 아무 데나 되는대로 투자하지 않고 높은 수익률을 가져다 줄 것으로 예상되는 지역에 투자한다. 해외자본은 성장잠재력이 높은 지역에 집중되게 된다. 해외자본을 많이 유치했기 때문에 경제가 성장한 것이 아니라 역으로 경제가 성장할 가능성이 높았기 때문에 해외자본을 많이 유치할 수 있었던 것이다.

6. 복습문제

1. 학생 A−J 각각의 중간고사 및 기말고사 성적을 다음과 같이 산포도로 나타냈다.
   (1) 중간고사와 기말고사 점수가 같은 학생 세 명은 누구인가?
   (2) 중간고사보다 기말고사 점수가 더 높은 학생 세 명은 누구인가?
   (3) 기말고사의 평균성적은 25, 50, 75점 중 어디 근처에 있는가?
   (4) 기말고사 성적의 표준편차는 10, 25, 50 중 어디 근처에 있는가?
   (5) 중간고사에서 50점 이상 받은 학생들의 기말고사 평균 성적은 30, 50, 70 중 어디 근처에 있는가?
   (6) 참, 거짓을 판별하라. '대체로 중간고사 성적이 좋은 학생은 기말고사에서도 좋은 성적을 받았다.'
   (7) 참, 거짓을 판별하라. '중간고사 성적과 기말고사 성적 사이에는 강한 양의 상관관계가 존재한다.'

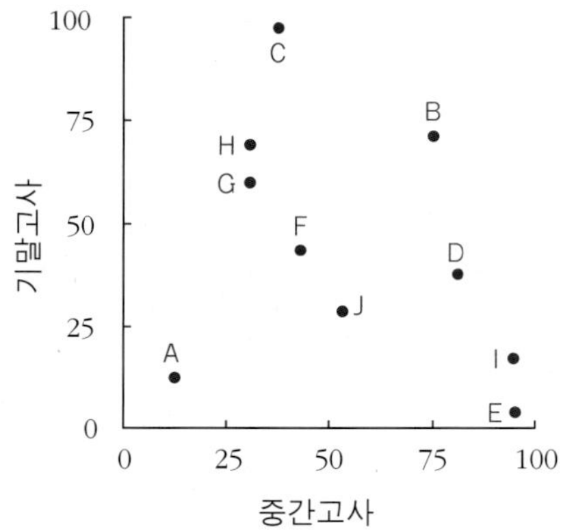

2. 참, 거짓을 판별하고 설명하라. '상관계수가 0.90일 때 산포도상에서 90%의 점들이 하나의 직선상에 위치한다.'

3. 두 변수 (X, Y)에 대한 자료가 $(-1\ ,\ 1)$, $(0\ ,\ 0)$, $(1\ ,\ 1)$로 주어져 있다고 하자. X와 Y간의 상관계수는 얼마인가? X를 제곱하여 이를 새로운 변수 W라고 하자. W와 Y간의 상관계수는 얼마인가?

4. 10문제로 이루어진 어느 시험에서 부분점수는 없다. 강의 조교가 모든 학생에 대

해 맞은 개수와 틀린 개수를 측정하였다. 두 개수간 상관계수는 얼마일지 답하고 설명하라.

0　　−0.50　　+0.50　　−1　　+1　　알 수 없다.

5. 실험에 참가한 모든 피험자에게 L형태와 M형태의 IQ검사를 실시하였다. 검사 결과에 대한 산포도가 아래에 대략적으로 그려져 있다. L형태의 검사 결과로부터 M형태의 검사 결과를 추정해 보고자 한다. 아래 산포도를 볼 때 예측오차는 L형태의 검사 결과가 75점일 때 작을까, 아니면 125점일 때 작을까?

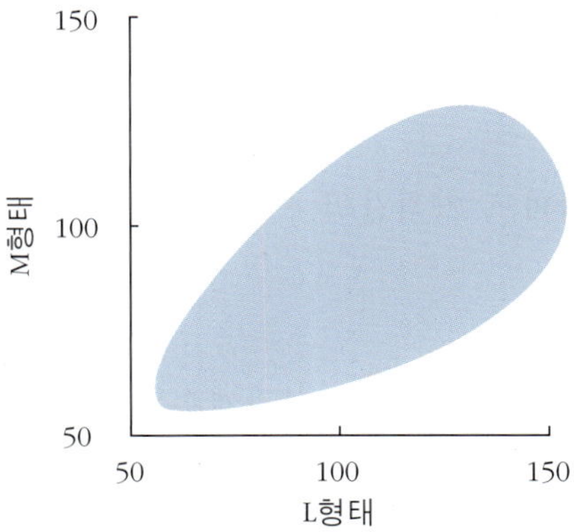

6. 미국에서 51개 주별로 SAT 수학시험 점수의 평균과 고등학교 3학년생 가운데 SAT 시험에 응시한 학생의 비율을 계산하였다.
   (1) 뉴욕 주에서는 평균점수가 471점밖에 안 되는데 비해 와이오밍 주에서는 평균점수가 507점이었다. 참, 거짓을 판별하라. '이 자료로부터 판단할 때 와이오밍주의 학교가 뉴욕주의 학교보다 수학을 더 잘 가르친다고 볼 수 있다.'
   (2) 주별로 SAT 수학점수의 평균과 SAT 언어점수의 평균을 계산하였다. 두 평균점수로 이루어진 51개의 순서쌍에서 두 점수간의 상관계수는 0.97이었다. 시험을 치른 개별 응시생에 대한 자료로부터 수학점수와 언어점수간의 상관계수를 구하면 0.97보다 클 것인가, 비슷할 것인가, 아니면 작을 것인가? 답하고 간단히 설명하라.

7. 실제 데이터를 이용한 연습문제

※ 서울 강남구의 아파트 가격 데이터를 이용하여 다음 문제에 답하라.

[참고] 두 변수간의 관계를 알려면 일단 산포도를 그려보는 것이 좋다. Excel을 이용하여 산포도를 그릴 때 원자료가 수록된 워크시트로부터 분리해서 별도의 차트로 출력되게 하라. 또 산포도에 제목을 달고 그 x축과 y축의 라벨도 적절히 주도록 하라.

1. 아파트 단지규모와 아파트 가격간의 관계를 나타내는 산포도를 그려라. 또 Excel 함수 correl(·)을 이용하여 두 변수간의 상관계수를 계산하고 그 값을 산포도 차트에 함께 나타내도록 하라.

2. 아파트 평수와 아파트 가격간의 산포도를 그리고 두 변수간의 상관계수를 구하라.

3. 아파트 연령과 아파트 가격간의 상관계수는 어떤 값을 가질 것으로 예상하는가? 두 변수간의 산포도를 그려라. 상관계수를 계산하라. 구한 상관계수의 값이 예상과 다르게 나온 경우 왜 그런 결과가 나올 수 있었는지 생각해보고 그 이유를 설명하라. (과연 서울 강남구의 아파트는 붉은 포도주처럼 오래될수록 값이 비싼가?)

4. 아파트 연령과 아파트 단지규모의 산포도를 그려라. 두 변수는 양의 상관관계를 가지는가 아니면 음의 상관관계를 가지는가? 산포도로부터 눈으로 판단되지 않으면 상관계수를 계산해서 답하라.

※ 컴퓨터 가격 데이터를 이용하여 다음 문제에 답하라.

5. 컴퓨터 가격의 히스토그램은 정규분포로 근사시키기에 적절한가?

6. 노트북 컴퓨터가 데스크탑 컴퓨터보다 평균적으로 얼마나 더 비싼가?

7. 컴퓨터 가격의 표준편차는 얼마인지 단위와 함께 제시하라. 환율이 1달러=1,100원이라고 가정하고 컴퓨터 가격의 표준편차를 달러 단위로 나타내라.

8. 컴퓨터의 CPU 속도(MHz)와 가격간 상관계수를 계산하라. 이를 전체 컴퓨터 자료에 대해서도 계산하고, 또 노트북 컴퓨터와 데스크탑 컴퓨터의 각 부분표본에 대해서도 계산하라. 계산된 세 개의 상관계수 값에 대해 논하라.

8. 인터넷 사이트를 이용한 문제

1. 제2장에서 한국은행 홈페이지(http://ecos.bok.or.kr) 및 파이낸스 야후(http://finance.yahoo.com)에 접속하여 코스닥지수 및 나스닥지수의 최근 1년치 일간 자료를 확보한 뒤, 그 수익률을 구한 바 있다. 코스닥지수의 일간 수익률을 rx_t, 나스닥지수의 일간 수익률을 ry_t로 표시하자. (뉴욕과 우리나라의 시차는 14시간이다. 즉 뉴욕이 우리나라보다 14시간 늦다. 그리고 우리나라의 코스닥시장은 우리나라 시간으로 09:00-15:00에 개장하며, 나스닥시장은 뉴욕시간으로 09:30-19:00에 개장함에 유의하라. 참고로 미국의 경우 서머타임(summer time)을 실시한다. 즉 미국에서 4월 첫째 일요일부터 10월 마지막 일요일까지 1시간씩 앞으로 당겨진다. 서머타임을 실시하는 경우 우리나라보다 뉴욕은 13시간 늦게 된다.)
   (1) rx_t와 ry_t의 관계를 산포도로 나타내고(rx_t를 가로축에) 둘간의 상관계수를 구하라. 이때는 한국시장이 앞서 열린 경우이다.
   (2) 이번에는 ry_{t-1}과 rx_t의 관계를 산포도로 나타내고(ry_{t-1}을 가로축에) 둘간의 상관계수를 구하라. 이때는 미국 시장이 앞서 열린 경우이다.
   (3) 위 (1)과 (2)에서 구한 두 상관계수의 값을 비교하라. 또 그 차이는 어디서 오는지 간단히 설명해 보라.

9. 요 약

1. 두 변수 사이의 관계는 산포도로 나타낼 수 있다. 산포도가 하나의 선 주위로 빽빽하게 밀집되어 있을 때 두 변수간에는 강한 선형관계가 존재한다고 한다.

2. 산포도가 타원형이면 이는 다음 다섯 가지 통계량으로 잘 요약된다.

   x의 평균, x의 표준편차

   y의 평균, y의 표준편차

x와 y간의 상관계수

3. 산포도가 대체로 우상향하는 타원형의 모양을 띠면, 두 변수는 양의 상관관계를 보이는 것이고 두 변수간 상관계수는 양의 값을 갖게 된다. 거꾸로 산포도가 대체로 우하향하는 타원형으로 요약되면, 두 변수는 음의 상관관계를 보이는 것이고 두 변수간 상관계수는 음의 값을 갖게 된다.

4. 상관계수는 산포도상의 점들이 하나의 선 주위로 밀집해 있는 정도를 측정한다. 상관계수의 값이 ± 1에 가까워질수록 산포도상의 점들은 하나의 선 주위로 더욱 빽빽히 밀집하게 된다.

5. 상관계수의 범위는 -1부터 $+1$까지이다. 상관계수는 모든 점이 하나의 우하향하는 선 위에 있을 때 -1의 최소값을 갖고 모든 점이 하나의 우상향하는 선 위에 있을 때 $+1$의 최대값을 갖는다.

6. 상관계수를 계산하기 위해서는 공분산을 각각의 표준편차의 곱으로 나눈다.

7. 상관계수는 단위가 없는 숫자이다. 또한 상관계수는 두 변수의 순서를 바꾸거나, 변수에 동일한 수를 더하거나 빼거나, 변수를 동일한 양수로 곱하거나 나누어도 그 값이 변하지 않는다.

8. 상관계수는 이탈값이 존재하거나 비선형 관계가 나타날 때 그 유용성이 떨어진다. 이러한 문제가 있는지 확인하기 위해 언제나 산포도를 그려 보자.

9. 비율이나 평균을 이용해 구한 상관계수는 개개인에게 적용되는 실제의 관계를 과장하는 경향이 있다.

10. 상관관계로 드러난 관계가 꼭 인과관계를 의미하지는 않는다. 예컨대 두 변수가 어떤 제3요인의 영향을 공통적으로 받는다면 단지 그 이유만으로도 두 변수간에 강한 상관관계가 나타날 수 있다.

10. 부록: 상관계수의 성질

여기서는 상관계수의 성질에 대해 공부해 보기로 하자.

① 상관계수는 언제나 -1 이상 +1 이하의 값을 갖는다. $(-1 \le r \le +1)$

〈증명〉 코쉬-슈바르츠(Cauchy-Schwarz) 부등식에 의하여 다음이 성립한다.

$$\left[\sum_{i=1}^{n}(x_i-\overline{x})(y_i-\overline{y})\right]^2 \le \left[\sum_{i=1}^{n}(x_i-\overline{x})^2\right]\left[\sum_{i=1}^{n}(y_i-\overline{y})^2\right]$$

좌변을 우변으로 나누면, $r^2 \le 1$의 식을 얻게 된다. 따라서 $-1 \le r \le 1$을 얻는다. 등호는 모든 $i=1, \cdots, n$에 대하여 $\dfrac{y_i-\overline{y}}{x_i-\overline{x}}=$(상수)일 때만 성립한다. 즉, 모든 점이 수평선이 아닌 하나의 일직선상에 있을 때 상관계수는 +1 또는 -1의 값을 갖는다.

② 상관계수 r의 절대값이 커질수록 선형관계의 강도는 커진다.

③ 두 변수의 순서를 바꾸어도 상관계수는 변하지 않는다.

④ 상관계수는 선형변환에 의하여 그 절대값이 변하지 않는다.

〈증명〉 X와 Y의 선형변환 V와 W를 $V=a+bX$, $W=c+dY$로 정의하자($b \ne 0$, $d \ne 0$).

변환된 두 변수 V와 W간의 상관계수 r_{VW}가 원래의 두 변수 X와 Y간의 상관계수 r_{XY}와 그 절대값이 같음을 보이자.

$$\begin{aligned} r_{VW} &= \frac{\sum_{i=1}^{n}(v_i-\overline{v})(w_i-\overline{w})}{\sqrt{\left[\sum_{i=1}^{n}(v_i-\overline{v})^2\right]\left[\sum_{i=1}^{n}(w_i-\overline{w})^2\right]}} \\ &= \frac{bd\sum_{i=1}^{n}(x_i-\overline{x})(y_i-\overline{y})}{|bd|\sqrt{\left[\sum_{i=1}^{n}(x_i-\overline{x})^2\right]\left[\sum_{i=1}^{n}(y_i-\overline{y})^2\right]}} \\ &= \mathrm{sgn}(bd) \cdot r_{XY} \end{aligned}$$

여기서 sgn(·)은 이른바 **부호함수**(sign function)로서 괄호 안이 양수이면 1, 음수이면 -1의 값을 취하는 함수이다. 위의 선형변환에서 두 변환의 방향이 같으면, $bd>0$이 되고 $r_{VW}=r_{XY}$가 성립한다. 두 선형변환의 방향이 다르면, $bd<0$이 되고 $r_{VW}=-r_{XY}$가 성립한다. 물론 두 선형변환 가운데 어느 하나만 퇴화되면, 즉 $b=0$ 또는 $d=0$이면 $r_{VW}=0$이 성립한다.

제 6 장

회귀분석

All models are wrong, but some are useful

- 박스(G. Box, 영국, 1919-) -

1. 변수간의 관계

회귀분석(regression analysis)은 하나의 변수와 다른 여러 변수간의 관계를 밝히기 위한 통계적 기법이다. 단순회귀분석(simple regression analysis)은 하나의 변수와 다른 또 하나 변수간의 관계를 분석하는 방법이고, 중회귀분석(multiple regression analysis)은 하나의 변수와 둘 또는 그 이상 변수간의 관계를 분석하는 방법이다.

우선 단순회귀분석부터 예를 들어 설명해보자. 2007년 국민건강영양조사 중에서 만 10세–90세의 한국인 남성 4,514명을 대상으로 키와 몸무게의 자료를 요약하면 다음과 같다.

평균키	= 167.5cm	키의 표준편차(SD_x)	= 8.5cm
평균몸무게	= 63.5kg	몸무게의 표준편차(SD_y)	= 11.9kg
상관계수	= 0.67		

일반적으로 키가 큰 사람은 몸무게도 많이 나갈 텐데 구체적으로 키가 1단위 증가하면 몸무게는 평균적으로 몇 단위나 증가할까? [그림 6-1]의 산포도를 살펴보자. 가로축은 키를, 세로축은 몸무게를 나타낸다. [그림 6-1]에서 가로축과 세로축의 눈금 간격은 각각 키와 몸무게의 표준편차로 정해져 있다. 키와 몸무게의 표준단위가 같은 점들은 평균점을 지나는 점선으로 그려져 있다. 이를 **표준편차선**(SD line)이라고 부

그림 6-1 키와 몸무게의 산포도

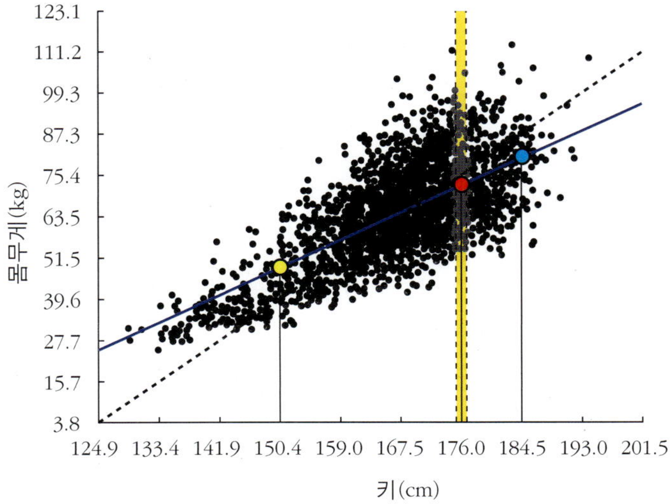

주: 실선은 회귀직선이고 점선은 표준편차선이다.

른다. 표준편차선은 키와 몸무게의 표준화된 변수 값이 같은 점들을 이은 직선이다.

평균키보다 키의 표준편차 단위로 $1SD_x$만큼 큰 곳에 점선으로 세로띠를 그려 넣었다. 세로띠 안의 점들 가운데 표준편차선상의 점은 몸무게가 평균몸무게보다 표준편차 단위로 $1SD_y$만큼 더 나가는 사람을 나타낸다. 이 세로띠 내에서 표준편차선 위에 위치한 점들보다 그 아래에 위치한 점들이 더 많다. 다시 말해, 키가 평균키보다 키의 표준편차 단위로 $1SD_x$만큼 크다고 해서 몸무게까지 평균보다 몸무게의 표준편차 단위로 $1SD_y$만큼 무겁지는 않은 게 일반적이다. 상관계수가 0.67이기 때문에, 키가 $1SD_x$ 증가하면 몸무게는 평균적으로 단지 $0.67SD_y$만큼만 증가하는 경향이 있다.

지금까지의 논의를 요약해보자. 평균키보다 키가 표준편차 단위로 한 단위 큰 사람의 키는 176cm이다.

$$\text{평균키} + \text{키의 } 1SD_x = 167.5\text{cm} + 8.5\text{cm} = 176\text{cm}$$

이 사람들의 평균몸무게는 전반적인 평균몸무게보다 $0.67SD_y$만큼만 더 나가는 경향이 있다.

$$0.67 \times 11.9\text{kg} \approx 8.0\text{kg}$$

따라서, 세로띠 안에 있는 사람들의 평균몸무게는 대략

$$63.5\text{kg} + 8.0\text{kg} = 71.5\text{kg}$$

이다. (키, 몸무게)가 (176cm, 71.5kg)인 점은 [그림 6-1]에 기호 ●으로 표시되어 있다.

이제는 평균키보다 $2SD_x$만큼 큰 사람들의 평균몸무게를 알아보자. 우선 이 사람들의 키는 184.5cm이다.

$$\text{평균키} + \text{키의 } 2SD_x = 167.5\text{cm} + 2 \times 8.5\text{cm} = 184.5\text{cm}$$

이 두 번째 집단 사람들의 평균몸무게는 전반적인 평균몸무게보다 $0.67 \times 2SD_y = 1.34SD_y$, 즉 $1.34 \times 11.9\text{kg} = 15.9\text{kg}$만큼 더 나간다. 따라서 두 번째 집단의 평균몸무게는 $63.5\text{kg} + 15.9\text{kg} = 79.4\text{kg}$이다. (키, 몸무게)가 (184.5cm, 79.4kg)인 점도 [그림 6-1]에 기호 ●으로 표시되어 있다.

그렇다면 평균키보다 2SD_x만큼 작은 사람들의 평균몸무게는 얼마인가? 우선 키는

$$\text{평균키} - \text{키의 } 2SD_x = 167.5\text{cm} - 2 \times 8.5\text{cm} = 150.5\text{cm}$$

이다. 이 세 번째 집단 사람들의 평균몸무게는 전반적인 평균몸무게보다 $0.67 \times 2SD_y = 1.34SD_y$, 즉 1.34×11.9kg=15.9kg만큼 덜 나간다. 따라서 세 번째 집단의 평균몸무게는 63.5kg-15.9kg=47.6kg이며, [그림 6-1]에 기호 ● 으로 표시되어 있다.

색으로 강조해 표시된 점들을 모두 이으면, [그림 6-1]의 실선이 얻어진다. 이 직선을 몸무게의 키에 대한 **회귀직선**(regression line)이라 한다.

> 일반적으로 y의 x에 대한 회귀직선은 각각의 x값에 대응하는 y의 평균값을 추정한다.

회귀직선상에서 키가 1SD_x 증가할 때, 몸무게는 단지 0.67SD_y만큼만 증가한다. 키를 기준으로 사람들을 서로 다른 집단으로 나눈다고 해보자. 즉 평균키를 가진 사람 집단, 평균키보다 1SD_x 더 큰 사람 집단, 평균키보다 2SD_x 더 큰 사람 집단 등으로 나누면, 어느 한 집단에서 다음 집단으로 넘어갈 때, 키는 1SD_x씩 증가하나 몸무게는 단지 0.67SD_y씩만 증가한다. 여기서 0.67이란 수치는 키와 몸무게 사이의 상관계수이다. 이처럼 각각의 x값에 대응하는 y값의 평균치를 추정하는 방법을 회귀분석이라 부른다. [그림 6-2]를 보라.

x가 평균값에서 1SD_x만큼 증가하면 [그림 6-2]에서 보듯이 y는 평균적으로 $r \cdot SD_y$만큼만 증가한다. 여기서 r은 두 변수 x와 y간의 상관계수이다.

그림 6-2 회귀분석

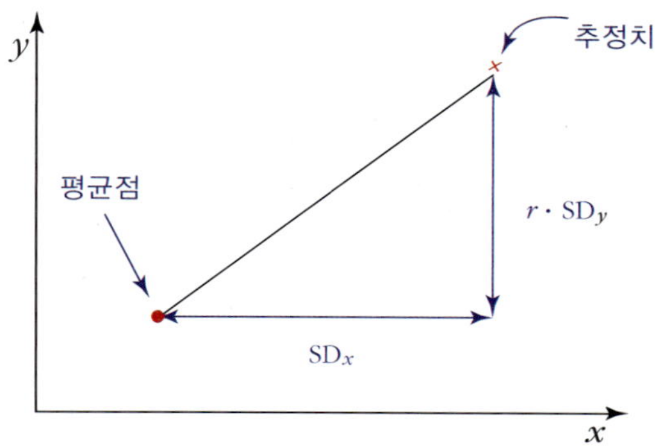

두 개의 서로 다른 SD 가운데, x의 SD인 SD_x는 x가 퍼진 정도를 측정하고 y의

SD인 SD_y는 y가 퍼진 정도를 측정한다. 그런데 x가 $1SD_x$만큼 변화할 때 왜 y는 평균적으로 $r \cdot SD_y$만큼만 변화하는가? 몇 가지 경우를 생각해보자. 먼저, r이 0이면, x와 y 사이에는 선형관계가 전혀 존재하지 않는다. 따라서 평균으로부터 x가 $1SD_x$만큼 변화하더라도 y의 값이 변할 이유가 없다. 즉, y는 $0SD_y$만큼 변화한다. 두 번째로 r이 1이라 가정해보자. 그러면 모든 점들이 표준편차선상에 위치한다. x가 $1SD_x$만큼 증가하면, y도 $1SD_y$만큼 증가한다. 세 번째로 r이 -1이라고 가정해보자. 직선의 기울기가 음수인 것만 제외하면, 두 번째 경우와 같다. 마지막으로 r이 0과 1 사이에 있거나 -1과 0 사이에 있는 경우에는, x가 $1SD_x$만큼 증가할 때 y는 rSD_y만큼만 증가한다.

2. 평균의 그래프

[그림 6-3]의 점들을 보자. 점 위에 표시된 숫자는 해당집단의 크기를 나타낸다. 점의 y축 좌표는 키에 따라 분류된 집단별로 해당집단의 평균몸무게를 나타내 준다. 평균으로 이루어진 점들을 이으면 평균의 그래프를 얻을 수 있다. 그림을 보면 점선으로 표시된 평균의 그래프는 하나의 직선에 의해 근사가 잘 될 것처럼 보인다. 회귀직선이란 바로 평균의 그래프를 하나의 직선으로 근사시킨 것에 해당된다.

그림 6-3 평균의 그래프와 회귀직선

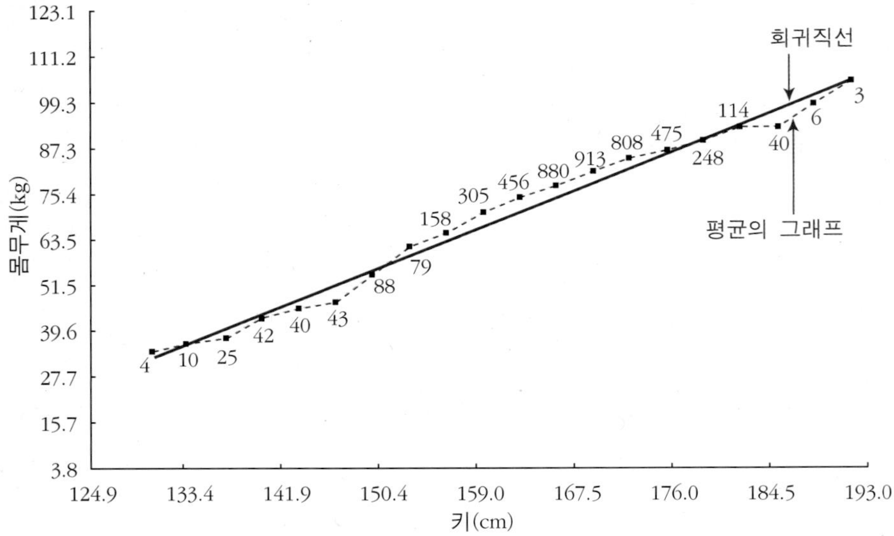

평균의 그래프를 하나의 직선으로 근사시키는 것이 부적절한 경우도 있다. 만일 두 변수가 [그림 6-4]에서처럼 비선형관계에 있으면, 회귀직선은 비선형 관계를 제대로 반영하지 못한다. 이때는 평균의 그래프를 근사시키지 말고 있는 그대로, 즉 비선형의 형태로 쓰는 편이 더 낫다.

그림 6-4 비선형관계

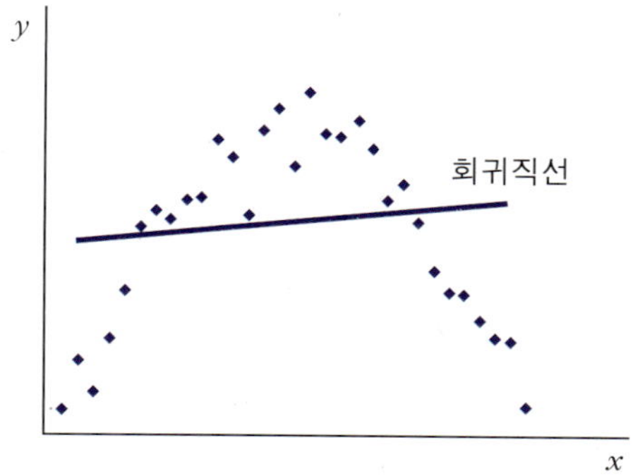

> 회귀직선은 평균의 그래프를 하나의 직선으로 근사시킨 것이라고 볼 수 있다. 만일 평균의 그래프 자체가 직선이면, 그 직선이 바로 회귀직선이다. 평균의 그래프가 비선형이면 회귀직선으로의 근사는 부적절하다.

3. 회귀분석방법

앞서 이용한 키와 몸무게의 자료를 다시 요약해 보자.

평균키	= 167.5cm	키의 표준편차	= 8.5cm
평균몸무게	= 63.5kg	몸무게의 표준편차	= 11.9kg

키와 몸무게의 상관계수 = 0.67

임의로(at random) 한 사람을 선택했을 때 그 사람에 대해 추가적인 정보가 없으면, 그의 몸무게는 전반적인 평균과 같은 63.5kg이라고 추정한다. 다음으로 그의 키가 179.5cm라는 정보를 얻게 되면, 그의 몸무게는 전체의 평균이 아니라 키가 179.5cm인 사람들만의 평균몸무게 정도일 것으로 추정한다. 회귀분석을 통해 구해

보면 이 집단의 평균은 74.8kg으로 추정된다.

한 변수로 다른 변수를 추정해야 한다면 새로운 평균을 구한다. 많은 경우 회귀분석은 새로운 평균을 구하는데 사용된다. 물론 변수들이 비선형관계에 있으면, 회귀분석 방법을 적용하지 말거나 적어도 이를 변형해서 적용해야 한다.

보기 1 한 대학의 경제학과 12학번 학생 100명을 대상으로 경제원론의 학점과 경제통계학의 학점을 조사하여 다음 통계치를 얻었다.

경제원론 평균학점	= 3.00	표준편차(SD_x) =	0.70
경제통계학 평균학점	= 3.00	표준편차(SD_y) =	0.60
상관계수	= 0.5		

산포도는 타원형이다. 경제원론의 학점이 A−로 3.70인 지수의 경제통계학 학점을 추정해 보자.

해 설 지수의 경제원론 학점은 평균보다 $0.7 = 1.0 \times 0.70 = 1.0SD_x$만큼 높다. 회귀분석방법을 이용하여 경제통계학 학점을 구하면, 지수의 학점은 평균보다 $0.5 \times 1.0SD_y = 0.5SD_y$만큼 높다. 즉, $0.5 \times 0.60 = 0.30$만큼 높다. 따라서 경제통계학 학점의 예측치는 $3.00 + 0.30 = 3.30$으로 B+ 학점에 해당된다. 지수 개인뿐만 아니라 경제원론의 학점이 3.70인 다른 학생들의 경제통계학 학점의 평균 역시 3.30으로 예측된다.

이처럼 새로운 개체의 값을 추정할 때, 기존의 자료로부터 구한 회귀직선이 종종 이용된다. 이 방법은 기존의 자료가 새로운 개체를 대표할 수 있는 경우 타당하다. 새로운 개체가 기존의 자료와 성격이 다르거나 자료의 범위가 다르면 회귀분석의 기계적 적용에 앞서 주의를 기울여야 한다. 두 가지 예를 들어보자.

첫째, [보기 1]에서 지수가 경제학과 학생이 아니고 철학과 학생이라고 해보자. 경제학과생의 자료로부터 추정한 경제원론 점수와 경제통계학 점수간의 관계가 철학과 학생인 지수에게도 그대로 적용될 것인가? 예컨대 경제원론과 경제통계학 점수간의 상관관계가 철학과 학생 집단에서는 경제학과 학생 집단에서와 다르지 않을까? 그렇다면 경제학과생 자료로부터 얻은 회귀직선을 철학과 학생인 지수에게 적용하는 것은 무리가 있지 않을까? 여러분이 한 번 생각해 보라.

둘째, 지수의 경제원론 학점이 3.70이 아니고 4.30이라고 해보자. 기존 자료에서 경제원론 학점(x값)은 그 대부분이 2.0~4.0 사이에 있다. 지수의 x값인 4.3은 기존 자료의 x값 범위 밖이다. x값을 기준으로 2.0−4.0 범위에서 추정된 회귀직선이 그 범위를 뛰어넘는 새로운 x값에 대해서도 그대로 적용될 것인가? 이 역시 여러분이 생각해 보라. 이처럼 기존 자료의 범위를 뛰어넘는 x값에 대하여 그에 해당되는 y값을 예측하는 문제를 외삽(外挿, extrapolation)이라고 한다. 일반적으로 외삽은 그렇지 않은 경우에 비하여 잘못될 가능성이 더 크다.

회귀분석 기법은 백분위를 예측하는 데에도 이용된다. 어떤 학생의 경제원론 학점이 백분위로 90%에 해당한다면, 그는 좋은 성적을 거둔 것이다. 왜냐하면 단지 10%만 그보다 잘 했을 뿐, 나머지 90%는 그보다 못했기 때문이다. 이 학생의 경제통계학 점수 백분위는 어느 정도나 될까. 다음 예를 살펴보자.

보기 2 앞 [보기 1]에 제시된 자료를 계속 사용하자. 건희는 경제원론 학점의 백분위가 90%라고 한다. 이로부터 그의 경제통계학 학점의 백분위를 예측해보자.

해 설 회귀분석을 이용하자. 건희의 경제원론 학점은 평균보다 높다. 몇 SD_x만큼 높은가? 경제원론 학점의 분포가 정규분포를 따르는 경우, 백분위로부터 표준화된 변수 정보를 알 수 있다. 다음의 정규분포곡선을 보자.

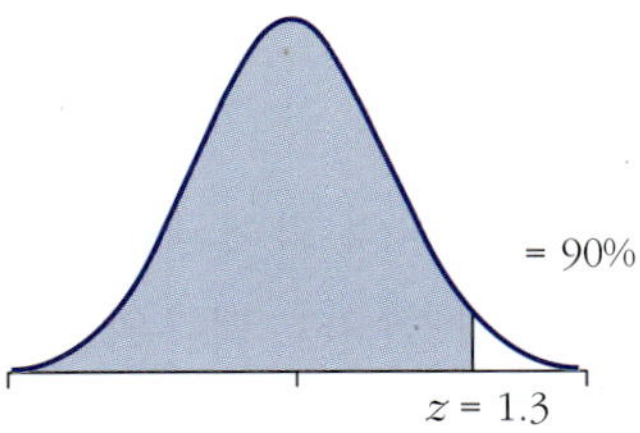

건희의 경제원론 학점은 평균보다 $1.3SD_x$만큼 높다. 회귀분석을 적용하면, 그의 경제통계학 학점은 평균보다 표준편차(SD_y)로 $0.5\times1.3=0.65$단위만큼 높을 것으로 예측된다. 이제 이를 백분위로 환원시키자.

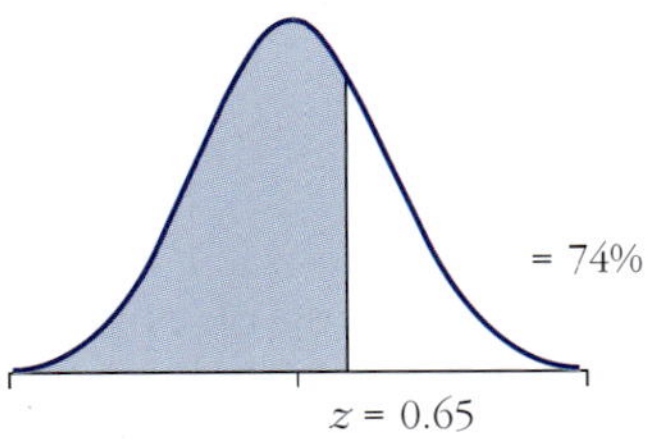

따라서 건희의 경제통계학 학점의 백분위는 74%로 추정된다. 이는 상위 26%에 해당되는 성적이다.

[보기 2]를 푸는 동안 두 변수의 평균과 표준편차는 사용하지 않았다. 한 변수의 백분위로부터 다른 변수의 백분위를 계산하는데 필요한 것은 단지 두 변수간의 상관계수뿐이다.

[보기 2]에서 건희는 경제원론 학점과 경제통계학 학점이라는 서로 다른 두 개의 기준에 따라 동급생들과 비교되었다. 경제원론의 경우 건희는 90% 백분위에 해당하는 학점을 받았으므로 대단히 좋은 성적을 거두었다. 하지만 회귀분석의 방법을 적용하여 추정한 건희의 경제통계학 학점은 74%의 백분위에 해당된다. 이는 중간인 50%보다 높긴 하여도 경제원론의 백분위 90%와 비교할 때 그렇게 잘한 것은 아니다. 경제원론 학점의 백분위가 10%에 해당하는 정반대의 학생을 생각해 보자. 그의 경제통계학 학점의 백분위는 26%로 예측된다. 이는 여전히 중간보다 낮은 학점이지만, 경제원론 학점이 백분위로 10%였던 것에 비하면 상당히 개선된 학점이다.

만일 두 학점간의 상관계수가 0이라면, 경제원론 학점의 백분위는 경제통계학 학점의 백분위를 예측하는 데 도움을 주지 못한다. 이에 따라 경제통계학 학점은 경제원론 학점의 백분위와 관계없이 추정할 수밖에 없다. 동급생들 가운데 중간 정도라고 본다. 즉, 경제통계학 점수의 백분위가 50%라고 예측한다. 거꾸로 상관계수가 1이라면, 두 과목에서의 석차는 같다. 즉, 경제통계학 학점의 백분위는 경제원론 학점의 백분위와 같다. 일반적으로 상관계수가 0과 1 사이에 있으면, 경제통계학 학점의 백분위는, 50%(상관계수가 0인 경우)와 경제원론 학점의 백분위(상관계수가 1인 경우) 사이에 있게 된다.

다른 예를 들어보자. 도경이의 화폐금융론 성적을 추정할 때, 아무런 정보가 없으면 화폐금융론 성적의 중앙값(50% 백분위수)을 그 예측치로 쓴다. 만일 그녀의 재무관리 성적이 매우 좋다면, 화폐금융론 성적은 아마도 중앙값보다 높을 것으로 추정한다. 화폐금융론 성적과 재무관리 성적은 상관관계가 높기 때문이다. 하지만 스포츠 댄스 과목에서 그녀의 성적이 좋다는 사실은 그녀의 화폐금융론 성적을 추정하는 데 그다지 도움을 주지 못한다. 춤추는 실력과 화폐금융론 성적 사이의 상관관계는 낮기 때문이다.

4. 회귀효과

초등학교 5학년생 아이들에게 한 달 간격을 두고 두 번 IQ검사를 실시하였다. 일차검사와 이차검사 모두 평균이 100점, 표준편차가 15점이었다. 한 달의 기간은 아이들의 IQ증진에 거의 영향을 미치지 못한 것으로 보인다. 그런데 자료를 좀 더 자세히 살펴본 결과, 놀라운 사실이 발견되었다. 일차검사에서 IQ가 평균보다 낮았던 아이들의 경우 이차검사에서 IQ가 평균적으로 5점만큼 증가하였다. 거꾸로 일차검사에서 IQ가 평균보다 높았던 아이들의 경우엔 이차검사에서 IQ가 평균적으로 5점만큼 감소하였다. 그렇다면 시간이 지남에 따라 아이들의 IQ는 비슷해지는 경향이 있는가? 똑똑한 아이와 둔한 아이가 함께 지내면 둘의 지적 능력이 비슷해지는가?

그렇지 않다. 일차검사 점수와 이차검사 점수 사이엔 차이가 있기 마련이다. 검사-재검사의 경우 첫 번째 검사에서 점수가 낮은 집단은 두 번째 검사에서 평균적으로 점수가 향상되고, 첫 번째 검사에서 점수가 높은 집단은 두 번째 검사에서 평균적으로 점수가 떨어지는 경향이 있다. 이를 두고 **회귀효과**(regression effect)라 한다.

점들이 하나의 직선상에 위치하지 않고 퍼져 있으면 항상 이러한 회귀효과가 발생하기 마련이다. 왜 그런지 알아보자. [그림 6-5]는 이미 제5장에서 예시한 바 있는 중간고사와 기말고사 성적의 산포도이고 다음과 같이 요약된다.

중간고사 성적의 평균	= 129.3	표준편차(SD_x) = 30.8
기말고사 성적의 평균	= 112.4	표준편차(SD_y) = 40.0
상관계수	= 0.64	

[그림 6-5]의 점선은 중간고사의 평균점수 129.3과 기말고사의 평균점수 112.4의 쌍으로 이루어진 평균점을 지난다. 또한 중간고사 점수가 1SD_x만큼 증가하는 것에 대응하여, 기말고사 점수도 1SD_y만큼 증가하는 관계를 보여준다. 이러한 두 가지 사실은 이 선이 표준편차선임을 알려준다. 중간고사 성적이 반올림하여 160점인 점들을 살펴보자. 이 점들은 [그림 6-5]에서 오른쪽의 세로띠 안에 있다. 이 세로띠 안에 있는 점들은 점선의 높이에 해당되는 152.4점을 기준으로 그 위쪽보다 아래쪽에 더 많이 분포되어 있다. 중간고사에서 160점을 얻은 수강생들의 기말고사 평균점수는 138.0점에 지나지 않는다. 중간고사 점수가 높은 수강생들의 기말고사 점수는 중간고사 점수에 비해 표준단위로 측정할 때 평균적으로 하락한다.

이번엔 중간고사 점수가 반올림하여 110점인 왼쪽 세로띠 안의 점들을 살펴보자. 이 세로띠 안에서는 점들이 점선의 높이에 해당되는 87.3점을 기준으로 그 아래쪽보다 위쪽에 더 많다. 중간고사 점수가 110점인 수강생들의 기말고사 평균점수는 96.1점이다. 중간고사 성적이 낮은 수강생들의 기말고사 성적은 중간고사 점수에 비해 표준단위로 측정할 때 평균적으로 상승한다. 종합하면, 중간고사를 평균보다

그림 6-5 산포도

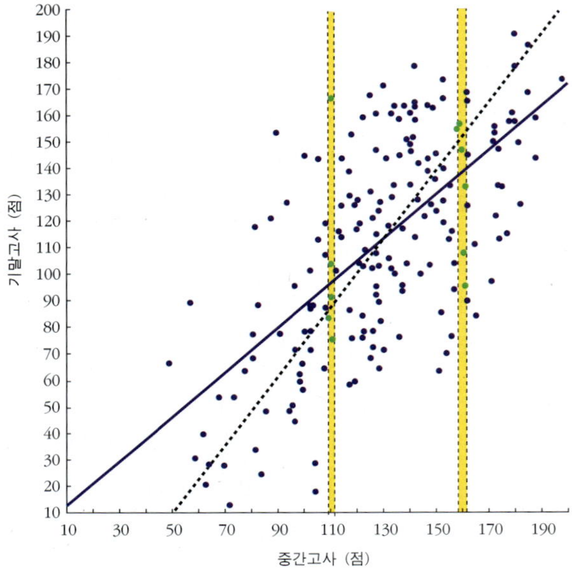

주: 실선은 회귀직선이고 점선은 표준편차선이다.

잘 본 학생은 기말고사에서 상대적으로 성적이 떨어지는 경향이 있고 그 반대의 경우에는 성적이 향상되는 경향이 있다. 이러한 효과는 아버지 키와 아들 키의 관계를 연구하던 중 갈튼(Francis Galton영국, 1822-1911)이 처음 발견하였다. 갈튼은 이러한 현상을 **평범으로의 회귀**(regression to mediocrity)라고 불렀다.

전체적으로 점들은 표준편차선을 중심으로 대칭적으로 퍼져 있다. 하지만 중간고사 점수가 160점인 오른쪽의 세로띠 안이나 중간고사 점수가 110점인 왼쪽의 세로띠 안에서는 그렇지 않다. 오른쪽의 세로띠는 x 좌표값이 평균보다 큰 점들만을 포함하고 있다. 이 세로띠 안의 점들은 대체로 표준편차선 아래에 있다. 반대로 왼쪽의 세로띠는 x 좌표값이 평균보다 작은 점들만을 포함하고 있다. 이 세로띠 안의 점들은 대체로 표준편차선보다 위에 있다.

[그림 6-5]에서 기말고사 점수의 중간고사 점수에 대한 회귀직선은 실선으로 그려져 있다. 실선의 회귀직선은 점선의 표준편차선에 비해 덜 가파르다. 회귀직선은 두 세로띠의 중심점들 가까이 지난다. 중간고사 점수가 160점인 점들을 살펴보자. 이는 중간고사 점수가 평균보다 30.7점 즉 30.7점/30.8점$\approx$1SD_x만큼 높은 학생들 집단을 나타낸다. 회귀직선은 이 집단의 기말고사 평균 점수가 전반적인 평균보다 $r \times 1SD_y = 0.64 \times 1SD_y = 25.6$점만큼 높을 것이라는 사실을 알려준다. 기말고사의 전반적인 평균점수가 112.4점이므로, 중간고사 점수가 160점인 학생들의 기말고사 평균점수는 138점(=112.4+25.6)이 될 것으로 추정된다.

[그림 6-6]은 회귀효과를 보다 분명하게 보여준다. 점선은 표준편차선을 나타낸다. 개개의 점들은 각각의 중간고사 점수에 대응하는 기말고사 평균점수를 나타낸다. 이 점들은 [그림 6-5]에서 각 세로띠의 중심들이다. 각각의 평균으로 이루어진 점들을 하나의 직선으로 근사시키면 이는 회귀직선이 되는데 표준편차선보다 덜 가파르다. 회귀효과 때문이다. 각각의 평균으로 이루어진 점들을 근사시킨 회귀직선은 표준편차선과 전반적인 평균을 지나는 수평선의 중간 어딘가에 위치한다. 왜냐하면 상관계수가 0.64로서 1보다 작고 0보다 크기 때문이다. 평균으로부터 중간고사 점수가 1SD_x 증가함에 따라 기말고사 점수는 1SD_y(표준편차선의 경우) 또는 0SD_y(전반적인 평균을 지나는 수평선의 경우)가 아닌 0.64SD_y(회귀직선의 경우)만큼만 증가하기 때문이다. 실선으로 표시된 회귀직선은 각각의 평균점들을 잘 요약해주고 있다.

회귀효과는 개개의 자료를 나타내는 점들이 하나의 직선상에 위치하지 않고 퍼져있기 때문에 발생한다. 그럼에도 불구하고 사람들은 종종 회귀효과가 뭔가 다른 중요한 이유 때문에 발생한다고 오해한다. 이러한 오해를 **회귀오류**(regression fallacy)라 부른다.

이제 다음 모형을 예로 들어 회귀효과의 배경을 살펴보자.

(관찰된 점수) = (실제 실력) + (확률오차)

그림 6-6 회귀효과

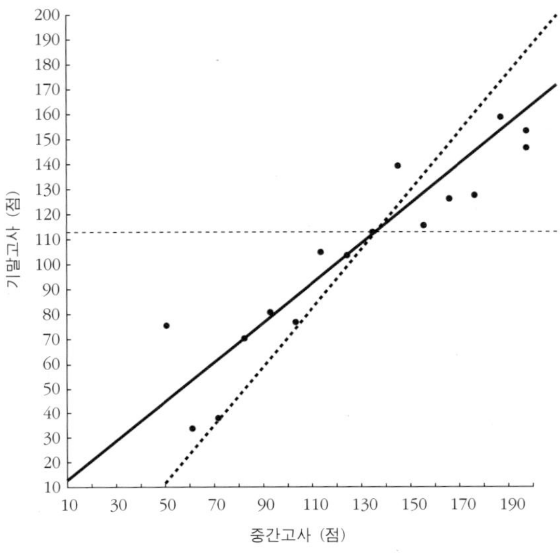

주: 실선은 회귀직선이고 점선은 표준편차선이다.

위 모형에 따르면 실제 실력에 변화가 없는 한 첫 번째 검사와 두 번째 검사의 점수가 다른 것은 확률오차 때문이다. 개개인은 첫 번째 검사에서 운이 좋을 수도 있고 나쁠 수도 있다. 하지만 첫 번째 검사에서 점수가 높게 나왔다면 운이 좋았을 가능성이 크다. 이는 두 번째 검사에서는 점수가 떨어질 가능성이 있음을 시사한다. 반면에 첫 번째 검사에서 점수가 매우 낮게 나왔다면 아마도 운이 없었을 가능성이 크다. 그리하여 다음 검사에서는 더 좋은 점수가 나올 가능성이 높다.

어느 모집단에서 실제 실력이 평균 120, 표준편차 15의 정규분포를 따른다고 가정하자. 확률오차는 각각 0.5의 확률로 ±5라고 하자. 따라서 실제 실력이 135인 사람의 관찰된 점수는 각각 1/2의 확률로 130 또는 140이 될 것이다. 또 실제 실력이 145인 사람의 관찰된 점수는 각각 1/2의 확률로 140 또는 150이 될 것이다.

첫 번째 시험에서 140을 얻은 사람들은 다음의 두 부류로 나눌 수 있다.

- 실제 실력은 135인데 확률오차가 +5인 경우
- 실제 실력은 145인데 확률오차가 −5인 경우

[그림 6-7]에서 볼 수 있듯이, 실제 실력이 145인 사람보다는 135인 사람이 더 많다. 즉, 첫 번째 경우가 더 일반적이다. 관찰된 점수가 140으로 평균점수 이상일 때는 실제 실력이 관찰된 점수보다 높을 가능성에 비해 낮을 가능성이 더 크다. 거꾸로 관찰된 점수가 평균점수 이하라면 실제 실력이 이보다 높을 가능성이 낮을 가능성보다 더 크다. (앞으로 제 9장에서 베이즈 정리를 배우고 나면 이 문제를 좀 더 엄격하게 풀 수도 있다.) 하나의 극단적인 예로 수학능력시험 전국 수석의 관찰된 점수는 실제 실력 이상으로 나왔을 가능성이 그 반대의 경우보다 크지 않겠는가.

위의 모형은 회귀효과를 설명해준다. 만일 첫 번째 시험점수가 평균보다 높으면, 아마도 실제 실력은 관찰된 점수보다 낮을 가능성이 크다. 따라서 이 사람이 다시 시험을 치르면, 두 번째 시험점수는 처음보다 떨어질 가능성이 크다. 반면에 첫 번

그림 6-7 회귀효과를 설명하기 위한 모형

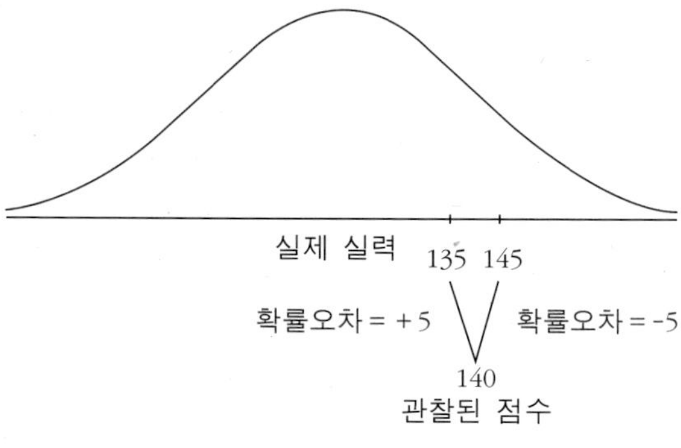

째 시험에서 평균보다 낮은 점수를 받은 사람의 실제 실력은 관찰된 점수보다 높을 가능성이 크다. 따라서 이 사람이 다시 시험을 치르면 점수가 오를 가능성이 높다. 즉, 시험-재시험 과정에서 회귀효과가 나타난다.

수학능력시험에서 전국 수석을 차지한 학생이 다시 수학능력시험을 친다고 또 전국 수석을 차지하겠는가? 아니다. 어느 한 시즌의 신인왕이 다음 시즌에도 여전히 모든 2년차 선수 가운데 가장 돋보이겠는가? 역시 아니다.

5. y의 x에 대한 회귀직선과 x의 y에 대한 회귀직선

산포도상에 두 개의 회귀직선을 그릴 수 있다. [그림 6-8]의 키-몸무게 산포도를 살펴보자. 왼쪽 그림은 몸무게의 키에 대한 회귀직선을 나타낸다. 이는 키의 크기에 따라 전체집단을 여러 개의 부분집단으로 나누었을 때 각각의 부분집단별로 평균몸무게를 구해준다. 이를 세로띠와 관련시켜 설명하면, 전체집단을 부분집단으로 나누는 것은 바로 산포도상의 전체 공간을 세로띠별로 나누는 일에 해당한다. 부분집단별로 평균몸무게를 추정하는 것은 세로띠별로 그 중심을 구하는 일에 해당한다.

반면에 오른쪽 그림은 키의 몸무게에 대한 회귀직선을 나타내고 있다. 이는 각 몸무게 집단별로 평균키를 추정해 준다. 즉, 가로띠별로 그 중심을 구하는 것이다.

분석목적에 따라 두 회귀직선 가운데 하나를 선택하면 된다. 두 그림에서 회귀직선은 실선으로, 표준편차선은 점선으로 표시되어 있다.

보기 3 한 주어진 자료에서 남성, 여성 모두 IQ점수는 평균이 100이고 표준편차가 15이다. 남편과 아내의 IQ점수간 상관계수는 0.50이다. IQ 140의

그림 6-8 서로 다른 두 개의 회귀직선

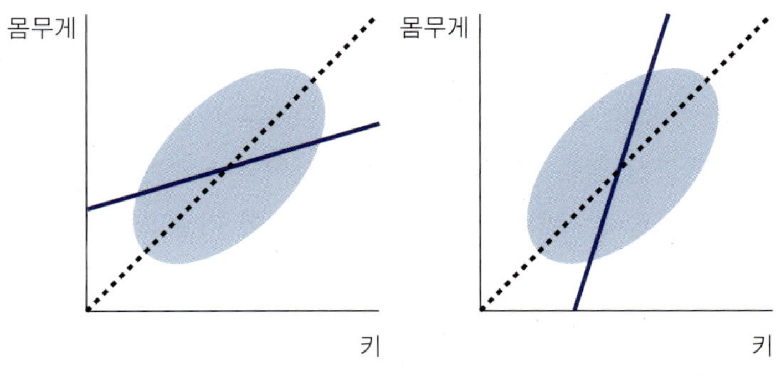

주: 실선은 회귀직선이고 점선은 표준편차선이다. 두 그림에서 점선인 표준편차선은 같으나 실선인 회귀직선은 다르다. 왼쪽 그림의 실선은 몸무게의 키에 대한 회귀직선인 반면 오른쪽 그림의 실선은 키의 몸무게에 대한 회귀직선이다.

남편을 둔 아내들의 IQ는 평균 120으로 나타났다. 그렇다면 IQ 120의 아내를 둔 남편들의 IQ는 평균 140일 것으로 생각하는가?

해 설 아니다. 110이 답이다. 다음 그림을 보자. 남편의 IQ가 반올림하여 140인 곳에 세로띠를 그려 넣었다. 세로띠 안에서 y의 평균은 120이다. 아내의 IQ가 120인 경우는 가로띠로 표시되어 있다. 가로띠 안에서 x의 평균은 110이다. 회귀직선이 두 개라는 사실에 유념해야 한다. 하나는 남편의 IQ를 가지고 아내의 IQ를 예측하는, 즉 각 세로띠별로 그 세로 중심을 구하는 회귀직선이다. 다른 하나는 아내의 IQ를 가지고 남편의 IQ를 예측하는, 즉 각 가로띠별로 그 가로 중심을 구하는 회귀직선이다.

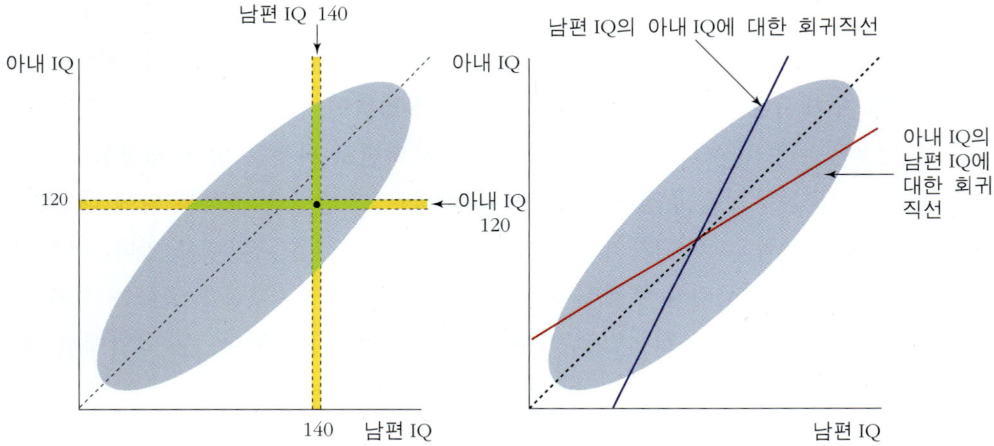

주: 실선은 회귀직선이고 점선은 표준편차선이다.

6. 복습문제

1. 회계학 수업의 중간, 기말고사 성적은 모두 평균이 60점이고, 표준편차가 15점이다. 중간고사 점수와 기말고사 점수 사이의 상관계수는 0.50이고, 산포도는 타원형이다. 다음 각각의 중간고사 성적에 대한 기말고사 성적을 예측하라.
   (1) 75점 (2) 30점 (3) 60점 (4) 정보가 없는 경우

2. 상관계수가 -1인 경우, x가 $1SD_x$ 증가할 때, y는 왜 $1SD_y$만큼 감소하는지 설

명하라.

3. 그림에 예시된 것처럼 세로구간별로 그 중심에 가위표(×)를 하라. 마지막으로 y의 x에 대한 회귀직선을 그려라. (점선은 표준편차선이다.)

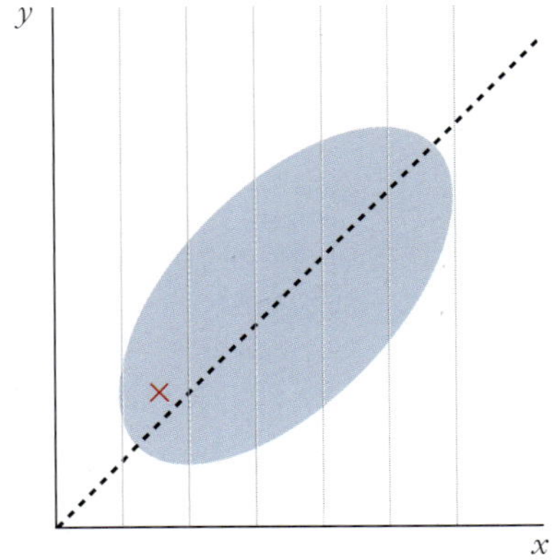

4. 네 개의 산포도에 각각 실선과 점선이 그려져 있다. 어느 것이 표준편차선이고, 어느 것이 y의 x에 대한 회귀직선인지 설명하라.

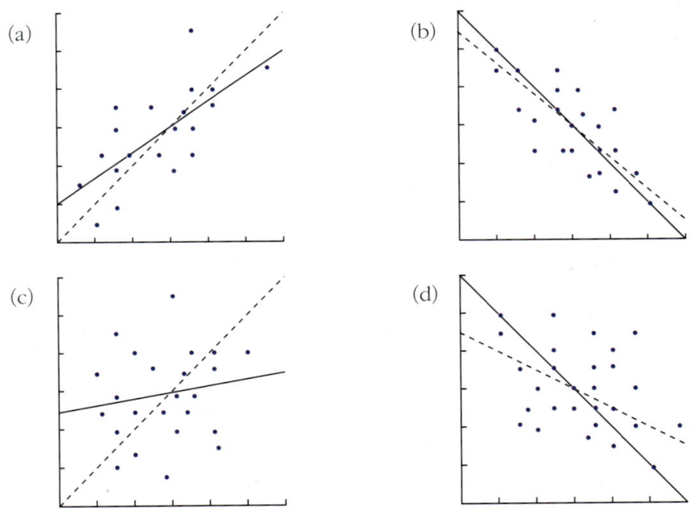

5. 회귀분석 기법을 적용한 결과 경제원론 성적의 백분위가 90%인 학생의 경제통계학 성적은 그 백분위가 68%로 예측되었다. 그렇다면 경제통계학 성적의 백분위가 68%인 학생의 경제원론 성적은 그 백분위가 90%로 예측되겠는가? 참, 거짓을 판별하고, 그 이유를 설명하라.

6. IQ점수의 지속성을 알아보기 위하여 많은 사람들을 대상으로 15세와 30세 때 각각 IQ검사를 실시하였다. 그 결과는 다음과 같다.

15세 : 평균	= 100	표준편차 = 15
30세 : 평균	= 100	표준편차 = 15
상관계수	= 0.80	

(1) 15세에 IQ 점수가 115였던 사람들이 30세에 얻게 될 평균 IQ 점수를 예측하라.

(2) 15세에 IQ점수가 115였던 한 개인에 대해 그가 30세에 얻게 될 IQ 점수를 예측하라.

7. 한 의사는 혈압을 두 번 측정한다. 그는 첫 번째 측정에서 혈압이 아주 높게 나온 환자들은 다음 측정에서 혈압이 낮아짐을 발견하였다. 그래서 환자들은 두 번째 측정에서 더 편안해진다고 결론지었다. 다른 의사가 정 반대의 결론을 주장하고 나섰다. 처음 측정에서 혈압이 아주 낮게 나온 환자들의 경우엔 다음 측정에서 오히려 혈압이 높게 나왔기 때문이다. 두 의사 중 누가 옳은가? 아니면 둘 다 틀렸는가? 간단히 설명하라.

8. 국내외 야구통계를 보면 매년 그 해 가장 좋은 성적을 보인 신인 야구선수(rookie of the year)가 이듬해에는 상대적으로 성적이 조금 떨어지는 경향이 있다. 스포츠 기자들은 이를 '2년차 부진' (sophomore slump)이라 부르고, 이는 신인왕 출신들이 이듬해 광고나 TV 출연 등 야구 외적인 활동으로 정신력이 해이해지기 때문이라고 설명한다. 스포츠 기자들의 의견에 동의하는가? 예 또는 아니오로 답하고, 간단히 설명하라.

9. 한 대형 강의에서 중간고사와 기말고사의 점수는 각각 평균이 50점, 표준편차가 10점이었다. 두 시험점수간 상관계수는 0.5점이었다. 중간고사에서 30점을 받은 일부 학생들에게 특별수업을 실시한 결과 기말고사에서 평균적으로 40점을 받았다. 이 결과를 특별수업의 효과로 볼 수 있는가? 답하고 설명하라.

10. 다음은 미국에서 부부의 소득을 조사한 결과이다.

남편 : 평균	= $45,000	표준편차 = $20,000

아내 : 평균 = \$35,000　　　　　　표준편차 = \$12,000

상관계수 = 0.5

(1) 산포도상에서 남편의 소득(x)을 토대로 하여 \$5,000단위 구간으로 자료를 나누었다. 각각의 구간에 속하는 아내의 소득(y)을 평균하여 각 구간의 중앙에 표시하였다. 표시된 점들을 하나의 직선으로 근사시키면 이 직선의 기울기는 대략 (0.3, 0.6, 0.83, 1, 1.67)이 될 것이다. 괄호 안에서 올바른 답을 고르고 간단히 설명하라.

(2) 조사과정에서 한 남편의 소득자료를 잃어버리는 사고가 발생하였다. 아내의 소득이 \$23,000라는 사실과 (1)에서 구한 직선이 (\$40,000 , \$23,000)를 지난다는 사실을 알고 있다고 하자. 잃어버린 남편의 소득을 \$40,000로 추정할 수 있는가? 설명하라.

7. 인터넷 사이트를 이용한 문제

1. 소비를 가처분 소득의 함수로 나타내 보자.

$$C=a+b\,(Y-T)+u$$

여기서 C는 민간소비, Y는 GDP, T는 조세수입, $Y-T$는 가처분 소득을 나타낸다. 우리나라 통계청(http://kostat.go.kr) 또는 한국은행(http://ecos.bok.or.kr)에 접속하여 국민계정 항목을 찾아가라. 거기서 필요한 자료를 다운로드받아 이 식을 회귀분석하라. 이때 민간 소비와 가처분 소득 모두 명목 금액을 GDP 디플레이터로 나누어 실질 변수로 바꾸어준 뒤 이들 실질 변수값을 이용하여 회귀분석을 행하라. 한계소비성향(marginal propensity to consume)을 나타내는 b는 얼마로 추정되는가?

2. 실질생산이 늘어나면 실업이 줄어든다. 경제학자 오쿤(Arthur Okun, 미국, 1928–1980)은 미국 경제에서 실질 GDP 성장률이 **자연성장률**(natural growth rate)을 상회하여 2% 내지 3% 포인트씩 늘어날 때마다 실업률의 변화가 1% 포인트씩 감소함을 발견하였다. 이러한 2 대 1 내지 3 대 1의 관계를 **오쿤의 법칙**(Okun's law)이라고 부른다. 이는 다음 회귀식에서 $\beta=-0.5$ 내지 $\beta=-0.33$을 의미한다. (참

고로 자연성장률은 실업률의 변화를 가져오지 않는 실질 GDP 성장률로 정의되며 아래 회귀식에서는 $-\alpha/\beta$에 해당되는 수치가 된다.)

$$(\text{실업률의 변화}) = \alpha + \beta(\text{실질 GDP 성장률}) + u$$

t기의 실업률을 U_t로, 실질 GDP를 GDP_t로 나타내면, 실업률의 변화는 $U_t - U_{t-1}$로, 실질 GDP 성장률은 $\ln GDP_t - \ln GDP_{t-1}$로 측정된다.

(1) 미국의 1947년-1960년 사이 연간자료를 이용하여 오쿤의 법칙을 확인하라. 미국의 자료는 미국 연방정부 통계자료 홈페이지(http://fedstats.gov)로부터 다운로드받을 수 있다.

(2) 우리나라에 대해 특정 기간을 설정하여 오쿤의 법칙이 성립하는지 확인해보라. 우리나라의 자료는 한국은행(http://ecos.bok.or.kr) 또는 통계청(http://kostat.go.kr)으로부터 얻을 수 있다.

8. 요 약

1. 산포도상에서 두 변수 x, y의 관계가 대략 선형관계를 만족시키면, x가 1SD_x 증가함에 따라 y는 평균적으로 $r\text{SD}_y$만큼만 증가하는 경향이 있다. 여기서 r은 x와 y간의 상관계수이다. 각각의 x값에 대하여 회귀분석으로부터 구한 y의 평균값들을 좌표평면상에서 연결하면 y의 x에 대한 회귀직선이 얻어진다.

2. 평균의 그래프는 일반적으로 약간 굴곡이 진 모양을 띠게 된다. 회귀직선은 굴곡이 진 평균의 그래프를 하나의 직선으로 근사시킨다. 만일 평균의 그래프가 처음부터 직선이면, 그 직선이 바로 회귀직선이다. 하지만 만약 평균의 그래프가 강한 비선형성을 보이면, 이를 무리하게 회귀직선으로 근사시켜서는 안 된다. (등이 굽은 새우를 억지로 펴면 새우 몸이 절단난다. 등이 굽은 노인도 억지로 펴면 안된다. 한자로는 새우를 *海老*, 즉 바다노인이라고 표현하기도 한다.)

3. 회귀직선은 기존 자료로부터 추정한 x와 y의 관계를 이용하여 새로운 개체의 x 정보를 가지고 그 y값을 예측하게 해준다. 그러나 새로운 개체가 기존 자료와 성격이 다르거나, 새로운 개체의 x값이 기존 자료의 x값 범위 밖인 경우에는 주의를 기울여야 한다.

4. 시험-재시험의 상황에서, 두 시험점수는 차이가 나기 마련이다. 처음 시험에서 점수가 낮았던 집단의 경우엔 재시험에서 평균적으로 점수가 올라가는 경향이 있다. 반대로 처음 시험에서 점수가 높았던 집단의 경우엔 재시험에서 평균적으로 점수가 내려가는 경향이 있다. 이를 회귀효과라 부른다. 회귀효과는 산포도상에서 모든 점들이 하나의 직선상에 위치하지 않는 한 늘상 발생하는 현상이다.

5. 회귀오류란 회귀효과가 산포도상에서 단지 자료가 퍼져 있다는 사실 말고도 무언가 다른 중요한 이유 때문에 발생한다고 착각하는 것이다. 착각은 금물. 회기오류를 범하지 말자.

6. 산포도에는 두 개의 회귀직선을 그릴 수 있다. 하나는 y의 x에 대한 회귀직선이고, 다른 하나는 x의 y에 대한 회귀직선이다.

아드리엔 마리 르장드르(Adrien Marie Legendre, 프랑스, 1752-1833)

현대 통계학의 중심에 서 있는 최소자승법은 통계학계에서 19세기에 일어난 엄청난 혁명이었다. 이전까지 정규분포곡선, 확률분포에 주력하던 통계학은 19세기 최소자승법이 나타나면서 새로운 전기를 맞이하게 된다. 이제 통계학은 주로 회귀분석을 이용하게 되었으며, 1805년 이후에는 최소자승법과 확률의 관련성을 연구하는 것이 학자들의 주요 연구대상이 되었다. 최소 자승법과 확률의 관련성을 개발하고 발전시키는 데에만 100여 년 간의 기간이 걸렸다. 현재 우리가 배우는 통계학 역시 최소자승법 및 이와 연관된 확률 기법이 주를 이루고 있다. 이렇게 통계학의 근원이라고도 할 수 있는 최소자승법은 1805년 르장드르에 의해 처음으로 세상에 태어난다.

1752년 9월 18일 프랑스에서 태어나 1833년 1월 10일에 세상을 떠난 르장드르는 넓은 안목과 번쩍이는 아이디어를 갖춘 수학자였다. 르장드르는 그 유명한 라플라스(P. S. Laplace)와 동시대인으로, 3년 어린 르장드르는 라플라스의 파리 육군사관학교 교직 자리를 물려받는 등 라플라스와 많은 인연을 맺었다. 사실 라플라스가 아니었으면 르장드르가 최소자승법을 창안하지 못했을 것이라고 여겨지기도 하지만, 어쨌든 르장드르는 라플라스가 넘지 못한 하나의 벽을 극복함으로써 통계학계에 영원히 그 이름을 남기게 되었다.

회귀분석식에는 오차항이 포함되는데 어떻게 하면 이 오차를 없애거나 최소화할 수 있는가가 당시의 어려운 과제였다. 라플라스를 포함하여 르장드르의 선대 학자들은 이에 대한 명쾌한 해답을 제시하지 못했다.

물론 르장드르도 최소자승법이라는 기법을 일순간에 창시한 것은 아니다. 그 역시 시행착오를 여러 번 겪다가, 최소자승법이 소개된 그의 저서 'Nouvelles methodes pour la determination des orbites des cometes'를 쓰는 도중에 최소 자승법의 아이디어를 떠올린 듯하다. 행성의 움직임을 설명하는, 스스로도 만족스럽지 않은 방안들을 제시한 후에, 마지막에 가서야 최소자승법을 제시한다. 그는 이렇게 적고 있다. "행성의 움직임을 계산하는 경우에는, 이러한 방법으로도 비교적 작은 크기의 오차를 가지는 해를 구할 수 있다. 하지만 오차항의 제곱들의 산술합을 **최소화**함으로써 더 정확한 답을 얻을 수 있다." 최소화라는 단어를 강조한 것만 보아도 그가 이 기법에 착안하고서 얼마나 흥분했는지 짐작이 간다. 나아가 르장드르는 행성의 움직임을 넘어 지리학에도 최소자승법을 적용한다. 당시 많은 수학자들의 관심은 바로 위도 1도의 백만 분의 일인 1미터의 길이를 구하는 것이었는데, 르장드르는 최소자승법으로 이를 계산한다.

최소자승법은 완성이 아닌 시작으로, 이후 이를 개발하는 문제, 특히 확률과의 관련성을 찾아내는 문제가 전 세계 통계학자들을 괴롭히게 된다. 아니, 현재의 우리까지 최소자승법을 배우려고 모두 머리를 싸매고 고민을 하니, 어쩌면 르장드르는 최소자승법의 창시자로서 존경을 받기보다 많은 사람들의 원망을 사고 있을지도 모를 일이다.

제 7 장

회귀분석의 오차

For the rational study of the law the blackletter man may be the man of the present, but the man of the future is the man of statistics and the master of economics.

– 홈즈 2세(Oliver Wendell Holmes, Jr.,
미국 연방 대법원 판사, 1841–1935) –

경제학과 통계학 각각 중요. 둘을 합친 경제 통계학과 계량 경제학은 더욱 중요.

– 류근관의 해석 –

1. 실제값과 추정치의 차이

회귀분석은 x로부터 y를 예측하는 데 쓰인다. 하지만 실제값과 예측치 사이에는 차이가 나기 마련이다. 차이는 얼마나 될까? 회귀직선의 **제곱근-평균-제곱 오차**(root-mean-square error : RMSE)는 실제값과 예측치의 차이가 어느 정도 될지 알려준다. 이는 앞에서 표준편차가 개별 관측치와 평균의 차이가 어느 정도 될지 알려주었던 것과 그 기능이 같다. 회귀직선의 제곱근-평균-제곱 오차는 **추정의 표준오차**(standard error of estimate) 또는 **회귀의 표준오차**(standard error of regression)라고도 한다. 회귀분석을 이용하여 y값을 추정할 때 오차의 표준적인 크기를 나타내 주기 때문이다. 이하에서 우리는 회귀직선의 제곱근-평균-제곱 오차, 추정의 표준오차, 회귀의 표준오차를 통일하여 모두 RMSE로 표기한다.

국내에서 실시된 '2007년 국민건강 영양조사'에 등장하는 만 10-90세의 한국인 남성 1,503명의 자료를 살펴보자. 이 자료를 요약하면 다음과 같다.

평균키 = 167.08cm 키의 표준편차(SD_x) = 8.81cm
평균몸무게 = 65.48kg 몸무게의 표준편차(SD_y) = 12.08kg
키와 몸무게의 상관계수 = 0.69

이 자료를 갖고 잠시 회귀분석 방법에 대해 복습해 보자. 한 개인의 키에 대한 정보로부터 그의 몸무게를 추정하고자 한다. 이때 우선 같은 키를 가진 사람들로 준거집단(reference group)을 만든다. 그 다음 이들의 평균몸무게로 그의 몸무게를 추정한다. 준거집단의 평균값은 회귀분석에 의해 구한다.

[그림 7-1]은 회귀직선을 보여준다. 산포도상에서 A의 키는 143.6cm이다. 회귀분석 방법을 이용하여 143.6cm 키에 해당하는 사람들의 평균몸무게를 추정하면 42.0kg이 된다. A의 실제 몸무게는 56.7kg이다. 실제값이 예측치보다 14.7kg이나 크다.

추정오차 = 실제 몸무게 − 예측된 몸무게
= 56.7kg − 42.0kg = 14.7kg.

[그림 7-1]에서 추정오차는 A점과 회귀직선 사이의 수직거리이고, 중괄호로 표시되어 있다. 한편 B의 키는 186.7cm이고, 몸무게는 58.9kg이다. 회귀분석 방법에 의하면 그의 몸무게는 85.2kg으로 추정된다. 따라서 추정오차는 58.9kg−85.2kg=−26.3kg이다. 추정오차는 B점과 회귀직선 사이의 수직거리(이 경우에는 陰)이고,

그림 7-1 산포도와 회귀직선

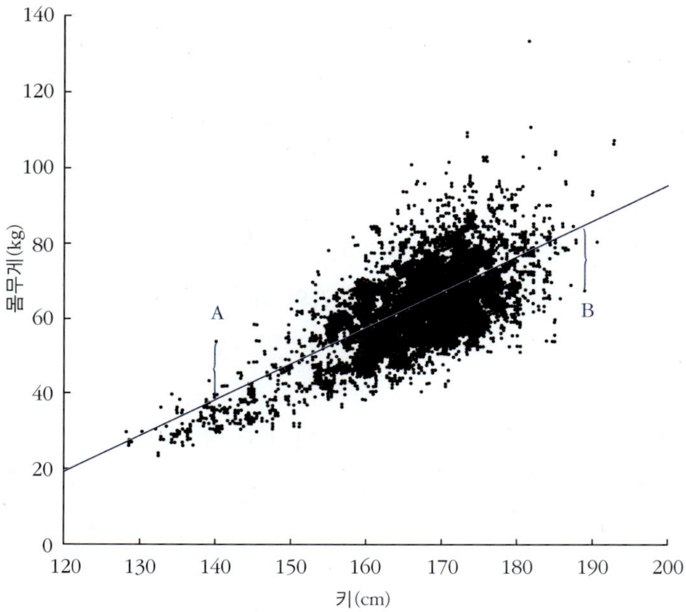

주: 만 10-90세의 한국인 남성 1,503명에 대한 (키,몸무게)의 산포도. 자료는 '2007년 국민건강영양조사'로부터 얻었다. 오차는 각 점이 회귀직선으로부터 위(+) 또는 아래(−)로 떨어진 거리이다.

역시 중괄호로 표시되어 있다.

추정오차 = 실제값 − 추정치

추정오차(estimation error)를 일반적으로 **잔차**(residual)라고 부른다. 잔차 또는 추정오차의 전반적인 크기는 제곱근-평균-제곱의 방식으로 측정한다. 다시 [그림 7-1]

그림 7-2 추정오차

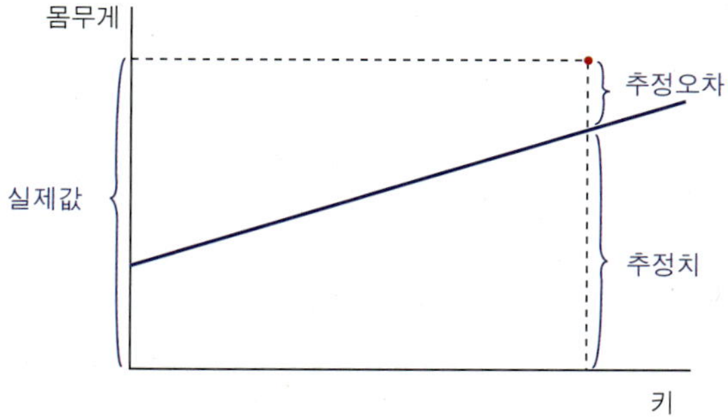

주: 추정오차는 실제값으로부터 회귀직선까지의 수직거리와 같다.

로 돌아가자. 산포도상의 1,503개 점 각각에 대하여 추정오차는 각 점으로부터 회귀선까지의 수직거리로 측정되고 추정오차의 전반적인 크기인 RMSE는 다음과 같이 계산된다.

$$\text{RMSE} = \sqrt{\frac{(1\text{번째 오차})^2 + (2\text{번째 오차})^2 + \cdots + (1,503\text{번째 오차})^2}{1,503-2}} = 9.3\text{kg}$$

분모에 표본크기인 1,503 대신 자유도인 1,503−2=1,501을 사용하였다. 여기서 자유도가 왜 둘이나 감소했는지 생각해보자. 추정오차는 실제값을 추정치로부터의 편차로 표시한 것이다. 한편 추정치는 회귀직선으로부터 얻어지며 각각의 x값에 대응하는 y값의 평균이라고 볼 수 있다. 이때 추정치인 집단별 평균, 즉 회귀직선상의 y값은 절편과 기울기에 의해서 결정된다. 집단별 평균을 구할 때 표본으로부터 계산한 두 개의 정보를 사용하는 셈이다. 이것이 바로 자유도가 둘만큼 줄어드는 이유이다. 일반적으로, 추정오차의 자유도는 추정오차 계산의 기준이 되는 추정치를 구할 때 자료로부터 몇 개의 정보를 계산해 사용했느냐에 따라 감소한다. 앞에서 표준편차를 계산할 때는 자유도가 하나만 줄었다. 표준편차는 평균과의 편차의 제곱근-평균-제곱이며, 평균은 표본으로부터 계산한 한 개의 정보였다. 한편 회귀직선의 RMSE를 계산할 때 추정오차 계산의 기준은 회귀직선이다. 하나의 회귀직선은 절편과 기울기의 두 통계량에 의해 결정되므로 회귀분석에서 추정오차의 자유도는 둘만큼 줄어든다.

RMSE는 다음 의미를 갖는다. [그림 7-1]에서 전형적인(typical) 점은 회귀직선으로부터 위 또는 아래로 RMSE인 9.3kg 정도 떨어져 있다. 즉, 실제 몸무게는 추정된 몸무게와 약 9.3kg 정도 다르다.

> 회귀직선의 RMSE는 산포도상의 점들이 회귀직선으로부터 수직거리로 얼마나 떨어져 있는지 그 전반적인 크기를 알려준다. 즉, RMSE는 추정오차 내지 잔차들의 대체적인 크기를 RMS방식으로 측정한 것이다.

회귀직선과 RMSE의 관계는 평균과 표준편차의 관계와 똑같이 생각할 수 있다. 첫째, 회귀직선과 평균은 자료의 중심을 나타낸다. 전체자료의 중심이 평균인 반면 회귀직선은 x값에 따른 부분집단별로 자료의 중심을 알려준다.

둘째, RMSE와 표준편차는 개별 관측치가 중심으로부터 떨어져 있는 정도를 측정해준다. 표준편차는 개별 관측치가 전체 평균으로부터 떨어져 있는 정도를 알려주는 반면, RMSE는 개별 관측치가 그가 속한 준거집단의 평균으로부터 떨어져 있

그림 7-3 회귀직선과 경험법칙

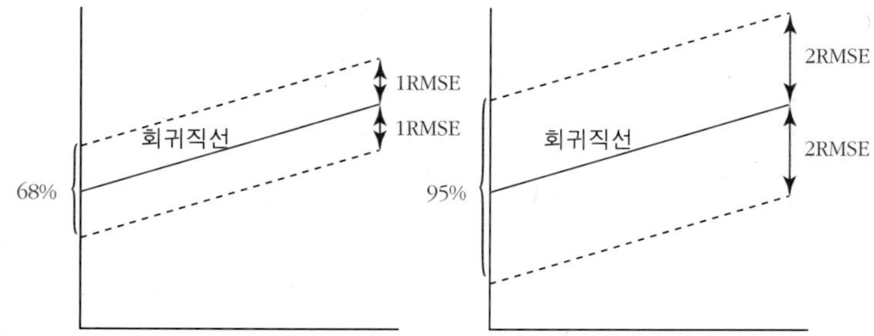

주: 산포도상의 점들 중 약 68%가 회귀직선으로부터 ±1RMSE만큼 떨어져 있는 두 직선 사이에 있다. 약 95%의 점들은 회귀직선으로부터 ±2RMSE만큼 떨어져 있는 두 직선 사이에 존재한다.

는 정도를 알려준다.

셋째, 회귀직선과 RMSE를 알면 평균과 표준편차를 알 때처럼 68–95 규칙을 활용할 수 있다. 즉, 히스토그램에서 전체자료의 약 68%가 평균 주위로 ±1SD 이내에 있는 것처럼 산포도에서도 전체자료의 약 68%에 해당하는 점들이 회귀직선 주위로 ±1RMSE 이내에 있다. 95%에 대해서도 비슷한 언급을 할 수 있다. 물론 이러한 경험법칙은 자료의 분포가 정규분포를 따를 때 잘 성립하나 경험적으로 볼 때 많은 자료에서 비교적 잘 성립한다. [그림 7-3]은 이 법칙을 보여준다.

다음으로 회귀직선의 RMSE와 초보적인 추정방법의 RMSE를 비교해보자. 초보적인 방법은 x값을 무시한 채 y의 전반적인 평균값으로 개별 y값을 추정하는 것을 말한다. 이 방법에 의한 추정치는 y의 평균을 지나는 수평선으로 표시할 수 있다. 추정치들이 수평선을 이루게 되는 이유는 x값과 무관하게 y값을 추정하기 때문이다.

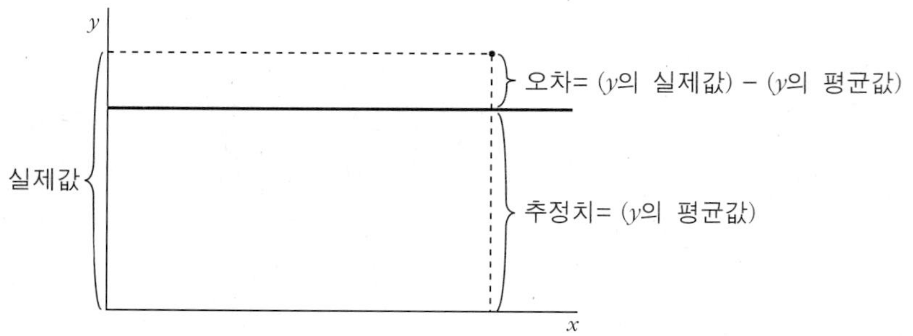

위의 그림에서 추정오차는 점으로부터 y의 평균을 지나는 수평선까지의 수직거리이다. 수치상으로는 y의 실제값과 평균값 사이의 차이이다. 따라서 이 초보적 추정방법의 RMSE는 y의 표준편차(SD_y)가 된다. 왜냐하면 SD_y는 평균으로부터의 편차의 제곱근-평균-제곱이기 때문이다.

y의 표준편차(SD_y)는 하나의 점이 y의 평균을 지나는 수평선으로부터 위 또는 아래로 떨어져 있는 수직거리의 전반적인 크기를 나타낸다. 다시 말해, y의 표준편차는 x값을 무시한 채 y의 전반적인 평균값으로 개별 y값을 추정할 때의 RMSE이다.

2. 두 변수간 상관계수를 이용한 RMSE의 계산

[그림 7-4]는 회귀직선의 RMSE와 y의 표준편차를 비교하여 보여준다. 왼쪽 그림은 회귀직선의 RMSE를, 오른쪽 그림은 y의 표준편차를 보여준다. y의 표준편차(SD_y)는 y의 평균값을 지나는 수평선으로부터의 RMSE이다.

일반적으로 회귀직선의 RMSE는 y의 표준편차보다 작을 것이다. 왜냐하면 수평선보다는 회귀직선이 산포도상의 보다 많은 점들에 보다 가까이 위치하기 때문이다. 사실상 회귀직선은 산포도 상의 '보다 많은 점들에 보다 가까이' 가도록 그려진 맞춤형 직선이다. 회귀직선의 RMSE는 SD_y에 비해 $\sqrt{1-r^2}$ 의 비율로 작아진다. 물론 r은 두 변수 x와 y간의 상관계수이다.

회귀직선의 RMSE는 대략 $\sqrt{1-r^2} \times SD_y$와 같다(증명은 다음 장 부록 참조).

위에서 공식 안에는 표준편차로 SD_y가 쓰였다. SD_y는 바로 추정 대상 변수인 y의 SD이다. 키로부터 몸무게를 추정한다고 하면, 몸무게의 SD를 사용한다. 이때 RMSE의 단위는 cm가 아니라 kg이 된다. 또, 교육년수로부터 소득을 추정한다면 소득의 SD를 써야 한다.

그림 7-4 회귀직선의 RMSE와 y의 SD

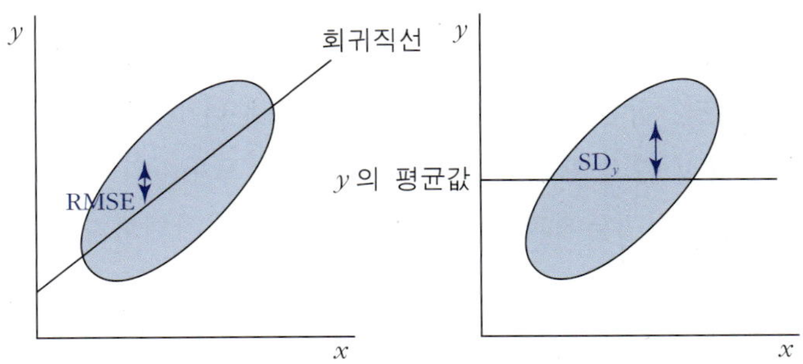

RMSE는 추정 대상 변수와 그 단위가 같다.

공식의 증명은 다음 장 부록에서 살펴보기로 하고 여기서는 다음 세 가지 경우를 통해 그 의미만을 새겨보자. 먼저, $r=1$인 경우를 생각해보자. 산포도상의 모든 점들은 하나의 우상향하는 직선 위에 놓이게 된다. 회귀직선은 산포도상의 모든 점을 지나며, 추정오차는 모두 0이 된다. 따라서 RMSE도 0이다.

$$\sqrt{1-r^2}\times SD_y=\sqrt{1-1^2}\times SD_y=0$$

다음으로 $r=-1$인 경우를 생각해보자. 산포도상의 모든 점들이 하나의 우하향하는 직선 위에 놓이게 된다는 점만을 제외하고는 앞의 경우와 동일하다. RMSE는 여전히 0이다.

$$\sqrt{1-r^2}\times SD_y=\sqrt{1-(-1)^2}\times SD_y=0$$

마지막으로 $r=0$인 경우를 생각해보자. 두 변수간에 선형관계가 전혀 없다. 따라서 회귀직선은 x값으로부터 y값을 추정하는 데 전혀 도움을 주지 못한다. 따라서 회귀직선은 y의 평균값을 지나는 수평선이 되고 RMSE는 SD_y와 대략 같게 된다.

$$\sqrt{1-r^2}\times SD_y=\sqrt{1-0^2}\times SD_y=SD_y$$

여기서 RMSE와 SD_y가 정확히 같지 않고 대략적으로 같은 이유는, RMSE를 구할 때는 '표본크기-2'로 나누어 준 반면, SD_y를 구할 때는 '표본크기-1'로 나누어 주기 때문이다. 다시 한번 자유도에 대해서 생각해보기 바란다. 물론 표본크기가 크다면 2를 빼주든 1을 빼주든 큰 차이는 없게 된다.

RMSE는 산포도상의 점들이 회귀직선으로부터 수직으로 퍼져 있는 정도를 y단위를 써서 측정한다. 상관계수는 산포도상의 점들이 회귀직선 주위로 밀집해 있는 정도를 측정한다. 상관계수를 이용하면 SD_y로부터 RMSE를 구할 수 있다. 상관계수는 단위를 갖지 않기 때문에 SD_y와 RMSE는 모두 y의 단위를 공유한다.

이제껏 배운 회귀분석과 상관계수의 관계를 정리해보자.

- 상관계수는 산포도상의 점들이 회귀직선 주위로 밀집해 있는 정도를 나타낸다.

- x값이 1SD_x 증가함에 따라 y값은 평균적으로 $r SD_y$만큼 증가한다.
- 상관계수는 $RMSE \approx \sqrt{1-r^2} \times SD_y$의 공식을 통해 y의 표준편차로부터 RMSE를 구할 수 있게 해준다. RMSE는 회귀직선이 자료를 얼마나 잘 요약하는지 나타낸다.

> **[참고]** 기존의 회귀직선을 가지고 성격이 전혀 다른 새로운 개체의 값을 추정하거나 성격이 같더라도 기존 자료의 x값 범위를 뛰어넘어 외삽하는 경우에는 RMSE를 통해 추정오차가 얼마나 될지 알기 어렵다. 통계학만 갖고 답할 수 있는 상황이 아니다.

3. 잔차도

잔차를 도표상에 그려보면 도움이 될 때가 많다. [그림 7-5]를 보자. 산포도의 각 점을 **잔차도**(residual plot)로 옮겨 그려보자. x값은 그대로 둔 채, y값만을 잔차로 바꾸어 좌표축에 표시하면 된다. 잔차도를 보면 전반적으로 양의 값을 갖는 잔차들이 음의 값을 갖는 잔차들과 균형을 이루고 있다. 사실상 잔차들의 합과 평균은 모두 0이다.

잔차도상의 점들은 우상향하거나 우하향하는 등의 체계적인 선형 패턴(linear pattern)을 보이지 않는다. 우상향하거나 우하향하는 등 직선으로 표현되는 선형 패턴은 이미 회귀직선에 흡수되어 버렸기 때문에 더 이상 잔차도에 남아 있지 않다.

반면 [그림 7-6]의 잔차도는 비선형(nonlinear)의 뚜렷한 패턴을 보인다. 이와 같이 잔차도가 어떤 체계적인 패턴을 보이는 경우 회귀직선에 무언가 문제가 있다고 보

그림 7-5 잔차도 그리기

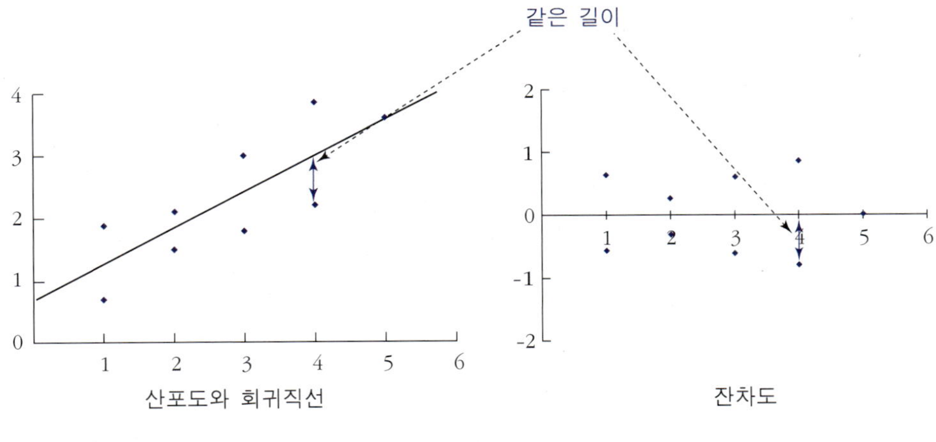

그림 7-6 뚜렷한 패턴을 보이는 잔차도

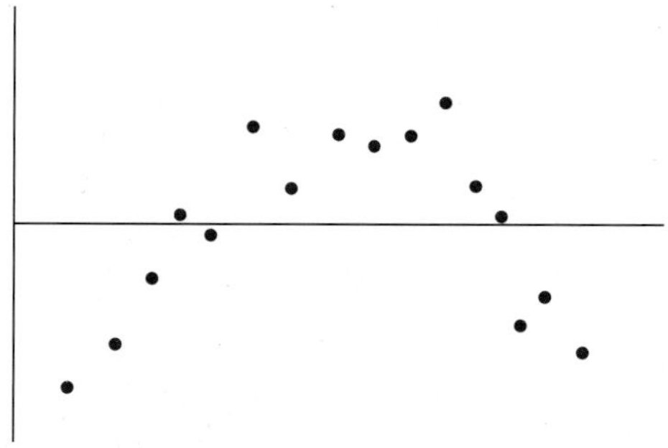

주: 직선의 회귀식이 비선형의 관계를 포착하지 못해 이런 잔차도가 얻어진다.

아야 한다. 이는 애당초 설정된 직선의 회귀식이 체계적인 비선형의 관계까지 포착 하는데 역부족이었음을 시사한다. 이처럼 어떤 뚜렷한 패턴을 보이는 잔차도는 회 귀직선이 두 변수간의 관계를 충분히 반영하지 못했기 때문에 얻어진다.

4. 세로띠

[그림 7-7]은 이미 이 장의 처음 부분에 등장했던 산포도이다. 이는 만 10–90세 한국 남성의 (키, 몸무게)로 이루어진 1,503개의 점들을 보여준다. 키가 대략 160cm인 점들은 왼쪽의 세로띠 안에 들어 있다. 이 세로띠에 해당하는 사람들의 몸무게 히스토그램이 두 번째 그림에 실선으로 그려져 있다. 키가 대략 170cm인 점들은 오른쪽의 세로띠 안에 들어 있다. 이 세로띠는 키가 160cm에 해당하는 세로띠에 비해 오른쪽에 위치한다. 이 세로띠에 해당하는 사람들의 몸무게 히스토그램은 아래 그림에 점선으로 그려져 있다. 키가 큰 사람은 평균적으로 몸무게도 많이 나간다. 두 히스토그램은 비슷한 모양을 띠고 있다. 중심은 다르지만 퍼진 정도는 거의 같다.

세로띠 내에서 점들이 위 아래로 퍼진 정도가 세로띠마다 같을 때, 우리는 자료가 **등분산성**(等分散性, homoscedasticity)을 띤다고 한다. 라틴어로 'homo'는 '같다'(等, same)를 의미하고, 'scedastic'은 '퍼져 있다'(分散, scatter)를 의미한다. [그림 7-7]의 산포도는 등분산성을 보인다. 각 세로띠별로 살펴보면 몸무게의 범위, 즉 세로띠별로 최대값과 최소값의 차이는 세로띠마다 다르다. 그러나 이는 각 세로띠마다 자료의 퍼진 정도가 다르기 때문이 아니다. 이는 단지 양극단의 세로띠보다 중간의 세로띠에 속하는 점들이 더 많기 때문이다. 사실상 세로띠별로 그에 속해 있는 몸무게의 표준편차를 구해보면 표준편차는 모든 세로띠에 걸쳐 거의 비슷하다.

그림 7-7 한국 남성의 (키, 몸무게) 산포도

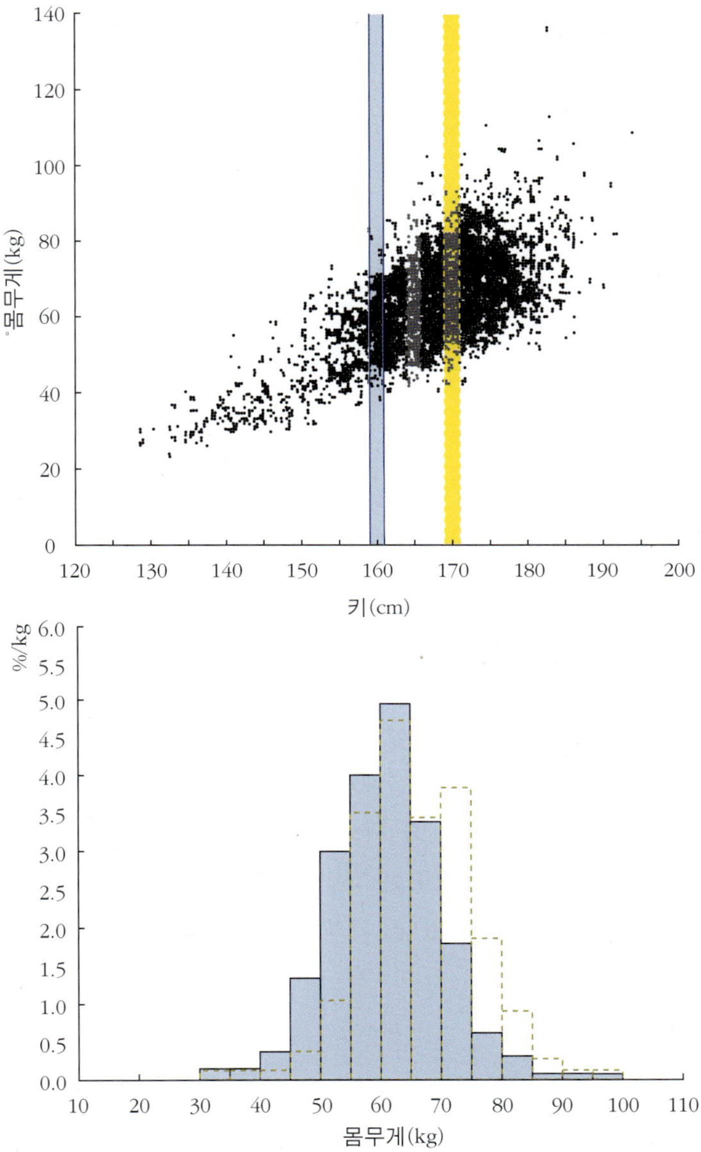

주: 위 그림에서 실선띠는 키가 대략 160cm인 사람들을 나타낸다. 아래의 실선 히스토그램은 이에 해당하는 사람들의 몸무게 분포이다. 위 그림의 점선띠는 키가 대략 170cm인 사람들을 나타낸다. 아래의 점선 히스토그램은 이에 해당하는 사람들의 몸무게 분포이다. 두 히스토그램은 모양이 비슷하고 SD값이 거의 같다(160cm인 사람들의 몸무게의 표준편차는 9.33, 170cm인 사람들의 몸무게의 표준편차는 9.75). 두 히스토그램은 중심이 다르다.

산포도가 타원형일 때, 세로띠별로 추정오차의 전반적인 크기는 어느 세로띠에서나 비슷하다. [그림 7-7]에서 키를 가지고 몸무게를 추정할 때, 그 회귀직선의 RMSE

그림 7-8 교육과 소득의 산포도

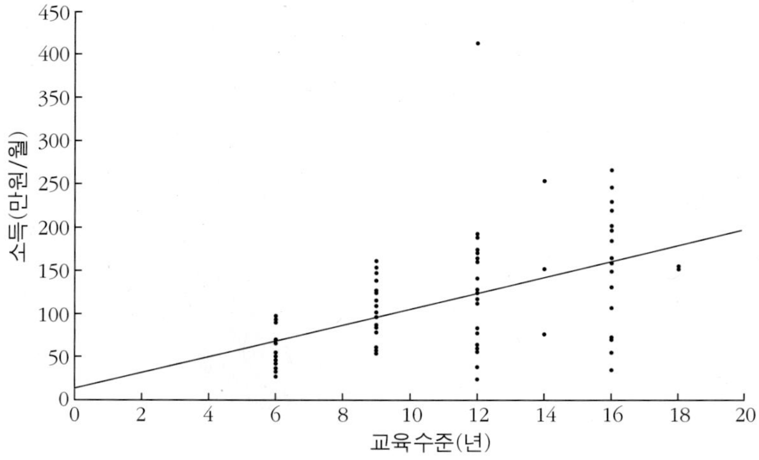

는 약 9.3kg였다. 만일 키가 160cm라면, 몸무게의 추정치는 63.4kg이며, ±9.3kg정도의 오차가 있을 수 있다. 키가 170cm라면, 몸무게의 추정치는 68.4kg이고, 역시 ±9.3kg 정도의 오차가 있을 수 있다.

반면, (교육년수, 소득)의 산포도인 [그림 7-8]은 **이분산성**(異分散性, heteroscedasticity)을 보인다. 다시 라틴어 공부를 하면, 'hetero'란 다르다(異, different)는 의미이다. 교육년수가 증가함에 따라 소득이 퍼진 정도는 증가하다가 감소한다. 산포도가 이분산성을 보일 때, 실제의 값이 회귀분석에 의한 추정치로부터 벗어나는 정도는 x값에 따라 다르다. 즉 세로띠별로 다르다. [그림 7-8]에서 추정오차의 전반적인 크기를 나타내는 RMSE는 73만원이다. 하지만 이를 모든 세로띠에 일률적으로 적용하는 데는 무리가 있다. 교육년수가 6년인 경우 추정오차는 평균적으로 25

그림 7-9 등분산성의 가정

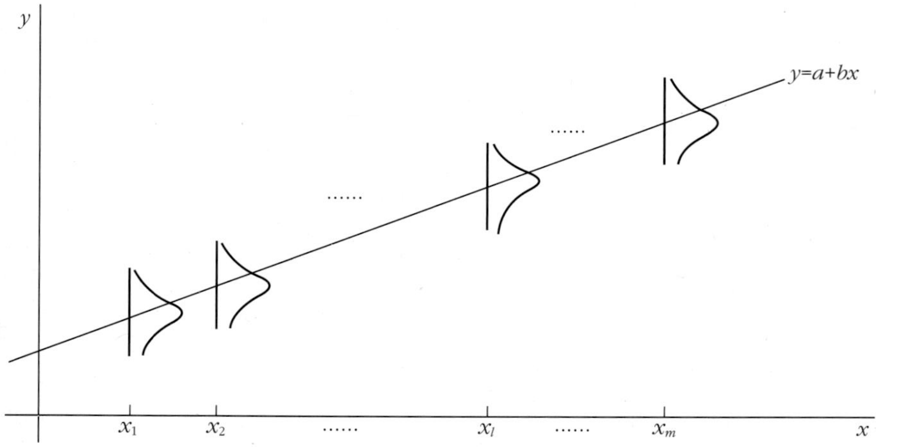

만원이다. 교육년수가 12년인 경우 추정오차는 대략 83만원으로 증가하다가, 16년인 경우 다시 72만원으로 감소한다. 이분산성이 존재하는 경우, 회귀직선의 RMSE는 서로 다른 x값에 대응하는 추정오차들의 전반적인 크기를 나타낼 뿐 세로띠별로 추정오차의 크기를 알려주지는 못한다.

[그림 7-9]는 등분산성의 가정을 보여주고 있다. 등분산성은 회귀직선을 중심으로 하여 점들이 위 아래로 퍼진 정도가 모든 세로띠에 걸쳐 같다는 가정이다. 이는 세로띠별로 그 세로띠 안의 y 값들을 히스토그램으로 나타낼 때 그 퍼진 정도가 비슷하다는 점, 그리하여 각각의 히스토그램에 해당되는 표준편차들이 상호 비슷하다는 점을 의미한다.

산포도가 타원형이면 등분산성을 가정해도 무리가 없다. 이때 세로띠 안의 점들이 회귀직선으로부터 위 또는 아래로 떨어져 있는 거리는, 그 세로띠에 해당하는 x값과 무관하고 대략 RMSE의 크기와 같다. 하지만 산포도가 이분산성을 띤다면 세로띠가 어디에 위치하느냐에 따라, 즉 x값에 따라 점들이 위아래로 퍼진 정도가 달라진다. 이때 RMSE는 위아래로 퍼진 정도의 평균적인 크기에 지나지 않는다.

5. 세로띠 안의 분포를 정규분포로 근사시키기

종종 세로띠 안에 있는 점들의 분포를 정규분포로 근사시킬 수 있다. 그러기 위해서는 산포도가 타원형이어서 점들이 중앙에 몰려 있고 가장자리로 갈수록 점들의 숫자가 줄어들어야한다. [그림 7-7]이 좋은 예이다. 하지만 산포도가 [그림 7-8]처럼 이분산성을 띠거나, 잔차도가 [그림 7-6]처럼 비선형성을 보이면, 이 절에서 소개하는 방법을 사용해서는 안 된다.

보기 1 2012년도 1학기에 어느 대학에서 계량경제학 과목을 수강한 학생들을 대상으로, 중간고사 점수(범위 0−50)와 기말고사 점수(범위 0−100)를 조사하였다.

중간고사 : 평균 = 27.9, 표준편차 = 8.5
기말고사 : 평균 = 56.4, 표준편차 = 13.8
상관계수 = 0.49

산포도는 타원형이다.

(1) 기말고사 점수가 66점 이상인 학생은 전체의 몇 %쯤 되겠는가?

(2) 중간고사 점수가 33점인 학생들 중에서 기말고사 점수가 66점 이상인 학생은 몇 %쯤 되겠는가?

해 설 (1) 이 문제의 풀이는 간단하다. 중간고사 관련 통계치나 상관계수는 필요하지도 않다. 아래 그림에서의 계산을 참조하라.

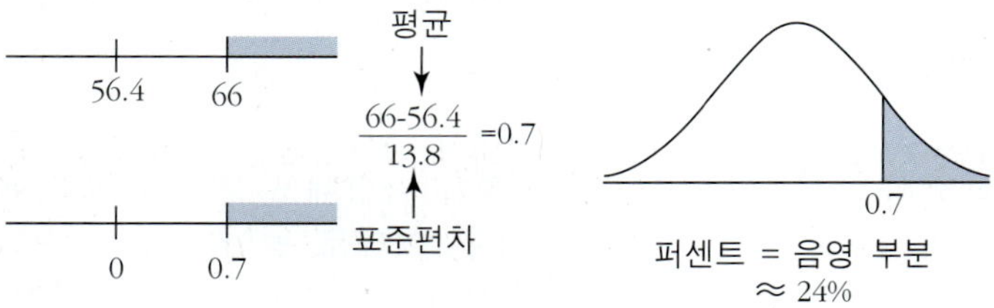

(2) 이는 새로운 문제다. 중간고사에서 33점을 받은 학생들만을 대상으로 묻고 있다. 이 학생들은 [그림 7-10]에 표시된 세로띠 안에 있다. 그들의 기말고사 점수는 새로운 자료를 이룬다. 이들을 정규분포로 근사시키려면 '새로운 평균'과 '새로운 표준편차'가 필요하다. 우선 회귀분석을 이용하여 새로운 평균을 구하자. 중간고사 점수가 평균보다 $0.6\mathrm{SD}_x$만큼 높으므로, 이들의 기말고사 점수는 평균보다 $r\times 0.6\mathrm{SD}_y = 0.49\times 0.6\mathrm{SD}_y = 0.3\mathrm{SD}_y$만큼, 즉 $0.3\times 13.8 = 4.1$점만큼

그림 7-10 타원형의 산포도

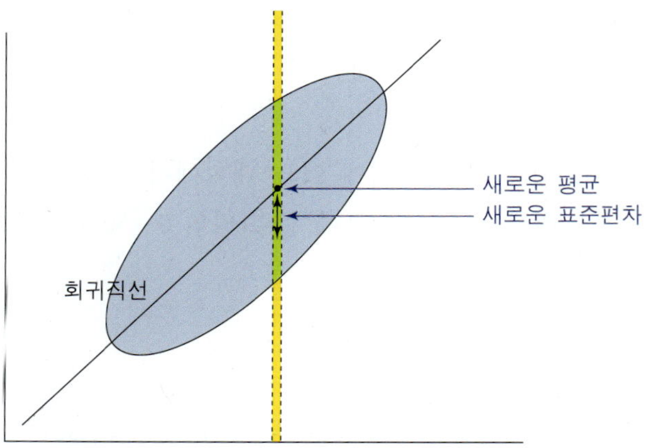

주: 세로띠 안의 점들만을 보자. 그 점들의 y값은 새로운 자료가 된다. 새로운 평균은 회귀분석에 의해 구하며 새로운 SD는 회귀직선의 RMSE로 구한다. 세로띠 안에서는 y값이 새로운 평균 주위로 RMSE 정도 떨어져 분포한다.

높다. 따라서 새로운 평균은 56.4+4.1=60.5점이 된다. 다음으로 새로운 표준편차를 구하자. 중간고사 점수로 33점을 공유하는 학생들은 보다 동질적인 부분집단을 이룬다. 따라서 이들의 표준편차는 수강생 전체의 기말고사 표준편차인 13.8점보다 작을 것이다. 얼마나 작은가? 산포도가 타원형이므로 등분산성을 가정해도 큰 무리가 없다. 즉, 세로띠별로 퍼진 정도가 같다고보자. 이때 새로운 표준편차는 RMSE와 거의 같게 된다.

$$\sqrt{1-r^2}\times \mathrm{SD}_y=\sqrt{1-0.49^2}\times 13.8=12\text{점}$$

새로운 평균은 60.5점이며, 새로운 표준편차는 12점이다. 즉, 중간고사에서 33점을 획득한 학생들의 기말고사 점수는 평균이 60.5점이며, 오차가 ±12점 정도이다. 이제 마지막 단계로 정규분포를 이용하여 자료를 근사시키는 과정만이 남아 있다. 어려울 게 없다. 세로띠 안의 점들을 정규분포로 근사시킬 때 새로운 평균과 새로운 표준편차를 이용하면 된다.

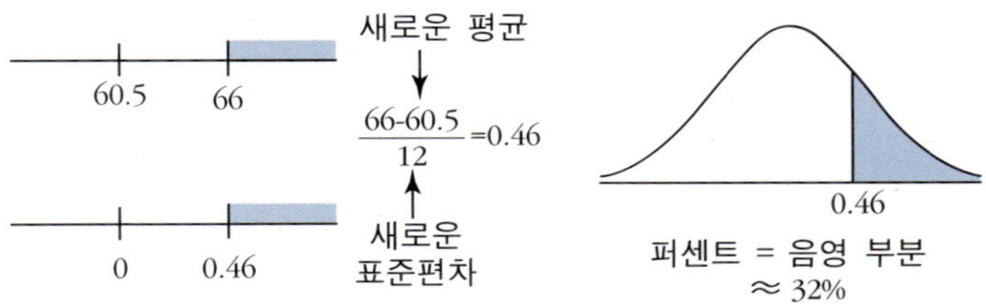

산포도가 타원형이라고 하자. 주어진 세로띠 안의 점들만을 살펴보자. 점들의 y값은 새로운 자료를 형성한다. 이들 새로운 자료의 평균과 표준편차(SD)를 구할 때, 새로운 평균은 회귀분석을 통하여 구하며 새로운 SD는 회귀직선의 RMSE로 구한다.

6. 복습문제

1. 세 번의 회귀분석을 하고 잔차를 계산하였다. 잔차를 히스토그램으로 나타낸 것이 다음 그림과 같다. 각 히스토그램과 (1)–(3)의 설명을 올바르게 연결하라.
(1) RMSE = 1만원 (2) RMSE = 2만원 (3) 회귀분석이 잘못되었다.

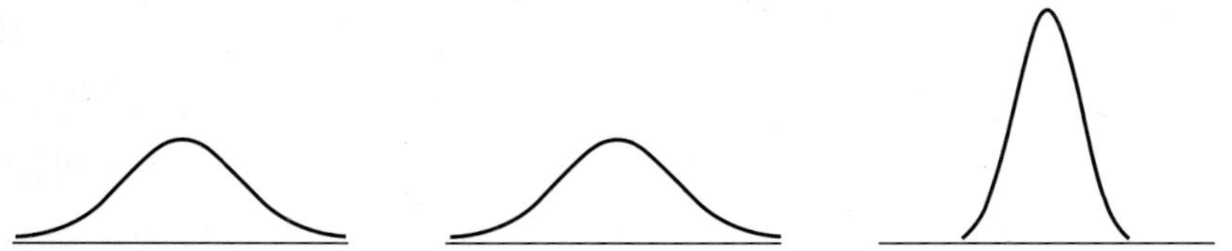

2. 백 명의 소년들을 대상으로 각각 6세와 18세에 키를 쟀다. 이 자료를 요약하면 다음과 같다. 산포도는 타원형이다.

6세 : 평균키 = 115cm	표준편차 = 4cm
18세 : 평균키 = 175cm	표준편차 = 6.5cm
상관계수 = 0.80	

(1) 6세 키로부터 18세 키를 추정하는 회귀직선의 RMSE를 계산하라.
(2) 반대로 18세 키로부터 6세 키를 추정하는 회귀직선의 RMSE를 계산하라.

3. 한 강의의 중간고사와 기말고사 성적으로부터 다음 결과를 얻었다.

중간고사 : 평균 = 50점	표준편차 = 25점
기말고사 : 평균 = 55점	표준편차 = 15점
상관계수 = 0.60	

산포도는 타원형이다. 각 학생에 대해 회귀직선을 이용하여, 중간고사 점수로부터 기말고사 성적을 추정하였다.

(1) 실제 기말고사 점수와 추정된 기말고사 점수 간 차이가 ____점 이상 나는 학생들이 전체의 약 1/3 정도이다.
보기: 6, 9, 12, 15, 25
(2) 중간고사 성적이 75점인 학생의 기말고사 성적을 추정해보라.
(3) (2)에서 구한 추정치로부터, 실제점수는 ±____점 정도 떨어져 있다.
(4) 중간고사에서 75점을 얻은 학생이 기말고사에서 76점 이상 얻을 확률을 구하라.

4. 통계학 과목의 중간고사 점수(x)와 기말고사 점수(y)는 0.8의 상관계수를 보인

다. 중간고사 점수나 기말고사 점수 모두 평균이 70점이고 표준편차가 10점이다. 산포도는 타원형이다.

(1) 중간고사에서 90점을 받은 경민이의 기말고사 점수는 얼마가 될 것으로 기대하는가?

(2) 중간고사에서 100명 가운데 16등을 차지한 정환이는 기말고사에서 몇 등쯤 할 것으로 기대하는가?

5. 인적자본(human capital)을 강조하는 노동경제학자들은 노동시장 경험이 많을수록 임금률이 상승하나 그 상승하는 정도는 체감한다고 주장한다. 노동자 100명을 임의로 추출하여 임금(y)과 노동시장 참여연수(x)를 조사한 뒤, y를 상수항과 x에 대해 회귀분석하였다.

(1) 이 회귀분석의 타당성에 대하여 간단히 논평하라.

(2) 잔차도가 어떤 모양일지 간단히 그려보라.

6. 지난 30년간 연평균 통화증가율은 20%, 통화증가율의 표준편차는 4%, 연평균 인플레이션율은 25%, 인플레이션율의 표준편차는 6%, 그리고 둘 간의 상관계수는 0.60이다. 산포도는 타원형이다.

(1) 통화당국이 내년도 통화증가율을 15%로 설정하는 경우, 내년도 인플레이션율은 얼마가 될지 추정하라.

(2) 과거 자료 가운데 통화증가율이 15% 근처였던 해의 인플레이션율 자료만 따로 뽑아서 표준편차를 계산하면 어떤 값이 되겠는가?

7. 요 약

1. 회귀분석 방법을 이용하여 x값을 가지고 y값을 추정할 때, 실제값과 추정치 사이엔 차이가 나기 마련인데, 이 차이를 추정오차 또는 잔차라 부른다.

2. 산포도상의 한 점이 회귀직선으로부터 위아래로 벗어나 있는 거리는 해당 추정오차의 크기와 같다.

3. 회귀직선의 RMSE는 잔차들의 제곱근-평균-제곱이다. RMSE는 회귀분석의 정확성에 대한 척도가 된다. 실제값은 추정치로부터 대략 1RMSE 정도 차이가 난

다. 대개의 산포도에서 자료의 약 68%가 회귀직선 주위 ±1RMSE 이내에 있고, 약 95%가 회귀직선 주위 ±2RMSE 이내에 있다.

4. y의 표준편차(SD_y)는 y의 평균을 지나는 수평선의 RMSE와 같다. 회귀직선의 RMSE는 y의 표준편차가 대략 $\sqrt{1-r^2}$의 비율로 줄어든 값이 된다.

$$\text{RMSE} \approx \sqrt{1-r^2} \times SD_y$$

5. 회귀분석이 적절했는지 알아보기 위해 잔차도를 그려 보는 습관을 기르자. 만일 잔차도에서 어떤 추세가 발견된다면 이는 회귀분석에 무언가 문제가 있음을 시사한다.

6. 산포도상에서 모든 세로띠에 걸쳐 세로띠 내에서 y값이 퍼진 정도가 같으면 산포도는 등분산성을 갖는다고 한다. 자료가 등분산성을 보이면 산포도는 전반적으로 타원형의 모습을 띠게 된다. 반면 산포도가 이분산성을 보이면 세로띠 내에서 y값이 퍼진 정도는 세로띠마다 같지 않다.

7. 산포도가 타원형일 때, x값을 고정시키고 이 x값에 해당하는 세로띠를 그려 넣은 뒤 그 안에 있는 점들만을 대상으로 새로운 평균과 새로운 표준편차를 구해보자. 새로운 평균은 회귀분석 방법을 통해 구한 추정치로 근사시키고, 새로운 표준편차는 회귀직선의 RMSE로 근사시키자. 이 새로운 평균과 새로운 표준편차를 가지고 세로띠 안의 y값들로 이루어진 자료에 대해 정규 근사를 할 수 있다.

8. 부 록

잔차, MSE, RMSE

실제 관측값 y_i와 그 추정치 $\hat{y}_i = a + bx_i$간의 차이를 잔차라고 한다. 잔차는 다음과 같다.

$$e_i = y_i - \hat{y}_i = y_i - (a + bx_i), \quad i = 1, 2, \cdots, n$$

잔차를 제곱하여 더한 값을 잔차제곱합 또는 오차제곱합(error sum of squares : SSE)이라 한다.

$$\text{SSE} = \sum_{i=1}^{n} (y_i - \hat{y}_i)^2$$

오차제곱합을 자유도로 나누면, 이는 오차항의 분산 σ^2에 대한 추정량이 된다. 이를 평균-제곱 오차(mean-square error: MSE)라고 부른다.

$$\hat{\sigma}^2 = \text{MSE} = \frac{\text{SSE}}{n-2} = \frac{1}{n-2}\sum_{i=1}^{n}(y_i - \hat{y}_i)^2$$

제곱근-평균-제곱 오차(root-mean-square error : RMSE)는 MSE에 제곱근을 취한 값이다.

$$\hat{\sigma} = \text{RMSE} = \sqrt{\text{MSE}} = \sqrt{\frac{\text{SSE}}{n-2}} = \sqrt{\frac{1}{n-2}\sum_{i=1}^{n}(y_i - \hat{y}_i)^2}$$

제 8 장

회귀직선

회귀직선은 선형관계만을 측정

1. 기울기와 절편

하나의 직선은 기울기와 절편으로 표현된다. **절편**은 x가 0일 때 y값을 의미하고 **기울기**는 x가 1단위 증가할 때 y가 증가하는 정도를 의미한다. 기울기와 절편은 [그림 8-1]에 나타나 있다.

그림 8-1 기울기와 절편

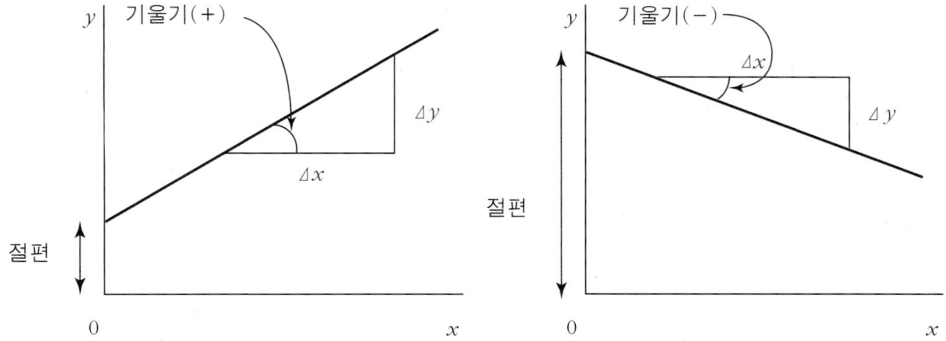

예를 들어보자. [그림 8-2]는 앞 장의 [그림 7-8]과 같다. 만 30−40세의 도시 남성 198명을 대상으로 조사한 교육과 월소득의 관계를 보여준다. 이 자료를 요약하면, 교육년수는 평균이 12.5년이고 표준편차(SD_x)가 2년이다. 소득은 평균이 163만원이고 표준편차(SD_y)가 77만원이다. 교육년수와 소득간의 상관계수(r)는 0.33이다. 회귀직선은 교육수준별로 평균소득의 추정치를 하나의 직선으로 근사시킨다. 회귀직

그림 8-2 교육과 소득의 관계

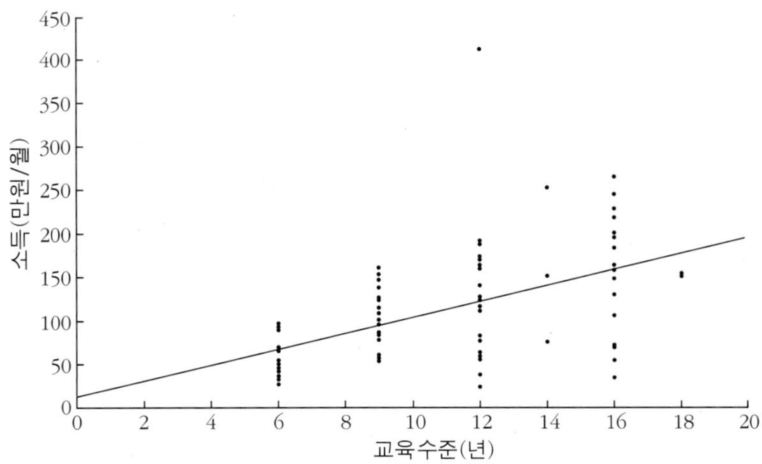

선은 우상향한다. 교육을 많이 받으면 돈을 많이 버는 경향이 있다.

앞의 예에서 회귀직선의 기울기는 어떻게 구하는가? 교육이 $1SD_x$만큼 증가할 때 소득은 rSD_y만큼 증가한다. 즉 교육을 $1SD_x=2$년 더 받으면 소득은 $0.33\times SD_y=0.33\times 77$만원=25만 4천원만큼 증가한다. 따라서 교육을 1년 더 받으면 소득은 25만 4천원의 절반인 12만 7천원만큼 증가하는 셈이다. 즉, 이 회귀직선의 기울기는 12.7이고 그 단위는 '만원/년' 이다.

이제 절편을 구해보자. 회귀직선의 절편은 $x=0$일 때의 y축 높이를 말한다. 이는 교육을 전혀 받지 않은 남성들의 평균소득에 해당된다. 이런 남성은 평균보다 12.5년만큼 교육을 덜 받았다. 기울기의 값으로부터 1년의 교육은 소득으로 12만 7천원의 가치가 있음을 보았다. 따라서 교육을 전혀 받지 않은 남성의 소득은 평균소득보다 12.5년×(1년당 12만 7천원)=158만 7,500원만큼 낮다. 따라서 무학력 남성의 소득은 163만원−158만 7,500원=4만 2,500원으로 추정된다. 이것이 바로 절편, 즉 $x=0$일 때의 y축 좌표값이다. [그림 8-3]에는 기울기와 절편을 구하는 방법이 요약되어 있다.

> 회귀직선의 기울기는 x가 1단위 증가할 때 y가 증가하는 정도를 나타낸다. 회귀직선상에서는 x가 $1SD_x$만큼 증가할 때 y가 rSD_y만큼 증가한다. 따라서 기울기를 구하는 식은 다음과 같다.
>
> $$(\text{기울기})=r\times\frac{SD_y}{SD_x}$$
>
> 한편 회귀직선의 절편은 x가 0일 때 y의 추정치이다.

회귀직선에 대응하는 방정식을 **회귀방정식**(regression equation)이라고 부른다. [그림 8-3]에 나타난 회귀방정식은 다음과 같다.

(소득의 추정치)=4만 2,500원+(1년당 12만 7,000원)×(교육년수)

회귀방정식은 x에 대한 정보를 이용하여 y를 추정해줄 뿐이다. 그 이상도 그 이하도 아니다.

그림 8-3 회귀직선의 기울기와 절편 구하기

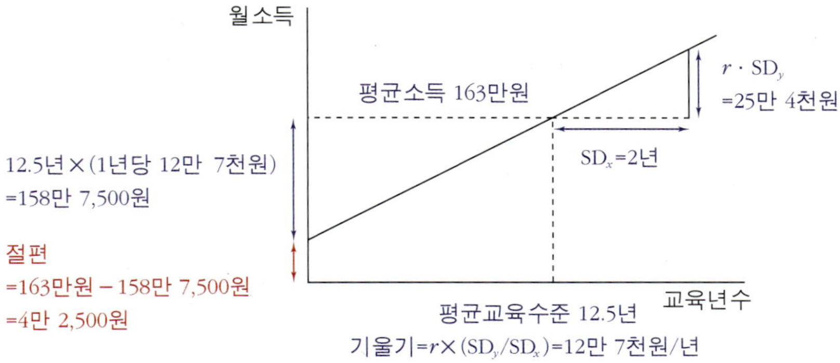

보기 1 도시 여성 근로자 108명에 대한 교육과 월소득의 자료가 다음과 같다고 하자.

교육: 평균	= 11년	표준편차 = 3.6년
소득: 평균	= 89만원	표준편차 = 60만원
상관계수	=0.43	

(1) 교육년수로부터 소득을 추정하는 회귀직선을 구하라.

(2) 교육년수가 12년, 16년인 여성의 소득을 회귀방정식을 통해 추정하라.

해 설 (1) 우선 기울기를 구하자. 교육이 $1SD_x$만큼 늘어날 때 소득은 rSD_y만큼 늘어나므로 기울기는

$$\text{기울기} = r \times \frac{SD_y}{SD_x} = 0.43 \times \frac{60\text{만원}}{3.6\text{년}} \approx 1\text{년당 }7\text{만 }2\text{천원}$$

이 된다. 평균적으로 교육을 1년 더 받으면 월소득은 7만 2천원만큼 증가한다. 그리고 교육을 1년 덜 받으면 월소득은 7만 2천원만큼 감소한다.

다음으로 y절편을 구하자. 이는 교육을 전혀 받지 않은 여성의 예상소득을 구하는 것이다. 이러한 여성은 평균보다 11년 교육을

덜 받았다. 따라서 소득은 평균보다

$$11년 \times (1년당\ 7만\ 2천원) = 79만\ 2천원$$

만큼 낮게 된다. 따라서 추정된 소득은 89만원−79만 2천원=9만 8천원이다. 이 값이 절편이며, $x=0$일 때 y값의 추정치이다. 회귀직선이 제공하는 추정치는 자료의 중심으로부터 벗어날수록 그 신뢰도가 떨어진다. 교육년수가 0인 여성은 별로 없다. 따라서 절편을 그 자체로서 쓸 일도 별로 없다.

앞에서 구한 절편과 기울기를 이용하여 회귀직선을 표현하면,

$$(소득의\ 추정치) = 9만\ 8천원 + (1년당\ 7만\ 2천원) \times (교육년수)$$

이다.

(2) 12년 교육 받은 도시 여성 근로자의 추정된 소득은

$$9만\ 8천원 + (1년당\ 7만\ 2천원) \times 12년 = 96만\ 2천원$$

이고, 16년 교육 받은 도시 여성 근로자의 추정된 소득은

$$9만\ 8천원 + (1년당\ 7만\ 2천원) \times 16년 = 125만원$$

이다.

[보기 1]에서 기울기는 1년당 7만 2천원이다. 이는 1년 교육을 더 받는 것과 관련해 소득이 평균적으로 7만 2천원만큼 증가함을 의미한다. 여기서 '관련해'라는 표현은 구체적으로 무엇을 뜻하는가? 소득의 차이가 바로 교육수준의 차이에 의해서 발생한다는 말인가? 아니면 소득과 교육 두 변수 모두 제3의 요인에 의해 영향을 받는다는 말인가? '관련해'라는 애매한 표현은 일단 이런 난감한 질문의 예봉을 회피하고 있다.

기울기는 누군가 외부로부터 '개입하여' x값을 변화시킬 경우, 이에 반응하여 y값이 얼마나 변화하는가를 알기 위해 사용한다. 기울기에 대한 이러한 '외부개입−내

부반응' 식의 해석은 자료가 통제된 실험에 의해 도출되었을 경우에 일반적으로 타당하다. 제1장에서 공부한 '무작위로 통제된 이중 눈가림' 실험의 개념을 상기해보라. 관측자료에서 구한 회귀방정식의 기울기를 '외부개입-내부반응' 의 척도로 해석하려면 세심한 주의가 요구된다. 혼동요인이 존재할 수 있기 때문이다.

[보기 1]을 예로 들어 설명해보자. 대학을 마친 여성은 고등학교만 졸업한 여성보다 평균적으로 28만 8천원을 더 버는 것으로 관측되었다. 그렇다면 정부가 외부로부터 개입하여 고등학교 학력을 가진 여성 가운데 일부를 무작위로 뽑아 강제로 대학에 보내 4년간 교육을 받게 시키는 경우에도, 이들의 소득이 고졸자에 비해 28만 8천원만큼 증가할 것인가? (이러한 해석이 바로 외부개입-내부반응 식의 해석이다.) 아닐 것이다. [보기 1]에서 사용한 자료는 통제된 실험 또는 외부개입을 통해 얻어낸 것이 아니라 표본조사를 통해 얻어낸 관측자료일 뿐이다. 이 조사에서 한 집단의 여성은 스스로 고등학교 교육까지만 받기로 선택하였다. 다른 집단의 여성은 스스로 대학교육까지 받기로 선택하였다.

따라서 관측된 두 집단은 교육뿐만 아니라 지적 능력이나 야망, 가정환경 등 다른 많은 요인에서도 차이를 보일 것이다. 실험자료가 아니어서 다른 요인들이 잘 통제되지 않았기 때문이다. 따라서 두 집단 사이에서 관측된 소득의 차이를 순전히 교육의 차이로만 설명하기는 어렵다. 경험적 연구에서 집단간 차이를 나타내는 기울기를 '외부개입-내부반응' 의 정도로 해석하기 곤란한 이유가 바로 여기에 있다.

위의 관측된 자료에는 통제되지 않은 많은 요인이 존재한다. 이들 요인의 영향이 교육의 효과와 혼동되어 나타나, 기울기가 교육의 순수효과를 제대로 반영하지 못할 수 있다. 즉, 교육이 소득에 미치는 효과를 왜곡시킬 수 있다. 고등학교 졸업생을 무작위로 뽑아 대학에 보내는 실험을 한다면, 그 개개인의 소득이 증가하기는 하겠지만 아마도 1년당 7만 2천원만큼씩이나 증가하지는 않을 것이다.

> **[참고]** 앞 1절의 [보기 1]은 교육으로부터 소득을 추정하는 회귀방정식을 제시하고 있다. 이것은 교육과 소득의 관계를 추정하는 좋은 방법이다. 하지만 기울기를 교육수준의 변화가 소득에 미치는 순수효과, 즉 외부개입-내부반응의 효과로 이해하면 곤란하다. 교육의 효과뿐만 아니라 다른 변수들의 효과도 기울기에 반영되어 있기 때문이다.

대학교육의 효과를 제대로 측정하기 위해서는 통제된 실험이 필요하다. 그러나 이는 불가능하다. 단지 칭찬받는 실험대상이 되기 위해 4년간의 교육을 억지로 받거나 억지로 포기하려는 학생이 있겠는가? 실험이 불가능한 경우 그나마 궁여지책으로 **중회귀분석**(重回歸分析, multiple regression) 방법을 사용한다. 이는 이제까지 공부한 단순회귀분석과 대비되는 개념이다. 중회귀분석은 다른 요인을 통제하기 위한 하나의 통계적 방법이다.

원칙적으로 실험을 통한 통제(experimental control)가 가장 좋은 통제방법이다. 하지만 실험이 불가능하다면 어떻게 하겠는가? 통제를 전혀 안하는 것보다는 **통계적 통제**(statistical control)라도 하는 편이 낫다. 중회귀분석은 통계적 통제의 수단으로 종종 사용된다.

회귀직선의 절편과 기울기는 모집단 중 관측된 일부 표본에서 한 변수값이 다른 변수값과 어떻게 관련되어 있는지 알려준다. 경험적 자료로부터 추정한 기울기를 통해 개념상 x값만을 변화시킬 때 y값이 어떻게 반응하는지를 알려면, 다른 요인들을 통제하기 위한 통계적 기법이 필요하다. 중회귀분석은 이러한 통계적 기법 가운데 가장 대표적인 기법이다. 중회귀분석에 대해서는 다음 4절에서 좀더 자세히 다루기로 하자.

> 경험적 연구를 할 경우 회귀직선은 단지 관찰된 자료에 대해서만 말해줄 뿐이다. 표본으로부터 추정된 회귀직선을 가지고 모집단에 대해 '외부개입—내부반응' 식의 추론을 하려면 세심한 주의가 필요하다. 종종 다른 변수의 효과를 통제한 뒤 어느 한 변수만의 효과를 분리 측정하기 위해 중회귀분석이라는 통계적 기법을 사용한다.

물론 이 장 전체에서 기본적으로 가정하고 있는 것이 있다. 이는 x와 y가 선형관계를 보인다는 것이다. 이들이 비선형관계를 보이면 통제된 실험 자료를 이용하든 경험적 자료를 이용하든 회귀직선은 적절하지 않다.

2. 최소자승법

두 변수간의 관계를 시각적으로 보기 위해 산포도를 이용한다. 산포도상의 점들은 종종 어떤 직선을 따르는 것처럼 보인다. 이 때 산포도상의 점들을 가장 잘 반영하는 직선은 어떻게 찾아내는가? '보다 많은 점들에 보다 가까이' 다가가도록 직선을 그려 넣어야 한다. 이를 위해서는 점들 사이에 절충을 시도해야 한다. 직선을 어느 한 점에 너무 가까이 다가가게 그리면 나머지 점들과의 거리는 늘어나기 때문이다. 보다 많은 점들에 보다 가까이 다가가게 하려면 다음 두 단계를 거쳐야한다. 첫째, 각각의 점으로부터 한 직선까지의 거리를 정의한다. 둘째, 전반적인 거리가 가능한 한 작아질 때까지 이 직선을 이동시켜 최적의 직선을 찾아낸다. 최적의 직선이 바로 회귀직선이고 이 직선에 대응하는 절편과 기울기가 바로 회귀직선을 규정하는 최소자승추정량이 된다.

회귀직선을 구하는 위의 첫 단계에서 점으로부터 직선까지의 거리를 정의할 때 어떤 거리개념을 사용할까. 회귀직선이 x를 통해 y를 추정하는데 쓰인다고 하자. 이때 각각의 점에 대응하는 거리는 점으로부터 회귀직선까지의 수직거리, 즉 y축에 따라 측정하는 거리로 정의된다. 수직거리들의 평균을 구할 때 통계학에서는 종종 RMSE를 사용한다. 평균거리를 RMSE를 통해 측정하는 방식은 가우스(Carl Friedrich Gauss, 독일, 1777-1855)가 처음 제안하였다. 평균거리가 정의되고 나면 그 다음 문제는 이를 어떻게 최소화하느냐이다.

> 모든 직선 중에서 x를 통해 y를 추정할 때 발생하는 추정오차들의 전반적인 크기를 가장 작게 만들어주는 직선이 바로 y의 x에 대한 회귀직선이다.

회귀직선은 종종 최소자승직선이라고 불린다. 이는 최소화의 대상인 RMSE를 구할 때 우선 오차(E: error)들을 제곱, 즉, 자승(自乘)하여 자승오차(SE: squared error)를 구하기 때문에 붙여진 이름이다. 회귀직선은 자승의 산물인 RMSE(root mean squared error)를 최소로 만드는 직선인 것이다. 참고로 합자승제곱(SSE: sum of squared error)을 최소화하든, 평균자승제곱(MSE: mean squared error)을 최소화하든, 제곱근평균제곱(RMSE)을 최소화하든 같은 회귀직선이 얻어지게 된다.

예를 들어보자. 후크(Robert Hook, 영국, 1653-1703)는 물체를 매달았을 때 용수철이 늘어난 길이를 관측했다. 그는 매단 물체의 무게와 늘어난 용수철의 길이가 어떤 관계를 보이는지 알고자했다. 무게를 늘림에 따라 용수철의 길이는 늘어났고, 무게를 줄이면 용수철의 길이는 줄어들었다. 그리고 무게와 길이 사이의 관계는 선형이었다.

즉, 물체를 매단 뒤 잰 용수철의 길이는

$$y = a + bx + (\text{오차})$$

라는 식으로 표현된다. 이 방정식에서 x는 kg단위로 측정한 매단 물체의 무게이고 y는 cm단위로 측정한 용수철의 길이이다. 절편과 기울기를 나타내는 a와 b는 용수철의 종류에 따라 결정되는 상수들이다. 이 값들은 알려져 있지 않으며 실험자료를 통해 추정해야한다.

〈표 8-1〉은 후크의 법칙에 관해 실험한 결과이다. 표의 첫 번째 열은 매단 물체의

표 8-1 후크의 법칙

추의 무게(kg)	길이(cm)
0	439.00
2	439.12
4	439.21
6	439.31
8	439.40
10	439.50

무게를 나타내고, 두 번째 열은 늘어난 용수철의 총길이를 나타낸다. 예를 들어 2kg의 물체를 매달았을 때 용수철은 0.12cm만큼 늘어나 총길이가 439.12cm가 되었다.

〈표 8-1〉의 자료에서 매단 무게와 용수철의 늘어난 길이간 상관계수는 0.99로 1과 거의 같다. [그림 8-4]의 산포도에서 보듯이 자료의 점들은 후크의 법칙이 추정한 대로 거의 직선을 이룬다. 선형관계에서 약간 차이가 발생한 것은 아마도 측정오차 때문일 것이다. 무게나 길이 모두 완벽하게 측정하기는 불가능하다. 우리의 목표는 후크의 방정식에서 a와 b를 찾아내는 것이다. 만약 [그림 8-4]의 점들이 정확하게 하나의 직선상에 위치하게 되면 그 직선의 기울기는 b가 되고 그 절편은 a가 된다. 그러나 점들이 정확하게 한 직선상에 위치하지는 않는다.

그렇다면 어떤 직선을 사용해야 하나? 산포도 위에는 많은 직선을 그릴 수 있다. 각각의 직선은 서로 다른 기울기와 절편을 갖는다. 최적의 직선인 회귀직선을 구할 때 앞에서 논의했다시피 RMSE를 최소화하도록 a와 b를 정한다. 이렇게 추정한 값

그림 8-4 산포도

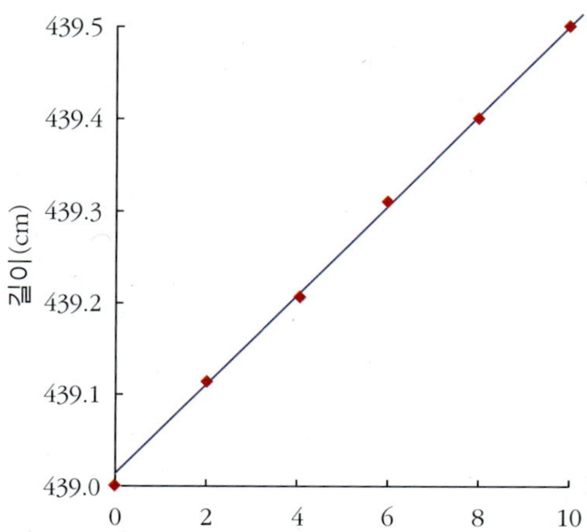

들을 **최소자승 추정량**(least squares estimator)이라고 부른다. 이 값들이 RMSE를 최소화한다. 실제로 계산해보면

$$a = 439.01\text{cm}, \qquad b = 0.05\text{cm/kg}$$

의 값을 얻는다(계산방법은 부록 참조).

절편의 추정치로부터 원래의 용수철 길이에 대한 최소자승 추정치는 439.01cm임을 알 수 있다. 이 값은 무게를 달지 않고 실제로 관측한 값인 439.00cm보다 약간 크다. 이 경우 통계학자는 실제의 관측치 대신 추정치를 더 진지하게 받아들인다. 왜 그럴까? 최소자승 추정치는 모든 여섯 개의 관측치를 함께 고려한 결과이므로, 단 한 번의 관측치보다 더 정확할 것이라고 생각하기 때문이다. 추정치에서는 개별 관측치마다 나타날 수 있는 오차가 상쇄될 가능성이 크기 때문이다.

절편 추정치로부터 무게를 매달지 않았을 때 용수철의 길이는 439.01cm로 추정됨을 알 수 있다. 또 기울기 추정치로부터 매단 물체의 무게를 1kg 늘릴 때마다 용수철이 0.05cm씩 늘어남도 알 수 있다. 이 값들은 통제된 실험에 근거해 추정되었다. 물체를 매달면 용수철은 늘어난다. 물체를 제거하면 용수철은 다시 원래의 길이로 되돌아간다. 이런 실험은 원하는 만큼 반복할 수 있다. 이런 실험에서는 무엇이 무엇에 영향을 주는지 명백하다. 즉 앞서 [보기 1]에서 살펴 본 교육과 소득의 예에서처럼 '…과 관련해' 와 같이 애매한 표현은 쓸 필요가 없다.

물론 후크의 법칙에도 한계는 있다. 매단 무게가 일정 한도를 넘어서면 용수철은 완전히 늘어나 원래의 탄성을 상실해버린다. 따라서 매단 물체의 무게가 일정 범위를 넘는 경우 이에 대응하는 용수철의 길이를 추정하기는 매우 어렵다. 이처럼 외삽(extrapolation)에는 통상 어려움이 따른다.

3. 회귀분석은 만병통치약이 아니다

회귀직선은 어떤 산포도에도 그려 넣을 수 있다. 다만 다음 두 가지 사항을 고려해야한다. 첫째, 변수간의 관계가 비선형성을 띠면 어떻게 할 것인가? 회귀직선은 잘못된 정보를 준다. 둘째, 변수간의 관계가 선형성을 보인다고 해서 회귀직선이 반드시 의미가 있는가? 이 질문은 답하기 어렵다. 답하려면 자료를 얻어내는 과정을 이해해야한다. 이 과정을 이해하지 못하고 회귀직선을 그리는 것은 마치 주식시장에서 '묻지마 투자' 를 하는 것처럼 위험하다.

예를 들어보자. 한 여학생이 있다. 그녀는 통계학은 좀 아는데 직사각형의 넓이를 구하는 공식은 모른다. 그녀는 우선 넓이가 둘레와 관련되어 있을 거라고 추측한다. 다음으로 모양과 크기가 다른 20개의 직사각형에 대해 각각 넓이와 둘레 길이를 잰다. 마지막으로 그녀는 둘레 길이로부터 넓이를 알아내기 위해, 넓이를 둘레 길이에 회귀분석한 결과 다음 방정식을 얻는다.

$$(\text{넓이의 추정치}) = -66\text{cm}^2 + (4\text{cm}) \times (\text{둘레 길이})$$

여기서 측정단위로는 넓이에 cm^2가, 둘레 길이에 cm가 사용되었다. 또 둘간의 상관계수를 구해보니 0.98이었다. 이로부터 그녀는 자신이 발견한 둘레 길이와 넓이의 관계가 후크의 법칙과 같이 강한 설득력을 갖는다고 믿게 되었다.

[그림 8-5]의 산포도에서 (둘레 길이, 넓이)의 순서쌍으로 이루어진 하나의 점은 하나의 직사각형을 나타낸다. 앞서 구한 회귀직선도 그려져 있다. 하나의 직사각형에서 밑변의 길이와 높이는 다음 공식에서 보듯이 넓이와 둘레 길이에 모두 영향을 준다.

$$(\text{넓이}) = (\text{밑변의 길이}) \times (\text{높이}), \quad (\text{둘레 길이}) = 2 \times (\text{밑변의 길이} + \text{높이})$$

밑변의 길이와 높이라는 제3의 요인들로 말미암아 둘레길이와 넓이 사이에는 높은 상관관계가 나타났다. 사실 산수를 조금만 할 줄 알아도 둘레길이와 넓이의 관계를 알 수 있는데, 회귀분석으로 그 관계를 파악하려는 시도는 참으로 어리석은 일이

그림 8-5 20개 직사각형의 둘레길이와 넓이의 산포도

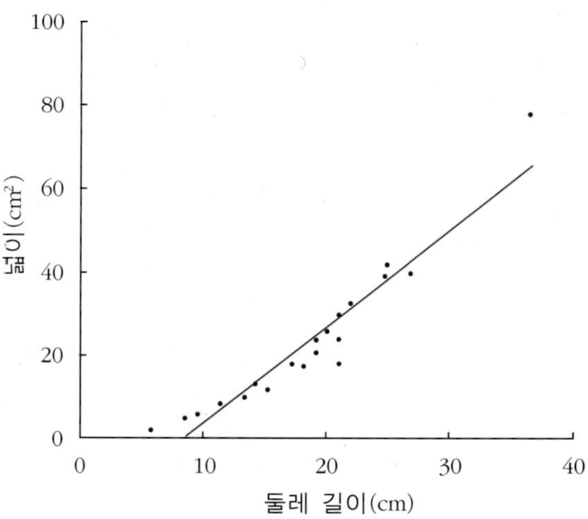

다. 그녀가 회귀분석을 아무리 많이 하더라도 둘레길이와 넓이간의 관계는 영원히 밝혀내기 어려울 것이다. 많은 사람들이 그녀와 같은 실수를 범한다. 회귀분석이 정말로 의미가 있는지 고려하지 않고 회귀직선을 그린다. 회귀분석은 만병통치약이 아니다.

햇살이 찬란한 어느 날 아침, 그녀는 문득 대각선의 길이를 사용하여 직사각형의 모양을 통제할 필요가 있다고 생각하게 된다. 이는 둘레의 길이가 같더라도 직사각형의 모양이 정사각형에 가까워질수록 그 넓이가 증가한다는 사실을 알아챘기 때문이다. 즉, 직사각형의 모양을 통제할 필요성을 느꼈다.

다른 변수들의 영향을 통제하기 위해 종종 중회귀분석이라는 통계적 방법이 사용된다. 예를 들어 부모의 사회적 지위가 자녀의 소득에 영향을 미친다고 해보자. 이러한 효과를 통제한 뒤 교육의 효과만을 따로 떼어내려면 다음과 같은 중회귀분석 모형을 이용한다.

$$y = a + b \times E + c \times S + (\text{오차})$$

여기서 y는 본인의 소득, E는 본인의 교육수준, 그리고 S는 부모의 사회적 지위에 대한 측정치를 나타낸다. 위의 중회귀분석 모형에서 계수 b는 부모의 사회적 지위가 소득에 미치는 효과를 통제했을 때 나타나는 교육의 순수효과를 측정한다. 중회귀분석은 경우에 따라 의미 있는 결과를 가져다 줄 수도 있고, 그렇지 않을 수도 있다.

다시 그녀의 사각형 예로 돌아가보자. 그녀는 결국 다음의 중회귀방정식을 추정하기로 작정한다.

$$(\text{넓이}) = a + b \times (\text{둘레의 길이}) + c \times (\text{대각선의 길이})$$

그녀는 대각선의 길이로 직사각형의 모양을 통제한 이상, 마침내 계수 b를 통해서 둘레길이가 넓이에 미치는 순수효과를 제대로 파악할 수 있게 되었다고 생각했다. 과연 그런가? 아니다. 둘레와 대각선의 길이가 넓이를 결정하기는 하지만, 그 관계가 위의 식처럼 표현되지는 않는다. 중회귀분석이 유용한 통계적 방법이기는 하지만 그녀에게 별 도움이 되지 못했다. 중회귀분석을 통해 그녀는 이전보다 더 혼란스러워졌을 뿐이다. 그날은 오후 늦게부터 흐려지더니 저녁엔 비가 내리기 시작했다.

4. 중회귀분석

종종 제3의 변수가 두 변수 각각에 영향을 미쳐, 관심의 대상인 두 변수 상호간의 순수한 관계를 왜곡시키게 된다. 이럴 경우 제3의 변수를 통계적으로 통제(statistically control)할 필요가 있다. 한 가지 통제 방법은 자료를 제3의 변수값에 따라 분류하여 집단별로 따로따로 분석하는 것이다. 다른 통제방법은 중회귀분석(multiple regression)을 이용하는 것이다. 많은 경우 중회귀분석은 통계적 통제의 목적으로 사용된다.

예를 들어보자. 아파트의 평수와 연령이 가격에 어떠한 영향을 주는지 살펴보기 위해 다음 회귀식을 추정한다고 하자.

$$(\text{아파트 가격}) = a + b_1(\text{평수}) + b_2(\text{연령}) + (\text{오차})$$

연구자는 이 식을 통해 평수가 아파트 가격에 미치는 순수효과 b_1과 연령이 아파트 가격에 미치는 순수효과 b_2를 알고싶어 한다. 서울 2000년, 강남지역의 아파트 거래 자료를 모아 회귀분석한 결과 다음을 얻었다.

$$(\text{아파트 가격의 추정치}) = -20.394 + 1{,}549 \times (\text{평수}) + 0.76 \times (\text{연령}) \ (\text{단위: 만원})$$

위 식에서 평수의 계수추정치가 1,549로 얻어진 것을 해석하면, 연령, 즉 건축연도가 같은 아파트를 비교할 때 평수가 1평 늘면 아파트 가격이 평균적으로 1,549만원 비싸진다는 것이다. 2000년 당시 서울 강남지역에서 아파트 평당 가격이 천 오륙백만원 선이었던 점을 감안하면 비교적 합리적인 추정치가 얻어진 셈이다. 반면 연령의 계수추정치 0.76을 해석하면, 같은 평수의 아파트를 상호 비교할 때 건축연도가 1년 앞서면 아파트 가격이 7,600원 더 비싸다는 것이다. 무언가 이상하다. 아파트가 적포도주(red wine)가 아닐진대 오래된 아파트가 새 아파트보다 평균적으로 값이 더 나가다니……. 이러한 비상식적 결과가 나온 것은 무언가 통제되지 않은 제 3의 혼동요인(confounding factor)이 존재하기 때문이다.

무엇이 문제인가. 단지규모라고 하는 제3의 요인이 통제되지 못한 것으로 판단된다. 즉 단지규모가 하나의 혼동요인으로 작용했다. 1970년대 강남 아파트 개발이 시작된 이래 최근으로 올수록 대규모 단지가 소진되면서 아파트가 위치한 단지규모가 작아져 왔다. 즉 아파트 나이와 단지규모간 체계적인 관계가 존재한다. 나아가 단지규모가 크면 편의시설이 발달하여 일반적으로 아파트 가격이 높다. 단지규모라는 제3의 변수가 아파트 연령 및 아파트 가격과 체계적인 관계를 갖게 되기 때문에 이를 무시한 위의 분석은 아파트 연령과 아파트 가격간의 관계를 왜곡시키게 된다. 이제 단지규모라고 하는 혼동요인을 통제하기 위해 위 중회귀분석 모형에 단지규모를 추가하자.

$$(\text{아파트 가격}) = a + b_1(\text{평수}) + b_2(\text{연령}) + b_3(\text{단지규모}) + (\text{오차})$$

이 식을 회귀분석한 결과

$$(\text{아파트 가격의 추정치}) = -20.291 + 1{,}538\,(\text{평수}) - 137\,(\text{연령}) + 2(\text{단지규모})$$

가 얻어진다. 제3의 요인인 단지규모를 통제한 결과 아파트 연령과 아파트 가격간의 관계가 보다 상식에 부합되게 얻어졌다. 동일한 평수, 동일한 단지규모에 속한 아파트를 상호 비교할 때 오래된 아파트는 1년에 137만원 꼴로 값이 떨어지는 것으로 추정되었다. 평당 가격은 여전히 천 오륙백만원 선으로 추정되었다. 단지규모 효과와 관련해서는 아파트 평수와 건축년도가 같을 때 천 세대 더 큰 단지에 속한 아파트는 그렇지 않은 아파트에 비해 이 천만원(=2만원×1,000) 정도 더 비싼 것으로 추정되었다.

참고로 아파트의 재건축을 생각하면 나이와 아파트 가격의 관계가 선형이 아니라 비선형일 것으로 예상된다. 이는 새로 지은 아파트의 경우 시간이 지날수록 아파트 가격이 떨어질 것이나 일정 기간이 지나 이미 노후한 아파트가 되고 나면 오히려 시간이 지날수록 재건축 가능성이 높아져 아파트 가격이 높아지기 때문이다. 나이의 비선형 효과를 반영하는 가장 간단한 방식은 위의 회귀분석 모형에 연령 변수와 함께 그 제곱으로 이루어진 변수를 추가하는 것이다. 물론 다른 방식도 있다. 보다 자세한 논의는 계량경제학 과목으로 넘기기로 한다.

양적인 독립변수가 종속변수에 미치는 영향을 살펴볼 수 있는 것과 마찬가지로, 질적인 독립변수의 경우에도 그 변수가 종속변수에 미치는 영향을 살펴볼 수 있다. 질적인 변수를 취급할 때 종종 더미변수를 이용한다. 더미변수란 성별, 노동조합 가입 여부 등과 같은 질적인 변수를 분석에 용이하도록 0과 1의 수치로 표시한 변수이다. 예컨대 남성더미변수는 남성이면 1, 여성이면 0의 값을 부여하는 변수이고 노동조합더미변수는 노동조합원이면 1, 그렇지 않으면 0의 값을 부여하는 변수이다. 다음 예를 보자.

예 제 남녀간에 임금격차가 존재하는지 보기 위하여 다음의 단순회귀분석 모형을 추정하려고 한다.

$$(\text{임금}) = a + b(\text{남성 더미변수}) + (\text{오차})$$

여기서 남성 더미변수는 남성에게는 1을, 여성에게는 0의 값을 부여하는 질적변수이다.

남녀간의 임금격차는 남녀간 교육수준의 차이 등이 고려되지 않는 한 성차별의 증거로 보기 어렵다. 교육수준을 고려한 뒤에도 여전히 성차별이 존재하는지 보려면 위의 단순회귀분석 모형을 어떻게 확장해야 하는가?

해 설 교육수준을 나타내는 양적 변수를 추가하여 모형을 확장한다.

$$(\text{임금}) = a + b_1(\text{남성 더미변수}) + b_2(\text{교육년수}) + (\text{오차})$$

여기서 교육수준은 교육기관에서 교육받은 년수로 측정한다.

이처럼 집단간 차이를 반영하는 질적인 더미변수에 추가하여 다른 연속변수로 인한 차이를 감안하는 모형을 설계할 수 있다. 나아가 집단의 수가 많아지면 더미변수의 수를 늘려 다양한 집단간의 차이도 모형에 반영할 수 있다. 분기별 시계열 자료를 분석할 때 네 개 분기별 차이를 모형화하는 것이 더미변수를 여러 개 사용하는 좋은 예이다(이 장의 부록 참조).

5. 총변동의 분해

〈표 8-2〉는 우리나라의 1986-2008년도에 대해 연도별 연간 통화증가율과 인플레이션율을 나타낸다. 통화증가율은 M2증가율로 측정하였고 인플레이션율은 소비자물가지수 상승률로 측정하였다. 각 수치는 한국은행의 경제통계시스템(http://ecos.bok.or.kr)에서 얻은 자료를 바탕으로 계산했다. 우리나라에서 지난 23년간의 평균 인플레이션율은 4.50%였는데 반해, 1993년의 인플레이션율은 6.35%로 평균보

표 8-2 우리나라의 연간 통화증가율과 인플레이션율, 1986-2008년도 (단위: %)

연도	통화증가율	인플레이션율	연도	통화증가율	인플레이션율	연도	통화증가율	인플레이션율
1986	26.4	0.88	1994	21.85	5.2	2002	13.93	3.81
1987	34.79	6.22	1995	21.1	4.81	2003	2.36	3.39
1988	28.3	6.78	1996	18.02	4.68	2004	6.33	3.4
1989	25.78	7.32	1997	21.38	8.29	2005	7.27	2.22
1990	25.31	9.16	1998	21.27	1.46	2006	11.3	1.68
1991	20.13	7.72	1999	3.19	1.89	2007	12.47	3.89
1992	21.95	4.51	2000	5.16	3.44	2008	11.96	3.75
1993	17.54	6.35	2001	8.53	2.64			

주: 통화증가율은 M2증가율이고 인플레이션율은 소비자물가지수 상승률임.

다 1.85% 포인트 높았다. 어디서 이러한 차이가 발생했는가? 이러한 차이 가운데 얼마만큼의 차이를 통화증가율의 차이로 설명할 수 있는가? 참고로 1993년의 통화증가율은 17.54%였고 이는 1986-2008년도의 평균 통화증가율 16.80%보다 0.74% 포인트 높았다.

많은 경제학자들은 통화증가율이 인플레이션율을 잘 설명한다고 본다. 이러한 견해를 받아들여 인플레이션율을 통화증가율에 대해 회귀분석하였다. 그 결과가 [그림 8-6]에 나타나 있다. 가로축은 통화증가율을 나타내고 세로축은 인플레이션율을

그림 8-6 인플레이션율의 통화증가율에 대한 회귀분석

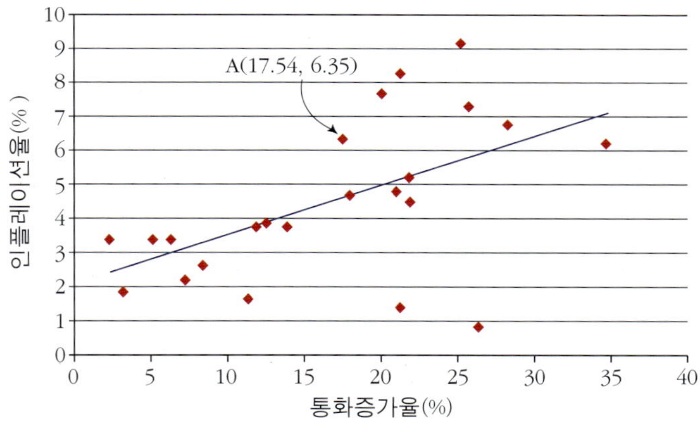

주: 이 그림은 우리나라의 1986-2008년도 거시 시계열자료를 이용하여 연간 인플레이션율을 연간 통화증가율에 대해 회귀분석한 뒤 그 회귀직선을 산포도상에 그려 넣은 것이다. 가로축은 통화증가율을 나타내고 세로축은 인플레이션율을 나타낸다. 통화증가율이 17.54%였고 인플레이션율이 6.35%였던 1993년은 A로 표시되어 있다.

나타낸다. 지난 23년간 우리나라의 전형적인 통화증가율은 16.80%이었고 전형적인 인플레이션율은 4.50%이었다. 따라서 평균점은 (16.80%, 4.50%)의 순서쌍으로 표시된다. 통화증가율이 17.54%이었고 인플레이션율이 6.35%를 기록했던 1993년은 그림의 (17.54%, 6.35%) 순서쌍 위치에 A로 표시되어 있다.

추정된 회귀직선의 식을 $\hat{y}=a+bx$라고 하자. 즉, a와 b는 각각 추정된 절편과 기울기이고 2.15, 0.14의 값을 갖는다. 앞서 예로 든 1993년도의 인플레이션율과 통화증가율을 각각 y_i와 x_i로 표시하자. 또 평균으로 측정한 지난 23년간의 전형적인 인플레이션율을 $\overline{y}$라고 하자. 1993년도의 인플레이션율은 평균보다 $y_i-\overline{y}$ 만큼 높았다. 수치상으로 이 차이는 1.85% 포인트였다. 둘의 차이를 이제 다음 식과 같이 분해해 보자.

$$\begin{array}{ccccc} y_i-\overline{y} & = & [(a+bx_i)-\overline{y}] & + & [y_i-(a+bx_i)] \\ T & = & R & + & E \end{array}$$

이 식에서 T는 1993년도 인플레이션율이 평년과 다른 부분 전체를, R은 1993년도에 해당하는 회귀직선상의 높이가 평균 인플레이션율 $\overline{y}$를 지나는 수평선으로부터 차이가 나는 부분을, 마지막으로 E는 1993년의 인플레이션율이 회귀직선으로부터 차이나는 순수한 오차 부분을 나타낸다. [그림 8-7]을 보라.

통화증가율이 인플레이션에 중요한 영향을 미치는 것은 사실이지만 다른 많은 요인들도 인플레이션에 영향을 미친다. 예컨대 심리적 요인이라든가 원자재 가격이라든가 환율 등이 그것이다. 1993년도의 인플레이션율이 평년 수준을 1.85% 포인트만

그림 8-7 $y_i-\overline{y}$ **의 분해**

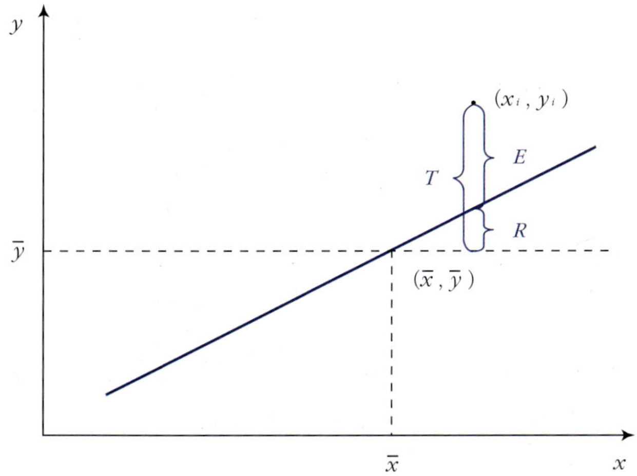

큼 웃돌았을 때 이 1.85% 포인트의 차이를 분해하여 살펴보면, 1993년도의 통화증가율이 평년수준보다 높았기 때문에 초래된 부분과 통화증가율 이외의 기타요인에 의해 초래된 부분으로 나눌 수 있다. 위의 식에서 $R(=0.11\%)$은 전체 1.85%의 차이 가운데 회귀직선, 즉 통화증가율에 의해 설명될 수 있는 부분이고, $E(=1.74\%)$는 기타요인에 의한 부분으로 통화증가율로는 설명이 안 되는 나머지 부분이다.

우리는 다른 연도의 인플레이션율에 대해서도 위와 같은 분해를 할 수 있다. 즉 산포도상의 모든 점에 대하여 그 점으로부터 $\bar{y}$를 지나는 수평선까지의 수직거리 T를, 회귀직선으로부터 수평선까지의 거리 R과 그 점으로부터 회귀직선까지의 거리 E의 합으로 나눌 수 있다. 이때 T에서 차지하는 R의 비중이 E의 비중보다 상대적으로 크면 우리는 x로 나타낸 통화증가율이 y로 표현한 인플레이션율을 잘 설명한다고 말한다.

그러나 이렇게 요약하다보면 식의 수가 관측치의 수만큼 많아지고 또 회귀직선의 설명 정도도 관측치마다 다르게 되므로 난감해진다. 여기서도 여전히 여러 관측치에 대한 개별적인 언급들을 전체 자료에 걸친 하나의 종합적인 언급으로 요약할 필요성을 느낀다. 마치 앞에서 평균으로 전체 관측치들이 놓인 위치를 요약했고, 표준편차로 관측치들이 평균으로부터 떨어진 정도를 요약했던 것처럼 말이다. $T=R+E$의 식을 요약한다고 단순히 전체 관측치에 걸쳐 식을 합쳐버리면 좌변과 우변 모두 0이 되어 우리는 0=0이라는 무의미한 식을 얻게 된다. "물은 물이요, 산은 산이다"처럼. 통계학은 정치적 궤변이 아니다.

이제 정신을 차리고 $T=R+E$ 식의 좌변과 우변을 각각 제곱해서 합쳐보자. 우변에서 교차항(cross product term)의 합은 0이 된다(증명은 부록 참조).

$$\sum(y_i-\bar{y})^2 = \sum[(a+bx_i)-\bar{y}]^2 + \sum[y_i-(a+bx_i)]^2$$

$$SST \quad = \quad SSR \quad + \quad SSE$$

(회귀식으로 설명됨)　　(회귀식으로 설명 안 됨)

윗식에서 좌변은 y의 평균 주위로의 총변동을 나타낸다. 이를 **총제곱합**(total sum of squares)이라고 하며 기호로는 SST로 표시한다. 우변의 첫째 항은 y의 총변동 가운데 x에 의해, 다시 말해 회귀직선에 의해 설명되는 변동분을 나타낸다. 이를 **회귀제곱합**(regression sum of squares)이라고 하며 SSR로 표시한다. 우변의 둘째 항은 y의 총변동 가운데 x에 의해 설명되지 않는 변동분을 나타낸다. 이를 **잔차제곱합**(residual sum of squares) 또는 **오차제곱합**(error sum of squares)이라 부르며 기호로는 SSE로 표시한다. 즉, 윗식은 y의 총변동을 회귀직선에 의해 설명되는 변동분과 회귀직선에 의해 설명되지 않는 변동분으로 분해한다.

총변동 가운데 설명되는 변동분이 차지하는 비중이 클수록 회귀직선의 설명력은 그만큼 더 높다. 회귀직선의 설명력을 나타내주는 지표로 다음과 같은 비율을 정의하자. 이를 **결정계수**(coefficient of determination)라고 부르고 R^2으로 표기한다.

$$R^2 = \frac{SSR}{SST} = 1 - \frac{SSE}{SST} \quad (0 \leq R^2 \leq 1)$$

> 종속변수의 총변동(SST)은 설명변수에 의해 설명되는 변동분(SSR)과 설명되지 않는 변동분(SSE)의 합으로 분해된다. 총변동에서 차지하는 설명되는 변동분의 비율을 R^2이라고 한다.

R^2 값은 회귀직선의 설명력이 최대일 때 1이 되고, 최소일 때 0이 된다. R^2 값은 0과 1 사이에 존재한다. 참고로 단순회귀분석의 경우 결정계수 R^2 값은 두 변수간 상관계수 r의 제곱과 같게 된다. 즉, 단순회귀분석에서는 '알(R) 제곱' 이 '알(r) 제곱' 이다.

설명변수가 추가될 때마다 R^2 값이 늘어났으면 늘어났지 줄어들지는 않는다. 이는 $R^2=1-SSE/SST$ 식에서 SST는 고정된 반면 SSE는 설명변수가 추가될수록 줄어들면 줄어들지 늘어나지는 않기 때문이다. 설명변수의 수가 다른 여러 모형 가운데 하나의 모형을 선정할 때 R^2 값을 여러 모형에 걸쳐 단순 비교할 수 없는 이유가 여기에 있다.

이러한 문제를 해결하기 위해 R^2 값을 조정한 이른바 '조정된 R^2' (adjusted R^2)을 다음과 같이 정의하고 이를 $\overline{R}^2$로 표기한다.

$$\overline{R}^2 = 1 - \frac{SSE/(n-k-1)}{SST/(n-1)} \quad (n=\text{표본크기},\ k=\text{설명변수의 개수})$$

위 식을 보면 SSE와 SST가 각각 그에 해당되는 자유도로 나누어진 형태를 취하고 있다. 앞에서 표준편차를 구할 때 본 것처럼 SST의 자유도는 '표본크기(n)-1' 이다. 회귀분석의 잔차합인 SSE의 자유도는 표본크기(n)로부터 회귀식에 등장하는 (추정된) 모수의 개수를 빼주어야 한다. 단순회귀분석에서는 추정된 모수가 절편과 기울기 등 두 개였다. 일반적으로 하나의 회귀분석 모형에 설명변수가 k개 있으면 절편과 k개 기울기 등 총 $k+1$개의 모수를 추정해야 한다. 즉, 잔차 제곱합인 SSE의 자유도는 표본크기 n으로부터 추정된 모수의 개수 $k+1$을 빼준 $n-k-1$이 된다.

조정된 R^2 값은 설명변수가 추가된다고 해서 일방적으로 늘기만 하지는 않는다. 이는 설명변수가 추가될수록 SSE의 값이 줄어들지만 자유도인 $n-k-1$도 덩달아 줄어들기 때문이다. 설명변수가 추가될 때 SSE가 줄어드는 속도가 $n-k-1$이 줄어드는 속도보다 빠르면 조정된 R^2 값은 증가하나, SSE가 별로 줄지 않으면 조정된 R^2 값은 도리어 감소한다. 조정된 R^2 값을 기준으로 모형을 선정하면 이는 R^2 값을 비교하여 모형을 선정하는 것보다 합리적이다.

6. 복습문제

1. 다음과 같은 의견이 있다. '회귀분석은 통제된 실험에서 얻은 자료에만 적용할 수 있다. 이때 회귀분석은 한 변수가 다른 변수에 대해 미치는 효과를 추정해준다.' 이 의견에 대해 어떻게 생각하는가?

2. 맞벌이부부의 연간소득 자료를 조사하여 추정해 본 결과, 아내 소득의 남편 소득에 대한 회귀방정식은 다음과 같았다.

   (아내의 소득)=1,200만원+0.125×(남편의 소득)

   이 방정식을 남편의 소득에 대해 풀면 다음과 같은 방정식을 얻는다.

   (남편의 소득)=−9,600만원+8×(아내의 소득)

   (1) 남편의 소득을 아내의 소득에 대해서 회귀분석하면 위의 방정식을 얻겠는가? 설명하라. 원하면 다음 통계량을 이용해 직접 계산해보라.

   남편의 소득: 평균 = 3,200만원　　표준편차 = 2,400만원
   아내의 소득: 평균 = 1,600만원　　표준편차 = 1,500만원
   상관계수　　　　 = 0.2

   (2) 자료에 들어 있는 모든 사람의 소득이 일률적으로 10% 증가했다고 한다. 아내 소득의 남편 소득에 대한 회귀방정식을 새로이 구하라.

3. 한 대학교에서 1학년 남학생 100명을 뽑아 조사한 결과 다음 자료를 얻었다.

키 : 평균 = 173cm 표준편차 = 4cm
몸무게 : 평균 = 63kg 표준편차 = 4kg
상관계수 = 0.6

(1) 몸무게의 키에 대한 회귀방정식을 구하라.
(2) 키의 단위를 m로, 몸무게의 단위를 g으로 바꾸면 위에서 구한 회귀방정식은 어떻게 변하는가? 다시 구하라. 그리고 이때 RMSE는 어떤 값을 취할지 계산하라.

4. y의 x에 대한 회귀방정식과 x의 y에 대한 회귀방정식이 각각 다음과 같이 주어져 있다.

$$y=1+0.5x, \qquad x=-0.5+0.5y$$

또, y의 x에 대한 회귀직선의 RMSE가 $\sqrt{0.75}$라고 하자. 다음을 대략적으로 구하라.

(1) x의 평균과 표준편차
(2) y의 평균과 표준편차
(3) x와 y의 상관계수

5. 어떤 컨설팅 회사가 컴퓨터 산업에 있어 생산량과 제조 비용간의 관계를 알아내려고 한다. 10개의 컴퓨터 회사로 이루어진 표본 자료가 다음과 같다.

회사	생산량 X (단위: 열 대)	비용 Y (단위: 천 달러)
1	40	150
2	42	140
3	48	160
4	55	170
5	65	150
6	79	162
7	88	185

8	100	165
9	120	190
10	140	185
	$\sum x^2=70,903$	$\sum y^2=277,119$
$\sum xy=132,938$	$\sum x=777$	$\sum y=1,657$

최소자승법을 이용하여 Y의 X에 대한 회귀직선을 구하여라.

7. 실제 데이터를 이용한 연습문제

※ 대우데이터를 이용하여 다음 문제에 답하라.

분석에 사용될 표본에는 직업이 봉급생활자이거나 자영업자(즉, JOB1의 코드가 1이나 2)인 가구주만을 포함시키고 해당변수가 **결손값**(missing value)을 갖는 경우 그 자료는 분석에서 제외한다. 시간당 임금은 다음과 같이 구한다. 가구주들의 월평균소득을 4로 나누어 주평균소득을 구하고, 이를 다시 주당 근무시간(봉급생활자들의 경우에는 P15, 자영업자들의 경우에는 P25)으로 나누어 시간당 임금을 구한다.

1. 연령(AGE)을 가로축으로, 시간당 임금(W)을 세로축으로 하는 산포도를 그려보라.

2. 다음의 회귀분석모형을 이용하여 연령집단별로 시간당 임금이 어떻게 다른지 분석하라.

$$W=\alpha+\beta AGE+u$$

(1) 각 계수의 최소자승 추정량을 구하고 그 결과를 해석하라.

(2) 위의 모형은 연령과 임금간의 관계를 잘 설명한다고 볼 수 있는가 아니면 잘 설명한다고 볼 수 없는가? 그 이유를 밝히고 모형을 어떻게 개선할 수 있을지 말하라.

3. 다음의 회귀모형을 이용하여 연령집단별로 임금이 어떻게 다른지 분석하라. (부록의 Excel 따라잡기를 보면, Excel을 이용한 중회귀분석 방법이 소개되어 있다. 참조하라.)

$$W = \alpha + \beta AGE + \gamma AGE^2 + u$$

(1) 각 계수의 최소자승 추정량을 구하고 그 결과를 해석하라.

(2) 임금이 연령집단에 따라 어떠한 형태로 변화하는지, 특히 어떤 연령집단에서 임금이 최대에 이르는지 설명하라.

4. 다음의 회귀모형을 이용하여 성별(SEX)이 임금에 미치는 영향을 분석하라. (SEX는 남성에게는 1의 값을, 여성에게는 0의 값을 부여하는 더미변수이다.)

$$W = \alpha + \beta AGE + \gamma AGE^2 + \delta SEX + u$$

(1) 각 계수의 최소자승 추정량을 구하고 그 결과를 해석하라.

(2) 위의 결과에 입각하여 임금 결정에 성차별이 있다고 볼 수 있는지 논하라.

5. 다음의 회귀모형을 이용하여 결혼상태(MAR)가 임금에 미치는 영향에 대하여 분석하라. (MAR은 기혼자에게는 1의 값을, 미혼자에게는 0의 값을 부여하는 더미변수이다.)

$$W = \alpha + \beta AGE + \gamma AGE^2 + \delta MAR + u$$

(1) 각 계수의 최소자승 추정량을 구하고, 그 결과를 해석하라.

(2) 위의 결과를 통하여, 결혼상태가 임금에 대하여 영향을 미친다고 할 수 있는지 논하라. 영향을 미친다고 볼 수 있으면 어떠한 영향을 미치는지, 그렇게 말할 수 없으면 왜 그런지 논하라.

※ 서울 강남구의 아파트 가격 데이터를 이용하여 다음 문제에 답하라.

6. 아파트를 다음 기준에 따라 큰 아파트, 중간 아파트, 작은 아파트로 분류하라.

큰 아파트 : 평수가 40평보다 큰 아파트
중간 아파트 : 평수가 30평보다 크고 40평보다 작거나 같은 아파트
작은 아파트 : 평수가 30평보다 작거나 같은 아파트

(1) 위의 분류기준을 반영하도록 계급구간을 설정하여 아파트 평수의 히스토그램을 그려보라.

(2) 큰 아파트, 중간 아파트, 작은 아파트 각각에서 아파트 가격의 평균은 얼마인

가?

(3) 각각의 아파트 그룹에서 아파트 가격과 아파트 연령의 산포도를 그려보라. 그리고 그 두 변수간의 상관계수를 구하라. 각 산포도 및 상관계수 값으로부터 발견할 수 있는 사실은 무엇인가? 제5장에서 아파트 전체 자료를 이용하여 구한 상관계수와 비교하라.

[참고] 아파트 연령과 아파트 가격은 상식적으로 음의 상관관계를 가질 것이다. 즉 오래된 아파트일수록 가격이 낮다는 것이 합리적인 판단이다. 하지만 아파트 가격과 아파트 연령의 상관계수를 볼 때 큰 아파트와 작은 아파트 집단에서 그러한 상식과 상반된 결과를 얻었다. 이 문제의 원인을 알아보기 위해 추가적으로 다음과 같은 분석을 행하라.

(4) 이제는 아파트를 평수와 단지규모에 따라 좀 더 자세하게 분류하고 각 그룹에서 연령과 가격의 상관계수를 구하라. 평수는 앞에서와 같이 세 개로 분류하고 단지 규모는 500세대 이하, 500세대에서 1,000세대, 1,000세대 이상 등 세 개로 분류하여 대상 아파트를 총 3×3=9개 집단으로 세분하라. 이렇게 두 가지 기준을 통해 세분화된 그룹별로 아파트 가격과 연령의 상관계수를 계산하라. 이제는 상식과 부합되게 음의 상관계수 값이 나오는지 확인하라.

7. 다음 일련의 회귀모형을 추정하라.

(아파트 가격) $=\alpha+\beta$(아파트 연령)+(오차)
(아파트 가격) $=\alpha+\beta_1$(아파트 연령)$+\beta_2$(아파트 평수)+(오차)
(아파트 가격) $=\alpha+\beta_1$(아파트 연령)$+\beta_2$(아파트 단지규모)+(오차)
(아파트 가격) $=\alpha+\beta_1$(아파트 연령)$+\beta_2$(아파트 평수)$+\beta_3$(아파트 단지규모)+(오차)

8. 다음의 회귀모형을 이용하여 아파트 평수, 연령, 인근 지하철역 유무, 건설업체의 대기업 여부, 단지규모 등이 아파트 가격에 미치는 영향을 분석하라.

(아파트 가격) $=\alpha+\beta_1$(아파트 평수)$+\beta_2$(아파트 연령)
$+\beta_3$(지하철)$+\beta_4$(대기업)$+\beta_5$(단지규모)+(오차)

여기서 '아파트 평수'와 '아파트 연령' 및 '단지규모'는 양적 변수이나, '지하철' 변수는 근처에 지하철역이 있으면 1, 그렇지 않으면 0의 값을 취하는 더미변수이다. '대기업' 변수 역시 시공업체가 대기업에 속한 건설회사이면 1, 그렇지 않으면 0의 값을 취하는 더미변수이다.

8. 인터넷 사이트를 이용한 문제

1. 환율을 설명하는 이론 가운데 **구매력평가설**(purchasing power parity)이 있다. 미화 1달러의 구매력이 원화 1,100원의 구매력과 같으면 두 화폐의 교환비율은 1 대 1,100으로 결정된다는 이론이다. 즉, 원화의 대미 달러 환율이 1,100으로 결정되어야 한다는 것이다. 미국과 한국에서 모두 팔리는 상품 가운데 맥도날드 햄버거 회사의 빅맥(Big Mac)이 있다. 동일한 빅맥의 미국내 달러표시 가격과 한국내 원화표시 가격을 비교해 보면 달러화와 원화의 상대적 구매력을 알게 된다. 사실상 빅맥은 전세계 대부분의 나라에서 팔리고 있으므로 이를 이용해서 각국 화폐의 구매력을 나타내는 지수를 만들 수 있다. 영국에서 발행되는 이코노미스트(Economist)지는 빅맥지수와 코카콜라지수를 작성하여 발표한다. 이 가운데 빅맥지수와 환율간의 관계를 알아보자.
   (1) 이코노미스트지 홈페이지(http://www.economist.com)의 Economics ⇒ Markets & data 항목에서 가장 최근의 국가별 빅맥지수와 환율자료를 찾아 각각 로그변환을 취한 뒤 로그 빅맥지수와 로그 환율의 관계를 산포도로 그려보라.
   (2) 로그 환율을 상수항과 로그 빅맥지수에 대해 회귀분석하라. 빅맥지수의 관점에서 볼 때 자국화폐가 가장 고평가된(환율이 저평가된) 나라는 어느 나라인가? 이때 화폐가치가 저평가된 정도를 서로 다른 국가에 걸쳐 비교하기 위해 로그 환율의 실제값과 예측치의 차이를 비교하면 된다.(왜 그런지 생각해보라.)

9. 요 약

1. 하나의 변수는 다른 변수로부터 평균적으로 어느 정도 영향을 받는가? 회귀직선은 이 질문에 대한 답을 제시해 준다. 회귀직선은 기울기와 절편에 의해 결정된다.

2. y를 x에 대해 회귀분석할 때, 기울기는 x 한 단위의 변화가 평균적으로 y를 몇 단위나 변하게 하는지 말해준다. 기울기는 다음 식으로부터 구한다.

$$(\text{기울기}) = r \times \frac{\text{SD}_y}{\text{SD}_x}$$

기울기는 두 표준편차의 비율로 단위를 조정해 준 것만 제외하면 기본적으로 상관계수와 같다. 단위를 조정해주는 이유는, 단위가 없는 상관계수를 'y단위/x단위' 로 표현되는 기울기로 변환시켜 주어야 하기 때문이다.

3. 회귀직선의 절편은 x가 0일 때 y의 추정치와 같다.

4. y의 x에 대한 회귀방정식은 다음과 같다.

$$y\text{의 추정치} = (\text{절편}) + (\text{기울기}) \times x$$

한편 회귀방정식은 (x의 평균, y의 평균)으로 이루어진 평균점을 지난다. 따라서 기울기를 알면 이로부터 절편을 구할 수 있다.

$$(\text{절편}) = (y\text{의 평균}) - (\text{기울기}) \times (x\text{의 평균})$$

5. 모든 직선 중에서 y의 x에 대한 회귀직선은, x로 y를 추정할 때 발생하는 RMSE를 가장 작게 한다. 이러한 이유 때문에 회귀직선을 최소자승직선이라고 부른다.

6. 종종 두 변수는 선형관계에 있다. 이때 문제는 회귀직선의 절편과 기울기를 추정하는 일이다. 최소자승법은 회귀직선의 절편과 기울기를 구해준다.

7. 제대로 잘 통제된 실험연구라면, 기울기는 x의 변화에 의해 발생하는 y의 평균적인 변화를 의미한다. 하지만 경험적 연구에서는, 기울기가 반드시 이를 의미한다고 볼 수 없다. 관측자료로부터 인과관계를 도출해내기 위해서는 세심한 주의가 요구된다.

8. y와 x가 비선형관계에 있을 때 회귀직선은 그 관계를 심하게 왜곡시킬 수 있다.

9. 종종 제3의 변수가 두 변수 각각에 영향을 미쳐, 관심의 대상인 두 변수 상호간의 순수한 관계를 왜곡시킨다. 이럴 경우 제3의 변수를 통계적으로 통제(stati-

stical control)해야 하는데, 이때 중회귀분석을 이용할 수 있다.

10. 회귀분석을 통해 양적인 독립변수가 종속변수에 미치는 영향을 살펴볼 수 있는 것과 마찬가지로, 질적인 독립변수의 경우에도 그 변수가 종속변수에 미치는 영향을 살펴볼 수 있다. 질적인 변수를 취급할 때 종종 더미변수를 이용한다.

11. y의 총변동은 x에 의해 설명되어지는 변동분과 그렇지 않은 변동분으로 분해된다. 이때 총변동 중에서 x에 의해 설명되어지는 변동분이 차지하는 비율을 결정계수라 부르고 R^2 으로 표기한다.

10. 부 록

(1) 최소자승법을 이용한 회귀계수의 추정

다음과 같은 단순회귀분석 모형을 생각해보자.

$$y_i = \alpha + \beta x_i + u_i,\ i = 1,\ 2,\ \cdots,\ n$$

y_i : 종속변수, 피설명변수
x_i : 독립변수, 설명변수
α : x_i가 0일 때, y_i가 모집단에서 평균적으로 어떤 값을 갖는지를 나타내는 모수
β : x_i가 1단위 증가할 때 y_i가 모집단에서 평균적으로 얼마만큼 증가하는지를 나타내는 모수
u_i : 오차항, 집단 내 편차를 나타내는 확률변수

최소자승법은 '보다 많은 점들에 보다 가까이' 가도록 회귀직선을 구하는 방법이다. 최소자승법이란 다음과 같은 최소화 문제의 해를 구해서 절편과 기울기의 추정량을 얻는 방법이다.

$$\min_{a,b} \sum_{i=1}^{n} [y_i - (a + bx_i)]^2$$

$Q(a,b) = \sum_{i=1}^{n} [y_i - (a + bx_i)]^2$ 이라 두면, 최소화의 1계 필요조건은 $\frac{\partial Q}{\partial a} = 0,\ \frac{\partial Q}{\partial b} = 0$ 이 된다.

$$\frac{\partial Q}{\partial a}=\sum_{i=1}^{n}2[y_i-(a+bx_i)]\cdot(-1)=0 \Leftrightarrow \sum_{i=1}^{n}[y_i-(a+bx_i)]=0 \quad \cdots\cdots \quad ①$$

$$\frac{\partial Q}{\partial b}=\sum_{i=1}^{n}2[y_i-(a+bx_i)]\cdot(-x_i)=0 \Leftrightarrow \sum_{i=1}^{n}x_i[y_i-(a+bx_i)]=0 \cdots\cdots \quad ②$$

이제 식 ①, ②로부터 a와 b를 구할 수 있다.

$$\frac{1}{n}\sum_{i=1}^{n}y_i=\frac{1}{n}\left(na+b\sum_{i=1}^{n}x_i\right) \quad \Rightarrow \quad \overline{y}=a+b\overline{x} \quad \Rightarrow \quad a=\overline{y}-b\overline{x}$$

$$\sum_{i=1}^{n}x_iy_i=\sum_{i=1}^{n}x_i(\overline{y}-b\overline{x})+b\sum_{i=1}^{n}x_i^2=n\overline{x}(\overline{y}-b\overline{x})+b\sum_{i=1}^{n}x_i^2$$

$$\Rightarrow \qquad b=\frac{\sum_{i=1}^{n}x_iy_i-n\overline{x}\overline{y}}{\sum_{i=1}^{n}x_i^2-n(\overline{x})^2}=\frac{\sum_{i=1}^{n}(x_i-\overline{x})(y_i-\overline{y})}{\sum_{i=1}^{n}(x_i-\overline{x})^2}$$

$$=\frac{\sum_{i=1}^{n}(x_i-\overline{x})(y_i-\overline{y})}{\sqrt{\sum_{i=1}^{n}(x_i-\overline{x})^2\sum_{i=1}^{n}(y_i-\overline{y})^2}}\cdot\sqrt{\frac{\sum_{i=1}^{n}(y_i-\overline{y})^2}{\sum_{i=1}^{n}(x_i-\overline{x})^2}}$$

$$=\frac{S_{xy}}{S_xS_y}\cdot\frac{S_y}{S_x}=r\frac{S_y}{S_x}$$

여기서

$$S_x=\sqrt{\sum_{i=1}^{n}(x_i-\overline{x})^2/(n-1)}$$

$=$ x의 표준편차

$$S_y=\sqrt{\sum_{i=1}^{n}(y_i-\overline{y})^2/(n-1)}$$

$=$ y의 표준편차

$$S_{xy}=\sum_{i=1}^{n}(x_i-\overline{x})(y_i-\overline{y})/(n-1)$$

$=$ x와 y의 공분산

$r=$ x와 y의 상관계수

$$a=\overline{y}-b\overline{x},\ b=\frac{\sum_{i=1}^{n}(x_i-\overline{x})(y_i-\overline{y})}{\sum_{i=1}^{n}(x_i-\overline{x})^2}=r\frac{S_y}{S_x}$$

(2) 총변동의 분해시 교차항의 합은 0

한편 식 ①, ②를 이용하면 총변동을 분해할 때 R과 E의 교차항의 합이 0이 됨도 보일 수 있다.

$$\sum_{i=1}^{n} R_i E_i = (a-\bar{y})\sum_{i=1}^{n}[y_i-(a+bx_i)]+b\sum_{i=1}^{n}x_i[y_i-(a+bx_i)]=0$$

(3) 단순회귀분석에서 $R^2=r^2$

단순회귀분석과 관련하여 회귀직선이 평균점을 지난다는 사실 ($\bar{y}=a+b\bar{x}$) 및 기울기는 단위가 조절된 상관계수와 같다는 사실($b=r\cdot SD_y/SD_x$)을 이용하면 $R^2=r^2$을 보일 수 있다.

$$\begin{aligned}
R^2 &= \frac{SSR}{SST} = \frac{\sum[(a+bx_i)-\bar{y}]^2}{\sum(y_i-\bar{y})^2} \\
&= \frac{\sum[(a+bx_i)-(a+b\bar{x})]^2}{\sum(y_i-\bar{y})^2} \\
&= b^2\frac{\sum(x_i-\bar{x})^2}{\sum(y_i-\bar{y})^2} \\
&= r^2\frac{\sum(y_i-\bar{y})^2}{\sum(x_i-\bar{x})^2}\cdot\frac{\sum(x_i-\bar{x})^2}{\sum(y_i-\bar{y})^2} \\
&= r^2
\end{aligned}$$

(4) $RMSE \approx \sqrt{1-r^2}\cdot SD_y$

$$\begin{aligned}
1-R^2=1-r^2 &= \frac{\sum(y_i-\hat{y}_i)^2}{\sum(y_i-\bar{y})^2} \approx \frac{\sum(y_i-\hat{y}_i)^2/(n-2)}{\sum(y_i-\bar{y})^2/(n-1)} \\
&= \left(\frac{RMSE}{SD_y}\right)^2
\end{aligned}$$

따라서

$$RMSE \approx \sqrt{1-r^2}\cdot SD_y$$

(5) 집단의 수가 여럿일 때 여러 개의 더미변수를 이용하여 집단간 차이를 모형화하는 방법

예컨대 전체가 네 개의 집단으로 이루어져 있으면 네 개 집단간 차이를 포착하기 위해 상수항과 함께 세 개의 더미변수를 도입하면 된다. 예를 들어보자. **분기별 시계열자료**(quarterly time-series data)를 이용하여 분기별로 매출액에 차이가 있는지 살펴볼 때 통상 다음의 회귀분석 모형을 이용한다.

$$y_t = \alpha + \beta_1 D_{1t} + \beta_2 D_{2t} + \beta_3 D_{3t} + u_t\ ,\quad t=1,\ 2,\ \cdots,\ T\ \ (T\text{는 표본크기})$$

여기서 y_t는 t기의 매출액이고, D_1, D_2, D_3는 제1사분기, 제2사분기, 제3사분기를 나타내는 세 개의 더미변수이다. 즉, D_{1t}는 제1사분기 더미변수로서 t가 제1사분기이면 1, 아니면 0의 값을 갖는다. D_{2t}는 제2사분기 더미변수로서 t가 제2사분기이면 1, 아니면 0의 값을 갖는다. D_{3t}는 제3사분기 더미변수로서 t가 제3사분기이면 1, 아니면 0의 값을 갖는다.

제1사분기에는 세 개의 더미변수 가운데 D_{1t}만 1이고 나머지 둘은 0이다. 그래서 대입하면 제1사분기에 속한 t기의 매출액은 $y_t=\alpha+\beta_1\cdot 1+\beta_2\cdot 0+\beta_3\cdot 0+u_t=\alpha+\beta_1+u_t$가 된다. 집단 내 편차를 나타내는 u_t의 평균은 0이므로 제1사분기의 평균매출액은 $\alpha+\beta_1$이 된다. 마찬가지로 제2사분기의 평균매출액은 $\alpha+\beta_2$가 되고 제3사분기의 평균매출액은 $\alpha+\beta_3$이 된다. 제4사분기에는 세 개의 더미변수 모두 0의 값을 취한다. 그래서 대입하면 제4사분기에 속한 t기의 매출액은 $y_t=\alpha+\beta_1\cdot 0+\beta_2\cdot 0+\beta_3\cdot 0+u_t=\alpha+u_t$가 되고 그 평균을 취하면 α가 된다. 네 개 사분기의 평균매출액을 표현하는데 네 개의 계수면 충분하다. 따라서 상수항과 함께 세 개의 더미변수만 있으면 족하다. 위에서 제4사분기 더미변수를 뺀 이유가 여기에 있다. 만약 제4사분기 더미변수까지 추가하면 이는 도리어 문제가 된다. 분기별로 하나씩 네 개의 값만 추정하면 되는데 계수는 그보다 많은 다섯 개(α, β_1, β_2, β_3, β_4)가 되기 때문이다.

분기별로 평균매출액이 $\alpha+\beta_1$, $\alpha+\beta_2$, $\alpha+\beta_3$, α이므로 β_1, β_2, β_3은 각각 제1사분기, 제2사분기, 제3사분기의 평균매출액이 제4사분기의 평균매출액에 비해 얼마나 큰지를 나타낸다. 제1사분기 매출액이 제4사분기 매출액과 다른지 보려면 $\beta_1=0$의 가설을 검정하면 된다. 제2사분기 매출액이 제4사분기 매출액과 다른지 보려면 $\beta_2=0$의 가설을 검정하면 되고 제3사분기 매출액이 제4사분기 매출액과 다른지 보려면 $\beta_3=0$의 가설을 검정하면 된다. 물론 제1사분기 매출액과 제2사분기 매출액이 다른지 보려면 $\beta_1-\beta_2=0$라는 가설을 검정하면 된다. 제1사분기와 제3사분기의 차이, 제2사분기와 제3사분기의 차이를 보려면 각각 $\beta_1-\beta_3=0$, $\beta_2-\beta_3=0$의 가설을 검정하면 된다.

분기별 매출액의 차이를 볼 때 광고비 지출의 효과를 통제하고 싶으면 앞의 회귀분석 모형 대신 $y_t=\alpha+\beta_1D_{1t}+\beta_2D_{2t}+\beta_3D_{3t}+\gamma x_t+u_t$ 의 모형을 이용하면 된다. 여기서 x_t는 t기의 광고비 지출액을 나타낸다. 이 모형에서 β_1, β_2, β_3는 광고비 지출의 효과를 통제한 상태에서 제4사분기에 대비한 제1, 제2, 제3사분기의 매출액 차이를 나타낸다. 광고비 지출 외에 다른 변수의 효과도 통제하고 싶으면 그 변수까지 포함하여 모형을 더욱 확장하면 된다. 또 집단의 수가 많아지면 많아지는 만큼 더미변수의 수를 늘리면 된다. 일반적으로 J개의 집단이 있으면 상수항과 함께 $J-1$개의 더미변수를 사용하면 된다.

제 3 부
우연, 확률과 변동성

제 9 장

확률이란 무엇인가

A : 안타 B : 주자만루

$P(A|B) < P(A)$ 대범한 투수

$P(A|B) > P(A)$ 소심한 투수

$P(A|B) = P(A)$ 무덤덤한 투수

1. 가능성, 확률

동전을 던져 앞면이 나올 확률은? 내일 비가 올 가능성은? 한국이 2014년 월드컵 본선에 진출할 확률은? 내일 삼성전자 주가가 오를 확률은? 우리는 흔히 이런 질문을 하며 산다. 여기서 가능성 또는 확률이란 무엇인가?

확률을 엄밀하게 정의하려면 꽤나 복잡하다. 우리는 확률을 실용적으로 정의하는 선에서 만족하자. 더 알고 싶으면 추후 확률론, 측도론(measure theory) 등을 공부하라. 확률을 보는 관점은 크게 **도수이론**(frequency theory)과 **주관적 견해**(subjective view)로 양분된다. 먼저 도수이론에 대해서 살펴보자. 어떤 시행 또는 실험을 반복적으로 실시하면, 하나의 사건이 일어나는 상대도수는 반복횟수가 무한히 증가함에 따라 하나의 상수에 수렴하게 된다. 도수이론에 따르면 이 상수가 바로 그 사건의 확률이 된다.

도수이론은 하나의 시행을 동일한 조건하에서 독립적으로 무한히 반복할 수 있을 때 잘 적용된다. 도박과 같은 확률게임이 이런 경우에 해당된다. 사실상 도수이론의 상당부분이 도박에서 발생하는 문제를 해결하면서 개발되었다. 동전던지기를 예로 들어보자. 동전던지기는 동일한 조건하에서 독립적으로 무한히 반복할 수 있다. 동전의 앞면이 나올 가능성이 50%라 함은 동전을 아주 많이 던질 때 던진 횟수의 약 절반만큼 앞면이 나온다는 뜻이다.

다음으로 확률을 보는 주관적 견해에 대해 살펴보자. 왜 도수이론 말고 또 다른 견해가 필요한가? 많은 경우 반복시행이 원천적으로 불가능하기 때문이다. 즉, 상대도수가 정의될 수 조차 없다. 예를 들어보자. 그녀가 나를 사랑하고 있을 가능성은? 내가 이번 기말고사에서 1등을 차지할 확률은? 금년에 KOSDAQ 지수수익률이 KOSPI 지수수익률보다 높을 확률은? 이런 종류의 질문에서 반복시행을 정의하기는 어렵다. 확률을 정의하기 위해 도수이론에 기댈 수 없게 된다.

반복이 불가능한 상황에서는 확신의 정도를 주관적으로 표현해야 한다. 사실 확률이 주관적이기 때문에 많은 경제적 거래가 이루어지고 있지 않은가? 삼성전자 주식을 사려는 사람은 대체로 이 주식 값이 오를 확률을 50% 이상으로 보는 편이고, 팔려는 사람은 그 이하로 보는 편이다. 주관적이라고 해서 비과학적인 것은 아니다.

도수이론에 따르면 어느 사건이 일어날 확률은, 한 시행을 동일한 조건하에서 독립적으로 반복할 때 그 사건이 일어날 것으로 예측되는 횟수의 전체 시행횟수에 대한 백분율이다. 한편 확률을 보는 주관적 견해에 따르면 어떤 사건이 일어날 확률은 그 사건에 대한 주관적 확신의 정도이다. 이때 확신의 근거로 반복시행이 필요하지는 않다. 주관적 견해는 반복시행이 가능하든 말든 존재한다.

확률의 특성에 대해 알아보자. 만약 어떤 사건이 절대로 일어날 수 없으면, 그 사건이 일어날 확률은 0%이다. 이와 반대로 어떤 사건이 반드시 일어난다면, 그 확률은 100%가 된다. 일반적으로 확률은 0%부터 100% 사이에 있다.

확률은 0%부터 100% 사이의 값을 가진다.

무승부가 없는 게임에서 이길 확률이 55%라고 해보자. 이길 확률이 55%라 함은 질 확률이 45%임을 의미한다. 어느 사건이 일어날 확률이 55%이면 그 사건이 일어나지 않을 확률은 100%에서 55%를 뺀 45%가 된다.

하나의 사건을 A로 나타내자. 이때 'A가 아닌 것'도 다른 하나의 사건을 이룬다. 이를 A^c로 나타내자. A^c를 A의 **여사건**(餘事件, complementary event)이라고 부른다. 사건 A가 일어날 확률을 $P(A)$로 표시하자. 그러면 사건 A가 일어나지 않을 확률 $P(A^c)$는 100%에서 사건 A가 일어날 확률 $P(A)$를 뺀 것과 같으므로 $P(A^c)=1-P(A)$가 성립한다.

2. 카드가 든 상자

붉은 카드와 푸른 카드가 들어 있는 상자가 있다. 이 상자로부터 한 장의 카드를 무작위로 꺼낼 때, 붉은색이면 천 원을 얻고 푸른색이면 아무 것도 얻지 못한다고 하자. 다음 두 개의 상자 가운데 어느 상자를 선택하는 것이 유리한가? 아니면 마찬가지인가?

· 붉은 카드 3장과 푸른 카드 2장이 든 상자 A
· 붉은 카드 30장과 푸른 카드 20장이 든 상자 B

어떤 사람은 푸른 카드가 적다는 이유로 상자 A를 택한다. 다른 사람은 붉은 카드가 많다는 이유로 상자 B를 택한다. 모두 잘못 생각하고 있다. 천 원을 딸 가능성은 두 상자 모두 5분의 3으로 같다. 상자 A로부터 한 장의 카드를 무작위로 꺼내고 다시 집어넣는 시행을 반복해보자. 뽑힌 카드를 다시 집어넣기 때문에 매번 꺼낼 때마다 조건은 동일하다. 시행을 계속하면 각각의 카드는 다섯 번에 한 번 꼴로 뽑힌다. 붉은 카드는 추출 횟수의 5분의 3만큼 나온다. 상자 A로부터 붉은 카드를 뽑을 확률은 5분의 3, 즉 60%가 된다.

이제 상자 B로부터 무작위로 한 장의 카드를 꺼내고 다시 집어넣는 시행을 반복한다고 해보자. 이때 각각의 카드는 오십 번에 한 번 꼴로 뽑힌다. 그런데 상자 B에는 30장의 붉은 카드가 있으므로 천 원을 딸 확률은 상자 A의 경우와 같이 30/50=3/5=60%가 된다.

중요한 것은 다음과 같은 비율이다.

$$\frac{\text{붉은 카드의 수}}{\text{전체 카드의 수}}$$

이 값이 상자 A, B에서 같으므로 어떤 상자를 택하든지 천 원을 딸 확률은 같다.

> 상자로부터 한 장의 카드를 무작위로 뽑으면 상자 안 각각의 카드가 뽑힐 가능성은 같다.

상자로부터 반복해서 카드를 꺼낼 때 꺼낸 카드를 매번 상자에 다시 집어넣을 수도 있고 집어넣지 않을 수도 있다. 다시 집어넣고 카드를 꺼내면 이를 **복원추출**(sampling with replacement)이라 부르고, 다시 집어넣지 않고 카드를 꺼내면 이를 **비복원추출**(sampling without replacement)이라고 부른다.

3. 가능한 경우를 모두 나열하여 확률을 계산하는 방법

확률을 계산할 때 가능한 경우를 모두 나열해보면 도움이 된다. 전부 나열하는 것이 어렵거나 불가능하면 몇 가지 전형적인 경우만 나열해봐도 좋다.

보기 1 두 개의 주사위를 던진다. 나온 두 눈의 합이 2가 될 확률은 얼마인가?

해 설 두 주사위를 구분하기 위해 한 주사위는 흰색이고 다른 하나는 검은 색이라고 하자. 두 개의 주사위를 던질 때 한 가지 가능한 경우는 흰 주사위에서 2가 나오고 검은 주사위에서 3이 나오는 경우다. 총합은 5가 된다.

그렇다면 가능한 경우는 모두 몇 가지인가? 먼저 흰 주사위는 1부터 6까지 6가지 경우가 가능하다. 흰 주사위에서 1이 나왔을 때 검은 주사위로부터 6가지 경우가 가능하다. 마찬가지로 흰 주사위에서 2가 나왔을 경우에도 여전히 검은 주사위로부터 6가지 경우가 가능하다. 이런 식으로 계속할 때, 두 주사위로부터 나올 수 있는 경우의 수는 총 6×6=36이다. 각 경우가 나타날 확률은 모두 같으므로 각각의 확률은 1/36이다. 눈의 합이 2가 되는 경우는 36가지 가운데 단 한 가지뿐이다. 즉, (흰 주사위 1, 검은 주사위 1)뿐이다. 따라서 답은 1/36이다.

보기 2 한 쌍의 주사위를 던졌다. 두 눈의 합이 4가 될 확률은 얼마인가?

해 설 두 눈의 합이 4가 되는 경우를 그림으로 나타내면 다음 셋이다.

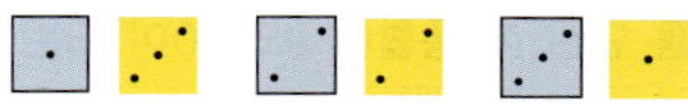

그러므로 답은 3/36=1/12이다.

주사위가 세 개인 경우는 어떤가? 이 경우도 논리는 비슷하다. 17세기 이탈리아의 도박사들은 세 개의 주사위를 던져 그 눈의 합에 내기를 걸었다. 그들은 총합으로 9를 얻을 확률과 10을 얻을 확률이 같다고 믿었다. 예를 들어 총합이 9가 되는 경우들 중 하나는 첫 번째 주사위가 1, 두 번째 주사위가 2, 세 번째 주사위가 6 이 나오는 것이다. 이 경우를 '1 2 6' 으로 표현하고 다른 경우도 동일한 방식으로 표현하자. 도박사들은 총합이 9가 되는 다음 6개의 조합을 생각했다.

1 2 6   1 3 5   1 4 4   2 2 5   2 3 4   3 3 3

또 총합이 10이 되는 다음 6개의 조합을 생각했다.

1 3 6   1 4 5   2 2 6   2 3 5   2 4 4   3 3 4

당시의 도박사들은 조합의 수가 같으므로 총합이 9가 되는 확률과 10이 되는 확률도 같다고 생각했다. 그러나 경험상 10이 9보다 좀 더 많이 나왔다.

그들은 갈릴레오(Galileo Galilei, 이탈리아, 1564-1642)에게 이 수수께끼를 설명해 달라고 요청했다. 갈릴레오는 친절하게 다음과 같이 답해 주었다. 하나의 주사위는 흰색으로, 다른 하나는 회색으로, 마지막은 검은색으로 칠해보자. 이제 세 개의 주사위를 던질 때 나올 수 있는 경우의 수는 몇 가지인가? 흰색 주사위는 6가지 경우가 가능하다. 각각의 경우에, 회색 주사위의 6가지 경우가 대응되므로 36가지 경우가 가능하다. 이 각각의 경우에 또 다시 검은색 주사위의 6가지 경우가 대응되므로 주사위 세 개를 던져 나올 수 있는 결과는 총 $36 \times 6 = 6^3 = 216$가지가 있다. 갈릴레오는 216가지 경우를 일일이 적어보았다. 총합이 9가 되는 경우는 모두 25가지임을 알았다. 또한 총합이 10이 되는 경우는 27가지임을 알았다. 그는 총합이 9가 될 확률은 $25/216 \approx 11.6\%$인 반면 10이 될 확률은 $27/216 \approx 12.5\%$라고 결론지었다.

도박사들의 실수는 하나의 조합에 나타난 세 숫자가 서로 다른 주사위로 구성될 수 있음을 간과한데서 비롯되었다. 예를 들어 합이 9가 되는 3 3 3의 경우는 방법이 오직 한 가지뿐이나 10이 되는 3 3 4의 경우는 3가지 서로 다른 구성방법이 있다. 〈표 9-1〉은 각 조합별르 구성방법의 수를 나타낸다.

표 9-1 세 개의 주사위를 던질 때 총합이 9와 10이 되는 경우

세 개의 주사위를 던져 합이 9가 되는 조합	각 조합별 구성방법의 수	세 개의 주사위를 던져 합이 10이 되는 조합	각 조합별 구성방법의 수
126	6	136	6
135	6	145	6
144	3	226	3
225	3	235	6
234	6	244	3
333	1	334	3
합계	25	합계	27

4. 벤 다이어그램과 배반

사건간의 관계를 파악하고 필요한 확률을 계산할 때 **벤 다이어그램**(venn diagram)을 이용하면 편리하다. 벤 다이어그램은 하나의 직사각형과 그 안에 든 원을 이용하여 한 개 또는 그 이상의 사건을 나타내는 그림이다. 원으로 그려진 사건이 두 개 또는 그 이상인 경우 벤 다이어그램을 이용하면 사건간의 관계를 파악하기에 좋다.

그림 9-1 벤 다이어그램의 예시

[그림 9-1]은 두 개의 사건 A와 B를 표시한 벤 다이어그램의 예이다.

왼쪽 벤 다이어그램을 보면 두 사건 A와 B를 나타낸 원들이 겹치지 않는다. 이때 두 사건은 **상호배반**(mutually exclusive) 관계에 있다고 말한다. 두 사건이 배반관계에 있으면 두 사건은 동시에 발생할 수 없다. 하나의 사건이 일어나면 다른 사건은 일어나지 않는다. 반면에 오른쪽 벤 다이어그램을 보면 두 원이 겹치는 부분이 있다. 두 사건이 배반관계에 있지 않으면 그림에서 보듯이 볼록렌즈처럼 생긴 부분이 존재한다. 이 경우 두 사건은 함께 일어날 수 있다.

> 한 사건이 발생할 때 다른 사건이 함께 일어날 수 없는 경우 두 사건은 상호배반 또는 단순히 배반관계에 있다고 말한다.

예를 들어보자. 동전을 한번 던지는 시행에서 앞면이 나오는 사건과 뒷면이 나오는 사건은 배반이다. 이제 주사위를 한 번 던지는 시행을 생각해보자. 홀수가 나오는 사건과 6의 눈이 나오는 사건은 배반이다. 하지만 홀수가 나오는 사건과 3 이하의 숫자가 나오는 사건은 배반이 아니다. 왜냐하면 1 또는 3의 눈이 나오는 경우 두 사건이 모두 일어나는 셈이기 때문이다.

그림 9-2 배반인 경우와 배반이 아닌 경우의 벤 다이어그램

5. 덧셈법칙

이 절에서는 두 사건 중 적어도 어느 하나의 사건이 일어날 확률에 대해 알아보자. 여기서 적어도 하나의 사건이 일어난다는 것은 첫 번째 사건만 일어나거나, 두 번째 사건만 일어나거나, 아니면 두 사건 모두 일어나는 경우를 포괄한다. 두 사건이 상호배반이면 두 사건이 모두 일어나는 경우는 고려하지 않아도 된다. 그럴 일이 없기 때문이다. 두 사건이 배반인 경우, 적어도 어느 하나의 사건이 일어날 확률은 각각의 사건이 일어날 확률을 더하면 된다.

두 사건 중 적어도 하나의 사건이 일어날 확률을 계산하려면 먼저 두 사건이 상호배반인가를 살펴본다. 만약 상호배반이면 각 사건이 일어날 확률을 더한다. 이를 **좁은 의미의 덧셈법칙**이라 한다. 두 사건 A와 B가 상호배반이면 $P(A$ 또는 $B)=P(A)+P(B)$가 성립한다. 여기서 $P(A$ 또는 $B)$는 두 사건 중 적어도 하나의 사건이 일어날 확률을 의미하는데 $P(A \cup B)$로 표기하고 "A union B의 확률"이라고 읽기도 한다.

[참고] 한 벌의 카드에는 클럽(club ♣), 스페이드(spade ♠), 하트(heart ♥), 그리고 다이아몬드(diamond ◆) 등 네 가지 모양의 카드가 있다. 조커(joker)는 없는 것으로 치자. 클럽 모양의 카드는 13장 있는데 각각에는 A(Ace), 2, 3,⋯, 9, 10, J(Jack), Q(Queen), K(King) 등의 알파벳 또는 숫자가 적혀 있다. 다른 모양의 카드도 마찬가지다. 이리하여 총 4×13=52장의 카드가 카드 한 벌을 이룬다. 각각의 카드를 읽을 때 '클럽 에이스' (♣ A), ... , '다이아몬드 킹' (◆ K) 식으로 읽는다. (이상 카드 입문 끝)

보기 3 한 벌의 카드를 잘 섞어서 맨 위에 있는 카드를 뽑자. 하트가 나올 확률은 1/4이다. 스페이드가 나올 확률도 1/4이다. 그렇다면 하트나 스페이드가 나올 확률은 얼마인가?

해 설 아래 두 가지 경우 중 적어도 어느 하나의 사건이 일어날 확률에 대해 묻고 있다.

· 하트가 나옴
· 스페이드가 나옴

두 사건은 상호배반이다. 그러므로 각 사건의 확률을 더하면 된다. 구하는 확률은 1/4+1/4=1/2이다. 좁은 의미의 덧셈법칙을 이용하여 구한 답이 맞았는지 검산해보자. 한 벌의 카드에는 13장의 하트와 13장의 스페이드가 있다. 그러므로 하트 또는 스페이드를 뽑을 확률은 26/52=1/2이다. 맞았다.

보기 4 두 개의 주사위를 던진다. 다음 문장의 참, 거짓을 판별하라.
'적어도 하나의 주사위에서 1이 나올 확률은 1/6+1/6=1/3이다.'

해 설 틀렸다. 하나의 주사위는 흰색이고 다른 하나는 검은색이라고 하자. 다음의 두 가지 경우 중 어느 하나의 사건이 일어날 확률에 대해 묻고 있다.

· 흰 주사위에서 1이 나옴
· 검은 주사위에서 1이 나옴

흰 주사위에서 1이 나오는 사건은 검은 주사위에서 1이 나오는 사건을 배제하지 못한다. 또 검은 주사위에서 1이 나오는 사건도 흰 주사위에서 1이 나오는 사건을 배제하지 못한다. 따라서 두 사건은 상호배반이 아니다. 각각의 확률을 더해서는 안 된다.

무엇이 잘못 되었을까. 흰 주사위에서 1이 나오는 경우는 6가지이고 검은 주사위에서 1이 나오는 경우 역시 6가지이다. 그러나 적어도 하나의 주사위에서 1이 나오는 경우의 수는 6+6=12가지가 아니다. 단순합은 (1,1)의 경우를 중복 계산(double counting)하게 만든다. 적어도 하나의 주사위에서 1이 나올 확률은 (6+6−1)/36=11/36이지 (6+6)/36=12/36=1/3이 아니다.

맹목적으로 두 확률을 더하면 두 사건이 함께 일어날 확률을 중복 계산하는 실수를 범하게 된다. 배반이 아닌 경우 중복 계산되는 부분을 구하는 방법은 뒤에서 곱셈법칙을 설명할 때 자세히 다루기로한다. 물론 두 사건이 상호배반인 경우에는 함께 일어날 확률이 0이므로 중복계산의 문제가 발생하지 않는다.

만약 두 사건이 상호배반이 아니면 그 중 적어도 하나의 사건이 일어날 확률을 구할 때 각각의 확률을 그냥 더해서는 안 된다. 그러면 중복 계산되는 부분 때문에 그 합은 너무 커진다. 제대로 구하려면 각각의 확률을 더한 뒤 중복 계산되는 부분을 빼주어야한다. 이를 **일반화된 덧셈법칙**(general addition rule)이라고 한다. 임의의 두 사건 A와 B에 대하여 P(A 또는 B)=$P(A)+P(B)-P$(A 그리고 B)가 성립한다. 여기서 P(A 그리고 B)는 두 사건이 함께 일어날 확률로 두 사건 A와 B의 결합확률(joint probability)이라고 도 부른다. 이 결합확률은 종종 $P(A \cap B)$로 표기하고 "A intersection B의 확률"이라고 읽는다.

6. 조건부확률

여기서는 조건부확률에 대해 알아보자. 카드를 예로 들자. 앞서 소개한 것처럼 한 벌의 카드에는 클럽, 스페이드, 하트, 그리고 다이아몬드 등 네 가지 모양의 카드가 A부터 K까지 각각 13장씩 있다.

보기 5 한 벌의 카드를 잘 섞어서 맨 위에 있는 두 장의 카드를 뽑는다. 만약 두 번째 카드가 하트 Q라면 천 원을 상금으로 받는다고 하자.

(a) 상금을 받을 확률은 얼마인가?
(b) 첫 번째 카드가 클럽 7이었다면, 상금을 받을 확률은 얼마로 변하는가?

해 설 (a) 상금은 첫 번째 카드가 아니라 두 번째 카드에 의해 결정된다. 사실 첫 번째 카드는 볼 필요도 없다. 오로지 두 번째 카드만 보면 된다. 상금을 탈 확률은 1/52이다. 카드를 잘 섞으면 각 카드는 무작위로 위치하게 된다. 따라서 하트 Q가 첫 번째부터 52번째까지 52개의 가능한 위치 가운데 어디에 자리잡을지는 그 가능성이 1/52로 모두 같다. 하트 Q가 두 번째에 자리잡게 될 가능성은 1/52이다.

(b) 첫 번째 카드가 클럽 7이었으므로, 이제 51장의 카드만 남은 셈이다. 남은 카드는 무작위로 섞여 있고 하트 Q는 이 중 한 자리를 차지하고 있을 것이다. 이제 하트 Q가 두 번째에 놓여 있을 가능성은 1/51이 된다.

[보기 5]의 (b)에서 1/51과 같은 확률을 **조건부확률**(conditional probability)이라고 한다. '첫 번째에 클럽 7이 나온 조건하에서 두 번째에 하트 Q가 나올 확률'을 구했기 때문이다. 조건부확률에서 조건(condition)은 정보(information)를 나타낸다. 정보에 따라 확률을 바꾸는 것은 너무도 자연스럽다. 초지일관, 이는 통계학에 관한 한

바보나 하는 짓이다. (b)의 조건부확률과 달리 (a)의 확률은 **비조건부확률**(unconditional probability)이라고 부른다.

> **[참고]** (i) 두 번째 카드가 하트 Q일 (비조건부)확률은 다음과 같이 표기한다.
>
> P(두 번째 카드가 하트 Q)
>
> 여기서 P는 확률을, 그리고 괄호 안의 내용은 확률계산의 대상이 되는 사건을 표현한다.
> (ii) 첫 번째가 클럽 7일 때 두 번째가 하트 Q일 조건부확률은 다음과 같이 표기한다.
>
> P(두 번째 카드가 하트 Q | 첫 번째 카드가 클럽 7)
>
> 여기서 '|'의 왼쪽에는 확률계산의 대상이 되는 사건을 기술하고, 그 오른쪽에는 주어진 조건, 즉 주어진 정보를 기술한다.

7. 곱셈법칙

여기서는 확률간의 곱셈을 통해 두 개 또는 그 이상의 사건이 함께 일어날 확률을 계산하는 방법에 대해 알아보자.

보기 6 상자 안에 붉은색(R), 흰색(W) 그리고 푸른색(B)의 카드가 각각 한 장씩 들어 있다.

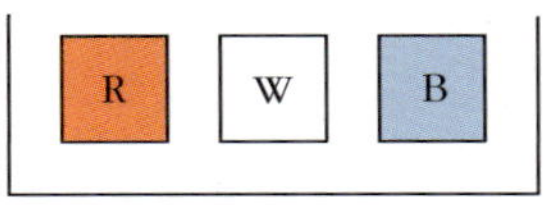

두 장의 카드를 무작위로 비복원추출할 때, 첫 번째에 붉은색 카드가 나오고 그 다음에 흰색 카드가 나올 확률은 얼마인가?

풀 이 많은 수의 사람들이 각자 R, W, B가 한 장씩 들어 있는 상자로부터 무작위 비복원추출로 두 장의 카드를 뽑는다고 하자. 그렇다면 대략 전체의 3분의 1 정도가 처음에 R을 뽑게 되고, 이들 상자에는 W와 B가 남는다.

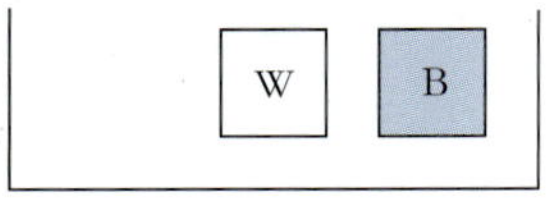

두 번째 카드를 뽑으면 첫 번째에 R을 뽑은 사람들 중 절반에 해당하는 사람이 W를 뽑을 것으로 기대된다. 따라서 R, W의 순서로 카드를 뽑는 사람의 비율은 1/3의 1/2=1/2×1/3=1/6이 된다. 즉, R, W의 순서로 카드를 뽑을 확률은 6분의 1, 16.7%가 된다.

예컨대, 600명의 사람이 이 실험에 참가했다고 하자. 대략 200명이 처음에 붉은색 카드를 뽑을 것이고, 이 200명 가운데 절반인 100명 정도가 두 번째에 흰색 카드를 뽑을 것이다. 결국 600명 가운데 100명인 100/600=1/6 정도가 처음에 R을 뽑고 두 번째에 W를 뽑을 것이다. 곱셈을 할 때 순서를 바꾸기도 한다(1/3×1/2=1/6). 첫째 이유는 답이 같다는 것이고, 좀더 중요한 둘째 이유는 시행의 순서와 곱하는 순서를 맞추기 위해서이다. 위에서 1/3은 처음 사건의 확률이고, 1/2은 두 번째 사건의 확률이다. 여기서 첫 번째 확률 1/3은 비조건부 확률인 반면 두 번째 확률 1/2은 첫 번째 사건이 주어진 상태에서 두 번째 사건의 조건부 확률임을 명심하라.

두 사건 A와 B가 모두 일어날 결합확률을 계산할 때, $P(A)P(B \mid A)$를 써도 되고 $P(B)P(A \mid B)$를 써도 된다. 어느 사건이 먼저 일어나느냐에 따라, 아니면 아무 이유 없이도, 원하는 공식을 쓰면 된다.

> 두 사건이 모두 일어날 확률은 '하나의 사건이 일어날 확률'과 '하나의 사건이 일어났다는 조건하에서 다른 하나의 사건이 일어날 조건부확률'을 곱하여 얻는다. 즉, 임의의 두 사건 A와 B에 대하여 $P(A \text{ 그리고 } B) = P(A)P(B \mid A) = P(B)P(A \mid B)$이다. 이를 **일반화된 곱셈법칙**(general multiplication rule)이라 한다. **좁은 의미의 곱셈법칙**은 뒤에서 소개한다.

앞서 설명한 것처럼 $P(A \mid B)$와 $P(B \mid A)$는 조건부확률을 나타낸다. 조건부확률은 주어진 정보를 이용하여 확률을 업데이트할 때 이용한다. 예컨대 $P(B \mid A)$의 경우 우리는 A의 정보를 이용하여 B의 확률을 재계산한다. 한편 $P(A)$와 $P(B)$는 비조건부확률로서, 종종 주변확률(marginal probability)이라고 부르기도 한다.

보기 7 잘 섞인 한 벌의 카드로부터 두 장의 카드를 뽑는다. 두 장 모두 A일 확률은 얼마인가?

해 설 처음에 A가 나올 확률은 4/52이다. 처음 카드가 A일 경우, 나머지 51장의 카드에는 3장의 A가 남게 된다. 따라서 두 번째 카드로 A가 나올 조건부 확률은 3/51이다. 결국 두 장 모두 A가 나올 확률은 $4/52 \times 3/51 = 12/2652$로 이는 0.5% 정도이다.

보기 8 동전을 두 번 던질 때, 앞면이 나오고 이어서 뒷면이 나올 확률은 얼마인가?

해 설 먼저 앞면이 나올 확률은 1/2이고, 처음 던졌을 때 나온 면에 상관없이 두 번째에 뒷면이 나올 확률은 여전히 1/2이다. 따라서 앞면이 나오고 이어서 뒷면이 나올 확률은 $1/2 \times 1/2 = 1/4$이다.

8. 분할과 베이즈 정리

동전을 던지면 앞면이 나오거나 뒷면이 나온다. 두 사건은 합치면 모든 가능한 경우 전체를 포괄하고(collectively exhaustive) 중복되는 부분이 없다(mutually exclusive). 즉, 두 사건은 전체를 둘로 나누는 역할을 한다. 통계용어로 두 사건을 전체의 **분할**(partition)이라 정의한다. 다른 예를 들어보자. 주사위를 한 번 던질 때 홀수가 나오는 사건과 짝수가 나오는 사건은 전체를 분할한다. 그러나 홀수가 나오는 사건과 6이 나오는 사건은 전체를 분할하지 못한다. 두 사건은 상호배반이나 두 사건을 합치더라도 2 또는 4가 나오는 경우는 포함되지 않기 때문이다. 홀수가 나오는 사건과 2 이상의 숫자가 나오는 사건도 분할을 이루지 못한다. 두 사건은 전체를 포괄하기는 하나 3 또는 5가 나오는 경우를 공유하고 있어 서로 중복되는 부분이 있기 때문이다.

> 합쳐서 전체를 포괄하되 전혀 중복이 안 되는 사건들의 집합을 분할이라고 한다.

분할의 두 성질, 즉 합쳐서 전체를 커버하고 또 중복이 없어야 한다는 것은 전체를 몇 개의 부분집단으로 분류할 때 꼭 필요한 성질들이다. 이는 분류할 때 어느 하나라도 빠뜨리지 않고 또 어느 하나라도 이중으로 분류하지 않기 위함이다. 남과 여로 사람을 나누는 일, 학점 2.0을 기준으로 정해 그 미만의 학사경고 대상자와 그 이상의 정상적인 학생으로 전체 학생을 나누는 일, 전력사용 시간대를 부하량에 따라 첨두부하(peak load) 시간대와 비첨두부하(off peak load) 시간대로 나누어 요금을 차별 징수하는 일, 한 나라에 살고 있는 사람을 국적에 따라 내국인과 외국인으로 분류하는 일 등이 모두 분할의 예이다. 물론 전체를 꼭 둘로만 나눌 필요는 없다. 목적에 따라 얼마든지 세분할 수도 있다.

이제 분할의 개념에 기초하여 베이즈 정리(Bayes' theorem)에 대해 공부하자. 베이즈 정리는 통계학에서 가장 중요하고 널리 쓰이는 정리 가운데 하나이다. 이 정리가 왜 필요한지 이솝 우화 가운데 하나인 '양치기 소년과 늑대' 이야기를 예로 들어보자. 한 양치기 소년이 재미 삼아 늑대가 나타났다고 거짓말을 한다. 마을 사람들이 달려오지만 늑대의 모습은 보이지 않는다. 그런 일이 몇 번 반복되자 마을 사람들은 더 이상 양치기 소년의 말을 믿지 않게 된다. 하루는 정말 늑대가 나타났다. 늑대가 나타났다는 양치기 소년의 부르짖음에도 마을 사람들은 아무도 나오지 않았다. 양치기 소년은 양떼를 고스란히 늑대의 먹이로 내어줄 수 밖에 없었다. 반복된 거짓말이 불러온 참사였다.

왜 마을 사람들은 소년을 도우러 나오지 않았을까? 늑대가 쫓아온다고, 도와달라고 호소했는데도 말이다. 반복된 거짓말, 이는 소년의 평판을 아주 나쁘게 만들었다. 마을 사람들은 어느새 소년이 거짓말쟁이일 가능성이 아주 높다고 믿게 되었다. 그들은 더 이상 소년의 호소에 귀를 기울이지 않았던 것이다.

사람은 경험으로부터 배운다. 마을 사람들은 애당초 소년을 비교적 진실하다고 생각했을 것이다. 도와달라는 소년의 호소를 듣고 밖으로 나왔다가 허탕을 친 첫째 날, 마을사람들은 어쩌면 소년이 거짓말쟁이일지도 모른다고 생각했다. 허탕을 친 둘째 날 소년에 대한 부정적 이미지는 더욱 커졌다. 셋째 날 그들은 더 이상 속고 싶지 않았다. 베이즈 정리는 정보가 증가함에 따라 확률이 변해 가는 과정을 조건부확률을 이용하여 묘사해 준다. 새로운 경험과 새로운 정보는 확률을 계산할 때 새로운 조건을 가져다준다. 새로운 조건하에서 원하는 사건의 확률을 업데이트(update)할 때 베이즈 정리를 사용한다. 인생에서 경험과 정보가 중요한 만큼 통계학에서는 베이즈 정리가 중요하다.

사실상 이제껏 배운 분할, 조건부확률, 그리고 확률의 덧셈법칙과 곱셈법칙을 이용하면 베이즈 정리를 도출해낼 수 있다. 두 사건 A와 B가 주어져 있다고 하자. 우리는 사건 A의 관점에서 전체를 A와 A가 아닌 것(A^c)으로 분할할 수 있다. A와

그림 9-3 전체의 분할과 B의 분할

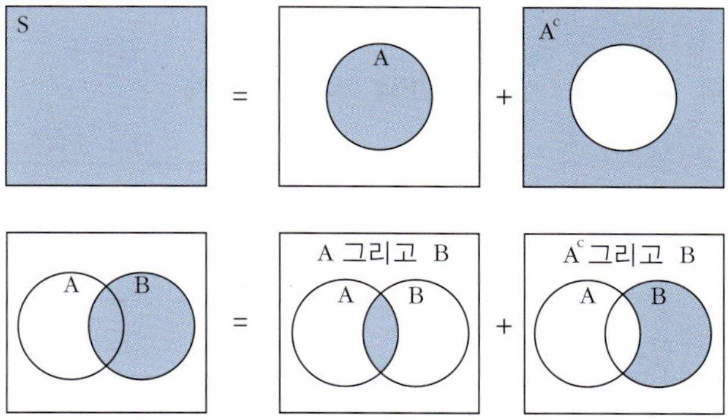

A^c는 합치면 전체가 되고 중복되는 부분이 없다. 한편 사건 B는, 'A이면서 B' 이거나(A 그리고 B) 또는 'A가 아니면서 B' (A^c 그리고 B)로 그 자체가 또한 분할된다. [그림 9-3]은 이를 보여준다.

그림에서 보듯이 A와 A^c는 전체인 사각형을 왼쪽의 원과 오른쪽의 나머지 부분으로 분할한다. 한편 'A 그리고 B' 와 'A^c 그리고 B' 는 사건 B를 그 왼쪽의 볼록렌즈와 오른쪽의 초승달로 분할한다. 사건 B가 일어났다는 정보를 아는 것은 전체 사각형에서 B의 원으로 초점을 집중시켜도 됨을 의미한다. 이는 마치 경찰이 용의자에 대한 단서를 잡은 경우 수사 대상을 좁히는 것과 같은 이치이다. 단서가 정보 아닌가. 이제 사건 B의 분할을 살펴보자. 왼쪽의 볼록렌즈는 사건 A의 조건을 만족시키나 오른쪽의 초승달은 사건 A의 조건을 만족시키지 못한다. 이에 따라 B가 주어진 상태에서 A가 일어날 조건부확률은, B의 원에서 차지하는 볼록렌즈의 상대적 크기로 형상화할 수 있다. 여기서 한 사건의 확률을 그 사건을 나타내는 그림, 예컨대 사각형, 원, 볼록렌즈, 초승달 등으로 표현하자.

그림 : $P(A \mid B) = \dfrac{\text{볼록렌즈}}{\text{원}(B)}$ =

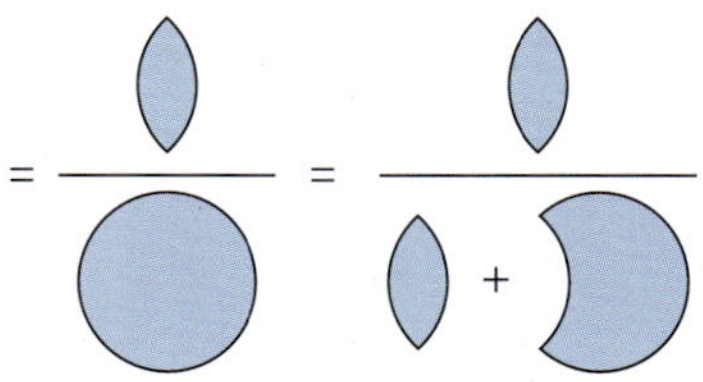

수식 : $P(A \mid B) = \dfrac{P(A \text{ 그리고 } B)}{P(B)} = \dfrac{P(A \text{ 그리고 } B)}{P(A \text{ 그리고 } B) + P(A^c \text{ 그리고 } B)}$

조건부확률 $P(A|B)$는, 사건 B가 주어진 조건하에서 사건 A가 일어날 확률이다. 이는 B를 A의 관점에서 둘로 분할한 뒤 A를 만족시키는 볼록렌즈 부분의 B

전체에 대한 상대적 크기로 측정된다. 한편 사건 B의 확률은 좁은 의미의 덧셈법칙에 의해 왼쪽의 볼록렌즈 부분과 오른쪽의 초승달 부분을 합쳐서 얻는다.

그림 9-4 나무도표 : 상호배반인 네 가지 경로 전체

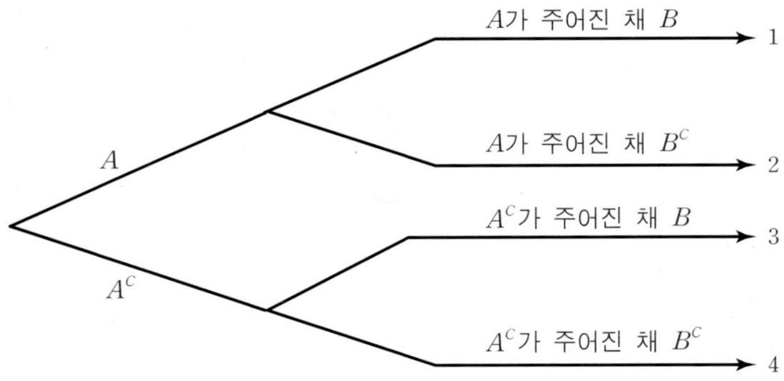

이제는 **나무도표**(tree diagram)를 이용하여 조건부확률의 개념을 좀 더 살펴보자. [그림 9-4]를 보면 전체 사건은 사건 A가 일어나는 경우(1, 2번 경로)와 일어나지 않는 경우(3, 4번 경로) 등 두 가지 경우로 분할된다. 각각의 경우는 다시 또 다른 사건인 B가 일어나느냐 마느냐에 따라 두 가지 경로로 세분된다. 이렇게 세분된 총 4개의 경로 가운데 1번과 3번 경로는 B가 일어나는 모든 경우를 커버하고, 2번과 4번 경로는 B가 일어나지 않는 모든 경우를 커버한다. 그리고 한 경로를 따라가면 다른 경로는 따라갈 수 없으므로 각각의 경로는 상호배반이다. 이리하여 네 가지 경로는 전체를 분할한다.

우리는 사건 B가 주어진 조건하에서 사건 A가 일어날 확률을 구하고 있으므로 1, 3번 경로, 즉 사건 B가 일어나는 경로로만 관심을 집중하면 된다. 좁은 의미의 덧셈법칙에 의해 사건 B가 일어날 확률은 각각의 경로를 따라 B가 일어날 확률을 합쳐서 구한다. 사건 B가 일어났다는 조건은 일이 1번과 3번 경로 중 하나를 따라 진행되었음을 의미한다. 이때 A가 아울러 일어난 경로는 1번 경로뿐이므로, 1, 3번 경로 중에서 1번 경로의 상대적 중요성이 바로 'B가 주어진 상태하에서의 A의 조건부확률'이 된다.

$$P(A \mid B) = \frac{P(\text{1번 경로})}{P(\text{1번 경로}) + P(\text{3번 경로})}$$

나무도표에서 1번 경로를 따라 사건 B가 일어날 확률은, 'A 그리고 B'의 결합확률로서 벤 다이어그램에서의 볼록렌즈에 대응한다. 이는 확률의 곱셈법칙에 의해,

A의 확률과 A가 주어진 상태에서 B가 일어날 조건부확률을 곱함으로써 얻는다. 즉, $P(A \text{ 그리고 } B)=P(A)\ P(B \mid A)$이다. 3번 경로를 따라 사건 B가 일어날 확률은, 'A^c 그리고 B' 의 결합확률로서 벤 다이어그램에서의 초승달에 대응한다. 이는 확률의 곱셈법칙에 의해, A^c의 확률과 A^c가 주어진 상태에서 B가 일어날 조건부확률을 곱함으로써 얻는다. 즉, $P(A^c \text{ 그리고 } B)=P(A^c)\ P(B \mid A^c)$이다.

이제, 준비는 끝났다. 잔치를 벌이자. 사건 B가 주어졌을 때 사건 A의 조건부확률은 궁극적으로 다음과 같이 표현할 수 있다. 이를 베이즈 정리라고 한다.

$$P(A \mid B)=\frac{P(A \text{ 그리고 } B)}{P(A \text{ 그리고 } B)+P(A^c \text{ 그리고 } B)}$$
$$=\frac{P(A)P(B \mid A)}{P(A)P(B \mid A)+P(A^c)P(B \mid A^c)}$$

베이즈 정리(단순한 형태) : $P(B)>0$일 때

$$P(A \mid B)=\frac{P(A \text{ 그리고 } B)}{P(B)}=\frac{P(A)P(B \mid A)}{P(A)P(B \mid A)+P(A^c)P(B \mid A^c)}$$

위 식의 베이즈 정리를 보면 세 개의 조건부확률이 등장한다. 우리가 구하고자 하는 $P(A \mid B)$가 좌변에 등장하고 나머지 둘인 $P(B \mid A)$와 $P(B \mid A^c)$가 우변에 등장한다. 즉, 베이즈 정리는 $P(B \mid A)$와 $P(B \mid A^c)$의 두 조건부확률을 입력시켜 $P(A \mid B)$의 조건부확률을 출력시키는 데 쓰인다. 이들 조건부확률에서 입력시킬 때와 출력을 뽑을 때 구하려는 사건(대상)과 주어진 사건(조건)의 순서가 바뀌어 있음에 주목할 필요가 있다. 베이즈 정리의 본질은 입장을 바꿔 생각해보는 것이다. 이는 인생에서처럼 통계적 추론에 있어서도 대단히 중요하다. ('입장 바꿔 생각을 해봐. 니가 지금 나라면 넌 웃을 수 있니?' −김건모의 '핑계' 중)

예를 들어보자. 어느 학생이 하나의 객관식 문제를 풀고 있다. 넷 중 하나가 정답이다. 선생님이 채점을 하면 학생의 답은 맞거나(B) 틀린다(B^c). 맞았다고 해보자. 이 정보를 이용해 선생님은 과연 그 학생이 문제를 알고(A) 풀었는지 아니면 모르는데(A^c) '연필을 잘 굴렸는지' 알고 싶다. 시험을 친 학생이 문제를 맞추었을 때, 그는 알고 맞추었을 수도 있고(A 그리고 B) 아니면 모르는데 운이 좋아서 맞추었을 수도 있다(A^c 그리고 B). 알고 맞추었을 확률 $P(A \text{ 그리고 } B)$는 알고 있을 확률 $P(A)$와 안다는 조건하에서 맞출 확률인 $P(B \mid A)$를 곱하여 구한다. 모르면서 맞추었을 확률 $P(A^c \text{ 그리고 } B)$는 모를 확률 $P(A^c)$와 모른다는 조건하에서 맞출 확률인 $P(B \mid A^c)$를 곱하여 구한다.

이제 채점을 끝낸 선생님의 관점에 서보자. 선생님은 문제의 정답을 맞춘 학생을 과연 어떻게 볼 것인가. 문제를 이해하고 있었다고 생각할까 아니면 단지 운이 좋았다고 생각할까. 좋다. 입장을 바꿔 생각해보자. 학생이 문제를 이해하고 있었다고 쳐보자. 그 경우 그는 당연히 문제의 정답을 맞출 것이다. 즉, $P(B \mid A)=1$이다. 반면 이해하지 못하고 있었다고 쳐보자. 그는 연필을 굴릴 것이다. 그 경우 운 좋게 정답을 맞출 가능성은 1/4이다. 즉, $P(B \mid A^c)=1/4$이다. 사지선다의 객관식 문제였기 때문이다.

한편 선생님은 자신의 과거 경험에 비추어 대략 절반의 학생은 문제를 이해하고 나머지 절반은 이해하지 못하는 것으로 생각하고 있다고 치자. 즉, $P(A)=1/2$ 및 $P(A^c)=1/2$라고 해보자. 문제를 맞출 확률 $P(B)$는 알면서 맞출 확률 $P(A$ 그리고 $B)= P(A)P(B \mid A)=1/2\times 1=1/2$과 모르면서 맞출 확률 $P(A^c$ 그리고 $B)=1/2\times 1/4= 1/8$을 더한 5/8가 된다. 문제를 맞추는 두 가지 가능한 경우 가운데 학생은 첫 번째 경우에만 문제를 이해하고 있었다. 따라서 문제를 맞추었다는 조건(정보)하에서 문제를 이해하고 있었을 가능성은, 알고 맞추었을 가능성인 1/2을 맞추었을 가능성 전체인 5/8로 나누어 계산해 낸다. 즉,

$$P(A \mid B)=\frac{1/2}{5/8}=\frac{4}{5}$$

이다. 선생님은 문제를 채점하기 전에는 과연 학생이 문제를 이해하고 있는지에 대해 반신반의(50 대 50)하고 있었는데, 문제를 채점한 후에는 그 학생이 문제를 맞춘 것으로 보아 이해하고 있었을 것으로 좀더 확신하게 되었다. 즉, 선생님은 $P(A)=1/2$의 사전적인 평가를, 채점 후 $P(A \mid B)=4/5$의 사후적인 평가로 수정하였다. 이런 의미에서 $P(A)$를 **사전확률**(prior probability), 그리고 $P(A \mid B)$를 **사후확률**(posterior probability)이라고 부르기도 한다.

조건으로 주어지는, 즉 정보로 제공되는 사건이 여러 경로를 통해 일어날 수 있다면 우리는 앞서 소개한 단순한 형태의 베이즈 정리를 확장할 필요가 있다.

예컨대 [그림 9-5]의 벤 다이어그램에서 보듯이 m개의 사건 $A_1, A_2, \cdots, A_m$이 하나의 분할을 형성한다고 하자. 이때 사건 B가 일어났다는 정보하에서 사건 A_1이 일어날 조건부확률은 $P(A_1 \mid B)=P(A_1$ 그리고 $B)\ /P(B)$로 주어진다. 분자는 곱셈법칙에 따라 $P(A_1$ 그리고 $B)=P(A_1)P(B \mid A_1)$이 된다. 분모는 먼저 좁은 의미의 덧셈법칙에 의해 $P(B)=P(A_1$ 그리고 $B)+\cdots+P(A_m$ 그리고 $B)$가 된다. 다음으로 $P(A_1$ 그리고 $B)$, $\cdots$, $P(A_m$ 그리고 $B)$ 각각을 곱셈법칙에 따라 전개한다. 다만 전

그림 9-5 분할의 일반적인 예

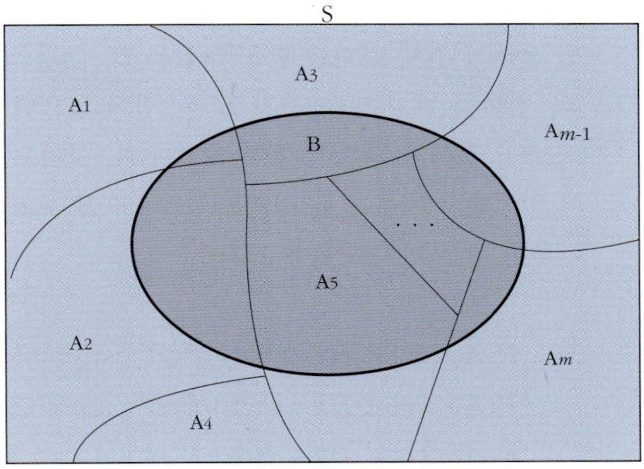

개할 때 구하려는 조건부확률과 순서가 바뀐 조건부확률을 이용한다. 입장을 바꿔 생각해야 되기 때문이다. 마지막으로 이렇게 구한 분자, 분모를 조건부확률 $P(A_1 \mid B)$의 우변에 대입하면 일반화된 베이즈 정리를 얻을 수 있다.

> 베이즈 정리(일반화된 형태) : A_1, A_2, ⋯, A_m이 전체 S의 분할을 형성한다고 하자. $P(B)>0$일 때
>
> $$P(A_1 \mid B) = \frac{P(A_1 \text{ 그리고 } B)}{P(B)}$$
> $$= \frac{P(A_1)P(B \mid A_1)}{P(A_1)P(B \mid A_1)+\cdots+P(A_m)P(B \mid A_m)}$$

보기 9 현의 여자친구는 현이 밤 11시 그녀의 자취방으로 전화할 때, 집에 없거나 집에서 자거나 집에서 깨어 있다. 현은 전화가 세 번 울릴 때까지 안 받으면 끊는다. 전화가 세 번 울리기 전에 그녀가 전화를 받을 가능성은, 그녀가 집에 없으면 0이고, 집에서 자고 있으면 1/3이며, 집에서 깨어 있으면 2/3이다. 현의 생각에 그녀가 밤 11시에 집에 있을 가능성과 없을 가능성은 반반이다. 물론 현의 경험으로부터 나온 수치다. 집에 있는 경우 자고 있을 가능성과 깨어 있을 가능성도 반반이다. 조금 전 밤 11시, 현이 그녀의 자취방으로 전화를 했다. 벨이 세 번 울릴 때까지 응답이 없었다. 현은 그녀가 집에 없을 가능성을 얼마로 보아야 하는가?

해 설 집에 없을 사건을 A_1, 집에서 잘 사건을 A_2, 그리고 집에서 깨어 있을 사건을 A_3이라고 하자. 이 세 사건은 전체를 분할한다. 한편 전화가 세 번 울리기 전에 전화를 받을 사건을 B, 받지 않을 사건을 B^c로 나타내자. 전화를 받지 않을 사건 B^c는, 집에 없으면서 받지 않거나(A_1 그리고 B^c), 집에서 자면서 받지 않거나(A_2 그리고 B^c), 아니면 집에서 깨어 있으면서도 못 받는 사건(A_3 그리고 B^c)으로 분할된다. B^c의 분할을 이루는 세 사건의 확률은 각각

$$P(A_1 \text{ 그리고 } B^c) = P(A_1)\ P(B^c \mid A_1) = 0.5 \times 1 = 0.5$$
$$P(A_2 \text{ 그리고 } B^c) = P(A_2)\ P(B^c \mid A_2) = 0.25 \times 0.67 = 0.1675$$
$$P(A_3 \text{ 그리고 } B^c) = P(A_3)\ P(B^c \mid A_3) = 0.25 \times 0.33 = 0.0825$$

이다. 덧셈법칙에 따라 이를 모두 합치면 전화를 받지 않을 확률 $P(B^c) = 0.75$를 얻는다. 이제 베이즈 정리를 이용하여 전화를 받지 않는다는 조건 하에서 그녀가 집에 없을 조건부확률을 구하자. 전화를 받지 않는 세 경우 가운데 첫 번째 경우에만 집에 없으므로 구하는 조건부확률은 $P(A_1 \mid B^c) = 0.5/0.75 = 0.67$이 된다. 사전확률 50%가 사후확률 67%로 변한다. 전화를 안 받으니 집에 없다고 볼 가능성이 커진 것이다.

9. 독 립

하나의 사건이 일어나느냐 마느냐와 상관없이 다른 사건이 일어날 확률이 변하지 않으면, 우리는 그 두 사건의 관계가 **독립**(independent)이라고 부른다. 그렇지 않은 경우 두 사건의 관계가 **종속**(dependent)이라고 한다. 두 사건 A, B가 독립일 때, $P(A \mid B) = P(A)$와 $P(B \mid A) = P(B)$가 성립한다.

보기 10 어떤 사람이 동전을 두 번 던진다. 두 번째 시행에서 앞면이 나오면 천 원을 상금으로 받는다고 하자.

(a) 처음에 앞면이 나오면 상금을 탈 확률은 얼마인가?
(b) 처음에 뒷면이 나오면 상금을 탈 확률은 얼마인가?
(c) 두 번의 시행은 서로 독립인가?

해 설 처음에 앞면이 나오건 뒷면이 나오건 상관없이 두 번째에 앞면이 나올 확률은 여전히 50%이다. 두 번의 시행은 서로 독립이다. 상금을 탈 확률은 언제나 50%이다.

보기 11 다음과 같은 상자로부터 두 번 무작위 복원추출을 한다.

(a) 처음에 1이 나왔다고 하자. 두 번째에 2가 나올 확률은 얼마인가?

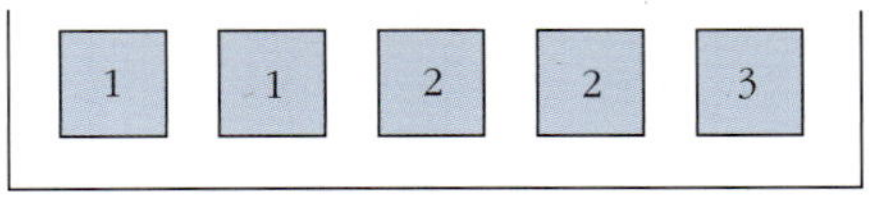

(b) 처음에 2가 나왔다고 하자. 두 번째에도 2가 나올 확률은 얼마인가?

(c) 두 번의 추출은 서로 독립인가?

해 설 처음에 나온 숫자와 관계없이 두 번째에 2가 나올 확률은 2/5, 즉 40%로서 일정하다. 복원추출이므로 두 번째 추출 역시 위의 그림과 같은 상자에서 이루어지기 때문이다. 두 번의 추출은 상호 독립이다.

보기 12 [보기 11]에서 비복원추출을 하면 어떻게 달라지는가?

해 설 처음에 1이 나오면, 상자 안에는 1, 2, 2, 3이 남는다. 이 때 두 번째에 2가 나올 확률은 50%다. 이와는 반대로 처음에 2가 나오면, 상자 안에는 1, 1, 2, 3이 남고 두 번째에 2가 나올 확률은 25%다. 비복원추출에서 두 번의 추출은 서로 종속이다.

매번의 추출은 복원추출일 경우에는 독립이고, 비복원추출일 경우에는 종속이다. 두 사건 A와 B가 독립이면 $P(A \mid B)=P(A)$와 $P(B \mid A)=P(B)$가 성립한다.

보기 13 상자 안에 붉은색(R), 흰색(W) 그리고 푸른색(B)의 카드가 각각 한 장씩 들어 있다. 무작위 복원추출의 방식으로 두 장의 카드를 뽑는다. 붉은 색을 뽑고 이어서 흰색을 뽑을 확률은 얼마인가?

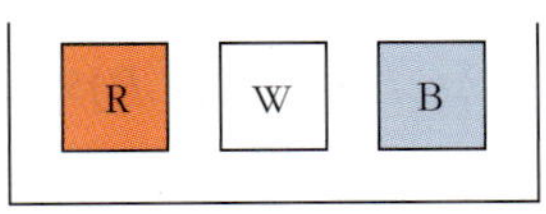

해 설 각 시행은 서로 독립이므로, 확률은 1/3×1/3=1/9이 된다. 지금의 답과 [보기 6]의 답은 다르다. 두 사건이 지금은 독립이고 [보기 6]에서는 종속이었기 때문이다.

> 두 사건이 서로 독립일 때, 두 사건이 모두 일어날 확률은 각각의 비조건부 확률을 곱하여 얻는다. 이를 **좁은 의미의 곱셈법칙**이라고 부른다.
>
> 두 사건 A와 B가 독립이면, $P(A$ 그리고 $B)=P(A)P(B)$

맹목적으로 확률을 곱하면 안 된다. 확률을 곱하기 전에 독립 여부를 확인하라. 만약 독립이 아니면 곱할 때 하나의 주변확률과 다른 하나의 조건부확률을 곱해야 한다.

10. 배반과 독립, 덧셈과 곱셈

배반과 독립, 덧셈과 곱셈, 이는 쉽게 혼동할 수 있는 개념들이다.

· 배반과 독립은 어떻게 다른가?
· 언제 더하고 언제 곱하는가?

배반과 독립 모두 사건들이 어떻게 관련되어 있는지 알려준다. 그러나 배반의 관계와 독립의 관계는 아주 다르다.

> · 하나의 사건이 발생하면 다른 사건이 발생할 수 없을 때 두 사건은 상호배반이다.
> · 하나의 사건이 발생해도 다른 사건이 일어날 확률이 변하지 않을 때 두 사건은 상호독립이다.

덧셈법칙과 곱셈법칙은 다른 종류의 문제에 적용된다.

> · 덧셈법칙은 두 사건 중 적어도 하나의 사건이 일어날 확률과 관련된다.
> · 곱셈법칙은 두 사건이 함께 일어날 확률과 관련된다.

그러므로 더할지 곱할지는 $P(A$ 또는 $B)$와 $P(A$ 그리고 $B)$ 중 어느 확률을 알고 싶은지에 달려 있다. 단순하게 더하고 곱하려면 각각 배반과 독립이라는 조건이 충족되어야 한다.

> · 적어도 하나의 사건이 일어날 확률을 구하기 위해 두 사건의 확률을 더하는 것은 두 사건이 상호배반일 때에만 가능하다. (배반이 아닌 경우 중복계산되는 부분을 빼주어야 한다.)
> · 두 사건이 함께 일어날 확률을 구하기 위해 두 사건의 비조건부확률을 곱하는 것은 두 사건이 상호독립일 때에만 가능하다. (종속인 경우 하나의 주변확률과 다른 하나의 조건부확률을 곱해야 한다.)

보기 14 하나의 주사위를 여섯 번 던졌다. 또 한 벌의 카드를 잘 섞었다.

(a) 주사위에서 첫 번째에 1이 나오거나 마지막에 1이 나올 확률은 ___ 이다.

(b) 주사위에서 첫 번째에 1이 나오고 마지막에도 1이 나올 확률은 ___ 이다.

(c) 카드에서 맨 위의 카드나 맨 마지막 카드가 스페이드 A일 확률은 ___이다.

(d) 카드에서 맨 위의 카드 및 맨 마지막 카드 모두 스페이드 A일 확률은 ___이다.

힌 트 (a)와 (b)에 적용되는 보기:

(i) $\frac{1}{6}+\frac{1}{6}$ (ii) $\frac{1}{6}\times\frac{1}{6}$ (iii) 어느 것도 아님

(c)와 (d)에 적용되는 보기:

(i) $\frac{1}{52}+\frac{1}{52}$ (ii) $\frac{1}{52}\times\frac{1}{52}$ (iii) 어느 것도 아님

풀 이 (a) 두 사건 중 적어도 하나의 사건이 일어날 확률을 구하라는 문제다. 그러므로 덧셈법칙과 관련된다. 두 사건은 상호배반이 아니다. 단순한 덧셈법칙을 적용해서는 안 된다. 곱할 수는 있을까? 두 사건은 독립이지만 두 사건이 함께 일어날 확률을 구하라는 문제가 아니다. 곱셈법칙도 적용해서는 안 된다. 그러므로 (iii)이 답이다.

(b) 두 사건이 함께 일어날 확률을 구해야 하며 두 사건은 독립이다. 여기서는 곱셈법칙을 적용할 수 있다. (ii)가 답이다.

(c) 맨 위의 카드가 스페이드 A일 확률은 1/52이다. 맨 아래의 카드가 스페이드 A일 확률 또한 어떤 카드도 보지 않고 사전에 계산한다면

1/52이다. 두 사건 중 적어도 하나의 사건이 일어날 확률을 구해야 한다. 두 사건은 상호배반이다. 덧셈법칙을 적용할 수 있다. (i)이 답이다.
(d) 두 사건은 상호배반이지만 적어도 하나의 사건이 일어날 확률을 구하라는 문제가 아니다. 그러므로 덧셈법칙을 적용해서는 안 된다. 한편 두 사건은 종속이다. 좁은 의미의 곱셈법칙에 따라 비조건부확률들을 곱해서도 안 된다. 그러므로 (iii)이 답이다. 사실 구하는 확률은 0이다. 스페이드 A는 맨 앞과 맨 뒤에 함께 나타날 수 없다. 이를 일반화된 곱셈법칙을 통해 구할 수도 있다. 맨 위의 카드가 스페이드 A일 확률은 1/52이다. 맨 위의 카드가 스페이드 A일 때 맨 아래의 카드가 스페이드 A일 조건부확률은 0이다. 두 사건이 함께 일어날 확률은 $1/52 \times 0 = 0$이다.

[참고] 한 개의 주사위를 두 번 던질 때 두 번 모두 1의 눈이 나올 확률은 1/36이다. 그러므로 첫 번째에 1이 나오거나 마지막에 1이 나올 확률은 다음과 같이 계산할 수 있다.

$$\frac{1}{6}+\frac{1}{6}-\frac{1}{36}=\frac{11}{36}$$

그러나 주사위를 세 번 던질 때 1의 눈이 적어도 한 번 나올 확률을 다음과 같이 구해서는 안 된다.

$$\frac{1}{6}+\frac{1}{6}+\frac{1}{6}-\left(\frac{1}{6}\right)^3$$

12번 던지는 경우도 생각해 보자! 이런 종류의 문제는 다음 장에서 자세히 다루기로 하자.

11. 복습문제

1. 어떤 컴퓨터가 다양한 확률을 계산하도록 설계되어 있다. 주어진 확률과 이에 대한 올바른 설명을 연결하라(단, 여섯개 중 하나의 설명은 두 개의 확률과 중복 연결된다).

(1) −30%	(i) 매우 잘 일어날 것 같지만, 확실치는 않다.
(2) 0%	(ii) 결코 일어나지 않는다.
(3) 10%	(iii) 일어나긴 하겠지만, 자주 그렇지는 않다.
(4) 50%	(iv) 둘에 하나꼴로 일어난다.

(5) 95%

(6) 100%

(7) 200%

(v) 확실히 일어난다.

(vi) 프로그램상에 문제가 있다.

2. 다음과 같이 두 개의 상자가 있다. 하나의 상자로부터 100장의 카드를 무작위 복원추출한다. 뽑힌 카드에 적힌 100개 숫자의 합만큼 상금을 받는다고하자. 어느 상자로부터 뽑는 것이 유리할까? 설명하라.

(i)

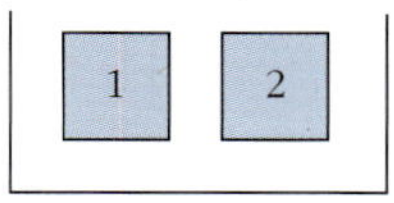

(ii)

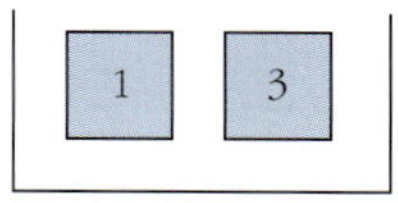

3. 주사위를 세 번 던졌다.

(1) 처음 던져서 1의 눈이 나올 확률은 얼마인가?

(2) 처음에 1이, 두 번째에 2가, 그리고 세 번째에 3이 나올 확률은 얼마인가?

4. 한 벌의 카드를 잘 섞어 그 중 세 장을 뽑는다고하자.

(1) 처음에 K를 뽑을 확률은 얼마인가?

(2) 처음에 K를, 두 번째에 Q를, 그리고 세 번째에 J를 뽑을 확률은 얼마인가?

5. 주사위를 여섯 번 던진다. 이 때

(i) 1의 눈이 적어도 한 번 나오면 천 원을 따는 경우와,

(ii) 1의 눈이 여섯 번 전부 나오면 천 원을 따는 경우

가운데 하나를 선택할 수 있다. (i)과 (ii) 가운데 어느 쪽이 유리한지 아니면 마찬가지인지를 설명하라.

6. 'Let's Make a Deal' 이라는 쇼의 진행자 몬티 홀(Monty Hall)은 행운에 도전하는 출연자에게 세 개의 방을 보여준다. 방들은 1에서 3까지 번호가 매겨져 있고, 방문은 굳게 닫혀 있다. 세 개의 방 중 하나의 방에는 자동차가 있고 나머지 두 개의 방에는 염소가 있다. 출연자가 자동차가 있는 방을 맞히면, 자동차는 그의 것이 된다. 출연자가 행운을 바라며 1번 방을 선택했다고하자. (선택만 했을 뿐 아직 방문을 열지는 않았다.) 이 때 '자동차가 어디에 있는지 아는' 쇼진행자 Monty Hall이 3번 방문을 열어 문 뒤에 염소가 있는 것을 보여 주면서 다음과 같은 제안을 한다.

"처음에 선택한 1번 방을 고집하시겠습니까 아니면 마음을 바꿔 2번 방으로 선택을 변경하시겠습니까?"
선택을 바꾸는 것이 유리한가? 답하고 설명하라.

7. 아래 상자에서 각 카드에는 두 개씩의 숫자가 적혀 있다.
(1) 한 장의 카드를 무작위로 추출한다면, 두 숫자는 서로 독립인가, 종속인가?

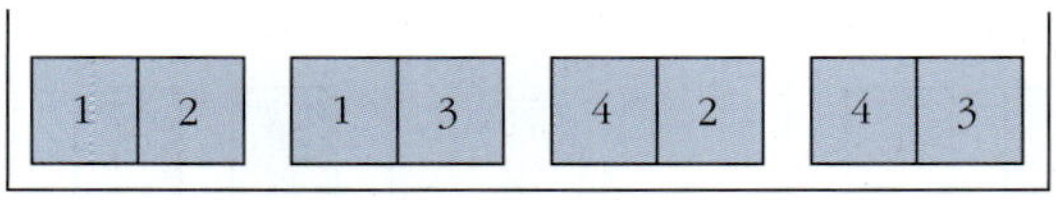

(2) 다음 상자의 경우에는 어떤가?

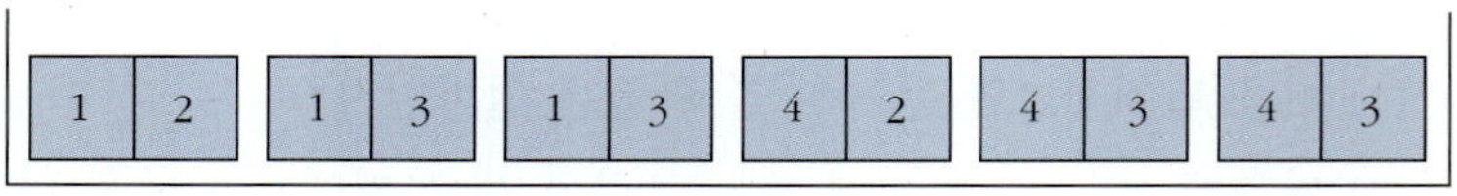

(3) 다음 상자면 어떤가?

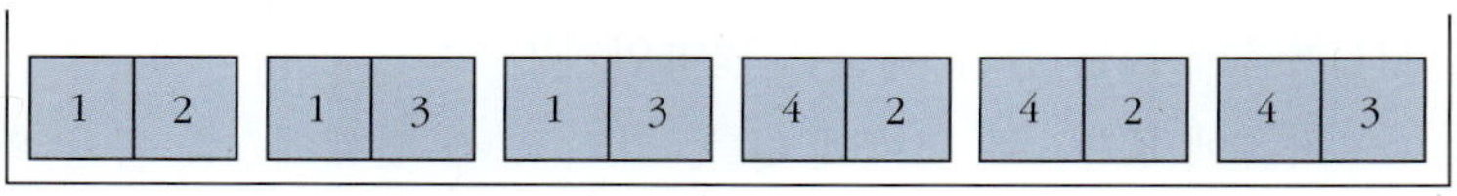

8. 매주 백만분의 1의 확률로 당첨되는 복권을 산다고하자. 매주 복권을 샀을 때 10년 동안 단 한번도 당첨되지 않을 확률은 얼마인가? (편의상 모든 1년은 정확히 52주로 이루어졌다고 생각하자.)

9. 1, 2, 3, 4가 한 장씩 들어 있는 상자로부터 무작위 비복원추출을 시행할 때, 첫 번째로 뽑은 카드가 무엇인지 모른 채 잃어 버렸다면, 두 번째로 뽑은 카드가 4일 확률은 얼마일 것으로 생각하는가? 설명하라.

10. 한 특별활동반에 80%의 남학생과 20%의 여학생이 있고, 이들은 15%의 신입생과 85%의 상급생으로 구성되어 있다면,
(1) 여자 상급생은 최소한 전체의 몇 %를 차지하는가?
(2) 여자 상급생은 또 최대한 몇 %까지 차지할 수 있는가?

11. 2010 인구주택 총조사에 따르면 우리나라 전체 인구의 50.2%가 여성이었다. 또

한 전체 인구의 11.3%가 65세 이상의 고령층을 이루고 있었다. 이때 전체 인구에서 65세 이상 여성이 차지하는 비율은 11.3%의 50.2%=0.502×11.3% ≈ 5.67%라고 계산하면 옳은지, 그른지 설명하라.

12. 분리된 세 벌의 카드로부터 각각 한 장씩의 카드를 무작위로 뽑아 이 중 두 장 이상의 카드가 같으면, 상을 받는다. 상을 받을 확률은 얼마인지 설명하라.

13. 동전을 6회 던지는 시행을 하였다. 다음 배열은 두 가지 가능한 경우이다.

(i) H T T H T H　　　　(ii) H H H H H H

여기서 H는 앞면을, T는 뒷면을 나타낸다. 다음 설명 중 옳은 것은?
(1) (i)이 더 잘 일어난다.
(2) (ii)가 더 잘 일어난다.
(3) 두 경우가 동일한 확률로 일어난다.

14. 주사위를 4회 던지는 경우, 다음 각각의 확률을 구하라.
(1) 매번 3 이상의 눈이 나올 확률
(2) 3 이상의 눈이 전혀 나오지 않을 확률

15. (1, 2, 3, 4, 5)의 다섯 숫자가 들어 있는 상자로부터 무작위 복원추출로 두 개의 숫자를 선택했다. 가능한 모든 경우를 표시하라. 몇 가지 경우가 있는가? 두 숫자의 합이 6이 될 확률은 얼마인가?

16. 한 벌의 카드를 잘 섞었다. 다음 문장의 참, 거짓을 판별하고 간단히 설명하라.
(1) 맨 위의 카드가 스페이드 J일 확률은 1/52이다.
(2) 맨 아래의 카드가 다이아몬드 J일 확률은 1/52이다.
(3) 맨 위의 카드가 스페이드 J이거나 맨 아래의 카드가 다이아몬드 J일 확률은 2/52이다.
(4) 맨 위의 카드가 스페이드 J이거나 맨 아래의 카드가 스페이드 J일 확률은 2/52이다.
(5) 맨 위의 카드가 스페이드 J이고 맨 아래의 카드가 다이아몬드 J일 확률은 1/52×1/52이다.
(6) 맨 위의 카드가 스페이드 J이고 맨 아래의 카드도 스페이드 J일 확률은 1/52×1/52이다.

17. 사건 A가 일어날 확률은 1/2이다. 사건 B가 일어날 확률은 1/3이다. 다음 문장의 참, 거짓을 판별하고 간단히 설명하라.

(1) 사건 A와 B가 모두 일어날 확률은 1/2×1/3=1/6이다.

(2) 만약 사건 A와 B가 독립이라면, 두 사건이 모두 일어날 확률은 1/2×1/3=1/6이다.

(3) 만약 사건 A와 B가 상호배반이라면, 두 사건이 모두 일어날 확률은 1/2×1/3=1/6이다.

(4) 사건 A와 B 중 적어도 하나의 사건이 일어날 확률은 1/2+1/3=5/6이다.

(5) 만약 사건 A와 B가 독립이라면, 둘 중 적어도 하나의 사건이 일어날 확률은 1/2+1/3=5/6이다.

(6) 만약 사건 A와 B가 상호배반이라면, 둘 중 적어도 하나의 사건이 일어날 확률은 1/2+1/3=5/6이다.

18. 다음 문장의 참, 거짓을 판별하라.

(1) 주사위를 세 번 던질 때, 1이 적어도 한 번 나올 확률은 1/6+1/6+1/6=1/2이다.

(2) 동전을 두 번 던질 때, 앞면이 적어도 한 번 나올 확률은 100%이다.

19. 사건 A가 일어날 확률은 1/3이다. 사건 B가 일어날 확률은 1/10이다. 다음 문장의 참, 거짓을 판별하고 간략히 설명하라.

(1) 사건 A와 B가 독립이면, 두 사건은 반드시 상호배반이다.

(2) 사건 A와 B가 상호배반이면, 두 사건은 독립일 수 없다.

20. 다음 문장의 ______를 다음 (i)-(iii)으로부터 골라 채워 참인 두 개의 문장으로 완성하려고 한다. 맞는 것끼리 짝지어라. '만약 ______ 일어날 확률을 계산하려 한다면, 그 사건들이 ______인지 아닌지를 보면 된다. 만약 그렇다면 그 확률을 ______ 된다.'

(i) 적어도 하나의 사건이, 두 사건 모두

(ii) 독립, 상호배반

(iii) 더하면, 곱하면

21. 다음 두 가지 선택이 가능하다.

(i) 주사위를 60번 던져 1 또는 6이 나올 때마다 천 원씩 받는다. 다른 경우에는

아무 것도 받지 못한다.

(ii) (1, 1, 0, 0, 0, 0)의 여섯 숫자가 적힌 카드가 들어 있는 상자로부터 무작위로 60번 복원추출을 한다. 한번 뽑을 때마다 종이에 적힌 숫자의 천 배만큼 돈을 받는다.

어떤 선택이 더 나은지 아니면 같은지 간단히 설명하라.

22. 한 강좌에서 100명의 수강생 중 4명이 중간고사에서 만점을 받았고, 6명이 기말고사에서 만점을 받았다. 무작위로 1명을 뽑을 때, 뽑힌 사람이 중간고사와 기말고사에서 모두 만점을 받았을 확률은 얼마인가? 다른 정보가 더 필요한가?

23. 주사위를 3회 던졌다. 다음 각각의 경우에 첫 번째 숫자와 동일한 숫자가 계속해서 나올 확률을 구하라.

(1) 첫 번째 숫자가 1일 경우

(2) 첫 번째 숫자를 모를 경우

24. 다음 표에는 무작위로 추출한 대학생들의 나이와 성별이 비율로 표시되어 있다. 읽고 물음에 답하라.

성별 \ 나이	14-17	18-24	25 이상
남학생	0.01	0.30	0.26
여학생	0.01	0.30	0.12

(1) 무작위로 추출한 학생이 남학생일 확률은 얼마인가?

(2) 25세 이상의 학생 중에서 한 학생을 무작위로 추출했을 때 이 학생이 남학생일 확률은 얼마인가?

(3) 대학생들의 나이와 성별은 독립인가?

12. 요 약

1. 도수이론은 동전던지기나 주사위 던지기처럼 하나의 시행을 동일한 조건하에서 독립적으로 무한히 반복할 수 있을 때 잘 적용된다.

2. 도수이론에 따르면 어떤 사건이 일어날 확률은 동일한 조건하에서 독립적으로 시행을 반복할 때 해당 사건이 일어날 것으로 예측되는 횟수의 전체 시행횟수에 대한 백분율이다.

3. 확률은 0%부터 100% 사이의 값을 갖는다. 불가능한 사건은 0%의 확률을, 확실한 사건은 100%의 확률을 취한다.

4. 하나의 사건이 일어날 확률은 100%에서 그 사건이 일어나지 않을 확률을 뺀 것과 같다. 만약 어떤 사건의 확률을 직접 계산하기 힘들면, 그 여사건의 확률을 먼저 계산한 다음 100%에서 그 여사건의 확률을 빼주면 된다.

5. 확률을 계산할 때, 일어날 수 있는 가능한 경우를 모두 나열해보면 좋다. 전부 나열하는 것이 너무 어려우면 몇 가지 전형적인 경우만 나열해 봐도 좋다. 또 가능한 경우의 수가 전부 몇 개인지 생각해보면 도움이 된다.

6. 두 사건이 상호배반이면 두 사건 중 적어도 하나의 사건이 일어날 확률은 개별 확률의 합과 같다. 상호배반이 아니면 두 사건의 확률을 더하는 것은 중복계산 때문에 옳지 않다.

7. 두 사건이 모두 일어날 확률은 '하나의 사건이 일어날 확률'과 '하나의 사건이 일어난 조건하에서 다른 하나의 사건이 일어날 조건부확률'을 곱하여 얻는다. 이것이 일반화된 곱셈법칙이다.

8. 일련의 사건들이, 합치면 전체를 포괄하고 어느 둘끼리도 전혀 중복이 없으면, 이 사건들이 전체를 분할한다고 한다.

9. 경험과 정보가 늘어남에 따라 한 사건의 확률을 업데이트할 때 베이즈 정리를 이용한다.

10. 하나의 사건이 일어나는가와 상관없이 다른 하나의 사건이 일어날 확률이 변하지 않으면 두 사건은 독립이다. 그렇지 않은 경우 두 사건은 종속이다.

11. 두 개의 사건이 서로 독립일 때, 두 사건이 모두 일어날 확률은 각각의 비조건부 확률을 곱하여 얻는다. 이를 좁은 의미의 곱셈법칙이라고 부른다.

12. 두 개의 사건이 독립이 아니면 두 사건이 모두 일어날 결합확률은 하나의 주변확률과 다른 하나의 조건부확률을 곱해서 구한다.

13. 상자에서 무작위로 카드를 뽑는 경우 매번의 추출은 무작위 복원추출일 경우에는 독립이고, 비복원추출일 경우에는 종속이다.

13. 부 록

(1) 표본공간과 사건

하나의 실험을 한다고 치자. **표본공간**(sample space)은 가능한 모든 결과들로 이루어진 집합이다. 하나의 가능한 결과를 e로, 표본공간은 S로 나타내자. 사건은 표본공간의 부분집합이다. 하나의 사건을 E로 표현하자. 표본공간 내의 한 점 e와 표본공간 S, 그리고 사건 E 사이에는 다음 관계가 성립한다.

$e \in S$ (e는 표본공간의 원소), $E \subset S$ (E는 표본공간의 부분집합)

(2) 확률의 성질

확률은 개별 사건에 실수값을 대응시키는 **실가함수**(real-valued function)이다. 함수 $P(\cdot)$가 확률을 표현하는 함수가 되기 위해서는 다음 성질을 만족시켜야 한다.

① 임의의 사건 A에 대하여 $P(A) \geq 0$

② 표본공간 S에 대하여 $P(S)=1$

③ $A \cap B = \phi$(공집합)인 임의의 두 사건 A와 B에 대하여 $P(A \cup B)=P(A)+P(B)$

위 ①, ②, ③으로부터 다음 ④-⑧이 얻어진다.

④ $A \subset B$인 임의의 두 사건 A와 B에 대하여 $P(A) \leq P(B)$ ($B=A \cup (B \cap A^c)$이므로 ③과 ①에 의하여)

⑤ 임의의 사건 A에 대하여 $P(A) \leq 1$ ($A \subset S$이므로 ④와 ②에 의하여)

⑥ 임의의 사건 A에 대하여 $P(A)=1-P(A^c)$ ($S=A \cup A^c$이므로 ③과 ②에 의하여)

⑦ $P(\phi)=0$ ($\phi=S^c$이므로 ⑥과 ②에 의하여)

⑧ 임의의 두 사건 A와 B에 대하여 $P(A \cup B)=P(A)+P(B)-P(A \cap B)$ ($A=(A \cap B) \cup (A \cap B^c)$, $B=(A \cap B) \cup (A^c \cap B)$ 및 $A \cup B=(A \cap B) \cup (A \cap B^c) \cup (A^c \cap B)$이므로 ③에 의하여)

(3) 조건부확률과 곱셈법칙

두 사건 A와 B가 있다. 사건 B가 일어났다는 조건하에서 사건 A가 일어날 확률은 사건 B가 일어났을 때의 사건 A의 조건부확률이라 부른다. 이는 다음과 같이 나타낸다.

$$P(B)>0 \text{ 일 때, } P(A \mid B)=P(A\cap B)/P(B)$$

마찬가지로 사건 A가 일어났을 때의 사건 B의 조건부확률은 다음과 같다.

$$P(A)>0 \text{ 일 때, } P(B \mid A)=P(A\cap B)/P(A)$$

그리고 이로부터 다음과 같은 일반화된 **곱셈법칙**(general multiplication rule)을 얻을 수 있다.

$$P(A)>0,\ P(B)>0 \text{ 일 때,}$$
$$P(A\cap B)=P(A)\cdot P(B \mid A)=P(B)\cdot P(A \mid B)$$

(4) 독립과 종속

두 사건 A, B에 대하여 A라는 사건이 일어났는가의 여부와 관계없이 B라는 사건이 일어날 확률이 일정할 때, 두 사건 A, B는 서로 독립이라고 한다. 두 사건의 독립을 수식으로 표현하면 다음과 같다.

$$P(A)=P(A \mid B)=P(A \mid B^c) \text{ 및 } P(B)=P(B \mid A)=P(B \mid A^c)$$

두 사건 A, B가 독립이 아니면 두 사건은 서로 종속이다. 종속인 관계는 다음과 같이 나타낼 수 있다.

$$P(A \mid B)\neq P(A \mid B^c) \text{ 또는 } P(B \mid A)\neq P(B \mid A^c)$$

(5) 배반과 분할

한 사건이 일어날 때 다른 사건이 함께 일어날 수 없을 경우 두 사건은 상호배반이라고 한다. 두 사건이 상호배반이라 함은 두 사건의 교집합이 공집합이 되는 상태를 의미한다. 한편, m개의 사건 A_1, …, A_m이 상호배반인 동시에 전체로서 표본공간을 완전히 포괄할 때, m개의 사건 A_1, …, A_m은 표본공간을 분할한다고 말하거나 $\{A_1, \cdots, A_m\}$은 표본공간의 분할(partition)을 이룬다고 말한다.

배반 : 두 개의 사건 A_i와 A_j가 배반일 때, $A_i \cap A_j = \phi\,(i \neq j)$
분할 : m개의 사건 A_1, …, A_m이 표본공간을 분할할 때, A_1, …, A_m은 서로 배반이며, $A_1 \cup \cdots \cup A_m = S$

(6) 일반화된 덧셈법칙

두 사건 중 적어도 하나의 사건이 일어날 확률은 두 사건이 배반인가 아닌가에 따라 다르게 계산된다. 일반적으로, 두 사건 중 적어도 하나의 사건이 일어날 확률은 다음과 같다.

$$P(A \cup B) = P(A) + P(B) - P(A \cap B)$$

이를 일반적인 **덧셈법칙**(general addition rule)이라고 부른다.

만약, 사건 A와 B가 상호배반이면, $P(A \cap B) = 0$이 되며 이때 두 사건 중 적어도 어느 하나의 사건이 일어날 확률은 다음과 같다.

$$P(A \cup B) = P(A) + P(B)$$

이를 좁은 의미의 덧셈법칙이라고 부른다.

(7) 베이즈 정리

A_1, A_2, …, A_m이 표본공간의 분할을 이룬다고 하자. 즉, A_1, A_2, …, A_m은 서로 배반이고, 이들 중 어느 하나는 반드시 일어난다. 이때 $P(B) > 0$이면,

$$P(A_k \mid B) = \frac{P(A_k)P(B \mid A_k)}{P(A_1)P(B \mid A_1) + P(A_2)P(B \mid A_2) + \cdots + P(A_m)P(B \mid A_m)}$$

가 성립한다. 이를 베이즈 정리라고 부른다.

제이콥 베르누이(Jacob Bernoulli, 스위스, 1654-1705)

확률이 하나의 학문으로 자리잡기 시작할 당시에는, 경우의 수를 계산하는 것이 학자들의 주된 과제였다. 이에 따라 순열(permutation), 조합(combination) 등이 개발되었다. 하지만 표본추출(sampling)에 이은 추론(inference)은 아직 개념조차 인식되지 못하고 있었다. 추론의 문제에 해결의 실마리를 제공한 사람이 바로 제이콥 베르누이, 혹은 베르누이 가문이다.

베르누이 가문은 워낙에 많은 수학자를 배출하였기 때문에, 혼동을 피하기 위해서는 한 명의 베르누이를 언급할 때 성뿐만 아니라 반드시 이름까지도 밝혀야 한다. 확률에 관해서만 5명의 베르누이가 활약을 했다. 적어도 이 중 한 명에게는 '확률의 아버지' 라는 칭호가 돌아가야 한다. 그 한 명이 바로 우리가 소개하고자 하는 제이콥 베르누이다.

제이콥 베르누이는 1654년 12월 27일 스위스 바젤에서 태어났다. 제이콥의 아버지는 그에게 신학을 전공하라고 요구했다. 제이콥은 고집이 워낙 세, 아버지가 라틴어, 그리스어, 철학 등만을 배우라고 했음에도 아랑곳하지 않고 혼자서 수학을 공부하였다. 수학과 과학에 관한 그의 관심은 날로 커졌다. 그는 천문학에도 빠져들게 되었다. 아버지에 대한 그의 반발이 얼마나 강경했는지, 또 천문학에 대한 관심이 어느 정도였는지는 그가 모토로 삼았던 말만 봐도 알 수 있다: 'Invito patre sidera verso (아버지가 계심에도 불구하고 나는 별 중에 있다).'

제이콥은 아버지뿐만 아니라 동생과도 사이가 좋지 않아, 동생인 존은 그의 유작들을 보유하면서도 발표하지 않았고, 죽은 지 8년이 지나고 나서야 조카인 니콜라스(역시 수학자)가 유작들을 종합하여 세상에 공개했다.

제이콥 베르누이의 업적 중 가장 주목받을 만한 것은 추론의 개념을 확립했다는 것이다. 이러한 내용은 그의 유작 'Ars Conjectandi' 에 실려 있다. 이 저서에서 제이콥 베르누이는 시행횟수를 무한히 늘리다 보면 오차는 0에 가까워진다는 '대수의 법칙' 을 유도해 낸다. 제이콥은 대수의 법칙 자체에 대해서는 별로 대수롭지 않게 생각하고, '오차를 임의의 매우 작은 값보다 작게 할 확률을 $1-1/c$ 보다 크게 하려면 최소한 몇 번의 관측(n)을 해야 하는가?' 라는 문제에 정력을 쏟아부었다. 연구 결과, 그는 $c=1,000$에 대해서는 $n=25,550$, $c=10,000$에 대해서는 $n=31,258$, $c=100,000$에 대해서는 $n=36,966$이라는 수치를 계산해낸다. 여기서 갑작스럽게 그의 책은 멈춰버린다.

베르누이가 갑작스럽게 책을 마칠 수밖에 없었던 이유는 자명하다. 예컨대 $c=1,000$에 해당되는 99.9% 이상의 확신을 얻기 위해서는 25,550번의 관측을 해야 한다는 발견이 현실적으로 아무런 쓸모도 없어 보였기 때문이다. 베르누이는 '하나의 사건이 영원토록 관측된다면...이 사건이 일어날 확률은 오차없이 알 수 있게 된다…이것은 저 옛날의 플라톤이라도 알고 있었을 것이다' 라면서 현실적으로 불가능한 횟수의 관측을 요구하는 그의 연구결과를 스스로 비하했다.

하지만 그는 오늘날 우리가 신뢰도(confidence level)라고 부르는 것을 너무 높게 설정했을 뿐이다. 오늘날 대부분의 학자는 '99.9% 신뢰도의 신뢰구간' 을 계산하지 않는다.

제이콥 자신은 스스로 실패했다고 생각했지만, 그는 뒤를 이은 여러 학자들에게 새로운 길을 제시한 장본인이다. 그는 불확실성의 계량화를 최초로 시도한 사람으로서 충분히 '확률의 아버지' 로 불릴만한 자격이 있다.

제 10 장

이항공식

To be, or not to be: that's the question.
- 셰익스피어(William Shakespeare, 영국, 1564-1616) -

1. 성공과 실패의 연속

포장이 달라도 내용은 같은 경우가 많다. 다음 질문들이 그렇다.

- 동전을 네 번 던질 때 앞면이 한 번 나올 확률은 얼마인가?
- 주사위를 열 번 던질 때 1이 세 번 나올 확률은?
- 내가 산 주식이 앞으로 5일간 매일 오를 확률은?
- 한 장의 붉은 카드와 아홉 장의 푸른 카드가 든 상자가 있다. 무작위로 다섯 번 복원추출할 때 붉은 카드를 두 장 뽑을 확률은?

이항공식(binomial formula)을 이용하면 위의 모든 질문에 답할 수 있다. 이항공식에 등장하는 이항계수는 파스칼(Blaise Pascal, 프랑스, 1623–1662)과 뉴턴(Isaac Newton, 영국, 1642–1727)이 발견하였다. 위의 질문 중에서 상자로부터 카드를 추출하는 경우를 통해 이 방법을 알아보자.

상자로부터 다섯 번 복원추출할 때 정확히 두 번 붉은 카드를 뽑으려면 세 번은 푸른 카드를 뽑아야 한다. 한 가지 방법은 처음 두 번 붉은 카드를 뽑고 그 다음에 세 번 연속 푸른 카드를 뽑는 것이다. 붉은 카드를 R로, 푸른 카드를 B로 표시하여 이 경우는 RRBBB로 나타내자.

물론 붉은 카드를 두 번 뽑는 경우는 이것 말고도 많이 있다. 예를 들어, 두 번째와 다섯 번째에 붉은 카드가 나오는 BRBBR이 있다. 이러한 문제를 풀려면, 우선 가능한 모든 경우를 찾아낸다. 다음 각 경우의 확률을 계산한다. 마지막으로 좁은 의미의 덧셈법칙을 이용하여 구한 확률을 모두 더한다. 가능한 모든 경우를 찾는 일은 잠시 접어두고 우선 각 경우의 확률을 구해보자.

RRBBB의 순서로 카드를 뽑을 확률은 다음과 같다.

$$\frac{1}{10}\times\frac{1}{10}\times\frac{9}{10}\times\frac{9}{10}\times\frac{9}{10}=\left(\frac{1}{10}\right)^2\left(\frac{9}{10}\right)^3$$

이는 좁은 의미의 곱셈법칙을 적용한 결과이다. 각각의 추출에서 붉은 카드가 나올 확률은 1/10, 푸른 카드가 나올 확률은 9/10이고, 각 추출은 독립이다. 마찬가지로 BRBBR의 순서로 카드를 뽑을 확률은

$$\frac{9}{10}\times\frac{1}{10}\times\frac{9}{10}\times\frac{9}{10}\times\frac{1}{10}=\left(\frac{1}{10}\right)^2\left(\frac{9}{10}\right)^3$$

이다.

위에서 RRBBB의 순서로 카드를 뽑을 확률과 BRBBR의 순서로 카드를 뽑을 확률이 같다. 사실상, 붉은 카드를 두 번 뽑을 확률이 $(1/10)^2$ 이고, 푸른 카드를 세 번 뽑을 확률이 $(9/10)^3$ 이다. 따라서 R 두 개 B 세 개로 이루어진 문자열의 확률을 모두 더하는 것은 각 경우에 공통으로 적용되는 확률에 가능한 문자열의 수를 곱해주는 것과 같다.

붉은 카드가 두 번, 푸른 카드가 세 번 나오는 서로 다른 유형의 문자열은 몇 개나 있을까? 각 유형은 두 개의 R과 세 개의 B를 각기 다른 순서로 나열하여 얻는다. 이러한 문자열의 개수는 다음과 같이 구한다.

$$\frac{5\times4\times3\times2\times1}{(2\times1)\times(3\times2\times1)}=10$$

두 개의 R과 세 개의 B를 나열하는 방법은 10가지가 있다. 이러한 경우의 수를 일반적으로 **이항계수**라고 부른다.

이항계수는 다소 복잡해 보인다. **팩토리알**(factorial)을 이용하여 이를 간단히 표현하자. 팩토리알은 '!' 를 자연수 뒤에 붙여 그 숫자와 그 숫자보다 작은 양의 정수를 모두 곱한 값으로 정의된다. 예를 들어보자.

$$1!=1$$
$$2!=2\times1=2$$
$$3!=3\times2\times1=6$$
$$4!=4\times3\times2\times1=24$$

이제 팩토리알을 이용하여 두 개의 R과 세 개의 B를 한 줄로 나열하는 경우의 수를 표현해보자.

$$\frac{5\times4\times3\times2\times1}{(2\times1)\times(3\times2\times1)}=\frac{5!}{2!3!}$$

우변의 분자에 있는 5는 분모에 있는 2와 3의 합이다. 이항계수는 항상 이러한 형태, 즉 '분자의 숫자=분모에 있는 숫자들의 합' 으로 표현된다. 예를 들어 4개의 R과 1개의 B를 한 줄로 배열하는 방법은

RRRRB RRRBR RRBRR RBRRR BRRRR

등 전부 $\frac{5!}{4!1!}=5$가지가 있다.

다섯 개의 R과 0개의 B를 나열하는 방법은 몇 가지 경우나 있을까? RRRRR의 한 가지 경우밖에 없다. 공식에 기계적으로 대입해보면

$$\frac{5!}{5!0!}$$

이 된다. 우리는 아직 0!을 정의하지 않았다. 수학에서 관례상 0!은 1로 정의한다. 이 정의에 따르면 위의 이항계수는 1이 되어 원하는 결과를 가져다준다.

다섯 번의 복원추출에서 두 장의 붉은 카드를 뽑을 확률은 다음과 같이 구한다.

$$10\times\left(\frac{1}{10}\right)^2\left(\frac{9}{10}\right)^3 \approx 7\%$$

여기서 10은 두 개의 R과 세 개의 B를 나열하여 만들 수 있는 가능한 문자열의 수이다. 그 뒤에 곱해진 $(1/10)^2(9/10)^3$은 각 문자열에 공통으로 적용되는 확률이다.

2. 베르누이 확률변수와 이항분포

남과 여, 삶과 죽음, 합격과 불합격 등 세상에는 두 가지로 나뉘는 일들이 많이 있다. 둘 중 하나는 성공이라 부르고 다른 하나는 실패라고 부르자. 결과가 둘로 나뉘는 시행을 **베르누이 시행**(Bernoulli trial)이라고 한다. 베르누이 시행에서 성공에 1을, 실패에 0을 대응시키는 확률변수를 **베르누이 확률변수**(Bernoulli random variable)라고 한다.

성공확률이 p로 동일한 베르누이 시행을 독립적으로 n번 반복한다고 하자. 성공의 총횟수를 X라 하면, X는 $X=X_1+X_2+\cdots+X_n$으로 표시된다. 여기서 X_1, X_2, $\cdots$, X_n은 각각 첫 번째, 두 번째, $\cdots$, n번째 베르누이 시행의 결과가 성공이면 1을, 그리고 실패면 0의 값을 부여하는 베르누이 확률변수이다. 이때 X는 **이항분포**(binomial distribution)를 따르는 **이항확률변수**라 한다. 기호로는 $X\sim B(n, p)$로 나타낸다. 이항분포는 시행횟수 n이 고정되어 있고 각각의 베르누이 시행이 독립이며 동일한 성공확률 p를 공유할 때에만 성립한다.

어느 주식의 가격이 하루 동안 오를 확률과 내릴 확률이 50%로 같다고 하자. 또 매일매일의 주가 움직임은 독립이라고 하자. 즉, 과거에 주식의 가격이 올랐던지 내

렸던지 상관없이 오늘 하루 주식가격이 오를 확률과 내릴 확률은 여전히 50%로 변함이 없다고 하자. 이 주식의 가격이 앞으로 5일간 연속으로 오를 확률은 얼마인가?

주식 가격의 움직임을 등락만으로 요약할 때 이는 베르누이 시행으로 묘사된다. 가격이 오르면 성공, 내리면 실패라고 보면 된다. 첫째, 둘째, …, 다섯째 날에 주식가격이 오르면 1, 내리면 0을 대응시키는 확률변수를 각각 X_1, X_2, …, X_5로 정의하자. 또 5일 중 주식가격이 오르는 날수를 X라고 하자. 그러면 X는 $X=X_1+X_2+X_3+X_4+X_5$로 표현되고, X는 $B(5,\ 1/2)$인 이항분포를 따른다. 우리가 구하는 확률은 $P(X=5)$이다.

3. 이항공식

이항분포에서 확률은 어떻게 구할까? 이는 이항공식을 써서 구한다. 주사위를 10번 던진다고 해보자. 주사위를 한 번 던지는 것이 하나의 시행이다. 주사위를 던질 때 1이 나오기도 하고 나오지 않기도 한다. 1이 나오는 것에 관심을 기울여 1이 나오면 성공이라 하고, 1이 나오지 않으면 실패라고 하자. 이는 애당초 주사위를 던져 얻을 수 있는 6가지 결과를 1을 기준으로 2가지로만 재분류하는 셈이다. 성공횟수를 X라 하면 X는 $X\sim B(10,\ 1/6)$의 이항분포를 따른다. X의 가능한 값 0, 1, …, 10에 대하여 각각 그 확률 $P(X=0)$, $P(X=1)$, …, $P(X=10)$을 구해보자.

n번의 시행 중 k번 성공할 확률은 다음 이항공식에 의해 구한다.

$$P(X=k)=\frac{n!}{k!(n-k)!}p^k(1-p)^{n-k},\ k=0,\ 1,\ \cdots,\ n$$

여기서 n은 시행횟수, k는 성공횟수, p는 성공확률을 나타낸다. 이항공식은 다음 조건하에서 성립한다.

- n의 값은 미리 정해져 있다.
- 매번의 시행은 상호독립이다.
- p는 매 시행마다 동일하다.

이항공식의 첫 번째 부분은 앞에서 보았던 이항계수이다.

$$\frac{n!}{k!(n-k)!}$$

이항계수는 n장의 카드 중 붉은 카드가 k장 있고, 푸른 카드가 $n-k$장 있을 때 n장의 카드를 일렬로 배열하는 경우의 수를 나타낸다. 이를 달리 표현하면, 이항계수는 'n개 중 k개를 고르는 방법의 수', 즉 'n개에서 k개를 뽑아 만들 수 있는 조합의 수'가 된다. 이항계수는 $\binom{n}{k}$ 또는 ${}_nC_k$로 표기하고 'n choose k' 또는 'n combination k' 라고 읽는다.

보기 1 주사위를 열 번 던질 때 1이 두 번 나올 확률은 얼마인가?

해 설 시행횟수는 열 번으로 미리 정해져 있다. n=10이다. 매 시행은 독립이다. 성공확률은 1이 나올 확률인데 매 시행마다 1/6로 같다. p=1/6이다. 이항공식을 적용하면 구하는 확률은 다음과 같다.

$$\frac{10!}{2!8!}\cdot\left(\frac{1}{6}\right)^2\left(\frac{5}{6}\right)^8 \approx 29\%$$

보기 2 6이 나올 때까지 주사위를 던진다고 하자. 이항공식을 이용하여 6이 나오기까지 1이 먼저 두 번 나올 확률을 구할 수 있는가? 이용할 수 없으면 그 이유는 무엇인가?

해 설 만일 제일 처음 시행에서 6이 나오면 시행횟수는 1이 되고, 만일 처음에 5가 나오고 그 다음에 6이 나오면 시행횟수는 2가 된다. 시행횟수인 n의 값이 미리 정해져 있지 않으므로 이항공식을 쓸 수 없다.

보기 3 1 1 2 3 4 5의 카드가 들어 있는 상자로부터 열 번의 복원추출을 한다. 단, 마지막 추출 전에 5번 카드를 상자로부터 제거한다. 다음 문장의 참, 거짓을 판별하라.

"1이 두 번 뽑힐 확률은 $\frac{10!}{2!8!}\cdot\left(\frac{2}{6}\right)^2\left(\frac{4}{6}\right)^8$ 이다."

해 설 거짓이다. 이 경우에 시행횟수 n은 사전에 결정되어 있고, 각 시행은 독립이다. 그러나 1이 나올 확률이 변한다. 처음 아홉 번의 시행에서 1이 나올 확률 p는 2/6이나 마지막 열 번째 시행에서는 2/5가 된다. 따라서 이항공식을 적용할 수 없다.

보기 4 [보기 3]의 상자로부터 네 번의 비복원추출이 행해진다. 다음은 옳은가, 그른가?

$$\text{“1이 두 번 뽑힐 확률은 } \frac{4!}{2!2!}\left(\frac{2}{6}\right)^2\left(\frac{4}{6}\right)^2 \text{ 이다.”}$$

해 설 그르다. 매번의 추출은 독립이 아니다. 이항공식을 적용할 수 없다.

[참고] [보기 4]의 확률을 구하기 위해 11NN과 같이 1이 두 번 나오는 유형을 생각해보자. 여기서 N은 1이 아닌 다른 숫자를 가리킨다. 카드가 11NN의 순서로 뽑힐 확률은 $\frac{2}{6}\times\frac{1}{5}\times\frac{4}{4}\times\frac{3}{3}=\frac{1}{15}$ 이다. 놀랍게도 1이 두 번 나오는 경우의 확률은 순서와 상관없이 항상 1/15이다(각자 확인해보라). 두 개의 1과 두 개의 N을 한 줄로 나열하는 방법은 $\frac{4!}{2!2!}=6$가지가 있다. 따라서 1이 두 번 나올 확률을 올바르게 구하면 $6\times\frac{1}{15}=\frac{2}{5}$ 이다.

4. 복습문제

1. 한 개의 붉은 공과 다섯 개의 푸른 공이 들어 있는 상자가 있다. 이 상자로부터 무작위 복원추출로 네 개의 공을 뽑을 때 다음 확률을 구하라.
   (1) 붉은 공이 하나도 뽑히지 않을 확률
   (2) 붉은 공이 한 번 뽑힐 확률
   (3) 붉은 공이 두 번 뽑힐 확률
   (4) 붉은 공이 세 번 뽑힐 확률
   (5) 붉은 공이 네 번 다 뽑힐 확률
   (6) 붉은 공이 적어도 두 번 뽑힐 확률

2. 동전 한 개를 열 번 던질 때 앞면이 다섯 번 나올 확률을 구하라. 또 앞면이 네 번에서 여섯 번 사이로 나올 확률을 구하라.

3. 비타민을 먹은 캥거루는 보다 빨리 미로를 빠져나간다는 주장이 있다. 이 주장이 사실인지 알아보기 위해 20마리의 캥거루를 10쌍으로 나누고 각 쌍에서 한 마리를 임의로 뽑아 비타민을 먹이고 다른 한 마리에게는 보통의 먹이를 주었다.

쌍별로 미로를 빠져나가는데 걸리는 시간을 쟀더니 10쌍 중 7쌍에서 비타민을 먹은 캥거루가 먹지 않은 캥거루보다 더 빨리 미로를 빠져나갔다. 잠정적으로 비타민이 아무런 효과가 없다고 가정해보자. 단지 운 때문에 7쌍 또는 그 이상에서 비타민을 먹은 캥거루가 먹지 않은 캥거루보다 미로를 더 빨리 빠져나갔을 확률은 얼마인가? 이 확률에 근거하여 위 주장의 타당성을 평가하라.

4. 주사위를 열 번 던질 때 6의 눈이 한번도 나오지 않을 확률은 어느 것인가?

   (i) $\left(\frac{1}{6}\right)^{10}$ (ii) $1-\left(\frac{1}{6}\right)^{10}$ (iii) $\left(\frac{5}{6}\right)^{10}$ (iv) $1-\left(\frac{5}{6}\right)^{10}$

5. 회원이 8명인 단체가 있다. 갑은 2인 위원회를 구성하는 가능한 모든 방법을 열거하였다. 을은 5인 위원회를 구성하는 가능한 모든 방법을 열거하였다. 갑과 을 가운데 누가 작성한 목록이 더 길겠는가?

6. 담배가 심장병과 폐암 등을 초래하는가? 오늘날 많은 사람들이 그렇게 믿고 있다. 하지만 1950년대의 생각은 그렇지 않았다. 흡연과 발병 사이에 강한 관련성이 있지만, 관련성이 곧바로 인과관계는 아니라는 인식 때문이었다. 통계학자인 피셔(R.A. Fisher, 영국, 1890-1962)는, 사람에게 담배를 피우게도 하고 또 질병으로 죽게도 하는 유전적인 요소가 존재한다고 주장하였다. 피셔는 유전적 요소가 흡연과 질병에 공통의 영향을 미칠 뿐 흡연이 질병을 초래하지는 않는다는 이른바 체질 가설을 피력하였다.

   피셔의 견해를 반박하기 위하여 일련의 학자들이 쌍둥이를 연구하였다. 두 명 가운데 한 명은 담배를 피우고, 다른 한 명은 피우지 않는 일란성 쌍둥이들을 모아 흡연자와 비흡연자 중 누가 먼저 죽는지, 사망원인은 무엇인지를 관찰하여 기록하였다. 다음은 핀란드의 쌍둥이 자료를 보여준다.

	흡연자	비흡연자
모든 원인	17	5
심장병	9	0
폐암	2	0

   첫 줄을 보자. 모든 사망원인을 고려했을 때 22쌍의 일란성 쌍둥이 중에서 17쌍에서 흡연자가 먼저 죽었고, 5쌍에서는 비흡연자가 먼저 죽었다. 둘째 줄을 보

자. 심장병의 경우 9쌍 모두에서 흡연자가 먼저 죽었다. 마지막 줄을 보자. 폐암의 경우 2쌍 모두에서 흡연자가 먼저 죽었다.

잠정적으로 흡연이 질병을 초래하지 않는다고 해보자. 그러면 쌍별로 흡연자가 먼저 죽을 확률은 50%이다. 이때 흡연자가 먼저 죽는 쌍둥이의 숫자는 마치 동전던지기에서 앞면이 나오는 숫자와 같게 된다.

흡연이 질병을 초래하지 않는다는 가설하에서 다음 각각의 확률을 구하라.

(1) 원인이야 무엇이든 22쌍 중에서 흡연자가 먼저 죽는 경우가 17쌍 또는 그 이상이 될 확률은 얼마인가?

(2) 심장병으로 죽은 9쌍 모두에서 흡연자가 먼저 죽을 확률은 얼마인가?

(3) 폐암으로 죽은 2쌍 모두에서 흡연자가 먼저 죽을 확률은 얼마인가?

(4) 이제 위의 결과로부터 흡연자와 비흡연자간의 사망률 차이가 다음 각각으로 설명될 수 있다고 보는가? 사망원인별로 설명하라.

(i) 확률

(ii) 유전적 특질

(iii) 흡연이 건강에 미치는 악영향

5. 요 약

1. 이항계수 $\frac{n!}{k!(n-k)!}$은 n장의 카드 중에서 붉은 카드가 k장 있고, 푸른 카드가 $n-k$장 있을 때 n장의 카드를 일렬로 배열하는 경우의 수를 나타낸다. 이항계수는 $\binom{n}{k}$ 또는 ${}_nC_k$로 표기하고 'n choose k' 또는 'n combination k' 라고 읽는다.

2. 어떤 사건이 n번 중 k번 일어날 확률은 다음과 같다.

$$\frac{n!}{k!(n-k)!}p^k(1-p)^{n-k},\ k=0,\ 1,\ \cdots,\ n$$

이를 이항공식이라고 부른다. 여기서 n은 시행횟수, k는 사건의 발생횟수, 그리고 p는 매 시행마다 사건이 일어날 공통의 확률을 나타낸다. 이항공식이 성립하려면 다음 조건이 충족되어야 한다.

· n의 값은 미리 정해져 있다.

· 매번의 시행은 상호독립이다.

· p는 매 시행마다 동일하다.

제 11 장

평균의 법칙

각 타석은 독립입니다.

1. 평균의 법칙 (대수의 법칙)

균형잡힌 동전을 던지면 앞면이 나올 확률은 50%이다. 동전을 많이 던지면 앞면과 뒷면이 각각 절반씩 동일한 횟수로 나올까? 이것이 **평균의 법칙**(law of average), 즉 **대수의 법칙**(law of large numbers)인가? 남아프리카공화국의 수학자인 케리히(John Kerrich, 1903-1985)는 제2차 세계대전 발발 당시 덴마크에 체류하고 있었다. 갑작스런 독일군의 침공으로 본국으로 돌아가지 못하게 된 그는 무료한 시간을 달래기 위해 포로 수용소에서 동전을 만 번 던지는 실험을 하였다.

그의 실험결과는 평균의 법칙에 관한 핵심적인 내용을 담고 있다. 연극을 통해 당시를 재현해보자. 막이 오르면 케리히와 그의 제자가 무대에 등장한다. 케리히는 그의 제자에게 대화를 통해 평균의 법칙을 설명한다.

케 리 히 : 오늘은 평균의 법칙에 대해 설명하고자 하네.

제　　자 : 평균의 법칙이라면 누구나 다 알고 있는 사실 아닙니까?

케 리 히 : 그런가? 그렇다면 자네가 한 번 설명해보게.

제　　자 : 우선 동전을 던진다고 가정해보죠. 만약 앞면이 계속 나왔다면 그 다음엔 뒷면이 나오기 시작하죠. 반대로 뒷면이 계속 나왔다면 이젠 앞면이 나올 차례죠. 결국 많이 던지다 보면 앞면과 뒷면이 동일한 횟수로 나오게 된다 이겁니다.

케 리 히 : 지금 자네가 한 말은 모조리 틀렸네. 우선 이전에 어느 면이 나왔는지와 상관없이 앞면이 나올 확률은 언제나 50%라네.

제　　자 : 믿을 수 없군요.

케 리 히 : 앞면이 네 번 연속 나오는 경우를 살펴보기로 하지. 내가 동전을 처음 이천 번 던지는 동안 앞면이 네 번 연속 나온 경우는 모두 73번 있었네. 이 73번 가운데 그 다음에도 앞면이 나온 경우는 절반쯤에 해당되는 37번이었네. 앞면이 네 번 연속 나왔다고 해서 그 다음 번에 또 앞면이 나올 확률이 줄어드는 것은 아니란 말이지!

제　　자 : 도무지 믿을 수 없군요!

케 리 히 : 동전을 만 번 던져 보았더니, 대략 오천 번 정도 앞면이 나오더군. 정확하게는 5,044번이었어. 절반보다 앞면이 44번 더 나왔어. 하지만 44라는 차이는 동전을 던진 횟수 만 번에 비하면 0.5%도 채 안 되는 거지. 동전 던진 결과를 〈표 11-1〉에 정리해 두었네.

표 11-1 케리히의 동전던지기 실험

던진횟수	앞면의 횟수	앞면의 횟수와 기대횟수의 차이	던진횟수	앞면의 횟수	앞면의 횟수와 기대횟수의 차이
10	4	−1	600	331	31
20	9	−1	700	379	29
30	14	−1	800	443	43
40	21	1	900	492	42
50	27	2	1,000	532	32
60	36	6	2,000	1,021	21
70	38	3	3,000	1,527	27
80	44	4	4,000	2,041	41
90	52	7	5,000	2,519	19
100	57	7	6,000	3,028	28
200	114	14	7,000	3,524	24
300	170	20	8,000	4,021	21
400	227	27	9,000	4,518	18
500	278	28	10,000	5,044	44

주: 첫째 열은 동전을 던진 횟수, 둘째 열은 그때까지 앞면이 나온 횟수, 셋째 열은 앞면이 나온 횟수와 기대횟수의 차이를 나타낸다.

제　　자 : 차이가 44에 지나지 않는다고 해도 앞면이 더 나온 건 사실 아닙니까? 평균의 법칙이 고작 그 정도라면 실망스럽네요.

케 리 히 : 그럼, 자네는 뭘 더 바라는가?

제　　자 : 일단 동전을 만 번 더 던져서, 총 이만 번의 결과를 이용하겠습니다. 그러면 앞면이 나온 횟수는 그 기대값에 확실히 더 가까워질 겁니다. 궁극적으로 동전던지기를 계속하면 앞면이 나온 횟수와 뒷면이 나온 횟수는 같아지게 됩니다. 그렇지 않습니까?

케 리 히 : 그렇지 않네. 〈표 11-1〉을 보게. 동전을 오백 번 던지는 동안 앞면이 나온 횟수와 기대횟수의 차이는 28이야. 하지만 동전을 천 번 던지게 되면 그 차이는 32로 늘게 되지.

제　　자 : 그건 단순히 요행일 뿐입니다. 이천 번 던졌을 때는 차이가 다시 21로 줄어들지 않습니까?

케 리 히 : 그거야말로 요행이지. 동전을 삼천 번 던지면 차이가 27로 벌어지지 않는가? 또 사천 번을 던지면 차이가 41이나 되지. 물론 오천 번 던졌을 때는 차이가 다시 19로 줄어들기도 하지만. [그림 11-1]을 보게나. 동전을 던진 횟수가 증가함에 따라 앞면이 나오는 횟수와 기대횟수의 차이도 대체로 증가하지 않는가? 동전던지기를 계속하면 그 차이는 확률적

그림 11-1 동전던지기 실험에서 확률오차의 절대적 크기

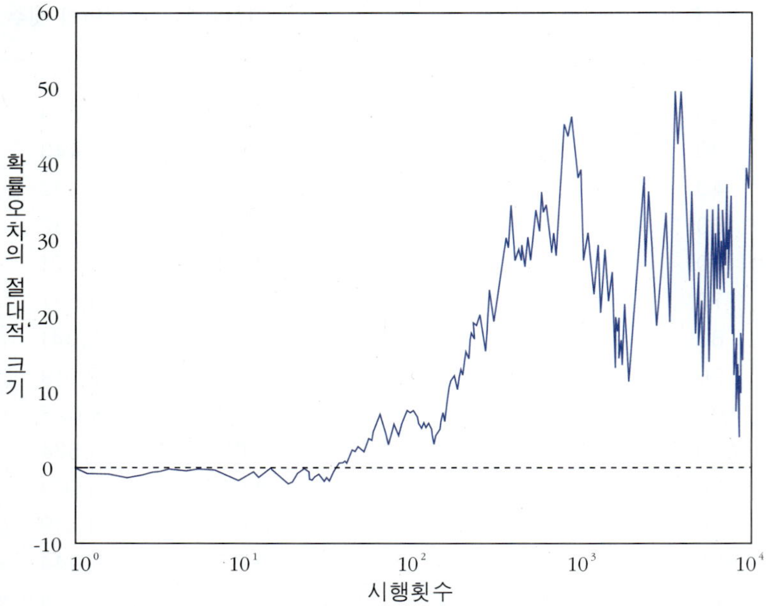

주: 확률오차는 '(앞면이 나온 횟수)−1/2×(동전을 던진 횟수)'로 표현된다. 확률오차가 동전을 던진 횟수에 대하여 그려져 있다. 던진 횟수가 늘어날수록 확률오차의 절대적 크기는 커지는 경향이 있다. (가로축은 편의상 로그 스케일로 그렸다.)

으로 볼 때 더욱 증가할 걸세.

제　자 : 그렇다면 평균의 법칙은 어디에 있는 겁니까?

케리히 : 동전 던지는 횟수가 증가하면 앞면이 나오는 횟수와 기대횟수의 차이가 절대적으로는 증가하지. 하지만 동전을 던진 횟수에 견주어 보면 그 차이가 상대적으로는 작아진다네. 이것이 바로 평균의 법칙이지. 아까도 말했듯이 44라는 차이는 던진 횟수인 10,000에 비하면 굉장히 작은 숫자라네.

제　자 : 도무지 이해할 수 없습니다.

케리히 : 잘 들어보게. 동전을 만 번 던질 때 자네는 앞면이 정확히 오천 번 나올 거라고 했지?

제　자 : 네.

케리히 : 아쉽게도 그리 되지는 않았네. 실제로 앞면이 나온 숫자는 기대횟수와 다르게 되지. 확률오차 때문에 관측치와 기대값은 차이가 나게 마련이니까.

제　자 : ……

그림 11-2 동전던지기 실험에서 확률오차의 상대적 크기

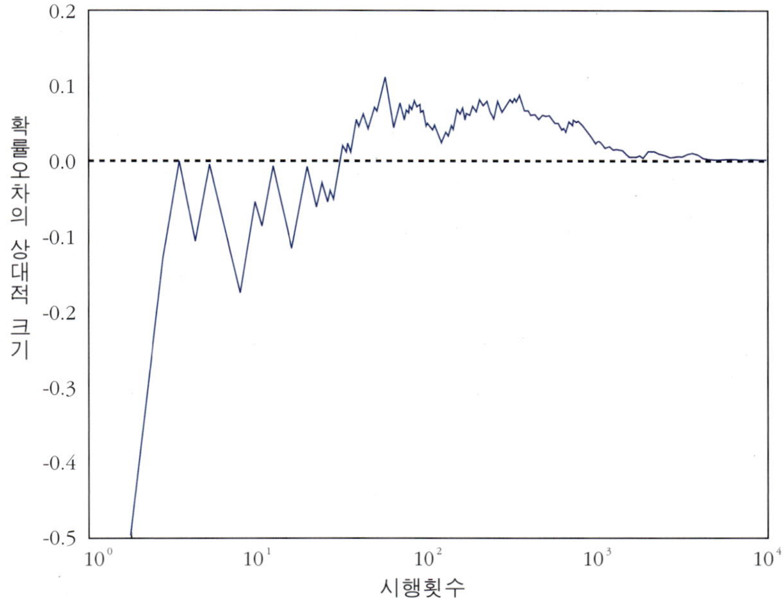

주: 확률오차의 상대적 크기는 동전을 던지는 횟수가 증가함에 따라 감소한다.

케 리 히 : 방정식을 하나 적어보겠네.

'앞면이 나온 횟수=동전 던진 횟수의 절반+확률오차'

여기서 확률오차는 시행횟수가 증가함에 따라 절대적으로는 커지는 경향이 있지만, 시행횟수에 대비하여 상대적으로는 작아진다네. [그림 11-2]를 보게. 이것이 바로 평균의 법칙이라네.

제　　자 : 하지만 선생님께서 또 다시 만 번을 던지신다면 그때는 어떤 일이 일어나게 됩니까?

케 리 히 : 총 이만 번의 시행인 셈이니까 확률오차는 아마도 더욱 커지겠지. 하지만 이만 번 시행의 확률오차는 만 번 시행과 비교했을 때 2배까지 커지지는 않을 걸세. 확률오차는 절대적인 수치로는 만 번을 던졌을 때보다 커지겠지만 시행횟수로 나누어 상대적으로 보면 그 비율은 줄어든다네.

제　　자 : 평균의 법칙이 의미하는 바를 다시 한 번 말씀해 주시겠습니까?

케 리 히 : 앞면이 나오는 횟수는 전체 던지는 횟수의 절반 정도가 될 것으로 기대되지. 하지만 확률오차 때문에 어느 정도 차이가 생길 수밖에 없지. 던지는 횟수가 증가함에 따라 확률오차의 절대적인 크기는 점점 더 증가

하는 경향이 있지. 하지만 확률오차를 시행횟수로 나누어 상대적으로 보면 그 비율은 점점 감소하는 경향이 있다네.

제　　자 : 확률오차의 크기가 어느 정도인지 가르쳐 주시겠습니까?

케 리 히 : 백 번 정도 동전을 던지면 확률오차의 크기는 5정도가 되지. 만 번 던지면 50정도로 커질 거야.

제　　자 : 이제 알겠습니다. 시행횟수가 증가하면 할수록 앞면이 나오는 횟수와 그 기대횟수의 절대적 차이는 커지는 경향이 있지만, 비율로 표시한 상대적 차이는 작아지는 경향이 있다는 말씀이시죠.

케 리 히 : 바로 그거야!

(막이 끝나면 텅 빈 무대에 케리히는 지친 표정으로 앉아 있다.)

2. 확률과정

케리히의 제자는 확률오차의 개념을 이해하느라 골머리를 썩였다. 동전을 던질 때, 실제로 나오는 앞면의 횟수와 그 기대횟수 사이엔 차이가 있다. 그러나 여전히 실제 나오는 앞면의 횟수와 그 기대횟수의 차이가 얼마나 될지 감이 잡히지 않는다.

동전던지기에서 앞면이 나온 횟수를 기록하는 것, 카지노의 룰렛 게임에서 몇 번 딸지 계산해보는 일, 그리고 표본조사를 통해 구한 실업률의 정확도를 측정하는 작업 등에서 직면하는 공통의 요소는 무엇인가? 바로 확률과정(stochastic process)이다. 케리히의 실험에서는 매 시행의 결과가 확률에 의존한다. 룰렛 게임에서는 회전판을 돌릴 때마다 돈을 잃고 따는 사람이 운에 의해 정해진다. 표본조사에서는 표본을 뽑는 과정에 우연의 요소가 개입한다.

그렇다면 우연이라는 요소가 미치는 영향은 전혀 예측 불가능한가? 숫자 카드가 든 상자에서 무작위로 카드를 뽑아 나가는 확률과정을 생각해보자. 많은 복잡한 확률과정은 상자에서 무작위로 숫자를 추출하는 확률과정으로 단순화된다. 이때 추출한 숫자들의 합에 들어 있는 변동성을 통해 현실의 확률과정에 존재하는 확률오차를 파악한다. 하나의 확률과정을 상자로부터 숫자를 추출하는 과정으로 묘사하였을 때 이를 **상자모형**(box model)이라고 부른다. 상자모형을 이용하면 복잡한 확률과정이라도 이해하기 쉽다.

우리는 추론을 위해 상자모형을 이용한다. 추론은 표본정보를 이용하여 모집단에 대해 무언가를 알아내는 과정이다. 상자모형에서 상자, 상자로부터의 추출, 뽑힌 카드는 대체 무엇을 의미하는가? 상자는 모집단이라고 보면 된다. 상자 안 카드의 분포는 모집단의 분포이다. 상자 안 카드의 평균과 표준편차는 모평균과 모표준편차이다. 이는 통상 μ와 σ로 나타낸다. 상자로부터 카드를 추출하는 것은 표본추출과 같다. 뽑힌 카드는 표본을 이룬다. 뽑힌 카드의 평균과 표준편차는 표본평균과 표본표준편차이다. 이는 통상 $\overline{X}$와 S로 나타낸다.

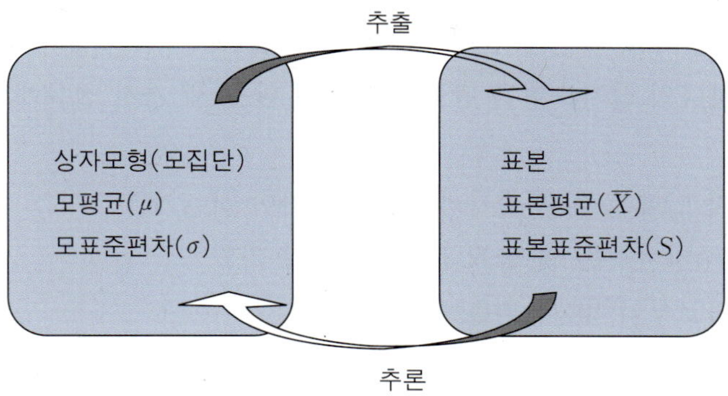

3. 상자모형

하나의 상자가 있다. 이 상자에는 1부터 6까지의 숫자가 적힌 여섯 장의 카드가 들어 있다. 이 상자로부터 카드를 무작위로 복원추출하여, 나온 숫자들을 합친다고 해보자. 처음에 3을, 두 번째에 5를 뽑으면 그 합은 8이 된다. 이 과정을 반복하면 우연에 따라 합이 계속 변한다. 주사위를 여러 번 던지는 것과 이 상자에서 카드를 여러 장 무작위로 복원추출하는 것은 본질적으로 동일하다.

다음은 컴퓨터를 이용하여 위의 상자로부터 무작위로 25번 복원추출한 결과이다.

3 2 4 6 2　3 5 4 4 2　3 6 4 1 2　4 1 5 5 6　2 2 2 5 5

위 25개 숫자들의 합은 88이다. 물론 추출한 숫자들이 달라지면 그 합도 달라진다. 이번에는 컴퓨터를 써서 상자로부터 25회 무작위 복원추출하는 전체 과정을 10차례 반복했다. 그 각각의 합은 다음과 같다.

88　84　80　90　83　78　95　94　80　89

여기서 우연에 의한 변동성을 살펴보자. 처음 25회 추출한 숫자들의 합은 88이었다. 두 번째엔 84, 세 번째엔 80이 되었다. 열 개의 값은 최저 78에서 최고 95 사이에 분포한다. 원칙적으로 합은 최저 25(1을 25번 추출한 경우)에서 최고 150(6을 25번 추출한 경우)까지 가능하나 실제로 관측된 값들은 모두 75와 100 사이에 위치한다.

상자모형에서 우연은 다음 절차에 반영된다. 첫째, 상자로부터 무작위로 한 장의 카드를 뽑는다. 둘째, 뽑힌 카드를 상자에 복원시킨 뒤 다시 무작위로 한 장을 뽑는다. 셋째, 이를 반복하여 여러 장의 카드를 뽑은 뒤 카드에 적힌 숫자들을 전부 합친다. 하나의 상자모형을 만들려면 먼저 다음 세 가지 질문에 답해야 한다.

· 상자 안에는 어떤 숫자카드가 들어가야 하는가?
· 각 숫자카드는 몇 장씩 들어가야 하는가?
· 상자로부터 몇 회 추출해야 하는가?

예를 들어보자. 하나의 주사위를 던져 나온 눈이 홀수냐 짝수냐에 따라 천 원을 따거나 잃는 게임을 표현하는 상자모형을 만들어 보자. 상자 안에는 어떤 숫자가 들어가야 하는가? 게임당 천 원을 따거나 잃을 수 있으므로, 상자 안에는 +1,000, −1,000이 들어간다. 다음으로 숫자카드는 각각 몇 장씩 들어가야 하는가? 홀수가 셋이므로 +1,000이 적힌 카드가 세 장 들어간다. 짝수도 셋이므로 −1,000이 적힌 카드도 세 장 들어간다. 돈을 따고 잃을 확률에 관한 한 주사위를 던지나 상자로부터 카드를 꺼내나 마찬가지다. 상자모형은 확률과정의 핵심을 파악하는데 도움을 준다. 굳이 힘들여 주사위를 던지지 않아도 된다.

> 상자에 든 카드는 **1**회 게임의 결과를 모두 보여줄 수 있어야 한다.

마지막으로 상자에서 무작위 복원추출로 카드를 몇 장 뽑아야 하는가? 게임에 열 번 참여한다고 해보자. 열 번의 게임에서 딴 돈과 잃은 돈을 합쳐 순이득이라고 부르자. 만일 딴 돈이 잃은 돈보다 많으면 순이득은 양수로, 잃은 돈이 딴 돈보다 많으면 순이득은 음수로 나타난다. 게임에 열 번 참가하는 것은 상자로부터 카드를 10회 무작위 복원추출하는 것과 같다. 이때 순이득은 추출한 숫자들의 합으로 나타내진다. 순이득은 상자로부터 추출한 숫자가 무엇이냐에 따라 달라진다.

> 게임 참가횟수와 상자에서 추출하는 횟수는 같아야 한다.

4. 복습문제

1. 다음 물음에 답하라.
   (1) 동전던지기를 해서 앞면이 나온 횟수가 비율로 60%를 넘으면 돈을 따는 게임이 있다고 하자. 10번을 던지는 것이 좋은가, 아니면 100번을 던지는 것이 좋은가?
   (2) 동전을 던져 앞면이 나온 횟수가 비율로 40%를 넘으면 돈을 잃는다고 하자. 10번과 100번 가운데 몇 번을 던지는 것이 유리한가?
   (3) 동전을 던져 앞면이 나온 횟수가 비율로 40%와 60% 사이에 있으면 돈을 딴다고 하자. 그렇다면 10번과 100번 가운데 몇 번 던지는 것이 좋은가?
   (4) 이번에는 정확히 50%의 비율로 앞면이 나오는 경우에만 돈을 딴다고 하자. 10번과 100번 중 몇 번 던지는 것이 유리한가?

2. 한 상자에 20%의 붉은 구슬과 80%의 푸른 구슬이 있다. 천 개의 구슬을 무작위로 복원추출하였다.
   (1) 다음 진술 중 한 가지가 사실이다. 어떤 것이 사실이며, 왜 그런지 설명하라.
      (i) 정확히 200개의 구슬이 붉은색이다.
      (ii) 대략 200개가 붉은색이다. 즉 200개에서 약간의 오차(약 13개 정도)가 있을 수 있다.
   (2) 상자 안에는 처음에 오만 개의 구슬이 있었다고 한다. 만약 비복원추출로 천 개의 구슬을 뽑았다면, 위 (1)의 (i), (ii) 중 어떤 진술이 타당한가?

3. 1, 9가 들어 있는 상자, 4, 6이 들어 있는 상자, 그리고 5, 5가 들어 있는 상자 등 세 개의 상자가 있다. 각각의 상자로부터 카드를 백 번씩 무작위로 복원추출하였다. 이제 여러분은 추출한 백 개 숫자의 합이 얼마일지를 맞추어야 한다. 각각의 상자에 대해서 합이 얼마일 것으로 예측하는가? 이때 예측하기에 가장 좋은 상자와 가장 나쁜 상자는 각각 어느 상자인가?

4. 다음 세 가지 상황을 고려해보자.
   (i) 상자에 0이 한 장, 1이 아홉 장 들어 있다. 이 상자에서 카드 한 장을 무작위로 추출하였을 때, 1이 나오면 곰 인형을 얻는다.
   (ii) 상자에 0이 열 장, 1이 90장이 들어 있다. 이 상자에서 카드 한 장을 무작위로 추출하였을 때, 1이 나오면 곰 인형을 얻는다.

(iii) 상자에 0이 한 장, 1이 아홉 장이 들어 있다. 이 상자로부터 10회 무작위 복원추출하였을 때, 나온 숫자의 합이 10이면 곰 인형을 얻는다.

곰 인형을 얻고자 할 때 (i)과 (ii) 중 어느 것이 더 유리한가? 아니면 같은가? 또 (i)과 (iii) 중 어느 것이 더 유리한가? 아니면 같은가?

5. 동전을 백 번 던질 때 앞면이 나오는 횟수는 정확히 50이 되지 않을 수 있지만, 앞면이 나오는 비율은 정확히 50%가 된다. 참인가, 거짓인가? 설명하라.

6. 아들과 딸을 낳을 확률이 50 대 50으로 같으면 자식을 둘 두었을 경우 둘의 성별이 같을 확률은 50%가 된다. 이때 다음 두 경우 중 어떤 경우가 더 자주 나타나겠는가? 또 그 이유는?
   (i) 자식을 둘 둔 15쌍의 부부가 있다. 자식들의 성별이 같은 부부는 열 쌍 이상이다.
   (ii) 자식을 둘 둔 30쌍의 부부가 있다. 자식들의 성별이 같은 부부는 20쌍 이상이다.

5. 요 약

1. 동전을 던질 때 앞면이 나오는 횟수에는 확률오차가 존재한다.

   '앞면이 나오는 횟수＝던진 횟수의 절반＋확률오차'

   던지는 횟수가 증가함에 따라 확률오차의 절대적인 값은 증가하지만, 던진 횟수에 비교한 상대적인 값은 감소한다. 이것이 바로 평균의 법칙이다.

2. 동전던지기를 무한히 계속하면, 앞면이 나오는 횟수의 비율은 50%에 근접한다. 평균의 법칙은 앞면이 나온 절대적 횟수 자체가 아닌 그 상대적 비율에 대해 성립한다.

3. 평균의 법칙이 확률을 변화시키지는 않는다. 예컨대, 동전던지기에서 앞면이 여러 번 연속해서 나왔더라도, 다음에 앞면이 나올 확률은 여전히 50%이다.

4. 복잡한 확률과정이라도 상자모형을 이용하면 이해하기 쉽다. 상자에서 추출한 숫자들의 합이 어떻게 정해지는지를 생각해보면 된다.

5. 상자모형을 쓰려면 우선 다음 질문에 답해야 한다.
   · 어떤 숫자가 상자 속으로 들어가는가?
   · 몇 장씩 들어가는가?
   · 상자로부터 몇 번 추출하는가?

6. 게임을 반복하는 확률과정은 다음 상자모형을 이용하여 분석한다.
   · 상자 안의 카드는 게임당 가능한 결과를 모두 보여준다.
   · 상자에서 어떤 특정 숫자를 꺼낼 확률은 한 번의 게임에서 그 만큼의 돈을 따거나 잃을 확률과 같다.
   · 상자에서 숫자를 추출하는 횟수는 게임에 참여하는 횟수와 같다. 이때 누적된 순이득은, 상자에서 추출한 숫자들의 합으로 표현된다.

제 12 장

기대값과 표준오차

돈을 딴 사람만 목소리가 큽니다.

1. 기대값

불확실성하에서 실현되는 결과는 혼란스러워 보인다. 하지만 혼란 속에도 질서가 있다. 하나의 확률과정에 의해 결정되는 숫자는 하나의 값을 중심으로, 그 값과 어느 정도 차이를 보이며 분포한다. 이때 분포의 중심이 되는 값을 **기대값**(expected value)이라고 한다. 기대값과 차이가 나는 정도를 **표준오차**(standard error)라고 부른다. 즉, 확률과정에 의하여 결정되는 숫자는 기대값 주위로, 그 기대값과 표준오차 정도의 차이를 보이며 분포한다.

예를 들어 하나의 균형 잡힌 동전을 100번 던져 앞면이 57번 나왔다고 하자. 기대값이 50이므로, +7의 확률오차가 생긴 셈이다. 동전을 다시 100번 던졌더니 이번에는 앞면이 46번 나왔다고 하자. 이때의 확률오차는 −4이다. 100번씩의 동전 던지기를 반복하면, 매번 앞면이 나온 횟수는 달라진다. 기대값 50과 어느 정도 차이가 나게 마련이다. 그 차이를 **확률오차**(stochastic error)라고 한다. 표준오차는 이러한 확률오차의 표준적인 크기를 측정해준다.

예 시 5가 한 장, 1이 세 장 들어 있는 상자로부터 100회 무작위 복원추출을 한다. 추출한 숫자들의 합은 얼마일까? 상자에 들어 있는 카드는 총 4장이므로, 한번 뽑았을 때 5가 나올 확률은 1/4이고 1이 나올 확률은 3/4이다. 100회 추출하면 5가 25회, 1이 75회 나올 것으로 예상된다. 따라서 나온 숫자들의 합은 $5\times25+1\times75=200$으로 예상된다. 이 값이 바로 기대값이다.

해 설 기대값은 다음 두 요소를 곱하여 구한다.

· 상자로부터 추출하는 횟수

· 상자 안에 든 숫자들의 평균 (앞으로는 간단히 '상자의 평균'이라고 부르자.)

> 상자로부터 무작위 복원추출한 숫자들을 합치면 그 합의 기대값은 다음과 같다.
> (합의 기대값)=(추출 횟수)×(상자의 평균)

앞의 [예시]에서 추출 횟수가 100이고 상자의 평균이 $5\times1/4+1\times3/4=2$이므로, 기대값은 $100\times2=200$이 된다. 상자의 평균을 구할 때 상자 안에 있는 숫자 5와 1에 각각 1/4과 3/4을 곱한 뒤 합쳐서 그 평균을 구했다. 이는 1/4과 3/4이 각각 5와 1을 뽑을 추출확률이기 때문이다. 즉, 상자의 평균은 상자 안 모든 가능한 값에 해당 확률을 곱한 뒤 합쳐서 구한다.

보기 1 잘 섞인 한 벌의 카드에서 한 장의 카드를 뽑는다. 이 카드가 스페이드인지, 다이아몬드인지, 하트인지, 아니면 클럽인지를 맞추면 2천원을 따고, 틀리면 천원을 잃는 게임이 있다. 이 게임을 100번 반복할 때, 총 얼마를 딸 것으로 기대하는가?

해 설 먼저 상자모형을 만들자. 게임당 순이득은 2천원 증가하거나 천원 감소한다. 순이득이 2천원 증가할 확률은 맞출 확률인 1/4이고 천원 감소할 확률은 틀릴 확률인 3/4이다. 따라서 게임을 100회 반복할 경우 순이득은 아래 상자로부터 100회 무작위 복원추출한 숫자들의 합과 같다.

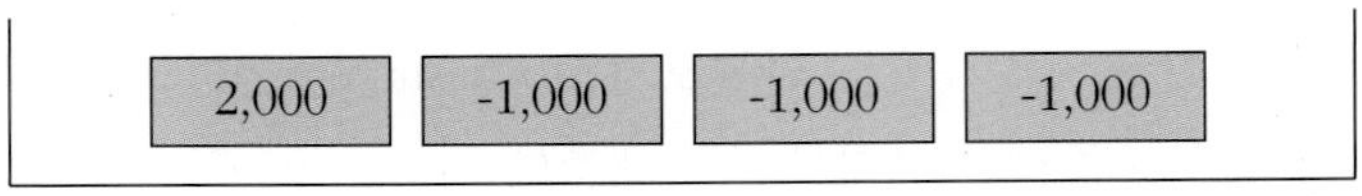

상자의 평균은 $(+2000)\times 1/4+(-1000)\times 3/4=-250$이다. 게임당 평균 250원 정도 손해를 보는 셈이다. 게임을 100회 반복한다면 $100\times 250=25,000$원 정도 손해를 볼 것으로 기대된다.

2. 표준오차

계속 상자를 이용해서 표준오차에 대해 공부해보자. 0, 2, 3, 4, 6이 적힌 카드가 한 장씩 들어 있는 상자로부터 25회 무작위 복원추출을 하자. 상자의 평균이 $0\times 1/5+2\times 1/5+3\times 1/5+4\times 1/5+6\times 1/5=3$이고 추출 횟수가 25회이므로 합의 기대값은 $25\times 3=75$이다. 실제의 합은 그 기대값과 확률오차만큼 차이가 난다.

(추출한 숫자들의 합)=(합의 기대값)+(합에 든 확률오차)

확률오차의 크기는 어느 정도나 될까? 그 전반적인, 즉 표준적인 크기를 측정해주는 게 바로 표준오차이다. 앞에서 표준편차를 SD(standard deviation)로 표시했다. 표준오차는 SE(standard error)로 표시하자. 상자로부터 무작위로 복원추출할 때, 합의 표준오차는 다음 공식으로부터 구한다. 추출 횟수에 제곱근을 씌워 계산하기 때문에 이 공식을 **제곱근법칙**(square root law)이라 부른다.

제곱근법칙 : 상자로부터 숫자카드를 무작위로 복원추출할 경우, 합의 표준오차는 다음과 같다.

$$(\text{합의 표준오차}) = (\text{상자의 표준편차}) \times \sqrt{\text{추출 횟수}}$$

추출 횟수가 1인 경우 합이란 바로 뽑힌 한 장의 카드에 적힌 숫자를 말한다. 이 경우 합의 표준오차는 바로 상자의 표준편차와 같다.

제곱근법칙에서 합의 표준오차는 상자의 표준편차와 $\sqrt{\text{추출 횟수}}$라는 두 부분의 곱으로 이루어져 있다. 먼저 상자의 표준편차를 살펴보자. 표준편차는 상자 안에 든 숫자들이 서로 다른 정도를 나타낸다. 숫자들이 다르면 다를수록 상자에서 뽑히는 숫자가 어떤 값이 될지 예측하기가 더욱 힘들다. 따라서 표준편차가 커질수록 표준오차 역시 커진다.

다음으로 $\sqrt{\text{추출 횟수}}$에 대해 살펴보자. 상자로부터 카드를 뽑을 때 어떤 숫자를 뽑을지 알 수 없기 때문에, 추출 횟수를 늘리면 그 합을 예측하기는 점점 더 어려워진다. 그 결과 확률오차도 커지고 표준오차도 커진다. 하지만 표준오차는 추출 횟수만큼 빠르게 증가하지 않는다. 추출 횟수가 2배로 늘 때 표준오차는 2배만큼 증가하지 않고 그 제곱근인 $\sqrt{2}$배만큼만 증가한다. 표준오차는 추출 횟수에 비례하여 증가하지 않고 $\sqrt{\text{추출 횟수}}$에 비례하여 증가한다.

이제 제곱근법칙과 평균의 법칙을 연결시켜 보자. 동전을 무한히 던지면 대략 던진 횟수의 절반 정도 앞면이 나온다.

$$(\text{앞면이 나오는 횟수}) = (\text{던진 횟수의 절반}) + (\text{확률오차})$$

앞 장에서 소개한 케리히의 실험결과는 동전을 던지는 횟수가 늘어날수록 앞면이 나오는 횟수의 확률오차는 커지는 경향이 있음을 보여주었다. 반면 앞면이 나오는 비율의 확률오차는 줄어드는 경향이 있었다. 제곱근법칙에 의하면 상자의 표준편차가 1/2이므로 합의 표준오차는 '$1/2 \times \sqrt{\text{던진 횟수}}$'이다. 동전을 던지는 횟수가 늘어남에 따라 앞면이 나오는 횟수의 표준오차도 커진다. 다만 던진 횟수에 대한 비율로 보면 줄어든다. 동전을 던지면 던질수록 앞면이 나오는 비율은 그 기대값인 50%에 점점 더 가까이 가게 된다. 결국 제곱근법칙은 평균의 법칙을 수학적으로 설명해주는 셈이다.

앞에서 0, 2, 3, 4, 6의 카드가 한 장씩 들어 있는 상자로부터 25회 무작위 복원추출하는 경우를 살펴보았다. 합의 기대값은 75였다. 이제 표준오차를 계산하여 실제로 관측된 합이 그 기대값으로부터 어느 정도 차이가 날지 짐작해보자. 먼저 상자의 표준편차를 구하자. 상자의 평균은 3이므로 평균으로부터의 편차는 −3, −1, 0, 1, 3

표 12-1 25회씩의 추출을 100번 반복시행한 결과

반복 시행	관측된 합	반복 시행	관측된 합	반복 시행	관측된 합	반복 시행	관측된 합	반복 시행	관측된 합
1	74	21	75	41	93	61	67	81	66
2	72	22	76	42	72	62	87	82	67
3	82	23	74	43	70	63	72	83	83
4	72	24	99	44	79	64	68	84	80
5	72	25	82	45	74	65	70	85	72
6	59	26	74	46	58	66	79	86	70
7	89	27	79	47	67	67	59	87	76
8	89	28	64	48	77	68	80	88	58
9	80	29	73	49	85	69	70	89	77
10	74	30	81	50	71	70	84	90	76
11	69	31	70	51	72	71	91	91	86
12	67	32	49	52	77	72	77	92	78
13	76	33	80	53	69	73	63	93	74
14	71	34	67	54	72	74	74	94	60
15	77	35	78	55	69	75	80	95	94
16	75	36	60	56	55	76	84	96	85
17	62	37	85	57	70	77	92	97	81
18	69	38	83	58	75	78	82	98	82
19	72	39	74	59	59	79	73	99	80
20	81	40	84	60	72	80	74	100	62

이다. 상자의 표준편차는

$$\sqrt{(-3)^2\times 1/5+(-1)^2\times 1/5+0^2\times 1/5+1^2\times 1/5+3^2\times 1/5}=2$$

가 된다. 상자의 표준편차는 개념상 표본표준편차가 아닌 모표준편차에 해당된다. 위 식에서 제곱근 안의 계산과정을 살펴보면, 각각의 편차 제곱을 해당 숫자의 추출확률인 1/5로 곱하여 합친 것을 알 수 있다. 즉, 모표준편차를 구하기 위해 편차에 RMS를 적용하는 과정에서 확률과 기대값의 개념을 이용하여 M의 연산을 수행하고 있다. 표본표준편차를 구할 때 등장했던 자유도의 개념은 모표준표차를 구할 때는 등장하지 않는다.

이제 제곱근법칙을 이용하여 합의 표준오차를 구하면, $\sqrt{25}\times 2=10$이 된다. 확률오차의 대략적인 크기가 10이라는 말이다. 관측된 합은 기대값인 75 주위에 그 표준오차인 10 정도의 차이를 두고 분포한다.

표준오차의 개념을 좀더 생생하게 느끼기 위해 0, 2, 3, 4, 6의 카드가 한 장씩 들어 있는 상자로부터 25회 무작위 복원추출하여 다음과 같은 결과를 얻었다.

00400 43262 20262 64263 03640

합은 67로서, 기대값보다 8만큼 작다. 따라서 확률오차는 −8이다. 이 전체 과정을 다시 반복하여 합으로 76을 얻었다. 확률오차는 +1이다. 이런 식으로 총 100번 반복하여 총 100개의 합을 얻어냈다. 한 번의 반복시행은 25회의 무작위 복원추출로 이루어진다. 〈표 12-1〉은 그 관측된 값을 보여준다. 관측된 합은 대개 75 주위에 있고, 확률오차는 10 정도가 될 것이다.

원칙적으로 합은 최소 0(전부 0)에서 최대 150(전부 6)까지 가능하다. 그러나 실제로 구한 100개의 관측치들은 그 절대다수인 99개가 50과 100 사이, 즉 기대값인 75 주위로 ±2.5SE 이내에 위치한다. 한 개의 관측치만이 49로 그 구간 밖에 놓여 있다.

> 하나의 관측치가 그 기대값으로부터 ±2SE 혹은 ±3SE 이상 벗어날 가능성은 매우 희박하다.

3. 정규분포곡선 이용하기

추출 횟수가 많은 경우 관측된 합이 어떤 주어진 범위 안에 있을 확률은 얼마일까? 이 문제에 답하는 과정에서 수학자들은 정규분포곡선을 발견해냈다. 정규분포에 관한 자세한 사항은 다음 장에서 공부하도록 하고, 여기서는 정규분포를 적용하는 대략적인 방법만을 살펴보자. 추출 횟수가 충분히 많으면 상자의 내용물에 관계없이 합의 분포로 정규분포를 사용한다.

계속 앞에서 예로 든 상자를 갖고 설명하자. 0, 2, 3, 4, 6의 카드가 한 장씩 들어있는 상자로부터 25회 무작위 복원추출을 한다. 추출한 숫자들의 합은 0에서 150 사이 어디에도 위치할 수 있다. 여기서 합이 55에서 95 사이에 있을 확률을 구하자.

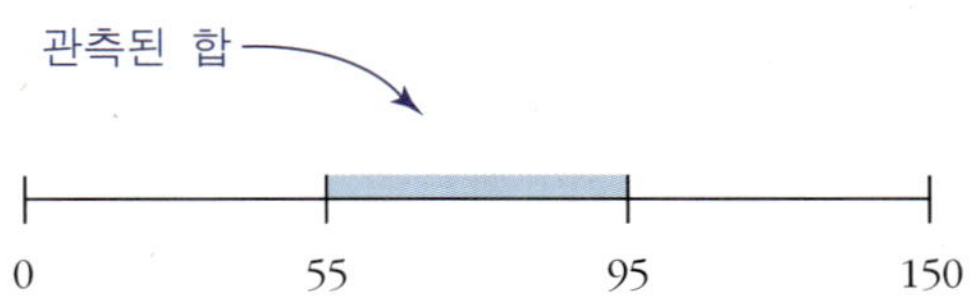

정규분포곡선을 이용하기 위해 합을 표준단위로 바꾸자. 표준단위는 관측된 합이 기대값으로부터 표준오차 단위로 얼마나 떨어져 있느냐를 나타낸다. 예를 들어, 합

이 95이면 표준단위로는 +2가 된다. 기대값이 75이고, 표준오차가 10이므로 95는 기대값보다 2SE만큼 크기 때문이다. 같은 방법으로 계산하면 55는 표준단위로 −2이다.

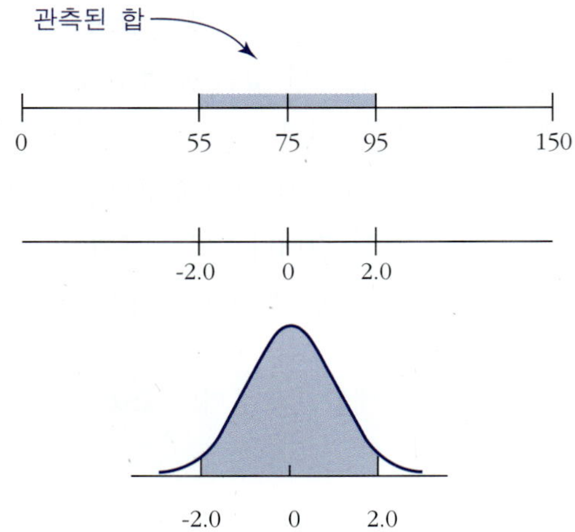

55에서 95 사이의 구간은 기대값 주위로 ±2SE 이내에 들어오는 구간이다. 따라서 68-95 규칙에 의하면 합을 구하는 과정을 반복할 때 관측된 합의 95% 정도가 (55, 95)의 구간에 속할 것으로 예측할 수 있다.

앞서 살펴본 〈표 12-1〉은 관측된 100개의 합을 보여준다. 실제로 세어 보면 100개 중 98개가 55에서 95 사이에 위치한다. 한편 (75−10, 75+10)의 범위에는 관측된 값의 68%인 68개 정도가 위치할 것으로 예상되는데, 실제로 약간의 차이는 있어도 거의 비슷한 값인 75개가 (65, 85)의 구간에 위치한다.

보기 2 어느 카지노에서 한 달 동안 룰렛판 하나당 룰렛게임이 대략 만 번씩 이루어진다고 하자. 한 번의 룰렛게임에서 카지노가 돈을 딸 확률은 20/38이고 고객이 돈을 딸 확률은 18/38이다. 카지노를 이용하는 고객은 게임당 천원씩 건다고 가정하자. 매 게임은 독립이라고 가정해도 무방하다. 카지노측이 하나의 룰렛판으로부터 한 달간 25만원 이상 딸 확률을 구하라.

해 설 먼저 상자모형을 만들자. 상자에는 +1,000의 카드가 20장, −1,000의 카드가 18장 들어간다. 상자의 평균은 대략 50원이다. 이는 $(+1,000) \times 20/38 + (-1,000) \times 18/38$로부터 구한다. 상자 안의 변동성

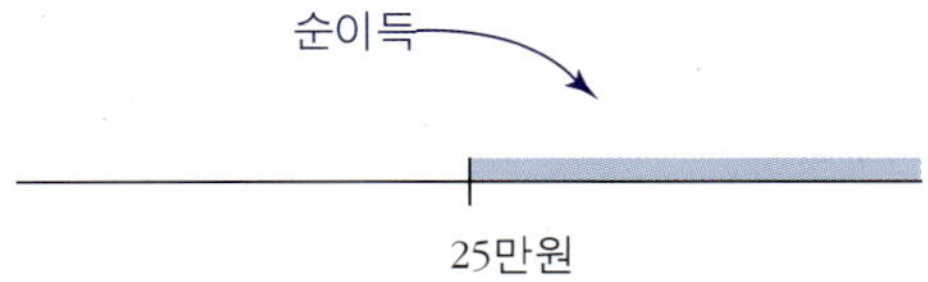

을 나타내는 상자의 표준편차는 대략 1,000이다. 이는 $\sqrt{(+1,000-50)^2 \times 20/38+(-1,000-50)^2 \times 18/38}$ 로부터 구한다.

룰렛판 하나당 카지노측의 순이득은 이 상자로부터 만 번 무작위 복원 추출하여 얻은 숫자들의 합으로 표현된다. 먼저 순이득에 대한 기대값을 구해보자. 이는 '(합의 기대값)=(추출 횟수)×(상자의 평균)' 으로부터 10,000×50=500,000원, 즉 50만원이 된다. 다음으로 표준오차를 구해보자. 제곱근법칙에 의해 만 회 추출의 합에 들어 있는 변동성은 한 번 추출한 숫자에 들어 있는 변동성의 $\sqrt{10,000}$=100배가 된다. 한 번 추출할 때의 변동성은 바로 상자의 표준편차이다. 따라서 순이득의 표준오차는 1,000×100=100,000원, 즉 10만원이 된다.

이제 정규분포곡선을 이용하자.

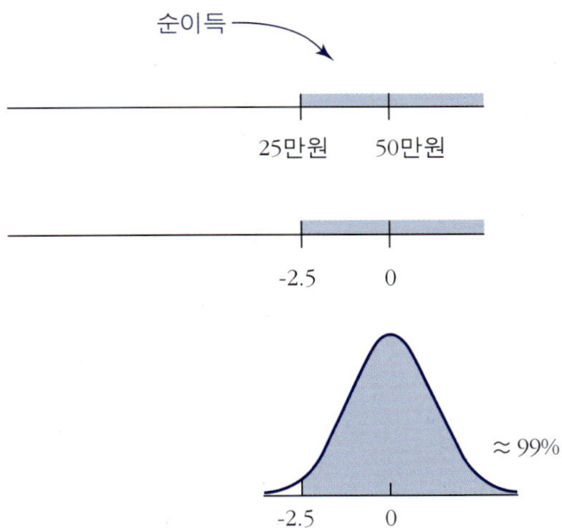

그림을 보면 카지노측에서 하나의 룰렛판으로부터 한 달 동안 25만원 이상 딸 확률은 99%나 된다. 여기서 핵심적인 아이디어는 순이득을 상자모형에서 추출한 숫자들의 합으로 파악한 것이다. 제곱근공식을 사용하여 표준오차를 구할 수 있는 논리적 근거가 바로 여기에 있다.

실제로 카지노엔 룰렛판이 여러 개 있고, 한 번에 거는 돈 또한 평균적으로 천원보다 크다. 예를 들어 카지노가 25개의 룰렛판을 가지고 있다고 하자. 이때 보수적으로 계산하기 위해 룰렛판별로 한 달간 게임횟수와 매번 거는 금액은 위에서 가정한 것처럼 각각 만 번과 천원이라고 하자. 이 경우 순이득의 기대값은 25×50만원 =1,250만원이 되고, 그 표준오차는 $\sqrt{25}$×10만원=50만원이 된다. 정규분포에 의하면 카지노측이 25개의 룰렛판을 이용하여 한 달간 1,125만원 이상 벌어들일 확률은 99% 이상 된다. 카지노 업주 관점에서 보면 카지노 사업은 위험이 별로 없는, 지극히 안전한 돈벌이다. 몸 버리고, 돈 잃고, 위험까지 지는 건 고객이다. 그런데 왜? 재밌으니까…….

순이득에 대한 기대값이 0인 게임을 가리켜 **공정한 게임**(fair game)이라고 한다. 카지노의 룰렛게임은 공정하지 못한 게임(unfair game)이다. 평균적으로 고객이 돈을 잃도록 설계되어 있다. 고객은 게임을 하면 할수록 돈을 잃기 십상이다. 평균의 법칙에 따르면 공정하지 못한 내기를 계속할 때 궁극적으로는 돈을 잃게 된다.

참고로 상자 안에 두 종류의 카드만 들어 있으면 상자의 표준편차를 쉽게 구할 수 있다. 두 숫자를 큰 수와 작은 수라고 부르자. 이때 상자의 표준편차는 다음과 같이 구한다(증명은 부록 참조).

$$(\text{상자의 표준편차}) = (\text{큰 수} - \text{작은 수}) \times \sqrt{(\text{큰 수의 비율}) \times (\text{작은 수의 비율})}$$

[보기 2]의 상자모형에서 카드는 +1,000과 −1,000의 두 종류밖에 없다. 위의 공식을 쓰면 상자의 표준편차는 다음과 같다.

$$(1{,}000 - (-1{,}000)) \times \sqrt{\frac{20}{38} \times \frac{18}{38}} \approx 1{,}000$$

4. 분류하고 횟수세기

경우에 따라서는 특정 상황이 일어날 횟수에만 관심을 두게 된다. 다음 보기를 통해 이러한 유형의 문제에 있어서 상자모형을 설정하는 방법을 배우자.

보기 3 주사위 하나를 60번 던졌다.

(1) 나오는 숫자들의 합은 대략 ( )이고, ( ) 정도 차이가 날 수 있다.

(2) 6이 나오는 횟수는 대략 ( )이고, ( ) 정도 차이가 날 수 있다.

해 설 (1)은 지금까지 다루어 왔던 친숙한 문제이다. 1, 2, 3, 4, 5, 6의 카드가 한 장씩 든 상자로부터 60회 무작위로 복원추출하면 된다. 상자의 평균이 3.5, 상자의 표준편차는 1.71이므로, 합에 대한 기대값은 60×3.5=210이고, 표준오차는 $\sqrt{60}\times1.71 \approx 13$이다. 따라서 합은 대략 210이고, 이로부터 13정도 차이가 날 수 있다.

(2)의 경우를 살펴보자. 첫 번째 괄호에 들어갈 숫자는 10이다. 두 번째 괄호에 들어갈 숫자를 구하려면 지금까지와는 다른 새로운 상자모형을 만들어야 한다. 먼저 상자에서 추출한 숫자들이 6인지 아닌지 분류해야 한다. 그런 다음에는 6이 몇 번 나왔는지 세어야 한다. 주사위를 던질 때마다 6이 나온 횟수는 1씩 증가하거나 아니면 그대로다.

· 6이 나오면 '6이 나온 횟수'를 1만큼 증가시킨다.
· 6이 아닌 다른 숫자가 나오면 '6이 나온 횟수'를 그대로 둔다.

즉, 6이 나온 횟수는 1/6의 확률로 1씩 증가하고, 5/6의 확률로 0씩 증가한다. 따라서 올바른 상자모형은 다음과 같다.

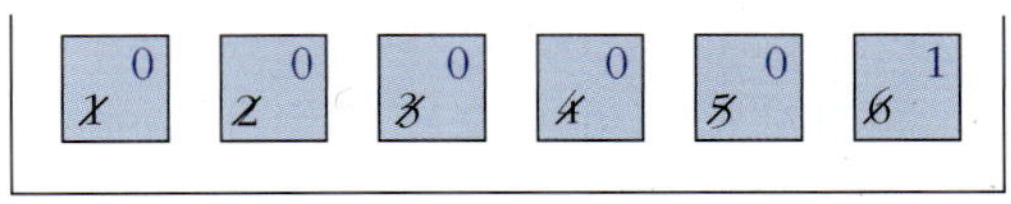

확률에 관한 한 주사위를 60번 던져 6이 나온 횟수를 세는 것이나 새로 만든 상자로부터 60회 무작위로 복원추출하여 그 합을 구하는 것이나 다를 게 없다. 새로운 상자에는 0이 다섯 장, 1이 한 장 들어 있다. 따라서 상자의 표준편차는 $(1-0)\times\sqrt{1/6\times5/6} \approx 0.37$이고, 제곱근법칙을 이용하면 합의 표준오차는 $\sqrt{60}\times0.37 \approx 3$이다. 즉, 주사위를 60회 던지는 동안 6이 나오는 횟수는 10회 정도이고, 3회 정도 차이가 날 수 있다.

다양한 형태의 확률과정을 표현하는 상자모형은 크게 두 가지 유형으로 분류된다.

· 추출한 숫자들을 차례로 더하기
· 특정한 숫자인지 아닌지 분류하고, 특정한 숫자가 나온 횟수 세기

사실 두 번째 유형의 상자는 첫 번째 유형의 상자로부터 숫자를 변화시켜 얻는다.

상자로부터 특정한 숫자를 뽑아낸 횟수를 세어야 한다면, 상자 안의 카드를 0, 1의 두 종류로만 분류하라. 이때 특정한 숫자가 적힌 카드는 1로 바꾸고, 나머지는 0으로 바꾼다.

보기 4 동전 하나를 백 번 던질 때, 앞면이 나온 횟수에 대한 기대값과 표준오차를 구하라. 또 앞면이 나온 횟수가 40에서 60 사이에 있을 확률도 구하라.

해 설 먼저 상자모형을 만들자. 동전을 던질 때 나온 결과를 앞면인지 뒷면인지에 따라 분류하고, 앞면이 나온 횟수를 세어야 한다. 따라서 상자 안에는 0과 1만 들어간다. 앞면과 뒷면이 나올 확률이 각각 1/2이므로 상자 안에는 0과 1이 적힌 카드가 한 장씩 들어간다. 동전을 백 번 던질 때 앞면이 나오는 횟수는 이 상자로부터 100회 무작위로 복원추출하여 얻는 수들의 합과 같다.

상자의 표준편차는 1/2이다. 제곱근공식을 사용하면 합의 표준오차는 $\sqrt{100} \times 1/2 = 5$가 된다. 앞면이 나오는 횟수는 대략 50정도이며, 5정도의 차이가 날 수 있다. 기대값 주위로 ±2SE에 속하는 범위는 (40, 60)이다. 따라서 앞면이 나오는 횟수가 40에서 60 사이에 있을 확률은 대략 95%가 된다.

여기서 앞면이 나오는 횟수가 40에서 60 사이에 있을 확률이 95%라는 것은 어떤 의미인가? 동전을 100번씩 던져 앞면이 나오는 횟수를 세는 실험을 천 번 반복한다고 해보자(즉, 동전은 총 100×1,000=십만 번 던진다). 실험을 천 번 반복했을 때, 앞면이 나온 횟수가 44, 56과 같이 40에서 60 사이에 있을 경우는 실험을 반복한 전체 횟수 천 번의 95%인 950번 정도가 된다는 뜻이다.

5. 복습문제

1. −1과 1이 한 장씩 들어 있는 상자에서 무작위로 복원추출을 실시한다. 다음 각각의 경우에 열 번과 백 번 중 몇 회 추출하는 것이 유리한가? 계산할 필요는 없고 이유만 설명하라.

(1) 합이 5 이상이면 1원을 번다.

(2) 합이 -5 이하이면 1원을 번다.

(3) 합이 -5와 5 사이이면 1원을 번다.

2. 다음 두 가지 중 한 가지만 선택해야 한다.

(i) 1, 1, 5, 7, 8, 8의 카드가 들어 있는 상자로부터 백 번 무작위 복원추출한다.

(ii) 14, 17, 21, 23, 25의 카드가 들어 있는 상자로부터 25회 무작위 복원추출한다.

다음 각각의 조건하에서 (i)과 (ii)의 선택 중 어느 것이 유리한가?

(1) 합이 550 이상이면 천원을 번다.

(2) 합이 450 이하이면 천원을 번다.

(3) 합이 450에서 550 사이이면 천원을 번다.

3. 한 도시에 5만 가구가 살고 있다. 가구당 16세 이상인 가구원 수는 평균이 2.38명, 표준편차가 1.87명이라고 알려져 있다. 한 조사기관이 400가구를 단순무작위추출하여 16세 이상인 모든 가구원과 면담하려 한다. 면담하게 되는 사람들의 총수는 약 ________명이며 기대되는 오차는 ±________명이다.

4. 호텔을 찾는 손님의 몸무게는 평균적으로 60kg이고 표준편차는 10kg이다. 한 호텔에서 1,550kg을 들어 올릴 수 있는 엘리베이터를 설치했다고 하자. 무작위로 뽑은 손님 25명이 탔을 때 엘리베이터의 용량을 초과하게 될 확률은 얼마인가?

5. 다음 중 상자의 표준편차를 구하는 과정이 올바른 것을 모두 고르라.

(상자 안의 숫자)	(표준편차)
(1) 7, 7, 7, −2, −2	$5\times\sqrt{3/5\times 2/5}$
(2) 0, 0, 0, 0, 5	$5\times\sqrt{1/5\times 4/5}$
(3) 0, 0, 1	$\sqrt{2/3\times 1/3}$
(4) 2, 2, 3, 4, 4, 4	$2\times\sqrt{1/6\times 2/6\times 3/6}$

6. 많은 사람들이 각자 주사위를 180회 던지고 1이 나온 횟수를 세었다. 1이 나온 횟수가 15에서 45 사이인 사람들은 전체의 몇 %나 되겠는가?

7. 1부터 6까지의 카드가 한 장씩 들어 있는 상자로부터 100회 무작위 복원추출을 하였다.

(1) 추출된 숫자들의 평균이 3.78이라면, 그 합은 얼마인가?

(2) 추출된 숫자들의 평균이 3과 4 사이일 확률은 얼마인가?

8. 주사위를 25회 던질 경우, 1이 나온 횟수와 6이 나온 횟수의 합을 구하려고 한다. 그 기대값과 표준오차를 구하라.

9. 동전을 총 200번 던지자. 처음 100번 가운데 앞면이 나온 횟수를 x좌표로, 다음 100번 가운데 앞면이 나온 횟수를 y좌표로 하여 그래프에 점을 찍자. 이런 과정을 반복시행할 경우 찍힌 점들은 네 개의 그래프들 중에서 어느 것과 가장 비슷하게 나타나겠는가?

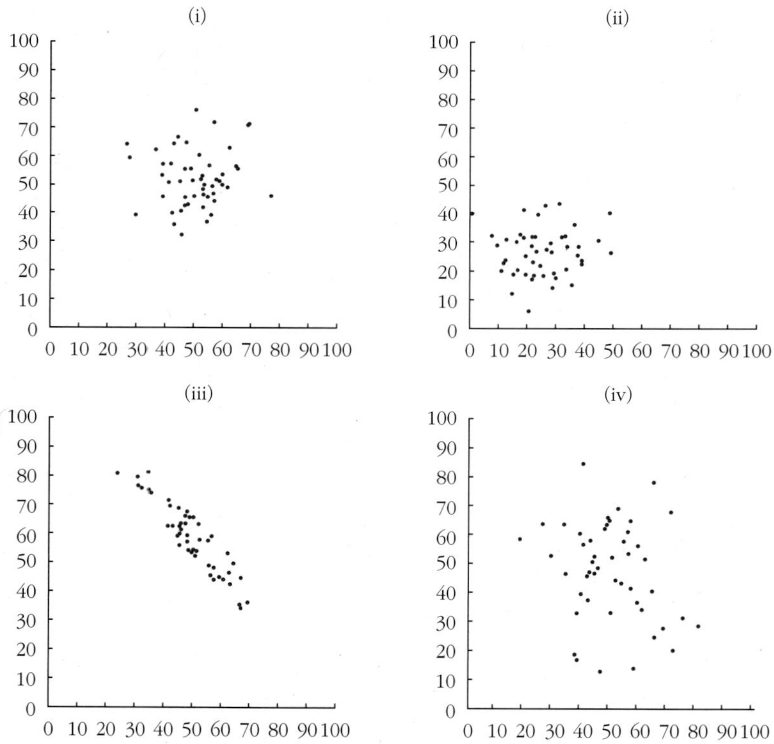

6. 요 약

1. 확률과정의 산물인 실제의 관측치는 기대값 주위에 분포한다. 둘 사이에는 확률오차만큼의 차이가 난다. 확률오차의 대략적인 크기는 표준오차로 측정된다. 예를 들어, 어느 상자로부터 카드를 뽑을 때 나온 숫자들의 합은 합의 기대값 주위에 위치하며, 합의 기대값으로부터 합의 표준오차 정도 떨어져 있다.

2. 숫자카드가 들어 있는 상자로부터 무작위로 복원추출할 때, 추출한 숫자들의 합에 대한 기대값은 (추출 횟수)×(상자의 평균)이다. 합의 기대값은 추출 횟수에 비례하여 증가한다. 합의 표준오차는 $\sqrt{\text{추출 횟수}}$×(상자의 표준편차)이다. 합의 표준오차는 추출 횟수에 비례하여 증가하지 않는다. 추출 횟수의 제곱근에 비례하여 증가한다. 이것이 바로 제곱근법칙이다.

3. 추출 횟수가 충분히 크면, 추출한 숫자들의 합에 대한 확률을 구할 때 정규분포곡선을 이용한다. 이때 추출 횟수만 충분히 크다면 상자의 내용물이 무엇인지, 즉 상자의 분포가 어떤지는 문제되지 않는다.

4. 상자에 큰 수와 작은 수의 두 종류만 있으면, 상자의 표준편차는 다음과 같이 구한다.

$$(\text{상자의 표준편차})=(\text{큰 수}-\text{작은 수})\times\sqrt{(\text{큰 수의 비율})\times(\text{작은 수의 비율})}$$

5. 상자로부터 특정한 숫자를 뽑아낸 횟수에 관한 확률을 구하려면, 상자 안의 카드를 0과 1의 두 종류로만 재분류해서 새로운 상자를 만든다. 이때 특정한 숫자가 적힌 카드는 1로 분류하고 나머지 카드는 0으로 분류한다.

7. 부 록

(1) 베르누이 확률변수의 평균과 분산

베르누이 확률변수(Bernoulli random variable)를 X_1이라 하자. 시행이 성공할 확률은 p라고 하자. X_1의 분포는 다음과 같다.

$$P(X_1=x)=p^x(1-p)^{1-x},\ \ x=0,1$$

이로부터 확률변수 X_1의 평균과 분산은 다음과 같이 구한다.

$$\begin{aligned}
\mathrm{E}(X_1)&=\sum_x xP(X_1=x)\\
&=0\cdot(1-p)+1\cdot p=p\\
\mathrm{Var}(X_1)&=\mathrm{E}(X_1-\mathrm{E}(X_1))^2\\
&=\sum_x(x-p)^2P(X_1=x)\\
&=(0-p)^2(1-p)+(1-p)^2p\\
&=p(1-p)
\end{aligned}$$

(2) 기대값, 분산과 관련된 유용한 공식

기대값 및 분산과 관련하여 다음 공식들은 알아두면 유용하다. 여기서 X와 Y는 확률변수이고, c는 상수, 그리고 $g(\cdot,\cdot)$, $h(\cdot,\cdot)$, $g_X(\cdot)$, $h_Y(\cdot)$는 모두 함수이다.

$$\mathrm{E}(c)=c$$
$$\mathrm{E}[cg(X,\ Y)]=c\mathrm{E}[g(X,\ Y)]$$
$$\mathrm{E}[g(X,\ Y)+h(X,\ Y)]=\mathrm{E}[g(X,\ Y)]+\mathrm{E}[h(X,\ Y)]$$
$$\mathrm{E}[g_X(X)\cdot h_Y(Y)]=\mathrm{E}[g_X(X)]\cdot\mathrm{E}[h_Y(Y)]\ (X\text{와 }Y\text{가 독립일 때})$$

이로부터 다음 식들이 유도된다.

① $\mathrm{E}(X+Y)=\mathrm{E}(X)+\mathrm{E}(Y)$

② $\mathrm{E}(aX+b)=a\mathrm{E}(X)+b$

③ $\mathrm{Var}(X)=\mathrm{E}(X-\mathrm{E}(X))^2=\mathrm{E}(X^2-2X\mathrm{E}(X)+\mathrm{E}^2(X))$
$=\mathrm{E}(X^2)-2\mathrm{E}(X)\mathrm{E}(X)+\mathrm{E}^2(X)$
$=\mathrm{E}(X^2)-\mathrm{E}^2(X)$

④ $\mathrm{Var}(X+Y)=\mathrm{Var}(X)+\mathrm{Var}(Y)+2\mathrm{Cov}(X,\ Y)$
$=\mathrm{Var}(X)+\mathrm{Var}(Y)$ (X, Y가 독립일 때)

⑤ $\mathrm{Var}(aX+b)=a^2\mathrm{Var}(X)$

⑥ $\mathrm{E}(XY)=\mathrm{E}(X)\mathrm{E}(Y)$ (X와 Y가 독립일 때)

(3) 이항확률변수의 평균과 분산

이항확률변수를 X라 하자. 제10장 2절에 소개된 $X=X_1+X_2+\cdots+X_n$의 관계식을 이용하면 X의 평균과 분산은 다음과 같이 쉽게 구한다.

$$\begin{aligned}
\mathrm{E}(X)&=\mathrm{E}(X_1+X_2+\cdots+X_n)\\
&=n\mathrm{E}(X_1)=np\\
&\quad(X_1,\ X_2,\ \cdots,\ X_n\text{은 모두 동일한 분포를 따르므로})\\
\mathrm{Var}(X)&=\mathrm{Var}(X_1+X_2+\cdots+X_n)\\
&=\mathrm{Var}(X_1)+\mathrm{Var}(X_2)+\cdots+\mathrm{Var}(X_n)\\
&\quad(X_1,\ X_2,\ \cdots,\ X_n\text{은 서로 독립이므로})\\
&=n\mathrm{Var}(X_1)=np(1-p)\\
&\quad(X_1,\ X_2,\ \cdots,\ X_n\text{은 모두 동일한 분포를 따르므로})
\end{aligned}$$

(4) 시행횟수와 확률오차

이항확률변수(binomial random variable) $X \sim B(n,p)$가 있다. 여기서 이항확률변수 X는 성공확률이 p로 일정한 베르누이 시행을 n번 독립적으로 반복할 때 일어나는 성공의 횟수를 나타낸다. X의 기대치와 분산은 다음과 같다.

$$\mathrm{E}(X)=np,\ \mathrm{Var}(X)=np(1-p)$$

확률오차(random error 또는 stochastic error)는 X의 관측치와 그 기대값의 차이로 정의된다. 확률오차의 대략적인 크기는 X의 표준오차로 측정된다.

$$(\text{확률오차의 대략적인 크기})=\mathrm{SE}(X)=\sqrt{\mathrm{Var}(X)}=\sqrt{n}\cdot\sqrt{p(1-p)}$$

위의 공식을 보면, 시행횟수 n이 늘어남에 따라 성공횟수 X에 담긴 확률오차의 절대적인 크기는 계속 증가하나, 그 증가하는 속도는 시행횟수에 비례하지 않고 그 제곱근에 비례한다. 이를 제곱근법칙이라 부른다.

(5) 평균의 법칙(대수의 법칙)

성공확률 p의 추정치를 $\hat{p}$이라 하자. 이는 성공횟수 X를 시행횟수 n으로 나누어 구한다.

$$\hat{p}=\frac{X}{n}=\frac{1}{n}(X_1+X_2+\cdots+X_n)$$

표본비율인 $\hat{p}$은 다음과 같은 기대치와 분산을 갖는다.

$$\mathrm{E}(\hat{p})=\frac{1}{n}\mathrm{E}(X)=\frac{1}{n}np=p$$
$$\mathrm{Var}(\hat{p})=\left(\frac{1}{n}\right)^2\mathrm{Var}(X)=\left(\frac{1}{n}\right)^2np(1-p)=\frac{1}{n}p(1-p)$$
$$\mathrm{SE}(\hat{p})=\sqrt{\mathrm{Var}(\hat{p})}=\frac{1}{\sqrt{n}}\sqrt{p(1-p)}$$

시행횟수 n이 늘어남에 따라 $\hat{p}$의 표준오차는 줄어든다. 그 줄어드는 속도는 시행횟수의 제곱근에 비례한다. 시행횟수가 매우 커지면 $\hat{p}$의 표준오차는 0으로 수렴한다. 즉, 시행횟수가 무한히 커지면 표본비율 $\hat{p}$과 모비율 p의 차이는 0으로 수렴한다. 이는 표본비율이 모비율을 정확히 알려주는 상황이다. 이를 평균의 법칙 또는 대수의 법칙이라고 부른다.

(6) 표본합의 기대치, 분산, 표준오차

여러 장의 카드가 들어 있는 상자로부터 n장의 카드를 무작위로 복원추출한다고 하자. 이때, i번째로 뽑힌 카드에 쓰여진 숫자를 X_i라 하고, 뽑힌 숫자들의 합을 S라 하자.

$$\text{표본합}: S=X_1+X_2+\cdots+X_n$$

상자의 평균과 상자의 표준편차를 각각 μ와 σ라고 하자. 이때 표본합 S의 기대치와 분산 및 표준오차는 다음과 같다.

① 표본합의 기대치

$$\begin{aligned}\mu_s&=\mathrm{E}(X_1+\cdots+X_n)=\mathrm{E}(X_1)+\cdots+\mathrm{E}(X_n)\\&=\mu+\cdots+\mu=n\mu\end{aligned}$$

② 표본합의 분산과 표준오차

$$\begin{aligned}\text{(i) }\sigma_s^2&=\mathrm{E}(S-\mu_s)^2=\mathrm{E}[(X_1-\mu)+\cdots+(X_n-\mu)]^2\\&=\mathrm{E}[(X_1-\mu)^2+\cdots+(X_n-\mu)^2+2(X_1-\mu)(X_2-\mu)+\cdots]\end{aligned}$$

$$=\sigma^2+\cdots+\sigma^2+0+\cdots$$
$$=n\sigma^2$$

(X_1, X_2, $\cdots$, X_n은 서로 독립이고 모두 동일한 분포를 따르므로)

(ii) $\mathrm{SE}(S)=\sigma_s=\sqrt{n}\sigma$

(7) 두 종류의 카드만 들어 있는 상자

상자에 a와 b 두 종류의 카드만 들어 있다고 하자($b>a$). 또 큰 수인 b의 비율이 p이고 작은 수인 a의 비율이 $1-p$라고 하자($0\leq p\leq 1$). 이 상자로부터 한 장의 카드를 뽑는다. 뽑힌 카드에 적힌 숫자를 X_1이라고 하자. 이때 상자의 표준편차는 X_1의 표준편차와 같다.

$$\begin{aligned}(\text{상자의 표준편차})&=\sqrt{\mathrm{Var}(X_1)}\\&=\sqrt{\mathrm{E}(X_1^2)-\mathrm{E}^2(X_1)}\\&=\sqrt{b^2p+a^2(1-p)-(bp+a(1-p))^2}\\&=\sqrt{(b^2+a^2-2ab)p(1-p)}\\&=(b-a)\sqrt{p(1-p)}\\&=(\text{큰 수}-\text{작은 수})\times\sqrt{(\text{큰 수의 비율})\times(\text{작은 수의 비율})}\end{aligned}$$

제 13 장

정규분포곡선과 확률히스토그램

Specialists grow to know more and more about less and less, and in the limit they know everything about nothing. On the other hand, generalists grow to know less and less about more and more, and ultimately they end up knowing nothing about everything.

– Ryu's limit theorem on life –

1. 동전던지기와 정규분포

평균의 법칙에 따르면 동전던지기를 반복할 때 앞면이 나오는 비율은 점차 50%에 가까워진다. 1,700년경에 스위스의 수학자인 제이콥 베르누이가 개략적으로 평균의 법칙을 증명했다. 그로부터 20년 뒤 프랑스의 수학자인 드 무아브르는 앞면의 비율이 특정 구간에 속할 확률을 계산함으로써 베르누이가 얻은 결과를 개선했다. 베르누이와 드 무아브르는 동전던지기에 대해 동일한 가정을 했다. 매번의 동전던지기는 서로 독립이며 앞면이 나올 확률은 언제나 일정하다는 가정이다.

동전을 다섯 번 던져 그 결과를 기록한다고 하자. 다섯 번 모두 앞면(H)이 나올 수도 있고 다섯 번 모두 뒷면(T)이 나올 수도 있다. 네 번 앞면이 나오는 경우는 다음 다섯 가지 경우가 있다.

THHHH　HTHHH　HHTHH　HHHTH　HHHHT

예를 들어 THHHH로 나타나는 형태는 첫 번째에 뒷면이 나오고 나머지 네 번은 모두 앞면이 나오는 경우를 나타낸다. 동전을 다섯 번 던져서 얻을 수 있는 경우의 수는 총 $2^5=32$가지이다. 〈표 13-1〉은 앞면이 나오는 횟수별로 전체 경우의 수를 나누어 보여준다.

표 13-1 동전을 다섯 번 던진 결과

앞면이 나오는 횟수	경우의 수
0	1
1	5
2	10
3	10
4	5
5	1

동전을 백 번 던지면 경우의 수는 총 $2^{100} \approx 1.27\times10^{30}$ 으로서 천문학적인 숫자가 된다. 동전을 백 번 던질 때 앞면이 정확히 50번 나오는 경우의 수는 제10장에서 배운 이항공식을 이용하면 $100!/(50!\times50!)=(100\times99\times\cdots\times51)/(50\times49\times\cdots\times1)\approx 1.01\times10^{29}$ 이 된다. 따라서 동전을 100번 던질 때 앞면이 정확히 50번 나올 확률은 (앞면이 50회 나오는 경우의 수)/(총 경우의 수) $\approx(1.01\times10^{29})/(1.27\times10^{30})\approx 0.08=8\%$이다.

드 무아브르의 시대에는 현대적인 계산기가 없었기 때문에 위와 같은 방식으로 확률을 구하지 못했다. 드 무아브르는 정규분포곡선을 이용하여 이를 가능케 했다. 예를 들면, 동전을 100번 던질 때 앞면이 정확히 50번 나올 확률은 표준정규분포곡선 아래 −0.1과 +0.1 사이의 면적으로 근사된다(아래 5절 참조).

2. 개념이 다른 두 히스토그램: 경험적 히스토그램과 확률히스토그램

현실의 복잡한 확률과정은 종종 상자모형으로 단순화된다. 하나의 상자모형이 주어져 있을 때 기대값과 표준오차가 그 확률과정의 주요 특징을 알려주는 길잡이라면, 확률히스토그램은 그 확률과정의 전모를 드러내주는 완벽한 청사진이다. 앞에서 기대값과 표준오차를 구할 때 실제로 추출한 숫자를 이용하지 않은 것처럼, 확률히스토그램을 구하는데도 실제로 추출한 자료를 쓰지 않는다. 상자의 내용물과 추출 횟수만 알고 있으면 머리를 써서 구할 수 있기 때문이다.

상자의 내용물과 추출 횟수만 알면 추출할 숫자들의 합에 대하여 그 중심이 어디 근처가 될지 또 그 중심 주위에서 얼마나 벗어나 분포할지 짐작할 수 있다. 합의 기대값은 그 중심을 알려준다. 합의 표준오차는 그 합이 중심으로부터 벗어나는 정도를 알려준다. 합의 기대값과 표준오차는 상자의 내용물과 추출 횟수로부터 구한다.

누군가가 추출한 숫자들의 합에 대하여 그 중심 및 중심으로부터 떨어진 정도에 만족하지 않고 좀 더 많은 정보를 원한다면 어떻게 할까? 두 가지 선택이 있다. 첫째, 정규분포곡선에 의지해 본다. 앞에서 공부한 것처럼 정규분포곡선은 중심과 그 중심으로부터 퍼진 정도의 두 가지 정보만으로 그 분포 전체가 완벽하게 묘사된다. 그런데 합의 분포가 정규분포곡선을 따를 것인가? 추출 횟수가 많으면 그렇다. 그러나 추출 횟수가 적으면 합의 분포로 정규분포곡선이 잘 들어맞지 않는다. 다음 두 번째 선택이 등장하는 이유가 바로 여기에 있다. 둘째, 머리를 써서 합의 분포에 대해 제대로 된 청사진을 그려준다. 즉, 합의 확률히스토그램을 그려준다.

대체 확률히스토그램이란 무엇인가? 합의 **확률히스토그램**(probability histogram)은 합이 특정한 값을 취할, 또는 특정한 구간에 속할 확률을 알려주는 새로운 종류의 히스토그램이다. 앞에서 배운 개별값의 경험적 히스토그램은 지금 배우는 합의 확률히스토그램과 두 가지 면에서 다르다. 첫째, 이제껏 다룬 히스토그램은 관측한, 즉 경험한 자료를 이용하여 그린다는 점에서 **경험적 히스토그램**(empirical histogram)이라고 부른다. 둘째, 이제껏 다룬 히스토그램은 합의 히스토그램이 아니라 개별값의 히스토그램이다. 개별값의 경험적 히스토그램은 관찰한 자료를 구간별로 분류하고 도수를 계산한 뒤 마지막으로 도수를 밀도단위로 바꾸어 그래프로 표현한 것이다. 반면, 합의 확률히스토그램은 상자의 내용물 및 추출 횟수로부터 합이 각각의 값으로 실현될 확률을 머리를 써서 계산해 내어 이를 그래프로 표현한 것이다.

3. 경험적 히스토그램과 확률히스토그램의 관계

경험적 히스토그램과 확률히스토그램간의 관계를 보기 위해 앞서 배운 평균의 법칙을 상기해 보자. 동전을 반복해서 던지면 앞면이 나온 비율, 즉 앞면이 나온 상대도수는 50%에 점점 가까워진다. 이를 상자모형으로 설명해보자. 상자 안에 0과 1이 적힌 카드가 각각 한 장씩 들어 있다. 동전을 반복해서 던지는 것이나 이 상자로부터 반복해서 무작위 복원추출하는 것이나 그 확률과정이 완전히 동일하다. 동전던지기에서 앞면이 나오면 이를 1이 적힌 카드가 뽑힌 것으로 보고, 뒷면이 나오면 이를 0이 적힌 카드가 뽑힌 것으로 본다.

앞면이 나올 확률이 50%라 함은, 앞면이 나온 상대도수가 반복의 횟수가 무한히 증가할수록 50%에 수렴한다는 뜻이다. 개별값의 확률히스토그램은 0의 값에 50%, 그리고 1의 값에 50%의 확률을 부여한다. 한편 동전을 실제로 던진 (경험적) 자료를 가지고 히스토그램을 그리면 던진 횟수가 증가함에 따라 상대도수를 나타내는 개별값의 경험적 히스토그램은 확률을 나타내는 개별값의 확률히스토그램으로 수렴하게 된다. 이는 본질적으로 평균의 법칙에 따라 경험적 확률이 그 이론적 확률로 수렴하기 때문이다. 여기서 경험적 확률이란 상대도수를 말한다.

> 반복 횟수가 증가함에 따라 경험적 히스토그램은 확률히스토그램으로 수렴한다. 이는 평균의 법칙 때문이다.

이제는 히스토그램의 대상을 개별값이 아니라 추출된 숫자들의 합으로 두고 합의 경험적 히스토그램과 합의 확률히스토그램을 비교해보자. 한 쌍의 주사위를 던져 나온 숫자들의 합을 구하면 그 값은 최소 2부터 최대 12까지 가능하다. [그림 13-1]의 (a)는 컴퓨터를 이용해 얻은 백 개의 합을 히스토그램으로 그린 것이다. 이는 경험적 히스토그램이라고 보면 된다. 컴퓨터가 실제로 주사위를 던지는 확률과정을 그대로 흉내내어 자료를 만들어 냈고 이를 이용하여 히스토그램을 그렸기 때문이다. 컴퓨터가 없으면 백 명의 학생이 각자 주사위를 두 개씩 던져 백 개의 합을 얻어내면 된다. 친구가 없으면 혼자서 백일 기도하는 심정으로 백 일 동안 매일 주사

그림 13-1 확률히스토그램으로 수렴하는 경험적 히스토그램

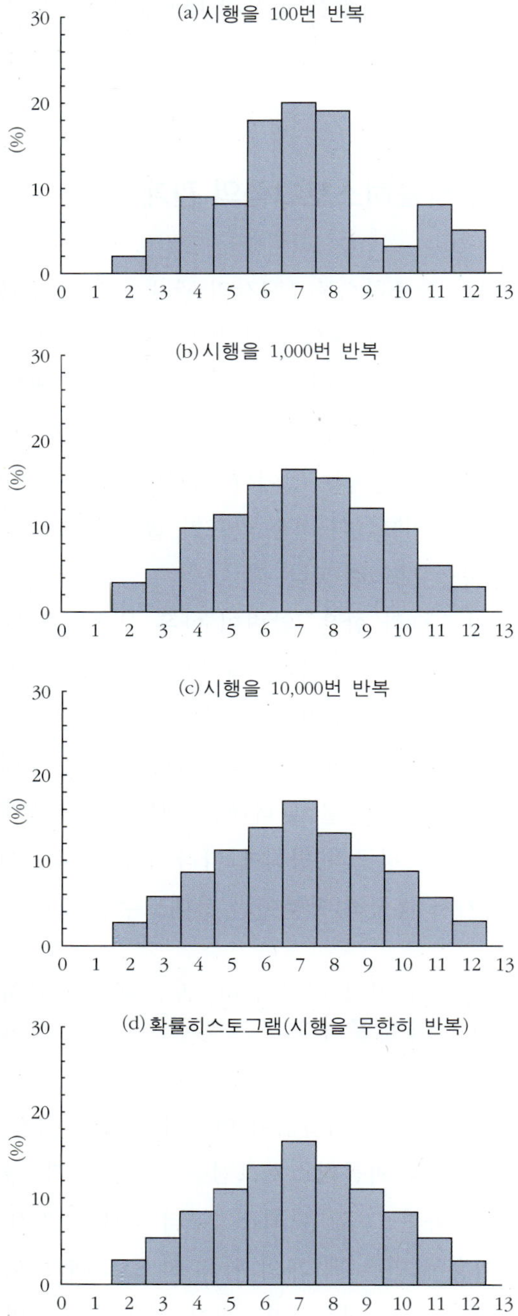

주: 한 쌍의 주사위를 던져 나온 숫자들의 합을 기록한다. (a)는 주사위 던지기를 백 번 반복해서 얻은 백 개의 합을 히스토그램으로 보여준다. (b)는 천 번 반복했을 때의 그림이고, (c)는 만 번 반복했을 때의 그림이다. 이상은 모두 관측치에 근거한 경험적 히스토그램이다. (d)는 개념상 무한히 반복했을 때의 그림으로 확률히스토그램이다.

위 두 개를 던져 백 개의 합을 만들어 내도 된다.

[그림 13-1]의 (b)와 (c)는 천 번 반복, 만 번 반복하여 그린 경험적 히스토그램이다. 반면, [그림 13-1]의 (d)는 확률히스토그램이다. 확률히스토그램은 두 개의 주사위를 무한히 많이 던져 구현한 경험적 히스토그램의 극한으로 얻어낼 수도 있고, 아니면 두 주사위를 무한히 많이 던지면 어떻게 될지 머리를 써서 짐작해낼 수도 있다.(여러분은 자신의 비교우위가 노동력에 있는지 정신력에 있는지 잘 판단하여 스스로에게 맞는 방법을 선택하면 된다.)

[그림 13-1]의 (a)를 보면 한 쌍의 주사위를 백 번 던졌을 때 7이 20번 나왔다. 이는 7에 해당하는 직사각형이 전체의 20%에 해당하는 면적을 차지하는 것으로 표현되어 있다. 다른 직사각형도 이런 식으로 해석하면 된다. 그림 (b)와 (c)는 주사위 던지기를 천 번, 만 번 반복했을 때의 경험적 히스토그램이다. 경험적 히스토그램은 반복의 횟수가 백에서 천으로 또 천에서 만으로 증가함에 따라 (d)에 제시되어 있는 확률히스토그램으로 수렴한다.

확률히스토그램은 머리를 써서 도출한다. 한 쌍의 주사위를 던질 때 총 36가지 경우가 가능하다. 이 중에서 합이 2가 되는 경우는 (1,1)의 한 가지 뿐이고 합이 3이 되는 경우는 (1,2)와 (2,1)의 두 가지가 있다. 따라서 합이 2가 될 확률은 $1/36 \approx 2.8\%$이고 합이 3이 될 확률은 $2/36 \approx 5.6\%$이다. 이렇게 구한 확률들을 블록의 면적으로 표현한 그래프가 바로 [그림 13-1]의 (d)에 그려진 확률히스토그램이다.

4. 합의 확률히스토그램과 정규분포곡선: 중심극한정리

동전을 던지는 횟수가 증가함에 따라 앞면이 나오는 횟수의 확률히스토그램이 정규분포곡선으로 수렴해 가는 과정을 살펴보자. 동전을 백 번 던진다고 하자. [그림 13-2]는 정규분포곡선과 함께 앞면이 나올 횟수의 확률히스토그램을 보여준다. 둘은 상당히 비슷하다.

그림에는 두 개의 가로축이 있다. 아래쪽은 확률히스토그램의 가로축으로 앞면이 나온 횟수를 알려준다. 위쪽은 표준정규분포곡선의 가로축으로 이른바 표준단위를 나타낸다. 앞면이 나올 횟수의 기대값은 50이고 표준오차는 5이다. 앞면이 나온 횟수 50은 표준단위 0에 대응한다. 앞면이 나온 횟수 55는 표준단위 +1에 대응하고, 45는 −1에 대응한다.

세로축도 두 개가 있다. 왼쪽의 세로축은 확률히스토그램에 대응하고 오른쪽의 세로축은 표준정규분포곡선에 대응한다. 왼쪽과 오른쪽의 세로축 값이 어떻게 대응

그림 13-2 동전을 백 번 던질 때 앞면이 나오는 횟수의 확률히스토그램

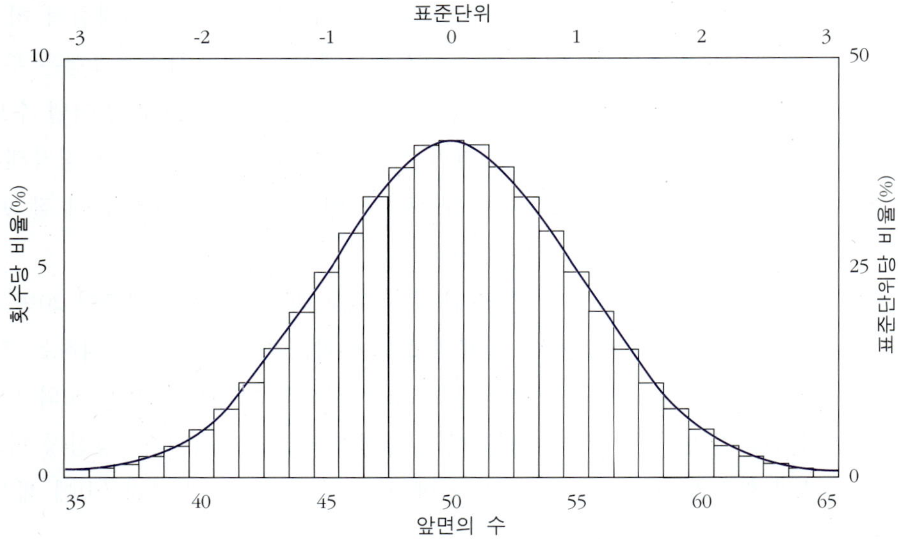

주: 정규분포곡선이 주어진 확률히스토그램에 대응하여 표준단위로 그려져 있다.

하고 있는지 살펴보자. 각 축의 가장 큰 값을 비교해 보자. 왜 오른쪽 축의 50%가 왼쪽 축의 10%에 대응하는가? 이는 50% 나누기 5가 10%이기 때문이다. 여기서 5는 다름아닌 앞면이 나오는 횟수의 표준오차이다. 그러면 왜 5로 나누는가? 표준단위 한 구간에는 앞면이 나오는 횟수로 5개의 부분구간이 대응하기 때문이다. 예컨대, 표준단위로 (0, 1)의 단위구간은 앞면이 나오는 횟수로 (50, 55)의 구간에 대응하고 이는 (50, 51), (51, 52), …, (54, 55) 등 단위길이를 갖는 5개의 부분구간으로 이루어진다.

이제 동전을 던지는 횟수가 증가함에 따라 앞면이 나오는 횟수의 확률히스토그램이 점차 어떤 모습으로 변해가는지 알아보자. [그림 13-3]은 동전을 각각 100번, 400번, 900번 던질 때의 확률히스토그램을 나타낸다. 동전을 100번 던질 때의 확률히스토그램은 조금 들쭉날쭉하지만 정규분포곡선과 비슷하다. 동전을 400번, 900번 던지면 확률히스토그램은 정규분포곡선과 아주 닮아간다. 18세기 초반 드 무아브르는 시행횟수가 증가함에 따라 확률히스토그램이 정규분포곡선으로 수렴함을 증명했다. 이를 **중심극한정리**(central limit theorem)라고 부른다.

> 관측치의 수, 즉 추출횟수가 증가함에 따라 합이나 평균은 그 확률히스토그램이 정규분포곡선으로 수렴해 간다. 이를 중심극한정리라고 한다.

그림 13-3 정규분포곡선으로 수렴하는 확률히스토그램

(a) 동전을 던지는 횟수가 100회일 때

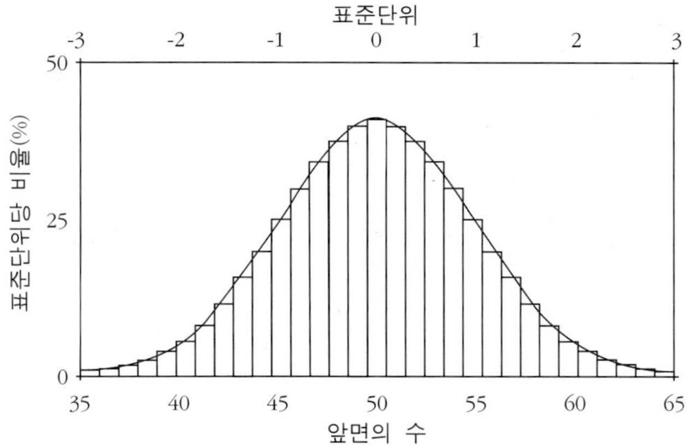

(b) 동전을 던지는 횟수가 400회일 때

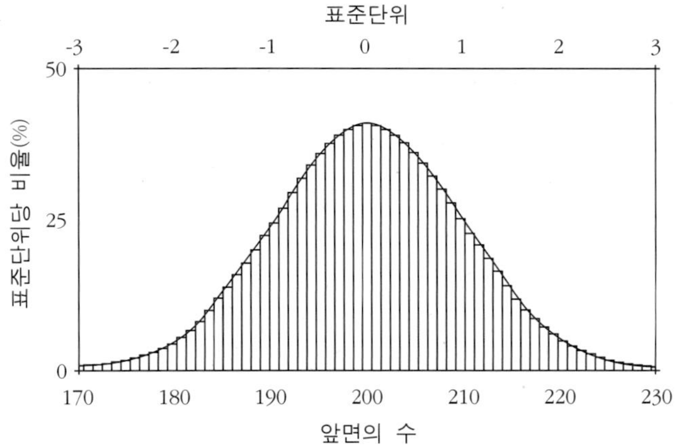

(c) 동전을 던지는 횟수가 900회일 때

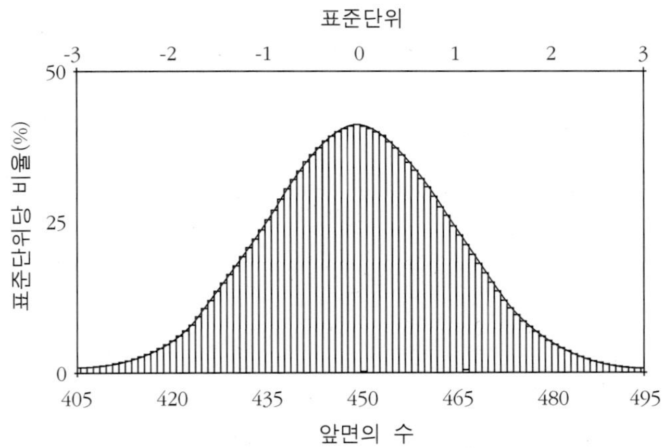

주: 동전을 각각 100회, 400회, 900회 던질 때 앞면이 나오는 횟수의 확률히스토그램이 그려져 있다. 비교를 위해 표준정규분포곡선도 겹쳐서 그려두었다. 확률히스토그램은 동전을 던지는 횟수가 증가함에 따라 점점 더 정규분포곡선과 그 모습이 닮아간다.

5. 정규분포곡선으로의 근사

중심극한정리에 따르면 동전던지기 시행의 횟수가 증가함에 따라 앞면이 나올 횟수의 확률히스토그램은 정규분포곡선과 그 모양이 비슷해진다. 따라서 시행 횟수가 클 때 정규분포곡선을 이용하면 동전의 앞면이 나올 횟수에 관한 확률을 쉽게 구할 수 있다. 다음 예를 살펴보자.

보기 1 동전을 100번 던진다. 다음을 계산하라.

(a) 앞면이 정확히 50번 나올 확률

(b) 앞면이 45 이상 55 이하로 나올 확률

(c) 앞면이 45 초과 55 미만으로 나올 확률

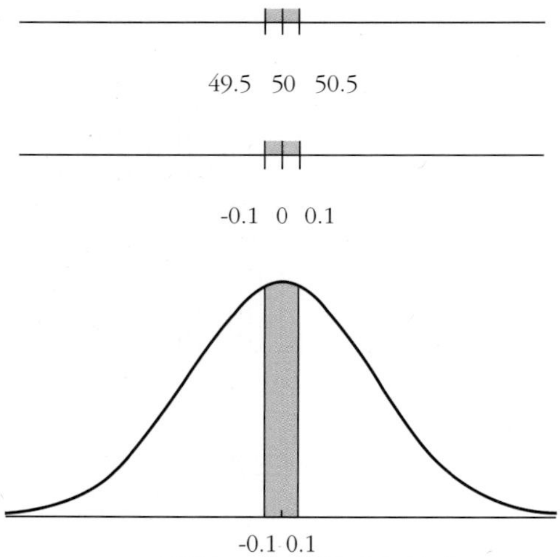

확률 = 음영 처리된 면적

≈ 7.96%

풀 이 앞면이 나오는 횟수의 기대값은 50이고 표준오차는 5이다.

(a) [그림 13-2]를 보자. 정확히 50번 앞면이 나올 확률은 50에 대응하는 직사각형의 면적과 같다. 이 직사각형의 밑변은 49.5에서 50.5에 이른다. 이를 표준단위로 바꾸면 −0.1에서 +0.1까지의 구간이 된다.

$$\frac{49.5-50}{5}=-0.1,\ \frac{50.5-50}{5}=0.1$$

중심극한정리에 따라 확률히스토그램과 정규분포곡선은 거의 일치한다. 따라서 직사각형의 면적은 정규분포곡선 아래 −0.1과 +0.1 사이 구간의 면적과 거의 같다. 이렇게 정규분포곡선을 이용하여 구한 근사값인 7.96%는 앞 1절에서 구한 참값 8%와 별 차이가 없다.

(b) 앞면이 45 이상 55 이하로 나올 확률은 [그림 13-2]를 보면 45에서 55에 이르는 11개의 직사각형의 면적과 동일하다. 이들 직사각형의 밑변은 44.5에서 55.5에 이른다. 이를 표준단위로 바꾸면 −1.1에서 +1.1 사이의 구간이 된다. 따라서 구하는 확률은 표준정규분포곡선 아래 −1.1과 +1.1 사이 구간의 면적과 거의 같다.

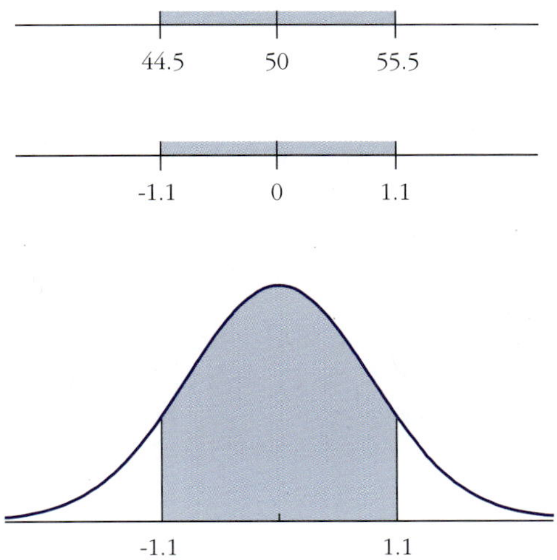

확률 = 음영 처리된 면적
≈ 72.87 %

(c) 앞면이 45 초과 55 미만으로 나올 확률은 46에서 54에 이르는 9개의 직사각형의 면적과 같다. 이는 표준정규분포곡선 아래 −0.9와 +0.9 사이 구간의 면적과 거의 같다.

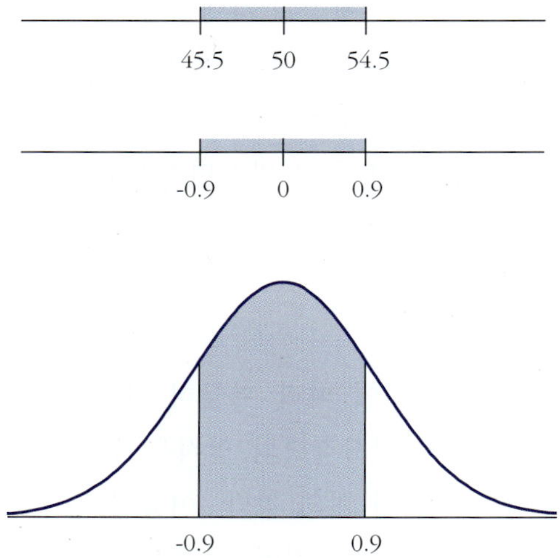

확률 = 음영 처리된 면적
≈ 63.18 %

[참고] 위에서 (b)와 (c)의 답은 아주 다르다. 동전의 앞면이 나온 횟수를 셀 때 주어진 구간의 양 끝점인 45와 55를 포함시키느냐 마느냐에 따라 큰 차이가 난다. 동전의 앞면이 나오는 횟수는 0, 1, 2, … 등의 이산적인 값만을 취한다. 반면, 정규분포를 따르는 확률변수는 어떠한 연속인 값도 취한다. 따라서 앞면이 나온 횟수의 확률히스토그램을 정규분포곡선으로 근사시킬 때 이산적인 값과 연속적인 값의 차이를 고려해 주어야 한다. 예컨대 (a)의 문제에서 이산적인 값인 50을 연속적인 값으로 변화시킬 때 이를 49.5부터 50.5까지의 구간에 대응시킨다. 이를 **연속성 수정**(continuity correction)이라고 부른다. (b)와 (c)의 문제에서 45부터 55까지의 이산적인 구간은 양 끝점이 포함되느냐 마느냐에 따라 44.5부터 55.5까지의 연속적인 구간에 대응하기도 하고 45.5부터 54.5까지의 구간에 대응하기도 한다. 이처럼 신경을 써서 끝점을 고려하는 방법이 연속성 수정이다. 이산적인 확률변수 및 그 확률히스토그램을 하나의 연속인 확률변수 및 그 확률히스토그램으로 근사시킬 때 일반적으로 연속성 수정을 하는게 좋다.

하나의 확률히스토그램을 정규분포곡선으로 근사시키고 나면 원하는 구간의 넓이를 계산할 때 표준정규분포곡선을 이용하면 된다. 이는 아주 편리하다. 확률히스토그램은 때로 그 넓이를 계산하기가 어려운 반면 정규분포곡선 아래의 넓이는 표준정규분포표로부터 쉽게 읽어 낼 수 있기 때문이다.

6. 정규분포곡선의 사용 범위

지금까지는 동전던지기의 경우로 논의를 한정시켰다. 일반적인 상자로부터 숫자를 추출하면 어떻게 되는가? 합의 확률히스토그램을 여전히 정규분포곡선으로 근사시킬 수 있는가? 추출 횟수가 크기만 하면 그렇다. 중심극한정리 때문이다. 추출하는 횟수가 크기만 하면 상자의 내용물에 관계없이 추출된 숫자의 합은 정규분포곡선에 의해 그 분포가 잘 근사된다. 중심극한정리는 동전던지기에서처럼 0과 1로만 이루어진 상자에 대해서도 성립하고, 다른 내용물이 든 상자에 대해서도 성립한다.

다만 상자의 내용물에 따라 합의 확률히스토그램이 정규분포곡선으로 닮아 가는 속도는 다르다. 상자의 내용물을 히스토그램으로 나타냈을 때 그 모양이 정규분포곡선과 비슷할수록 합의 확률히스토그램이 정규분포곡선으로 닮아 가는 속도는 빠르다. 즉 상자로부터 한 번 추출할 때 나오는 값의 확률히스토그램이 정규분포곡선과 비슷할수록 중심극한정리는 보다 빠르게 성립한다. 반면 상자 안에 든 카드의 히스토그램이 정규분포곡선과 다를수록 합의 분포를 정규분포곡선으로 근사시키기 위해서는 추출 횟수가 많아야 한다.

예를 들어, 0이 아홉 장, 1이 한 장 들어 있는 상자를 고려해 보자. 이 상자는 동전던지기에 대응하는 상자보다 그 상자의 분포가 정규분포곡선과 더 다르다. 좌우 대칭이 아니고 한쪽으로 치우쳐 있기 때문이다. [그림 13-4]를 보라.

상자에서 무작위로 복원추출을 할 때 추출 횟수가 충분히 크지 않으면 합의 확률히스토그램 역시 한쪽으로 치우친 모습을 띠게 된다. [그림 13-5]는 상자로부터 25회, 100회, 400회 무작위 복원추출을 할 때 합의 확률히스토그램이 변해가는 과정을 보여준다. 25회 추출할 때 확률히스토그램은 정규분포곡선과 다소 차이를 보인다. 이 경우 정규분포곡선으로의 근사는 정확한 확률을 계산해 주지 못한다. 100회 추

그림 13-4 0이 9장, 1이 1장 들어 있는 상자의 확률히스토그램

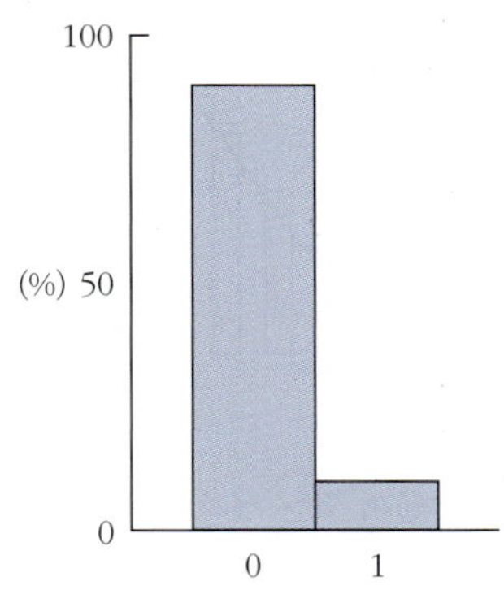

그림 13-5 확률히스토그램에 대한 정규근사

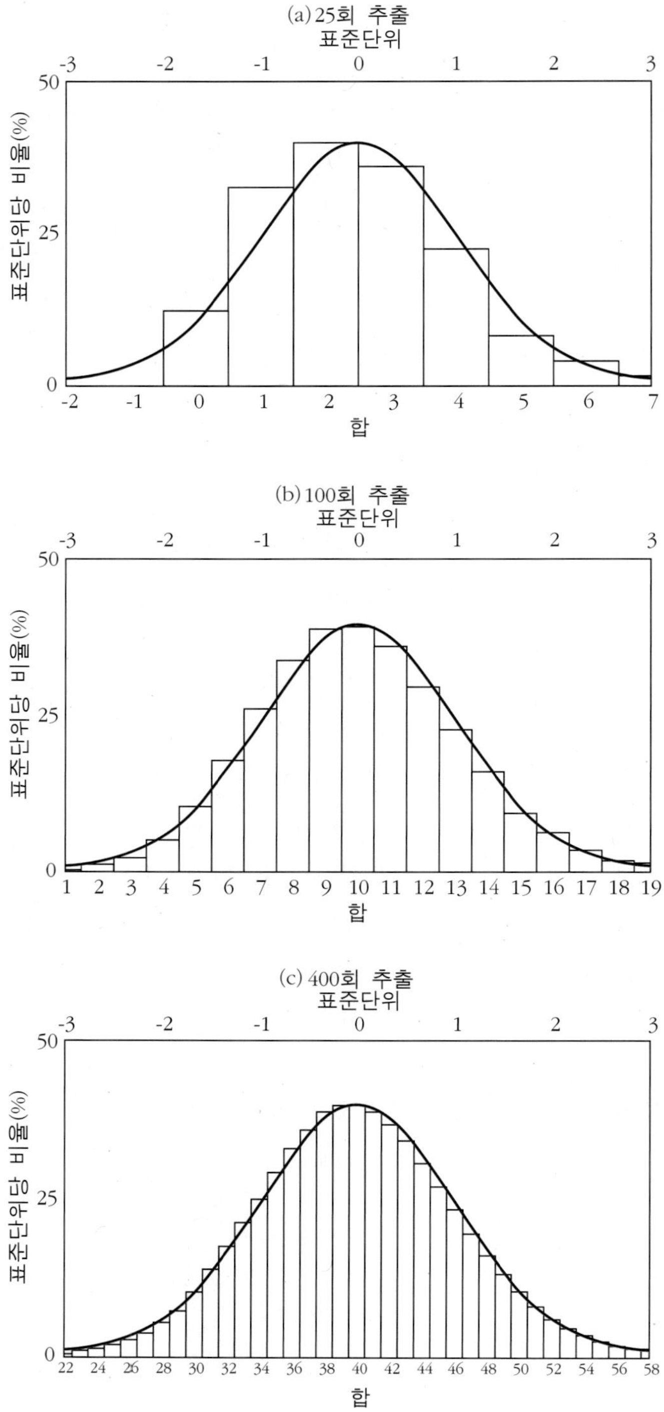

주: 0이 아홉 장, 1이 한 장 들어 있는 상자에서 무작위로 복원추출할 때 그 합의 확률히스토그램에 대한 정규근사. (a)는 25회 추출의 경우, (b)는 100회 추출의 경우, (c)는 400회 추출의 경우를 나타낸다. 합의 확률히스토그램과 비교하기 위해 정규분포곡선이 겹쳐서 그려져 있다.

그림 13-6 상자의 내용물이 대칭인 경우 합의 확률히스토그램

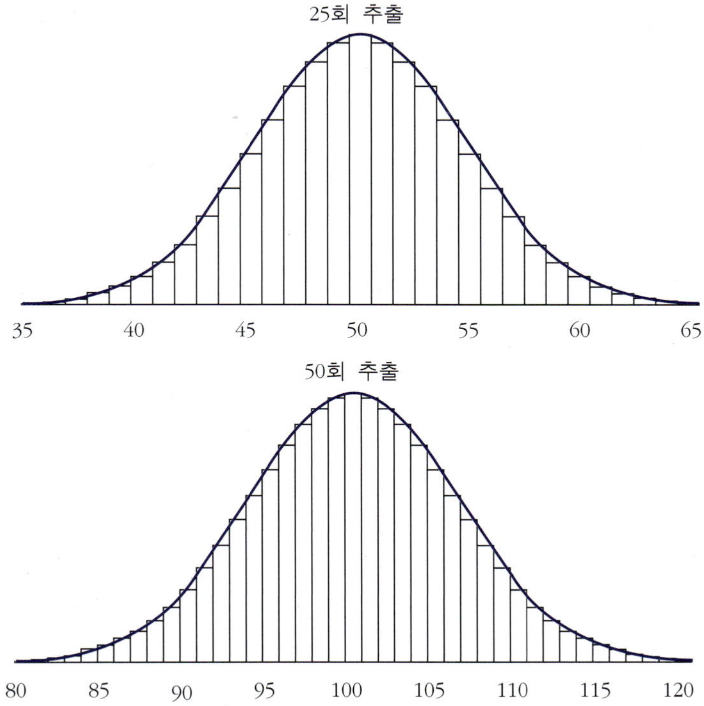

주: 1, 2, 3이 한 장씩 들어 있는 상자에서 무작위로 복원추출할 때 그 합의 확률히스토그램에 대한 정규근사. 이 상자로부터는 25회만 추출해도 합의 확률히스토그램이 정규분포곡선에 의해 잘 근사된다.

그림 13-7 1, 2, 9가 한 장씩 들어 있는 상자의 확률히스토그램

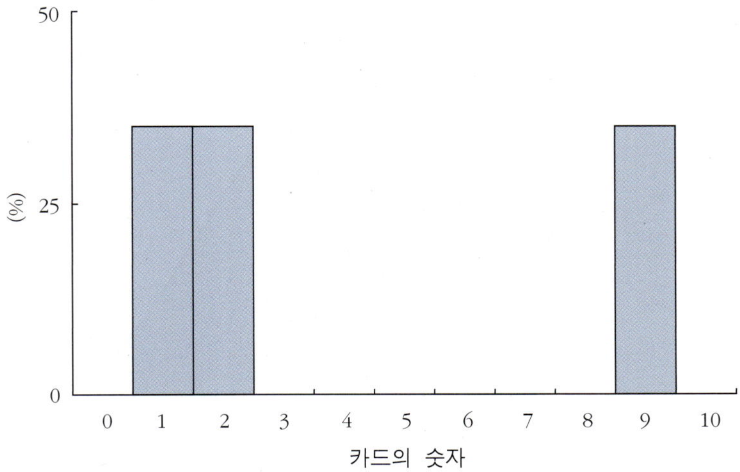

주: 이 확률히스토그램은 정규분포곡선과 전혀 닮지 않았다. 한쪽으로 치우쳐 있다.

그림 13-8 상자의 내용물이 비대칭인 경우 합의 확률히스토그램

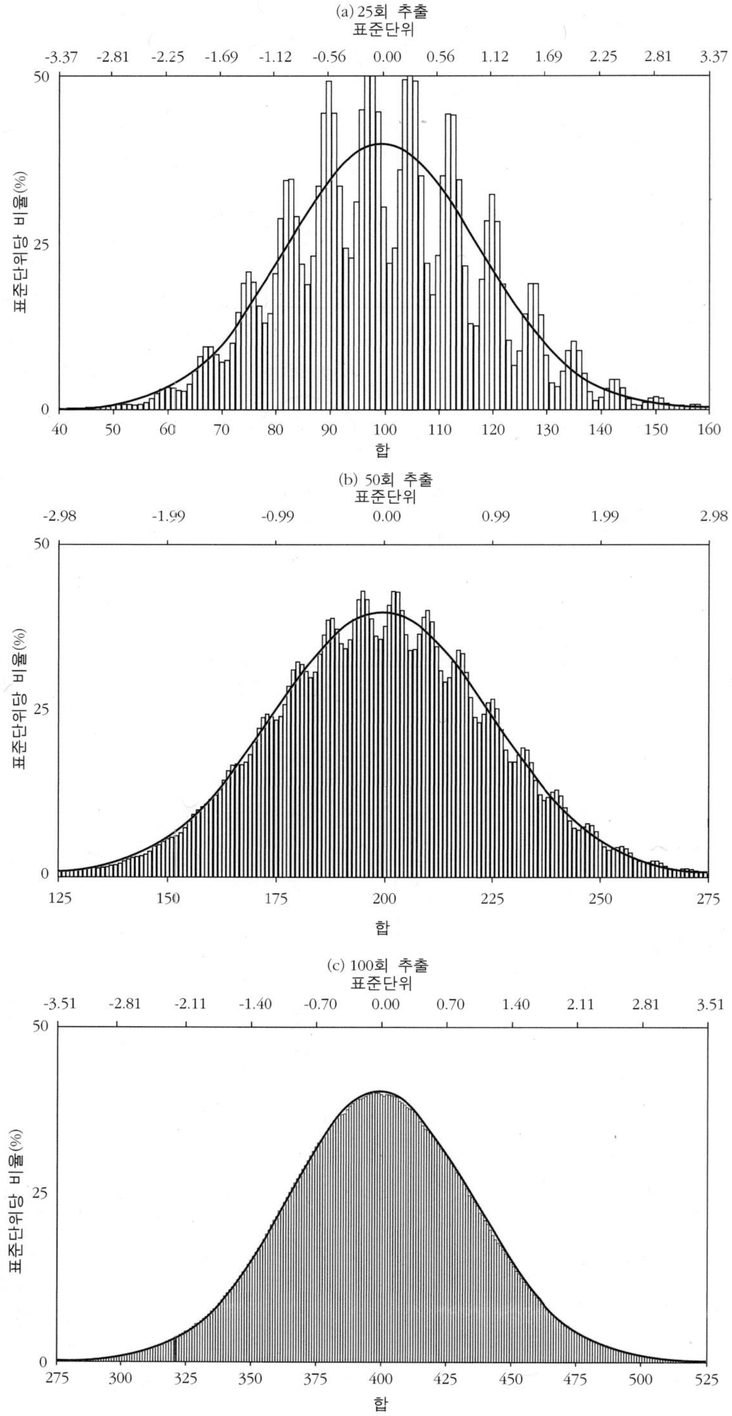

주: 1, 2, 9가 한 장씩 들어 있는 상자에서 무작위로 복원추출할 때 그 합의 확률히스토그램에 대한 정규근사. (a)는 25회 추출의 경우로 정규분포곡선과 상당한 차이를 보인다. (b)는 50회 추출의 경우이고, (c)는 100회 추출의 경우인데 정규분포곡선과 거의 차이가 없다.

출의 경우 합의 확률히스토그램과 정규분포곡선은 상당히 비슷하다. 400회 추출의 경우에는 둘 사이에 거의 차이가 없다.

지금까지는 상자 안에 단지 0과 1 두 숫자만 있는 경우를 고려했다. 이제 다른 숫자가 들어 있는 경우를 고려해 보자. 예를 들어 상자 안에 1, 2, 3이 각각 한 장씩 들어 있다고 하자. 이 상자는 어느 쪽으로도 치우쳐 있지 않다. 상자의 분포는 2를 중심으로 좌우대칭이다. 이 상자로부터는 25회만 무작위 복원추출해도 그 합의 확률히스토그램이 [그림 13-6]에서 보듯이 정규분포곡선과 상당히 유사하다. 50회 추출할 때는 정규분포곡선과 거의 차이가 없다.

다음으로 상자 안에 1, 2, 9가 각각 한 장씩 들어 있는 경우를 고려하자. 상자의 내용물에 대한 확률히스토그램은 [그림 13-7]에 그려져 있다. 이 확률히스토그램은 정규분포곡선과 아주 다르다. 이 상자로부터 25회 무작위 복원추출하여 그 합의 확률히스토그램을 그리면 [그림 13-8]에서 보듯이 정규분포곡선과 차이를 보인다. 하지

그림 13-9 주사위를 10회, 25회 던질 때 곱의 확률히스토그램

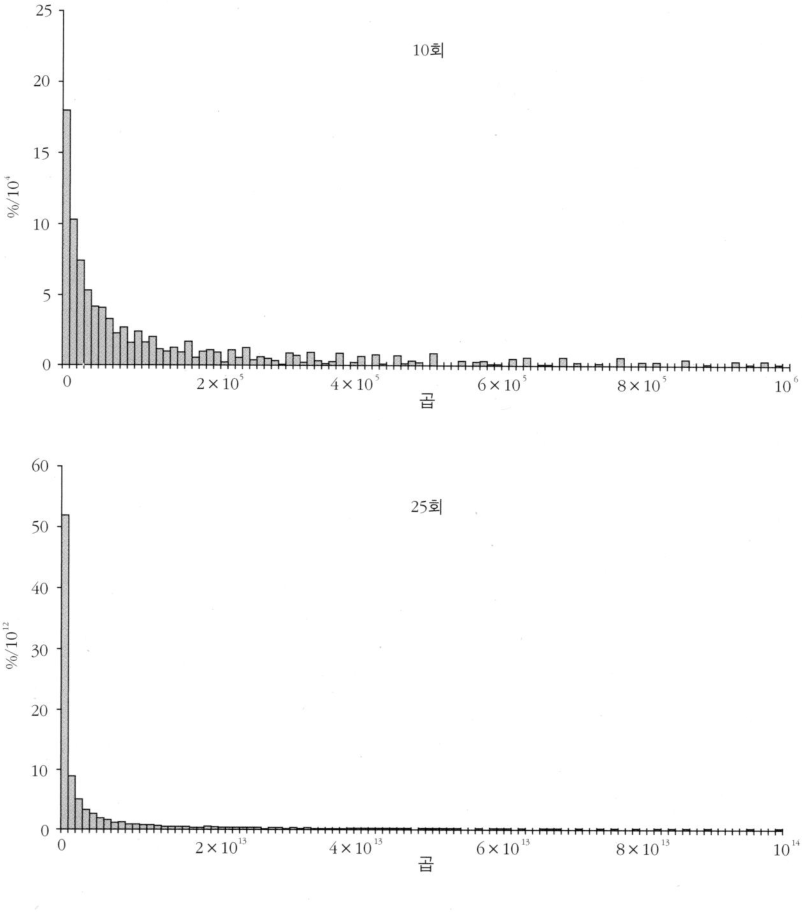

만 추출 횟수를 50회로 늘리면 정규분포곡선과 제법 유사하며, 100회로 늘리면 거의 차이가 없다.

중심극한정리는 추출된 숫자들의 합에 대하여 성립한다. 또는 그 합을 추출 횟수로 나눈 평균에 대하여 성립한다. 합의 확률히스토그램과 평균의 확률히스토그램은 단위만 다를 뿐 그 전반적 모양이 같다. 중심극한정리에 따르면 추출 횟수가 많은 경우 합이나 평균의 확률히스토그램은 상자의 내용물과 관계없이 정규분포곡선에 의해 잘 근사된다.

중심극한정리는 추출된 숫자들의 곱에 대해서는 성립하지 않는다. 추출된 숫자들의 곱에 대한 확률히스토그램은 정규분포곡선과 다르다. 추출 횟수가 많으면 더욱 그렇다. [그림 13-9]의 (a)는 주사위를 10회 던질 때 나오는 숫자들의 곱에 대한 확률히스토그램이다. 정규분포곡선과 완전히 다르다. (b)는 주사위를 25회 던질 때 나오는 숫자들의 곱에 대한 확률히스토그램이다. 정규분포곡선과 더욱 다르다. 시행의 횟수를 증가시켜도 곱의 확률히스토그램은 정규분포곡선에 가까워지지 않는다. 곱은 합이나 평균과 다르다. 곱의 확률히스토그램은 정규분포곡선으로 수렴하지 않는다.

7. 중심극한정리와 히스토그램의 수렴

지금까지 0, 1이 한 장씩 들어 있는 상자, 0이 아홉 장 1이 한 장 들어 있는 상자, 1, 2, 3이 한 장씩 들어 있는 상자, 그리고 1, 2, 9가 한 장씩 들어 있는 상자 등 네 개의 상자를 살펴보았다. 무작위 복원추출을 할 때 상자로부터의 추출 횟수가 충분히 크면 합 또는 평균의 확률히스토그램은 정규분포곡선과 그 전반적인 모양이 비슷해진다. 이는 상자의 내용물에 관계없이 성립한다. 즉, 네 개의 상자 모두에 대하여 성립한다. 수학자들은 이런 사실에 대해 중심극한정리라는 이름을 붙였다. 중심극한정리는 통계이론에서 중추적 역할을 담당한다.

중심극한정리는 합 또는 평균에 대해서는 적용되지만 [그림 13-9]에서 보았듯이 곱에 대해서는 적용되지 않는다. 중심극한정리가 성립하려면 추출 횟수는 얼마나 커야 할까? 이에 대해 정해진 답은 없다. 상자의 내용물에 따라 다르다. [그림 13-3], [그림 13-5], [그림13-6], [그림 13-8]을 서로 비교해 보라. 하지만 대부분의 상자에서는 100회 정도 추출하면 합의 확률히스토그램이 정규분포곡선과 아주 비슷해진다.

상자로부터 무작위로 복원추출할 때 추출 횟수가 증가함에 따라 합 또는 평균의 확률히스토그램은 정규분포곡선으로 수렴해간다. 이를 중심극한정리라고 한다. 이 정리는 상자의 내용물에 관계없이 항상 성립한다. 다만 합 또는 평균의 확률히스토그램을 정규분포곡선으로 근사시킬 때 근사에 필요한 최소한의 추출 횟수는 달라진다. 상자의 내용물 분포가 정규분포곡선과 비슷하면 추출 횟수가 적어도 근사가 잘 되나 그렇지 않으면 추출 횟수가 많아야 한다.

확률히스토그램이 정규분포곡선을 따르면 그 전체 모양은 기대값과 표준오차만으로 완벽하게 묘사된다. 이때는 기대값과 표준오차 이외에 다른 정보가 필요치 않다. 합의 기대값과 표준오차는 다음으로부터 계산한다.

- 상자의 평균
- 상자의 표준편차
- 상자로부터의 추출 횟수

기대값은 확률히스토그램의 중심을 나타내 주고, 표준오차는 그 퍼진 정도를 나타내 준다.

이상에서 히스토그램이 수렴하는 현상에 대해 살펴보았다. 히스토그램의 수렴에는 두 가지 종류가 있다. 하나는 합의 경험적 히스토그램이 합의 확률히스토그램으로 수렴하는 현상이고, 다른 하나는 합의 확률히스토그램이 정규분포곡선으로 수렴하는 현상이다. 개념상 이 두 가지 수렴 현상을 분간해 내는 것은 대단히 중요하다.

먼저 우리는 2절과 3절에 걸쳐 합의 경험적 히스토그램이 합의 확률히스토그램으로 수렴하는 현상을 살펴보았다. 이는 [그림 13-1]에 예시되어 있다. 이 그림에서 추출 횟수는 둘로 고정되어 있다. 증가하는 것은 반복시행의 횟수이다. 여기서의 기본적인 확률과정은 상자로부터 숫자카드 두 장을 추출하여 합치는 일이다. 이 과정을 무한히 반복하면 합의 경험적 히스토그램은 합의 확률히스토그램으로 수렴한다. 평균의 법칙 때문이다. 시행을 반복하면 경험적 확률인 상대도수는 그 이론적 확률에 수렴하는 것이다.

다음으로 우리는 4절–6절에 걸쳐 합의 확률히스토그램이 정규분포곡선으로 수렴하는 현상을 살펴보았다. 이는 [그림 13-3], [그림 13-5], [그림 13-6] 및 [그림 13-8]에 예시되어 있다. 이들 그림에서 반복시행의 횟수는 개념상 언제나 무한대로 고정되어 있다. 변하는 것은 한번 시행할 때의 추출 횟수이다. 추출 횟수를 계속 증가시키면 합의 확률히스토그램은 그 들쭉날쭉한 모양이 점점 완만해지면서 정규분포곡선으로 수렴한다. 이는 중심극한정리 때문이다. 합쳐지는 숫자들의 개수가 증가함에 따라 합의 분포는 그 모양이 정규분포곡선에 한없이 가까워진다. 〈표 13-2〉는 히

표 13-2 히스토그램의 수렴(convergence of histogram) : 개념이 다른 두 종류의 수렴

	합의 경험적 히스토그램이 합의 확률히스토그램으로 수렴	합의 확률히스토그램이 정규분포곡선으로 수렴
책의 해당 부분	제13장 2절과 3절	제13장 4절-6절
수렴현상의 예시	[그림 13-1]	[그림 13-3], [그림 13-5] [그림 13-6], [그림 13-8]
수렴의 조건	반복시행의 횟수가 무한히 증가(한 번의 시행시 추출 횟수는 고정한 채, 전체 시행을 무한히 반복함)	추출 횟수가 무한히 증가(확률히스토그램은 개념상 전체 시행의 횟수가 무한대인 경우에 해당함. 즉, 전체 시행의 횟수는 언제나 무한대인 상태에서 매 번의 시행시 추출 횟수를 무한히 증가시킴)
관련된 법칙	평균의 법칙(대수의 법칙)	중심극한정리

주: 상자로부터 n장의 카드를 뽑아 추출된 숫자의 합을 기록한다고 하자. 그리고 이러한 시행을 전체적으로 R번 반복한다고 하자. 이때 합의 경험적 히스토그램이 합의 확률히스토그램으로 수렴하는 현상은 n이 고정된 상태에서 R이 무한히 증가할 때 나타난다. 합의 확률히스토그램이 정규분포곡선으로 수렴하는 현상은 이미 $R=\infty$인 상태에서 n이 무한히 증가할 때 나타난다. 여기서 한 번 시행의 추출 횟수 n과 반복시행의 횟수 R의 차이에 주목하라.

스토그램이 수렴하는 두 가지 현상을 비교해서 보여준다.

상자로부터 고정된 횟수로 추출하는 시행을 반복할 때 합의 경험적 히스토그램은 반복의 횟수가 무한히 증가함에 따라 합의 확률히스토그램에 가까워졌다. 매번의 시행에서 추출 횟수를 무한히 늘리면 합의 확률히스토그램은 정규분포곡선에 가까워졌다. 두 현상을 종합하여 말하면, 반복시행의 횟수와 매번 시행에서의 추출 횟수가 충분히 커지면 합의 경험적 히스토그램은 합의 확률히스토그램으로 수렴하고(반복시행의 횟수가 크기 때문), 이는 다시 정규분포곡선으로 수렴하게 된다(매번 시행에서 추출 횟수가 크기 때문).

[참고] 위에서 반복 횟수가 증가함에 따라 합의 경험적 히스토그램이 합의 확률히스토그램으로 수렴하는 것은 평균의 법칙 또는 대수의 법칙 때문이라고 설명했다. 이때 우리는 대수의 법칙을 반복 횟수(R)의 증가에 대하여 적용한 셈이다. 대수의 법칙은 필요에 따라 반복 횟수인 R에 대해서도 적용할 수 있

고 추출 횟수인 n에 대해서도 적용할 수 있다. 우리는 앞에서 제곱근 법칙을 공부할 때 대수의 법칙을 추출횟수 n의 증가에 적용하여 표본비율이 모비율로, 그리고 표본평균이 모평균으로 수렴함을 살펴본 바 있다.

8. 부트스트랩핑

표본합, 표본평균, 표본비율 등 합 내지 평균의 확률히스토그램을 정규분포로 근사시키려면 추출 횟수인 n이 커야 한다. 추출 횟수인 n이 작다면? 작은 표본으로부터 구한 합 내지 평균의 확률히스토그램을 무작정 정규분포로 근사시키는 것은 위험하다. 그렇다면 대안이 있는가? 그 대안 가운데 하나가 바로 **부트스트랩핑 방법**(bootstrapping method)이다. 영어로 부트스트랩(bootstrap)은 다른 사람의 도움을 받지 않고 스스로 문제를 해결한다(help oneself without the aid of others)는 의미를 갖는다. 표본크기도 크지 않고 어떤 이론의 도움도 기대할 수 없는 상황에서 표본합이나 표본평균의 확률히스토그램을 주어진 자료만을 가지고 근사시켜나가는 과정이 바로 부트스트랩핑이다.

부트스트랩핑은 **유한표본**(finite sample) 또는 **작은 표본**(small sample)에서 표본 추출과 이에 입각한 통계치 계산의 과정을 반복함으로써 주어진 통계량의 **유한표본분포**(finite sampling distribution)를 구하는 방법이다.

표본평균을 예로 들어 부트스트랩 방법을 설명하면 다음과 같다. 표본 크기를 n이라고 하자. 하나의 상자에 1부터 n까지의 숫자가 적힌 n장의 카드를 넣는다. 여기서 복원추출(sampling with replacement)로 n장의 카드를 추출한다. 복원추출 결과 어떤 카드는 반복해서 뽑히고 다른 카드는 한 번도 안 뽑힐 수 있다. 예컨대 1이 적힌 카드는 두 번 뽑히고 n이 적힌 카드는 한번도 뽑히지 않았으면 추출된 n장의 카드에는 1이 적힌 카드가 두 장 들어 있는 반면 n이 적힌 카드는 한 장도 없게 된다. 추출된 n장의 카드는 하나의 새로운 표본을 형성한다. 이를 부트스트랩 표본(bootstrap sample)이라고 부른다. 부트스트랩 표본을 이용하여 새로운 표본평균을 구한다.

이제 위의 전체 과정, 즉 (i) 원래의 표본으로부터 복원추출로 같은 크기의 부트스트랩 표본을 추출하고, (ii) 부트스트랩 표본으로부터 새로운 표본평균을 구하는 두 단계 과정을 전체적으로 1,000번 정도 반복한다. 반복의 결과 우리는 1,000개의 표본평균을 얻게 된다. 이렇게 얻은 1,000개의 표본평균을 히스토그램으로 나타내면 이

것이 바로 표본평균의 확률히스토그램에 대한 하나의 근사가 된다. 이러한 근사방법을 부트스트랩핑 방법 또는 부트스트랩 방법이라고 부른다. 한편 1,000개 표본평균의 표준편차를 구하면 이는 표본평균의 표준오차에 대한 근사치가 된다.

부트스트랩 방법으로 표본평균의 확률히스토그램을 근사시키거나 그 표준오차를 근사시키는 데 있어 어려울 게 하나도 없다. 원래의 자료를 가지고 원래의 표본평균을 계산한 것처럼, 새로운 부트스트랩 자료를 가지고 새로운 표본평균을 구하는 작업을 전체적으로 1,000번 반복하면 된다. 컴퓨터는 그런 반복 작업에는 비교우위가 있다. 복원추출에 쓸 난수발생기(random number generator)와 표본평균을 구하는 프로그램만 있으면 된다. 표본크기가 작은 경우 부트스트랩 방법은 정규분포를 이용하는 정규 근사보다 근사의 정확도가 높은 것으로 알려져 있다.

> 표본평균의 확률히스토그램을 부트스트랩 방법으로 근사시키려면, 원래의 표본으로부터 복원추출로 같은 크기의 부트스트랩 표본을 추출하고 추출된 부트스트랩 표본으로부터 새로운 표본평균을 구하는 두 단계 과정을 전체적으로 1,000번 정도 반복한다. 반복의 결과 얻게 되는 1,000개의 표본평균을 히스토그램으로 나타내면 이것이 바로 표본평균의 확률히스토그램에 대한 부트스트랩 근사가 된다.

상자로부터 n장의 카드를 뽑는 것이나 하나의 금융계약을 맺는 것이나 그 결과가 불확실하기는 마찬가지다. 위에서 공부한 부트스트래핑 방법은 하나의 금융계약에 담긴 위험(risk)을 계량화할 때도 유용하게 사용된다. 통계적 부트스트랩 방법을 금융계약으로 확장 응용한 것을 파이낸셜 부트스트랩핑(financial bootstrapping)이라고 부른다.

예를 들어 보자. 어느 한 수출업체가 3개월 뒤의 원-달러 환율수준에 따라 손익이 결정되는 하나의 파생금융상품계약을 체결하려 한다. 이 회사의 재무담당자는 이 계약에 내재된 위험을 파악해야 한다. 그 위험을 계량화하는 하나의 방법은 우선 과거의 일별(daily) 원-달러 환율 수익률 자료와 현재의 환율 수준을 이용하여 앞으로 3개월 동안의 환율 움직임 자료(가상의 자료)를 반복적으로 1,000세트 만든다. 이때 한 세트의 자료를 만들기 위해 과거의 일별 원-달러 환율 수익률 자료로부터 3개월치에 해당되는 일일수익률 자료를 복원추출해내면 된다.

다음으로 각각의 가상적 자료 세트에 파생금융상품 계약을 적용하여 자료별로 하나씩 총 1,000개의 "가상적" 수익을 계산해낸다. 이 1,000개의 "가상적" 수익을 근거로 위험을 판단하면 된다. 예컨대 1,000개 수익을 하나의 히스토그램으로 그려보니 그 좌측 5% 면적에 해당되는 경계금액이 20억 손해를 보는 금액이라면, 달리 표현하여 1,000개 수익을 오름차순으로 정렬하고 보니 50번째로 작은 값이 −20억이라면 이는 "3개월−95% VaR"(value at risk)값이 대략적으로 20억임을 알려준다. 여기서 "3개월−95% VaR"이라 함은 3개월 만기의 이러한 파생금융상품 계약을 체결할 때 95% 확신하기 위해서는 최대 얼마만큼의 손해액까지 대비해야 되는지, 그 필요한 준비금을 나타내주는 금액이다.

9. 복습문제

1. 아래 그림은 1, 2, 3, 4, 5가 한 장씩 들어 있는 상자로부터 25회 무작위 복원추출했을 때, 숫자들의 합에 대한 확률히스토그램이다. 그림에서 빗금친 부분은 추출된 숫자들의 합이 ( ) 이상 ( ) 이하일 확률을 나타낸다.

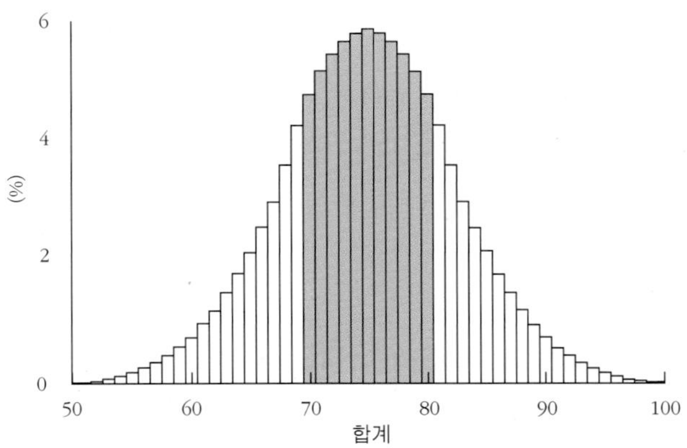

2. 본문에 있는 [그림 13-1]의 (d)는 한 쌍의 주사위를 던져서 나온 두 숫자의 합에 대한 확률히스토그램을 나타낸다.
   (1) 합이 7 이상 10 이하가 될 확률은 히스토그램 아래 ( )와 ( ) 사이의 넓이와 같다.
   (2) 합이 7일 확률은 히스토그램 아래 ( )와 ( ) 사이 구간의 넓이와 동일하다.

3. 앞의 2번 문제처럼 [그림 13-1]을 보고 답하라.
   (1) 한 쌍의 주사위를 던져서 나온 숫자의 합은 어떤 수가 될 확률이 가장 높은가?
   (2) 한 쌍의 주사위를 천 번 반복해서 던질 때 두 주사위 숫자의 합으로 어떤 숫자가 가장 빈번하게 나오겠는가?

(3) [그림 13-1]의 (a)에서 4에 대응하는 직사각형은 5에 대응하는 직사각형보다 크다. 4가 5보다 더 잘 나오는 경향이 있어서 그런가? 설명하라.

(4) [그림 13-1]의 (a)를 보고 답하라. 8에 대응하는 직사각형은 다음 중 하나를 나타낸다. 선택하고 설명하라.

(i) 한 쌍의 주사위를 던져서 나온 숫자들의 합이 8일 확률

(ii) 주사위를 100번 던졌을 때 나온 숫자들의 합이 8일 확률

(iii) 한 쌍의 주사위를 100번 반복해서 던졌을 때 두 주사위 눈의 합으로 8이 나온 상대도수

4. 본문 [그림 13-2]에서 앞면이 정확히 52번 나올 확률은 ( ) 아래 ( )와 ( ) 사이 구간의 면적과 같다. 빈칸을 채우라. 첫 번째 빈칸에는 정규분포곡선과 확률히스토그램 중 하나가 들어간다.

5. 동전을 10,000회 던졌다.

(1) 앞면이 4,900회 이상 5,050회 이하로 나올 확률을 구하라.

(2) 앞면이 4,900회 이하로 나올 확률을 구하라.

(3) 앞면이 5,050회 이상 나올 확률을 구하라.

6. 다음 질문에 답하라.

(1) 동전을 100회 던졌을 때 앞면이 50회 이하로 나올 확률을 계산한다고 하자. 확률히스토그램에서 직사각형 밑변의 끝점을 고려해야 하는가? 이를 고려하지 않으면 어떤가?

(2) 이번에는 동전을 900회 던질 때 앞면이 450회 이하로 나올 확률을 계산한다고 하자. 직사각형 밑변의 끝점을 고려해야 하는가? 고려하지 않아도 되는가? 계산은 필요 없고 본문의 [그림 13-3]을 보고 말로 답하라.

7. 앞면이 나올 확률이 1/10인 동전이 있다. 이 동전을 400회 던질 때 앞면이 정확히 40회 나올 확률을 구하라.

8. 위 문제에서 동전을 25회 던진다. 앞면이 정확히 1회 나올 확률을 구하기 위해서 정규 근사를 이용한다면 이 때 얻은 값은 정확한가, 너무 높은가, 너무 낮은가? 계산할 필요는 없다. 본문의 [그림 13-5]를 보고 말로 설명하라.

9. 균형 잡힌 동전을 25회 던진다. 정규분포로의 근사를 이용하여 앞면이 12회, 뒷면이 13회 나올 확률을 구하라.

10. 0이 99개, 1이 한 개 들어 있는 상자로부터 무작위 복원추출로 100장의 카드를 추출한다. 다음 문장의 참, 거짓을 판별하라.
(1) 합은 1 주위에 있고, 1 정도 오차가 있다.
(2) 합이 0과 2 사이가 될 확률은 68% 정도이다.

11. 1이 한 장, 2가 두 장, 5가 한 장 들어 있는 상자로부터 100회 무작위 복원추출하였다. 추출한 결과 1이 17회, 2가 54회, 그리고 5가 29회 추출되었다. 아래 빈칸을 보기에서 골라 채우고 설명하라.
(1) ( )에 대해서 관측값은 기대값보다 0.8SE 정도 크다.
(2) ( )에 대해서 관측값은 기대값보다 1.33SE 정도 크다.
〈보기〉 추출한 숫자의 합, 1이 추출된 횟수, 2가 추출된 횟수

12. 한 상자에 네 장의 양수와 여섯 장의 음수가 들어 있다. 모든 숫자는 −10 이상 +10 이하이다. 상자로부터 천 회 무작위 복원추출을 한다. 추출한 숫자들의 합이 양수일 확률을 구하고자 한다.
(1) 주어진 정보만을 가지고 확률을 계산할 수 있는가?
(2) 상자에 들어 있는 숫자들의 평균과 표준편차는 알지만 상자 안에 어떤 숫자가 들어 있는지는 여전히 모르는 상황이라면 원하는 확률을 구할 수 있는가?

13. 다양한 숫자가 든 하나의 상자로부터 무작위 복원추출을 한다. 추출 횟수가 점점 증가할 때 다음 문장의 참, 거짓을 판별하라.
(1) 표본합의 확률히스토그램은 정규분포곡선으로 수렴한다.
(2) 상자에 있는 숫자들의 확률히스토그램은 정규분포곡선으로 수렴한다.
(3) 추출한 숫자들의 히스토그램은 정규분포곡선으로 수렴한다.
(4) 추출한 숫자들의 히스토그램은 상자에 있는 숫자들의 히스토그램으로 수렴한다.

10. 실제 데이터를 이용한 연습문제

※ 파이낸셜 부트스트랩핑 기법을 실제 데이터를 이용하여 연습해 보자.

1. 우리나라의 종합주가지수인 KOSPI(Korea Composite Stock Price Index)의 일별자료(daily data)를 이용하여 다음 문제에 답하라.

(1) 최근 251거래일의 일별자료를 확보한 뒤 이를 이용하여 최근 250거래일의 일별수익률 자료를 계산하라. 이때 일별수익률은 인접한 두 KOSPI지수 값에 각각 자연로그(natural logarithm)를 취한 뒤 차분하는 방식으로 구하면 된다.

(2) 앞으로 125거래일 동안 KOSPI지수에 투자한다고 했을 때 125거래일 동안의 수익률 분포를 파이낸셜 부트스트랩핑 방법으로 구하라.

[힌트] 위 (1)에서 구한 최근 250거래일의 일별로그수익률 자료로부터 복원추출로 125개의 가상적 일별수익률 자료를 구한 뒤 이를 모두 더하여 125거래일 전 기간 동안의 로그수익률을 얻는다. 이 전체 과정을 1,000번 반복하여 1,000개의 수익률 자료를 얻고 이를 히스토그램으로 그리면 된다.

[Excel을 이용한 표본추출방법] 엑셀(Excel)을 이용하여 기존 250개의 일별수익률 자료로부터 복원추출로 125개의 가상적 일별수익률 자료를 추출할 수 있다. 첫째, 1과 250 사이의 자연수로부터 하나의 숫자를 무작위로 추출하려면 함수식으로 "1+250×RAND( )"라고 쓰면 된다. 이때 원하는 자연수를 얻기 위해서는 셀 서식항목에서 난수가 생성되는 셀의 숫자 표시를 소수 0자리로 지정해주어야 한다. 둘째, 추출된 자연수에 해당되는 일별수익률 자료를 지정하려면 INDEX 함수를 이용한다. 예컨대 위에서 추출한 자연수가 15라고 치자. 우리는 250개의 일별수익률 자료로부터 그 15번째 자료를 얻고자 한다. 이를 위해 INDEX(범위, 15)라고 쓰면 된다. 여기서 범위로는 일별수익률 자료 250개를 포함한 셀(cell)의 범위를 지정한다. 이러한 과정을 125번 반복하면 총 125개의 가상적 일별수익률 자료를 얻게 된다.

(3) 앞으로 125거래일 동안 KOSPI지수에 10억원을 투자한다고 했을 때 "125거래일-95% VaR"이 얼마가 될지 파이낸셜 부트스트랩핑 방법으로 구하라.

[힌트] 10억을 KOSPI지수에 125거래일 동안 투자하는 경우 수익은 "10억 ×[exp(R)−1]"의 방식으로 구하면 된다. 여기서 R은 125거래일 동안의 로그수익률이다.

2. 위 1번 문제를 최근 126거래일 자료를 이용하여 다시 풀어 보라. 그 결과를 위에서 얻은 결과와 비교하라. 대략 최근 1년치에 해당되는 251거래일 자료를 사용하는 것과 최근 반년치에 해당되는 126거래일 자료를 사용하는 것 중 어느 것이 앞으로 125거래일 동안의 KOSPI지수 수익률을 예측하는데 더 낫다고 생각하는가? 정해진 답은 없다. 각자 자기 생각을 말해보라.

3. KOSPI지수에 연동된 하나의 주식연계증권(ELS: equity linked security)에 투자하는 경우를 생각해보자. ELS 상품의 수익률 구조는 다양한데, 여기서는 원금보장형 상품의 한 예를 고려한다. 만기가 125거래일 후에 도래하는 이 ELS 상품의 수익률은, 동 기간 KOSPI지수 수익률이 음수이면 0%로, 양수이고 30% 미만이면 10%로, 그리고 30% 이상이면 15%로 실현되는 구조로 설계되어 있다고 하자. 10억원의 원금을 이러한 ELS 상품에 125거래일간 투자할 때 그 투자수익의 분포를 파이낸셜 부트스트랩핑 방법을 써서 구하라. 단, 자료는 최근 250거래일의 일일 수익률 자료를 사용하라.

4. 이제는 KOSPI지수와 KOSDAQ지수 등 두 지수를 기초자산(underlying asset)으로 하는 원금비보장형 ELS 상품을 고려해보자. 만기가 역시 125거래일 후에 도래하는 이 상품의 수익률은, 동 기간 두 지수의 수익률이 모두 플러스로 실현되면 두 지수수익률 가운데 낮은 수익률로, 두 지수수익률이 모두 마이너스로 실현되면 두 지수수익률 가운데 높은 수익률로, 그리고 두 지수수익률의 부호가 엇갈리면 0%로 실현되는 구조로 설계되어 있다고 하자.
   (1) 이러한 원금비보장형 ELS 상품에 125거래일간 투자할 때의 수익률 분포를 파이낸셜 부트스트랩 방법으로 구하라. 단, 자료는 최근 250거래일에 해당되는 (일일 KOSPI 수익률 자료, 일일 KOSDAQ 수익률 자료)의 쌍 250개를 이용하라.
   (2) 위 (1)에서 자료는 왜 쌍으로 묶어 이용해야 하는지 설명하라.

11. 요 약

1. 확률히스토그램은 면적으로 확률을 나타낸다.

2. 상자로부터 무작위로 복원추출을 한다. 추출 횟수가 일정할 때 합을 얻는 확률 과정을 무한히 반복하면 합의 경험적 히스토그램은 그 확률히스토그램으로 수렴한다. 이는 평균의 법칙 때문이다.

3. 상자로부터 무작위 복원추출을 한다. 추출 횟수가 증가함에 따라 합의 확률히스토그램은 상자의 내용물에 관계없이 정규분포곡선을 닮아가게 된다. 이를 중심극한정리라고 한다.

4. 경험적 히스토그램, 확률히스토그램, 그리고 정규분포간의 관계를 평균의 법칙, 중심극한정리와 관련하여 숙지해 두기 바란다.

5. 정규분포곡선으로의 근사는 표본합 내지 표본평균의 확률히스토그램을 정규분포곡선으로 근사시켜서 원하는 확률을 쉽게 계산하기 위한 방법이다. 정규근사는 추출 횟수가 많을 때 잘 성립한다.

6. 정규분포곡선을 따르는 확률히스토그램은 기대값과 표준오차에 의해 완벽하게 묘사된다. 기대값은 확률히스토그램의 중심을, 표준오차는 확률히스토그램의 퍼진 정도를 나타낸다.

12. 부 록

표본합과 중심극한정리

$X_1, X_2, \cdots, X_n$이 모두 평균 μ, 분산 σ^2 인 동일한 분포를 따르며 서로 독립이라고 하자. 즉

$$X_1, X_2, \cdots, X_n \sim i.i.d.(\mu, \sigma^2)$$

S_n을 이들의 합으로 정의하자.

$$S_n = X_1 + X_2 + \cdots + X_n$$

이 때 모든 실수 x에 대하여 다음이 성립한다.

$$\lim_{n\to\infty} \Pr\left(\frac{S_n - n\mu}{\sqrt{n}\,\sigma} \le x\right) = \Phi(x) \text{ (단 } \Phi(\cdot)\text{는 표준정규분포의 분포함수)}$$

즉 표본크기 n이 무한히 증가함에 따라 표본합 S_n은 표준화해 주면 그 분포가 표준정규분포로 수렴한다. 즉, $(S_n - n\mu)/(\sqrt{n}\sigma)$는 n이 무한히 증가함에 따라 그 분포가 표준정규분포로 수렴한다. 이를 중심극한정리라고 한다.

제 4 부
표본추출

제 14 장

표본조사

"무작위 추출"의 개념을 악용하는 아들!

1. 모집단과 표본

추론의 대상이 되는 전체가 모집단(population)이고 그 일부로서 통계처리의 대상이 되는 부분집단이 표본(sample)이다. 일반적으로 모집단 전체를 조사하기는 불가능하다. 따라서 모집단을 대표하는 일부만을 조사하는데 그 조사된 일부가 표본이다. 예를 들어 우리 나라의 대통령 선거결과를 예측할 때, 모집단은 투표 당일 투표장에 갈 유권자 전체이다. 분석목적상 투표하지 않는 유권자는 모집단에 포함시키지 않는 게 좋다. 그런만큼 선거하지 않을 것으로 추정되는 사람들은 표본에서도 제외하는 게 낫다. 그렇지 않으면 표본은 모집단을 대표하기 어렵게 되고 통계 분석결과는 실제 결과를 왜곡하게 된다. 일단 분석목적이 모집단을 규정하고 나면 사용하는 표본이 과연 모집단을 대표하는지 판단해보아야 한다.

표본추출(sampling) 또는 표본조사(sample survey)는 모집단으로부터 표본을 얻어내는 과정을 말한다. 거꾸로 **추론**(inference)은 표본에서 얻어낸 정보를 바탕으로 모집단의 특성을 알아내고자 하는 역의 과정을 말한다.

일반적으로 모집단의 특성은 수치로 나타낸다. 이를 모수(parameter)라고 한다. 대통령 선거에서 관심의 대상이 되는 모수는, 투표 당일 투표장에 갈 유권자 전체 중 특정 후보를 지지하는 유권자의 비율이다. 모수를 정확히 알려면 모집단을 다 조사해야 한다. 하지만 시간적 · 금전적 제약이 있기 때문에 이는 불가능하다. 어쩔 수 없이 모집단의 일부만을 조사한다. 표본에서 얻은 자료를 정리, 분석하여 모수가 어떤 값인지 알아내야 한다. 즉 표본의 정보를 가지고 모수를 추정한다. 그리고 생각해 본다. 표본에서 구한 특정 후보의 지지율이 모집단에서의 지지율을 얼마나 잘 반영할까?

표본으로부터 계산해낼 수 있는 값을 통계량(statistic)이라고 한다. 통계학을 'statistics' 라고 부르는 이유는 통계학이 각종 통계량을 다루는 학문이기 때문이리라. 표본이 추출되기 전의 사전적 관점에서 보면 통계량은 하나의 확률변수이다. 어떤 표본이 추출되느냐에 따라서 하나의 통계량이 여러 가지 다른 값으로 실현될 수 있기 때문이다. 하지만 하나의 표본이 추출되고 나면 통계량은 하나의 값으로 실현되어 더 이상 확률변수가 아니다. 통계량의 실현치를 **통계치**라고 한다. 통계량이 사전적 의미의 확률변수라면 통계치는 하나의 실수값(real value)을 갖는 사후적 의미의 실현치이다.

통계량은 목적에 따라 여러 가지로 분류된다. 모수를 추정할 목적으로 정의하는 통계량을 **추정량**(estimator)이라고 한다. 표본평균, 표본표준편차가 추정량의 예이다. 이들은 모평균, 모표준편차를 추정할 목적으로 정의되었다. 표본이 주어지고 나면 추정량은 하나의 값으로 실현된다. 추정량의 실현치를 **추정치**(estimate)라고 한다. 즉, 추정치는 모수추정을 목적으로 표본으로부터 구한 통계치이다. 추정량이 사전적 의미의 확률변수라면 추정치는 사후적 의미의 실현치이다.

가설을 검정할 목적으로 정의하는 통계량을 **검정통계량**(test statistic)이라고 한다. 표본이 추출되기 전의 사전적 의미로 보면 검정통계량은 확률변수이다. 표본이 주어지고 나면 검정통계량은 하나의 값으로 실현된다. 실현된 검정통계량의 값을 **검정통계치**라고 부른다. 통상 확률변수는 영어 알파벳 대문자로, 그 실현된 값은 소문자로 표기한다. 이는 통계량, 추정량, 검정통계량 등의 확률변수는 대문자로, 통계치, 추정치, 검정통계치 등의 실현치는 소문자로 표기하는 관행을 낳았다. 하지만 늘상 그런 것은 아니다. 관행이 무시되는 경우도 있기 때문에 주의하여야 한다. 예컨대 뒤에서 배울 일부 검정통계량과 관련해서는 확률변수든 그 실현치든 공통으로 z-값, t-값 등의 표현을 쓴다.

요약하면 모수는 수치로 표현된 모집단의 특성이다. 모수는 단지 추정과 검정의 대상이 될 수 있을 뿐 그 정확한 값은 알 수 없다. 추정량은 모수를 추정하는데 쓰는 통계량이다. 검정통계량은 모수를 검정하는데 쓰는 통계량이다. 추정량과 검정통계량이 알아낼 수 있는 값이라면 모수는 알고자 하는 값이다. 표본이 추출되고 나면 추정량과 검정통계량은 하나의 값으로 실현되어 추정치와 검정통계치가 된다. 추정치로 모수를 추정하고 검정통계치로 모수를 검정하려면 표본이 모집단을 대표해야 한다. 표본이 모집단을 대표하는지 여부는 표본만 보아서는 판단하기 어렵다. 이를 판단하려면 표본추출과정 자체를 면밀하게 검토해 보아야 한다. 건전한 상식도 동원해야 한다.

2. 여론조사의 문제점

1936년의 미국 대통령 선거에서 공화당 후보 랜던(A. Landon)과 민주당 후보 루즈벨트(F. D. Roosevelt)가 맞붙었다. 240만 명에 대해 여론조사를 했던 리터러리 다이제스트(Literary Digest) 잡지사는 랜던이 57% 대 43%로 승리할 것이라고 예상했다. 결과는 62% 대 38%로 루스벨트가 승리했고 이 잡지사는 망했다. 유례없이 큰 표본을 조사했던 이 잡지사의 예측은 터무니없이 빗나갔다. 어떻게 해서 이런 일이 생겼을까? 표본조사의 천재 갤럽(George Gallup, 미국, 1901−1984)에게 길을 터주려고 그랬던가?

갤럽은 다이제스트사의 예상이 56% 대 44%의 랜던 승리로 발표될 것이라고 경쟁사의 예상 자체를 미리 예측했다. 이는 실제 다이제스트사의 57% 대 43% 예상과

표 14-1 1936년 미국 대통령 선거결과와 그 예측

	루스벨트의 득표율(%)
실제 선거결과	62
다이제스트사의 예측	43
다이제스트사의 예측에 대한 갤럽의 예측	44
갤럽의 예측	56

주: 득표율은 공화당과 민주당의 표만을 고려한 것이다. 약 2%는 소수정당 후보자를 지지했다.
출처: George Gallup, *The Sophisticated Poll Watcher's Guide*, Princeton Opinion Press, 1972.

1%밖에 차이가 나지 않았다. 갤럽은 경쟁 회사의 틀린 예상치를 정확히 예측하였다. 다이제스트사가 사용했던 잘못된 표본조사방법을 그대로 흉내내서 그들의 실수를 재연해낼 수 있었던 것이다. 한편 갤럽은 자기 자신이 고안한 표본조사방법을 사용하여 새로운 표본 5만명을 추출하였다. 이를 바탕으로 갤럽은 56% 대 44%로 루스벨트가 승리할 것이라고 예견하였다. 갤럽은 루스벨트의 실제 득표율 62%를 6% 빗나가게 예상하였으나 다이제스트사와의 게임에서는 일방적으로 승리하였다. 지피지기면 백전백승이라고 했던가. 갤럽은 랜던의 승리를 점친 다이제스트사의 문제점을 알고 있었던 동시에 스스로는 루스벨트의 승리를 맞추었다. 이를 요약하면 〈표 14-1〉과 같다.

다이제스트사의 표본추출방식에는 심각한 문제점이 있었다. 다이제스트사는 전화번호부나 클럽회원 명단에서 파악한 주소로 우편물을 보내 여론조사를 실시하였다. 당시에는 4가구당 1가구만이 전화를 소유하고 있었다. 전화 보유자는 부유층에 속했다. 클럽은 예나 지금이나 부의 상징이다. 전화가 없거나 클럽에 가입할 수 없는 가난한 사람들은 다이제스트사의 표본에서 배제되었다. 루스벨트는 가난한 사람들에게 반응이 좋았다. 이는 루스벨트가 대공황에서 갓 벗어난 미국경제를 위해 정부지출을 늘리겠다고 공약했기 때문이다. 다이제스트사의 표본은 가난한 사람들을 배제하는 경향 때문에 루스벨트에게 불리한 예측치를 내도록 왜곡되어 있었다.

3. 표본조사에서의 편의와 그 종류

표본이 모집단과 어떤 체계적인 차이를 드러낼 때 그 체계적인 차이를 편의(偏倚, bias)라고 한다. 이 절에서는 편의의 종류에 대해 알아본다.

첫째, 표본이 모집단을 대표하려면 표본 추출에 있어 체계적인 왜곡이 없어야 한다. 표본추출이 체계적으로 왜곡되는 것을 **표본추출편의**(標本推出偏倚, sample selection bias)라고 한다. 다이제스트사의 표본추출방식에는 상당한 표본추출편의가 있었다. 표본추출편의가 있는 경우, 표본이 모집단을 대표하지 못한다. 대표성 상실의 문제는 표본이 크다고 해서 해결되지 않는다. 이는 근본적인 실수를 대규모로 범하는 것에 지나지 않기 때문이다.

둘째, 응답하지 않는 사람들은 응답하는 사람들과 체계적으로 다를 수 있다. 이 경우 응답자만을 분석하면 모집단의 특성이 체계적으로 왜곡되는데 이를 무응답편의(無應答偏倚, non-response bias)라고 한다. 다이제스트사의 조사에 의하면 시카고에서는 20%만이 응답하였고 응답자의 50%가 랜던을 지지한다고 하였다. 실제로는 시카고에서 루즈벨트가 67% 대 33%로 승리를 거두었다. 다이제스트사의 조사 시 루즈벨트 지지자들이 주로 응답하지 않았기 때문이다. 즉 다이제스트사의 조사는 무응답편의에도 노출되어 있었다.

> 무응답자의 생각은 응답자의 생각과 다를 수 있다. 무응답자의 비율이 높은 경우 무응답편의의 가능성을 고려해야 한다.

저소득층이나 고소득층일수록 응답을 거부하는 경향이 크다. 따라서 여론조사는 중산층의 의견을 과도하게 반영한다. 요즈음은 이러한 무응답편의를 줄이기 위해 예산이 허용하는 한 우편조사보다는 전화조사 등의 직접조사를 선호한다. 개개인을 직접 조사하는 경우에는 우편조사에 비해 응답률이 월등히 높다. 그러나 직접조사도 무응답편의의 문제를 완전히 해결하지는 못한다. 예컨대 전화조사의 경우 집에 있어 전화를 받는 사람과 집에 없어 전화를 받지 못하는 사람 사이에 근로시간과 가족관계 등 사회적 배경에서 차이가 있을 수 있기 때문이다.

셋째, 무응답 편의가 있는가 하면 응답편의(response bias)도 있다. 사람들의 응답은 설문지의 디자인, 문구 혹은 질문의 어조나 조사원의 태도에 의해 영향을 받는데, 그 결과 나타나는 체계적인 왜곡을 응답편의라고 한다. 미국의 1948년도 대통령선거 여론조사는 응답편의를 보여주는 아주 극적인 예이다. 후보자의 이름 순서를 바꾸자 예측결과가 5% 이상 차이 났다. 이름이 먼저 나온 후보가 유리해졌다. 우리나라에서 선거 때마다 무소속 후보들이 앞쪽 순번을 받으려는 이유를 알 만하다.(참고로 정당 후보는 소속정당의 의석수에 따라 순서가 자동으로 정해진다.) 응답편의를 줄이려면 모든 응답자들이 가급적 같거나 비슷한 조사원과 면담하도록 하고 그 면담과정도 가능한 한 정해진 규칙에 따라 진행되도록 해야 한다. 말로 질문하는 대신 투표용지를 주어 속마음을 직접 끌어내는 것도 응답편의를 줄이는 한 가지 방법이다.

넷째, 만약 가구별로 가구원수에 큰 차이가 나고 또 한 가구에서 한 가구원만을 조사한다고 치자. 그러면 표본으로 뽑힐 확률은 가구원수가 많은 가구의 구성원이 가구원수가 적은 가구의 구성원보다 낮게 된다. 이를 가구편의(household bias)라고 한다.

> 어떤 표본이 좋은지 나쁜지 판단하려면 표본추출방식을 살펴보라. 그리고 생각하라. 표본추출편의나 무응답편의, 응답편의 또는 가구편의의 가능성은 없는가?

다이제스트사의 조사에서 설문지를 받은 천만 명 중 240만 명만이 응답하였다. 애당초 표본으로 선정된 천만 명이 모집단을 대표하지도 못했고(표본추출편의), 응답한 240만 명이 선정된 천만 명을 대표하지도 못했다. 무응답자의 생각은 응답자의 생각과 달랐다(무응답편의). 다이제스트사의 조사는 표본추출편의와 무응답편의에 모두 직면해 있었다. 예측이 터무니없이 빗나간 것도 무리가 아니다. 타산지석(他山之石)이라 했다. 갤럽은 다이제스트사의 표본추출방식에 상당한 문제가 있었음을 인식한다. 갤럽은 **무작위표본**(無作爲標本, random sample)이 모집단을 대표하는 표본임을 확신하게 된다. 무작위표본을 얻는 방법에 대해서는 뒤에서 소개하기로 한다.

4. 표본추출방법

먼저 문제가 많은 **할당추출**(割當抽出, quota sampling)부터 예를 들어 설명해 보자. 할당추출은 표본을 추출할 때 예컨대 성별로 모집단의 구성비가 표본 구성비에 반영되도록 하나의 표본을 이룰 관측치수를 성별로 미리 할당한다. 취지는 좋다. 하지만 할당에 쓰인 성별 구성비 조건만 맞추고 나면 나머지 특성에 관해서는 조사원이 응답자를 자의적으로 선택하는데 문제가 있다. 이는 할당추출에 의한 조사의 신뢰성을 떨어뜨리게 된다. 대안은 표본을 추출할 때 객관적이고 공정한 방법을 사용하는 것이다. 확률을 이용하여 표본을 추출하면 가장 공정하다. 역설적으로 들리겠지만 표본을 추출할 때 운에 맡기는 것이 잘해보겠다고 인위적으로 노력하는 것보다 훨씬 낫다.

확률을 이용하여 어떻게 표본을 추출할까? 천 명의 유권자가 사는 한 작은 도시에서 백 명을 뽑아 조사한다고 해보자. 우선 천 명 유권자의 이름을 한 장씩의 카드에 적어 상자 안에 넣는다. 상자 안에 든 천 장의 이름표를 잘 섞는다. 한 번에 한 장씩 백 장을 추출하여 표본으로 삼는다. 물론 한 번 뽑은 카드는 복원시키지 않는다. 비복원추출을 한다. 이와 같은 표본추출방법을 **단순무작위추출**(simple random sampling)이라 한다. 그리고 이렇게 얻어진 표본을 **단순무작위표본**(simple random sample)이라 한다. 단순무작위추출을 하는 경우, 모집단에 속한 구성원 각자가 표본에 뽑힐 확률은 다 같다.

> 단순무작위추출은 무작위 비복원추출을 의미한다.

실제로는 표본을 어떻게 추출할까? 한 가지 방법은 전국적으로 단순무작위추출을 실시하는 것이다. 이는 매우 어렵다. 단순무작위추출을 하려면 모든 유권자들의 명단을 파악해야 하는데 이는 쉽지 않은 작업이다.

많은 경우 단순무작위추출 대신 **다단계군집추출**(多段階群集抽出, multistage cluster sampling)을 이용한다. 갤럽은 1952년부터 미국 대통령선거 결과를 예측하기 위해서 다단계군집추출을 사용했다. 그 방식은 [그림 14-1]과 같이 우선 미국 전역을 4개 지역으로 나눈다. 다음 각 지역별로 인구가 5만에서 25만 사이인 도시들을 따로 뽑고 그 중 필요한 만큼의 도시를 무작위로 추출한다.

모든 도시는 구획(ward)으로 나뉘고 구획은 다시 선거구(precinct)로 나뉜다. 앞 단계에서 추출한 도시별로 무작위로 일정수의 구획을 선택한다. 또 앞 두 단계를 거치면서 뽑은 구획별로 몇몇 선거구를 뽑는다. 마지막으로 뽑힌 선거구별로 일정수의

그림 14-1 다단계군집추출 : 갤럽의 표본추출방법

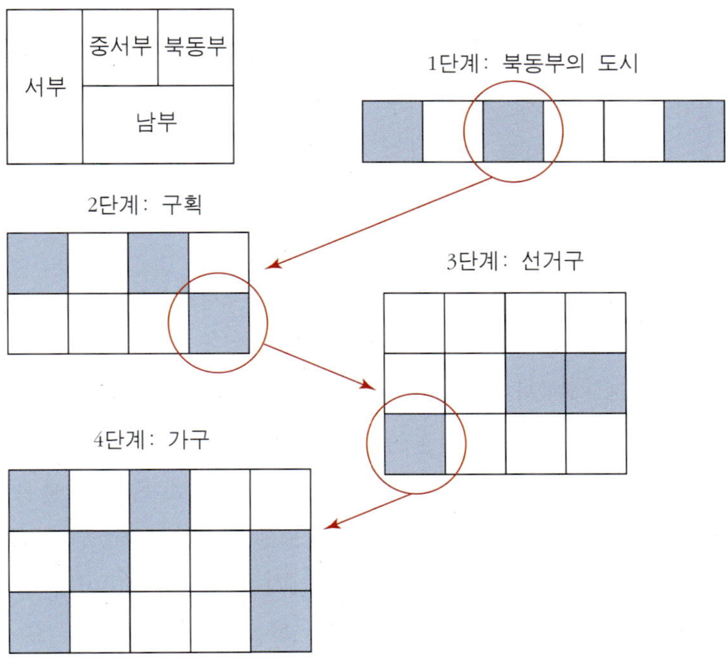

가구를 무작위로 추출한다. 선택된 가구의 누구와 면담할지도 미리 정해둔다. 예를 들면 갤럽의 여론조사 지침서에는 '18세 이상 가구원 중 가장 어린 남성과 면담하라. 만약 집에 남성이 없으면 18세 이상의 가구원 중 가장 나이 든 여성과 면담하라' 라고 쓰여 있다.

다단계군집추출은 할당추출과 다르다. 거주지를 바탕으로 관측치수를 할당한다는 면에서는 비슷하나, 각 단계에 걸쳐 확률적 방법을 통해 표본을 추출한다는 점에서 다르다.

단순무작위추출과 다단계군집추출은 확률을 이용하여 표본을 추출하는 기본적인 방법들이다. 확률적 방법에 의한 표본추출은 다음 특징을 갖는다.

· 조사원 스스로 누구와 면담할지 결정할 수 없다.
· 표본추출 절차가 명확하고 이는 확률에 바탕을 두고 있다.

확률적 방법을 사용할 경우 모집단에 속한 개개인이 표본에 뽑힐 확률을 구해낼 수 있다. 할당추출은 위의 두 조건을 만족시키지 않으므로 확률적 방법이 아니다.

확률적 방법은 모집단에 속한 개개인이 표본으로 뽑힐 확률을 같게 만들어야 바람직하다. 단순무작위추출은 이 조건을 만족시킨다. 반면에 다단계군집추출의 경우에는 머리를 써야 한다. 매 단계에서 표본에 들어갈 도시, 구획, 선거구, 가구를 뽑을 때마다 추출대상의 규모가 다르기 때문에 이를 반영하려면 한 대상의 추출확률은 그 규모에 비례하도록 설정해야 한다. 그래야 지역별로 각각의 가구원이 뽑힐 확률이 어느 도시, 어느 구획, 어느 선거구, 어느 가구에 속하느냐에 관계없이 일정하게 된다.

쉬운 예를 들어보자. 서울과 부산 가운데 하나의 도시를 뽑고 다음으로 뽑힌 도시로부터 네 개의 구획을 뽑는다고 하자. 또 서울은 30개의 구획으로 나누어져 있고 부산은 10개의 구획으로 나누어져 있다고 하자. 편의상 서울과 부산에 있는 총 40개의 구획은 모두 그 인구규모가 같다고 하자.

전체적으로 40개의 구획이 있고 이 중에서 4개의 구획만을 뽑으면 되므로 하나의 구획이 표본으로 뽑힐 확률은 4/40=1/10로 일정해야 한다. 그 확률은 서울에 속한 30개의 구획에 대해서도 또 부산에 속한 10개의 구획에 대해서도 성립해야 한다. 그러기 위해서는 1단계에서 서울이 뽑힐 확률이 3/4, 부산이 뽑힐 확률이 1/4이 되어야 한다. 그 경우 서울에 속한 한 구획이 표본으로 뽑힐 확률은 서울이 뽑힐 확률 3/4에 서울에서 그 구획이 뽑힐 확률 4/30를 곱해 1/10이 된다. 비슷한 방식으로 부산에 속한 한 구획이 뽑힐 확률도 1/4에 4/10를 곱한 1/10이 된다.

반면에 1단계에서 서울과 부산을 뽑을 확률을 결정할 때 두 도시간 규모의 차이를 고려하지 않으면 어떻게 될까? 서울과 부산이 뽑힐 확률은 각각 1/2이 된다. 이 때 서울에 속한 한 구획이 뽑힐 확률은 1/2에 4/30를 곱한 1/15이 된다. 반면 부산에 속한 한 구획이 뽑힐 확률은 1/2에 4/10를 곱한 1/5이 된다. 두 확률 사이에 차이가 생기므로 바람직하지 못하다. 이는 서울과 부산간 구획수의 차이를 고려하지 않았기 때문이다.

한 단과대학에 배정된 일정수의 장학금을 각 학과에 배정할 때 과별 학생수의 차이를 고려하지 않고 각 학과에 같은 수로 배정하면 규모가 큰 학과의 학생이 가장 불리하다. 남학생이 여학생보다 많은 경제학과의 신입생 환영회에서 사회자가 남학생 한 번, 여학생 한 번 식으로 노래를 시키면 마이크 잡아보고 싶은 남학생은 불만이 있게 된다. 이러한 문제는 표본추출확률을 정할 때 집단별로 그 크기에 따라 그 추출확률을 조절해주지 않기 때문에 발생한다.

이제 여러분은 단계가 좀더 복잡하고 또 하부 추출단위의 크기가 서로 다를 때 추출확률을 어떻게 정해주면 좋을지 한 번 생각해보기 바란다. 기본적인 아이디어는 단계마다 추출단위의 크기에 비례하여 추출확률을 조정해주어야 한다는 것이다. 이 때 하부추출단위의 크기가 다르면 추출확률을 조정할 때 그 기준을 하부단위의 개수가 아닌 최종 추출단위의 개수로 해야 한다. 예컨대 서울과 부산 가운데 하나의 도시를 뽑을 때, 서울과 부산의 구획수가 아닌 서울과 부산의 가구수 내지 인구수에 비례하여 그 추출확률을 정해야 한다.

갤럽의 다단계군집추출은 추출확률을 대체로 옳게 부여한다. 갤럽은 도시, 구획, 선거구를 뽑는 매 단계에서 각 추출대상에 속한 가구수에 비례하여 추출확률을 정한다. 그리하여 최소한 이론적으로는 지역별로 하나의 가구가 표본으로 뽑힐 확률이 그 가구가 속한 도시, 구획, 선거구와 관계없이 일정하게 정해진다.

5. 갤럽조사

갤럽조사는 확률적인 방법으로 표본을 추출한다. 작은 크기의 표본을 쓰면서도 상당히 정확하게 결과를 예측한다. 갤럽조사는 표본추출에 있어 확률적 방법이 얼마나 유용한지 보여준다. 표본추출 과정에 자의적인 판단이나 선택이 허용되면 이는 편의를 가져온다. 반면에 확률적 방법은 공정하게 표본을 추출한다. 확률적인 방법이 자의적인 판단에 비해 훨씬 유용하다. 확률적 방법 만세! (지역구마다 국회의원도 추첨으로 뽑으면, '선거비용도 절약하면서 평균치는 뽑을텐데……')

편의를 최소화하려면 표본을 고르는 데 있어 객관적이고 공정한 방법을 사용해야 한다. 확률적 방법이 그렇다. 주관과 자의적인 판단은 편의를 가져오는 요인이 된다.

확률적 방법을 쓴다고 해서 편의가 완전히 없어지지는 않는다. 이 때문에 실제로 많은 여론조사기관이 어려움에 부딪힌다. [그림 14-2]와 [그림 14-3], [그림 14-4]는 1984년 미국의 대통령선거 때 갤럽이 실제조사에 사용한 투표용지와 설문지 양식이다. [그림 14-5]와 [그림 14-6]은 2007년 한국의 대통령선거 때 한국갤럽이 실제조사에 사용한 설문지 양식이다. 1984년 미국과 2007년의 한국, 이 두 양식을 보고 논의를 계속하자.

그림 14-2 1984년 미국 대통령 선거에서 갤럽이 사용한 투표용지

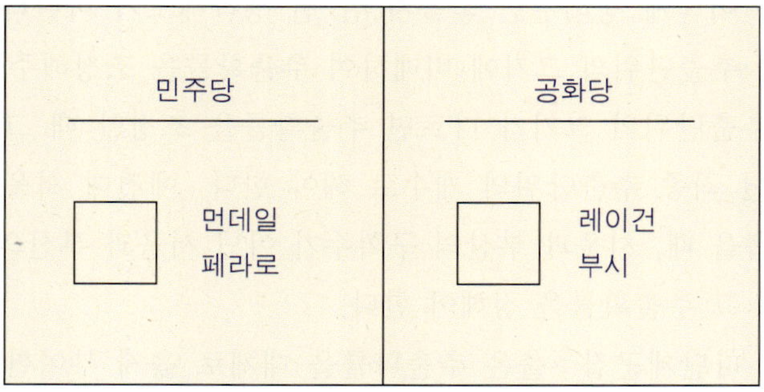

투표하지 않는 유권자

과거의 미국 대통령 선거를 보면 대체로 1/3에서 1/2 정도의 유권자는 투표하지 않는다. 우리나라는 미국에 비해 사정이 낫지만 우리나라에서도 점차 투표하지 않는 유권자의 비율이 늘고 있다. 선거결과를 예측하고자 할 때, 투표에 참여하지 않는 유권자는 모집단과 표본으로부터 제외시키는 편이 좋다. 이 작업은 쉽지 않다. 왜냐하면 사람들은 투표에 참여하지 않는 것을 창피하게 여겨 실제로는 투표에 참여하지 않으면서도 여론조사 시에는 투표할 거라고 응답하는 경우가 많기 때문이다. 갤럽이 사용한 설문지에서 1번부터 6번까지의 질문과 그 뒤의 몇몇 질문들은 투표에 참여하지 않을 사람들을 알아내기 위한 목적으로 고안되었다.

예를 들어 [그림 14-3]에 나타난 3번 질문은 응답자가 어디로 투표하러 가야 하는지 묻는다. 이에 답하지 못하는 응답자는 투표하러 갈 가능성이 낮은 사람이라고 판

그림 14-3 1984년 미국 대통령 선거에서 갤럽이 사용한 설문지

SURVEY: A1813

DATE: October 25, 1984

No publication, reproduction, dissemination or other use of this questionnaire or any repties thereto, written or oral, is authorized by The Gallup Organization, Inc. Violators of this notice will be prosecuted to the fullest extent of the law.

U.S. & Worldwide

The Gallup Survey

Sponsored by leading Newspapers, Corporations and Agencies.

Copyright 1977 The Gallup Organization, Inc. Princeton, New Jersey 08540

SUGGESTED INTRODUCTION: I'm taking a GALLUP SURVEY. I'd like YOUR opinion on some topics of interest.

Time started: ______

Time ended: ______

Length: ______

1. How much thought have you given to the coming November elections–quite a lot, or only a little?
   - 1 ☐ Quite a lot
   - 2 ☐ Some – (volunteered)
   - 3 ☐ Little
   - Y ☐ None
2. Have you ever voted in this precinct or district?
   - 1 ☐ Yes
   - 2 ☐ No
   - Y ☐ Don't know
3. Where do people who live in this neighborthood go to vote?
   - 1 ☐ Specity: ______
   - Y ☐ Don't know

4a. Are you NOW registered so that you can vote in the election this November?
   - 1 ☐ Yes – (GO TO Q. 5)
   - 2 ☐ No
   - 3 ☐ Don't have to register – (GO TO Q. 5)
   - Y ☐ Don't know

4b. Do you plan to register so that you can vote in the November election?
   - 1 ☐ Yes
   - 2 ☐ No
   - 3 ☐ Other: ______

5. Generally speaking, how much interest would you say you have in politics–a great deal, a fair amount, only a little, or no interest at all?
   - 1 ☐ Great deal
   - 2 ☐ Fait amount
   - 3 ☐ Little
   - Y ☐ None
6. How often would you say you vote – always, nearly always, part of the time, or seldom?
   - 1 ☐ Always
   - 2 ☐ Nearly always
   - 3 ☐ Part of the time
   - 4 ☐ Seldom
   - 5 ☐ Other: ______
   - Y ☐ Never vote
7. Suppose you were voting TODAY for president and vice president of the United States. Here is a Gallup Poll secret ballot listing the candidaies for these offices. (TEAR OFF ATTACHED BALLOT AND HAND TO RESPONDENT.) Will you please MARK that secret ballot for the candidates you favor today – and then drop the folded ballot into the box. ([그림 14-2]의 투표용지를 건네줌)

INTERVIEWER: IF RESPONDENT HANDS BACK BALLOT AND SAYS HE HASN'T MADE UP HIS MIND OR REFUSES TO MARK IT, SAY: Well, would you please mark the ballot for the candidaies toward whom you lean as of today?
IF RESPONDENT STILL CAN'T DECIDE OR REFUSES TO MARK THE BALLOT, PLEASE WRITE THAT ON THE BALLOT AND BE SURE TO DROP IT IN THE BOX.

8. Right now, how strongly do you feel about your choice – very strongly, fairly strongly, or not strongly at all?
   - 1 ☐ Very strongly
   - 2 ☐ Fairly strongly
   - 3 ☐ Not strongly at all
   - 4 ☐ Didn't make choice
   - Y ☐ Don't know

9a. Do you, yourself, plan to vote in the election this November, or not?
   - 1 ☐ Yes
   - 2 ☐ No ┐
   - Y ☐ Don't know ┘ (GO TO Q. 10a)

9b. How certain are you that you will vote – ABSOLUTELY certain, FAIRLY certain, or NOT certain?
   - 1 ☐ Very strongly
   - 2 ☐ Fairly strongly
   - Y ☐ Don't know

10a. If the elections for Congress were being held TODAY, which party would you like to see win in this Congressional district, the Democratic Party or the Republican Party?
   - 1 ☐ Democratic ┐
   - 2 ☐ Republican ├ (GO TO Q. 11)
   - 3 ☐ Other ┘
   - Y ☐ Undecided, refused

10b. As of today, do you lean more to the Demecratic Party or more to the Republican Party?
   - 1 ☐ Democratic
   - 2 ☐ Republican
   - 3 ☐ Other
   - 4 ☐ Undecided
   - Y ☐ Refused

11. Here is a picture of a ladder. (HAND RESPONDENT CARD 1.) Suppose we say the top of the ladder (POINT) marked 10 represents a person who definitely will vote in the election this November, and the bottom of the ladder (POINT) marked zero represents a person who definitely will not vote in the election. How far up or down the ladder would you place yourself? (INTERVIEWER: CIRCLE NUMBER.)
    10 9 8 7 6 5 4 3 2 1 0
    - Y ☐ Don't know

그림 14-4 1984년 미국 대통령 선거에서 갤럽이 사용한 설문지(계속)

NOW, HERE ARE A FEW QUESTIONS SO THAT MY OFFICE CAN KEEP BACK OF THE CROSS-SECTION OF PEOPLE I'VE TALKED TO:

12. In politics, as of TODAY, do you consider yourself a Republican, Democrat, or Independent?
 1 ☐ Republican
 2 ☐ Democrat
 3 ☐ Independent
 4 ☐ Other: ____________

13. In the election in November 1980–when Carter ran against Reagan and Anderson–did things come up which kept you from voting, or did you happen to vote? For whom?
 1 ☐ Carter
 2 ☐ Reagan
 3 ☐ Anderson
 4 ☐ Other
 5 ☐ Voted, don't remember for whom
 6 ☐ No, didn't vote
 Y ☐ Don't remember if voted

14. Are you, or is your (husband/wife) a member of a labor union?
 1 ☐ Yes, respondent is
 2 ☐ Yes, spouse is
 3 ☐ Yes, both are
 Y ☐ No, neither is

15. (HAND RESPONDENT CARD 2) Please tell me which of the categories on this card MOST NEARLY describes the kind of work the chief wage earner in your immediate family does. Just call off the number, please. (INTERVIEWER: IF THE CHIEF WAGE EARNER IS UNEMPLOYED, ASK WHAT TYPE OF WORK HE/SHE WOULD DO IF EMPLOYED.)
 1 ☐ 11 ☐
 2 ☐ 12 ☐
 3 ☐ 13 ☐
 4 ☐ 14 ☐
 5 ☐ 15 ☐
 6 ☐ 16 ☐ Other: ____________
 7 ☐ 17 ☐ Can't say
 8 ☐
 9 ☐
 10 ☐

16. What was the last grade or class you COMPLETED in school?
 1 ☐ None or Grades 1-4
 2 ☐ Grades 5, 6, 7
 3 ☐ Grade 8
 4 ☐ High school, incomplete (Grades 9–11)
 5 ☐ High school, graduated (Grade 12)
 6 ☐ Technical, trade, or business
 7 ☐ College, university, incomplete
 8 ☐ College, university, graduated

17. What is your religious preference–Protestant, Roman Catholic, Jewish, or an Orthodox church such as the Greek or Russian Orthodox Church?
 1 ☐ Protestant
 2 ☐ Roman Catholic
 3 ☐ Jewish
 4 ☐ Orthodox Church
 5 ☐ Other: ____________
 Y ☐ None

18. How many persons 18 years and over are there now living in this household, including yourself? Include lodgers, servants, or other employees living in the household. (CIRCLE NUMBER)
 1 2 3 4 5 6 7 8 9 or more

19. (HAND RESPONDENT CARD 3) From what nationality group or groups are you mainly descended? Just call off the number please.
 1 ☐ 11 ☐
 2 ☐ 12 ☐
 3 ☐ 13 ☐
 4 ☐ 14 ☐ Don't know (VOLUNTEERED) or refused
 5 ☐
 6 ☐
 7 ☐
 8 ☐
 9 ☐
 10 ☐

20a. We are interested in finding out how often people are at home to watch TV or listen to the radio. Would you mind telling me whether or not you happened to be at home yesterday (last night/last Saturday) at this particular time?
(INTERVIEWER: SEE INTERVIEWER'S BULLETIN FOR HANDLING THIS QUESTION.)
 1 ☐ Yes, at home
 2 ☐ No, not at home

20b. How about the day (night/Saturday) before at this time?
 1 ☐ Yes, at home
 2 ☐ No, not at home

20c. And how about the day (night/Saturday) before at this time?
 That was ________.
 1 ☐ Yes, at home
 2 ☐ No, not at home

21. And what is your age?
 RECORD AGE: ____________

22. CHECK WHETHER:
 1 ☐ White man
 2 ☐ White woman
 3 ☐ Black man
 4 ☐ Black woman
 5 ☐ Other man (SPECIFY) ____________
 6 ☐ Other woman (SPECIFY) ____________

So that my office can check my work in this interview if it wants to, may I have your name, address, and telephone number please?

NAME: ____________

ADDRESS: ____________
House No. or RFD Route, St. or Rd., Apt. No.

CITY: ____________ STATE: ______ ZIP ______

TELEPHONE: Area Code ____ Phone No. ________ Y ☐ No tel.

PLACE INTERVIEWER BADGE NUMBER HERE

I hereby attest that this is a true and honest interview.

____
(interviewer's Signature)

Date of interview: ____________

Time interview ended: ____________

그림 14-5 2007년 한국 대통령 선거에서 한국갤럽이 사용한 설문지

Gallup 0712 **[17대 대선 관련 여론조사]** ID 1-4

안녕하십니까? 여기는 한국갤럽조사연구소입니다.
19일에 있을 대통령 선거와 관련하여 국민 여러분의 의견을 알아보고 있으니 잠시만 협조해 주시면 감사하겠습니다.

▣ 지 역 : 1. 서울 2. 부산 3. 대구 4. 인천 5. 광주 6. 대전 7. 울산 5-6
8. 경기 9. 강원 10. 충북 11. 충남 12. 전북 13. 전남 14. 경북 15. 경남 16. 제주

▣ 지역크기 : 1. 대도시 2. 중소도시 3. 읍/면 7

SQ1) 실례지만, ○○님의 연세는 올해 만으로 어떻게 되십니까?
8-9
만 ________ 세 ——→ **만 19세 이상 조사 가능**

SQ2) 성 별 : 1. 남자 2. 여자
10

문 1) ○○님께서는 19일에 있을 대통령 선거에 투표하실
11 건가요? 아니면 투표하지 않으실 건가요?
'꼭 할 것이다', '아마 할 것 같다', '아마 하지 않을 것 같다',
'투표하지 않겠다' 중에서 말씀해 주십시오.

1. 꼭 할 것이다
2. 아마 할 것 같다
3. 아마 하지 않을 것 같다
4. 투표하지 않겠다
5. 그 때 가봐서

문 2) 이번 대통령 선거에는 대통합민주신당 '정동영' 씨,
12-13 한나라당 '이명박' 씨, 민주노동당 '권영길' 씨,
민주당 '이인제' 씨, 창조한국당 '문국현' 씨,
참주인연합 '정근모' 씨, 경제공화당 '허경영' 씨,
새시대참사람연합 '전관' 씨, 한국사회당 '금민' 씨,
국민연대 '이수성' 씨, 무소속 '이회창' 씨가 출마했습니다.
○○님께서는 이중 누가 대통령이 되는 것이 조금이라도
더 좋다고 생각하십니까?

1. 정동영 5. 9. 전 관
2. 이명박 6. 문국현 10. 금 민
3. 권영길 7. 정근모 11. 이수성
4. 이인제 8. 허경영 12. 이회창

99. 없다/비슷하다/모르겠다/무응답 (→ 문2-1)

문2-1) 굳이 말씀하신다면 여러 후보 중 누구에게 조금이라도
14-15 더 호감이 가십니까?

1. 정동영 5. 9. 전 관
2. 이명박 6. 문국현 10. 금 민
3. 권영길 7. 정근모 11. 이수성
4. 이인제 8. 허경영 12. 이회창

99. 없다/비슷하다/모르겠다/무응답

[문3, 4는 문2, 2-1에서 응답된 사람을 □□□에 넣어 질문할 것]

문 3) ○○님께서는 □□□ 씨를 계속 지지하실 것 같습니까?
16 아니면 상황에 따라 다른 사람 지지로 바뀔 수도 있다고
생각하십니까?

1. 계속 지지할 것 같다
2. 다른 사람 지지로 바뀔 수도 있다

9. 모르겠다/무응답

문 4) ○○님께서는 지금 지지하시는 □□□ 씨가 당선될
17 것이라고 생각하십니까?
아니면 당선되기 어려울 것이라고 생각하십니까?

1. 당선될 것이다
2. 당선되기 어려울 것이다

9. 모르겠다/무응답

문 5) ○○님께서는 지난 6일과 어제 저녁 실시된 대선 후보
18 TV 토론회를 보셨습니까?
(보았다면) 처음부터 끝까지 다 보셨습니까?
혹은 일부분만 보셨습니까?

1. 처음부터 끝까지 다 보았다 (→ 문6-1)
2. 일부분만 보았다 (→ 문6-1)
3. 못 보았다 ——→ **문 7로 갈 것**

문6-1) 그럼, TV 토론을 가장 잘한 후보는 누구라고 생각하십니까?
19

1. 정동영 4. 이인제
2. 이명박 5. 문국현
3. 권영길 6. 이회창

9. 없다/비슷하다/모르겠다/무응답

문6-2) ○○님께서는 이번 TV 토론을 보시고 지지하는 후보가
20 바뀌거나 새로 생겼습니까? 아니면 변화가 없습니까?

1. 지지하는 후보가 바뀌거나 새로 생겼다
2. 지지 후보에 변함없다

9. 모르겠다/무응답

그림 14-6 2007년 한국 대통령 선거에서 한국갤럽이 사용한 설문지(계속)

[모든 응답자에게 질문]

문 7) 현재 우리나라에는 대통합민주신당, 한나라당, 민주노동당,
21 민주당, 국민중심당, 창조한국당, 참주인연합 등의
정당이 있습니다.
ㅇㅇ님께서는 이중 어느 정당을 지지하십니까?
(9인 경우 : 그럼, 어느 정당에 조금이라도 더 호감이 가십니까?)

1. 대통합민주신당	4. 민주당
2. 한나라당	5. 국민중심당
3. 민주노동당	6. 창조한국당
	7. 참주인연합

8. 기타 정당
9. 없다/비슷하다/모르겠다/무응답

직업) ㅇㅇ님의 직업은 무엇입니까?
22

1. 농/임/ 어업
2. 자 영 업
3. 블루 칼라 (판매/서비스직, 기능/숙련공, 일반작업직)
4. 화이트칼라 (사무/기술직, 경영/관리직, 전문/자유직)
5. 가정 주부
6. 학 생
7. 무 직
8. 기 타 (적을 것 : ________)

원적) ㅇㅇ님 아버지의 고향은 어느 도입니까?
23

1. 서울	6. 대구/경북
2. 인천/경기	7. 부산/울산/경남
3. 강원	8. 제주
4. 대전/충청	9. 이북/기타
5. 광주/전라	

학력) ㅇㅇ님께서는 학교를 어디까지 마치셨습니까?
24 **(중퇴는 졸업에 포함되지 않음)**

1. 초등졸이하	3. 고 졸
2. 중 졸	4. 대재 이상

조사에 응해 주신 것에 진심으로 감사드립니다

단한다. 4번 질문에서는 투표 등록을 했는지 또는 할 것인지 묻는다. 13번 질문은 지난번 선거 때 투표했는지 여부를 묻고 있다. '세살 버릇 여든 간다'는 속담이 있듯이 지난 선거에 투표하지 않은 응답자는 이번에도 투표할 가능성이 낮다고 판단한다. 이 질문을 들여다보면 지난 선거에 참여하지 않았더라도 마음의 부담 없이 답하도록 보기 항목들이 구성되어 있다. 얼마나 세심한 배려인가.

[그림 14-5]에 있는 한국갤럽 설문지는 1번 질문을 통해 2007년 대통령 선거에서 투표할 것인지 단도직입적으로 묻고 있다. 투표 가능성의 종합적 판단이라는 점에서 볼 때 한국 갤럽의 설문지는 좀 부족한 면이 있다. 미국 갤럽의 설문지는 1-6, 9, 11, 13번 등의 질문이 투표 여부를 판단하는데 도움을 주는 반면, 한국 갤럽의 설문지는 이에 해당하는 질문이 1번 하나 밖에 없고 질문도 너무나 직접적이다.

투표 가능성을 묻는 질문들에 대한 대답을 어떻게 활용할 것인가? 한 가지 방법은 이들 대답에 기초하여 응답자 전체를 '투표할 것 같은 사람들(likely voters)'과 '투표할 것 같지 않은 사람들(unlikely voters)'로 분류한 뒤, 선거결과에 대한 예측은 '투표할 것 같은 사람들'만 가지고 하는 것이다. 이 방법의 문제는 두 집단의 구분기준이 명확하지 않고 충분히 자의적일 수 있다는 점이다. 두 번째 방법은 개인별로 그 투표가능성을 확률로 계산하여 그 응답에 가중치를 부여하는 것이다. 지난 선거에서 투표했다고 대답한 사람 그리고 이번 선거의 투표장소를 아는 사람에게는, 그렇지 못한 사람에 비해 투표 가능성을 높게 부여하여 높은 가중치를 준다. 이 방법의 문제는 투표할 확률의 계산이 역시 자의적일 수 있다는 점이다.

두 방법의 문제점에도 불구하고 투표에 참여할 것 같지 않은 사람들을 표본에서 제외하거나 그들의 응답에 낮은 가중치를 부여하면, 이는 선거결과를 좀더 정확히 예측하는데 도움이 된다. 이는 이들 두 가지 방법의 적용에서 오는 부작용이 투표할 것 같지 않은 사람들을 표본에 포함시키는데서 오는 부작용보다 일반적으로 작을 것으로 기대되기 때문이다. 우리는 편익이 비용보다 크면 선택한다. 투표할 것 같지 않은 사람들을 제외하거나 응답자별로 투표할 확률을 계산하여 가중치를 부여하자.

아직 마음을 정하지 못한 유권자

여론조사 시점에서 일부 응답자들은 아직 누구를 뽑을지 마음을 정하지 못한 상태이다. 갤럽의 7번 질문은 아직 마음을 정하지 못한 유권자의 비율을 가능한 한 줄이려는 의도로 고안되었다. 응답자에게 오늘 당장 투표하게 된다면 누구를 뽑을지 묻고 있다. 만약 결정하지 못했다면 현재 누구 쪽으로 마음이 기우는지를 묻는 셈이다.

[그림 14-2]와 같은 투표용지를 건네주며 누구를 뽑을지 말하지 말고 직접 표시해

서 투표함에 넣으라고 한다. 이러한 방법은 아직 마음을 정하지 못한 유권자의 비율을 최소화한다고 알려져 있다. 그래도 여전히 마음을 정하지 못한 유권자에 대해 갤럽은 12번부터 14번까지의 질문을 통해 이들의 선호를 알아내고자 한다.

한국 갤럽의 설문지를 보면 2번 질문을 통해 응답자가 어느 후보를 지지하는지 알아보고 있다. 이때 아직 마음을 정하지 못한 사람이나 대답을 꺼려하는 사람에 대해 2-1번의 질문을 통해 지지하는 후보에 대한 정보를 추가로 알아내고자 시도한다. 그런데 2번 질문과 2-1번 질문의 강도가 그리 큰 차이를 보이지 않는다. 앞선 2번 질문에서 답을 하지 않는 경우 추가적인 2-1번 질문에서도 답을 안 할 가능성이 크다. 따라서 '지금 당장 투표하게 된다면...' 등의 문구를 추가하고 나아가 미국 갤럽의 설문에서처럼 투표용지를 건네주어 실제의 투표 상황을 연출해 보면 좋겠다.

자료의 점검과 가중치 부여

1984년 미국의 25세 이상 성인 중 대략 75%가 고등학교 또는 대학 교육을 받았다. 갤럽조사의 표본은 실제의 모집단에 비해 교육을 많이 받은 사람의 비중이 지나치게 높다. 모집단의 구성비보다 표본에서의 구성비가 더 큰 집단의 응답자에게는 이를 상쇄하기 위해 더 작은 가중치를 부여해야 한다. 가중치 부여를 통해 집단별로 표본의 구성비를 모집단의 구성비와 같도록 조절해야 하기 때문이다.

예를 들어보자. 고등학교 이상의 교육을 받은 집단과 그렇지 못한 집단의 구성비가 모집단에서는 75% 대 25%인 반면, 표본에서는 80% 대 20%라고 하자. 고등학교 이상의 교육을 받은 집단이 표본에 너무 많이 반영되어 있다. 이 때 교육수준이 낮은 사람에게 1의 가중치를 준다면 교육수준이 높은 사람에게는 1보다 작은 가중치를 주어야 한다. 그 가중치는 (75/25)/(80/20)=3/4이 된다. 이는 특정 후보의 지지율을 계산할 때, 교육수준이 낮은 사람 1명을 그대로 1명으로 간주했으면 교육수준이 높은 사람 1명은 단지 3/4명으로만 간주하라는 의미이다. 이렇게 가중치를 부여하면 조정된 표본 구성비가 실제의 모집단 구성비와 같게 된다.(각자 확인하고 그 과정에서 가중치를 구하는 공식도 스스로 도출해 보라.)

가중치 부여는 앞서 언급했던 '무응답편의'가 발생하는 경우에도 적용할 수 있다. 이 경우 면담에 응할 확률에 반비례하여 가중치를 부여하면 된다. 이는 표본추출확률의 역수로 가중치를 부여한다는 IPW(Inverse Probability Weighting) 원리를 적용한 셈이다. 예컨대 면담에 응할 확률이 50%인 사람에게는 그 확률이 100%인 사람에 비해 두 배의 가중치를 부여한다. 물론 면담에 응할 확률은 나름대로 알아내야 한다. 미국 갤럽의 20번 질문을 보라. 응답자가 전날 집에 있었는지 묻고 있다. 응답자가 전날 집에 있었으면 면담에 응할 확률이 높다고 보고 그렇지 않으면 면담 확률이 낮다고 보려는 의도가 숨어 있다.

가중치 부여는 할당추출과는 다른 개념이다. 가중치 부여는 표본이 뽑힌 뒤 사후적으로 이루어진다. 표본이 얻어진 뒤 그 구성비를 모집단의 구성비와 같게 만들려는 취지이다. 할당추출에서는 예컨대 남녀 집단별 할당량이 모집단의 성별 구성비에 따라 사전적으로 결정된다. 할당추출은 표본추출과정에서 쓰인다. 가중치 부여는 이미 뽑힌 표본에 대해 사후적으로 추가적인 조정을 가하는 작업이다. 할당추출의 문제는 할당에 쓰인 조건만 맞추고 나면 나머지 특성에 관해서는 조사원이 응답자를 자의적으로 선택한다는 데 있다. 가중치 부여에는 이런 문제가 없다.

기 타

갤럽의 나머지 질문들은 정치성향에 영향을 미칠 만한 기타 항목에 대해 묻고 있다. 미국이나 한국이나 공통적으로 교육수준, 정당지지성향, 나이, 성별, 직업 등을 묻는다. 그 밖에 미국 갤럽에는 종교나 인종을 묻는 질문이 있고, 한국갤럽에는 지극히 한국적인 특성을 가진 것으로 아버지의 고향을 묻는 질문이 있다(뿌리! 쿤타킨테였던가, 킨타쿤테였던가).

문항수가 많은 조사에서는 응답자가 제대로 답하고 있는지 확인해 보아야 한다. 예를 들어 몇 개의 같은 질문을 반복하여 응답자가 일관성 있게 답하는지 살펴본다. 이때 일관성 없는 답이 나오면 응답자가 제대로 답하지 않고 있다고 판단한다. 이러한 응답자에 대해서는 가중치를 낮게 주거나 아니면 재조사를 실시한다. 재조사는 선임조사원이 하는 게 좋다.

일부 사람들은 속마음을 드러내려 하지 않는다. 또 면담시 자신의 선호를 드러냈다 하더라도 선거일에 마음을 바꾸기도 한다. 말과 행동은 다를 수 있다.

6. 전화조사

전화조사는 직접조사의 한 예다. 많은 조사가 전화로 이루어진다. 전화조사는 비용이 적게 든다. 갤럽은 전화번호를 단순무작위추출로 뽑는다. 이 작업은 컴퓨터에게 맡긴다. 이때 분석목적에 따라 전화번호를 지역별로 추출할 수도 있고 전국을 대상으로 추출할 수도 있다.

전화가 없는 사람이 전화가 있는 사람과 선호가 다르면 이는 전화조사에 있어 편의를 가져온다. 요즈음은 대부분의 사람이 전화를 가지고 있기 때문에 이러한 편의는 심각하지 않다. 차라리 문제는 집 전화와 휴대 전화를 어떻게 구분하여 처리할 것인가이다. 집 전화와 휴대 전화는 응답률도 다르고 응답자의 성향도 다를 수 있기 때문이다.

전화에 응답하지 않는 것도 편의를 가져올 수 있다. 응답률을 높이기 위해 집 전화로는 사람들이 주로 집에 있는 저녁이나 주말에 전화를 걸면 좋다. 휴대 전화도 사람들이 비교적 업무에서 자유로운 시간에 전화조사를 실시하는 게 바람직하다. 만약 전화를 받지 않으면 여러 차례 시도하여 응답률을 높이려는 노력을 기울여야 한다.

전화조사는 면담조사에 비해 응답률이 높고 비용도 적게 든다. 예측도 비교적 정확하다. 오늘날 많은 여론조사기관들이 전화조사를 이용한다. 요즈음 인터넷(internet) 바람을 타고 인터넷을 이용한 여론조사기관도 등장하고 있다. 인터넷 여론조사는 조사비용이 저렴하고 신속한 조사가 가능하다는 점에서 큰 장점이 있다. 반면 인터넷 응답자가 원하는 모집단을 대표하지 못하는 경우도 종종 있을 수 있다.

7. 확률오차와 표준오차

앞에서 우리는 여론조사기관들이 실제로 맞닥뜨리는 어려움에 대해 살펴보았다. 사람들은 집에 없기도 하고 집에 있더라도 속마음을 드러내지 않기도 한다. 그럼 이러한 문제들만 해결되면 선거결과를 정확하게 예측할 수 있을까? 그렇지 않다. 확률오차가 여전히 존재하기 때문이다.

확률오차의 본질을 상자모형으로 설명해보자. 0과 1이 표시된 카드가 아주 많이 들어 있는 상자가 있다고 하자. 이 상자가 바로 모집단이다. 우리는 이 상자에 든 1의 비율을 예측하고자 한다. 우리는 무작위 비복원추출로 천 장의 카드를 뽑았다. 뽑힌 카드들이 바로 표본이다. 표본추출과정에서 응답과 관련하여 발생하는 편의는 없다. 상자 밖으로 외출한 카드도 없고 상자 안으로 몰래 잠입한 카드도 없다. 잡힌 카드가 안 뽑히려고 발버둥치지도 않는다. 카드의 속마음을 모를 리도 없다. 카드는 언제나 0 또는 1의 숫자로 본심을 드러내고 있다. 그리고 무작위로 추출하기 때문에 표본추출편의 또한 없다.

상자에서 카드를 꺼내 이로부터 상자에 든 1의 비율을 예측하고자 할 때는, 현실에서 부딪치는 표본추출상의 어려움은 없다. 즉 편의가 개입할 여지가 없다. 표본에서 계산하는 1의 비율은 모집단에 존재하는 1의 비율에 대한 편의 없는 추정량

(unbiased estimator)이 된다. 즉, 표본비율은 모비율에 대한 불편추정량이다.

하지만 표본추출과정에 편의가 없다 하더라도 표본은 여전히 표본일 뿐이다. 표본은 모집단의 일부에 지나지 않는다. 어떤 카드가 표본으로 뽑히느냐에 따라 표본에서 구한 1의 비율이 달라진다. 편의가 없어도 확률오차는 존재하기 때문이다. 편의가 없는 표본에서, 하나의 추정치가 참값으로부터 벗어나는 정도는 확률오차에 의해 결정된다.

표본에서의 1의 비율＝모집단에서의 1의 비율＋확률오차

확률오차의 크기는 어느 정도일까? 앞서 12장에서 설명한대로, 표준오차는 확률오차의 대표적 크기이다. 개별 관측치들이 평균으로부터 어느 정도 떨어져 있는지 측정해주는 것이 표준편차라면, 표본평균 또는 표본비율 등 제반 통계량이 해당 기댓값으로부터 어느 정도 떨어져 있는지 알려주는 것이 표준오차이다.

표준편차는 말이 되지만 막연히 표준오차라 하면 말이 되지 않는다. 수식어 없는 표준오차는 없다. 표본평균의 표준오차, 표본비율의 표준오차 등 구체적인 표준오차들이 있을 뿐이다. 사실상 개별관측치의 표준오차도 생각해볼 수 있는데 이는 다름 아닌 표준편차이다.

다음 장에서는 우리나라의 경제활동인구조사가 어떻게 이루어지는지, 실업률 통계가 어떻게 작성되는지 살펴본다. 이를 통해 추론에 있어서 표준오차의 개념이 얼마나 중요한지 알게 된다. 이어 16장과 17장에서는 표준오차에 대한 이론을 배우게 된다.

8. 복습문제

1. 한 세제의 시장 점유율(market share)을 측정하고자 두 번의 조사가 이루어졌다. 첫 번째 조사에서는 해당 상표의 세제를 쓰는지 물었고, 두 번째 조사에서는 어떤 종류의 세제를 쓰는지 물었다. 이 두 조사로부터 구한 특정 세제의 시장점유율은 비슷할 것이라고 생각하는가? 설명하라.

2. 도박하는 사람들 입장에서 보면 카지노는 분명히 공정하지 못한 게임을 제공한다. 그럼에도 불구하고 많은 사람들이 카지노에서 도박을 한다. 도박 자체에서 느끼는 흥미를 제외하고 사람들이 왜 도박을 하게 되는지 표본추출 문제와 관련

시켜 생각해 보라. 주식시장은 어떠한가?

3. 1990년대 후반 어떤 탄광촌에서 진폐증에 대한 연구가 이루어졌다. 600명의 지원자에 대해 X-ray를 찍어 진폐증 여부를 진단하였다. 진단은 지원한 순서대로 이루어졌다. 처음 200명 중 진폐증으로 진단된 환자의 수와 마지막 200명 중 진폐증으로 진단된 환자의 수는 ① 거의 같을 것이다. ② 매우 다를 것이다. 맞는 답을 고르고 이유를 말하라.

4. 여러 명이 빙 둘러서서 불쌍한 우유팩을 차대는 일명 '팩차기'가 여러 대학으로 번지고 있다. 한 대학에서 팩차기가 얼마나 퍼져 있는지 알아보기 위해 표본조사를 실시하였다. 특정 시간 그 대학의 학생회관 앞을 지나는 학생들에게 지난 1주간 한 번이라도 팩차기를 한 적이 있느냐고 물었다. 369명 중 35%가 그렇다고 대답했다. 이는 확률적 표본조사방법이라고 할 수 있는가? 설명하라.

5. 서울대학교에서 개발한 영어시험인 TEPS의 성적자료에 의하면 초등학생의 성적 평균이 고등학생의 성적 평균에 비해 높다고 한다. 우리나라 고등학생은 초등학생에 비해서 영어 실력이 떨어지는가? 설명하라.

6. 무작위로 전화를 걸어 전 국민을 대상으로 하나의 설문조사를 실시했다. 1,507명의 응답자 중 3%는 최근 5년 이내에 집이 없어서 거리에서 생활하거나 수용시설에 들어간 적이 한 번 이상 있다고 대답했다. 이 3%의 추정치를 얻는 데 있어 표본추출상 어떤 편의가 있겠는가? 설명해 보라.

7. 만 가구가 거주하는 지역에서 백 가구로 이루어진 표본을 만들려고 한다. 우선 이 지역을 이천 가구씩 5개 지역으로 분할하고, 이 중 2개 지역을 무작위로 추출하였다. 다음으로 추출된 지역별로 50가구씩을 무작위로 추출하였다. 다음 문장의 참, 거짓을 판별하라.
(1) 이 표본을 추출하는데 확률적 방법이 사용되었다.
(2) 이 표본은 단순무작위표본이다.

8. 학생수가 이만 명인 어느 학교에서 학생들에게 1부터 2만까지의 번호를 부여한다. 이백 명의 학생으로 이루어진 표본을 얻기 위해 일단 1부터 100까지의 숫자 가운데 하나를 무작위로 선택한다. 이 때 74라는 숫자를 선택하면, 74번, 174번,

274번, …, 19,974번의 학생을 표본으로 추출한다. 다음 문장의 참, 거짓을 판별하라.

(1) 이 표본을 추출하는데 확률적 방법이 사용되고 있다.

(2) 이 표본은 단순무작위표본이다.

9. '손맛칼국수'는 전국 천 개의 분점에 종업원이 12,000명이나 되는 큰 음식점 체인이다. 각각의 분점에는 5명에서 20명 사이의 종업원이 일하고 있다. 종업원들의 성향을 조사하기 위해 무작위로 50개의 분점을 추출하고, 추출된 분점에서 각각 5명씩의 종업원을 다시 무작위로 추출한다. 설문대상의 추출방식에 문제가 있다고 생각하는가?

10. 우유가 성장기 어린이의 발육에 미치는 영향을 조사하기로 하였다. 한 초등학교 어린이를 무작위로 두 집단에 배정하였는데, 교장 선생님이 두 집단의 차이를 더 줄이라면서 몇 명의 어린이를 재분류하였다. 한 집단의 어린이들은 우유를 마음껏 마시게 하였고, 다른 집단의 어린이들은 전혀 우유를 마시지 못하게 하였다. 이 조사에서 통계적으로 잘못된 부분을 지적하라.(참고로 이 문제가 도덕문제는 아니다.)

9. 요 약

1. 표본은 모집단의 일부로서 통계처리의 대상이 되는 부분집단이다.

2. 모수는 수치로 표현된 모집단의 특성이다. 모수는 모른다. 단지 추정의 대상이 될 수 있을 뿐이다.

3. 추정량은 모수를 추정하는 데 쓰는 통계량이다. 검정통계량은 모수를 검정하는 데 쓰는 통계량이다. 추정량과 검정통계량이 알아낼 수 있는 값이라면 모수는 알고자 하는 값이다. 표본이 추출되고 나면 추정량과 검정통계량은 하나의 값으로 실현된다. 즉 추정치와 검정통계치가 된다.

4. 모수를 추정할 때 중요한 기준은, 추정치가 모수에 얼마나 가까운가의 여부이다.

5. 편의의 종류에는 표본추출편의, 무응답편의, 응답편의, 그리고 가구편의 등이 있다. 표본추출편의나 무응답편의를 피하려면 표본조사를 할 때 다음 사항을 신중히 고려해야 한다.

· 연구목적에 맞는 모집단은 무엇인가? 모수는 무엇인가?
· 표본은 어떻게 추출되는가?
· 응답률은 얼마인가?

6. 편의의 문제는 표본이 크다고 해서 해결되지 않는다.

7. 할당추출에서는 우선 몇 가지 분류지표를 기준으로 하나의 모집단을 여러 개의 부분집단으로 세분한다. 다음 부분집단별로 표본크기를 할당한 뒤 조사원이 직접 대상자를 선택한다. 이 과정에서 의도하지 않은 편의가 개입된다. 할당된 조건만 맞추고 나면 그 조건하에서 누구를 뽑느냐는 조사원이 자의적으로 정하기 때문이다.

8. 확률적 표본추출방법은 표본을 추출하는 데 있어 조사원에게 주관적 판단의 여지를 남겨 두지 않는다. 확률적 방법은 모집단을 이루는 개개의 구성원이 표본으로 선택될 확률을 계산할 수 있게 해준다. 따라서 필요한 경우 관측치별로 추출확률의 역수로 가중치를 부여하면, 적어도 확률적으로는 표본의 구성비를 모집단의 구성비와 같게 만들 수 있다. 또한 제3자에 의한 반복 연구가 가능하므로 연구결과의 객관적 검증이 가능하다.

9. 가장 기본적인 확률적 표본추출방법은 단순무작위추출이다. 이것은 한 번 추출된 대상을 복원하지 않으면서 계속 무작위로 표본을 추출하는 방법이다.

10. 무작위로 표본을 추출하면 표본은 대표성을 갖는다.

11. 편의와 확률오차 때문에 추정치는 모수와 다르다.

$$\text{추정치} = \text{모수} + \text{편의} + \text{확률오차}$$

물론 편의가 없는 표본을 이용하면

$$추정치=모수+확률오차$$

가 된다.

12. 개별 관측치들이 평균으로부터 어느 정도 떨어져 있는지 측정해주는 것이 표준편차라면, 표본평균 또는 표본비율 등 제반 통계량이 해당 기댓값으로부터 어느 정도 떨어져 있는지 알려주는 것이 표준오차라고 할 수 있다. 표준오차는 표본평균의 표준오차, 표본비율의 표준오차처럼 항상 구체적인 수식어를 가진다. 어떤 구체적 통계량의 표준오차는 있을지언정 막연한 표준오차는 없다. 표준편차는 사실상 관측치 하나의 표준오차라고 볼 수 있다.

아돌프 케틀레(Adolphe Quetelet, 벨기에, 1796-1874)

많은 통계 기법은 사회과학 분야에 적용되는 과정에서 개발되었다. 하지만 케틀레 이전에는 통계학이 천문학, 지리학 등에 응용되는 것이 고작이었다.

케틀레는 사회과학에 통계학을 응용하는데 첫발을 내딛는다. 케틀레는 뛰어난 수학공식을 도출한 것도 아니고, 응용 과정에 완전히 성공한 것도 아니었다. 하지만 최초로 사회과학적 응용을 시도함으로써 그 과정에서 생기는 개념상의 문제를 인식하여, 뒤이은 학자들이 이를 차차 풀어나갈 수 있도록 하나의 계기를 만들어 주었다.

케틀레는 1796년 2월 22일 벨기에에서 태어났다. 그는 원래 순수 수학을 전공하였고, 문학에도 많은 관심을 가졌던 것으로 알려져 있다. 그가 통계학을 처음 접하게 된 것은 1823년 파리로 여행했을 때이다. 3개월의 여정 동안 그는 푸리에, 라플라스 등 당대의 뛰어난 학자들을 만난 것으로 추정된다. 이렇게 짧은 기간에 그가 통계학에 대해 깊이 배웠을 리 만무하며, 또 통계학에 대한 논문도 그다지 많이 섭렵한 것 같지 않지만, 향후 그의 주요한 업적들은 파리 여행에 바탕을 두게 된다.

이전에 라플라스는, 표본을 추출하여 인구 조사를 하면 전체 인구를 다 조사하지 않고서도 인구의 대략적인 규모를 어느 정도 정확하게 계산할 수 있다고 주장했다. 또 표본추출 과정에서 현재 단순무작위추출이라 부르는 것과 비슷한 개념에 대해 언급하였다. 케틀레는 이에 관심을 가져 라플라스의 방법을 벨기에와 네덜란드의 인구를 조사하는데 적용하였다. 하지만 이후에는 표본이 모집단을 대표할 수 있다는 것을 의심하여 표본조사를 포기하고, 전체 인구를 조사하는 대규모 연구를 실행하게 된다. 당시에는 단순무작위추출에 대한 명확한 개념이 없었기 때문에, 케틀레가 연구 방향을 바꾼 것은 납득할 만한 일이다.

케틀레가 남긴 중요한 업적 가운데 하나는 '평균인'의 개념이다. 그는 키에서의 남성 평균인, 몸무게에서의 여성 평균인 등 조사 항목별로 평균값을 가지는 평균인을 수십 명 선정하였다. 나아가 모든 사람을 평균인으로부터의 오차로 나타냈다. 하지만 항목별로만 평균인과 그로부터의 오차를 정의할 수 있었을 뿐, 여러 항목을 동시에 고려한 평균인과 그로부터의 오차는 정의할 수 없었다. 즉 그는 중회귀분석과 회귀분석의 오차에 관한 개념에는 아직 이르지 못하고 있었던 것이다. 이러한 개념은 몇 십 년이 지난 뒤에야 율(George Udny Yule, 영국, 1871-1951)에 의해 정립되게 된다.

케틀레는 방대한 자료를 조사하는 과정에서 자기가 모은 자료들이 정규분포로 근사한다는 사실을 알아냈는데, 이는 현재 그의 업적 가운데 가장 괄목할 만한 업적이다.

케틀레는 뛰어난 수학자도 아니었고, 통계학 기법상 커다란 업적을 내지도 못했다. 하지만 그는 사회과학에 통계학이 도입되도록 불씨를 붙인 사람이며, 그가 실시한 많은 대규모 조사들은 뒤이은 학자들에게 귀중한 자료가 되었다. 나아가 경험적인 자료로부터 확률분포함수를 구함으로써 후대의 갈튼(Francis Galton, 영국, 1822-1911), 에지워스(Francis Edgeworth, 영국, 1845-1926), 피어슨(Karl Pearson, 영국, 1857-1936) 등에게 중요한 연구과제를 제공했다.

제 15 장

실업률의 측정

"거리엔 괜찮은 사람들이 많은데 소개를 받으러 나온 자리엔 어디서 이런 사람만 나오는 거야". 미팅이나 소개팅을 해본 대학생이라면 누구나 쉽게 공감하는 유행가 구절이다. 왜 이런 일이 생길까. 소개받으러 나온 사람 집단이 거리의 사람 집단을 대표하지 못하기 때문이다. '선수' 모집에 무언가 문제가 있다.

1. 경제활동인구조사

실업률이란 무엇을 말하는가? 만 15세 이상 인구는 경제활동인구와 비경제활동인구로 나뉜다. 경제활동인구는 취업자와 실업자로 세분된다. 비경제활동인구는 가사, 육아, 재학, 심신장애 등으로 인해 경제활동에 참가할 수 없는 사람들로 이루어진다. **경제활동참가율**은 경제활동인구를 만 15세 이상 인구로 나누어 구한다. 실업률은 실업자수를 경제활동인구로 나누어 구한다. 참고로 군인, 전경, 재소자 등은 아예 조사대상에서 빠지므로 경제활동참가율이나 실업률을 계산할 때 그 대상에서도 제외된다.

실업률은 정부가 발표하는 가장 대표적인 경제지표 중의 하나이다. 우리나라 통계청은 가구부문 통계조사인 **경제활동인구조사**를 통해 실업률을 측정한다. 매월 각 시 · 도의 실업률에 관한 추정치를 구한 다음, 이들을 종합하여 전국의 추정치로 공표한다. 각 시 · 도의 분기별 추정치는 3개 월별 추정치의 평균으로 구한다. 연간 추정치는 4개 분기별 추정치의 평균으로 구한다. 이리하여 연간 추정치는 12개 월별 추정치의 평균이 된다.

경제활동인구조사는 어떻게 표본을 추출하는가? 실업률 추정치의 표준오차는 어떻게 구하는가? 경제활동인구조사를 파악하는 것은 다른 대규모 통계조사를 이해하는 데도 도움이 된다.

우리나라는 1957년부터 노동력조사라는 명칭으로 실업률 관련 조사를 실시해 왔으며 1963년부터는 이를 경제활동인구조사로 개편하여 오늘에 이르고 있다. 1969년부터는 인구센서스 자료를 기초로 표본을 설계하였다. 1982년 7월에 분기조사에서 월별조사로 전환하였다. 1982년 국제노동기구(ILO) 권고안에 따라 조사내용을 전면 개편하였다. 1987년부터는 현재와 같이 만 15세 이상 인구에 대해 경제활동인구조사를 실시하고 있다. 1988년 7월부터는 조사대상 표본을 기존의 17,500가구에서 32,500가구로 확대하였다. 2005년 7월부터는 실업 통계 작성 기준을 '구직기간 1주'에서 '구직기간 4주'로 전환하였고 그 전환된 기준으로 1999년 6월 이후의 실업률 자료를 다시 추계하였다. 2007년도에는 2005년 인구주택총조사를 토대로 경제활동인구조사의 표본설계를 개편하였다.

경제활동인구조사 대상자는 표본조사구에 상주하는 사람으로서, 조사월의 15일 현재 만 15세 이상인 사람이다. 조사항목은 총 35개로 가구주와의 관계, 성별 등 인적사항 6개, 경제활동상태, 취업여부 등 확인항목 5개, 부업여부, 취업시간 등 취업자 항목 6개, 취업가능성, 구직경로 등 실업자 항목 7개, 취업희망여부, 취업가능성 등 비경제활동인구 항목 4개, 전직 유무, 이직시기, 산업, 직업 등 기타 항목 7개 등이다.

매월 15일이 포함된 1주간(일요일부터 토요일까지)을 조사대상 주간으로 정하고, 22일이 포함된 그 다음 주에 실제조사를 실시한다. 표본가구 내에 상주하는 만 15세 이상 인구 전부에 대해 조사대상 주간 동안의 경제활동상태를 조사한다. 조사방법은 조사원이 대상가구를 방문하여 면접과 동시에 조사내용을 직접 기입하는 이른바 CAPI(Computer Aided Personal Interview) 방식의 면접조사이다.

2. 2007년 경제활동인구조사의 표본설계

우리나라의 가구부문 통계조사 표본은 다목적 표본이다. 동일한 표본을 가지고 경제활동인구조사, 가계조사, 소비자전망조사, 집세조사 등 여러 개의 통계조사를 병행 실시한다. 이러한 다목적 표본은 1966년의 인구센서스를 바탕으로 1969년에 처음 설계되었으며, 그 후 매 5년마다 개편되었다. 2011년 기준 가장 최근의 개편은 2007년도에 이루어졌다.

이렇게 5년마다 주기적으로 표본개편을 실시하는 이유는 개편된 표본이 모집단의 변화된 특성을 반영하도록 하기 위함이다. 시간이 지남에 따라 아파트 신축 등으로 새로운 조사단위가 생기기도 하고 기존 조사단위가 소멸되거나 변하기도 한다. 이러한 변화를 지속적으로 반영하기 위해 매5년마다 실시되는 인구주택총조사를 바탕으로 새롭게 표본틀(sampling framework)을 구성한다. 표본개편의 목적은 업데이트된 표본틀을 근거로 표본가구를 추출함으로써 모집단에 대한 표본의 대표성을 높이고자 함이다.

우리나라의 가구부문 통계조사를 이해하려면 먼저 조사구(enumeration district)의 개념을 익혀야 한다. 조사구는 전국의 모든 행정 읍 · 면 · 동을 대략 60가구씩 묶어서 지리적으로 분할한 조사단위이다. 서울, 부산, …, 제주 등의 행정구역은 적게는 몇 천에서 많게는 몇 만의 조사구로 나뉜다. 이상적으로는 표본추출이 이들 전국에 걸친 조사구로부터 이루어져야 한다. 하지만 현실은 이상과 다르다. 실제로 표본가구는 전체 조사구가 아닌 10%표본조사구로부터 추출한다. 10%표본조사구란 인구주택총조사를 바탕으로 전국의 조사구를 행정구역별로 각각 10% 정도가 되도록 추출한 것이다.

10%표본조사구가 표본틀이 된다. 10%표본조사구에 속한 가구가 사실상의 모집단이다. 표본틀에 속한 가구만을 모집단으로 사용하는 이유는, 조사대상을 전체 모집단에서 추출하기가 매우 어렵고 비용도 많이 들기 때문이다. 표본틀에 속한 가구는 전국의 일반가구를 대표한다고 알려져 있다. 즉 표본틀을 모집단으로 파악해도 별

표 15-1 경제활동인구조사의 표본틀(행정구역별 10%표본조사구)

지역	조사구수	가구수	인구수	지역	조사구수	가구수	인구수
서울	5,159	310,000	833,500	강원	1,020	59,000	118,000
경기	5,271	318,000	944,900	충북	949	57,000	122,300
부산	1,922	114,000	289,800	충남	1,252	72,000	159,400
대구	1,283	78,000	203,800	전북	1,312	75,000	142,000
인천	1,358	80,000	220,100	전남	1,332	77,000	142,400
광주	741	46,000	115,100	경북	1,889	110,000	217,000
대전	777	46,000	122,100	경남	1,941	114,000	256,100
울산	514	32,000	903,000	제주	291	18,000	43,400
				전국	27,011	1,603,000	4,020,100

문제가 없다. 〈표 15-1〉은 경제활동인구조사의 표본틀이다. 행정구역별로 10%표본조사구수, 그에 속한 가구수 및 인구수를 보여준다.

표본틀이 주어지고 나면 표본크기를 정한다. 표본크기가 필요이상으로 크면 예산이 낭비되고, 너무 작으면 조사의 신뢰도가 떨어진다. 표본크기는 목표정도(目標精度, target precision)를 충족시키는 범위 내에서, 각 지방사무소의 인력과 예산을 고려하여 최소규모로 결정한다.

우리나라의 실업률은 상당히 낮은 편이다. 따라서 정확하게 측정할 필요성이 더욱 크다. 이를 위해 지역별로 표본크기를 적절히 조절하여야 한다. 전국적으로 표본크기는 1,629개 표본조사구의 약 32,500가구로 한정되어 있다. 이를 각 시 · 도에 할당한다. 〈표 15-2〉는 이렇게 할당된 지역별 표본조사구수를 보여준다.

〈표 15-2〉를 보면 대구와 강원도에 할당된 표본조사구수는 똑같이 90이다. 대구보다 가구수 및 인구수가 적은 강원도에 대구와 같은 크기의 표본조사구수가 할당

표 15-2 경제활동인구조사의 표본크기

지역	표본조사구수	지역	표본조사구수
서울	207	강원	90
경기	198	충북	90
부산	108	충남	90
대구	90	전북	81
인천	99	전남	90
광주	81	경북	108
대전	81	경남	99
울산	72	제주	45
		전국	1,629

되었다.

표본조사구는 각 시 · 도별로 미리 정해진 수만큼 선택한다. 표본조사구가 결정되면, 표본조사구별로 가구명부를 작성한다. 또 가구수를 기준으로 표본조사구를 몇 개의 조사구역으로 분할한다. 보통 5가구가 하나의 조사구역을 이루게 된다.

최종적으로 표본조사 대상가구는 각 표본조사구별로 하나의 조사구역을 무작위로 추출하여 정한다. 추출된 조사구역과 북쪽으로 접한 조사구역 및 그 시계바늘 회전방향으로 인접한 조사구역 등 4개의 조사구역에 속한 모든 가구를 조사한다. 이리하여 표본조사구마다 4개의 조사구역에 걸쳐 20가구 정도에 대해 전수조사를 실시한다.

경제활동인구조사의 표본조사 대상가구 추출방법 : 다단계군집추출

(1) 전국을 행정구역별로 16개 시 · 도로 나눈다. 시 · 도별 10%표본조사구로 이루어진 표본틀을 확정한다. 이는 가장 최근의 인구주택총조사를 바탕으로 설계한다.

(2) 시 · 도별로 미리 정해진 수만큼 표본조사구를 추출한다. 서울을 예로 들어 표본조사구를 어떻게 뽑는지 설명하자. 서울에 속한 10%표본조사구 5,159개로부터 서울에 배정된 207개의 표본조사구를 뽑으면 된다. 이때 가구수에 비례하는 확률르 207개의 표본조사구를 추출한다. 다른 시 · 도에 대해서도 동일한 확률적 방법을 써서 필요한 수만큼의 표본조사구를 추출한다.

(3) 표본조사구가 결정되면 표본조사구별로 가구명부를 작성한다. 가구수를 기준으로 표본조사구를 몇 개의 조사구역으로 분할한다. 보통 인접한 5가구씩 묶어 하나의 조사구역으로 삼는다. 참고로 표본틀 내 10%표본조사구 전체에 대해서는 가구명부를 작성할 필요가 없다. 가구수만 알면 표본으로 쓸 조사구를 추출하는데 충분하기 때문이다.

(4) 표본조사구별로 4개 조사구역에 걸쳐 5가구씩, 총 20가구를 조사한다. 이를 위해 먼저 표본조사구별로 하나의 조사구역을 무작위로 추출한다. 다음 추출된 조사구역과 북쪽으로 접한 조사구역 및 시계바늘 회전방향으로 인접한 조사구역 등 4개의 조사구역을 선정한다. 추출된 4개 조사구역에 속한 20가구를 다 조사한다. 표본조사 대상가구별로 조사월 15일 현재 만 15세 이상인 사람 전수를 조사한다.

3. 가중치 부여

가중치 부여는 왜 필요한가? 어떻게 부여하는가? 예를 들어 보자. 표본으로 선택된 만 명의 경제활동인구 가운데, 536명이 실업자였다고 가정해 보자. 또 우리나라 전체의 경제활동인구는 1,980만명이라고 하자. 그러면 전체 실업자수는 536명 ×1,980=1,061,280명이라고 간주하고 싶은 충동이 든다. 과연 이러한 충동 내지 추론은 타당한가?

그렇지 않다. 전체 실업자수를 계산해내는 작업은 그리 간단하지 않다. 이는 위의 예에서 표본으로 사용된 만 명이 우리나라 전체의 경제활동인구를 대표하지 못할 것이기 때문이다. 우선 행정구역에 따라 하나의 가구가 표본으로 선택될 확률이 다르다. 이는 시 · 도별 표본크기가 시 · 도별 가구수에 비례하지 않기 때문이다. 예컨대 서울은 부산에 비해 가구수가 3배에 가까운데 표본조사구수는 2배에도 못 미친다. 이에 따라 어느 한 가구가 표본으로 선택될 확률은 서울이 부산보다 낮다. 다음 성 · 연령 등의 요인에 따라 개인별로도 선택될 확률이 다르다. 표본으로 선택된 각 개인별로 거주지, 성, 연령 등 특성에 따라 서로 다른 가중치를 부여해야 한다. 가중치의 조정을 통해 표본추출과정에서 드러난 불균형을 바로 잡아야 한다.

특성지표에 따라 나뉜 각각의 하부집단에 구체적으로 어떻게 가중치를 주느냐 하는 문제는 앞에서 이미 그 원리를 공부한 바 있다. 가중치로 수정된 표본이 하부집단별로 모집단의 구성비를 반영하도록 가중치를 설계하면 된다.

실업자수를 추정하는 위의 예에서 가중치로 조정된 표본을 이용하여 우리나라 전체의 실업자수를 다시 추정해야 한다. 가중치를 이용해 추정한 실업자수는 위에서 구한 1,061,280과 다를 것이다. 애당초 분석에 사용한 만 명의 경제활동인구가 실업률이 높은 하부집단에서 지나치게 많이 추출된 것이었으면 가중치를 이용해 구한 실업자수는 1,061,280보다 낮을 것이고 그 반대의 경우에는 높을 것이다. (왜 그런지 각자 생각해보라.)

4. 표준오차

실업률의 측정은 정확도를 요구한다. 실업률을 측정하여 4.0%±0.1%라는 결과를 얻으면 유용하나, 4%±3%라는 결과를 얻으면 그다지 도움이 되지 않는다. 앞에서 배운 표준오차 공식은 무작위복원추출 내지 단순무작위표본에만 적용되고 다른 방식으로 추출된 표본에는 적용되지 않는다. 경제활동인구조사는 인접한 4개의 조사구역에 속한 20가구를 한꺼번에 **군집**(cluster)으로 선택하여 표본조사 대상가구로 삼는다. 하나의 조사구역을 무작위로 선택하고 나면 나머지 세 조사구역이 저절로 선택된다. 선택된 네 조사구역의 가구에 대해서 전수조사를 실시한다. 이러한 방법으로 추출된 표본은 단순무작위표본과는 성격이 전혀 다르다.

단순무작위표본이라면, 하나의 조사구역이 선택되는 사건과 다른 조사구역이 선택되는 사건은 서로 독립이다. 하지만, 실업률 조사에서는 어떤 조사구역이 선택되면, 그 이웃의 조사구역이 선택될 확률이 매우 커진다. 동일한 크기의 단순무작위표본에 비해 정보량이 줄어든다. 표준오차는 커진다. 군집표본은 같은 크기의 단순무작위표본에 비해 사실상의 정보량이 적다.

> 표본추출의 기본원칙은 단순무작위추출이다. 하지만 실제로는 경제활동인구조사에서 본 것처럼 다소 복잡한 확률적 방법을 사용한다. 이때 단순무작위표본에 적용되었던 표준오차 공식은 더 이상 유효하지 않다. 표준오차를 구하기 위해서는 다른 방법을 사용해야 한다.

경제활동인구조사 같은 군집표본의 표준오차는 **이분표본법**(二分標本法, half-sample method)으로 구할 수 있다. 기본발상은 매우 간단하다. 하나의 추정치가 과연 신뢰성이 있는지 알아보려면 동일한 조사를 독립적으로 한 번 더 시행하면 된다. 두 조사결과의 차이를 보면 첫 번째 조사가 얼마나 믿을 만한지 평가할 수 있기 때문이다. 문제는 비용 때문에 조사를 반복하기 어렵다는 것이다. 반복을 하지 않으면서 반복의 효과를 기대할 수는 없을까? 가능하다. 반복대신 반분(半分)하면 된다. 주어진 표본을 두 부분으로 나누어 각각으로부터 원하는 추정치를 따로따로 구하면 된다. 이것이 이분표본법이다.

예를 들어 우리나라의 실업자수를 추정한다고 해 보자. 경제활동인구조사로부터 얻은 표본가구를 조사구별로 둘로 나눈다. 표본을 둘로 나눌 때 조사구별로 나누는 이유는, 두 개 반쪽짜리 표본의 특성을 가급적 비슷하게 만들기 위해서다. 두 개의 반쪽짜리 표본으로부터 추정한 실업자수가 각각 104만명과 108만명으로 나왔다고 하자. 이로부터 우리나라의 실업자 수는 두 값의 평균인 106만명이라고 추정한다. 그런데 이 106만명이라는 값에 담긴 확률오차의 크기는 어느 정도나 될까. 즉, 단일의 추정량에 담긴 표준오차는 어느 정도 크기일까? 2만 정도가 된다. (왜 그런지는 부록을 참조하라.) 그리하여 우리나라의 실업자수는 106만명 ± 2만명이라고 본다.

물론 2회의 반복만으로 아니 좀 더 정확한 표현을 하면 두 개의 반쪽짜리 표본만으로 신뢰성 있는 표준오차를 구하기는 어렵다. 실제로는 이보다 좀더 세련된 방법을 동원하여 표준오차를 구한다.

실제 조사에서 그 좋은 단순무작위표본을 사용하지 않는 이유는 무엇인가? 거주지 정보가 불완전하다는 점이 하나의 이유이다. 보다 중요한 이유는 단순무작위표본에 의한 조사는 조사비용이 매우 많이 들어 실시하기 어렵다는 점이다. 방문조사가 원칙이므로 군집표본을 이용해야 비용이 절감된다. 군집표본에서는 한 지역을 방문하여 여러 가구를 조사한다. 표본조사구별로 인접한 4개 조사구역의 약 20가구에 대해 전수조사를 실시하기 때문이다. 통계조사도 경제적으로 해야 한다.

단순무작위표본에서는 추정치와 그 표준오차의 계산이 간단하다. 그러나 군집표본에서는 그렇지 못하다. 표준오차를 제대로 구하려면 자료가 어떤 방식으로 추출되었는지 알아야 한다. 표본과 관련된 보다 많은 정보가 필요하다. 군집표본에서 이분표본법은 이러한 복잡한 문제를 단순화시켜 준다.

군집표본은 같은 크기의 단순무작위표본에 비해 정보량이 적다. 군집표본에는 단순무작위표본에 적용한 표준오차 공식을 적용하지 못한다. 대신 이분표본법을 써서 표준오차를 구한다.

5. 편 의

표본조사는 전체를 조사하는 센서스에 비해 여러 측면에서 우수하다. 표본조사는 상대적으로 작은 범위의 조사여서 자료 하나하나의 질적 수준이 높다. 표본조사는 센서스조사에 비해 통제하기 쉽다. 조사원의 선발과 교육을 엄격하게 관리한다. 조사원당 적은 수의 가구만 조사하게 시켜서 그 부담을 줄여줄 수도 있다.

세상에 공짜는 없다. 표본조사라고 좋기만 하겠는가? 표본조사는 전체의 일부만을 조사한다. 센서스와 달리 표본추출편의(sample selection bias)에 직면할 수 있다. 추출된 일부가 전체를 대표하지 못하는 경우 편의의 문제가 야기된다. 편의는 확률오차에 비해 더 큰 문제를 일으킨다. 편의가 있는 표본에서 자료를 살펴보는 것만으로는 편의의 존재를 알아내기 힘들다. 센서스자료에서는 누락되는 부분이 극히 일부에 불과하기 때문에 편의의 문제가 대두되지 않는다.

실업률 조사에서 표본의 한 가구는 모집단의 약 493(=1,603만/32,500만)가구를 대표하므로, 한 가구의 불응은 조사결과에 큰 영향을 미친다. 현재 경제활동인구조사에서 무응답가구는 2% 이하로 별로 없지만, 여전히 응답을 유도하기 위한 다각적인 노력이 필요하다. 무응답의 문제를 해결하기는 그리 쉽지 않다. 누락된 표본과 조사된 표본의 경제활동상태가 같다는 보장은 어디에도 없다.

취업자와 실업자의 구분도 어렵다. 상근 근로자가 되려는 비상근 근로자는 취업자로 분류되나, 실질적으로는 부분실업 상태에 있다. 일할 의사는 있으나 일자리를 찾을 희망이 없다고 판단하여 구직활동을 포기한 사람은 비경제활동인구로 분류되지만, 사실상은 실업자로 보아야 한다. 문제는 직업이 있는 것, 일할 능력이 있는 것, 구직활동을 하는 것 등의 판단기준이 어느 정도 자의적일 수 밖에 없다는 데 있다.

편의는 확률오차에 비해 더욱 큰 문제를 일으킨다. 편의가 있는 표본에서 자료를 살펴보는 것만으로는 편의의 존재를 알아차리기 힘들다.

6. 복습문제

1. 경제활동인구조사의 표본추출방법은 가구편의를 가져오지 않는다. 왜 그런지 설명하라.

2. 우리나라의 전체 인구 가운데 무작위로 추출한 십만 명을 대상으로 실업률 조사를 실시하여, 육만 명이 취업자, 사천 명이 실업자라는 사실을 알았다. 다음 문장의 참, 거짓을 판별하라.
   (1) 표본의 64%는 경제활동인구이다.
   (2) 우리나라의 경제활동인구는 64%라고 추정된다.
   (3) 우리나라의 실업률은 4,000/(60,000+4,000)×100%인 6.25%이다.

3. 이분표본법으로 경제활동인구조사 자료를 분석하고 있다. 다음 물음에 답하라.
   (1) 경제활동인구가 이분된 표본에서 각각 3,030만명, 2,970만명으로 추정되었다. 경제활동인구 추정치와 그 표준오차를 구하라. 이로부터 실제의 경제활동인구에 대한 95%신뢰구간을 구하라.
   (2) 실업률이 이분된 표본에서 각각 3.8%, 4.2%로 추정되었다. 실업률 추정치와 그 표준오차를 구하라. 실제 실업률에 대한 95%신뢰구간을 구하라.
   (3) 여기서 구한 추정치들이 보일 편의를 추정할 수 있는가?

4. 경제활동인구조사는 다단계 군집추출(multi stage cluster sampling) 방식에 의해 이루어진다. 어느 한 달의 경제활동인구조사 자료를 네 부분으로 균등 분할하여 각각의 부분자료를 분석한 결과 2.5%, 2.7%, 2.9%, 3.1%의 경제활동참가자가 실업상태에 놓여 있음을 알게 되었다. 이 자료에 입각하여 우리나라 전체의 실업률에 대한 95% 신뢰구간을 구하라. (힌트: 제곱근을 법칙을 이용한다면 표본이 m개일 때 전체 표본평균의 표준오차는 개별 표본평균의 표준오차에 비해 $\frac{1}{\sqrt{m}}$의 비율로 작아진다.)

7. 실제 데이터를 이용한 연습문제

※ 컴퓨터 가격 데이터를 이용하여 다음 문제에 답하라.

컴퓨터 가격자료가 수록된 Excel 파일에는 109개의 관측치가 수록되어 있는데 이를 모집단으로 간주하고 질문에 답하라.

1. 컴퓨터 가격자료로부터 계통추출법에 따라 크기가 11 내지 10인 하나의 표본을 추출하라. 이렇게 구한 계통표본은 단순무작위표본인가?

[힌트] 일단 1에서 10까지의 정수 중 무작위로 하나를 뽑는다. 예를 들어 4가 나왔다고 하자. 그러면 4번째, 14번째, 24번째, … 관측치들을 취해 크기가 11인 표본을 구성한다. 10이 뽑혔다면 크기가 10인 표본이 구성될 것이다. 이와 같은 추출방법을 **계통추출법**(systematic sampling)이라고 한다. 계통추출법에 의해 뽑힌 표본을 **계통표본**(systematic sample)이라고 한다. 참고로 계통추출법은 Excel 도구 중 '표본추출' 도구에서 '주기적 추출'을 이용하여 실행할 수 있다.

2. Excel을 이용하여 단순무작위표본을 구성하는 방법을 설명하라. 컴퓨터 가격자료로부터 크기 11인 하나의 단순무작위표본을 추출하라. Excel 표본추출 도구에서 '무작위추출' 옵션은 비복원추출이 아니고 복원추출임에 유의하라.

[참고] Excel을 이용한 표본추출방법

Excel 워크시트에 주어진 자료로부터 무작위 복원추출로 하나의 표본을 추출하는 방법을 알아보자.

1. **'도구'** 메뉴의 **'데이터 분석'** 도구에서 **'표본추출'** 도구를 선택한다.
2. 추출하려는 자료의 위치를 **'입력 범위'**에 지정하고 자료의 제일 윗 행에 변수명이 들어가 있으면 **'이름표'**를 체크하고, 변수명이 안 들어가 있으면 **'이름표'**의 체크를 해제하라. 다음 **'무작위 추출'**을 선택하고 **'표본수'**에 원하는 표본크기를 입력한 후 확인을 클릭하면 된다.
3. 이와 같은 Excel의 표본추출에서 Excel에 기록된 원자료는 모집단, 추출된 자료는 표본이라 할 수 있다. 앞에서 설명한 '무작위 추출'은 비복원추출이 아니라 복원추출임에 유의하라. 즉 한 번 뽑힌 개체가 다시 뽑힐 수 있다. Excel에 비복원추출 도구는 없다. 그러나 Excel로 **'난수생성'**과 **'정렬'** 기능을 이용하여 비복원추출을 할 수 있다. 방법을 각자 생각해 보라.

3. 구성된 단순무작위표본의 평균은 얼마일 것으로 예상하는가? Excel의 기술통계량 도구를 이용하여 앞의 2번에서 뽑은 단순무작위표본의 평균과 표준편차(SD) 그리고 평균의 표준오차(SE)를 계산하라.

4. 앞의 3번에서 표준오차를 구할 때 보정계수를 곱해 주어야 하는가? 그렇다면 보정계수는 얼마가 되어야 하는가? 아니라면 왜 그런지 설명하라. (보정계수에 대해서는 다음 16장을 참조하라.)

5. 앞의 3번과 4번 답을 이용하여 109개 컴퓨터 가격의 평균에 대한 95%신뢰구간을 구하라.

8. 요 약

1. 경제활동참가율은 만 15세 이상 인구 중 경제활동인구가 차지하는 비율을 말한다. 경제활동인구는 취업자와 실업자로 이루어진다. 실업률은 경제활동인구에서 실업자가 차지하는 비율을 말한다.
2. 우리나라의 실업률은 가구부문 통계조사인 경제활동인구조사를 통해서 매월 추정한다. 경제활동인구조사는 행정구역별로 선정된 10%표본조사구를 표본틀로 사용한다.
3. 실업률 조사는 1,629표본조사구별로 대략 20가구씩 약 32,500가구를 대상으로 매월 실시한다. 실업률 조사의 표본은 군집표본이다. 단순무작위표본에 비해 다루기가 복잡하다. 정보량이 적다. 하지만 표본추출 비용은 적게 든다.
4. 가중치는 연령, 성, 주거형태 등 여러 가지 특성지표에 따라 각 개인별로 서로 다른 값을 부여한다.
5. 확률적 방법에 의해 추출한 표본에서는 원하는 모수를 추정한 뒤 그 표준오차를 구할 수 있다.
6. 표준오차는 표본의 성질을 고려하여 구해야 한다. 단순무작위표본의 표준오차 계산법을 군집표본에 적용하면 표준오차가 과소평가된다.
7. 군집표본의 표준오차는 이분표본법으로 구할 수 있다.
8. 편의가 있는 표본에서 단지 자료를 살펴보는 것만으로는 그 편의의 존재를 알아차리기 힘들다.
9. 실업률 조사처럼 대구모 표본조사에서는 확률오차에 비해 편의가 더 클 것으로 예상된다.

9. 부　록 : 이분표본법으로 표준오차 구하기

원래의 표본을 둘로 쪼갠 뒤 각각의 반쪽짜리 표본에서 구한 추정량을 $\hat{\theta}_1$과 $\hat{\theta}_2$이라고 하자. 일반성의 상실없이 $\hat{\theta}_1 < \hat{\theta}_2$이라고 가정하자. 그러면 원래의 표본으로부터 구한 추정량은 일반적으로 $\hat{\theta} = (\hat{\theta}_1 + \hat{\theta}_2)/2$의 형태로 표현된다. 제곱근 법칙에 따라 $\mathrm{SE}(\hat{\theta}) = \mathrm{SE}(\hat{\theta}_h)/\sqrt{2}$ $(h=1,\ 2)$가 성립한다. 그런데 우리는 $\hat{\theta}_h$에 대한 두 개의 실현치를 가지고 있으므로 그 두 개 값의 표준편차로 $\mathrm{SE}(\hat{\theta}_h)$을 추정할 수 있다. (왜 그런지 각자 3장에서 배운 표준편차의 개념을 복습한 뒤 생각해 보라.) 즉, $\mathrm{SE}(\hat{\theta}_h)$은 $\sqrt{((\hat{\theta}_1 - \hat{\theta})^2 + (\hat{\theta}_2 - \hat{\theta})^2)/(2-1)} = \sqrt{2}(\hat{\theta} - \hat{\theta}_1)$으로 추정된다. (여기서 표준편차를 구할 때 분모에서 '-1'의 자유도 조정이 이루어진 것에 주목하라.) 이를 $\mathrm{SE}(\hat{\theta}) = \mathrm{SE}(\hat{\theta}_h)/\sqrt{2}$에 대입하면, 최종적으로 $\mathrm{SE}(\hat{\theta})$은 $(\hat{\theta} - \hat{\theta}_1)$으로 추정됨을 알 수 있다.

본문의 예에서 $\hat{\theta}_1$=104만, $\hat{\theta}_2$=108만이므로 여기 부록에서 소개한 공식에 대입하면, 단일의 추정치는 $\hat{\theta}$=106만이 되고 그 표준오차는 106만－104만＝2만으로 추정된다. 즉, 이분표본법을 적용해보면, 우리나라 실업자수는 106만±2만으로 추정된다.

이제는 $m>2$인 자연수 m에 대하여 이분표본법을 m분 표본법으로 일반화해보자. 각각의 m분 표본으로부터 얻은 m개의 추정치를 $\hat{\theta}_h$, $h=1,\ldots,m$이라고 하자. 단일의 추정치는 $\hat{\theta} = (\hat{\theta}_1 + \ldots + \hat{\theta}_m)/m$으로 주어지고, 그 표준오차는 제곱근법칙에 의해 $\mathrm{SE}(\hat{\theta}) = \mathrm{SE}(\hat{\theta}_h)/\sqrt{m}$이 된다. 그런데 우리는 $\hat{\theta}_h$ 에 대한 m개의 실현치를 가지고 있으므로 그 m개 값의 표준편차로 $\mathrm{SE}(\hat{\theta}_h)$을 추정할 수 있다. 즉, $\mathrm{SE}(\hat{\theta}_h)$은 $\sqrt{((\hat{\theta}_1 - \hat{\theta})^2 + \ldots\ldots + (\hat{\theta}_m - \hat{\theta})^2/(m-1)}$로 추정된다. 최종적으로 이 값을 $\sqrt{m}$으로 나누어 $\mathrm{SE}(\hat{\theta})$의 추정치로 사용한다.

피에르 시몬 라플라스(Pierre Simon Laplace, 프랑스, 1749-1827)

라플라스! 수학을 하는 사람이라면 누구나 지겹게 들었을 이름이다. 라플라스는 미분방정식으로 가장 유명하지만, '수'에 관한 한 그의 손이 닿지 않은 분야가 거의 없다. 그가 쓴 두 개의 논문 중 「Traité de mécanique céleste」는 '인간으로서 도달한 지성의 최고 단계'라고 불렸고, 다른 하나인 「Théorie analytique des probabilitiés」는 '수학적 분석의 몽블랑'이라고 불렸다. 두 번째 논문의 제목에서 알 수 있듯이 그는 확률 · 통계에도 조예가 깊었다. 라플라스가 없었더라면 통계학의 발전은 아마도 30-40년 정도 늦어졌을지 모를 일이다.

라플라스는 1749년 3월 23일 프랑스 노르망디에서 태어나 나폴레옹의 전성기에 걸쳐 활동하게 된다. 그는 프랑스의 가장 위대한 과학자로, 그가 죽은 1827년 5월 5일에 사람들은 그를 '프랑스의 뉴턴'이라고 추모하기도 했다. 그는 파리 육군사관학교의 교수로 활동하면서 나폴레옹을 지도했다고 알려져 있다. 잠시 내무성 장관으로도 일했다.

라플라스의 통계학적 업적은 추정에서 절정을 이루게 된다. 확률 이론을 사회과학 분야에까지 확장시키기 위해서는 추정에 관한 이론이 필요했는데, 그 해답의 실마리를 라플라스가 찾아낸 것이다.

추정의 과제는, 앞서 베르누이와 드 무아브르가 전개한 연역적 확률 이론을 어떻게 하면 귀납적인 이론으로 변환할 수 있는가 하는 것이었다. 즉, 모집단에 관한 정보가 없을 경우, 어떻게 하면 추출된 표본의 정보만으로 모집단에 관한 정보를 얻을 수 있겠는가하는 문제였다. 매우 제약적이기는 하지만, 라플라스는 이 분야에서 많은 개념적인 진보를 이룬다.

라플라스의 연구가 성공하는데 최고의 난관은 오차의 확률분포함수를 도출하는 것이었다. 이에 대해 라플라스는 매우 어려운 수학 공식을 유도, 이를 풀음으로써 오차의 확률분포함수를 도출하는데 성공한다. 하지만 애석하게도 계산 과정에서 약간의 실수로 인하여 다소 틀린 함수를 얻게 된다.

하지만 이항공식에 관한 한 그는 자신의 이론을 입증하게 되는데, 이 과정에서 그는 표본평균의 분포가 정규분포로 잘 근사된다는 중심극한정리를 도출하게 된다.

라플라스는 회귀분석에도 적지 않은 공헌을 하였으니, 그는 확률과 통계 양쪽 모두에 통달한 과학자였다. 이러한 인물이 둘을 연결시키는 업적도 냈을 법한 일인데, 라플라스는 가우스(C. F. Gauss)의 영향을 받고서야 이러한 연결 작업에 착안한 것으로 보인다.

라플라스가 여러 가지 통계학적 개념의 확립에 기여한 것은 두말할 필요도 없다. 라플라스가 직면한 과제들을 성공적으로 헤쳐 나갈 수 있었던 것은 그의 뛰어난 수학적 기법 덕분이었다. 다른 학자들은 이론에 맞는 합리적인 공식을 유도해도, 이를 풀지 못해 결국 중도 하차한 예가 허다하다. 이에 비해 라플라스는 적분, 전개, 변환 등에 관한 뛰어난 능력을 무기 삼아 당대의 많은 학자들이 넘지 못한 벽을 넘을 수 있었으며, 더 쉽게 더 많은 이론들을 개발할 수 있었다.

제 16 장

표본추출에서의 확률오차

조건만 동일하면, 보다 많은 측정과 실험을 할수록 오차에 의한 변동은 작아진다. 궁극적으로 충분히 많이 측정한 값을 평균하면, 오차는 거의 없어진다.

- 심슨(Thomas Simpson, 영국, 1710-1761) -

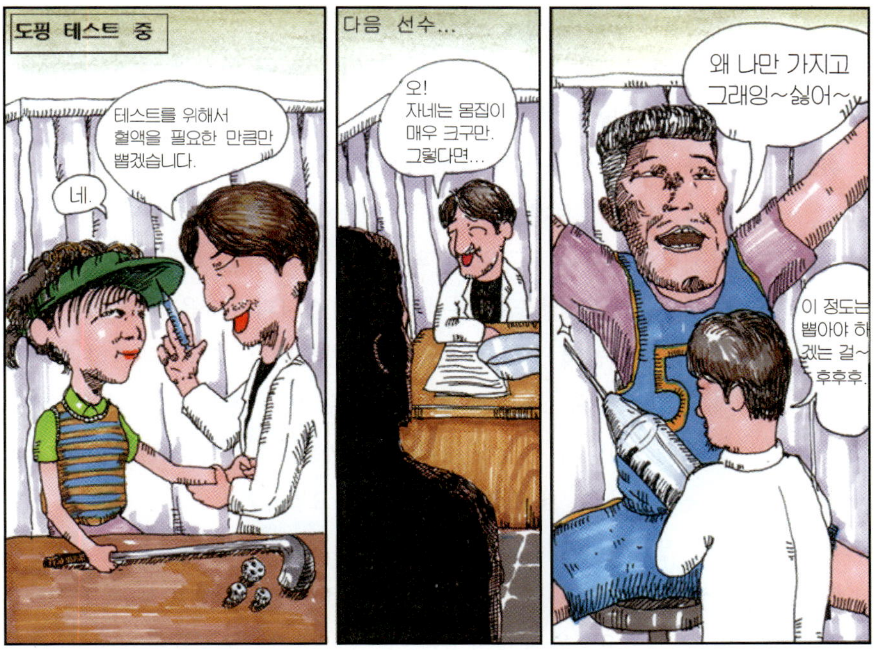

테스트의 신빙성은 채취한 혈액의 절대량이 결정합니다.

1. 표본추출과 확률오차

표본을 이용한 연구에는 확률오차가 존재한다. 확률오차의 크기는 모집단의 크기가 아니라 표본크기(sample size)에 의해 결정된다. 여기서 표본크기란 하나의 표본에 포함된 관측치의 개수를 말한다.

확률오차의 개념을 예를 들어 설명해 보자. 한 대학의 학생생활연구소는 신입생 4,738명의 결혼관을 알아보고자 한다. 모든 신입생과 면담하기는 어렵다. 연구소는 100명을 면담할 예산밖에 없다. 편의를 제거하기 위해 표본을 무작위로 추출하려고 한다. 프로젝트를 책임진 연구원은 이 문제를 이 책의 저자 류근관과 상의한다.

연구원 : 제 생각에는 4,738개의 이름 하나하나를 한 장씩의 카드에 적어 상자에 넣고, 그 중에서 단순무작위추출로 100개를 뽑아내야 할 것 같아요.

류 : 맞습니다. 본부 컴퓨터 파일에 신입생 자료가 들어 있는데, 1부터 4,738까지 차례로 번호를 매긴 뒤 무작위 비복원 추출로 숫자 100개를 뽑으면 됩니다.

연구원 : 그래도 여전히 1부터 4,738까지의 번호를 카드에 적어 상자에 넣은 뒤 차례로 하나씩 총 100장의 카드를 뽑아야 하지 않나요?

류 : 그렇지 않습니다. 개념상 상자모형을 쓸 뿐 실제로 상자를 쓰지는 않아요. 상자를 이용하면 카드를 제대로 섞기도 어렵지요. 나중에 넣은 카드들이 주로 뽑혀 나올 겁니다. 그건 편의를 가져올 수도 있어요.

연구원 : 그러면 어떻게 해야 되나요?

류 : 본부 컴퓨터에는 **난수발생기**(random number generator)가 든 통계프로그램이 여러 개 깔려 있어요. 엑셀(Excel)도 그 중 하나지요. 난수발생기를 이용하여 1부터 4,738까지의 숫자 중 하나를 무작위로 뽑아 뽑힌 숫자에 해당되는 신입생을 표본에 포함시킵니다. 다음으로 남은 4,737개 숫자 중에서 두 번째 숫자를 무작위로 뽑습니다. 이는 당연히 첫 번째 뽑은 숫자와 다르지요. 표본에 포함시킬 두 번째 신입생을 뽑은 겁니다. 난수발생기는 100명의 신입생을 뽑을 때까지 이 작업을 반복합니다.

연구원 : 추출된 표본이 대표성을 띠게 되나요?

류 : 무슨 말씀이신지?

연구원 : 그러니까, 4,738명의 원자료에는 3,020명의 남학생과 1,718명의 여학생이 있었어요. 원자료의 64%가 남학생이므로, 표본에서도 똑같이 64%가 남학생이길 바래요. 그 밖에도 표본이 원자료의 지역분포를 제대로 반영

해주기를 바래요. 그 후엔 부모의 소득과 교육수준도 고려해야겠지요. 물론, 분석 목적상 정말로 원하는 것은 결혼관에 있어서의 대표성이죠.

류 : 아직 출신지역, 부모의 소득과 교육수준, 결혼관 등에 대해서는 생각하지 말고 우선 남녀 구성비만 살펴보기로 해요. 본부 컴퓨터를 이용해 100명으로 이루어진 하나의 표본을 뽑아 보았어요. 컴퓨터가 고른 첫 번째는 남학생이었고, 두 번째도 그랬어요. 세 번째는 여학생이었고, ……. 전체적으로 61명이 남학생이었어요. 이 정도면 전체 신입생의 남학생 비율인 64%에 상당히 근접했지요.

연구원 : 하지만 남학생은 정확히 64명만 있어야 해요.

류 : 그렇지 않아요. 생각해 보세요. 표본의 학생들은 무작위로 추출되었어요. 추출과정에서의 우연에 따라 남학생이 64%보다 많아지기도 하고 적어지기도 해요. 본부 컴퓨터로 각각 100명씩으로 이루어진 250개의 표본을 반복해서 뽑아 볼까요. 그 결과가 〈표 16-1〉에 나타나 있어요. 표본별로 남학생수는 적으면 51명부터 많으면 75명까지 있어요. 250개의 표본 중 단지 18개의 표본만 정확히 64명의 남학생을 포함하고 있지요. [그림 16-1]의 히스토그램을 보세요.

연구원 : 왜 항상 64%가 되지 않지요?

류 : 우연 때문이지요. 앞서 공부한 케리히의 동전던지기 실험을 기억하나요?

연구원 : 예. 하지만 그건 동전던지기에 관한 것이지요. 표본추출이 아니라…….

류 : 글쎄요. 동전던지기와 표본추출이 본질적으로 뭐 다를 게 있나요. 동전을 던질 때마다 앞면이 나오거나 뒷면이 나오고, 앞면이 나온 횟수는 1만큼씩 증가하거나 그대로 있지요. 표본추출도 마찬가지죠. 컴퓨터가 한

표 16-1 100명씩의 표본을 250번 반복 추출한 결과

63 59 64 70 71	66 71 61 65 65	74 65 62 68 65	69 74 65 62 62	59 59 64 68 57
67 60 60 60 65	65 58 72 66 65	66 65 68 68 63	57 59 61 63 67	63 55 61 69 69
59 60 64 66 59	65 67 63 56 58	61 67 63 61 65	61 62 65 64 69	67 65 65 68 66
59 65 62 63 67	68 51 63 62 68	65 69 63 59 61	68 69 75 67 65	62 63 60 65 67
64 71 66 65 60	65 64 65 68 59	66 71 64 66 57	59 60 61 61 61	63 60 70 73 66
66 70 66 67 63	63 60 60 56 62	68 66 61 64 47	58 66 66 62 73	70 62 60 64 72
66 65 72 63 62	66 61 64 59 58	58 68 67 59 60	66 60 66 62 67	65 64 58 66 59
68 64 65 66 64	63 70 58 55 54	70 58 60 74 63	63 73 65 61 66	60 62 70 66 66
63 58 60 64 58	61 59 54 61 55	64 65 64 66 58	68 66 62 69 65	67 69 62 61 65
68 73 68 58 58	62 72 65 69 61	65 72 64 70 67	63 67 62 66 63	58 64 67 69 72

그림 16-1 표본크기가 100일 때 남학생 비율의 히스토그램(250개의 표본을 이용하여 그림)

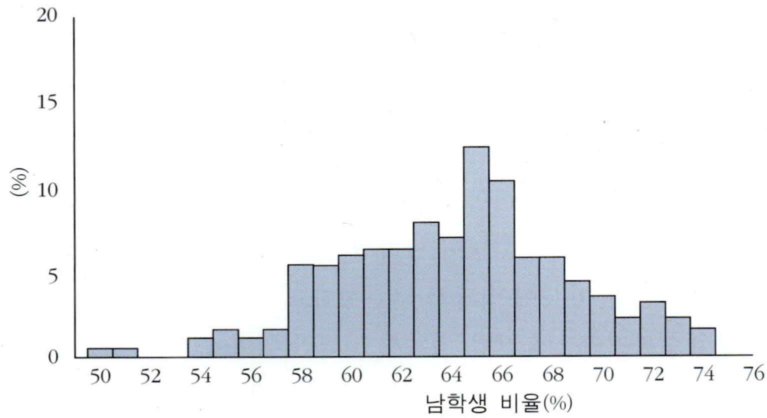

학생을 뽑을 때마다 남학생 아니면 여학생이 뽑히고, 남학생의 숫자는 1만큼씩 증가하거나 그대로 있지요.

연구원 : 무슨 말씀이신지요?

류 : 표본추출에서의 우연은 동전던지기에서의 우연과 본질적으로 같다는 말씀입니다.

연구원 : 음……. 표본크기를 늘리면 어떻게 되지요? 모집단과 좀 더 비슷한 결과가 나오지 않을까요?

류 : 맞아요. 앞서 배운 평균의 법칙 때문입니다. 예컨대 표본크기를 4배로 늘린다고 해봐요. 내가 컴퓨터를 써서 표본당 400명씩의 학생들로 이루어진 표본을 250개 뽑아봤어요. 이 표본들 중 어떤 것은 남학생의 비율이 64%보다 낮고, 또 어떤 것은 64%보다 높지요. 가장 낮은 것은 57%고 가장 높은 것은 71%입니다.

연구원 : 그래서 표본크기를 늘린 효과가 무엇이죠?

류 : 400명씩의 표본을 반복적으로 250회 추출해 만든 [그림 16-2]의 히스토그램과 100명씩의 표본을 반복적으로 250회 추출해 만든 [그림 16-1]의 히스토그램을 비교해 보세요. 표본크기를 100에서 400으로 4배 늘리면 퍼센트로 나타낸 확률오차의 전반적인 크기는 절반으로 줄어요.

연구원 : 확률오차에 대해 좀더 설명해 주시겠습니까?

류 : 예. 등식을 하나 써 보겠습니다.

류 : (표본에서의 비율)=(모집단에서의 비율)+(확률오차)

류 : 물론 확률오차는 표본마다 다를 겁니다. 예컨대 〈표 16-1〉의 숫자들을 보세요.

그림 16-2 표본크기가 400일 때 남학생 비율의 히스토그램(250개의 표본을 이용하여 그림)

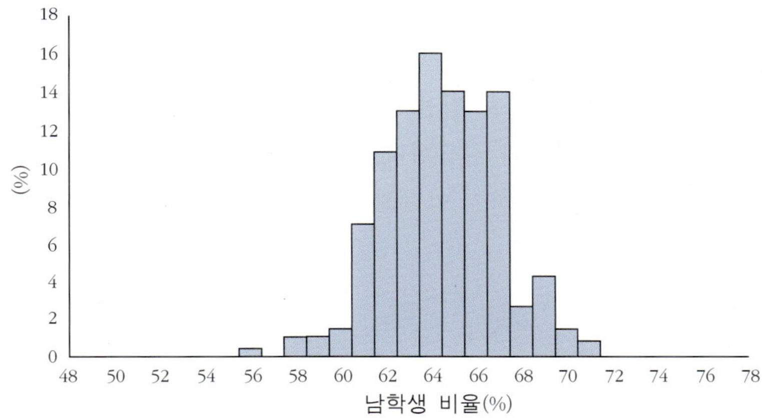

연구원 : 그러면 하나의 표본으로부터 구한 표본비율에 든 확률오차는 대체로 어느 정도 크기가 되나요?

류 : 정확히는 모릅니다. 하지만 어느 정도 크기가 될지 예상할 수는 있습니다. 상자모형을 세우고 상자의 표준편차를 계산한 다음…….

연구원 : 교수님, 잠깐만요. 어떻게 크기가 400인 표본을 250개나 추출할 수 있지요? 제 말씀은 250×400=10만인데, 원자료에는 단지 4,738명만 있잖아요.

류 : 서로 다른 표본에 걸쳐 공통으로 포함되는 사람도 있지요. 그래도 표본들은 전체로서 서로 다릅니다. [그림 16-3]을 보세요. 원의 내부는 4,738명의 사람들과 같고, 빗금친 도형 하나하나는 표본 하나하나와 같습니다. 표본간 영역이 일부 겹쳐져 있기는 하지만 표본 전체가 서로 같지는

그림 16-3 모집단과 표본

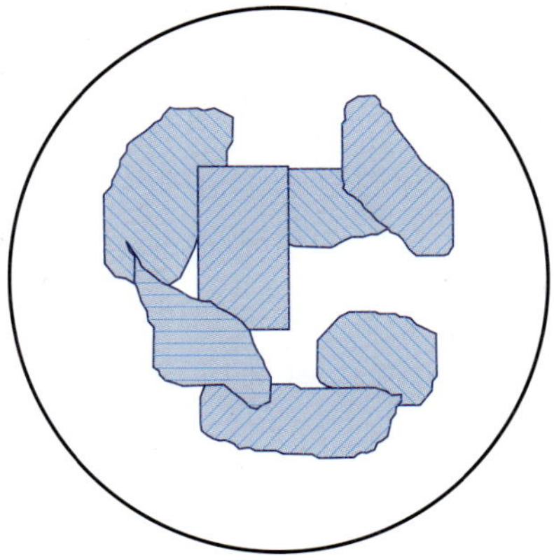

주: 큰 원은 4,738명으로 이루어진 모집단을 나타내고 각 빗금친 도형은 400명으로 이루어진 하나의 표본을 나타낸다.

않습니다.

연구원 : 그러면 총 몇 개의 서로 다른 표본을 만들 수 있는거죠?

류 : 4,738명으로부터 서로 다른 400명짜리 표본은 충분히 많이 만들 수 있습니다. 구체적으로 답을 원하시면 그 개수는 4,738명으로부터 400명을 뽑는 조합의 수와 같습니다. 이는 ${}_{4738}C_{400}$으로 표현되는데 엑셀 등의 프로그램으로 계산하기 어려울 정도로 아주 큰 숫자입니다.

2. 기대값과 표준오차

앞 절에서 연구원은 4,738명의 모집단에서 백 명의 표본을 추출하는 문제를 생각하고 있었다. 그는 표본에서의 남학생 비율이 모집단에서의 남학생 비율인 64%에 가까울 것으로 짐작했다. 사실상 단순무작위표본에서, 표본의 구성비는 그 기대값이 모집단의 구성비와 같다.

그렇지만 기대값은 기대값일 뿐이다. 실제로 표본의 구성비가 그 기대값과 같게 실현되지는 않는다. 두 값의 차이가 확률오차(stochastic error)이다. 확률오차의 크기는 어느 정도가 될까? 표준오차 정도이다. 표준오차는 확률오차의 표준적 크기를 측정해 준다. 100명으로 이루어진 표본에서 남학생 구성비의 표준오차는 4.8%가 된다. 이로부터 표본에서의 남학생 구성비가 모집단에서의 남학생 구성비 64%와 4.8% 정도 차이를 보일 것으로 기대한다. 이제 남학생 구성비의 표준오차를 계산하는 방법을 살펴보자.

> 표본비율은 확률오차 때문에 모비율과 다르다. 이 둘간의 차이를 대략적으로 말해주는 것이 바로 표본비율의 표준오차이다.

표준오차를 계산하려면 상자모형이 필요하다. 위에서 연구원은 3,020명의 남학생과 1,718명의 여학생으로 구성된 모집단에서 크기가 100인 하나의 표본을 추출했다. 그는 표본으로 뽑힌 카드들을 성별에 따라 분류한 뒤 남학생수를 세었다. 분류하고 개수를 세는 문제이므로 상자 안에는 0(여학생)과 1(남학생)만 넣어야 한다. 표본에서의 남학생 수는 0-1 상자에서 백 장의 카드를 뽑아 카드에 적힌 숫자들을 더한 것과 같다. 표본추출 방법으로는 단순무작위추출을 사용했으므로, 한 번 뽑은 카드는 다시 상자에 넣지 말아야 한다. 즉, 상자로부터 무작위로 비복원추출을 해야 한다. 이로써 상자모형이 완성된다.

상자 안 1의 비율은 0.64이다. 그러므로 이 상자의 표준편차는 $\sqrt{0.64 \times 0.36} = 0.48$

이다. 100회 추출의 합에 대한 표준오차는 제곱근법칙에 따라 $\sqrt{100} \times 0.48 = 4.8$이 된다. 상자에서 100회 추출한 값들의 합은 4.8 정도의 차이를 두고 64주위에 있을 것이다. 달리 말하면, 표본 속의 남학생수는 64명 정도가 되는데, 오차가 4.8명 정도 발생한다. 이제 표본합을 표본비율로 표현하기만 하면 된다. 100명 중에서 64명은 64%이고, 4.8명은 4.8%가 된다. 그러므로 표본 속의 남학생 비율은 64% 정도가 되고 4.8% 정도 오차가 있다. 이 4.8%가 표본 속의 남학생 비율에 대한 표준오차이다.

구성비의 표준오차를 구하려면, 먼저 합의 표준오차를 구한다. 그 뒤 표본크기로 나누고 100을 곱하여 백분율로 환산한다. 이를 수식으로 나타내자.

$$\text{구성비의 표준오차 (\%)} = \frac{\text{합의 표준오차}}{\text{표본크기}} \times 100 \text{ (\%)}$$

표본크기가 커지면 어떻게 될까? 구성비의 표준오차가 줄어든다. 위의 예에서 연구원이 크기 400의 표본을 추출한다면, 표본 속 남학생수의 표준오차는 $\sqrt{400} \times 0.48 = 9.6$이 된다. 이제 9.6은 표본크기인 400의 2.4%이다. 즉, 크기가 400인 표본에서 남학생 비율의 표준오차는 2.4%가 된다. 크기가 100인 표본에서 남학생 비율의 표준오차는 4.8%이었다. 표본크기를 4배로 늘리면 구성비의 표준오차는 $1/\sqrt{4} = 1/2$로 줄어든다.

표본크기가 커질 때, 합의 표준오차는 증가한다. 반면 구성비의 표준오차는 감소한다. 이는 합의 표준오차가 표본크기에 비례해서가 아니라 그 제곱근에 비례해서 증가하기 때문이다. 이게 바로 제곱근법칙이다.

· 합에 대한 표준오차는 표본크기의 제곱근으로 곱해져 증가한다.
· 구성비에 대한 표준오차는 표본크기의 제곱근으로 나누어져 감소한다.

표본크기에 어떤 상수를 곱하여 늘리면, 구성비의 표준오차는 그 상수로 나누어져 줄어드는 것이 아니라 그 상수의 제곱근으로 나누어져 줄어든다. 제곱근법칙 때문이다.

제곱근법칙은 복원추출한 표본에서는 정확하게 들어맞는다. 비복원추출한 표본에서는 어떨까? 뽑는 카드의 수에 비하여 상자 안 카드의 수가 현저하게 많다면 제곱근법칙은 비교적 잘 들어맞는다. 앞서 예로 든 상자를 계속 살펴보자. 백 장 정도의 카드를 뽑아 내더라도, 상자 안 1의 비율은 여전히 64%에 가깝게 유지된다. 상자에 든 많은 수의 카드를 고려할 때, 100장 미만의 카드를 뽑은 뒤 다시 상자에 넣든 말든 추출한 결과에 큰 차이는 없다. 여기에 대해서는 아래 4절에서 자세히 살펴보기로 한다.

3. 정규분포곡선의 활용

앞 절에서는 표본비율의 기대값과 표준오차에 대해 살펴보았다. 여기서는 표본비율의 분포를 정규분포로 근사시키는 방법에 대해 알아보자.

보기 1 어느 전화회사가 100만 명의 고객을 확보하고 있다. 이 회사 고객의 20%는 연간 5천만원 이상의 소득을 벌어들인다. 고객들 중 400명을 무작위로 추출하였다. 표본 속에서 연간소득 5천만원 이상인 사람의 비율은 ____ 정도 오차를 두고 ____ 주위에 있을 것이다.

해 설 우선 상자모형을 만들자. 분류하고 개수세기의 문제이므로, 소득이 5천만원 이상인 사람은 1로 나타내고 나머지는 0으로 나타내자. 고객의 20%가 연간소득 5천만원 이상이라고 했으므로, 상자 안의 카드들 중 20%인 20만장에는 1을 표기하고, 80%인 나머지 80만장에는 0을 표기한다. 이제 400장의 카드를 뽑아 뽑은 숫자를 합치는 작업을 해야 한다. 상자의 평균이 0.2이므로 합의 기대값은 $400\times0.2=80$이 된다. 상자의 표준편차가 $\sqrt{0.2\times0.8}=0.4$이고 추출된 카드가 400장이므로, 합의 표준오차는 $\sqrt{400}\times0.4=8$이다. 합은 8 정도의 오차를 두고 80 근처에 있을 것이다. 이를 백분율로 환산하자. 400에서 8은 2%를 차지하고, 80은 20%를 차지한다. 그리하여 백분율로 보면 표본에서 차지하는 고소득자의 비율은 2% 정도의 오차를 두고 20% 근처에 있을 것이다.

> 0과 1이 들어 있는 상자에서 무작위추출을 할 때, 표본에서의 1의 비율은 ____ 정도의 오차를 두고 ____ 근처에 있게 된다. '표본비율의 표준오차'가 첫 번째 빈칸에 '상자 안 1의 비율'이 두 번째 빈칸에 들어간다.

보기 2 [보기 1]의 표본에서 연간소득 5천만원 이상인 사람의 비율이 18–22% 사이에 있을 확률을 구하라.

해 설 표본비율은 기대값이 20%이고, 표준오차가 2%이다. 이를 이용하여 18%와 22%를 표준단위로 환산하면 −1과 1이다. 따라서 정규분포곡선을 활용하면 구하는 확률은 68% 정도가 된다.

그림 16-4 고소득자의 수와 비율을 나타내는 확률히스토그램

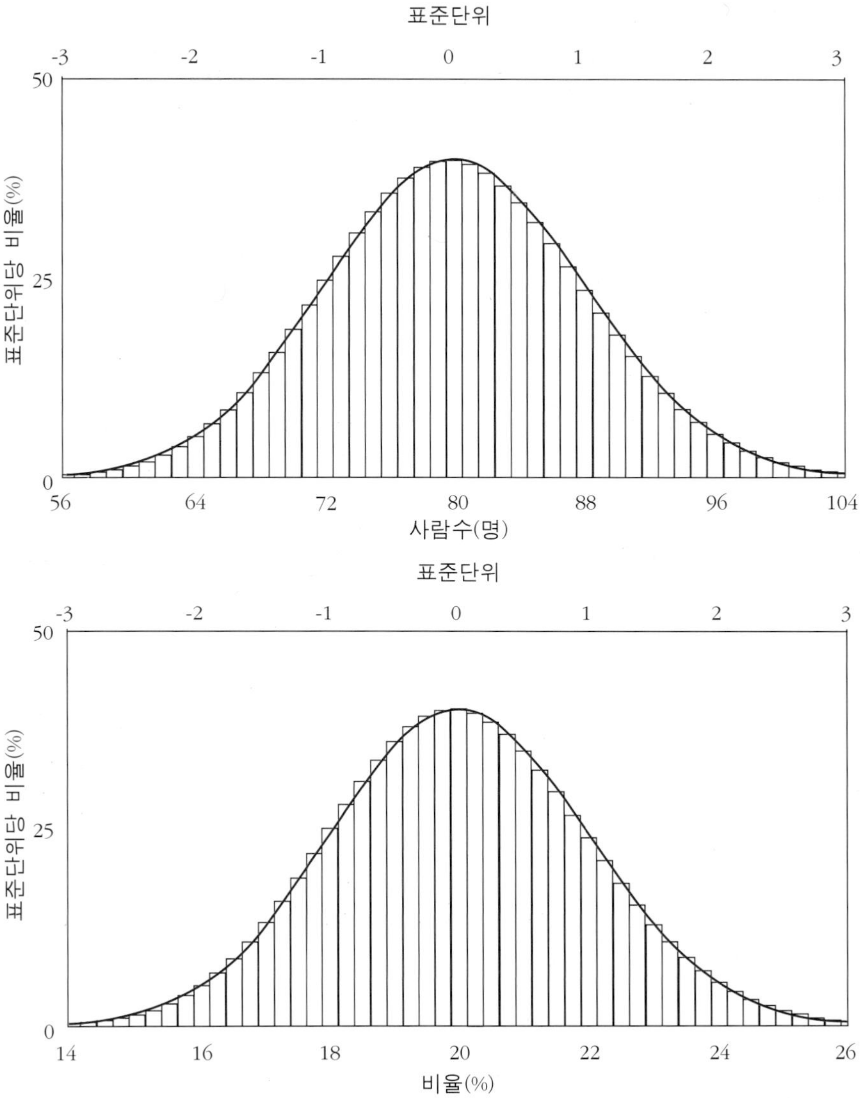

[그림 16-4]에서 위쪽 그림은 표본에서 연간소득 5천만원 이상인 사람들의 수를 나타내는 확률히스토그램이다. 아래쪽 그림은 표본에서 연간소득 5천만원 이상인 사람들의 비율을 나타내는 확률히스토그램이다. 표준단위로 바꾸어 그리면 두 히스토그램은 같다.

[보기 2]에서 확률을 구하기 위해 정규분포곡선을 활용하였다. 그렇게 해도 되는 이유는 무엇인가? [그림 16-4]의 위 그림에서 보듯이 중심극한정리에 의해 사람수의 확률히스토그램은 정규분포곡선과 그 모양이 비슷하다. 사람수를 백분율로 바꾸는 것은 단지 단위변환에 불과하기 때문에, 아래에 그려진 표본비율의 확률히스토그램

도 정규분포곡선과 비슷한 모양을 띤다. 따라서 표본비율과 관련된 확률을 구할 때 표본비율의 확률히스토그램 대신 정규분포곡선을 활용해도 된다.

[보기 1]과 [보기 2]는 질적인 자료에 관한 문제이다. 소득은 본래 양적인 자료이나 분류하는 과정에서 질적인 자료로 바뀌었다. 고객을 연간소득 5천만원 이상과 미만으로 분류한 다음 5천만원 이상인 고객의 수를 세었다.

언제 0-1상자를 이용할 수 있는가? 이 질문에 답하려면 자료를 이용해 어떤 계산을 하는지 생각해 보면 된다.

계산에는 다음과 같은 것들이 있다.
· 더하기, 평균 구하기
· 분류하고 개수세기, 비율 구하기
만약 문제가 분류하고 개수세기, 비율 구하기 등이면 0-1 상자를 이용한다.

4. 보정계수

2008년 9월, 미국은 대통령 선거전이 한창이었다. 공화당의 원로 정치인 매케인(John McCain) 후보와 민주당의 신예 정치인 오바마(Barack Obama) 후보간의 대결이 세간의 관심을 끌었다.

미국의 대통령 선거제도는 주(state)별로 다수득표자를 결정한 뒤 전국적으로 합산하는 방식을 취한다. 주별로는 조금이라도 많은 득표를 한 후보가 그 주에 배정된 선거인단 전체를 차지하는 이른바 '승자독식'(winner takes all) 방식을 따른다. 한 후보가 미국 전역에 걸쳐 총 538명의 선거인단 중 과반수인 270명 이상의 선거인단을 확보하면 대통령에 당선된다.

선거결과 예측은 일단 주별로 이루어진다. 매케인과 오바마 가운데 뉴멕시코 주와 텍사스 주에서 누가 이길 것인가? 유권자 수는 뉴멕시코 주가 120만 명으로 5명의 선거인단이 배정되어 있고 텍사스 주가 1,250만 명으로 34명의 선거인단이 배정되어 있다.

한 여론조사기관이 오바마 지지자의 비율을 추정하기 위해 뉴멕시코 주의 유권자들 중 2,500명을 추출했다. 텍사스 주의 유권자들 중에서도 똑같이 2,500명을 뽑았다. 두 지역 모두 표본추출방법은 단순무작위추출로 같았다. 매번 복원시키지 않으면서 무작위로 2,500명을 차례로 뽑아나갔다. 어느 주에서 오바마 지지율의 확률오차가 더 작을까?

뉴멕시코 주의 여론조사는 480명당 한 명꼴로 표본을 추출한 반면, 텍사스 주에서는 5,000명당 한 명꼴로 표본을 추출했다. 표본추출률이 뉴멕시코 주는 1/480, 텍사스 주는 1/5,000로 크게 달랐다. 직관에 따르면 뉴멕시코 주의 여론조사가 텍사스 주의 여론조사보다 정확할 것 같다. 그러나 이 부분에서 직관과 통계학 이론이 정면으로 충돌한다. 잘못된 쪽은 직관이다. 실제로, 뉴멕시코 주의 여론조사에서 기대되는 정확도나 텍사스 주의 여론조사에서 기대되는 정확도나 거의 같다. 비록 텍사스 주의 인구가 뉴멕시코 주보다 10배 이상 많지만, 크기가 2,500명인 표본은 텍사스 주에서나 뉴멕시코 주에서나 비슷한 정확도의 예측을 가져다 준다.

비율을 추정할 때, 그 정확도를 결정하는 것은 표본의 절대적 크기이지 모집단에 대비한 상대적 크기가 아니다. 물론 모집단이 표본에 비해 충분히 클 경우에 그렇다. 위의 예에서처럼 통상 모집단은 표본에 비해 충분히 크다.

왜 그런지 상자모형을 이용해 알아보자. NM과 TX라고 쓰여진 두 개의 상자를 만들자. NM은 뉴멕시코 주를, TX는 텍사스 주를 나타낸다. NM 상자에는 120만장의 카드가 들어 있고, 각각의 카드는 뉴멕시코 주의 유권자 한 사람 한 사람에 대응한다. 오바마 지지자의 카드에는 1을 표기하고, 나머지 카드에는 0을 표기하자. 논의를 단순화하기 위해 1의 비율이 50%라고 가정하자. 한 여론조사기관이 NM 상자로부터 크기가 2,500의 단순무작위표본을 추출한다. 이어 뽑은 카드에 든 정보를 이용하여 상자 안에 든 1의 비율을 추정한다. 당연히 표본에서 구한 1의 비율을 활용한다.

이제 텍사스 주 차례다. TX 상자에는 텍사스 주의 유권자 각각에 대응하는 1,250만 장의 카드가 들어 있다. 설명의 편의상 오바마 지지자의 비율은 텍사스 주에서도 50%라고 가정하자. 상자 안 카드의 절반에 1을 표기하고 나머지 절반에 0을 표기하면 된다. TX 상자로부터도 2,500장의 카드를 무작위로 추출한다. 표본비율을 이용하여 상자 속 1의 비율을 추정한다. 이때 표본비율은 상자 속 1의 비율인 모비율과 확률오차만큼 다르다.

NM 상자와 TX 상자는 1의 구성비가 50%로 같고, 뽑은 표본의 크기도 같다. 직관적으로 보면 NM 상자가 훨씬 작기 때문에 NM 상자에서 표본을 추출할 때가 TX 상자로부터 표본을 추출할 때보다 훨씬 작은 확률오차에 직면할 것으로 보인다. 그러나 통계학 이론에 의하면 두 여론조사에서 예상되는 확률오차의 크기는 거의 같다.

왜 그럴까? 우선, 복원추출을 생각해 보자. 그러면 어느 상자로부터 추출하든 차이가 없다. 매번 0이나 1을 뽑을 확률은 50 대 50이다. 뽑은 카드는 항상 복원시키기 때문에 상자의 크기는 전혀 문제되지 않는다. 상자의 표준편차는 두 상자에서 모두 0.5이다. 제곱근법칙에 따르면 합의 표준오차 역시 두 상자에서 모두 $\sqrt{2500}\times0.5=25$로 같다. 결과적으로 표본에서 구한 오바마 지지율의 표준오차는 (25/2,500)×100%=1%로 두 지역에서 동일한 값을 갖는다.

실제로는 모든 여론조사기관이 복원추출이 아닌 비복원추출을 실시한다. 한 번 뽑은 카드를 다시 넣지 않고 다음 카드를 추출한다. 하지만 추출되는 카드의 수는 상자에 든 카드의 수에 비해 훨씬 적다. 뽑은 카드를 다시 넣지 않더라도 상자의 구성비는 거의 바뀌지 않는다. 매번의 추출에서 1을 얻을 확률은 여전히 50%에 가깝고, 0을 뽑을 확률도 마찬가지이다. 뽑은 카드를 다시 넣는 복원추출과 다시 넣지 않는 비복원추출간에 거의 차이가 없다.

본질적으로 위와 같은 사실 때문에 모집단의 크기는 추정치의 정확도와 거의 무관하다. 물론 엄밀하게 말하면, 복원추출과 비복원추출 사이에 여전히 근소한 차이는 존재한다. 비복원추출을 할 때, 상자의 크기는 점차 작아지고, 불확실성은 조금씩 줄어든다. 따라서 비복원추출인 경우의 표준오차는 복원추출인 경우의 표준오차보다 조금 작게 된다. 일반적으로 두 표준오차의 관계는 다음과 같다.

- (비복원추출에서의 표준오차) = (보정계수) × (복원추출에서의 표준오차)
- 보정계수 $=\sqrt{\dfrac{\text{상자 안의 카드 수}-\text{뽑힌 카드 수}}{\text{상자 안의 카드 수}-1}}$

상자 안에 든 카드의 수가 뽑히는 카드의 수에 비해 월등히 크면, 다시 말해 모집단의 크기가 표본크기에 비해 월등히 크면, 보정계수는 1에 가깝다. 이때는 비복원추출을 복원추출로 간주하고 표준오차를 구해도 별로 문제될 것이 없다. 물론 표본이 모집단의 상당부분을 차지하면 비복원추출과 복원추출은 상당한 차이가 나고 보정계수는 1보다 훨씬 작은 값을 갖는다. 이때 비복원추출의 표준오차를 복원추출의

표 16-2 보정계수 : 추출 횟수는 복원추출에서나 비복원추출에서나 2,500으로 같게 설정됨

상자 안의 카드 수	보정계수
5,000	0.7072
10,000	0.8661
100,000	0.9874
500,000	0.9975
1,000,000	0.9988
12,500,000	0.9999

표준오차로부터 구하려면 반드시 보정계수를 사용해야 한다. 〈표 16-2〉를 보라.

모집단의 크기가 표본크기에 비해 압도적으로 크면, 표본평균이나 표본비율의 표준오차는 표본의 절대적 크기에 의존하지 모집단의 크기에 대비한 표본의 상대적 크기에 의존하지 않는다. 아직도 이해가 어렵다면 다음 예를 살펴보자. 콜레스테롤 검사를 할 때 몸무게 200kg의 씨름선수에게서 채취하는 혈액의 양과 몸무게 20kg의 유치원생에게서 채취하는 혈액의 양이 다른가? 아니다. 같다. 덩치에 관계없이 각각 10cc씩의 혈액만 뽑으면 된다. 혈관 속의 혈액이 잘 섞여 있으면 추출한 10cc 혈액의 화학성분별 구성비는 전체 혈액의 화학적 구성비를 잘 반영한다. 전체 혈액의 양이 많든 적든 다를 게 없다. 추출한 10cc의 혈액이 전체 혈액의 0.1%든 0.1%의 1/10이든 10cc의 혈액에 담긴 정보량은 별로 다르지 않다.

단순무작위추출에서뿐만 아니라 대부분의 확률적 표본추출방식에서도 표본비율의 표준오차는 표본의 절대적 크기에 의존하며, 모집단의 크기에 대비한 표본의 상대적 크기에 의존하지 않는다. 그러면 단순무작위추출에서 표본크기로 2,500은 충분히 큰가? 상자모형과 제곱근법칙을 상기해 보자. 동전을 2,500회 던질 경우 앞면이 나오는 비율에 대한 표준오차는 단지 1%이다. 마찬가지로, 2,500명의 유권자로 이루어진 표본에서 표본비율의 확률오차는 그 크기가 단지 1% 정도일 것으로 예상된다. 이 정도의 오차는 박빙의 승부가 아니라면 그다지 문제될 게 없다.

5. 현실에서 표본비율의 표준오차 구하기

이제까지의 논의에서는 상자 내 1의 비율을 안다고 가정하고 표본합 내지 표본비율의 표준오차를 구했다. 예컨대 한 대학의 신입생 가운데 100명을 뽑아 표본 내 남학생수와 남학생 비율의 표준오차를 구할 때는 신입생 전체 가운데 남학생의 비율이 64%라는 정보를 이용했다. 이미 여러 차례 살펴본 동전던지기의 예에서는 동전이 균형 잡혀 있다고 보고 앞면이 나온 횟수나 그 비율의 표준오차를 구했다. 즉, 동전던지기 실험을 상자로부터의 추출로 모형화했을 때 상자 내 1의 비율이 50%라는 정보를 활용했다. 여론조사를 통해 오바마 지지자수와 그 지지율의 표준오차를 구할 때는 편의상 NM 상자나 TX 상자 모두 상자 내 오바마 지지율이 50%라고 가정한 바 있다.

그런데 현실에서 상자 내 1의 비율이 이미 알려져 있다면 표본비율을 통해 상자 내 1의 비율을 추정하는 문제는 애당초 존재하지도 않는다. 이미 아는 값을 추정하기 위해 사서 고생할 이유는 없기 때문이다. 자료를 모아 분석하는 궁극적인 목적은 무엇인가? 상자로부터 카드는 왜 뽑는가? 이는 추출한 카드로부터 거꾸로 상자 안의 내용물을 짐작해보기 위해서이다. 이것이 바로 표본으로부터 모집단으로의 추론이다. 현실의 문제에서 상자 내 1의 비율은 알려져 있지 않다. 상자 내 1의 비율을 모르는 상태에서 표본합 내지 표본비율의 표준오차를 구할 필요가 있다. 그래야 진정한 의미의 추론이 가능해진다.

예를 들어 보자. 한 건달이 10만명의 유권자가 사는 어느 선거구에 출마하려고 한다. 그는 승산이 있는지 알아보려고 한 여론조사기관에 지지율 조사를 의뢰했다. 여론조사기관은 2,500명의 유권자를 무작위로 뽑았다. 건달치고는 놀랍게도 1,328명의 지지를 받고 있었다. 표본내 지지율이 1,328/2,500×100%=53%인 셈이다. 이 조사결과를 두고 건달은 조사원과 의논했다.

건　달 : 나가면 무조건 이기겠군.

조사원 : 속단하긴 일러요. 이 지역의 전체 유권자 중 선생님을 지지하는 유권자의 비율을 알아야 하는데 우리는 단지 표본비율만 알 뿐이거든요.

건　달 : 그렇지만 충분한 크기의 표본을 조사했으니 실제도 이와 똑같지 않을까?

조사원 : 그렇지 않습니다. 표본에서의 지지율과 모집단에서의 지지율은 다릅니다. 확률오차 때문이지요.

건　달 : 예측이 3% 이상 틀릴 수 있을까? 그렇다면 내가 질 수도 있는데…….

조사원 : 사실, 확률오차가 2% 이내일 거라고 95% 확신하고 있습니다. 괜찮을 겁니다.

건　달 : 어떻게 오차의 크기를 알지?

조사원 : 정확히 알 수는 없지만 표준오차를 추정해 짐작해 볼 수는 있습니다.
(대화가 끝나고 조사원의 독백이 이어진다. '언제 봤다고 반말이지……')

추정된 53%의 지지율은 실제의 지지율과 얼마나 다른가? 조사원이 마지막에 '표준오차를 추정해……' 라고 말한 의미는 무엇인가? 앞에서 추정치와 실제값의 차이를 확률오차라고 하며, 확률오차의 대체적인 크기는 표준오차를 통해 알아 낼 수 있다는 것을 배웠다. 표준오차는 확률오차의 표준적인 크기이다. 표준오차를 계산해 내기 위해서는 상자모형이 필요하다. 이때 상자 내 1의 비율을 모르면 표준오차는 정확하게 계산할 수 없고 단지 추정할 수 있을 뿐이다.

이를 구체적으로 살펴보자. 상자 안에는 유권자당 한 장씩 총 10만장의 카드가 들어 있다. 카드에는 0 또는 1이 적혀 있다. 건달을 지지하면 1이고 지지하지 않으면 0이다. 상자에서 무작위로 2,500장의 카드를 추출한다. 표본은 추출된 카드와 같다.

표본에서 건달을 지지하는 유권자의 수는 뽑힌 카드에 적힌 숫자의 합과 같다. 합의 표준오차를 구하기 위해서는 상자의 표준편차를 알아야 한다.

$$(\text{0-1 상자의 표준편차}) = \sqrt{(\text{상자 안 1의 비율}) \times (\text{상자 안 0의 비율})}$$

여기서 난관에 부딪친다. 사실상 상자 안 1의 비율을 모른다. 당연하다. 알았으면 애당초 표본조사를 실시하지도 않는다. 어떻게 이 난관을 극복할 것인가. 두 개의 대안이 있다. 하나는 상자 내 모르는 비율을 표본에서 구해 아는 비율로 대체한다. 이가 없으면 잇몸으로 때운다고 하지 않았는가. 2,500명 중 1,328명이 건달을 지지했으므로 비율로 보아 표본의 1,328/2,500=53%가 건달을 지지했고 나머지 47%는 지지하지 않았다. 따라서 상자 안에서도 대략 53%의 카드에 1이 표시되어 있고 나머지 47%에는 0이 표시되어 있다고 미루어 짐작한다.

상자의 표준편차는 0.5($\approx\sqrt{0.53\times0.47}$)로 추정된다. 표본에서 건달을 지지하는 유권자수의 표준오차는 $\sqrt{2{,}500}\times0.5=25$가 된다. 이는 표본 내 지지자수에 담겨진 확률오차의 표준적인 크기를 나타낸다. 25명은 표본크기 2,500명의 1%이다. 건달에 대한 지지율의 표준오차는 1%로 추정된다. 이로써 표본비율의 표준오차인 1%를 구했다.

건달은 표본으로 뽑힌 유권자로부터 53%의 지지를 받았다. 이 지지율에 담긴 표준오차는 단지 1%에 불과할 것으로 추정된다. 표본지지율 53%가 모집단 지지율과 3% 이상 차이가 나리라고 보기는 어렵다. 3%의 차이는 표준단위로 3단위의 차이이기 때문이다. 건달의 당선은 거의 확실하다.

> 구성비가 알려져 있지 않은 0-1 상자로부터 표본을 추출할 때 상자의 표준편차는 상자의 구성비를 표본의 구성비로 대체하여 추정한다. 표본크기만 크면 이러한 추정은 믿을 만하다.

위에서 논의한 첫 번째 대안에 따르면, 0-1 상자의 표준편차를 구할 때 모비율 대신 표본비율을 사용했다. 이는 어딘가 엉성해 보인다. 하지만 상자의 표준편차를 구할 때 모비율 대신 표본비율을 이용하더라도 그리 많이 틀리지 않는다. 표본크기가 천 정도이면 표본비율로 상자의 비율을 상당히 정확하게 추정할 수 있다.

그래도 걱정되면 좀더 보수적으로 다음 두 번째 대안을 선택한다. 이는 0-1 상자의 표준편차를 1/2이라고 간주하는 것이다. 이 값은 0-1 상자의 표준편차가 취할 수 있는 최대값이다. 왜냐하면 0-1 상자의 표준편차가

$$(\text{0-1 상자의 표준편차}) = \sqrt{(\text{상자 안 1의 비율}) \times (\text{상자 안 0의 비율})}$$

로 주어지고, 이 식은 상자 안 0과 1의 비율이 각각 1/2일 때 최대값 1/2을 갖기 때문이다. 상자로부터 한 장의 카드를 뽑을 때 그 결과의 불확실성은 1이 나올지 안나올지 반신반의(半信半疑)할 때 가장 커진다. 상자의 표준편차를 1/2의 값으로 추정하고 나면 표본합 내지 표본비율의 표준오차는 제곱근 법칙에 따라 구하면 된다.

지금까지는 단순무작위추출에 초점을 맞추었지만 실제로 여론조사기관들은 이보다 훨씬 더 복잡한 표본을 다룬다. 어떤 표본을 사용하든 확률적 표본이기만 하면 구한 값이 실제값과 어느 정도 다를지 그 오차의 추정이 가능하다. 즉, 표준오차의 계산이 가능하다. 확률적 표본의 장점이 여기에 있다.

6. 신뢰구간

건달의 표본 내 지지율은 53%였다. 그렇다면 모집단 내 지지율은 얼마일까? 표본지지율의 표준오차는 1%로 추정되었다. 이는 약 ±1% 정도의 확률오차를 의미한다. 따라서 모집단에서의 지지율은 53%±1%라고 본다. '표본비율=모비율+확률오차'이기 때문에 확률오차가 2%라면 모비율은 51%가 된다. 2%는 표본비율의 표준오차(SE)의 두 배나 되므로 이는 그 가능성이 그리 크지 않다. 모비율은 물론 50%보다 작을 수도 있다. 이는 그 가능성이 더욱 희박하다. 3%의 차이는 3SE의 차이를 나타내기 때문이다.

확률오차는 표준오차(SE) 단위로 측정된 크기에 따라 그 일어날 가능성이 다르다. 가능성이 큰가 작은가에 대한 절대적인 기준은 없다. 가끔씩 확률오차의 절대값이 2SE보다 큰 경우도 발생한다. 2SE에서 자르면 어떻게 되는가? 다시 말해 표본비율 아래 2SE로부터 위로 2SE까지의 구간을 취해 보자.

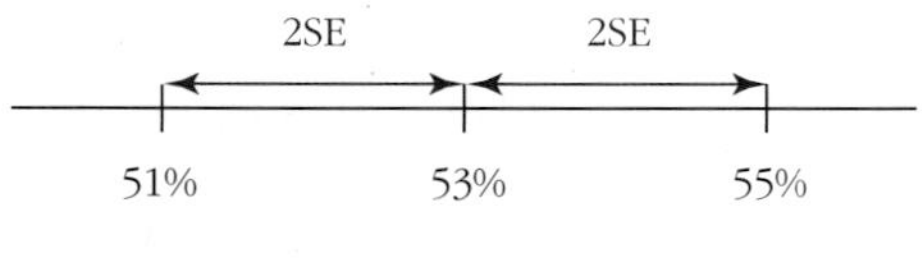

이는 모비율에 대한 약 95%의 **신뢰도**(confidence level)를 가진 **신뢰구간**(confidence interval)이 된다. 모집단에서 건달에 대한 지지율이 (51%, 55%)의 구간에 있을 것으로 95% 신뢰한다.

다른 신뢰도를 적용하면 어떨까?

· 표본비율±1SE의 구간은 68%의 신뢰도를 가진 신뢰구간이다.
· 표본비율±2SE의 구간은 95%의 신뢰도를 가진 신뢰구간이다.
· 표본비율±3SE의 구간은 99.7%의 신뢰도를 가진 신뢰구간이다.

보기 1 25,000명의 유권자가 사는 한 도시가 있다. 여당지지율을 알아보기 위해 1,600명을 표본으로 조사하였다. 917명이 여당을 지지하였다. 여당지지율에 대한 95%신뢰구간(confidence interval)을 구하라.

해 설 표본 내 여당지지율은 917/1,600×100%=57%이다. 표본지지율의 표준오차를 구하자. 상자모형을 이용하자. 상자는 0 또는 1의 값을 취하는 25,000장의 카드로 구성된다. 상자 안에서 1이 차지하는 비율을 알기 위해 1,600장의 카드를 무작위로 추출한다. 이렇게 추출된 1,600장 중 1이 차지하는 비율이 0.57이므로 상자 안 1의 비율도 0.57이라고 추정된다. 상자의 표준편차를 추정하면 $\sqrt{0.57\times0.43} \approx 0.50$이 된다. 그러면 표본에서 여당을 지지하는 사람수에 대한 표준오차는 $\sqrt{1{,}600}\times0.5=20$으로 추정된다. 이 값은 표본크기 대비 20/1,600×100%=1.25%이다. 표본 내 여당지지율의 표준오차는 1.25%로 추정된다. 다시 말해 표본에서의 지지율은 모집단의 실제 지지율과 1.25% 정도 차이가 난다. 모집단에서의 여당지지율에 대한 95% 신뢰도의 신뢰구간을 구하면 57%±2×1.25%가 된다.

신뢰도는 '정확히 얼마'라고 말하기보다 '대략 얼마'라고 말해야 한다. 두 가지 이유 때문이다. 첫째, 표준오차를 구할 때 모비율 대신 표본비율을 썼다. 둘째, 표본비율의 확률히스토그램 대신 정규분포곡선을 썼다. 여기서 모비율을 표본비율로 대체한 것은 큰 문제가 없어 보인다. 문제는 정규분포곡선의 사용에 있다. 만약 정규분포를 이용한 근사가 적절하지 않다면 95%의 신뢰도를 확보하기 위해 표준오차의 2배를 곱해주어야 하는지, 2.23배를 곱해주어야 하는지 모른다.

그러면 정규분포의 가정은 언제 타당한가? 표본비율이 0%나 100%에 가까우면 상자 안의 내용물은 한쪽으로 치우쳐 있다고 보아야 한다. 이때 표본비율의 분포를 정규분포로 근사시키려면 표본이 아주 커야 한다. 반면 표본비율이 50%에 가까우면 상자 안의 내용물은 대칭이라고 볼 수 있다. 이때는 표본크기가 50 정도만 되더라도 표본비율의 분포를 안심하고 정규분포로 근사시킬 수 있다.

7. 신뢰구간의 해석

[보기 1]을 다시 살펴보자. 여당지지율에 대한 95%신뢰구간은 57%±2.5%였다. 이는 어떤 의미인가? 신뢰구간은 표본에 의해 결정된다. 표본이 바뀌면 신뢰구간도 달라진다. '표본비율±2SE' 라는 구간이 어떤 표본에서는 모비율을 포함하기도 하고 다른 표본에서는 포함하지 않기도 한다. '표본비율±2SE' 의 신뢰구간이 95%신뢰도를 지닌다고 말할 때, 이는 가능한 모든 표본들 중 95%가 '표본비율±2SE' 라는 신뢰구간 내에 모비율을 포함하고 나머지 5%는 포함하지 않음을 의미한다.

예를 들어 보자. 상자 안에 든 붉은 구슬의 비율을 구하기 위해 백 번의 조사를 반복한다. 상자 안 붉은 구슬의 비율은 80%라고 하자. 각각의 조사에서 2,500개의 구슬을 무작위로 뽑아 상자 안에 든 붉은 구슬의 비율에 대한 95%신뢰구간을 구한다. 표본비율과 그 표준오차는 조사할 때마다, 즉 표본마다 다르게 나타난다. 100개의 표본에서 구한 100개의 신뢰구간을 나타내면 [그림 16-5]와 같다. 이 중 약 95%가 실제 비율인 80%를 포함하고 약 5%는 포함하지 않아야 한다. 실제로 100개의 신뢰구간 중 94개가 참값 80%를 포함한다.

그런데 왜 여기 등장하는 95%를 확률이라 부르지 않고 새로운 용어인 신뢰도라 부르는가. 이는 확률을 도수이론에 따라 너무 교조적으로 해석하기 때문이다. 아무리 여러 번 조사해도 표본비율은 달라지나 모비율은 변하지 않는다. 모비율은 추정

그림 16-5 신뢰구간의 해석

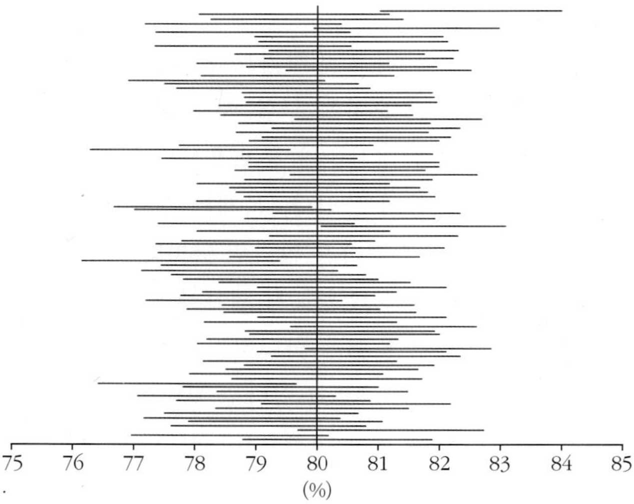

주: 100개의 서로 다른 표본으로부터 구한 100개의 신뢰구간이 그려져 있다. 신뢰구간은 모두 95%신뢰도에서 구했다. 신뢰구간은 표본마다 다르다. 100개의 신뢰구간 중 94개의 신뢰구간이 모비율을 포함한다. 참고로 모비율은 80%이고 수직선으로 표시되어 있다.

된 하나의 신뢰구간에 속하든가 속하지 않든가 둘 중 하나이다. 도수이론을 엄격하게 적용하면 모비율이 일정한 구간에 있을 확률을 정의한다는 것은 말도 되지 않는다.

하지만 확률에 관해 주관적 견해를 취하면 신뢰도를 확률로 해석하지 못할 이유도 없다. 신뢰도 95%를 95% 확신의 정도로 받아들이면 된다. 주관적 견해에 따르면 확신의 정도가 바로 확률 아닌가. 어차피 95%를 신뢰도라 부르든 확률이라 부르든 개개인이 이 값에 부여하는 의미는 사실상 같지 않은가. 융통성 있게 살자.

8. 복습문제

1. 균형잡힌 동전을 400번 독립적으로 던진다. 앞면이 나오는 횟수의 표준오차를 $\sqrt{400} \times 0.5 = 10$으로 계산하면 이 계산은 맞게 된 것인가?

2. 한 조사기관이 특정 TV 프로그램의 시청률을 알아보기 위해 조사를 하고 있다. 비용을 줄이려면 표본크기를 줄일수록 좋다. 다만 표준오차는 1% 이내로 유지하고자 한다. 그렇다면 이 조사기관은 적어도 몇 명을 조사해야 하는가?

3. 한 조사기관이 지역별로 인구의 0.1%를 표본으로 추출하여 연간소득 1억원 이상인 사람의 비율을 추정하고 있다. 다른 조건이 동일하다면 인구 1,000만인 서울에서 구한 비율의 정확도는 인구 600만인 부산에서 구한 비율의 정확도와 비교할 때 ① 거의 같다, ② 더 높다, ③ 더 낮다.

4. 한 상자에 250개의 구슬이 있다. 파란 구슬의 개수를 알아내려고 100개를 무작위로 추출하기로 하였다. 복원추출이 우월한지, 비복원추출이 우월한지, 또는 차이가 없는지 설명하라. 상자에 구슬이 10만개가 있으면 어떤가?

5. 붉은 공 6천개와 푸른 공 4천개가 들어 있는 상자로부터 500개의 공을 무작위로 복원추출하였다.
   (1) 218개가 푸른 공이었다. 표본에 있을 푸른 공의 개수에 대한 기대값, 관측값, 확률오차, 표준오차를 구하라.
   (2) 191개가 푸른 공이었다. 위 (1)을 반복하라.

6. 어느 도시의 주택 보급률을 조사하였다. 이 비율에 대한 95%신뢰구간을 구하니 49%±6%였다. 99.7%신뢰구간을 구하면?
   ① 표본크기가 주어져 있지 않아 구할 수 없다.
   ② $49\%\pm\frac{100-95}{100-99.7}\times 6\%$
   ③ $49\%\pm 2\times 6\%$
   ④ $49\%\pm\frac{99.7}{95}\times\pm\frac{3}{2}\times 6\%$
   ⑤ $49\%\pm\frac{3}{2}\times 6\%$

7. 어느 전구 회사에서 생산한 전구의 95%가 품질기준을 통과한다고 한다. 이 회사가 생산한 천 개의 전구가 배달되었다. 960개 이상이 품질기준을 통과할 확률은 얼마인가?

8. 차기 대통령 선거에서 여당후보의 예상득표율을 알아보기 위하여 표본조사를 하려고 한다. 득표율에 대한 95%신뢰구간의 폭을 5% 이내로 줄이려면 최소한 몇 명을 조사해야 하는가?

9. 어느 해에 삼성전자 주가가 252거래일 중 131일 상승했다. 131/252=52%. 어떤 통계학자가 다음과 같이 표준오차를 구했다.

   - 가격이 상승한 날의 수에 대한 $\text{SE}=\sqrt{0.52\times 0.48}\times\sqrt{252}\approx 8$
   - 가격이 상승한 날의 비율에 대한 $\text{SE}=\frac{8}{252}\times 100\%\approx 3\%$

   올바른 계산이 되기 위해서는 어떤 가정이 필요한가? 설명하라.

10. 25,000가구가 사는 한 도시에서 가구당 자동차 보유대수는 평균이 0.5대이고 표준편차가 0.7대이다. 가구 중 50%는 자동차가 없다. 1,600가구를 무작위로 추출한다. 표본가구 중 자동차가 없는 가구의 비율이 48%에서 52% 사이가 될 확률은 얼마인가?

11. 한 TV 제조회사가 자사제품을 구입한 511,608명 중 193명을 무작위로 추출하였다. 이 중 2명이 구입한 TV가 불량품이었다. 다음 문장의 참, 거짓을 판별하라.

(1) 판매한 TV의 불량품 비율은 1.04%이다.

(2) 표본 불량률의 표준오차는 0.73% 정도이다.

(3) 판매한 TV의 불량품 비율에 대한 95%신뢰구간은 1.04%±1.46%이다.

12. 경찰에 보고된 통계에 따르면 지난 1년간 구성원 가운데 어느 한 명이라도 범죄의 피해를 입은 가구는 전국적으로 2% 정도이다. 이와 달리 한 여론조사기관이 전국적으로 만 가구를 무작위로 뽑아 전화조사를 실시한 바에 따르면 그 비율은 6% 정도로 경찰 추정치인 2%보다 훨씬 높다. 두 비율의 차이는 4%나 된다. 이 차이는 운에 의한 것인가? 통계학적으로 판단해 보라. 운에 의한 차이가 아닌 것으로 드러나면 그 차이가 왜 발생했을지 상식적으로 설명해 보라.

13. 선거 직후, 대전시의 유권자 만 명을 무작위로 추출하여 설문조사를 실시한 결과 70%가 선거에 참여했다고 대답했다. 추후 알려진 대전시의 실제 선거참여율은 64%였다.

(1) 표본내 선거참여율의 표준오차를 구하라.

(2) 70%와 64%의 차이를 확률오차로 설명할 수 있는가? 그 근거를 제시하라.

9. 실제 데이터를 이용한 연습문제

※ 서울 강남구의 아파트 가격 데이터를 이용하여 다음 문제에 답하라.

1. 표본에서 대기업이 건설한 아파트의 비율은 얼마인가? 이 비율의 표준오차를 계산하라.

2. 대기업이 지었으면서 도보거리 10분 이내에 지하철역이 있는 아파트의 비율과 그 표준오차를 계산하라.

3. 도보거리 10분 이내에 지하철역이 있는 아파트 비율의 95%신뢰구간을 구하라.

10. 요 약

1. 표본은 모집단의 일부에 불과하다. 표본비율은 모비율과 다를 수밖에 없다. 이는 확률오차 때문이다.

2. 확률오차는 그 크기가 얼마나 될까? 확률적 표본에서 표준오차는 확률오차의 표준적인 크기를 나타낸다.

3. 표준오차를 구하기 위해서는 상자모형이 필요하다. 문제가 분류하고 개수세기, 또는 비율 구하기이면 상자에는 0과 1만 넣어야 한다.

4. 0-1 상자로부터 무작위로 추출할 경우, 표본에서의 1의 비율은 그 기대값이 상자 안 1의 비율과 같다. 표본에서의 1의 비율에 대한 표준오차를 구하려면, 먼저 대응하는 합에 대한 표준오차를 구한 뒤 이를 백분율로 환산한다. 공식은 다음과 같다.

$$\text{표본비율의 표준오차}(\%) = \frac{\text{합의 표준오차}}{\text{표본크기}} \times 100\%$$

5. 모집단이 표본에 비해 충분히 크면 모집단의 크기는 표본비율의 정확도에 거의 영향을 미치지 않는다. 이런 경우 중요한 것은 표본의 절대적 크기이지 모집단에 대비한 상대적 크기가 아니다.

6. 비복원추출에 적용되는 표준오차는 복원추출에 적용되는 표준오차보다 그 크기가 작다. 복원시키지 않으므로 불확실성이 줄어들기 때문이다. 비복원추출의 표준오차는 복원추출의 표준오차에 보정계수를 곱하여 얻는다. 보정계수는 표본에 비해 모집단이 충분히 큰 경우 1에 가깝다. 이때는 사실상 보정을 하지 않아도 된다.

7. 일반적으로 모집단의 특성을 나타내는 모비율은 모른다. 반면 표본비율은 표본으로부터 계산해 낼 수 있다. 모비율을 추정하는데 있어 표본비율을 사용한다.

8. 표본비율은 모비율과 다르다. 차이가 나는 정도는 확률오차가 좌우한다. 표준오차로 확률오차의 크기를 짐작한다.

9. 0-1 상자로부터 무작위추출을 할 때 상자의 표준편차는 다음 두 가지 방법으로 추정한다. 첫 번째 방법은 상자의 비율을 표본비율로 대체하여 추정하는 것이다. 이러한 추정은 표본이 클수록 정확하다. 두 번째 방법은 하나의 보수적인 방법으로 상자 안 1의 비율을 1/2이라고 가정하여 상자의 표준편차를 그 최대값인 1/2로 추정하는 것이다. 어느 방법을 따르든 일단 상자의 표준편차를 추정하고 나면 이를 이용하여 표본합 내지 표본비율의 표준오차를 제곱근 법칙에 따라 추정하면 된다.

10. 모비율에 대한 신뢰구간은 표본비율을 중심으로 그 표준오차의 적당한 배수만큼 좌우로 여유를 주어 구한다. 표준오차의 몇 배수가 적당한가? 신뢰도에 따라 다르다. 예를 들어 95% 신뢰도를 원하면 표준오차의 2배를 좌우로 잡아준다. 여기서 신뢰도인 95%와 2배수의 2를 연결시켜 주는 고리는 바로 정규분포곡선이다. 68-95-99.7 법칙의 95가 의미하는 바를 상기하라. 이때 정규분포곡선의 사용은 표본크기가 클수록 중심극한정리에 의해 정당화된다.

11. 도수이론에 따르면 모수는 확률오차의 영향을 받지 않는다. 확률오차는 표본과 표본으로부터 구한 통계량을 변화시킬 뿐이다. 신뢰구간을 구할 때 확률이라고 말하지 않고 신뢰도라고 말하는 이유가 여기에 있다. 95%의 신뢰도를 갖는 신뢰구간을 생각해 보자. 이런 신뢰구간을 반복해서 백 번 구하면 그 중 95번 정도 성공한다. 즉, 95번 정도 참값을 포함한다. 그러나 현실적으로 신뢰구간은 단 한 번만 구한다. 이때 이 구간이 참값을 포함할 것으로 95% 신뢰하게 된다. 백 번 구하면 95번 성공하므로 한 번 구하면 0.95번 성공할 것으로 신뢰하는 셈이다. 그래서 신뢰도가 0.95, 즉 95%이다.

12. 확률에 관해서 도수이론 대신 주관적 견해를 받아들이면 신뢰도를 하나의 확률로 해석해도 무방하다. 신뢰수준이 바로 확신의 정도를 나타내기 때문이다.

13. 단순무작위표본에 적용되는 표준오차 공식은 다른 종류의 표본에는 적용되지 않는다. 또한 확률적 표본이 아니면 적용되는 표준오차 공식이 아예 없다.

11. 부　록

(1) 비복원추출에서의 보정계수

복원추출과 비복원추출은 다르다. 표준오차는 비복원추출에서 더 작다. 복원시키지 않으므로 상자에 대한 불확실성이 점차 줄어들기 때문이다. 다음 관계식을 보자.

$$\mathrm{SE}(X') = \sqrt{\frac{N-n}{N-1}} \cdot \mathrm{SE}(X) \quad \text{및} \quad \mathrm{SE}(\hat{p}') = \sqrt{\frac{N-n}{N-1}} \cdot \mathrm{SE}(\hat{p})$$

여기서 N은 모집단의 크기(상자의 크기)를, n은 표본크기(추출 횟수)를, X'은 비복원추출에서의 표본합을, X는 복원추출에서의 표본합을, $\hat{p}'$은 비복원추출에서의 표본비율을, 그리고 $\hat{p}$은 복원추출에서의 표본비율을 나타낸다. 물론 $\sqrt{(N-n)/(N-1)}$은 보정계수이다.

이제까지 배운 표준오차 공식은 복원추출에 기초를 두고 있기 때문에 이를 비복원추출에 적용하려면 보정계수를 곱해서 써야 한다. 물론 다음 두 경우에는 보정계수를 무시해도 좋다. 첫째, 모집단의 크기가 표본크기에 비해 현저히 큰 경우 보정계수는 그 값이 1에 가까워진다. 이때는 보정계수를 무시해도 크게 문제되지 않는다. 둘째, 표본크기가 1인 경우 보정계수는 그 값이 정확히 1이 된다. 이때는 상자로부터 단 한 번만 뽑기 때문에 복원을 시키든 말든 상관이 없다. 역시 보정계수를 무시해도 되는 상황이다.

(2) 개수와 표본비율 : 기대값과 표준오차

모집단에서 어떤 특성을 가진 개체의 비율이 p라고 하자. 이 모집단으로부터 n명을 무작위로 복원추출할 때 주어진 특성을 가진 개체의 수를 X라고 하자. 그러면 X는 시행횟수가 n이고 성공확률이 p인 이항분포를 따른다. 기대값과 표준오차는 다음과 같다.

개수의 기대값　: $\mathrm{E}(X) = np$
개수의 표준오차 : $\mathrm{SE}(X) = \sqrt{np(1-p)}$

한편, 표본비율은 개수를 표본크기로 나누어 구한다. 즉, $\hat{p}$은 $\hat{p} = X/n$으로 정의된다. 표본비율의 기대값과 표준오차는 개수의 기대값과 표준오차를 표본크기로 나누어 구한다.

표본비율의 기대값 : $E(\hat{p})=\frac{1}{n}E(X)=p$

표본비율의 표준오차: $SE(\hat{p})=\frac{1}{n}SE(X)=\sqrt{\frac{p(1-p)}{n}}$

제 17 장

평균의 정확성

Ranges are for cattle, give me a number.

\- Lyndon B. Johnson (미국, 1908-1973) -

A number is for a kid, give me a range.

\- Keunkwan Ryu -

아주머니 측정오차라는 게 있습니다.

1. 표본분포와 표준오차

단순무작위표본으로부터 구한 평균은 믿을 만한가, 얼마나 정확한가, 모평균과 얼마나 다른가? 이는 상자로부터 무작위로 추출한 숫자들의 평균과 상자의 평균이 확률오차에 의해서 얼마나 차이가 날지 묻는 것과 같다. 추출한 숫자들의 합은 **표본합**(標本合, sample sum)이라 하고, 그 평균은 **표본평균**(標本平均, sample mean)이라 한다.

이 장에서는 앞 16장에서 배운 표본비율을 이용하여 모비율에 대해 추론하는 문제를, 표본평균을 이용하여 모평균에 대해 추론하는 문제로 일반화한다. 참고로 숫자들이 0 또는 1로만 이루어졌을 때 그러한 숫자들의 평균이 다름 아닌 1의 비율이다. 그런 의미에서 비율은 평균의 한 특수한 예이다.

아래의 수열은 1부터 7까지의 카드가 한 장씩 들어 있는 상자로부터 25회 무작위 복원추출한 결과이다.

4 5 3 2 5 7 5 6 2 4 1 5 2 4 7 7 6 4 2 4 7 2 4 4 3

이런 수열은 하나의 표본을 이룬다. 표본크기는 25이다. 표본합이 105이므로 표본평균은 105/25=4.2이다. 동일한 과정을 반복하여 또 하나의 표본을 얻었다.

5 2 4 3 4 5 2 3 7 7 1 2 3 3 4 7 2 6 5 3 6 6 1 5 4

이번에는 표본합이 100이므로 표본평균은 100/25=4.0이다.

표본을 뽑을 때마다 그 안에 든 25개의 숫자가 달라진다. 우연 때문이다. 표본평균도 달라진다. 우연의 영향을 받는다고 해서 아무런 할 말이 없는가? 그렇지 않다. 표본평균이 어떤 값이 될지, 또 그 값이 얼마나 믿을 만한지 짐작해 볼 수 있다. 표본평균의 기대값과 표준오차를 구하면 된다.

표본평균의 기대값과 표준오차를 구하는 방법을 보기를 통해 알아보자. 표본평균의 표준오차는 추출한 숫자들의 평균이 상자의 평균으로부터 얼마나 떨어져 있는지 알려준다.

보기 1 1부터 7까지의 카드가 한 장씩 들어 있는 상자로부터 25회 무작위 복원추출을 한다. 표본평균의 기대값과 표준오차를 구하라.

해 설 상자의 평균이 4이므로 표본합의 기대값은 $25 \times 4 = 100$이다. 상자의 표준편차가 2이므로, 표본합의 표준오차는 $\sqrt{25} \times 2 = 10$이다. 표본합은 100 ± 10으로 표시된다. 표본평균은 표본합을 표본크기로 나누어 얻는다. 표본크기가 25이므로 표본합이 100 ± 10일 때 표본평균은 4 ± 0.4가 된다. 즉, 표본평균은 기대값이 4이고, 표준오차가 0.4이다.

1. 상자모형에서,
   · 표본평균의 기대값=상자의 평균
   · 표본평균의 표준오차 =표본합의 표준오차/표본크기
   =상자의 표준편차/$\sqrt{\text{표본크기}}$
2. 상자의 표준편차와 표본표준편차(SD) : 상자의 표준편차는 상자로부터 하나의 값을 추출할 때 이 값이 상자의 평균, 즉 모평균에서 전형적으로 얼마나 떨어져 있는가를 나타내는 지표이다. 표본표준편차는 표본 내 하나의 값이 표본평균과 전형적으로 얼마나 떨어져 있는가를 나타내는 지표이다. 표본표준편차는 상자의 표준편차에 대한 추정치가 된다.
3. 표본평균의 표준오차(SE) : 표본평균의 표준오차는 추출한 값들의 평균인 표본평균이 모평균과 전형적으로 얼마나 떨어져 있는가를 나타내는 지표이다. 개별 관측치보다는 이들의 평균인 표본평균이 모평균에 더 가깝다. 이는 표본평균의 표준오차가 상자의 표준편차보다 작게 됨을 의미한다. 한편 관측치 한 개만을 가지고 평균을 구하면 그 평균은 바로 그 관측치 자체이다. 따라서 표본평균의 표준오차는 관측치의 수가 1일 때는 바로 상자의 표준편차와 같다.
4. 위의 결과를 종합하면 다음 공식을 얻는다.
   · 표본평균의 표준오차 =상자의 표준편차/$\sqrt{\text{표본크기}}$
   ≈표본표준편차/$\sqrt{\text{표본크기}}$

앞서 예로 든, 1부터 7까지의 카드가 한 장씩 들어 있는 상자를 이용하여 표본평균에 대해 좀 더 알아보자. 무작위로 복원 추출한 25개의 값을 평균하면 하나의 표본평균을 얻는다. 이처럼 표본평균을 얻는 전체 시행을 무한히 반복하면 수없이 많은 표본평균을 얻는다. 개념상 이들 표본평균을 히스토그램으로 정리하면 바로 표본평균의 확률히스토그램이 된다. 이를 표본평균의 **표본분포**(sampling distribution)라고 부른다.

[그림 17-1]의 위에 있는 그림은 표본합의 확률히스토그램이다. 정규분포곡선과 유사하다. 표본평균은 표본합을 표본크기로 나누어 구한다. 표본평균과 표본합의 확률히스토그램은 동일한 모양을 갖게 된다. 두 히스토그램은 표본크기로 나누느냐 마느냐에 따라 스케일만 다를 뿐 전반적인 모양이 정확하게 일치한다. 표본합 내지 표본평균의 확률히스토그램은 표본크기가 클 경우 정규분포곡선으로 잘 근사된다.

그림 17-1 표본합과 표본평균의 확률히스토그램

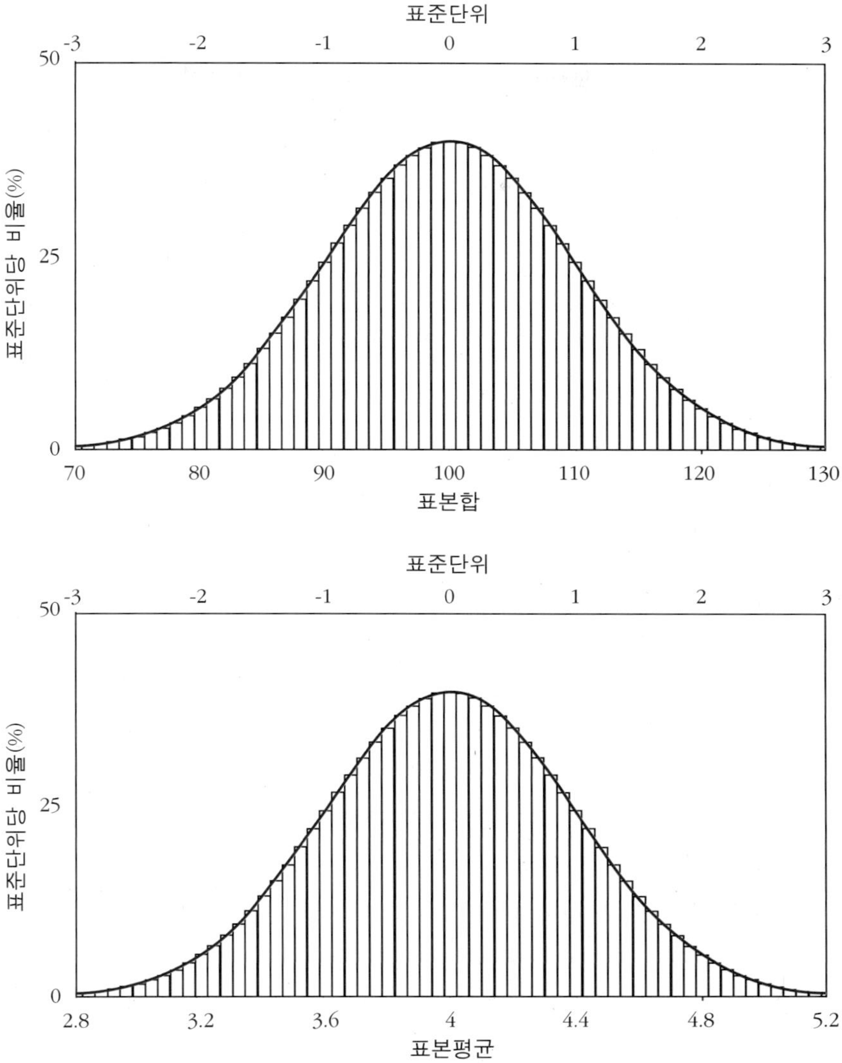

이는 상자 속의 숫자들이 정규분포와 다르게 분포해도 성립한다. 앞에서 이를 중심극한정리라고 부른 바 있다.

보기 2 [보기1]에서 추출 횟수를 100으로 증가시킨다고 하자. 표본평균의 기대값과 표준오차를 구하라. 표본평균의 표준오차가 증가하는지 감소하는지 확인하라.

해 설 표본합의 기대값은 $4 \times 100 = 400$이며, 표본합의 표준오차는 $\sqrt{100} \times 2 = 20$이다. 즉 표본합은 400 ± 20이다. 표본평균은 표본합을 표본크기로 나누어 얻으므로, 표본합이 400 ± 20일 때 표본평균은 4 ± 0.2가 된다. 표본크기가 25에서 100으로 네 배 증가할 때 표본합의 표준오차는 10에서 20으로 두 배만큼만 증가하고 표본평균의 표준오차는 0.4에서 0.2로 절반으로 감소한다. 여러분은 제곱근법칙을 다시금 확인하고 있다.

표본크기가 증가할수록 표본합의 표준오차는 증가하지만 표본평균의 표준오차는 감소한다. 제곱근법칙에 따르면 표본합의 표준오차가 표본크기의 제곱근에 비례해서 증가하므로, 표본합을 표본크기로 나누어 구하는 표본평균은 그 표준오차가 표본크기의 제곱근으로 나누어져 감소한다.

2. 표본평균으로 모평균 추론하기

앞 1절에서는 상자 속의 카드에 대한 정보가 알려진 상태에서 뽑은 카드들의 평균이 어떻게 분포할지 살펴보았다. 여기서는 그 반대방향의 분석을 하려고 한다. 상자 안에 어떤 카드가 들어 있는지 모르는 상태에서 표본평균을 이용하여 상자의 평균을 추정해 내고자 한다. 이를 **통계적 추론**(統計的 推論, statistical inference) 또는 간단히 추론이라고 부른다.

예를 들어 어느 도시에 살고 있는 2만 5천 가구의 연평균소득을 알고 싶다고 하자. 천 가구를 무작위로 추출한 결과 추출한 가구의 연평균소득이 3,240만원이었다. 이로부터 모집단인 전체가구의 연평균소득을 추정하려면 표본평균에 들어 있는 확률오차를 감안해 주어야 한다. 확률오차는 상자모형을 이용하여 구한다.

상자에 2만 5천 가구의 소득이 적힌 카드들이 들어 있다면, 추출한 천 가구의 평균소득을 구하는 것이나 추출한 천 장 카드의 평균을 구하는 것이나 동일하다. 천 가구는 2만 5천 가구에 비해 아주 적으므로 복원추출과 비복원추출이 별로 다르지 않다. 모집단의 표준편차를 모르는 경우 그 추정치로서 표본의 표준편차를 이용한다. 즉 표본표준편차로 모표준편차를 추정한다.

단순무작위표본에서 표본의 표준편차는 상자의 표준편차에 대한 추정치로 사용된다. 이때 표본이 커질수록 그 추정치는 정확해진다.

추출한 천 가구의 표준편차가 1,900만원이라면, 표본합의 표준오차는 $\sqrt{1,000}\times$ 1,900=60,000만원으로 추정된다. 표본평균의 표준오차는 이 값을 표본크기로 나누어 주면 되므로 60,000만/1,000=60만원이 된다. 결국 전체 2만 5천 가구의 평균소득은 3,240만±60만원으로 추정된다. 표본으로부터 표본평균인 3,240만과 그 표준오차인 60만이라는 두 개의 숫자를 구하기만 하면 추론을 하는데 대체로 족하다. 많은 경우 표본평균과 그 표준오차만 알면 충분하다.

표본평균 3,240만원은 사후적으로 측정된 값이다. 표본평균을 이용하여 모르는 상자의 평균을 추정하고자 한다. 우리는 표본평균의 기대값이 상자의 평균과 같다는 사실을 안다. 수식으로 보면 '표본평균의 관측치=상자의 평균+확률오차' 이다. 확률오차의 기대값은 0이다. 그런데 확률오차의 관측치는 모르므로 표본평균의 관측치로부터 역산하더라도 상자의 평균을 정확히 구할 수는 없다.

표본평균의 표준오차는 표본평균의 관측치가 그 기대값인 상자의 평균으로부터 전형적으로 얼마나 떨어져 있는지 알려주는 지표이다. 표본평균의 표준오차가 60만원이라는 사실은 확률오차의 크기가 대략 ±60만원임을 알려준다. 이를 이용하면 대략적으로 상자의 평균을 표본평균으로부터 역산해낼 수 있게 된다. 결국 상자의 평균은, '표본평균의 관측치인 3,240만원 ± 그 표준오차인 60만원' 으로 표현된다.

구체적으로 상자의 평균에 대한 신뢰구간을 구해보자. 전체 2만 5천 가구의 평균소득에 대한 95%신뢰구간은 표본평균으로부터 그 표준오차의 2배만큼 가감함으로써 얻는다. 이는 (3,120만원, 3,360만원)이 된다. 가감하는 숫자의 토대로 표준편차 1,900만원이 아닌 표준오차 60만원을 사용한 이유는 무엇인가? 상자모형을 생각해 보자. 표준편차는 '추출한 한 장의 카드가 상자의 평균으로부터 떨어져 있는 정도' 를 나타내지만, 표본평균의 표준오차는 '추출한 카드들의 평균이 상자의 평균으로부터 떨어져 있는 정도' 를 나타낸다. 따라서 카드 한 장 적힌 값으로 모평균을 추론한다면야 표준편차를 써야겠지만, 표본평균을 가지고 모평균을 추정하려면 표본평균의 표준오차를 이용해야 한다.

표준정규분포곡선에서 95%신뢰구간은 −2부터 2까지에 해당하는 구간이다. 신뢰구간을 구할 때 표준정규분포곡선을 쓰는 근거는 무엇인가? 이는 중심극한정리 때문이다. 개별 관측치의 히스토그램이 정규분포곡선과 다르더라도 표본평균의 확률히스토그램은 그 모양이 정규분포곡선과 비슷해진다. 컴퓨터 모의실험을 통하여 이를 확인해 보자.

컴퓨터에는 25세 인구 전체의 교육기간 자료가 입력되어 있다. 이 자료를 히스토그램으로 표시하면 [그림 17-2]의 위에 있는 그림이 된다. 이제 4백 개의 자료를 무작위로 뽑아 하나의 단순무작위표본을 만들고 표본 내 자료의 분포를 히스토그램으

그림 17-2 모집단의 분포, 표본의 분포, 표본평균의 확률히스토그램

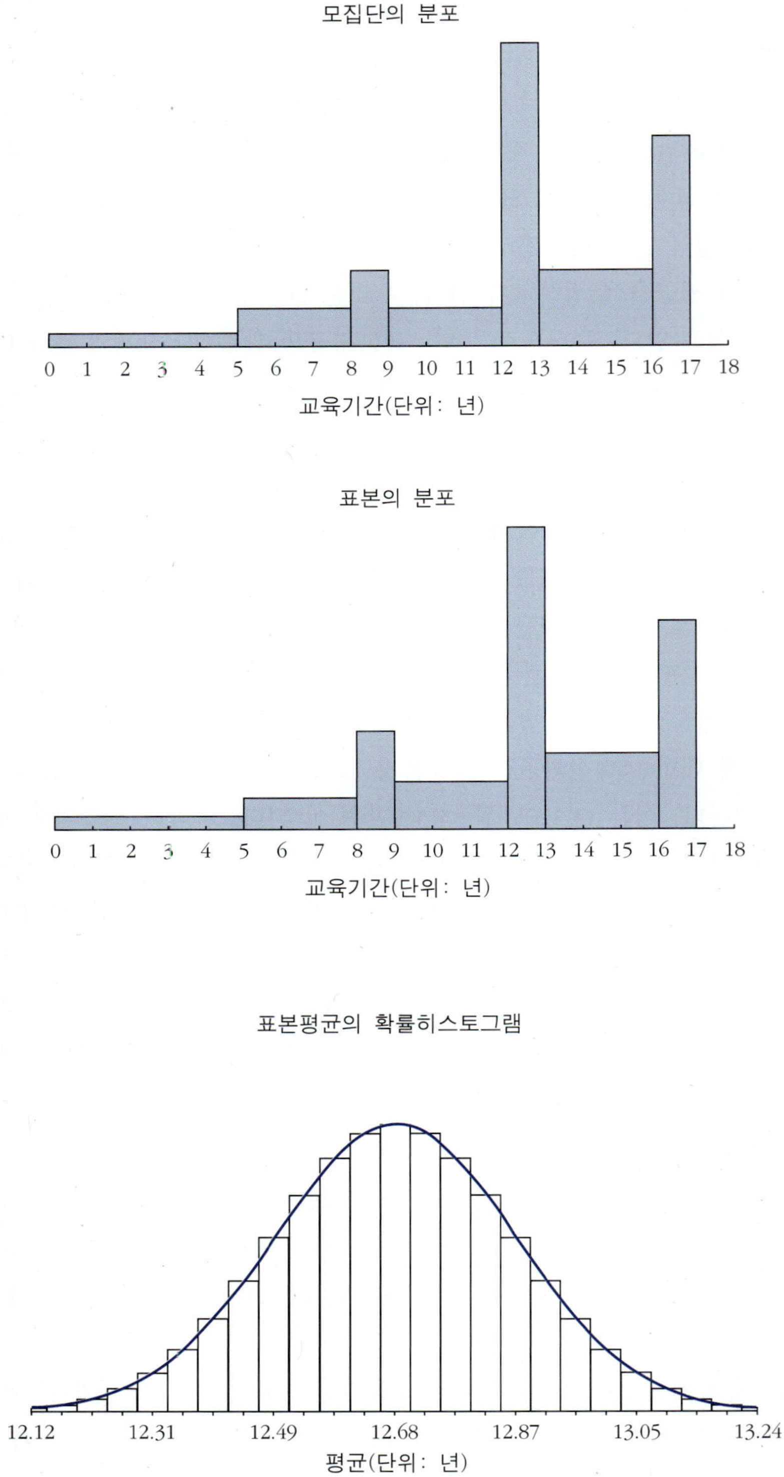

로 표시하면 [그림 17-2]의 가운데 그림처럼 된다. 가운데 그림은 위 그림과 거의 비슷한 모양을 띠고 있다. 두 히스토그램이 닮았다는 사실은 표본이 모집단을 대표한다는 사실을 알려준다. 표본의 분포가 모집단의 분포와 비슷하다. 그래서 표본평균은 상자의 평균을, 표본표준편차는 상자의 표준편차를 잘 추정해 준다. 물론 두 히스토그램이 조금 다르다는 사실은 표본이 모집단과 정확히 같을 수는 없음을 보여준다.

이제 새로운 개념의 히스토그램을 그려 보자. [그림 17-2]의 제일 아래쪽 그림은 표본평균의 확률히스토그램으로서 표본평균의 표본분포에 해당된다. 모집단의 분포나 표본의 분포는 정규분포와 아주 다르다. 하지만 표본평균의 확률히스토그램은 정규분포곡선과 비슷한 모양을 띠고 있다. 개별 자료는 정규분포에 따라 분포하지 않더라도, 표본평균의 확률히스토그램은 정규분포곡선과 비슷해진다.

3. 어느 표준오차를 사용하나

표준오차는 확률오차의 크기를 나타낸다. 표준오차에는 여러 종류가 있다. 지금껏 배운 것만 해도 표본합의 표준오차, 표본평균의 표준오차, 표본개수의 표준오차, 표본비율의 표준오차 등이 있다. 어느 표준오차를 사용하나? 답은 명확하다. 합에 대한 추론이면 표본합의 표준오차를, 평균에 대한 추론이면 표본평균의 표준오차를, 개수에 대한 추론이면 표본개수의 표준오차를, 그리고 비율에 대한 추론이면 표본비율의 표준오차를 사용한다. 각각의 표준오차를 정리하면 다음과 같다.

- 표본합의 표준오차 = 상자의 표준편차 $\times\sqrt{\text{표본크기}}$
- 표본평균의 표준오차 = 상자의 표준편차 $/\sqrt{\text{표본크기}}$
- 표본개수의 표준오차 = 0-1 상자로부터의 표본합의 표준오차
- 표본비율(%)의 표준오차 = (표본개수의 표준오차/표본크기) × 100 (%)

일반적으로 상자의 표준편차는 모른다. 이때 표본표준편차로 상자의 표준편차를 추정한다. 위의 공식에서 모르는 상자의 표준편차를 아는 표본표준편차로 바꾸어 원하는 표준오차를 구한다. 이렇게 구한 표준오차는 참값이 아닌 추정치이지만, 의미하는 바는 크게 다르지 않다.

표준오차는 추정치로부터 가감하여야 할 크기를 나타낸다.

4. 상기할 점

표본평균으로 모평균을 추정하면 얼마나 정확한가? 얼마나 신뢰할 만한가? 확률오차가 작으면 신뢰가 많이 가고 확률오차가 크면 신뢰가 덜 간다. 표본평균과 모평균 사이에는 확률오차만큼의 차이가 존재한다. 확률오차의 값은 그때그때 다르고 얼마가 될지 정확하게 알 수 없다. 하지만 확률오차의 대략적인 크기는 표준오차로 측정된다.

표본평균의 표준오차는 표본표준편차를 표본크기의 제곱근으로 나누어 추정한다. 왜 이런 방식으로 구할 수 있을까? 단순무작위표본을 상정하였기 때문이다. 표본을 무작위로 추출하면 표본크기와 표본표준편차만을 이용하여 표본평균의 정확성을 계산할 수 있다. 이는 통계이론에서 가장 중요한 업적 중 하나다.

단순무작위표본에 적용되는 공식을 다른 방식으로 얻은 표본에 적용하면 안된다. 예를 들어 이른바 편의표본(convenience sample)이라고 불리는 '제멋대로 추출한 표본'은 무작위추출의 과정 내지 다른 어떤 확률과정도 거치지 않은 표본이다. 이러한 표본은 확률적 방법으로 추출한 표본이 아니므로 상자모형으로 설명될 수 없다.

이 장에서 배운 내용은 상자모형으로 환원될 수 있는 성질의 자료에는 적용되지만 다른 성질의 자료에는 적용되지 않는다.

5. 측정오차

측정치는 참값과 확률오차만큼의 차이를 보인다. 이 차이를 **측정오차**(measurement error)라고 한다. 어떠한 측정에서도 확률오차는 발생하기 마련이다. 측정대상에 확률오차가 있어서가 아니라 측정과정에 확률오차가 개입되기 때문이다. 참값을 구하는 것은 사실상 불가능하다. 이때 반복측정을 하면 좋다. 측정오차의 크기가 얼마가 될지 짐작해볼 수도 있고, 여러 번 측정한 값들의 평균값을 이용함으로써 측정오차의 영향을 줄일 수도 있다.

예를 들어보자. 고기 한 덩어리의 무게를 100번 측정하였다. 반복측정한 값들은 평균이 600g이고 표준편차가 10g이다. 이로부터 단일 측정치에 들어 있을 측정오차의 크기와 측정치의 평균에 들어 있을 측정오차의 크기를 각각 계산하려고 한다. 단일 측정치에 내재하는 확률오차의 크기는 표본표준편차인 10g 정도가 되고 100회 측정치의 평균에 내재하는 확률오차의 크기는 표본평균의 표준오차인 1g(=10g

$\div\sqrt{100}$) 정도가 된다.

고기의 실제 무게에 대한 95%신뢰구간은 표본평균에서 그 표준오차를 2배 가감함으로써 구한다. 표본평균이 600g, 그 표준오차가 1g이므로 무게의 참값에 대한 95% 신뢰구간은 600g±2g이 된다. 고기 한 근의 무게를 100번 측정한 뒤 그 평균 무게에 해당하는 돈을 지불하면 2g 이상 손해보거나 이득볼 가능성은 5%에 지나지 않는다. (물론 100번 달기 전에, 주인한테 쫓겨나지 않으면 말이다.)

반복측정치들의 평균에 들어 있는 오차의 크기를 '반복측정치들의 표준편차/$\sqrt{\text{측정 횟수}}$'의 공식을 써서 계산할 수 있는 이유는 무엇인가? 동일한 대상을 동일한 조건하에서 여러 번 측정하는 것은 마치 상자로부터 카드를 여러 번 추출하는 것과 같기 때문이다. 이 공식은 앞서 살펴본 것처럼 상자모형으로 환원될 수 있는 성질의 모형에서만 의미가 있다.

상자모형을 더 자세히 살펴보자. 반복측정에서 측정값들은 참값과 확률오차만큼의 차이를 보인다. 이 차이를 이른바 **오차상자**(error box)로부터 추출한 값으로 파악해 보자. 측정과정에 어떤 왜곡이 없다면 오차상자의 평균은 0이다. 오차상자에서 하나의 확률오차를 선택하여 이를 참값에 더하면 하나의 측정치를 얻는다. 반복측정치는 이러한 과정을 반복해서 얻는 것으로 인식한다. 이러한 인식에 기초한 모형을 **가우스모형**이라고 부른다. 측정오차에 대해 처음으로 연구한 가우스(Carl Friedrich Gauss, 독일, 1777–1855)를 기리기 위해 붙인 이름이다.

확률오차의 대략적인 크기를 알려면 그 표준편차를 계산해야 한다. 그런데 확률오차의 표준편차는 알려져 있지 않으므로 반복측정을 통해서 추정한다. 고기 한 덩어리의 무게를 100번 측정하는 실험을 예로 들어보자.

첫 번째 측정치＝무게의 참값＋오차상자로부터 첫 번째로 추출한 값
두 번째 측정치＝무게의 참값＋오차상자로부터 두 번째로 추출한 값
⋮
백 번째 측정치＝무게의 참값＋오차상자로부터 백 번째로 추출한 값

참값이 변하지 않기 때문에 반복측정치들의 표준편차와 확률오차들의 표준편차는 동일하다. 그래서 100번 측정한 값들의 표준편차로 확률오차의 표준편차를 추정할 수 있다.

> 가우스모형에서 반복측정치들의 표준편차는 오차상자의 표준편차에 대한 추정치가 된다. 표본크기가 크면 그러한 추정은 믿을 만하다.

통계적 추론은 주어진 자료로부터 확률적 방법을 이용하여 모집단의 특성에 대해 알아가는 과정이다. '표본평균±표본평균의 표준오차'는 하나의 예이다. 지금까지 배운 표준오차의 공식은 상자모형으로 환원되지 않는 모형에서는 무의미하다. 통계적 추론을 위해서는 상자모형 내지 확률모형이 필요하다.

> 통계적 추론은 확률적 방법에 기초를 두고 있다. 상자모형으로 환원되지 않는 모형에서는 표준오차를 구하는 것 자체가 무의미하다.

6. 모집단과 표본의 관계

모집단과 표본의 관계를 정리해 보자. 상자 내 카드 전체가 모집단이라면 그로부터 추출한 카드는 표본이다. 관심의 대상이 되는 개념상의 집단이 모집단이라면 우리가 실제로 분석하게 되는 자료는 표본이다. 모집단의 특성을 모수라고 한다. 모평균, 모표준편차 등이 모수의 예이다. 상자의 중심이 모평균이고 상자의 표준편차가 모표준편차이다. 표본평균과 표본표준편차는 자료 즉 표본으로부터 계산할 수 있는 통계량의 예이다. 추출된 카드의 중심이 표본평균이고 추출된 개개의 카드가 그 중심인 표본평균으로부터 전형적으로 떨어져 있는 정도를 측정한 것이 표본표준편차이다.

> 모평균은 모집단으로부터 자료 하나를 추출할 때의 기대값과 동일하다. 상자모형으로 이를 설명해보자. 상자로부터 한 장의 카드를 뽑을 때 그 뽑힐 값으로 우리가 기대하는 값은 바로 상자의 중심이다. 상자의 중심인 모평균이 개별 카드의 기대값이 되는 것이다. 상자로부터 추출한 카드 한 장 한 장을 Y_1, …, Y_n이라고 하면, 무작위로 카드를 추출하는 경우 우리는 $EY_1 = \cdots = EY_n = \mu$의 관계식을 얻게 된다. 여기서 "$E$"는 모집단의 분포에 따라 기대치를 구하는 연산자(expectation operator)이고 μ는 이 연산자를 이용해서 구한 모평균이다.

개별카드에 적힌 숫자를 모평균(μ)으로부터의 편차로 표현하면 $Y_1 - \mu$, …, $Y_n - \mu$가 된다. 아마도 편차 중 절반 정도는 양의 값을 취하고 나머지 절반 정도는 음의 값을 취하게 된다. 물론 모집단의 분포가 왼쪽이나 오른쪽으로 치우쳐 있다면 양의 값이 많거나 음의 값이 많을 수도 있다. 부호는 제거한 채 편차들이 어느 정도 크기일지 보는 한 가지 방법은 편차들을 제곱하여 그 기대값을 구한 뒤 제곱근을 취해 원래 단위로 원위치시키는 것이다. 이때 편차들의 제곱의 기대값이 모분산(σ^2)이고 그 제곱근이 모표준편차(σ)이다. 이를 수식으로 표현하면 다음과 같다.

$$\sigma^2 = E(Y_1-\mu)^2 = \cdots = E(Y_n-\mu)^2,\ \sigma = \sqrt{E(Y_1-\mu)^2} = \cdots = \sqrt{E(Y_n-\mu)^2}$$

통계적 추론의 중요한 목적 가운데 하나는 표본의 자료를 분석하여 모집단의 특성에 대해 알아보는 것이다. 모집단의 분포를 알고 싶으면 표본의 자료가 어떻게 분포해 있는지 살펴보고, 모평균에 대해 추론하려면 표본평균을 구해 보며, 모분산에 대해 알아 보려면 표본분산을 들여다 본다. 앞서 제3장에서 배운 히스토그램은 사실상 표본히스토그램이다. 표본으로 추출된 자료를 이용해 구한 히스토그램이기 때문이다. 이를 보면 모집단에서 자료가 어떻게 분포해 있을지 어느 정도 짐작이 간다.

앞서 모집단의 분포에 따른 기대값 연산자를 'E'로 표현한 만큼 표본 내 자료의 분포에 따른 기대값은 $\hat{E}$으로 표현하자. 표본평균은 개별 관측치가 표본에서 어떤 값을 취할지 그 기대값을 알려주기 때문에 사실상 표본 내 자료의 분포에 따른 기대값에 해당된다. 즉

$$\overline{Y} = \hat{E}Y_1 = \cdots = \hat{E}Y_n = (Y_1 + \cdots + Y_n)/n$$

이다. 이를 달리 표현하면

$$\hat{E}Y_i = Y_1 \times (1/n) + \cdots Y_n \times (1/n), \quad i=1,\ \cdots,\ n$$

이 된다. 즉 표본 내 자료의 분포에 따른 기대값을 구하는 연산자인 $\hat{E}$은 표본 내 관측치 각각에 $(1/n)$의 동일한 가중치를 주어 개별 관측치 값을 평균하는 역할을 한다. 모평균이 개별 관측치의 모집단 분포에 따른 기대값이라면 표본평균은 개별 관측치의 표본 내 분포에 따른 기대값인 셈이다.

이제 모분산과 표본분산의 관계에 대해 알아보자. 기대값 연산자를 이용하여 모분산을 표현하면 이는

$$E(Y_i-\mu)^2,\ i=1,\ \cdots,\ n$$

이다. 만약 우리가 모평균을 알고 있다면 위 모분산의 정의식을 흉내 내어 표본분산을 다음과 같이 정의하고 싶어진다.

$$(\text{가상적 표본분산})=\hat{E}(Y_i-\mu)^2=(Y_1-\mu)^2\times(1/n)+\cdots+(Y_n-\mu)^2\times(1/n)$$

'가상적 표본분산'은 표본 내 자료의 분포에 따른 기대값 연산자인 $\hat{E}$을 통하여 표본 내 관측치 각각에 동일한 가중치를 주어 가상적 잔차인 $Y_i-\mu$의 제곱을 평균한 셈이다. 여기서 "가상적"이란 수식어를 붙인 이유는, 모르는 모평균을 이용해 가상적 잔차를 구하기 때문이다. 이는 가상적 상황일 뿐이다.

표본분산을 구하려면 미지의 모수인 모평균을 우리가 표본으로부터 구할 수 있는 표본평균으로 대체해야 한다. 그 경우 우리는

$$\hat{\sigma}^2=\hat{E}(Y_1-\overline{Y})^2=(Y_1-\overline{Y})^2\times(1/n)+\cdots+(Y_n-\overline{Y})^2\times(1/n)$$

을 얻게 된다. 이는 우리가 앞서 배운 표본분산 S^2과 비교할 때 자유도를 조정하지 않은 형태를 취하고 있다. 그러면 표본분산 S^2을 구할 때 자유도 조정은 왜 필요한가? 표본평균은 이미 잔차 제곱의 합을 최소화하는 방향으로, 즉 맞춤형으로 구해졌다. 그 결과 표본 내 잔차들인 $Y_1-\overline{Y}$, ……, $Y_n-\overline{Y}$는 그에 상응하는 모집단의 오차들, 즉 가상적 잔차들인 $Y_1-\mu$, ……, $Y_n-\mu$에 비해 그 크기가 조금씩 작아졌을 가능성이 크다. 표본분산을 구할 때 잔차 제곱의 합을 n으로 나누어 주는 대신 자유도를 조정하여 $n-1$르 나누어 주는 이유가 바로 여기에 있다. 잔차 제곱합을 자유도인 n-1로 나누어 표본분산을 구해야 모분산을 체계적으로 과소평가하게 되는 경향을 피할 수 있다.

수식으로 표현하면 $ES^2=\sigma^2$이 된다. 즉 자유도로 나누어 구한 표본분산 S^2은 모분산 σ^2에 대한 편의 없는(unbiased) 추정량, 이른바 불편추정량(unbiased estimator)이 된다. 반면 자유도조정을 해주지 않으면

$$E\hat{\sigma}^2<\sigma^2$$

이 되어 $\hat{\sigma}^2$은 모분산을 체계적으로 과소평가하게 된다. 표본크기가 충분히 크다면 자유도 조정을 하든 안하든 결과에 큰 차이는 없다.

참고로 표본분산 S^2이 모분산 σ^2의 불편추정량이라고 하여 표본표준편차 S가 모표준편차 σ의 불편추정량이 되는 것은 아니다. 이를 수학적으로 표현하면

$$ES=E\sqrt{S^2}<\sqrt{ES^2}=\sqrt{\sigma^2}=\sigma$$

이다. 여기서 부등식이 성립하는 이유를 생각해보라. 이는 제곱근 함수가 밑에서 보아 오목한 함수(concave function)이기 때문에 제곱근의 기대값이 기대값의 제곱근보다 작게 되는 이른바 젠슨의 부등식(Jensen' s inequality)이 성립하기 때문이다. 아래 그림은 젠슨의 부등식을 예시해주고 있다.

그림 17-3 젠슨의 부등식 예시

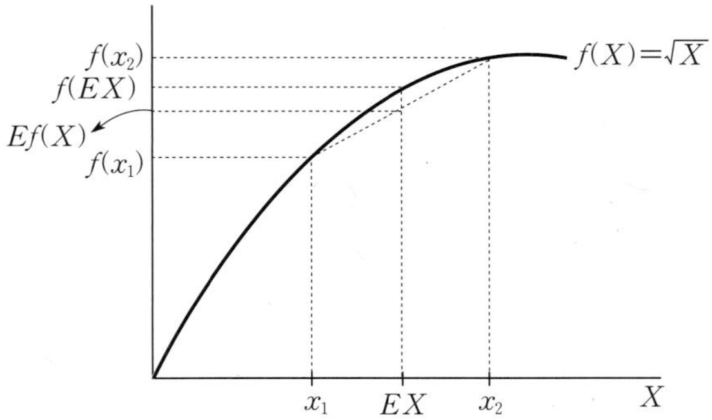

젠슨의 부등식은 하나의 확률변수와 하나의 오목함수(concave function)가 주어져 있을 때 함수값을 취하는 연산과 기대값을 취하는 연산을 결합하면 그 결합순서에 따라 값이 달라짐을 알려주는 부등식이다. 예컨대 X가 p의 확률로 x_1의 값을 취하고 $1-p$의 확률로 x_2의 값을 취한다고 하자. 그리고 $f(X)=\sqrt{X}$의 오목함수를 생각해 보자. 위의 그림에서 보는 것처럼 $f(EX)>Ef(X)$의 부등식이 성립하게 된다. 젠슨의 부등식을 이용하면 $E\sqrt{S^2}<\sqrt{ES^2}=\sigma$임을 알 수 있다. 즉, 표본표준편차인 $S=\sqrt{S^2}$은 자유도 조정 이후에도 여전히 모표준편차인 σ를 과소추정하게 되는 경향이 있다.

자유도를 조정한 결과 표본분산 S^2은 모분산 σ^2에 대한 불편추정량이 된다. 하지만 표본표준편차 S는 여전히 모표준편차 σ를 체계적으로 과소평가하는 경향이 있다. 만약 자유도까지 조정하지 않았다면 표본표준편차에 담긴 과소평가의 정도는 더 컸을 것이다. 요컨대 자유도를 조정함으로써 모분산에 대한 불편추정량을 얻었고 모표준편차 추정 시의 편의(bias)를 줄이게 되었다.

이상에서 언급한 모집단과 표본의 관계를 요약하면 〈표 17-1〉과 같다. 표에서 알 수 있는 것처럼 모분산을 구할 때는 자유도로 나누어 구하지 않는다. 표본분산을 구할 때만 자유도의 개념이 등장한다. 표본평균을 구하는 과정에서 편차들의 제곱의 합이 이미 작아지도록 표본평균을 맞춤식으로 구했기 때문에 자유도를 감안하여 표본 내 기대치를 조정해주어야 모분산에 대한 불편추정량을 얻을 수 있기 때문이다.

표 17-1 모집단과 표본의 관계

	모집단	표본
자료	상자에 든 카드 일체	상자로부터 추출한 카드
자료 표기	Y_1, …, Y_N (N=모집단 크기)[1]	Y_1, …, Y_n(n=표본크기)
평균	모평균 $\mu=EY_i$	표본평균 $\overline{Y}=\hat{E}Y_i$
분산	모분산 $\sigma^2=E(Y_i-\mu)^2$	가상적 표본분산 $\hat{\sigma}_n^2=\hat{E}(Y_i-\mu)^2$[2]
		실제의 표본분산 $s^2=\hat{E}_{df}(Y_i-\overline{Y})^2$[3]

1) 여기서는 모집단의 크기가 N으로 한정되어 있다고 가정한다.
2) $\hat{\sigma}_n^2=\hat{E}(Y_i-\mu)^2=(Y_1-\mu)^2\times(1/n)+\cdots+(Y_n-\mu)^2\times(1/n)$
3) $s^2=\hat{E}_{df}(Y_i-\overline{Y})^2=(Y_1-\overline{Y})^2/(n-1)+\cdots+(Y_n-\overline{Y})/(n-1)$
여기서 $\hat{E}_{df}$은 표본 내 자료의 분포에 따른 기대값을 구하되 자유도를 감안하여 구하는 연산자이다. 즉 표본 내 자료에 걸쳐 합친 다음에 n으로 나누지 않고 자유도인 $n-1$로 나누는 연산자이다.

7. 복습문제

1. 만 장의 카드가 든 상자가 있다. 상자의 평균이 50이고 표준편차가 20이다. 다음 질문에 답하라.
   (1) 100회의 무작위 복원추출을 하는 경우, 표본평균의 기대값과 표준오차는 얼마인가?
   (2) 무작위 비복원추출을 하는 경우 (1)을 반복하라.
   (3) 상자에 든 카드의 수가 100장일 경우 (1)과 (2)를 반복하라.

2. 1부터 4까지의 카드가 한 장씩 들어 있는 상자에서 50회의 무작위 복원추출을 한다.
   (1) 왼쪽 그림에서 음영으로 표시된 영역이 의미하는 바는 무엇인가?
   (2) 오른쪽 그림에서 음영으로 표시된 영역이 의미하는 바는 무엇인가?

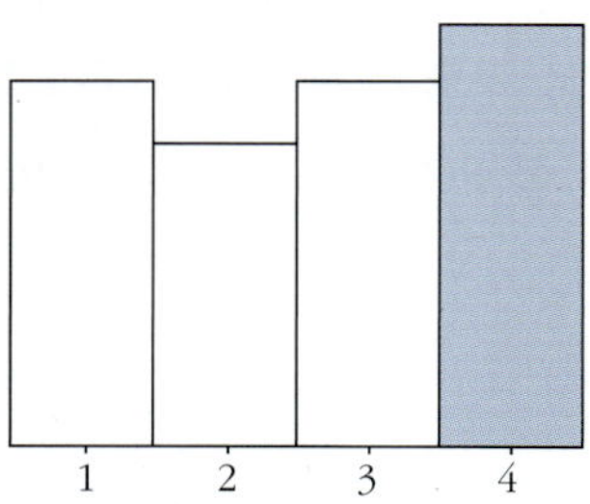

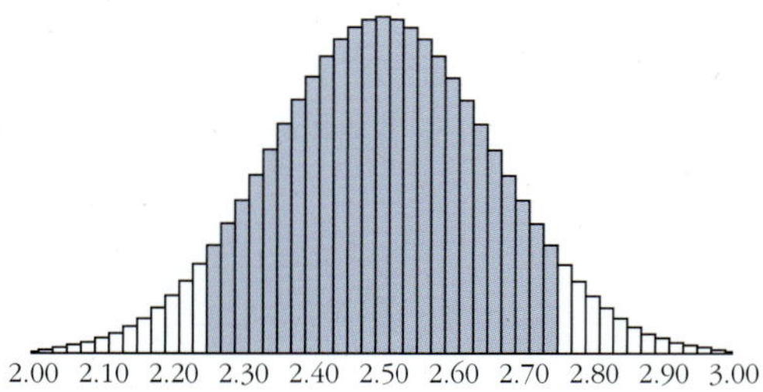

3. 본문의 [그림 17-1]을 보고 답하라.

(1) [그림 17-1]의 위 그림에서 90 이상의 영역이 의미하는 바는 무엇인가?

(2) [그림 17-1]의 아래 그림에서 3.6 이상의 영역이 의미하는 바는 무엇인가?

(3) (1)과 (2)는 동일한 영역이다. 그 이유는 무엇인가?

4. 아래 용어들이 의미가 있는지 판별하고 설명하라.

(1) 상자의 표준오차

(2) 상자의 표준편차

(3) 상자평균의 표준오차

(4) 표본평균의 표준오차

5. 1부터 9까지의 카드가 한 장씩 들어 있는 상자에서 무작위 복원추출을 한다. 다음 각각에 대하여 ① 표본합의 기대값, ② 표본합의 표준오차, ③ 표본평균의 기대값, ④ 표본평균의 표준오차를 구하라.

(1) 표본크기 : 25

(2) 표본크기 : 100

(3) 표본크기 : 400

6. 2가 적힌 카드가 두 장, 1과 3이 적힌 카드가 한 장씩 들어 있는 상자로부터 200회 무작위 복원추출을 한다. 다음 각각에 대하여 참, 거짓을 판별하고 설명하라.

(1) 표본평균의 기대값은 2이다.

(2) 표본평균은 2이다.

(3) 상자의 평균은 2이다.

7. 25세 이상 인구의 교육기간에 대한 자료로부터 400회의 무작위 추출로 표본을 만들자. 이 작업을 100번 반복하여 모평균에 대한 100개의 신뢰구간을 구했다. 모두 95% 신뢰수준에서 구했다. 구한 일부를 다음 그림으로 나타내었다.

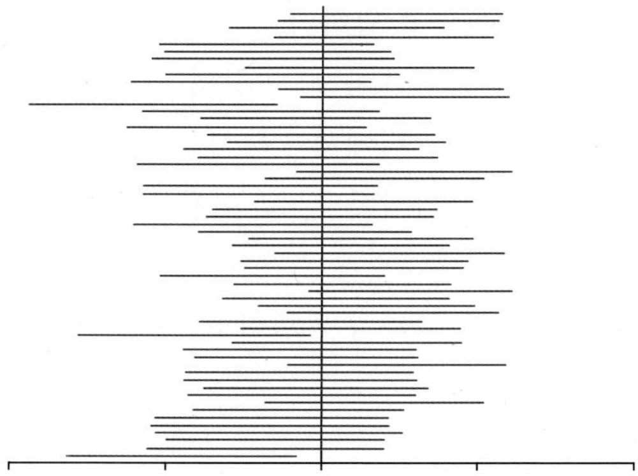

(1) 각 구간들이 서로 다른 중심을 갖는 이유는 무엇인가?

(2) 각 구간들의 길이가 서로 다른 이유는 무엇인가?

(3) 수직선은 25세 이상 인구 전체의 평균 교육기간을 나타낸다. 전체 100개의 구간 중 수직선을 포함하는 구간은 몇 개 정도가 될 것으로 생각하는가?

8. 어느 도시에서 주민의 평균 교육기간을 알아보기 위해 보현이는 백 명을 무작위로 뽑아 조사하였다. 그 결과 표본평균이 12년, 표본표준편차가 4년으로 나타났다.

(1) 평균 교육기간에 대한 95%신뢰구간을 구하라.

(2) 혁린, 하연, 지영이도 각자 따로따로 백 명을 무작위로 뽑아 조사한 결과 평균 교육기간이 11.4년, 12.2년, 12.4년으로 나타났다.

(i) 보현과 혁린 두 명의 자료를 결합하여 평균 교육기간에 대한 95%신뢰구간을 구하라.

(ii) 4명 모두의 자료를 결합하여 평균 교육기간에 대한 95%신뢰구간을 구하라.

(iii) 혁린, 하연, 지영이의 자료만을 사용하여 평균 교육기간에 대한 95%신뢰구간을 구하라. 이들 자료만을 가지고는 교육기간의 표준편차가 4년임을 알 수 없음에 유의하라.

9. 8만 가구가 사는 지역에서 625가구를 무작위로 추출하였다. 뽑힌 625가구의 평균 가족 수는 2.30명이고, 표준편차는 1.75명이었다. 다음 문장의 참, 거짓을 판별하고 설명하라.

(1) 표본평균의 표준오차는 0.07명 정도이다.

(2) 표본으로 뽑힌 가구의 평균 가족수에 대한 95%신뢰구간은 (2.16명, 2.44명)이다.

(3) 이 지역에 거주하는 가구의 평균 가족수에 대한 95%신뢰구간은 (2.16명, 2.44명)이다.

(4) 이 지역에 거주하는 가구의 95%는 가족수가 (2.16명, 2.44명)이다.

10. 1이 두 장, 4가 한 장 들어 있는 상자로부터 100회 무작위 복원추출을 한다. 다음 물음에 답하라.

(1) 뽑은 100개의 숫자를 이용하여 개별 숫자의 히스토그램을 그리면 어떤 모양이 되겠는가?

(2) 뽑은 100개 숫자를 평균하여 기록하고 다시 100개 숫자를 뽑아 평균하여 기록하자. 이 과정을 천 번 반복하면 천 개의 평균을 얻게 된다. 이렇게 얻은 천 개의 평균을 이용하여 히스토그램을 그리면 어떤 모양이 되겠는가?

(3) 두 히스토그램의 모양이 어떻게 다른가?

11. 표본크기가 1일 경우 통계적 추론에 있어 가장 큰 문제점은 무엇인가?

12. 1이 적힌 카드가 두 장, 그리고 2와 4가 적힌 카드가 한 장씩 들어 있는 상자로부터 100회 무작위 복원추출을 한다. 다음 그림에는 표본평균의 히스토그램, 상자에 있는 숫자들의 히스토그램, 추출한 숫자들의 히스토그램이 섞여 있다. 올바르게 연결하라.

(i)

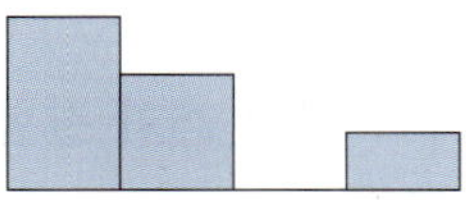

(ii)

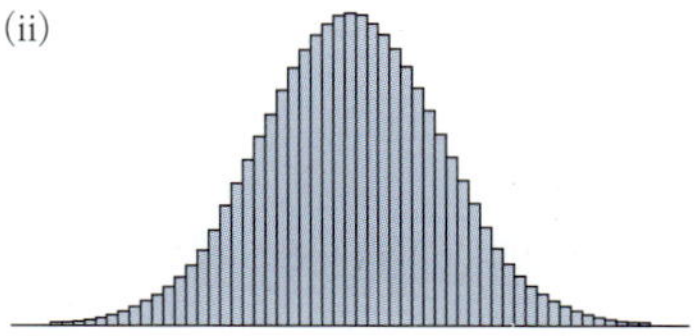

(iii)

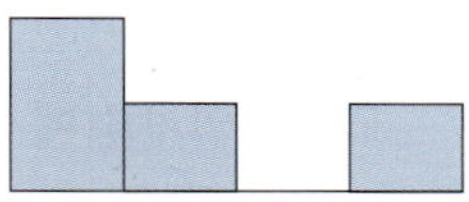

13. 두 지점 사이의 거리를 25회 측정한 결과, 측정치의 평균은 81,411m, 표준편차는 30m로 나타났다. 다음 문장의 참, 거짓을 판별하라. 단위는 m이다.

(1) 두 지점 사이의 실제거리에 대한 95%신뢰구간은 (81,399, 81,423)이다.

(2) 25회 측정치의 평균에 대한 95%신뢰구간은 (81,399, 81,423)이다.

(3) 하나의 측정치가 (81,399, 81,423) 구간에 포함될 확률은 95%이다.

(4) 26회 째의 측정치가 (81,399, 81,423) 구간에 있을 확률은 95%이다.

(5) 새로 25회의 측정을 해서 구하더라도 95% 신뢰구간은 여전히 (81,399, 81,423)이다.

14. 한 도시에서 18세 이상 225명을 무작위로 추출하여 지난 한 해 동안 이들이 휴가를 위해 이동한 거리를 조사하였다. 이 도시에 사는 18세 이상 인구 전체의 평균 이동거리에 대한 95% 신뢰구간이 (488km, 592km)로 얻어졌다. 아래 각 진술이 참인지 거짓인지 판별하고 그 이유를 설명하라.

(1) 225명 응답자의 평균은 약 540km이다.

(2) 225명 응답자의 표준편차는 약 390km이다.

(3) 225명의 응답을 히스토그램으로 그리면 정규분포곡선과 비슷한 모양이 된다.

(4) 표본평균의 확률분포를 히스토그램으로 그리면 정규분포곡선과 비슷한 모양이 된다.

(5) 모평균의 확률분포를 히스토그램으로 그리면 정규분포곡선과 비슷한 모양이 된다.

(6) 450명을 이용하여 95%신뢰구간을 구하면 225명을 이용하여 구했을 때보다 구간의 길이가 반으로 줄어든다.

15. 맑은 날과 흐린 날의 비율이 5 : 1인 지역이 있다. 이 지역의 날씨를 분석하기 위해 0이 다섯 장, 1이 한 장 들어 있는 상자모형을 이용하고자 한다. 이는 적절한 조치인가?

16. '자료가 정규분포를 따르지 않는 경우 정규분포곡선을 이용하여 신뢰구간을 구할 수 없다.' 평가하라.

17. 한 연구소에서 어떤 단백질 분자의 무게를 측정하기 위해 25회 실험을 했다. 평균은 119이고 표준편차는 15였다. 이 연구소는 확률오차의 크기를 알고 싶어 한다. 아래 보기의 수치 가운데 선택해서 다음 빈칸을 채우라.

(1) 한 번 측정할 경우의 오차는 대략 (　　　)이다.

(2) 25회 측정을 하면 그 측정치 평균의 오차는 대략 (　　　)이다.

〈보기〉 $\frac{15}{25}$　　$\frac{15}{\sqrt{25}}$　　15　　$15\times\sqrt{25}$　　15×25

18. '동일한 대상을 두 사람이 측정한다. 두 측정치의 차이가 클 경우에는 한 번씩 더 측정하여 둘이 합의한 값을 측정치로 삼는다. 그래도 합의를 보지 못하면 처음 얻은 측정치들의 평균을 측정치로 삼는다.' 평가하라.

19. 다음에 답하라. 이때 필요하면 제13장에 소개한, 엑셀을 이용한 표본추출방법을 참고하라.
    (1) 검은 공이 4개, 흰 공이 6개 들어 있는 상자가 있다. 이로부터 10번 복원추출할 때 표본에서의 흰 공 비율의 확률히스토그램을 그려 보라. 이제 '10번 복원추출' 전 과정의 반복 시행횟수가 10회, 100회, 1,000회일 때 흰 공 비율의 경험적 히스토그램을 차례로 그리고 이를 앞서 구한 확률히스토그램과 비교하라.
    (2) 1이 적힌 카드가 두 장, 2가 적힌 카드가 두 장, 3이 적힌 카드가 한 장 들어 있는 상자로부터 무작위 복원추출로 2장의 카드를 뽑아 표본을 구성할 때 표본평균의 확률히스토그램을 그려 보라.

8. 요 약

1. 무작위 복원추출에서 표본평균의 기대값은 상자의 평균과 같다. 표본평균의 표준오차는 표본합의 표준오차를 표본크기로 나누어 구한다. 일반적으로 상자의 표준편차는 모른다. 이는 표본으로부터 추정해야 한다.

2. 표본평균으로 상자의 평균을 추정한다. 표본평균이 상자의 평균과 차이가 나는 이유는 확률오차 때문이다. 표본평균에 그 표준오차를 가감하여 상자의 평균을 측정한다.

3. 상자의 분포가 정규분포를 따르지 않는 경우에도 표본평균의 확률히스토그램으로 정규분포곡선을 이용할 수 있다. 표본크기가 크면 표본평균의 확률히스토그램은 정규분포곡선에 가까워지기 때문이다. 이를 중심극한정리라고 부른다.

4. 단순무작위표본에서는 표본표준편차로 상자의 표준편차를 추정하고 이를 이용하여 표본평균의 표준오차를 추정한다. 표본평균의 표준오차는 표본표준편차를 표본크기의 제곱근으로 나누어 구한다. 상자의 평균에 대한 신뢰구간은 표본평균

에 그 표준오차의 적당한 배수를 가감한 구간이 된다. 표본크기가 충분히 클 경우 정규분포곡선을 이용하여 주어진 신뢰수준에 대응하는 신뢰구간을 구할 수 있다. 거꾸로 주어진 신뢰구간에 대응하는 신뢰수준을 계산할 수도 있다.

5. 표본평균의 표준오차를 구할 때 단순무작위표본에 적용된 공식들은 다른 종류의 표본에 적용하면 안 된다.

6. 제멋대로 추출한 표본에서는 표준오차가 무의미하다.

7. 가우스모형에 의하면 측정오차는 측정할 때마다 오차상자에서 하나씩의 오차 카드를 꺼내 읽어 낸 값에 비유된다. 참값에 오차 카드의 값을 더하면 측정치가 얻어진다. 오차상자는 평균이 0이다.

8. 가우스모형을 적용함에 있어서 추출한 카드의 표준편차는 오차상자의 표준편차에 대한 추정치가 된다. 이 값은 개개의 측정에서 나타날 확률오차의 표준적인 크기를 측정해 준다.

9. 참값을 추정할 때 여러 차례 측정한 값들의 평균은 단 한 차례 측정한 값보다 측정 횟수의 제곱근에 비례하여 추정의 신뢰성을 증가시킨다. 이는 표본평균의 표준오차가 표본크기의 제곱근으로 나누어져 감소하기 때문이다.

10. 참값은 대략적으로 표본평균에 그 표준오차를 가감함으로써 얻는다. 표본크기가 커질수록 표본평균의 표준오차는 줄어든다.

11. 가우스모형에서 확률오차는 측정대상에 있는 것이 아니라 측정과정에 존재한다.

12. 통계적 추론은 자료가 하나의 확률모형을 따르는 경우에만 가능하다. 즉 상자모형으로 환원될 수 있는 성질의 문제에서만 타당하다.

13. 모평균은 모집단인 상자로부터 자료 하나를 추출할 때의 기대값이다. 반면 표본평균은 개별 관측치의 표본 내 분포에 따른 기대값에 해당된다.

14. 모평균으로부터의 편차를 제곱한 뒤 그 기대값을 취한 것이 모분산이고 그 제곱

근이 모표준편차이다. 반면 표본평균으로부터의 편차를 제곱한 뒤 그 기대값(표본자료를 가지고 자유도로 나누어 구한 평균)을 취한 것이 표본분산이고 그 제곱근이 표본표준편차이다.

15. 표본평균을 구하는 과정에서 편차들의 제곱의 합이 이미 작아지도록 표본평균을 구했기 때문에 자유도를 감안하여 표본 내 기대치를 조정하여야 표본분산이 모분산의 불편추정량이 된다. 참고로 표본분산에 제곱근을 취하여 구한 표본표준편차는 자유도를 조정하여도 모표준편차의 불편추정량이 될 수 없고, 단지 모표준편차 추정 시의 편의(bias)를 줄여줄 뿐이다.

9. 부 록

(1) 표본평균의 기대값, 분산, 표준오차

상자로부터 무작위로 n장의 카드를 복원추출한다고 하자. 이 때, i번째로 꺼낸 카드에 적혀 있는 숫자를 X_i라고 하자. 뽑은 숫자의 합과 평균을 S와 $\overline{X}$라고 하자. 상자의 평균과 표준편차를 μ와 σ로 나타내자.

$$S = X_1 + X_2 + \cdots + X_n$$

$$\overline{X} = \frac{S}{n} = \frac{X_1 + X_2 + \cdots + X_n}{n}$$

$$\mu = \mathrm{E}(X_i),\ i = 1,\ 2,\ \cdots,\ n$$

$$\sigma^2 = \mathrm{Var}(X_i) = \mathrm{E}(X_i - \mu)^2 = \mathrm{E}X_i^2 - \mu^2,\ i = 1,\ 2,\ \cdots,\ n$$

표본평균 $\overline{X}$의 기대값, 분산 및 표준오차는 다음과 같이 구한다.

① 표본평균의 기대값

$$\mu_{\overline{X}} = \mathrm{E}(\overline{X}) = \mathrm{E}(\frac{1}{n}S) = \frac{1}{n}\mathrm{E}(S) = \frac{1}{n} \cdot n \cdot \mu = \mu$$

② 표본평균의 분산과 표준오차

$$\sigma_{\overline{X}}^2 = \mathrm{Var}(\overline{X}) = \mathrm{E}(\overline{X} - \mu_{\overline{X}})^2 = \mathrm{E}\left(\frac{S}{n} - \mu\right)^2 = \mathrm{E}\left(\frac{1}{n}(S - n\mu)\right)^2$$

$$= \frac{1}{n^2} \mathrm{E}(S - \mu_S)^2 = \frac{1}{n^2} \sigma_S^2 = \frac{1}{n^2}(n\sigma^2) = \frac{\sigma^2}{n}$$

$$\sigma_{\overline{X}} = \frac{\sigma}{\sqrt{n}}$$

(2) 표본평균의 표본분포: 정규분포로의 근사

제13장에서 본 바와 같이 n이 커지면 표본합 S의 분포는 X_i의 분포에 관계없이 정규분포로 수렴한다. 표본평균 $\overline{X}$는 표본합 S를 표본크기 n으로 나누어 준 것이므로 $\overline{X}$ 역시 n이 커지면 X_i의 분포에 관계없이 정규분포로 수렴한다.

$$\overline{X} \sim N(\mu_{\overline{X}}, \sigma_{\overline{X}}^2), \text{ 즉 } \overline{X} \sim N\left(\mu, \frac{\sigma^2}{n}\right) \ (n\text{이 클 때})$$

칼 프리드리히 가우스 (Carl Friedrich Gauss, 독일, 1777-1855)

가우스 이전에도 최소자승법이 회귀분석식을 추정하는데 있어서 가장 효율적인 방법이라는 것은 널리 인정되었다. 하지만 최소자승법으로 얻은 결과가 '얼마나 효율적인가?', '맞을 확률이 얼마인가?' 등에 대한 해답은 아무도 제시하지 못하였다.

가우스는 1777년 독일에서 태어나 일생동안 수학, 천문학, 지구과학, 대수 등 광범위한 분야에 걸쳐 많은 업적을 남겼다. 그의 아버지는 벽돌공이었으니, 가문 전체가 학자였던 제이콥 베르누이와는 좋은 대조를 이룬다. 괴팅겐 대학에 다닌 그는 후에 그 대학의 천문관측소 책임자로 일하게 된다. 가우스의 가장 뛰어난 업적이 대개 천문학 분야에서 나오게 된 건 우연이 아니다.

가우스가 남긴 업적 중에서 통계학적 업적은 상대적으로 작은 비중을 차지한다. 하지만 최소자승법과 확률을 연결한 그의 업적은 통계학에서 매우 중요하다.

추정에 관한 가우스의 접근방식은 라플라스와 상당히 유사하다. 그는 관측치들의 평균값이 가장 효율적인 추정량이라는 가정하에 그 확률분포함수를 도출하였다. 그가 도출한 확률분포함수는 바로 정규분포곡선이었다. 다른 한편 각각의 오차항이 얻어질 확률의 곱이 극대화될 때 가장 효율적인 추정량이 얻어진다고 보았다. 더 나아가 그는 이러한 방법이 곧 최소자승법과 동일하다는 결론에 도달한다.

가우스의 이론을 쉽게 설명하면 다음과 같다. '최소자승법이 가장 효율적인 추정법이기 위해서는 오차들의 분포가 정규분포로 근사되어야 한다'. 그런데 그는 다음과 같이 주장함으로써 순환논리의 오류에 빠지고 있다. '최소자승법은 일반적으로 회귀분석의 가장 유용한 방법으로 인식되므로 오차들의 분포는 정규분포로 근사된다'. '오차들의 분포는 정규분포로 근사되므로, 회귀분석에 있어서 최소자승법은 가장 효율적인 방법이다'. 여기서는 가우스의 이론을 너무나도 간단하게 표현했기에 누구나 쉽게 그의 오류를 찾아낼 수 있지만, 당시에는 아마 라플라스 정도의 대가를 제외하면 누구도 그의 오류를 눈치채지 못했을 것이다.

가우스의 기법이 가지는 한계는 또 있다. 그는 여러 관측치를 이용한 추정량이 단 한 번의 관측치에 비해 얼마나 더 효율적인지만을 계산했을 뿐, 그 추정량 자체에 들어 있는 확률오차의 크기는 계산하지 못했다. 하지만 최소자승법에 확률을 도입했다는 것만으로도 가우스의 공헌은 지대한 것이다.

가우스는 스스로 최소자승법에 확률을 도입했을 뿐만 아니라, 최소자승법 자체도 창안했다고 주장했다. 당연히 그는 르장드르와 최소자승법의 지적 특허권을 놓고 분쟁을 치르는 사이가 되었다. 가우스는 르장드르가 최소자승법을 발표하기 전까지는 그 유용성을 의심하여 발표를 꺼려했던 것으로 보인다. 최소자승법의 공은 그 잠재성을 인식하고 과감하게 발표한 르장드르에게 돌아가고 있다.

가우스의 기법은 라플라스에 의해 개선되어, 최소자승법과 확률은 성공적으로 결합된다. 하지만 최소자승법이 처음 나왔을 때처럼, 최소자승법과 확률의 결합 역시 시작에 불과하였다. 추정량의 효율성을 계산할 때 고려해야 하는 수많은 요소들, 또 실제로 그것을 계산해내는 수학적인 어려움은 지금까지도 여러 학자들에게 과제로 남아 있다.

제 5 부
유의성 검정

제 18 장

유의성 검정

두 종류의 오류를 지적한 우리 속담

Ⅰ. 섣부른 행동의 오류 : "빈대 잡으려다 초가삼간 태운다."

Ⅱ. 미적거림의 오류 : "구더기 무서워 장 못 담글까."

1. 가설검정의 원리

우연이었을까 아니면 무언가 중요한 게 있었을까? 이런 문제에 답하기 위해 통계학자들은 **유의성 검정**(有意性檢定, significance test)을 고안해 냈다. 지금부터 제21장까지 유의성 검정에 담긴 생각과 이를 표현하는데 필요한 용어를 소개한다. 유의성 검정의 한계는 제22장에서 지적한다.

예를 들어 보자. 한 국회의원이 조세제도를 단순화하기 위한 법안을 제안하면서 새로운 법안이 조세 수입을 증가시키지도 않지만 감소시키지도 않을 것이라고 주장한다. 이 주장이 타당한지 확인하기 위해서 국세청은 개개인의 납세 자료 10만 개를 추려 이를 모집단으로 간주한다. 모집단에 속한 개개인에 대하여 이전 세법 하에서 지불해야 하는 납세액과 새로운 세법 하에서 지불해야 하는 납세액을 계산한다. 그리고 그 차이를 살펴본다.

(차이)=(새로운 세법 하에서의 세금)−(종전 세법 하에서의 세금)

여기서는 차이의 부호가 중요하다. 양수가 나오면 새로운 세법 하에서 더 많이 징수함을 의미한다. 만일 음수라면 더 적게 거둔다. 새로운 세법을 제안한 국회의원에 따르면 그 차이는 평균적으로 0이다. 즉 세수(tax revenue)의 관점에서 얻는 것과 잃는 것이 균형을 이룬다. 시범적으로 10만 개의 자료로부터 무작위로 100개의 자료를 뽑아 차이를 계산했다. 100개 차이의 평균이 −21만 9천원으로 나왔다. 새로운 세법 하에서 조세수입이 줄어드는 것처럼 보인다. 하지만 100개 차이의 표준편차도 꽤 높게 나왔다. 73만원이었다.

아래 대화는 새로운 세법을 제안한 국회의원의 보좌관과 세수감소를 우려하는 정부부처의 담당 사무관이 이를 두고 토론하는 내용이다.

보좌관 : 우선, 표준편차를 못 믿겠습니다. 어떻게 평균보다 클 수가 있죠?

사무관 : 그건 말이죠, 세금 보고는 각계각층에서 하기 때문입니다. 어떤 사람은 세금을 한 푼도 안내요. 그런가하면 수억 원을 내는 사람도 있어요. 새로운 세법을 적용하면 어떤 사람은 크게 영향을 받지만 다른 사람은 별로 영향을 받지 않아요. 표준편차가 클 수밖에 없습니다.

보좌관 : 표준편차가 73만원이라고 했죠. 그렇다면 21만 9천원의 차이는 표준편차에 비해 훨씬 작아요. 이 정도 작은 차이야 우연이라고 보아야 하지 않을까요?

사무관 : 그렇지 않습니다. 우리가 사용해야 하는 것은 표본평균의 표준오차이지 개개 자료의 표준편차가 아닙니다. 표준오차를 계산하기 위해 상자모형을 상정해 보기로 해요. 상자 안에는 10만장의 카드가 있습니다. 한 장의 카드는 한 개인의 납세 자료를 의미하죠. 카드에 적힌 숫자는 새로운 세법 하에서 내는 세금과 종전 세법 하에서 내는 세금의 차이를 나타냅니다. 100개의 자료는 그 상자로부터 무작위로 뽑은 100장의 카드와 같아요.

보좌관 : 그래서요?

사무관 : 우리는 지금 상자 안에 든 카드들의 평균에 관해서 말하고 있잖아요. 보좌관님은 그 평균이 0일 것이라고 주장하는 것이고, 우리는 그것이 음의 값을 갖는다고 말씀드리는 겁니다.

보좌관 : 알아요. 나는 다만 표본추출과정의 우연에 의해서 음수가 적힌 카드를 지나치게 많이 뽑았다고 얘기하는 것뿐입니다. 표본평균이 음수가 된 것은 바로 이러한 우연 때문이라는 거죠.

사무관 : 글쎄요. 우연인지 아닌지 알아보려면 표본평균의 표준오차가 필요합니다. 이는 지금 우리가 표본평균인 21만 9천원의 차이에 대해 말하고 있기 때문입니다. 그 표준오차를 계산하려면 상자의 표준편차를 먼저 알아야 해요.

보좌관 : 그런데 모르잖아요.

사무관 : 예 모릅니다. 그래서 자료의 표준편차로 상자의 표준편차를 대신합니다.

보좌관 : 그건 수긍할 만하네요. 그 다음엔 어떻게 하죠?

사무관 : 표본평균의 표준오차를 추정하려면 자료의 표준편차를 추출횟수인 100의 제곱근으로 나누어 주어야 합니다. 결국 표본평균의 표준오차로 7만 3천원을 얻게 되죠.

보좌관 : 그래서요?

사무관 : 여기서 잠시 보좌관님의 주장이 맞다고 해보죠. 상자 안의 평균이 정말로 0원이라고 해보자구요. 그렇다면 뽑은 카드의 평균이 0원 근처가 될 거라고 예상하시겠죠. 하지만 우리는 −21만 9천원을 얻었어요. 우리가 얻은 표본평균값은 보좌관님 주장 하에서 예상되는 값보다 그 표본평균의 표준오차 단위로 3단위나 작은 값이죠.

$$\frac{-21\text{만 }9\text{천원}-0\text{원}}{7\text{만 }3\text{천원}}=-3$$

보좌관 : 흠…….

사무관 : 충분히 많은 수의 카드를 뽑았으니까 표본평균의 표본분포를 정규분포로 근사시킬 수가 있어요. 중심극한정리라는 거죠. 표준정규분포에서 −3 왼쪽의 면적은 약 0.1%에 지나지 않으니까 이는 천분의 일의 확률에 불과해요.

보좌관 : 하지만 갑자기 왜 정규분포가 등장하는 거죠? 자료의 히스토그램을 보니까 정규분포를 따르는 것처럼 보이지는 않던데요.

사무관 : 맞아요. 하지만, 우리는 100개 자료의 평균에 대하여 그 확률히스토그램을 정규분포로 근사시키는 것이지, 개별 자료의 히스토그램을 정규분포로 근사시키는 것이 아니잖아요.

보좌관 : 알겠군요.

사무관 : 이제 보좌관님께서는 의원님의 희망대로 계속 평균이 0이라고 주장하실 수도 있고, 아니면 평균이 음수라는 저희 부처의 우려에 동의하실 수도 있어요. 하지만 평균이 0원이라는 것을 포기하지 않은 채 우리가 얻은 자료를 설명하려면 약간의 기적이 필요한 것 같군요. 모평균이 0이면서 표본평균이 −21만 9천원 또는 그보다도 작은 값으로 나올 확률은 천분의 일밖에 안 되니까요. 기적을 믿으시겠어요, 아니면 원래 생각을 바꾸시겠어요?

보좌관 : 원래 생각을 포기해야 되겠군요.

사무관 : (정말 다행이네……) 감사합니다. 사실 국회 주변에 보좌관님같이 말이 통하는 분이 계시리라고는 생각하지 못했습니다. 우리는 새로운 법안이 시행되면 납세자 1인당 대략 22만원씩 세금이 줄어들 것으로 생각해요. 천만 명의 납세자로 보면 연간 2조 2천억원 정도의 조세수입이 감소하는 거지요.

가설검정을 할 때 위의 대화에서 등장한 논점은 몇 번이고 되풀이된다. 한 사람은 어떤 차이가 실질적이라고 생각하나 다른 사람은 그 차이가 단지 우연의 산물일 뿐이라고 말한다. 이때 우연에 의해 하나의 차이가 발생했을 가능성은 희박함을 보임으로써 그 차이가 실질적이었음을 밝힌다. 이러한 과정을 유의성 검정이라고 한다. 하나의 통계량 값이 그 기대값으로부터 그 통계량의 표준오차 단위로 2단위 이상 떨어져 있으면 이를 우연으로 보기는 곤란하다. 이 점이 바로 가설검정의 본질이다. 본질을 알고 나면 나머지는 쉽다. 귀무가설, 대립가설, 검정통계량, 그리고 p-값 등의 용어만 이해하면 된다.

수학의 증명방법 가운데 **귀류법**이란 것이 있다. **모순에 의한 논증법**(argument by contradiction)이다. 차이가 0이 아니라는 것을 귀류법으로 증명할 때 수학은 다음의 논리적 절차를 밟는다. 일단 차이가 0이라고 치자. 그러면 모순에 도달한다. 그래서 차이는 0일 수 없다. 통계학에서 쓰는 유의성 검정은 수학에서 쓰는 모순에 의한 논증법과 그 원리가 같다. 다만 모순을 정의할 때 수학과 통계학의 차이만 드러날 뿐이다. 수학적 모순은 확률이 0이 되는 완전 불가능을 의미하지만, 통계학적 모순은 확률이 낮은 '거의 불가능(near impossibility)'을 의미한다.

2. 귀무가설과 대립가설

표본자료를 보고 사무관과 보좌관 모두 새로운 법안에 따른 납세액이 현재의 법안에 따른 납세액보다 납세자당 평균 21만 9천원 줄어드는 것을 알았다. 자료는 이미 주어져 있고, 논쟁은 자료의 해석에 관한 것이다. 100개의 표본자료는 10만개의 전체자료에 대해 무엇을 말해 주는가? 납세자별 평균 21만 9천원의 납세액 감소는 우연이었을까, 아니었을까? 관측치인 −21만 9천원과 보좌관이 주장하는 0원의 차이, 이 차이는 보좌관이 주장한 대로 우연에 의한 것이었을까, 아니면 사무관이 말한 대로 실질적인 효과에 의한 것이었을까?

새로운 세법 하에서 조세수입이 준다는 것을 입증하기 위해 사무관은 상자모형을 세웠다. 같은 상자를 두고 그 상자의 평균에 대해 보좌관의 생각과 사무관의 생각이 다르다. 보좌관의 생각, 즉 실질적인 차이는 없고 관측된 차이는 우연의 산물이라는 주장을 **귀무가설**(歸無假說, null hypothesis)이라고 한다. 사무관의 생각, 즉 차이가 실질적이라는 주장을 **대립가설**(對立假說, alternative hypothesis)이라고 한다.

- 귀무가설 : 상자의 평균은 0이다.
- 대립가설 : 상자의 평균은 음수이다.

보통 귀무가설은 H_0으로 대립가설은 H_1로 표시한다. 귀무가설에 따르면 모평균이 0이므로 표본평균의 기대값도 0이다. 표본평균의 관측치는 단지 우연에 의해 −21만 9천원으로 나왔을 뿐이다. 반면 대립가설에 따르면 상자의 평균은 애당초 음수이고 이에 따라 표본평균의 기대값도 음수이다. 대략 −22만원의 표본평균값은 만약 모평균이 0이라는 귀무가설이 맞다면 사실상 나오기가 거의 불가능하다. 상자의 평균은 음수라고 보아야 한다.

귀무가설은 관측된 차이가 우연에 의한 결과라고 주장한다. 대립가설은 관측된 차이가 실질적이라고 주장한다. 유의성 검정을 하려면 귀무가설을 '상자모형에 대한 진술'의 형태로 표현해야 한다.

유의성 검정은 상자모형을 통하여 관측된 차이가 실질적인 것인지, 아니면 우연에 의한 것인지 판단해 준다. 이때 실질적인 차이란 상자에 관한 언급이다. 표본추출상의 우연을 말하는 것이 아니다. 논쟁은 상자에 든 10만명에 관한 것이지 표본의 100명에 관한 것이 아니다. 유의성 검정은 오직 상자에 관한 논쟁에서만 의미가 있다.

참고로 용어사용에 주의하라. 대립가설은 누군가가 발견하여 적극적으로 입증하려는 바이다. 이때 귀무가설은 그 발견이 단지 우연일 뿐이라는 부정적인 주장이다. 무(無)로 돌아간다(歸)는 것이 이런 뜻인가?

3. 검정통계량과 유의수준

제1절의 대화에서 사무관은 표본자료를 설명하기 위해 상자모형을 만들었다. 논리전개상 일단 귀무가설이 맞다고 가정했다. 즉 상자의 평균이 0이라고 잠정적으로 가정했다. 이런 전제 하에서 표본평균이 그 기대값으로부터 그 표준오차 단위로 얼마만큼이나 떨어져 있는지 계산했다.

$$\frac{-21\text{만 }9\text{천원}-0\text{원}}{7\text{만 }3\text{천원}}=-3$$

이것이 검정통계량의 예이다.

검정통계량은 자료에서 얻은 통계치와 귀무가설 하에서 기대되는 값 사이의 차이를 측정한다. 다만 차이를 표준오차로 나누어 표준단위로 나타낸다.

위에서 구한 검정통계량을 보통 z-**통계량**(z-statistic)이라고 부르고 보통 z로 표시한다.

$$z=\frac{\text{통계량}-\text{기대값}}{\text{통계량의 표준오차}}$$

z-값을 이용한 검정을 z-**검정**(z-test)이라고 한다. 여기서 z-값의 의미가 중요하다.

z-값은 하나의 통계량 값이 그 기대값으로부터 그 표준오차 단위로 얼마나 떨어져 있는지를 알려준다. 여기서 기대값은 항상 귀무가설 하에서 계산된다. 즉, z-통계량은 하나의 통계량에 대해서 그 관측치와 (귀무가설 하에서 계산된) 기대값의 차이를 표준단위로 나타낸다. 실제(관측치)와 이론(귀무가설 하의 기대값)의 표준화된 차이, 이것이 바로 z-값의 의미이다.

귀무가설에 따르면 납세액 차이의 기대값은 0이었다. z-값을 계산할 때 그 분자에 0을 기준 값으로 사용한 것은 바로 귀무가설 때문이다. 귀무가설이 z-검정을 하는데 필요한 이유가 여기에 있다.

한편 귀무가설이 상자의 평균은 알려주지만, 상자의 표준편차에 대해 알려주는 바는 없다. 표준편차는 자료로부터 계산해야 한다. 표본표준편차와 표본크기를 이용하여 z-값의 분모에 등장하는 표본평균의 표준오차를 구한다.

z-값으로 −3이 나오자마자 보좌관은 생각을 고쳐먹었다. 왜 그랬을까? 이유는 표

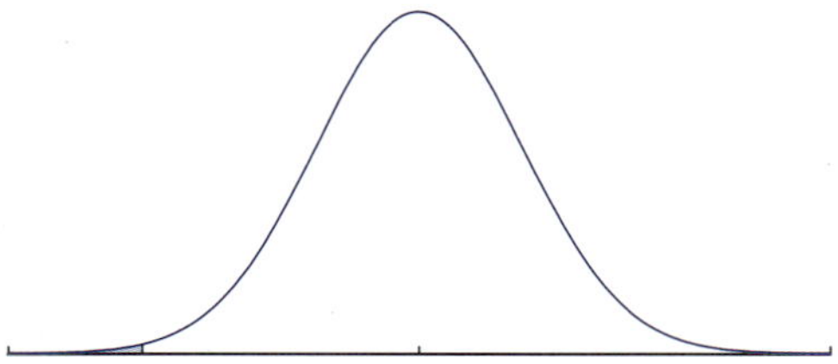

준정규분포곡선에서 −3의 왼쪽에 해당하는 면적이 터무니없이 작았기 때문이다. 귀무가설이 맞다면 표본평균이 그 기대값보다 그 표준오차 단위로 3단위 또는 그 이상 작을 확률은 약 천분의 일밖에 되지 않았던 것이다.

천분의 일이라는 확률이 보좌관의 기를 꺾어버렸다. 자신이 생각하는 귀무가설 하에서는 나오리라고 상상하기 힘든 값이 나왔다. 그래서 그는 기적을 믿느니 자신의 원래 생각을 버리기로 작정한 것이다. 보좌관은 새로운 법안이 표본에서뿐만 아니라 전체 모집단에서도 조세수입을 줄일 것이라는 사실을 인정할 수밖에 없었다. 여기서 천분의 일이라는 확률을 **관측된 유의수준**(observed significance level) 또는 ***p*-값**(*p*-value)이라고 부른다.

왜 −3의 왼쪽 면적을 보는가? −3의 왼쪽은 귀무가설 하에서 보면 −3보다도 더 극단적인 값이다. 즉 귀무가설 하에서 표본평균이 그 관측치 또는 그보다 더 극단적인 값으로 얻어질 확률을 구하고 싶은 것이다. 표본추출을 반복하면 새로운 표본이 얻어

지고 새로운 z-값이 얻어진다. 예를 들어 새로운 100명을 뽑을 때 표본평균이 −23만 9천원이고 그 표준오차가 5만 9천원으로 나왔다면 새로운 z-값은 −4.1이 된다.

$$z=\frac{-23\text{만 }9\text{천원}-0\text{원}}{5\text{만 }9\text{천원}}=-4.1$$

이것은 귀무가설에 반대되는 더 강한 증거다. 0원 아래로 표준오차의 4.1배에 해당하는 값은 3배의 표준오차 값보다 보좌관에게 훨씬 더 불리하다.

새로운 100명을 또 뽑을 때 표본평균이 −16만 2천원이고 그 표준오차가 6만 3천원이라면 z-값은 −2.6이 된다.

$$z=\frac{-16\text{만 }2\text{천원}-0\text{원}}{6\text{만 }3\text{천원}}=-2.6$$

이것은 귀무가설에 반대되는 좀더 약한 증거이다.

종합하면 −3의 왼쪽 부분은 관측된 z-값보다 더 극단적인 z-값, 그래서 귀무가설에 더욱 반대되는 증거를 가져다 주는 표본을 얻을 가능성을 알려준다. 이 가능성으로 표현되는 p-값은 잠정적으로 귀무가설이 옳다는 전제 하에서 계산된다. 위의 예에서처럼 p-값이 천분의 일로 매우 작게 나오면 귀무가설은 자료와 부합되기 어렵다. 이는 귀무가설에 무언가 문제가 있을 가능성을 제기한다. 이는 "귀무가설이 옳다면 어떻게 이런 극단적인 관측치가 얻어지겠는가?"라는 의문이 제기되기 때문이다.

z-검정은 z-값으로부터 p-값을 계산하고 최종적으로 p-값의 크고 작음을 판단하는 절차이다. p-값이 일정한 기준보다 작으면 귀무가설을 기각하고, 크면 기각하지 않는다. z-값이 자료에 의존하기 때문에 p-값도 자료에 의존한다. 그래서 p-값을 '관측된' 유의수준이라고 부른다.

이제 z-검정의 원리는 명료해졌다. z-검정은 귀무가설이 터무니없는 결과를 초래할 경우 귀무가설을 기각하도록 고안되었다. 말하자면 z-검정은 모순에 의한 논증법을 따르고 있다. 앞의 예에서처럼 p-값이 천분의 일이라고 해보자. 이렇게 낮은 p-값은, 표본평균의 관측치가 귀무가설과는 거리가 멀다는 것을 말해주고 있다. 귀무가설이 맞다면 동일한 연구를 천 번 반복할 때 오직 단 한 번만 지금 얻은 z-값과 비슷하거나 또는 그 이상의 극단적인 값을 얻을 것이기 때문이다. 관측치에 비추어 볼 때 귀무가설은 억지인 셈이고 따라서 이를 기각해야 한다. 관측된 유의수준이 작으면 작을수록 더 강하게 귀무가설을 기각한다. '귀무가설을 기각한다'는 표현은 유의성 검정이 모순에 의한 논증이라는 점을 강조하는 표현이다.

모순에 의한 논증은 조금 복잡해 보인다. 우선 p-값을 귀무가설이 맞을 확률처럼 착각할 수 있으므로 혼동하지 말아야 한다. 관측된 유의수준인 p-값은 지금 관측한 것만큼 또는 그 이상으로 극단적인 관측치를 얻을 확률이다. 이 확률은 귀무가설 하에서 계산되기 때문에 p-값이 작으면 작을수록 귀무가설에 반하는 증거는 그만큼 커지는 셈이다.

p-값은 귀무가설이 맞을 확률이 아니라, 귀무가설이 옳다는 가정 하에서 실제의 관측치 또는 그 이상으로 극단적인 관측치의 값을 얻을 확률을 나타낸다. 이 확률이 작아질수록 귀무가설에 대립되는 반대의 근거는 강해진다.

그런데 귀무가설을 기각할 것인지 말 것인지와 관련해 어떤 기준이 필요하다. 왜냐하면, 같은 p-값을 가지고도 사람에 따라 귀무가설을 기각하자고 주장할 수도 있고, 기각하지 말자고 주장할 수도 있기 때문이다. 따라서 귀무가설에 대한 반증의 강도에 대하여 미리 기준을 정해 놓고 이를 근거로 p-값을 판단해야 한다. 기준이 되는 값을 **유의수준**(significance level)이라 하고, α로 나타낸다. 유의수준을 **검정의 크기**(size of test)라고 부르기도 한다. 유의수준이 높을수록 귀무가설을 기각할 가능성이 커지기 때문에 붙여진 이름이다. 판정은 다음과 같이 한다. p-값이 유의수준(또는 검정의 크기)보다 작거나 같으면 귀무가설을 기각하고 그렇지 않으면 귀무가설을 기각하지 못한다. 귀무가설을 기각하게 되는 경우, 우리는 결과가 **통계적으로 유의하다**(statistically significant)라고 말한다.

- p-값$\leq\alpha$: 유의수준 α에서 H_0 기각 (통계적으로 유의하다)
- p-값$>\alpha$: 유의수준 α에서 H_0 기각 못함 (통계적으로 유의하지 않다)

일반적으로 귀무가설이 부정적 · 소극적 · 보수적 · 전통적 입장이라면, 대립가설은 긍정적 · 적극적 · 진취적 · 미래지향적인 입장을 취한다. 일반적으로 연구자는 증명하고 싶은 새로운 주장을 대립가설의 형태로 세우고 그 새로운 주장을 부정하는 내용을 귀무가설로 설정한다. 예컨대 새로운 세법이 세수(tax revenue)를 감소시킬 것이라는 우려는 대립가설에 반영된다. 반면 새로운 세법이 세수 면에서 전혀 새로울 게 없다는 주장은 귀무가설이 된다. 귀무가설에 대한 반증을 찾아 이를 기각하는 게 가설검정의 원리이다. 가설검정의 성격상 귀무가설을 기각한다, 기각하지 못한다가 올바른 표현이다. 귀무가설을 채택한다거나 대립가설을 채택한다는 것은 옳은 표현이 아니다.

표 18-1 대립가설의 형태에 따른 p-값

검정의 종류	귀무가설과 대립가설	p-값 (색칠한 부분)
단측검정	$H_0: \mu = \mu_0$ 대 $H_1: \mu > \mu_0$	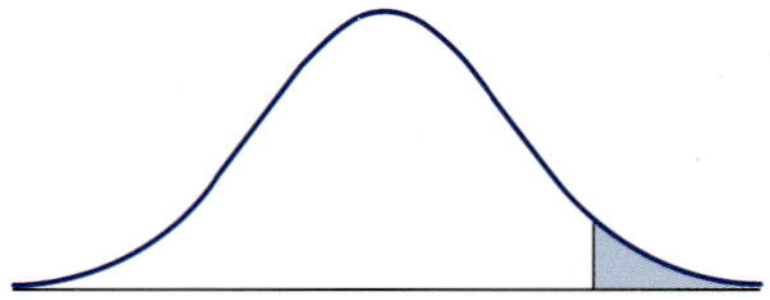
	$H_0: \mu = \mu_0$ 대 $H_1: \mu < \mu_0$	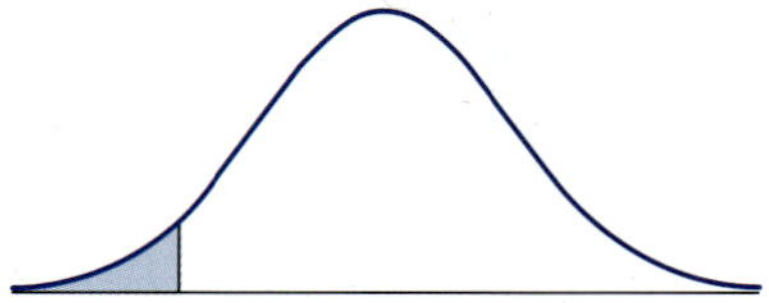
양측검정	$H_0: \mu = \mu_0$ 대 $H_1: \mu \neq \mu_0$	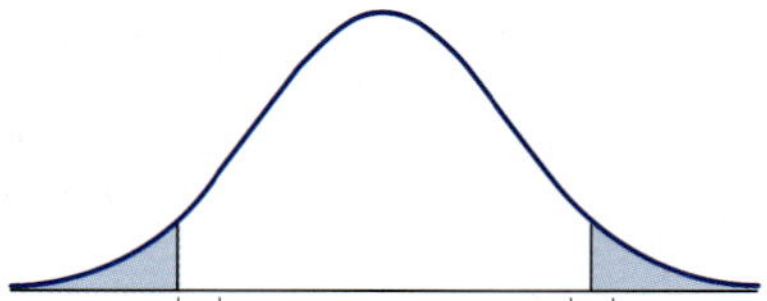

가설검정은 대립가설의 형태에 따라 단측검정과 양측검정으로 나뉜다. 대립가설에서 주장하는 바가 방향성을 가지면 가설검정은 **단측검정**이 되고, 방향성을 갖지 않으면 가설검정은 **양측검정**이 된다. 방향성은 대립가설에 반영된다.

z-검정은 자료로부터 구한 p-값과 유의수준 α의 크기를 비교하여 결론을 내린다. z-검정은 표본이 비교적 클 때 사용한다. 이때는 표본평균의 확률히스토그램을 정규분포로 근사시킬 수 있기 때문이다. 만일 표본이 작다면 다른 방법을 써야 한다. 이에 대해서는 7절과 8절에서 설명하기로 한다.

4. 제1종 오류와 제2종 오류

모든 판단은 잘못될 수 있다. 예컨대, 무죄인데 단죄하고 유죄인데 풀어준다. 멀쩡한데 정밀검사를 시키고 골골하는데 돌려보낸다. 건전한 기업은 죽이고 부실한 기업은 살린다. 사랑하는데 헤어지고 미워하는데 붙어산다.

귀무가설이 맞는데 이를 기각하는 오류를 **제1종 오류**(type I error)라고 한다. 위에서 본 p-값은 바로 제1종 오류를 범할 가능성이다. 반대로 귀무가설이 틀렸는데 이를 기각하지 못하는 오류를 **제2종 오류**(type II error)라고 한다. 이 장의 표지 만화에 그려진 것처럼 애인이 변심하지 않았는데(변화가 없으므로 귀무가설이 옳은 상황) 변심했다고 잘못 판단하여 생이별하는 오류가 제1종 오류라면, 애인이 변심했는데도 (우려했던 상황이므로 대립가설이 옳은 상황) 여전히 자기를 좋아하는 줄 착각하는 오류가 제2종 오류이다. 생이별이 1종 오류이고 착각이 2종 오류이다. 잘못 자르는 것이 제1종 오류라면, 잘라야 할 때 못 자르는 것이 제2종 오류이다. 둘 다 문제다.

검정력(power)은 귀무가설을 기각해야 하는 상황에서 이를 제대로 기각하는 결정을 내릴 확률이다. 수식으로 보면 '검정력=1−제2종 오류의 가능성'이다. 잘라야 할 때 자르는 힘, 이게 바로 검정력이다.

유의수준 5%에서 검정한다 함은 제1종 오류를 범할 가능성을 5% 이내로 묶어둔다는 의미이다. 일반적으로 제1종 오류를 범할 가능성과 제2종 오류를 범할 가능성 간에는 상충관계(trade-off)가 존재한다. 제1종 오류를 줄일수록 제2종 오류의 가능성은 증가한다. 유의수준으로는 몇 퍼센트가 적절할까? 보통 관습적으로 5%가 많이 쓰이고 종종 1%와 10%도 쓰인다. 관습보다 나은 것이 상식이다.

유의수준을 정하는 문제를 예를 들어 살펴보자. 한 형사사건이 재판 계류 중이다. 변호사는 피의자가 무죄라고 주장한다. 검사는 유죄라고 주장한다. 판사는 증거에 입각하여 누군가의 손을 들어 주어야 한다. 가설검정을 해야 하는 것이다. 이 재판에서 귀무가설은 피의자가 무죄라는 변호사의 주장이다. 대립가설은 피의자가 유죄라는 검사의 주장이다. 이때 제1종 오류는 생사람을 잡는 잘못이고 제2종 오류는 범죄자를 단죄 못하는 잘못이다. 여러분은 어떤 잘못의 심각성이 더 크다고 생각하는가? 법원의 판단은 보수적일 수밖에 없다. 생사람을 잡을 수는 없기 때문이다.

법률 용어 가운데 입증책임(burden of proof)이라는 것이 있다. 형사사건에서 유죄의 입증책임은 통상 검사가 진다. 검사는 설득력 있게 피의자가 무죄라는 변호사의 주장을 반박해야 한다. (검사: '무죄라면 어떻게 이런 일이…….'). 그 반증의 책임이 검사에게 있다. 아! 반증. 반증이란 바로 모순에 의한 논법으로서 유의성 검정의 핵심 아니었던가. 보수적인 관점에서 반증의 책임을 검사에게 지우는 것은 제1종 오류의 가능성을 줄이려는 취지이다. 유의수준으로 1%보다도 훨씬 낮은 값이 적절하다.

검정결과 \ 실제상황	귀무가설이 사실	대립가설이 사실
귀무가설을 기각 안함	옳은 결정	제2종 오류
귀무가설을 기각함	제1종 오류	옳은 결정

다음으로 병원에서의 진단을 예로 들어보자. 한 환자가 암 검진을 받으러 병원을 찾아 왔다. 의사는 검진을 통해 발암 여부를 판정한다. 귀무가설은 환자에게 암세포가 없다는 것이다. 대립가설은 암세포가 있을 수도 있으니 정밀검사를 받아보라는 것이다. 이때 의사가 제1종 오류를 범하면 환자는 쓸데없이 정밀검사 수수료를 낭비한다. 의사가 제2종 오류를 범하면 환자는 암세포가 몸에 퍼진 채 집으로 돌아가게 될 수도 있다. 어떤 오류의 심각성이 더 큰가? 이 환자가 여러분 자신이라고 생각해 보라. 당연히 제1종 오류에 비해 제2종 오류의 피해가 크다. 의사는 발암여부를 판정할 때 유의수준으로 10%보다도 훨씬 높은 값을 설정하는 것이 적절하다. 물론 유의수준을 지나치게 높게 잡아서 누구나 정밀검사를 받게 되는 것도 문제이다.

기준을 잡기가 애매할 때는 p-값 자체를 알려주는 것이 더 효과적이다. p-값을 보고 각자 알아서 판단하게 말이다.

5. 유의성 검정절차

유의성 검정절차는 다음과 같다.

- 자료를 설명하기 위한 상자모형을 만들고 귀무가설을 세운다.
- 유의수준 α를 정한다.
- 일단 귀무가설이 맞다고 치고 기대값을 계산한다.
- 관측치과 기대값의 차이를 측정할 검정통계량의 값을 구한다.
- 관측된 유의수준인 p-값을 계산한다.
- p-값과 유의수준 α를 비교한다.

검정통계량의 선택은 그때그때 다르다. 지금까지는 z-통계량에 기초를 둔 **단일표본 z-검정**(one-sample z-test)을 살펴보았다. 복수표본 z-검정은 제19장에서 다룬다. 아래 8절에서는 t-통계량에 기초를 둔 t-검정을 공부한다. 제20장에서는 t-검정을 회귀분석에 응용한다. 그 밖에 χ^2-통계량에 기초를 둔 χ^2-검정(제21장)이 있으며 이 책에서는 언급조차 하지 않는 검정들도 많이 있다. 하지만 기본적인 검정 절차는 앞에서와 같다. 어떤 유의성 검정에서도 상자모형을 세우는 것이 첫 번째 단계이다.

p-값을 유의수준과 비교하여 p-값이 유의수준보다 작거나 같으면 귀무가설을 기각한다. 자료가 어떤 이론이 예측하는 값으로부터 지나치게 많이 떨어져 있으면 이는 무언가 이론에 문제가 있음을 시사한다. 관측치가 기대값으로부터 표준오차 단

위로 너무 많이, 통상 표준오차 단위로 두 단위 이상 떨어져 있을 때 우리는 기대값 계산의 바탕이 된 귀무가설을 기각한다. 기각하는 이유는 '귀무가설이 맞다면 어떻게 이런 일이……' 바로 이 논리이다. 모순에 의한 논증이다.

p-값을 계산하려면 확률밀도함수 그래프 아래의 특정 면적을 구해야 하는데 직접 적분을 통해 면적을 구하기는 어렵다. 일반적으로는 책 뒤 부록의 확률분포표(예: 표준정규분포표)를 이용하여 p-값을 근사적으로 구한다.

물론 p-값을 계산하는 대신 확률분포표 상의 가로축 값들을 비교함으로써 가설검정을 수행할 수도 있다. 이를 z-검정을 예로 들어 설명해 보자. 유의수준이 α로 주어져 있을 때 우선 표준정규분포표를 이용하여 우측 꼬리의 면적이 α와 $\alpha/2$에 해당되는 가로축의 값을 구하고 이를 각각 z_α와 $z_{\alpha/2}$라고 하자. 양측검정에서는 p-값$\leq\alpha$의 부등식과 $|z|\geq z_{\alpha/2}$의 부등식이 동치(equivalent)가 되므로 z-통계량의 절대값이 $z_{\alpha/2}$보다 크거나 같으면 귀무가설을 기각한다. 단측검정의 경우에는 p-값$\leq\alpha$의 부등식이 대립가설이 취하는 방향에 따라 $z\geq z_\alpha$의 부등식과 동치가 되거나 $z\leq -z_\alpha$의 부등식과 동치가 된다.

일반적으로 p-값이 α보다 같거나 작아지게 하는 검정통계량 값의 영역을 **기각역**(rejection region 또는 critical region)이라 한다. 〈표 18-2〉는 z-검정에 대해 대립가설

표 18-2 대립가설의 형태에 따른 기각역

검정의 종류	귀무가설과 대립가설	기각역 (색칠한 부분의 가로축 좌표)
양측검정	$H_0: \mu=\mu_0$ 대 $H_1: \mu\neq\mu_0$	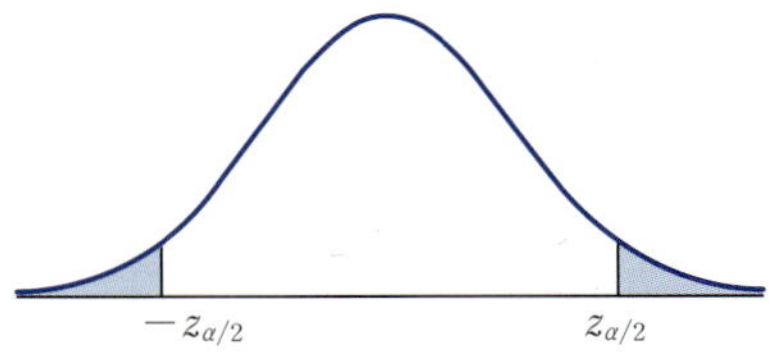 $\lvert z\rvert \geq z_{\alpha/2}$
단측검정	$H_0: \mu=\mu_0$ 대 $H_1: \mu>\mu_0$	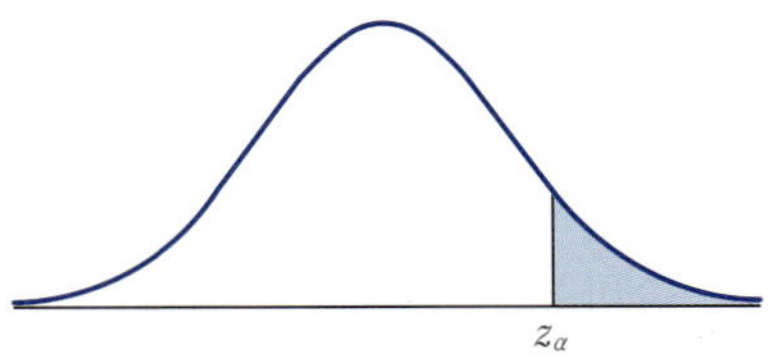 $z\geq z_\alpha$
	$H_0: \mu=\mu_0$ 대 $H_1: \mu<\mu_0$	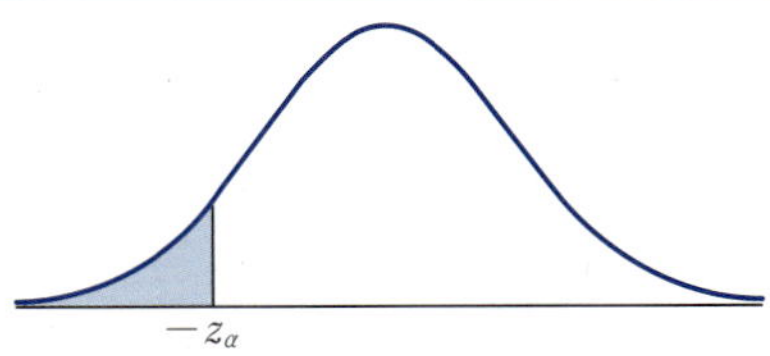 $z\leq -z_\alpha$

의 형태별로 기각역을 도시해주고 있다. 〈표 18-2〉를 보면 양측검정의 경우에는 $|z| \geq z_{\alpha/2}$가 기각역이 된다. 단측검정의 경우에는 대립가설이 취하는 방향에 따라 기각역의 위치가 달라진다. 대립가설이 $H_1: \mu > \mu_0$의 형태로 주어지면 기각역이 $z \geq z_\alpha$가 되고, 대립가설이 $H_1: \mu < \mu_0$의 형태로 주어지면 기각역이 $z \leq -z_\alpha$가 된다. 검정통계량의 값이 기각역에 속해 있으면 귀무가설을 기각한다.

일반적으로 많이 사용되는 유의수준인 $\alpha = 5\%$, 1% 각각에 대해서는 그에 해당되는 z_α, $z_{\alpha/2}$의 값을 기억해 두면 편리하다. $z_{5\%} = 1.65$, $z_{2.5\%} = 1.96$, $z_{1\%} = 2.33$ 및 $z_{0.5\%} = 2.58$.

6. 0과 1의 숫자로만 이루어진 상자: 추출 횟수가 많은 경우

z-검정은 분류해서 개수를 세는 경우에도 유용하다. 상자모형을 만들 때 상자 안에 0과 1만을 넣으면 된다. 예를 들어 보자. 종합주가지수의 오르고 내림을 잘 맞춘다고 소문난 사람이 있다. 그의 이름은 '칼'이다. 칼에게 정말 그런 능력이 있는지 알아보기 위해 매일매일 주가지수의 등락을 예측하게 시킨다. 다음 날이 되면 그 예측의 옳고 그름을 기록한다. 이를 100거래일 동안 반복한다.

칼은 100일 중 65일을 옳게 예측했다. 나머지 35일은 틀렸다. 칼에게 특별한 능력이 없더라도 그는 여전히 전체 시행일수의 절반인, 즉 $100 \times 1/2 = 50$일의 등락을 옳게 맞출 것으로 기대된다. 그런데 15일 더 맞추었다. 칼이 보여준 15일의 차이, 이것은 과연 우연인가 아니면 그의 능력인가? 이를 알아보기 위해 유의성 검정을 실시하자. 일단 칼에게 특별한 능력은 없다고 하자. 이것이 귀무가설이다. 귀무가설하에서 상자를 만들자. 상자 안에는 0과 1의 숫자가 같은 비율로 정확히 50%씩 들어간다. 귀무가설에 따르면 자료는 이 상자에서 무작위 복원추출로 100장의 카드를 뽑는 것과 같다.

조금 이상하다. 종합주가지수의 일별 등락이 어떻게 상자로부터 무작위로 복원추출하는 확률과정과 같을 수 있는가? 우선 매일매일의 등락 확률이 어떻게 항상 50% 대 50%인지 못 믿겠다. 또 매일매일의 등락이 어떻게 확률적으로 독립일 수 있는가? 이것도 못 믿겠다. 그러나 경제이론이 그 답을 제시하고 있으므로 최소한 이론적으로는 믿어라. 우선 내일 올라갈 확률이 내려갈 확률보다 크다고 해 보자. 그러면 오늘 주식시장에서 사려는 사람은 많고 팔려는 사람은 적을 것이다. 수요와 공급의 원리에 따라 오늘의 균형가격이 올라간다. 내일 오르리라고 예상한 부분이 오늘 오르는 것으로 완전히 반영된다. 오늘의 가격이 이렇게 정해지고 나면 최소한 오늘의 관점에서 볼 때 내일의 주가 움직임에 관해 더 이상 예상할 여지는 남아 있지 않게 된다. 균형이라면 오르고 내릴 확률이 다시 반반이 되어야 한다.

다음으로 매일매일의 종합주가지수 움직임이 왜 독립이어야 하는지 보자. 일단 독립이 아니라고 해보자. 오늘 오르면 내일 오를 확률은 더 이상 50%가 아니라 그 이상이라고 해 보자. 이것이 종속의 정의 아니었던가? 앞의 논리와 마찬가지로 내일 오를 확률이 50% 이상이 된다면 이는 주식시장 참여자로 하여금 오늘 이미 가격을 오르게 한다. 주식시장에서 내일 오를 확률이 내릴 확률보다 크면 투자자는 오늘 주식을 더 사려들지 않겠는가. 내일의 예상을 반영하여 오늘 이미 가격이 오르기 시작한다. 더 이상 예측의 여지를 남겨 두지 않는 수준까지 오르게 된다. 그 결과 균형 하에서 내일 오를 확률은 내릴 확률과 같은 50%로 복귀한다. 그러므로 매일매일의 종합주가지수 움직임은 확률적으로 독립이다. 적어도 이론적으로는 그렇다.

경영학 석사(MBA)를 마치고 펀드매니저로 취직한 사람이 말했다. "경제학 이론에 따라 정말 시장의 움직임을 예측할 수 없는 줄 알았어요. 이젠 아닙니다. 시장에서 예측도 가능하고 돈도 벌 수 있어요. 한 때나마 바보 같은 경제학자의 주장에 귀를 기울였던 것이 후회됩니다. 그나마 다행이지요. 지금까지 경제학이나 하고 있지는 않으니까…… 시장은 경제학자가 보는 것처럼 그렇게 합리적이지 못해요. 합리적인 사람은 비합리적인 시장을 합리적이라고 착각하고 있는 경제학자가 아니라, 비합리적인 시장을 마음껏 유린하여 합리적으로 돈을 버는 나 같은 사람 아니겠어요."

경제학자로서 할 말이 없다. 나는 MBA 과정 학생보다는 NBA 농구 선수를 더 좋아한다. 시장의 합리성 문제는 그렇게 간단하지 않다. 논의의 전개를 위해 여기서는 주식시장이 합리적으로 움직인다고 해 두자. 그러면 종합주가지수의 일별 등락은 0과 1이 반반씩 든 상자로부터 무작위 복원추출하는 확률과정으로 묘사된다. 이때 칼에게 특별한 능력이 없다면 칼의 예측 가운데 올바른 예측의 개수는 이 상자로부터 추출한 100장의 카드에 적힌 숫자의 합과 같다. 우리는 칼의 예측을 옳은 예측과 그른 예측으로 분류한 뒤, 옳은 예측의 개수를 센다. 그것이 바로 0-1 상자가 필요한 이유이다.

귀무가설을 상자모형으로 나타내고 나면 z-통계량을 이용하여 이를 검정하는 것은 쉽다.

$$z = \frac{\text{관측치} - \text{기대값}}{\text{관측치의 표준오차}}$$

관측치는 올바른 추측을 한 개수인 65이다. 올바른 추측을 한 개수의 기대치는 상자모형로부터 계산하면 50이다. z-통계량의 분자는 $65-50=15$이다. 예상치보다 15

번이나 더 정확하게 추측했다. 이제 분모를 보자. 올바른 추측의 개수에 대한 표준오차가 필요하다. 귀무가설 하에서 우리는 상자 안에 정확히 무엇이 들어있는지 알고 있다. 즉 한 개의 0과 한 개의 1이 있다. 상자의 표준편차는 $\sqrt{0.5\times 0.5}=0.5$이다. 이로부터 개수의 표준오차는 제곱근법칙에 따라 $\sqrt{100}\times 0.5=5$가 된다. 따라서 z-값으로 3을 얻는다.

$$z=\frac{65-50}{5}=3$$

65라는 관측치는 기대값으로부터 표준오차 단위로 3단위만큼 오른쪽으로 떨어져 있다. 그래서 p-값이 매우 작다.

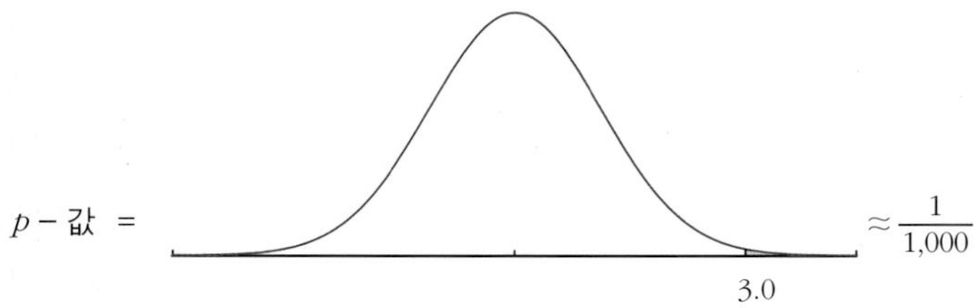

이것은 귀무가설에 반하는 결정적인 증거가 된다. 예상치보다 올바른 추측을 더 많이 한 것을 단순히 우연에 의한 변동으로 설명하기는 힘들다. 물론 이것이 반드시 칼의 출중한 예측력을 말해주는 것은 아니다. 예를 들어 시장이 합리적으로 움직이지 않았을 수도 있다. 그 결과 시장의 균형가격이 내일의 예측 가능성을 완전히 소진시키지 못하고 그 가능성을 남겨두었을 수도 있다. 칼의 출중한 예측력뿐만 아니라 이러한 것들도 15라는 차이에 대한 설명이 된다.

세금의 예에서와 마찬가지로 위의 예에서도 z-통계량이 사용되었다.

$$z=\frac{\text{관측치}-\text{기대값}}{\text{관측치의 표준오차}}$$

여기서 분모의 표준오차는 개수를 센 것에 대한 것이지 평균에 대한 것이 아니다. 표준오차를 구하려면 우선 분자에 등장하는 '관측치'가 무엇인지 주목해야 한다. 지금 다루고 있는 것이 합인지 평균인지 개수인지 아니면 비율인지를 파악해야 한다. 그에 따라 분모에 사용해야 할 표준오차의 공식이 달라진다. 표준오차란 없다. 무언가의 표준오차만 있을 뿐이다.

세금의 예에서 보았듯이 양적인 자료에서는 일반적으로 상자의 표준편차가 알려져 있지 않다. 국세청 사무관은 자료로부터 구한 표준편차로 상자의 표준편차를 추정했다. 만일 상자의 표준편차가 귀무가설에 의해 주어져 있다면 이를 굳이 추정할 필요는 없다. 질적인 자료를 분석할 때 쓰는 0-1 상자모형에서 귀무가설은 일반적으로 상자 안에 든 1의 비율을 규정한다. 이때 상자의 표준편차는 자료로부터 추정할 필요가 없다. 귀무가설로부터 직접 읽어 낼 수 있다. 이것이 바로 위에서 우리가 사용한 방법이다.

7. 0과 1의 숫자로만 이루어진 상자: 추출 횟수가 적은 경우

앞 절에서 우리는 표본크기가 크면 0과 1의 숫자로만 이루어진 질적인 자료에서도 *z*-검정을 사용할 수 있음을 살펴보았다. 표본크기가 작으면 어떤가?

세익이와 화령이는 둘 다 한 대학의 신입생이다. 세익이가 먼저 화령이에게 관심을 갖고 접근해서, 둘은 자주 데이트하는 사이로 발전했다. 세익이가 두 번 데이트 신청을 하면 평균 한 번꼴로 만날 수 있었다. 여름방학이 되자, 세익이는 고향으로 내려갔고 둘은 한동안 만날 수 없었다. 드디어 2학기 개강과 함께 세익이는 서울로 돌아왔다. 세익이는 화령이를 다시 만날 거라는 기대에 들떠 있었다. 그런데 문제가 생겼다. 세익이가 계속 전화로 만나자고 하는데, 화령이는 바쁘다고 차일피일 미룬다. 총 아홉 번 전화를 해서 겨우 한 번 만났다. 예전과 달리 많은 거절을 당하고 나자, 세익이는 혹시나 하는 의심이 들기 시작했다. 다른 한편으로는 화령이가 변심한 게 아닌데도 우연히 화령이에게 바쁜 일이 생겨서 그런 것 같기도 했다. 화령이의 속마음을 알 수 없는 세익이로서는 상황판단을 가설검정에 맡기기로 하였다.

z-검정과 부호검정 등 두 가지 접근을 생각해 보자. 귀무가설은 화령이가 변심하지 않은 것으로 설정하자. 이 귀무가설을 검정하기 위해 상자모형을 만들면 0과 1의 숫자가 같은 비율로 정확히 50%씩 들어간다.

그러면 아홉 번 전화해서 데이트에 성공한 횟수는 이 상자에서 아홉 번 무작위로 복원추출하여 얻은 수의 합과 같다. 대립가설을 상자모형으로 표현할 수는 없다. 마음이 예전 같지 않다는 것이 대립가설인데 어느 정도 변했는지에 따라 0-1 상자 내 1의 구성비가 다양할 수 있기 때문이다. 일단 귀무가설을 상자모형으로 표현하고 나면 검정절차는 어렵지 않다. 우선 *z*-값을 이용한 *z*-검정부터 살펴보자.

$$z = \frac{\text{관측치} - \text{기대값}}{\text{관측치의 표준오차}}$$

귀무가설 하에서 세익이가 전화로 데이트 신청을 하면 성공할 확률은 1/2이다. 화령이가 변하지 않았다면 세익이는 아홉 번 전화해서 네 번 내지 다섯 번 정도 긍정적인 대답을 들을 것으로 예상한다. 즉 기대값은 4.5이다. 아홉 번 전화해서 한 번 성공했으므로 관측치는 1이다. z-통계량의 분자는 $1-4.5=-3.5$가 된다. 이제 분모를 계산해 보자. 성공한 횟수에 대한 표준오차가 필요하다. 귀무가설에 따를 경우 상자 안에 1과 0의 구성 비율은 50 대 50이다. 즉, 0과 1이 한 장씩 들어 있다. 그러므로 상자의 표준편차는 $\sqrt{0.5\times0.5}=0.5$이다. 성공한 횟수의 표준오차는 $\sqrt{9}\times0.5=1.5$가 된다. 따라서 z-값은 -2.33이 된다.

$$z=\frac{1-4.5}{1.5}\approx-2.33$$

이다.

1이라는 성공횟수의 관측치는 기대값으로부터 표준오차 단위로 2.33단위만큼 떨어져 있다. p-값을 구해보면 1%이다. 화령이가 변하지 않았다면 아홉 번 전화해서 한 번 또는 그 이하로 성공할 확률은 1%이다. 이 정도의 p-값을 어떻게 해석할까? 만약 세익이가 화령이를 아주 좋아하는 것이 아니라면 세익이는 유의수준 5%를 기준으로 판단한다. 화령이가 예전과 같다는 귀무가설을 기각한다. 만약 세익이가 화령이를 지극히 사랑한다면 세익이는 좀더 엄격한 기준을 적용할 것이다. 엄격한 기준이란 낮은 유의수준을 말한다. 예컨대 유의수준 1% 미만의 엄격한 기준 하에서는 귀무가설을 기각하지 못한다.

이렇게 해서 z-통계량을 이용한 검정은 끝났다. 하지만 위와 같은 경우에 z-검정을 사용하는 것은 위험하다. 표본크기가 너무 작다. 정규분포를 이용할 근거가 없다. z-검정은 9번 시행에서 얻는 성공의 횟수가 정규분포를 따른다는 가정 하에서만 유효하다. 만일 시행의 횟수가 9번이 아니라 충분히 크다면 성공의 횟수는 중심극한정리에 의해 정규분포를 따르게 된다. 하지만 이번 경우는 다르다. 시행의 횟수가 9회로 그다지 많지 않기 때문에 성공의 횟수에 대하여 정규분포를 가정하는 데는 무리가 있다. 다른 방법을 생각해 보자.

여기서 부호검정이 등장한다. **부호검정**(sign test)은 각 시행의 결과를 긍정적인 것과 부정적인 것으로 양분한 뒤, 긍정적인 것의 개수가 이항분포를 따른다는 사실을 이용하여 검정하는 방법이다. 부호검정이란 이름은 결과를 플러스와 마이너스로 양분하기 때문에 붙여진 이름이다. 위의 예에서 귀무가설에 따르면 데이트에 성공한 횟수는 전화로 데이트를 신청한 횟수의 절반 정도가 되어야 한다. 만약 성공 횟수가 매우 적다면 이는 귀무가설에 반하는 증거가 된다. 이때 귀무가설을 기각한다. 그런데 얼마나 적어야 적은 것인가? 기준이 필요하다.

'성공의 횟수' 하면 떠오르는 분포가 있다. 이항분포말이다. 귀무가설 하에서 각각의 시행은 성공확률이 1/2인 베르누이분포를 따른다. 각각의 시행은 독립이라고 가정하자. 이때 베르누이분포를 따르는 확률변수들의 합은 이항분포를 따른다. 결국 데이트에 성공한 횟수는 이항분포를 따르는 확률변수로 표현된다. 이항공식을 이용하면 강한 가정 없이도 p-값을 계산할 수 있다. 여기서 X를 9번의 데이트 신청 중 받아들여진 성공의 횟수라고 정의하자. 귀무가설 하에서 X는 시행횟수가 9이고, 성공확률이 1/2인 이항분포를 따른다. 즉, 귀무가설 하에서 X의 분포는 $X \sim B(9, 1/2)$이다.

이항공식을 이용해 p-값을 계산하면 p-값$=\Pr(X \le 1 \mid \text{귀무가설}) = {}_9C_0(1/2)^9 + {}_9C_1(1/2)^1(1/2)^8 = 10/512 \approx 0.02$가 된다. 여기서 구한 p-값은 2%로서 앞서 z-검정을 통해 구한 p-값 1%보다 크다. 검정방법을 바꿈에 따라 결과가 조금 다르게 나왔다. 2%라는 p-값을 어떻게 해석할까? 세익이가 화령이를 진심으로 사랑한다면 세익이는 화령이를 쉽게 포기하지 않는다. 화령이가 예전과 동일함에도 불구하고 최근에 우연히 바빠서 그랬었구나하고 생각해 준다. 그 가능성이 2%나 되니까. 반면에 세익이가 화령이를 그저 괜찮은 정도로 생각한다면 2%밖에 안 되는 우연의 가능성에 희망을 걸지 않는다. 화령이가 변심했다고 판단한다.

여기까지만 이야기하자. 세익이는 잘못된 z-검정의 결과에 따라 그녀를 좀더 쉽게 떠날 수도 있고, 보다 나은 부호검정의 결과에 일말의 기대를 걸고 다시 한 번 그녀에게 연락할 수도 있다. 물론 세익이가 처음부터 양다리를 걸치고 있었다면 유의수준 5%를 기준으로 채택하여 p-값이 1%든 2%든 어차피 그녀를 떠날 것이다. 최종 결정은 세익이가 내려야 할 몫이다.

8. t-검정

표본크기가 크면 상자의 내용물에 관계없이 z-검정을 쓴다. 표본크기가 작더라도 0-1 상자에서 추출한 질적인 자료라면 부호검정을 쓸 수 있다. 표본크기도 크지 않고 질적인 자료도 아니면 어떤 검정을 사용할 수 있을까? 이런 경우에 통계학자들은 고셋(W. S. Gossett, 영국, 1876-1936)이 고안한 ***t*-검정**(t-test)을 사용한다. 고셋은 영국의 옥스퍼드에서 학위를 받은 뒤, 기네스 맥주회사에서 관리자로 일했다. 이 회사가 바로 '기네스북'을 만드는 회사이다. 예나 지금이나 공짜로 월급을 주려는 회사는 없다. 이를 아는 고셋은 사장의 눈을 피하기 위해 연구결과를 'Student' 라는 필명을 써서 발표했다. 스튜던트 t-검정이란 이름은 이렇게 해서 붙여졌다. t-검정에 대해서 예를 들어 알아 보자.

정부는 자동차의 과속을 단속하기 위해 주행차량의 속도를 측정하는 무인 감시카메라를 고속도로 곳곳에 설치하여 운영한다. 무인 감시카메라 내의 속도측정기는 종종 그 편향성이 문제시되어 과속으로 적발된 운전자들로부터 거센 항의를 받는다. 경찰청은 5개의 속도측정기를 무작위로 선택하여 시속 100km로 달리는 자동차의 속도를 측정해 다음과 같은 값을 얻었다.

108.0 113.0 99.4 102.0 116.6

정부에서 설치한 속도측정기는 평균적으로라도 속도를 제대로 측정하고 있는가? 아니면 실제속도를 체계적으로 과대평가하는 편향성이 있는가?

위의 다섯 숫자 중 네 개는 100보다 크다. 그리고 세 개는 100보다 꽤 크다. 시속 100km의 실제 속도를 속도측정기가 그 이상의 과속으로 측정하는 것처럼 보인다. 이것을 우연에 의한 변동으로 설명할 수 있을까? 아니면 이것을 속도측정기에 존재하는 어떤 편의(bias)라고 보아야 할까?

이에 대답하려면 유의성 검정이 요구된다. 상자모형을 만들 필요가 있다. 상자모형은 귀무가설 하에서 만든다. 귀무가설은 경찰청이 설치한 속도측정기에 편의가 없다는 것이다. 다만 속도측정기마다 측정오차가 존재한다. 귀무가설 하에서는 측정상의 편의가 없으므로 측정오차의 평균이 0이어야 한다. 측정오차들이 서로 독립이고 동일한 표준편차를 가진 정규분포를 따른다고 가정하자. 각각의 측정치는 실제값에 하나의 오차값을 더한 것과 같다. 오차상자의 평균은 0이고 그 표준편차는 알려져 있지 않다.

여기서 중요한 것은 편의의 가능성이다. 귀무가설에 따르면 편의는 0이다. 귀무가설 하에서 표본평균과 100의 차이는 우연에 의한 변동일 뿐이다. 반면 대립가설은 편의가 0과 달라서 측정치의 평균과 100의 차이가 실질적이라는 것이다. 검정통계량은 다음과 같다.

$$\frac{\text{관측치} - \text{기대값}}{\text{관측치의 표준오차}}$$

다섯 개 측정치의 평균은 107.8이고 표준편차는 7.22이다. 표본의 표준편차인

7.22로 오차상자의 표준편차를 추정한다. 추출된 합의 표준오차는 $\sqrt{5}\times7.22\approx16.14$이고, 표본평균의 표준오차는 $16.14/5\approx3.23$이 된다. 검정통계량의 값을 계산하면 다음과 같다.

$$\frac{107.8-100}{3.23}\approx 2.4$$

표본평균은 귀무가설 하에서의 기대값보다 그 표준오차 단위로 2.4단위만큼이나 크게 얻어졌다. 표준정규분포곡선에서 2.4의 오른쪽에 해당하는 면적은 1%도 안 된다. 따라서 유의수준을 5%로 잡든 1%로 잡든 z-검정에 따르면 귀무가설을 기각해야 하는 것처럼 보인다. 즉 속도측정기가 실제 속도를 과대 측정하는 것처럼 보인다.

그러나 이 과정에서 간과한 측면이 있다. 측정치들의 표준편차는 오차상자의 표준편차에 대한 추정치에 불과하다. 측정치의 수가 많다면 그 추정치는 믿을 만하다. 다만 이번과 같은 경우에는 측정횟수가 다섯 번으로 매우 적기 때문에 그 추정치가 정확하지 않을 가능성이 크다. 따라서 추가적인 불확실성이 고려되어야 한다. 정규분포곡선을 이용할 수 없으므로 z-검정에 의존할 수 없는 상황이다.

측정횟수가 많으면 정규분포곡선을 이용하여 p-값을 구할 수 있다. 하지만 측정횟수가 적으면 t-분포(t-distribution)라는 새로운 곡선을 p-값 계산의 기준으로 삼아야 한다. 표준정규분포곡선이 아닌 t-분포곡선에 따라 2.4 오른쪽의 면적을 구해야 한다. 이렇게 구한 p-값은 2.5%와 5% 사이에 있다. 이는 위에서 표준정규분포곡선을 가정하고 구한 값과 다르다. 이제 귀무가설을 기각할지 여부는 유의수준에 달려 있다. 앞서 z-검정을 이용하는 경우 유의수준이 5%든 1%든 귀무가설을 기각한 반면, t-검정을 실시하게 되면 5% 유의수준 하에서는 귀무가설을 기각하나 1% 유의수준 하에서는 귀무가설을 기각하지 못하게 된다.

이를 좀더 살펴보자. 우선 앞서 구한 검정통계량의 값을 t로 표기하면 이는

$$t=\frac{107.8-100}{3.23}\approx 2.4$$

가 된다. 이제 2.4 오른쪽의 면적인 p-값을 제대로 계산하기 위해 표준정규분포곡선 대신 자유도 4의 t-분포곡선을 이용한다. 여기서 자유도는 다음과 같이 구한다.

$$\text{자유도}=\text{측정횟수}-1=5-1=4$$

그림 18-1 *t*-분포곡선

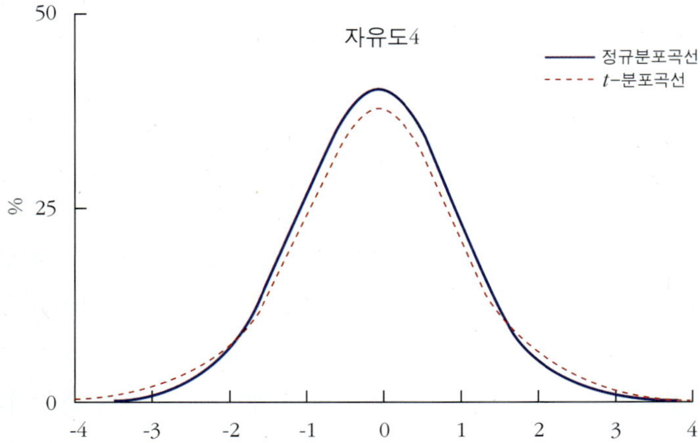

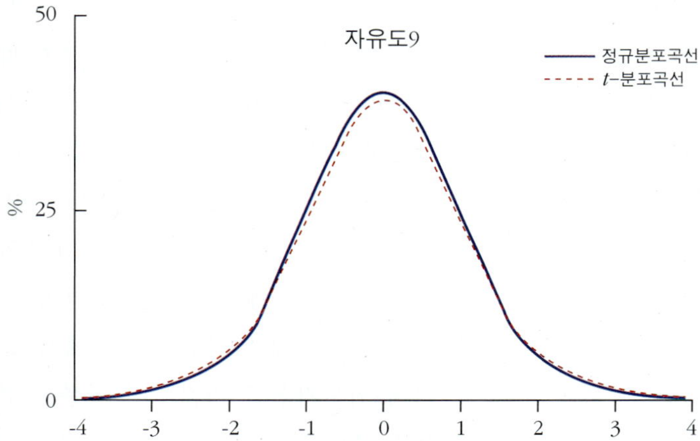

자유도 4의 *t*-분포곡선에 따르면 가로축 2.4 오른쪽의 면적은 2.5%와 5% 사이에 있다. 이는 자유도가 4인 *t*-분포표를 보면(책 뒤 부록 참조) 2.13 오른쪽의 면적은 5%이고 2.77 오른쪽의 면적은 2.5%이기 때문이다.

정규분포곡선 대신 사용하는 *t*-분포곡선은 자유도에 따라 그 모양이 달라진다. [그림 18-1]에는 자유도 4와 9에 대응하는 *t*-분포곡선이 표준정규분포곡선과 함께 그려져 있다. 서로 비교해 보라. *t*-분포곡선은 표준정규분포곡선과 상당히 닮았다. 분포의 중심인 0을 기준으로 좌우 대칭이고 봉우리가 하나며 종모양이다. 다만 *t*-분포곡선은 표준정규분포곡선에 비해 꼬리 부분이 더 두껍다. 특히 자유도가 적을 때 그렇다. 자유도가 증가할수록 *t*-분포곡선은 표준정규분포곡선에 가까워진다.

t-검정을 할 때도 앞서 z-검정에서처럼 p-값과 유의수준 α를 비교하여 판정할 수도 있고 검정통계량인 t-값이 기각역에 속하는지 여부에 따라 판정할 수도 있다. t-검정의 기각역은 부록에 정리되어 있다.

이제 상자의 평균을 검정할 때 사용하는 방법을 정리해 보자. 만약 상자 안 숫자들이 정규분포를 따르고 상자의 표준편차를 안다면 표준정규분포곡선을 이용한 z-검정을 수행한다. 상자 안 숫자들이 정규분포를 따르는데 상자의 표준편차는 모른다면 t-분포를 이용한 t-검정을 수행한다. 표본이 크기만 하면 상자의 표준편차를 알든 모르든 표준정규분포를 이용한 z-검정을 수행하면 된다. 표본크기가 크면 사실상 t-검정과 z-검정의 차이가 없어지기 때문이다.

상자의 평균을 검정할 때 t-분포곡선은 다음 상황에서 그 사용이 정당화된다.
· 상자 안 숫자들이 정규분포를 따른다.
· 상자의 표준편차를 몰라 표본표준편차를 사용한다.
· 표본크기가 작다.

표본크기와 관계없이 0-1 상자로부터 추출한 자료면 부호검정을 쓸 수 있다. 마지막으로 이도저도 아니면 즉, 상자가 0-1 상자도 아니고, 상자의 내용물이 정규분포를 따르지도 않고, 표본크기도 충분치 않은 경우에는 이 책으로부터 이용할 수 있는 방법은 없다. 사실 이 경우 세상 어디에도 뾰족한 수가 없다. 상자에 대한 정보도 별로 없고 표본에서 얻을 수 있는 정보도 충분치 않기 때문이다. (총칼 하나 없이 어찌 싸우겠는가?)

9. 복습문제

1. 1절의 예를 생각하고 답하라.
   (1) 김씨는 새로운 법안 하에서 329만원을 납부하게 되고, 종전 세법 하에서 311만원을 납부한다. 그의 카드에는 _____라고 쓰여져 있을 것이다. 빈칸을 채우라.
   (2) 이씨의 카드에는 −75만원이라고 쓰여 있다. 이씨에게는 종전 세법이 유리한가 아니면 새로운 법안이 유리한가?

2. 1절의 예에서 100명의 납세액 평균이 새로운 법안 하에서는 318만원이고 종전 세법 하에서는 322만원이었다고 하자. 그리고 차이의 표준편차는 변하지 않았다고

하자. 그러면 가설검정 결과가 어떻게 달라지는가?

3. 주사위를 1,000회 던져 나온 눈의 합계가 3,680이었다고 하자. 이는 우연에 의한 변동으로 설명할 수 있는가, 아니면 주사위에 무언가 문제가 있다고 보아야 하는가?

4. 한 상자로부터 무작위로 100장의 카드를 복원추출한다. 추출한 값들은 평균이 102.7이고, 표준편차가 10이다. 누군가 상자 안의 평균이 100이라고 주장한다면 그 주장은 믿을만한가? 또 평균이 101.1이라고 주장한다면 어떤가?

5. 다음 명제가 참인지 거짓인지 판별하고 그 이유를 설명하라.
   (1) 관측된 유의수준은 자료에 의존한다.
   (2) 유의수준이 1%라는 것은 귀무가설이 참일 확률이 단지 100분의 1이라는 말이다.

6. 한 회사는 종업원이 일정한도 내에서 근무시간대를 자유롭게 선택할 수 있도록 허용한다. 이는 결근을 줄이자는 취지이다. 이 회사에서 최근 몇 년간 종업원의 연평균 결근일수는 6.3일이었다. 이 회사가 자유 출퇴근시간 제도를 실시한 뒤 100명의 종업원을 무작위로 추출하여 다음과 같은 결과를 얻었다.
   (1) 연간 결근일수의 평균이 5.5일이고, 표준편차는 2.9일이었다. 이 자료는 새로운 제도가 결근을 줄인다는 것을 말해주는가? 5% 유의수준에서 검정하라.
   (2) 연간 결근일수의 평균이 5.9일이고, 표준편차가 2.9일이라면 어떻게 되는가? 5% 유의수준에서 검정하라.

7. 다음 명제가 참인지 거짓인지 판별하라.
   (1) '아주 유의하다'라 함은 우연에 의한 변동일 수 없다는 것을 의미한다.
   (2) 만일 차이가 '아주 유의하다'면 귀무가설이 맞을 확률은 1% 이하이다.

8. 한 상자에 숫자카드가 들어 있다. 100명의 연구원들이 동원되어 상자에 든 숫자의 평균이 50이라는 귀무가설을 검정하고자 한다. 각각의 연구원은 무작위 복원추출로 250장의 카드를 뽑아 추출한 값들의 평균을 계산하고 z-검정을 실시하였다. 그 결과가 다음 그림에 표시되어 있다. 연구원 1이 얻은 z-통계량의 값 -0.3은 $(1, -0.3)$으로 표시되어 있고 연구원 2가 얻은 z-통계량의 값 -1.3은 $(2, -1.3)$

으로 표시되어 있다. 이런 식으로 그림을 그렸다. 연구원들에게는 비밀이나 우리는 귀무가설이 옳다는 사실을 안다고 하자.

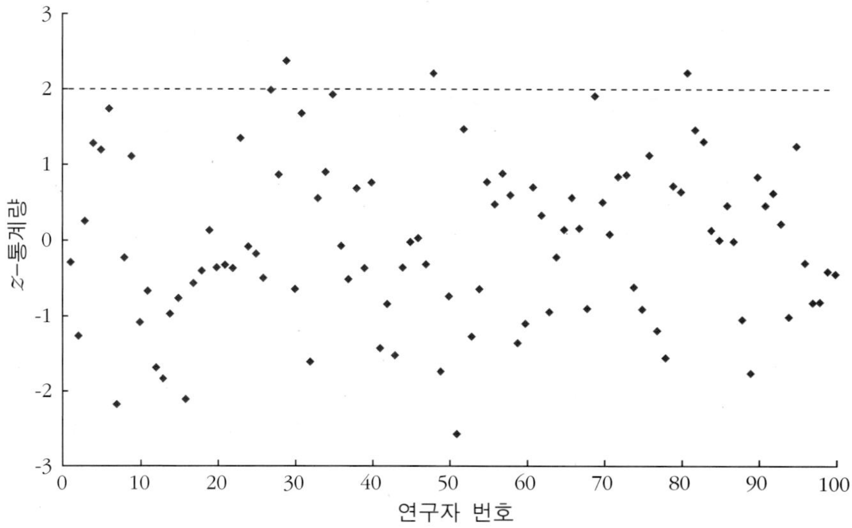

(1) 참인지 거짓인지 판별하고 설명하라. '어느 한 연구원이 추출한 값들의 평균이 50보다 클 때 그 연구원의 z-통계량은 양의 값을 갖는다.'

(2) 얼마나 많은 사람들이 2보다 큰 z-통계량의 값을 얻어야 하는가? 실제로는 어떠했는가?

9. 동전을 만 번 던졌더니, 앞면이 5,167회 나왔다. 앞면이 나올 확률이 50%라고 말할 수 있는가? 아니면 50%라고 하기에는 너무 많은 수의 앞면이 나왔는가?

(1) 상자모형으로 귀무가설과 대립가설을 표현하라.

(2) z-값과 p-값을 계산하라.

(3) 어떤 결론을 내릴 수 있는가?

10. 하나의 통계학 숙제를 하기 위해 세진이는 어느 날 정문에서 마주친 100명에게 성별과 소속 단과대학 등을 묻는 설문조사를 했다. 그녀의 표본에는 53명의 남학생과 47명의 여학생이 있었다. 등록생 명부로부터 등록된 학생 2만5천명 중에서 남학생은 67%임을 알 수 있었다. 세진이는 표본을 얻기 위해 무작위추출법을 택했다고 할 수 있는가? 빈칸을 채워 가면서 답하라.

(1) 상자 안에는 ____각각에 대해 한 장씩의 카드가 들어 있다.

〈보기〉「표본으로 뽑힌 사람들」,「그 학기에 그 대학에 등록한 사람들」

(2) 카드에 남학생은 ____ 이라고, 여학생은 ____ 이라고 쓰여 있다.

(3) 상자 안에 들어 있는 카드의 수는 ____ 이고 추출한 카드의 수는 ____ 이다.

(4) 표본은 상자로부터 ____ 회의 ____ 과 같다.

〈힌트〉 첫 번째 괄호에는 숫자가 들어가고 두 번째 괄호에는 단어가 들어간다.

(5) 상자 안 1의 비율은 ____ 이다.

〈보기〉「53%」, 「67%」

(6) 상자 안 1의 비율은 ____ 이다.

〈보기〉「자료로부터 추정한 것」, 「귀무가설로부터 주어진 것」

(7) 관측된 남학생의 수는 ____ 이다.

(8) 기대된 남학생의 수는 ____ 이다.

(9) 기대된 남학생의 수는 ____.

〈보기〉「귀무가설로부터 계산된다」, 「자료로부터 추정된다」

(10) 만일 세진이가 표본을 무작위로 추출했다는 귀무가설이 맞다면 표본 속 남학생의 수는 상자로부터 무작위로 추출한 값들의 ____ 과 같을 것이다.

〈보기〉「합」, 「평균」

(11) 표본 내 남학생수의 표준오차는 대략적으로 ____ 이다.

(12) z값은 ____ 이고 p값은 ____ 이다.

(13) 따라서 세진이의 표본은 단순무작위추출을 ____.

〈보기〉「한 것이라고 본다」, 「한 것이 아니라고 본다」

11. 할인점에서는 종종 새로운 상품을 특별가로 할인 판매한다. 그러나 이 관행이 오히려 판매를 감소시킨다는 주장이 있다. 그 주장을 검정하기 위해 하나의 실험이 실시되었다. 위치나 매출액을 기준으로 적절하게 묶어서 25쌍의 상점을 선택하였다. 이 상점들은 모두 광고를 하지 않고 상품을 비슷하게 진열하였다. 선택된 25쌍의 50개 상점에 어느 날 새로운 과자가 들어왔다. 각 쌍의 상점 중 하나씩을 무작위로 선택하여 그 과자를 특별 할인가에 판매하도록 지시하였다. 그리고 2주 후에 가격을 정상가격으로 올렸다. 같은 쌍내의 다른 할인점은 줄곧 같은 정상가격에 판매했다. 각 할인점별로 6주일 동안 판매된 과자의 양을 계산해 보았다. 25쌍 중 7쌍에서 특별할인가에 판매한 할인점이 정상가로 판매한 할인점보다 더 판 것으로 드러났다. 이 결과를 우연에 의한 변동으로 볼 수 있는가? 아니면 일시적 특별할인이 도리어 매출을 줄인다고 보아야 하는가? 5% 유의수준에서 부호검정과 z-검정을 모두 실시하고 두 결과를 비교하라. 어느 검정이 낫다고 생각하는가?

12. 한 물건의 무게를 수천 번 측정해 보았더니 평균이 512g, 표준편차가 50g이었다. 다음 100회의 측정에서 평균이 508g으로 표준편차는 52g으로 나타났다. 외관상으로 무게는 4g 가벼워졌다.

(1) 귀무가설과 대립가설을 설정하라.

(2) 50g 또는 52g 중에서 어느 것을 상자의 표준편차로 이용하겠는가?

(3) z-값와 p-값을 계산하라.

(4) 실제로 무게가 가벼워졌다고 생각되는가? 아니면 단지 우연에 의한 변동인가?

13. 동전을 세 번 던졌더니 세 번 모두 앞면이 나왔다. 다음 진술이 참인지 거짓인지 판별하라.

(1) 균형이 잘 잡힌 동전이라면, 세 번 모두 앞면이 나올 확률은 12.5%이다.

(2) 세 번 모두 앞면이 나왔다는 것은 동전이 잘 균형 잡혀 있을 확률이 12.5%라는 것을 의미한다.

(3) 세 번 모두 앞면이 나왔다는 것은 동전이 잘 균형 잡히지 않았을 확률이 87.5%라는 것을 의미한다.

14. 심리적 환경이 뇌 조직에 영향을 미치는가? 이 문제에 답하기 위해 하나의 실험을 하였다. 한 배에서 나온 두 마리의 쥐를 가지고 한 마리는 처리집단에 다른 한 마리는 통제집단에 무작위로 배정하였다. 두 집단 모두 정확히 같은 종류의 물과 먹을 것을 원하는 만큼 주었다. 그러나 처리집단에 있는 쥐들은 다른 쥐들과 함께 큰 우리에서 살게 하고 매일 놀이기구를 바꿔 주었다. 통제집단의 쥐들에게는 장난감도 주지 않은 채 고립시켰다. 한 달 후 실험에 사용한 쥐를 해부해 보았다. 평균적으로 통제집단의 쥐들이 체중이 더 나갔다. 아마도 더 많이 먹고 덜 운동했기 때문일 것이다. 하지만 대뇌피질의 무게를 재어보니 극소수의 예외를 제외하고는 반대로 나타났다.

실험결과가 〈표 18-3〉에 나타나 있다. 이 표에서 T는 처리집단을, C는 통제집단을 의미한다. 첫 번째 쌍에서 처리집단 쥐의 대뇌피질 무게는 689mg이었고, 통제집단의 쥐는 657mg이었다. 이런 식으로 표를 해석하면 된다. 다음 문제를 풀면서 이런 형태의 자료를 해석하는 방법을 배우자. 이런 자료에서는 의도적으로 쌍의 개념을 이용한다. 한 배에서 나온 두 쥐를 하나의 쌍으로 이용한 이유는 처리여부를 제외한 다른 혼동요인의 가능성을 최대한 통제하기 위한 목적이다. 종종 이용되는 **쌍둥이 연구**(twin study)도 같은 맥락에서 이해할 수 있다.

표 18-3 실험한 동물들의 대뇌피질 무게

T	C	T	C	T	C	T	C	T	C
689	657	707	669	690	668	700	662	640	641
656	623	740	650	701	667	718	705	655	589
668	652	745	651	685	647	679	656	624	603
660	654	652	627	751	693	742	652	682	642
679	658	649	656	647	635	728	578	678	612
663	646	676	642	647	644	677	678	653	603
664	600	699	698	720	665	696	670	653	593
647	640	696	648	718	689	711	647	660	672
694	605	712	676	718	642	670	632	668	612
633	635	708	657	696	673	651	661	679	678
653	642	749	692	658	675	711	670	638	593
690	660	690	621	680	641	710	694	649	602

(1) 자료에는 전부 얼마나 많은 쌍이 존재하는가? 이 가운데 얼마나 많은 쌍에서 처리집단의 쥐가 통제집단의 쥐보다 더 무거운 대뇌피질을 지니고 있는가?

(2) 잠정적으로 처리효과가 없다고 가정해 보자. 이 가정 하에서 실제로 관측된 쌍 또는 그 이상의 쌍에서 처리집단의 쥐가 통제집단의 쥐보다 더 무거운 피질을 가졌을 확률은 얼마인가? 이로부터 무엇을 유추할 수 있는가?

(3) 대뇌피질 무게의 차이, 즉 '처리집단 쥐의 대뇌피질 무게−통제집단 쥐의 대뇌피질 무게'를 각 쌍에 대하여 계산하라. 이 차이들의 평균과 표준편차를 계산하라. 귀무가설에 따르면 이러한 차이들은 평균이 0인 상자로부터 무작위 복원추출로 얻은 값들과 같다. 처리효과가 없다는 귀무가설에 대해 z-검정을 실시하라. 이로부터 무엇을 추론할 수 있는가?

(4) 실험의 유효성을 증진시키기 위해 '해부하는 사람이 처리집단의 쥐인지 통제집단의 쥐인지 모르도록' 조치했다. 이러한 조치의 취지는 무엇인가? 이것은 좋은 생각인가? 짧게 대답하라.

10. 실제 데이터를 이용한 연습문제

※ 대우데이터를 이용하여 다음 문제에 답하라.

1. 1990년도에 우리나라의 평균 가구원수는 3.75명이었다. 한 사회학자가 1990년에서 1994년 사이에 가구구성이 크게 변하지 않았으므로 대우데이터에 반영된 1994년의 평균 가구원수도 3.75명일 것이라고 주장한다. 자료로부터 필요한 통계량을 계산하여 이 사회학자의 주장이 타당한지 5% 유의수준에서 검정하라.

2. 식료품비, 주거비, 피복 및 신발, 교양 및 오락비, 외식비, 교육비, 공과금(이상 월지출액), 휴가비용, 연료비, 의료비(이상 연간지출액)를 모두 더하여 월평균 소비지출(C)이라는 새로운 변수를 만들어라. 자료가 연간지출액으로 주어진 경우에는 더하기 전에 12로 나누어 사용하라. 봉급생활자이거나 자영업자인 남성 가구주를 대상으로 다음 소비함수를 추정하라.

$$C=\alpha+\beta Y+u \text{ (단, } C\text{는 월평균 소비지출, } Y\text{는 월평균 소득)}$$

11. 요 약

1. 유의성 검정은 관측된 차이가 실질적인 것인지(대립가설) 아니면 단순히 우연에 의한 것인지(귀무가설) 알아보기 위한 방법이다.

2. 유의성 검정을 하려면 상자모형이 필요하다. 귀무가설은 상자모형에 관한 주장으로 표현되어야 한다. 대립가설도 마찬가지이다.

3. 검정통계량은 자료로부터 얻은 관측치와 귀무가설 하에서 예상되는 기대값의 차이를 측정한다. 가장 널리 쓰이는 z-검정은 다음 통계량을 사용한다.

$$z=\frac{\text{관측치}-\text{기대값}}{\text{관측치의 표준오차}}$$

4. 통상 p-값이라고 부르는 관측된 유의수준은 관측된 값 또는 그 이상으로 극단적인 값을 얻을 확률을 나타낸다. 이 확률은 귀무가설이 옳다는 가정 하에서 계산

될 뿐 귀무가설이 옳을 확률을 의미하지는 않는다. p-값은 귀무가설 하에서 자료를 바라다보는 하나의 확률적 지표이다. p-값이 크면 자료와 귀무가설이 상호 모순되지 않는다고 보나 p-값이 작으면 자료와 귀무가설이 상호 모순된다고 판단한다. 크고 작음의 기준은 상황에 따라 다르다.

5. p-값이 작으면 이는 귀무가설을 기각할 강한 증거가 된다. 왜냐하면 귀무가설 하에서 관측된 정도의 차이 또는 그 이상의 차이가 우연에 의해 초래되었다고 보기는 곤란하기 때문이다.

6. 내용물이 0과 1로만 이루어진 상자로부터 카드를 추출할 때 추출 횟수가 많으면 z-검정을 이용해 상자의 구성비에 관한 검정을 수행한다. 추출 횟수가 적으면 z-검정보다는 부호검정이 더 적절하다.

7. 어느 상자의 내용물이 정규분포를 따른다고 하자. 또 이 상자의 평균은 0이고 표준편차는 모른다고 하자. 이 상자로부터 적은 수의 카드를 추출한다. 각각의 추출에 하나의 상수를 더해 측정치를 얻는다. 귀무가설은 그 상수가 어떤 주어진 값 c와 같다는 것이고, 대립가설은 그 상수가 c와 다르다는 것이다. 상자의 표준편차는 표본표준편차로 추정한다. 검정통계량은 다음과 같다.

$$t = \frac{\text{표본평균} - c}{\text{표본평균의 표준오차}}$$

이렇게 계산된 t-값에 해당하는 p-값은 표준정규분포곡선으로부터 얻는 것이 아니라 t-분포곡선으로부터 얻는다. 여기서는 t-분포곡선의 자유도가 '측정횟수 − 1' 이다. 이것이 t-검정이다. t-검정은 상자의 내용물이 정규분포를 따를 때 쓸 수 있다.

12. 부 록

(1) 제1종 오류, 제2종 오류, 검정력

가설을 검정할 때 다음 두 종류의 오류를 범할 수 있다. 두 종류의 오류간에는 일반적으로 상충관계가 존재한다. 즉, 하나의 오류를 줄이면 다른 오류가 증가한다.

① 제1종 오류 : 귀무가설이 참인데 그것을 기각하게 되는 오류를 말한다. 제1종 오류를 범할 확률을 유의수준이라 하고 α로 나타낸다.

② 제2종 오류 : 귀무가설이 거짓인데 그것을 기각하지 못하는 오류를 말한다. 제2종 오류를 범할 확률은 β로 나타낸다.

③ 검정력 : 귀무가설이 거짓일 때 이를 옳게 기각할 확률을 검정력이라 한다.

검정통계량을 T, 그리고 기각역을 C 라고 하면, α와 β와 검정력은 다음과 같이 표현할 수 있다.

$$\alpha = \Pr[T \in C \mid H_0]$$
$$\beta = \Pr[T \notin C \mid H_1]$$
$$\text{검정력} = 1 - \beta = \Pr[T \in C \mid H_1]$$

(2) 모평균과 모비율의 검정: 표본크기가 큰 경우

표본크기가 큰 경우 모평균과 모비율에 대한 검정시 z-검정을 이용할 수 있다. 이때 모집단의 분포는 문제되지 않는다.

① 대표본에서 모평균의 검정

- 귀무가설 : H_0 : $\mu = \mu_0$
- 검정통계량 : $z = \dfrac{\overline{X} - \mu_0}{s/\sqrt{n}}$ (단, $\overline{X}$=표본평균, s=표본표준편차)
- 기각역(rejection region) : ㉠ H_1 : $\mu > \mu_0$일 때, $z \geq z_\alpha$
  ㉡ H_1 : $\mu < \mu_0$일 때, $z \leq -z_\alpha$
  ㉢ H_1 : $\mu \neq \mu_0$일 때, $|z| \geq z_{\alpha/2}$

(단, α는 유의수준, z_α와 $z_{\alpha/2}$는 표준정규분포곡선에서 상단의 면적이 α와 $\alpha/2$가 되도록 하는 임계치이다.)

② 대표본에서 모비율의 검정

- 귀무가설 : H_0 : $p=p_0$
- 검정통계량 : $Z=\dfrac{\hat{p}-p_0}{\sqrt{p_0(1-p_0)/n}}$ (단, $\hat{p}$=표본비율)
- 기각역 : ㉠ H_1 : $p>p_0$일 때, $z \geq z_\alpha$

㉡ H_1 : $p<p_0$일 때, $z \leq -z_\alpha$

㉢ H_1 : $p \neq p_0$일 때, $|z| \geq z_{\alpha/2}$

(3) 모평균과 모비율의 검정: 표본크기가 작은 경우

표본크기가 작은 경우 모평균에 대한 검정에서는 t-검정을 이용할 수 있다. 단, 모집단의 분포가 정규분포를 따를 때에만 그렇다. 모집단의 분포가 정규분포가 아니고 표본크기가 작은 경우 일반적으로 묘수가 없다. 표본크기가 작아도 모비율에 대해서 검정한다면 부호검정을 이용할 수 있다.

① 소표본에서 모평균의 검정 : t-검정

- 전제조건 : 모집단의 분포가 정규분포여야 한다.
- 귀무가설 : H_0 : $\mu=\mu_0$
- 검정통계량 : $t=\dfrac{\overline{X}-\mu_0}{s/\sqrt{n}}$ (단, $\overline{X}$=표본평균, s=표본표준편차)
- 기각역 : ㉠ H_1 : $\mu>\mu_0$일 때, $t \geq t_\alpha(n-1)$

㉡ H_1 : $\mu<\mu_0$일 때, $t \leq -t_\alpha(n-1)$

㉢ H_1 : $\mu \neq \mu_0$일 때, $|t| \geq t_{\alpha/2}(n-1)$

(단, $t_\alpha(n-1)$과 $t_{\alpha/2}(n-1)$은 자유도가 $n-1$인 t-분포곡선에서 상단의 면적을 α와 $\alpha/2$로 만들어 주는 임계치이다.)

② 소표본에서 모비율의 검정 : 부호검정

- 귀무가설 : H_0 : $p=p_0$
- 검정통계량 및 그 분포 : $X \sim B(n,\ p_0)$
- 대립가설이 H_1 : $p>p_0$일 때의 p-값:

$$
\begin{aligned}
p\text{-값} &= \Pr[X \geq x \mid \text{귀무가설}] \\
&= \sum_{k=x}^{n} {}_nC_k\, p_0^k (1-p_0)^{n-k} \\
&= \sum_{k=x}^{n} \frac{n!}{k!(n-k)!}\, p_0^k (1-p_0)^{n-k}
\end{aligned}
$$

(단, x는 실제 성공 횟수)

• 판단기준 : p-값$\le\alpha$일 때 귀무가설을 기각한다.

[참고] 위에서 대립가설이 $H_1 : p>p_0$의 형태로 주어진 경우의 부호검정 절차에 대해 살펴보았다. 대립가설이 $H_1 : p<p_0$의 형태로 주어지는 경우와 $H_1 : p\neq p_0$의 형태로 주어지는 경우의 부호검정 절차에 대해서는 각자 생각해 보기 바란다.

제 19 장

두 집단간 평균의 차이에 대한 검정

A difference is a difference if it makes a difference.

1. 평균의 차이에 대한 표준오차

세상에는 둘로 나뉘는 것이 많다. 남과 여, 통제집단과 처리집단, 투표하는 유권자와 투표하지 않는 유권자, 실업보험 수혜자와 비수혜자. 또 애당초 둘로 나뉘지 않더라도 편의상 둘로 나눌 수도 있다. 숙련공과 비숙련공, 고학력자와 저학력자, 생활보호 대상자와 비대상자, 기능직과 사무직의 분류가 그렇다. 이때 두 집단간 차이를 알고 싶으면 집단별로 평균을 구한 뒤 그 차이를 계산한다. 다음 그 차이에 대한 표준오차를 계산한다. 마지막으로 두 평균의 차이가 그 차이의 표준오차 단위로 얼마나 되는지 알아본다.

예를 들어 보자. 두 상자 A와 B가 다음과 같이 주어져 있다.

상자 A	
평 균	110
표준편차	60

상자 B	
평 균	90
표준편차	40

상자 A로부터 무작위로 400회 복원추출을 하고, 이와는 독립적으로 상자 B로부터 100회의 복원추출을 한다. 우선 평균과 평균에 대한 표준오차를 상자별로 따로따로 구한다.

- 상자 A로부터의 400회 추출에 대한 평균 $=110\pm3$
- 상자 B로부터의 100회 추출에 대한 평균 $=90\pm4$

차이에 대한 기대값은 $110-90=20$이다. 차이의 표준오차는 어떻게 계산해야 하는가?

$$3+4=7?$$

두 표준오차를 더하는 것은 옳지 않다. 올바른 표준오차는 다음과 같이 두 분산의 합에 제곱근을 취해 구한다.

> 두 집단이 독립이면 두 평균간 차이의 표준오차는 $\sqrt{Var(\overline{X})+Var(\overline{Y})}$이다.
> · $Var(\overline{X})$는 첫 번째 표본평균의 분산으로 그 표준오차의 제곱과 같다.
> · $Var(\overline{Y})$는 두 번째 표본평균의 분산으로 그 표준오차의 제곱과 같다.

앞으로 이 공식을 **제곱근 분산합 공식**이라고 부르자. 제곱근 분산합 공식을 위의 예에 적용하면, $Var(\overline{X})=3^2$이고 $Var(\overline{Y})=4^2$이므로 두 집단간 평균의 차이에 대한 표준오차는 다음과 같다.

$$\sqrt{3^2+4^2}=\sqrt{25}=5$$

보기 1 상자 C로부터 무작위로 100회 복원추출을 한다. 이와는 독립적으로 상자 D로부터도 무작위로 100회 복원추출을 한다. 첫 번째 상자로부터 나온 1의 개수와 두 번째 상자로부터 나온 4의 개수간 차이에 대한 기대값과 표준오차를 구하라.

해 설 상자 C에서 1이 뽑히는 개수는 50±5 정도가 된다. 상자 D에서 4가 뽑히는 개수 역시 50±5 정도가 된다. 차이에 대한 기대값은 50−50=0이다. 추출이 독립적으로 이루어졌으므로 차이의 표준오차는 제곱근 분산합 공식에 의해 $\sqrt{5^2+5^2}\approx7$이 된다.

보기 2 1부터 5까지의 카드가 한 장씩 들어 있는 상자로부터 무작위로 100회의 복원추출을 한다. 1이 뽑히는 개수의 기대값은 20이고 표준오차는 4이다. 5가 뽑히는 개수도 마찬가지로 기대값은 20이고 표준오차는 4이다. 다음 명제가 참인지 거짓인지 판별하라. '1이 뽑히는 개수와 5가 뽑히는 개수의 차이에 대한 표준오차는 $\sqrt{4^2+4^2}$이다.'

해 설 거짓이다. 어떤 한 숫자가 많이 뽑히면 다른 숫자는 적게 뽑히므로 1이 뽑히는 개수와 5가 뽑히는 개수는 서로 독립이 아니다. 제곱근 분산합 공식을 적용할 수 없다.

2. 두 평균의 비교

매년 전국적으로 고등학교 1학년생을 무작위로 1,000명 뽑아 수학시험을 치르게 한다. 2002년과 2012년을 비교할 때 평균은 64점에서 66점으로 2점 향상되었고, 표준편차는 11점에서 10점으로 1점 줄어 들었다. 평균의 차이는 실질적인가 아니면 우연인가? 이 문제에 답하려면 차이의 표준오차를 알아야 한다. 표준오차를 알려면 상자모형이 필요하다. 연도별로 하나씩 총 2개의 상자가 필요하다.

2002년의 상자에는 그 당시 고등학교 1학년생에 해당하는 백만여 장의 카드가 들어 있다. 카드에는 해당 학생이 수학시험을 봤다면 얻었을 점수가 표시되어 있다. 2002년의 자료는 이 상자에서 무작위 비복원추출로 뽑은 천 장의 카드와 같다. 2012년 상자도 같은 방식으로 만든다. 그러면 상자모형이 완성된다.

귀무가설에 따르면 두 상자의 평균이 같다. 10년 동안 수학 실력이 향상되지 않았다. 두 표본평균의 차이에 대한 기대값은 0이 된다. 관측된 차이는 우연에 따른 변동일 뿐이다. 대립가설에 의하면 2012년 상자의 평균이 2002년 상자의 평균에 비해 높다. 수학실력은 실제로 향상되었으며 그것이 바로 두 표본간 평균이 다르게 관찰된 이유라는 것이다.

복수표본 *z*-통계량(two-sample *z*-statistic)은 두 집단간 관측된 차이가 우연에 의한 것인지 아닌지 판단하는 데 도움을 준다.

$$z = \frac{\text{관측된 차이} - \text{기대된 차이}}{\text{관측된 차이의 표준오차}}$$

우선 분자부터 살펴보자. 관측된 차이는 $66-64=2$였다. 귀무가설 하에서 두 표본평균의 차이는 0으로 기대된다. 분자는 다음과 같다.

$$2-0=2$$

이제 분모를 살펴보자. 두 표본평균간 차이의 표준오차가 필요하다. 표본을 하나씩 생각해 보자. 2012년에 1,000명 성적의 표준편차가 10이므로 그해 평균성적의 표준오차는 $10/\sqrt{1,000} \approx 0.32$ 로 추정된다. 무작위 비복원추출이지만 추출횟수 1,000에 비해 모집단의 크기가 충분히 크기 때문에 무작위 복원추출이라고 가정하고 표본평균의 표준오차를 추정한 것이다. 같은 방식을 적용하면 2002년 평균성적의 표준오차는 $11/\sqrt{1,000} \approx 0.35$로 추정된다. 두 표본이 독립이므로 제곱근 분산합 공식을 이용하면 평균의 차이에 대한 표준오차는 $\sqrt{0.32^2+0.35^2} \approx 0.47$이 된다.

분자가 2이고 분모가 0.47이므로 *z*-값은 $z=2/0.47=4.3$이 된다. 이는 2012년과 2002년 사이에 무언가 실질적인 변화가 있었음을 시사한다. 변화가 없었다면 평균 점수의 차이가 그 차이의 표준오차 단위로 4.3단위만큼이나 되는 현상을 설명하기 어렵다. 단순히 우연에 의한 변동이라고 보기에는 관측된 차이가 그 표준오차 단위로 측정하여 너무 크다. 따라서 귀무가설을 기각하고 차이가 실질적이라고 판단한다.

이상을 요약하면 다음과 같다.

> 복수표본 z-통계량은 다음으로부터 계산한다.
> · 각각의 표본평균
> · 각각의 표본표준편차
> · 각각의 표본크기
> 복수표본 z-검정은 두 표본이 각각은 무작위 복원추출로 이루어진 표본이고 서로는 독립임을 가정한다.

> 복수표본 z-검정은 두 표본이 서로 독립일 때 사용한다. 이때 두 표본평균간 차이의 표준오차는 제곱근 분산합 공식을 이용해 구한다. 즉, 각 표본평균의 분산을 합친 뒤 그 제곱근을 취하여 구한다.

두 표본의 크기가 모두 클 때 복수표본 z-통계량은 표준정규분포를 따르게 된다. 중심극한정리 때문이다. 한편 **복수표본 z-검정**(two-sample z-test)은 두 집단간 비율의 차이를 검정할 때도 적용된다. 다음 예를 보자.

보기 3 한 종합대학에서 남학생 200명과 여학생 300명을 무작위로 추출한다. 남학생 중에서는 107명이 정기적으로 PC를 사용하고 여학생 중에서는 132명이 그렇다. 남녀간 53.5% 대 44.0%의 차이. 이 차이는 실질적인가 아니면 우연에 의한 것인가? 5% 유의수준에서 검정하라.

해 설 z-검정을 하기 위해서는 두 표본비율의 차이에 대한 표준오차가 필요하다. PC를 사용하는 남학생수의 표준오차는 $\sqrt{200}\times\sqrt{0.535\times0.465}\approx7$이고 그 비율의 표준오차는 $7/200\times100\%=3.5\%$이다. 비슷한 방법으로 PC를 사용하는 여학생 비율의 표준오차를 구하면 2.9%가 된다. 두 집단은 독립이다. 제곱근 분산합 공식을 이용하여 표본비율의 차이에 대한 표준오차를 구하면 $\sqrt{3.5^2+2.9^2}\approx4.5\%$가 된다. 관측된 차이가 $53.5-44.0=9.5\%$, 귀무가설 하에서 기대되는 차이가 0%, 그리고 관측된 차이의 표준오차가 4.5%이므로 검정통계량은

$$z=\frac{\text{관측된 차이}-\text{기대된 차이}}{\text{관측된 차이의 표준오차}}=\frac{9.5\%-0\%}{4.5\%}=2.1$$

이다. 따라서 귀무가설을 기각하고 두 집단간 비율에 차이가 있다고 판단한다.

3. 통제된 실험에서 두 집단간 평균의 비교

제곱근 분산합 공식은 연구자가 대상을 무작위로 처리집단과 통제집단에 배정하는 경우에도 사용할 수 있다. 즉, 통제된 실험에서도 두 집단간 평균의 차이에 대한 표준오차를 구할 때 제곱근 분산합 공식을 적용할 수 있다.

보기 4 비타민 C가 감기를 예방하는지 알고 싶다. 200명의 피험자를 이용하여 임상실험을 한다. 무작위로 절반의 피험자를 뽑아 처리집단에 배정하고 이들에게 매일 비타민 2,000mg을 준다. 나머지 절반인 통제집단의 피험자에게는 매일 같은 양의 가짜약(placebo)을 준다. 실험기간이 끝난 후에 보니 처리집단의 피험자는 평균 2.3회 감기에 걸렸고 표준편차는 3.1회였다. 통제집단의 피험자는 평균 2.6회 감기에 걸렸고 표준편차는 2.9회였다. 두 집단간 평균의 차이가 통계적으로 유의한가?

해 설 두 평균의 차이는 −0.3회이다. 차이의 표준오차를 구해야 한다. 처리집단 평균의 표준오차는 $3.1/\sqrt{100}=0.31$회이다. 통제집단 평균의 표준오차는 $2.9/\sqrt{100}=0.29$회이다. 통제된 실험에서 두 집단간 평균의 차이를 비교할 때도 제곱근 분산합 공식을 이용할 수 있으므로 차이의 표준오차는

$\sqrt{0.31^2+0.29^2} \approx 0.42$회가 된다. 그래서 검정통계량 z는 다음과 같다.

$$z=\frac{\text{관측된 차이}-\text{기대된 차이}}{\text{관측된 차이의 표준오차}}=\frac{-0.3-0.0}{0.42}=-0.7$$

이 정도의 차이라면 우연에 의해서 얼마든지 일어난다. 두 집단간 평균의 차이는 통계적으로 유의하지 않다.

표본비율은 표본평균의 특수한 예이다. 통제된 실험에서 두 집단간 비율의 차이에 대한 표준오차를 구할 때도 여전히 제곱근 분산합 공식을 쓸 수 있다. 다음 예를 보자.

보기 5 경제학은 대체로 인간의 합리성을 가정한다. 합리적인 사람은 사실이 제시되는 방식이 아니라 사실 자체에 반응한다. 반면에 심리학에서는 사실이 제시되는 방식도 중요하다고 생각한다. 심리학자인 트버스키(Amos Tversky, 이스라엘, 1937-1996)는 167명의 의사들을 무작위로 두 집단으로 나눈 뒤 한 집단에게는 아래 서식 A를, 다른 집단에게는 서식 B를 제공하였다. 폐암치료와 관련하여 아래 두 서식은 동일한 정보를 상이한 방식으로 전달한다.

[서식 A] 수술 환자 100명 중에서 10명은 수술 도중에 죽고, 32명은 1년 이내에 죽으며, 66명은 5년 이내에 죽는다. 방사선 치료를 받는 100명의 환자 중에서는 아무도 치료 도중에 죽지 않고, 23명이 1년 이내에 죽으며, 78명이 5년 이내에 죽는다.

[서식 B] 수술 환자 100명 중에서 90명은 살아서 수술 기간을 넘기고, 68명은 일년 이상 살아남으며, 34명은 5년 이상 살아남는다. 방사선 치료를 받는 100명의 환자 중에서는 모두 다 살아서 치료기간을 넘기고, 77명이 1년 이상 살며, 22명이 5년 이상 산다.

서식을 읽은 후 의사들은 각자 폐암 환자에게 추천할 치료법을 적어야만 했다. 서식 A를 받은 집단에서는 80명 중 40명이 수술을 추천했고, 서식 B를 받은 집단에서는 87명 중 73명이 수술을 추천했다. 〈표 19-1〉은 이를 나타낸다. 이 차이는 우연인가, 아닌가?

해 설 우연인지 아닌지를 평가하기 위해서는 유의성 검정이 필요하다. 수술을 추천한 표본비율은 서식 A에서 $40/80=0.50$이고 서식 B에서 $73/87=0.84$이다. 두 표본비율의 표준오차는 각각 $\sqrt{0.50\times0.50}/\sqrt{80}\approx 0.056$, $\sqrt{0.84\times0.16}/\sqrt{87}\approx0.039$로 추정된다. 두 표본비율의 차이는 0.34

표 19-1 정보가 제시되는 방식에 따른 반응의 차이

	서식 A	서식 B
수술 치료 선호	40	73
방사선 치료 선호	40	14
합계	80	87

이다. 이 차이에 대한 표준오차를 제곱근 분산합 공식에 따라 구하면 $\sqrt{0.056^2+0.039^2}\approx0.068$이 된다. 복수표본 z-통계량의 값은 다음과 같다.

$$z=\frac{\text{관측된 차이}-\text{기대된 차이}}{\text{관측된 차이의 표준오차}}=\frac{34\%-0\%}{6.8\%}=5.0$$

관측된 차이는 기대된 차이로부터 표준오차 단위로 5단위만큼이나 떨어져 있다. 우연이라고 보기에는 〈표 19-1〉에 나타난 차이는 너무 크다. 정보의 내용이 같음에도 불구하고 그 정보가 제시되는 방식에 따라 의사들은 통계적으로 유의하게 다른 반응을 보이고 있다. 적어도 여기서는 의사의 반응이 합리적이라는 귀무가설을 기각할 수밖에 없다.

한 가지 궁금한 점이 있다. 왜 모든 의사에게 두 서식을 다 주지 않았는가? 그랬더라면 자료를 더 많이 모았을 텐데. 이유는 간단하다. 서식 A에 대한 반응이 서식 B에 대한 반응에 영향을 미치기 때문이다. 이러한 영향을 차단하기 위해 한 의사에게 하나의 서식만을 주었다.

4. 복습문제

1. 상자 A로부터 무작위 복원추출로 100장을 뽑았다. 그 평균이 51이고 표준편차가 3이었다. 이와는 독립적으로 상자 B로부터 무작위 복원추출로 400장을 뽑았다. 그 평균이 48이고 표준편차가 8이었다. 두 상자의 평균이 같다고 생각하는가? 주어진 자료를 이용하여 검정하라.

2. 한 어휘력 검사에서 대도시 어린이들은 평균이 26점이고, 표준편차가 10점이었다. 반면에 시골 어린이들은 평균이 25점이고, 표준편차는 똑같이 10점이었다. 평균점수가 1점 차이 난 것을 우연의 산물로 볼 수 있는가? 다음 각각의 표본크기에 대해 상자모형을 세워 답하라.
   (1) 도시 어린이들 400명, 시골 어린이들 400명
   (2) 도시 어린이들 1,000명, 시골 어린이들 1,000명

3. 무작위로 추출한 250명의 중학생들에게 프랑스와 영국의 위치를 물어보았다.

65.8%가 프랑스의 위치를 맞췄고, 70.2%가 영국의 위치를 맞췄다. 이 차이는 통계적으로 유의한가? 아니면 주어진 정보만 가지고 답하기 곤란한가?

4. 산모에게 병원 신생아실에서부터 모유를 먹이게 하면 그 산모는 병원을 나간 후로도 계속해서 모유를 먹이는 경향이 있다고 한다. 과연 그런지 보기 위해 하나의 통제된 실험이 실시되었다. 한 병원에 신생아실이 둘 있다. 한 신생아실에서는 산모를 새벽 2시에 깨워 아이에게 모유를 먹이도록 권고하였다. 다른 신생아실에서는 산모를 새벽 2시에 깨워 분유를 지급했다. 4개월에 걸친 781번의 분만 케이스 중 388번은 산모와 아이가 무작위로 뽑혀 모유 쪽 신생아실에 배정되었고, 393번은 산모와 아이가 분유 쪽 신생아실에 배정되었다. 병원에는 4일 정도 있었고, 병원에서 나간 후 9주 동안 관찰되었다.
   (1) 9주가 끝날 무렵 보았더니 모유 쪽 산모의 54.7%가 모유를 먹이고 있었고 분유 쪽 산모의 54.1%가 모유를 먹이고 있었다. 이 차이는 통계적으로 유의한가?
   (2) 과연 두 집단은 무작위로 배정되었는가? 이를 알아보기 위해 태아의 출생시 몸무게를 조사했다. 모유 쪽 신생아는 평균이 3,459g, 표준편차가 434g이었다. 분유 쪽 신생아실에서는 평균이 3,486g, 표준편차가 438g이었다. 무슨 결론을 내릴 수 있는가?

5. 한 대학의 재학생 383명을 대상으로 다음 실험을 했다. 무작위로 200명을 뽑아서 상황 A를 주었더니 92명이 '예' 라고 대답했다. 나머지 183명에게는 상황 B를 주었더니 161명이 '예' 라고 대답했다.

   [상황 A] 연극을 보기 위해 1만원짜리 입장권을 샀다. 기다리는 동안 표를 잃어버린 사실을 알았다. 잃어버린 표는 보상받지 못한다. 1만원을 내고 입장권을 또 사겠는가?

   [상황 B] 연극을 보기 위해 극장에 갔다. 입장료가 1만원이었다. 문득 1만원을 잃어버렸다는 것을 알았다. 잃어버린 돈은 다시 찾을 길이 없다. 원래 계획대로 1만원짜리 입장권을 사서 연극을 보겠는가?

   경제적 합리성의 관점에서 보면 위 두 상황은 같다. 따라서 같은 답을 기대한다. 반면 심리적인 관점에서 보면 두 상황이 다를 수 있다. 위의 자료는 경제적 관점을 지지하는가?

6. 중학교 1학년생 200명을 대상으로 계산기가 문제를 푸는데 도움이 되는지 알아보기 위해 하나의 실험을 했다. 절반은 무작위로 추출하여 계산기 사용을 허용했다. 나머지 절반은 종이와 연필만으로 문제를 풀게 하였다. 계산기를 사용한 집단에서는 18명만이 올바른 답을 했다. 종이와 연필만을 사용한 집단에서는 59명이 올바른 답을 했다. 이 차이는 우연의 산물인가? 설명하라.

[문제] 버스 한 대에 36명까지 태울 수 있다. 1,128명을 동시에 수송하려면 버스가 몇 대 필요한가?

〈주의〉 1,128/36=31.33이다. 따라서 32대가 필요하다. 하지만 많은 학생들이 31.33대가 필요하다고 답했다. 이는 특히 계산기 사용을 허용한 집단에서 두드러졌다. 계산기와 컴퓨터는 종종 생각과 상식을 멎게 한다. 컴퓨터 게임은 특히 그렇다.

7. 전과자는 출옥 후 재범자가 되는 경향이 있다. 소득보조를 해주면 어떤가? 재범자가 될 가능성을 줄이는가? 아니면 괜히 자립할 의지만 약화시키는가? 이를 알아보기 위해 노동부에서는 746명의 전과자를 대상으로 무작위 통제실험을 실시하였다. 592명의 전과자를 무작위로 뽑아 출옥 후 한 달간 소득보조를 해주었다. 나머지 154명의 전과자에게는 소득보조를 해주지 않았다.

(1) 소득보조를 받은 집단에서는 45%가 출옥 후 일 년 이내에 다시 체포되었다. 소득보조를 못 받은 집단에서는 이보다 높은 49%가 출옥 후 일 년 이내에 다시 체포되었다. 소득보조가 재범자가 될 가능성을 줄였는가? 설명하라.

(2) 소득보조를 받은 집단에서는 출옥 후 일년간 일한 기간의 평균이 16.8주였고, 표준편차가 15.9주였다. 소득보조를 못 받은 집단에서는 그 평균이 24.3주였고, 표준편차가 17.3주였다. 소득보조는 전과자가 일하려는 의지를 약화시켰는가? 설명하라.

8. 우리나라 언론사는 내용이 부정적인 기사를 선호하는가? 이를 알아보기 위해 두 종류의 상반된 기사를 써서 국내 각종 언론사에 보냈다. 한 종류의 기사에는 부모와 떨어져 홀로 조기유학을 떠난 초등학생 중 절반 정도가 현지생활에 잘 적응한다고 긍정적으로 썼다. 다른 종류의 기사에는 절반 정도가 현지생활에 잘 적응하지 못한다고 부정적으로 썼다. 전체 107개 언론사 중에서 무작위로 53개 언론

사를 뽑아 긍정적인 내용을 보냈고, 나머지 54개에는 부정적인 내용을 보냈다. 투고된 기사에 대한 언론사의 반응은 다음과 같았다.

	부정적 기사	긍정적 기사
수락	28	8
거절	25	46

첫 번째 열이 의미하는 바는 부정적인 내용을 받은 53개 언론사 중에서 28개 언론사는 기사화되는 것을 허락했고 25개 언론사는 거절했다는 것이다. 두 번째 열은 긍정적인 내용을 받은 언론사들에 대한 결과를 보여준다. 우리나라 언론사는 과연 편견을 가지고 있는가?

9. 첫째 아이는 둘째 아이보다 IQ 점수가 더 높은가? 이를 알아보기 위해 초등학교에 다니는 아이를 둘 두고 있는 400가정을 표본으로 뽑았다. 400가정의 800명 아이에게 동일한 IQ 검사를 치르게 하여 다음 결과를 얻었다. 나이 차이에서 오는 점수 차이는 조정하였다.

- 400명의 첫째 아이: 평균은 29점이고 표준편차는 10점이다.
- 400명의 둘째 아이: 평균은 28점이고 표준편차는 10점이다.

이 자료를 이용하여 복수표본 z-검정을 실시하였다.

첫째 아이의 평균에 대한 표준오차$=0.5$

둘째 아이의 평균에 대한 표준오차$=0.5$

평균의 차이에 대한 표준오차$=\sqrt{0.5^2+0.5^2}\approx 0.7$

평균의 차이로부터 계산한 복수표본 z-값 : $z=\dfrac{(29-28)}{0.7}\approx 1.4$

위 검정 절차의 타당성에 관하여 논평하라. 대안도 제시하라.

10. 부부 사이 교육수준에 차이가 존재하는지 알아보기 위하여 결혼한 부부 10쌍을 임의로 추출하였다. 남편들의 평균 교육수준은 13년, 표준편차는 5년, 여성들의 평균 교육수준은 12년, 표준편차는 15년으로 나타났다. 또 10쌍 가운데 7쌍의 경우 남편이 부인보다 교육수준이 높았다. 5% 유의수준에서 가설검정을 행하라. 선택한 검정방법을 밝히고 근거를 대라.

5. 실제 데이터를 이용한 연습문제

※ 대우데이터를 이용하여 다음 문제에 답하라.

1. 자영업자는 봉급생활자에 비해 더 많은 스트레스를 받으므로, 흡연율이 높다는 주장이 있다. 결혼한 남성 가구주 가운데 봉급생활자와 자영업자의 흡연율 자료를 이용하여 위의 가설을 검정하라.

6. 요 약

1. 두 개의 독립인 집단에서 두 표본평균의 차이에 대한 표준오차는 제곱근 분산합 공식으로 구한다. 이 공식은 무작위로 통제된 실험에서 얻은 자료에도 적용할 수 있다.

2. 두 상자로부터 무작위추출에 의해 서로 독립인 두 개의 표본을 뽑았다. 이때 두 상자간 평균의 차이에 대해 검정하려면 다음 검정통계량을 쓴다.

$$z = \frac{\text{관측된 차이} - \text{기대된 차이}}{\text{관측된 차이의 표준오차}}$$

   이 통계량에 기초를 둔 검정법을 복수표본 z-검정이라고 한다. 여기서 기대된 차이는 귀무가설 하에서 계산한다. 예컨대 두 상자의 평균이 같다는 귀무가설 하에서라면 기대된 차이는 0이다.

3. 복수표본 z-검정은 자료를 분류한 뒤 개수를 세거나 비율을 계산하는 상황에서도 쓸 수 있다. 상자 속에 0과 1만 들어 있다고 보면 된다.

7. 부 록

(1) 두 집단 간 평균의 차이 검정

두 개의 모집단으로부터 독립인 두 개의 표본을 추출하자.

$$X_1,\ X_2,\ \cdots,\ X_{n_X} \sim i.i.d.\ N(\mu_X,\ \sigma_X^2)$$
$$Y_1,\ Y_2,\ \cdots,\ Y_{n_Y} \sim i.i.d.\ N(\mu_Y,\ \sigma_Y^2)$$

이때, $\overline{X}-\overline{Y}$는 두 모평균의 차이인 $\mu_X-\mu_Y$에 대한 추정량이 되며, $\overline{X}-\overline{Y}$의 분포를 이용하여 두 모평균의 차이에 대해 검정할 수 있다.

(2) 대표본에서 평균의 차이에 대한 검정

검정 통계량은 다음과 같다.

$$z=\frac{\overline{X}-\overline{Y}}{\sqrt{Var(\overline{X})+Var(\overline{Y})}},\ \text{Var}(\overline{X})=\frac{\sigma_X^2}{n_X}\approx\frac{s_X^2}{n_X},\ \text{Var}(\overline{Y})=\frac{\sigma_Y^2}{n_Y}\approx\frac{s_Y^2}{n_Y}$$

위의 z-통계량은 두 모평균이 같다는 귀무가설 하에서 표준정규분포에 의해 잘 근사된다. 이를 이용한 가설검정 절차를 요약하면 다음과 같다.

- 귀무가설 $H_0 : \mu_X=\mu_Y$
- 대립가설별 기각역 : ㉠ $H_1 : \mu_X>\mu_Y$ 일 때, $z\geq z_\alpha$
  ㉡ $H_1 : \mu_X<\mu_Y$ 일 때, $z\leq -z_\alpha$
  ㉢ $H_1 : \mu_X\neq\mu_Y$ 일 때, $|z|\geq z_{\alpha/2}$

(3) 소표본에서 평균의 차이에 대한 검정

표본크기가 작고 두 모집단의 분포가 모두 정규분포이며 두 모집단에서 분산이 같으면 t-분포를 이용하여 평균의 차이를 검정할 수 있다. 우선 두 모집단의 분산이 같을 때($\sigma_X^2=\sigma_Y^2$) 그 공통의 분산은 다음과 같이 추정한다. 이는 s_X^2과 s_Y^2이 가중평균된 형태를 취하고 있다.

$$s_p^2=\frac{(n_X-1)s_X^2+(n_Y-1)s_Y^2}{n_X+n_Y-2}=\left(\frac{n_X-1}{(n_X-1)+(n_Y-1)}\right)s_X^2+\left(\frac{n_Y-1}{(n_X-1)+(n_Y-1)}\right)s_Y^2$$

이때 $\overline{X}-\overline{Y}$를 표준화시킨 다음의 t-통계량은 두 모평균이 같다는 귀무가설 하에서 자유도가 n_X+n_Y-2인 t-분포를 따른다.

$$t=\frac{\overline{X}-\overline{Y}}{s_p\sqrt{\frac{1}{n_X}+\frac{1}{n_Y}}} \sim t(n_X+n_Y-2)$$

이를 이용하면 소표본에서 두 모평균의 차이를 검정할 수 있는데 이를 복수표본 t-검정(two-sample t-test)이라고 부른다.

· 귀무가설 H_0 : $\mu_X=\mu_Y$
· 대립가설별 기각역 : ㉠ H_1 : $\mu_X>\mu_Y$ 일 때, $t\geq t_\alpha(n_X+n_Y-2)$
㉡ H_1 : $\mu_X<\mu_Y$ 일 때, $t\leq -t_\alpha(n_X+n_Y-2)$
㉢ H_1 : $\mu_X\neq\mu_Y$ 일 때, $|t|\geq t_{\alpha/2}(n_X+n_Y-2)$

표본크기가 작을 때 하나의 모집단이라도 그 분포가 정규분포가 아니거나 또는 두 모집단의 분산이 다르면 위의 **복수표본 t-검정**을 사용할 수 없다. 사실상 이때 두 모평균의 차이를 검정할 마땅한 검정방법이 없다.

제 20 장

회귀분석과 유의성 검정

사실을 해석하는 것보다 해석을 해석하는 것이 더 어렵다.

-몽테뉴(Michel de Montaigne, 프랑스, 1533-1592) -

군납유류 입찰담합 사건에 대한 다양한 해석을 해석하는 게 그랬다.

-류근관(군납유류 입찰담합 사건에서 법원이 선임한 감정인) -

1. 개별 계수 추정치의 표준오차

단순회귀분석 모형에서 우리는 자료로부터 상수항과 기울기를 구한다. 자료를 입력하면 컴퓨터가 공식에 따라 상수항과 기울기의 값을 출력한다. 입력시키는 자료가 바뀌면 출력되는 상수항과 기울기의 값이 바뀐다. 그럼 기껏 구한 값들이 무용지물인가? 꼭 그렇지는 않다. 변화 속에서도 규칙이 있을 수 있다. 사람마다 수명은 달라도 누구나 죽는다는 사실처럼 말이다. 예컨대 수요곡선(demand curve)의 기울기를 100번 반복해서 추정했다고 하자. 추정된 기울기의 값은 항상 바뀌지만 95번 이상 그 값이 음의 값을 취했다고 하자. 이때 기울기의 절대치는 믿기 어려워도 그 값이 마이너스라는 사실, 즉 값이 오르면 수요량이 준다는 이른바 수요의 법칙(law of demand)은 통계학적으로 부정하기 어렵다.

자료로부터 구한 상수항과 기울기의 추정치는 자료가 바뀜에 따라 얼마나 변하는가? 즉, 한 자료로부터 다른 자료로 넘어감에 따라 추정치가 얼마나 변하는가? 이에 대한 답은 표준오차가 제공한다. 상수항 추정량의 표준오차는 자료에 걸쳐 상수항 추정치가 얼마나 변할지 그 전형적인 크기를 알려준다. 마찬가지로 기울기 추정량의 표준오차는 자료에 걸쳐 기울기 추정치가 얼마나 변할지 그 전형적인 크기를 알려준다.

표준오차를 구하는 과정은 부록에서 다루기로 하고 여기서는 그 공식만 소개한다. 상수항과 기울기 추정량의 표준오차를 각각 SE(a)와 SE(b)로 표시하고 그 표준오차 자체의 추정치를 각각 $\widehat{\text{SE}}(a)$와 $\widehat{\text{SE}}(b)$로 표시하자.

단순회귀분석 모형에서 절편과 기울기 추정량의 표준오차 :

$$\text{SE}(a)=\sigma\sqrt{\frac{1}{n}+\frac{\bar{x}^2}{\sum_{i=1}^{n}(x_i-\bar{x})^2}}\ ,\quad \text{SE}(b)=\frac{\sigma}{\sqrt{\sum_{i=1}^{n}(x_i-\bar{x})^2}}$$

$$\widehat{\text{SE}}(a)=\hat{\sigma}\sqrt{\frac{1}{n}+\frac{\bar{x}^2}{\sum_{i=1}^{n}(x_i-\bar{x})^2}}\ ,\quad \widehat{\text{SE}}(b)=\frac{\hat{\sigma}}{\sqrt{\sum_{i=1}^{n}(x_i-\bar{x})^2}}$$

여기서 σ는 회귀분석 오차의 표준편차이고 $\hat{\sigma}$은 그 추정치로서

$\hat{\sigma}=\sqrt{\sum_{i=1}^{n}(y_i-a-bx_i)^2/(n-2)}$ 이다. 앞에서는 $\hat{\sigma}$을 RMSE라고 표기하고 회귀직선의 제곱근-평균-제곱 오차, 추정의 표준오차, 또는 회귀의 표준오차 등으로 다양하게 부른 바 있다.

2. 개별 계수에 대한 추론 : 신뢰구간의 구축 및 t-검정

회귀분석을 하고 나면 등상 그 결과를 다음과 같은 형태로 보고한다. 여기서 괄호 안에 든 숫자는 바로 그 위에 있는 계수추정치의 표준오차이다. 계수별로 그 추정치와 표준오차로부터 신뢰구간을 구할 수도 있고 가설검정을 행할 수도 있다. 예컨대 기울기의 95% 신뢰구간은 $b \pm 2\mathrm{SE}(b)$이다.

단순회귀분석 모형에서 추정결과의 보고 :

$$\hat{y} \quad = \quad \underset{(\mathrm{SE}(a))}{a} \quad + \quad \underset{(\mathrm{SE}(b))}{bx}$$

관측치수$=n$, 결정계수$=R^2$, 추정의 표준오차$=\hat{\sigma}$

이제 $H_0 : \beta = \beta_0$ (β_0는 주어진 상수)라는 귀무가설을 검정한다고 해 보자. 예컨대 기울기가 0이라는, 다시 말해 x가 y를 설명하는데 무용지물이라는 귀무가설을 5% 유의수준에서 검정한다고 치자. 먼저 기울기에 대한 95% 신뢰구간을 구한다. 물론 이는 $b \pm 2\mathrm{SE}(b)$가 된다. 다음으로 이 구간이 귀무가설 하에서 주어진 값인 β_0를 포함하고 있는지 본다. 포함하지 않으면 귀무가설을 기각하고 포함하면 귀무가설을 기각하지 못한다.

가설검정은 위에서처럼 신뢰구간을 써서 행하기도 하고 이른바 t-값을 계산하여 행하기도 한다. t-값은 자료에서 구한 추정치와 귀무가설 하에서 주어진 값의 차이를 그 추정치의 표준오차 단위로 나타낸다. 즉, 기울기 추정치의 t-값은 다음과 같다.

$$t = \frac{b - \beta_0}{\mathrm{SE}(b)}$$

통상 이 값이 절대값으로 2보다 같거나 크면 귀무가설을 기각하고 2보다 작으면 기각하지 않는다. 신뢰구간을 써서 하든 t-값을 써서 하든 가설검정의 결과는 동일하다(각자 확인하라).

중회귀분석의 경우라면 개별 계수추정치와 그 표준오차의 공식만 조금 복잡할 뿐 개념상 더 어려운 것은 아니다. 어차피 Excel을 이용하면 개별 추정치와 그 표준오차는 컴퓨터가 알아서 구해 준다(부록 Excel 따라잡기의 회귀분석 부분을 보라). 계수별로 신뢰구간을 구하고 가설검정을 하는 절차는 앞에서 설명한 바와 같다.

3. 예측의 표준오차

회귀분석은 예측에도 쓰인다. 설명변수의 값이 x_0일 때 종속변수 y의 값은 얼마가 되겠는가? 이는 예측의 문제이다. 예측의 개념에는 두 종류가 있다. 하나는 개별 y값을 예측하는 것이고 다른 하나는 평균 y값을 예측하는 것이다. 예컨대 광고비로 연간 1억원을 쓸 때 그 해의 매출액이 얼마가 될지를 예측하는 문제는 개별 y값을 예측하는 일이다. 한편 앞으로 매년 광고비로 1억원을 쓸 때 연도별 평균매출액이 얼마가 될지를 예측하는 문제는 평균 y값을 예측하는 일이다. 어느 경우든 예측치는 $\hat{y}_0=a+bx_0$로 같다.

하지만 그 예측치의 불확실성 정도를 나타내는 표준오차는 다르다. 개별값 예측의 표준오차를 $\mathrm{SE}(y_0-\hat{y}_0)$으로, 평균값 예측의 표준오차를 $\mathrm{SE}(\mathrm{E}y_0-\hat{y}_0)$으로 표시하고 그 추정치를 각각 $\widehat{\mathrm{SE}}(y_0-\hat{y}_0)$, $\widehat{\mathrm{SE}}(\mathrm{E}y_0-\hat{y}_0)$으로 표시하자. 이들 표준오차를 유도하는 과정 역시 부록에서 다루기로 하고 여기서는 그 공식만 소개한다.

단순회귀분석 모형에서 개별값 예측 및 평균값 예측의 표준오차 :

$$\mathrm{SE}(y_0-\hat{y}_0)=\sigma\sqrt{1+\frac{1}{n}+\frac{(x_0-\bar{x})^2}{\sum_{i=1}^{n}(x_i-\bar{x})^2}}$$

$$\mathrm{SE}(\mathrm{E}y_0-\hat{y}_0)=\sigma\sqrt{\frac{1}{n}+\frac{(x_0-\bar{x})^2}{\sum_{i=1}^{n}(x_i-\bar{x})^2}}$$

위 식에서 회귀분석 오차의 표준편차인 σ를 그 추정치인 $\hat{\sigma}$, 즉 RMSE로 대체하면 개별값 예측 및 평균값 예측의 표준오차를 추정해 낼 수 있게 된다.

$$\widehat{\mathrm{SE}}(y_0-\hat{y}_0)=\hat{\sigma}\sqrt{1+\frac{1}{n}+\frac{(x_0-\bar{x})^2}{\sum_{i=1}^{n}(x_i-\bar{x})^2}}$$

$$\widehat{\mathrm{SE}}(\mathrm{E}y_0-\hat{y}_0)=\hat{\sigma}\sqrt{\frac{1}{n}+\frac{(x_0-\bar{x})^2}{\sum_{i=1}^{n}(x_i-\bar{x})^2}}$$

위의 식들을 보면, $\mathrm{SE}(y_0-\hat{y}_0)$과 그 추정치인 $\widehat{\mathrm{SE}}(\mathrm{E}y_0-\hat{y}_0)$의 식에는 제곱근 기호 안에 1이 들어 있으나 $\mathrm{SE}(\mathrm{E}y_0-\hat{y}_0)$과 그 추정치인 $\widehat{\mathrm{SE}}(\mathrm{E}y_0-\hat{y}_0)$의 식에는 제곱근 기호 안에 1이 들어 있지 않다. 이는 개별값 예측의 표준오차가 평균값 예측의 표준오

차보다 크다는 사실을 알려준다. 개별값을 예측하기가 평균값을 예측하기보다 더 어렵다.

상수항의 추정치는 설명변수의 값이 0일 때의 평균 y값(종속변수의 평균값)에 대한 예측치이다. 이를 반영하여 $x_0=0$일 때의 $\text{SE}(\text{E}y_0-\hat{y}_0)$은 앞서 구한 $\text{SE}(a)$와 같다(각자 확인하라).

예측치와 표준오차를 이용하면 예측과 관련된 추론을 할 수 있다. 예컨대 $x=x_0$일 때 개별 y값에 대한 95% **예측구간**(prediction interval)은 다음과 같다.

단순회귀분석 모형에서 개별값의 95% 예측구간 :

$$\hat{y}_0 \pm 2\widehat{\text{SE}}(y_0-\hat{y}_0)=a+bx_0\pm 2\hat{\sigma}\sqrt{1+\frac{1}{n}+\frac{(x_0-\bar{x})^2}{\sum_{i=1}^{n}(x_i-\bar{x})^2}}$$

또 평균적인 y값에 대한 95% 예측구간은 다음과 같다.

단순회귀분석 모형에서 평균값의 95% 예측구간 :

$$\hat{y}_0 \pm 2\widehat{\text{SE}}(\text{E}y_0-\hat{y}_0)=a+bx_0\pm 2\hat{\sigma}\sqrt{\frac{1}{n}+\frac{(x_0-\bar{x})^2}{\sum_{i=1}^{n}(x_i-\bar{x})^2}}$$

4. 회귀분석모형에서 잔차를 이용한 런검정

상수항이 있는 모형에서 회귀분석을 하고 나면 잔차는 평균이 0이다. 인접한 잔차 간에 이른바 **계열상관**(serial correlation)이 존재하는지 보기 위해 인접한 잔차들의 부호를 비교해 보자. 양의 값이 양의 값으로, 또 음의 값이 음의 값으로 이어지는 경향이 있으면 잔차는 양의 계열상관을 보인다고 판단한다. 반면에 양의 값이 음의 값으로, 또 음의 값이 양의 값으로 반전되는 양상을 보이면 잔차는 음의 계열상관을 띤다고 말한다.

한 종류의 부호가 시작하여 끝날 때까지를 하나의 **런**(run)으로 정의하자. 다음 예를 보자.

$$++ \quad ----- \quad ++++++ \quad ---- \quad +++$$

이 예에서 첫 번째 런의 길이는 2이고 두 번째 런의 길이는 5이다. 마지막 런의 길이는 3이다. 서로 다른 런은 빈칸으로 나누어져 있다. 전체적으로 런의 개수는 5개이다. 전체적으로 양의 부호는 총 11개이고 음의 부호는 총 9개이다. 양의 계열상관 하에서 런의 길이는 평균적으로 길게 되고 서로 다른 런의 개수는 적게 된다. 반면에 음의 계열상관 하에서는 런의 길이가 짧아지고 런의 개수는 늘어난다.

위의 예에서 5개의 런은 그 개수가 적어 보인다. 양의 계열상관이 존재한다고 보아야 하는가? 런의 개수가 몇 개 이하이어야 적은지 또 몇 개 이상이어야 많은지 그 기준을 정하고, 이를 이용하여 계열상관의 존재 여부 및 그 방향을 검정해 보자. 부록 [표 4]는 런검정에서의 임계치 하한과 상한을 보여준다. 총 11개의 플러스와 9개의 마이너스로 이루어진 자료에서 하한 임계치와 상한 임계치는 각각 6과 16이다. 런의 개수가 5개로 하한 임계치 6 이하이므로 5% 유의수준에서 양의 계열상관이 존재하는 것으로 판단한다. 이러한 검정방법을 **런검정**(runs test)이라고 한다.

> 런검정을 이용하여 시계열자료(time series data)에 계열상관이 존재하는지 검정한다. 런의 수가 너무 적으면 양의 계열상관이, 너무 많으면 음의 계열상관이 존재한다고 판단한다. 이때 많고 적음의 기준으로는 부록 [표 4]에 제시된 상 · 하한 임계치를 이용한다. 런의 수가 하한 임계치 이하이면 양의 계열상관이, 상한 임계치 이상이면 음의 계열상관이 존재하는 것으로 판단한다.

5. 런검정의 응용

런검정은 여러 분야에서 유용하게 쓰인다. 한 농구선수가 게임 중 기복을 보이는지 알고 싶다. 24개의 슛을 시도하여 10개를 성공시켰다고 하자. 기복이 있으면 성공과 실패가 몰려 있을 가능성이 크다. 그의 슛을 순서대로 기록하자. 슛이 성공했으면 플러스로, 실패했으면 마이너스로 표시한 뒤 런의 개수를 센다. 부록 [표 4]를 보면 총 10개의 플러스와 14개의 마이너스로 이루어진 계열에서 임계치는 각각 7과 18이다. 런의 개수가 7 이하이면 그 선수는 슛에 기복이 있다고 판단한다. 이는 노장선수보다는 신참내기에게서 종종 나타나는 현상이다.

어느 주식의 가격 움직임에 **모멘텀**(momentum)이 있는지 알고 싶다. 모멘텀이란 하루 오르면 그 다음날도 오르고, 내리기 시작하면 그 다음날도 내리는 경향을 말한다. 최근 30거래일의 일간 주가자료를 모은다. 주가가 오른 날은 플러스로, 내린 날은 마이너스로 기록한다. 이로부터 런의 개수를 센다. 또 30거래일 중 총 며칠 올랐고 총 며칠 내렸는지 본다. 부록 [표 4]로부터 런 개수의 상한과 하한 임계치를 읽는다. (이 임계치들은 어떻게 구했을까?) 런의 개수가 하한 임계치 이하이면 모멘텀이 있다고 판단한다. 모멘텀의 존재가 확인되면, 주가가 오르는 경우 다음날 사고 내리면 다음날 파는 거래전략을 구사해 봄 직하다. 이러한 투자전략을 **모멘텀 거래전략**(momentum trading strategy)이라고 부른다.

> 모멘텀이란 하나의 시계열이 보이는 방향 지속성이다. 런검정을 이용하면 모멘텀의 존재를 판단할 수 있다. 어느 금융상품의 가격이 모멘텀, 즉 양의 계열상관을 보이는 것으로 판단되면 이를 이용하여 오르면 사고 내리면 파는 거래전략을 구사할 수 있다. 이를 모멘텀 거래전략이라고 한다.

6. 복습문제

1. 소득, 자동차 가격지수, 이자율이 자동차 판매에 미치는 영향을 살펴보고자 한다. 1990년 1사분기부터 2012년 4사분기까지의 시계열자료를 이용하여 다음 추정결과를 얻었다. 표준오차는 괄호 안에 표시되어 있다.

(분기별 자동차 매출액)=60.24+0.042(분기별 가처분소득)
(6.80) (0.003)
−0.09(자동차 가격지수)−0.49(3년 만기 회사채 이자율)
(0.07) (0.07)
관측치수=92, $R^2=0.8$, 추정의 표준오차=3

(1) 이자율이 자동차 매출에 유의한 영향을 미치는지 t-검정을 수행하라.

(2) 자동차 가격지수가 자동차 매출액에 미치는 효과에 대한 95% 신뢰구간을 구하라.

2. 시계열자료를 이용하여 단순회귀분석을 하고 나서 잔차의 부호 패턴(sign pattern)을 보았다. 다음과 같았다.

++ −−−− ++++++ −−−− +++

잔차에 계열상관이 있다고 보아야 하는가? 있다면 그 방향은 양의 계열상관인가, 음의 계열상관인가?

7. 실제 데이터를 이용한 연습문제

※ 서울 강남구의 아파트 가격 데이터를 이용하여 다음 문제에 답하라.

1. 다음의 단순회귀분석 모형을 이용하여 (1)-(4)의 질문에 답하라.

$$(\text{아파트 가격})=\alpha+\beta\cdot(\text{아파트 평수})+u$$

(1) 김씨 부부는 서울 강남지역에서 30평짜리 아파트를 사려고 한다. 그 가격이 어느 정도일지 95% 예측구간을 구하라.

(2) 강남지역의 30평짜리 아파트는 그 평균가격이 어느 정도일지 95% 예측구간을 구하라.

(3) 위의 두 예측구간 가운데 어느 구간이 좁은가? 왜 그런가?

(4) 아파트 크기가 평수로 1평만큼 커질 때 아파트 가격은 평균적으로 얼마나 오르는지, 그 가격상승폭(즉, 기울기)에 대한 95% 신뢰구간을 구하라.

2. 다음의 중회귀분석 모형을 추정하고 그 결과를 이용하여 (1)-(3)의 질문에 답하라.

$$(\text{아파트 가격})=\alpha+\beta_1\cdot(\text{아파트 평수})+\beta_2\cdot(\text{아파트 연령})+\beta_3\cdot(\text{단지규모})+u$$

(1) 연령의 효과를 나타내는 β_2에 대한 95% 신뢰구간을 구하라.

(2) 단지규모는 아파트 가격에 영향을 미치지 않는다는 가설을 5% 유의수준에서 검정하라.

(3) 추정결과를 본문 2절에 제시된 형태로 보고하라.

3. 하나의 상자에 +가 적힌 카드가 11장, −가 적힌 카드가 9장 들어 있다고 하자. 먼저 이 상자로부터 무작위 비복원 추출의 방식으로 전체 카드를 한 장씩 차례차례 추출한다. 다음으로 추출된 자료에 입각하여 런(run)의 개수를 센다. 이상 일련의 과정을 전체 1,000번 반복하여 런의 실현치를 1,000개 구한 뒤 크기 순으로 정렬하라.

(1) 1,000개 런의 실현치 가운데 50번째로 큰 값은 어느 정도가 될지 답하고 설명하라.

(2) 1,000개 런의 실현치 가운데 16 이상의 값을 취하는 런의 실현치는 몇 개 정도가 될지 답하고 설명하라.

8. 인터넷 사이트를 이용한 문제

1. 우리나라 증권거래소(Korea Stock Exchange)의 홈페이지(http://www.krx.co.kr)에 접속하여 통계 항목으로부터 종합주가지수(KOSPI)의 최근 26일치(거래일 기준) 일간 자료를 확보하라. 이를 이용하여 매일매일 종합주가지수가 올랐는지 떨어졌는지 플러스(+)와 마이너스(−) 기호를 써서 순서대로 나타내라. 이 때 첫 날을 제외한 나머지 25거래일에 대해서만 부호를 부여한다. 런검정을 이용하여 최근 25일간 종합주가지수의 일별 움직임에 모멘텀이 있었는지 판단하라.

9. 요 약

1. 회귀분석에서 상수항 추정량의 표준오차는 반복 연구를 할 때 상수항 추정치가 얼마나 변할지 알려준다.

2. 회귀분석에서 기울기 추정량의 표준오차는 반복 연구를 할 때 기울기 추정치가 얼마나 변할지 알려즌다.

3. 절편의 추정치와 그 표준오차를 이용하여 미지의 절편값에 대한 신뢰구간을 구하고 가설검정도 한다.

4. 기울기의 추정치와 그 표준오차를 이용하여 미지의 기울기값에 대한 신뢰구간을 구하고 가설검정도 한다.

5. 엑셀(Excel)을 이용하여 중회귀분석을 하면 개별계수에 대해 추정치와 그 표준오차를 얻는다. 이때 계수별로 신뢰구간을 구하고 가설검정을 하는 절차는 단순회귀분석에서와 동일하다.

6. 추정된 회귀방정식을 이용하여 주어진 x값에 대응하는 y값을 예측할 때 개별값

의 예측과 평균값의 예측은 그 예측치는 같고 예측의 표준오차만 다르다.

7. 개별값을 예측하기가 평균값을 예측하기보다 어렵다. 그래서 개별값 예측의 표준오차가 더 크다.

8. 런검정을 이용하여 어떤 시계열자료에 계열상관이 존재하는지 검정한다. 런의 수가 너무 적으면 양의 계열상관이, 너무 많으면 음의 계열상관이 존재한다고 판단한다.

9. 런검정을 이용하여 어느 금융상품 가격의 시계열에 양의 계열상관, 즉 모멘텀이 존재하는지 검정한다. 모멘텀이 존재하는 경우 이를 적극적으로 거래에 이용할 수 있는데 이를 모멘텀 거래전략이라고 한다.

10. 부 록

(1) 단순회귀분석 모형에서 절편과 기울기 추정량의 표준오차

회귀계수 a와 b는 최소자승법을 이용해서 추정한다. 그 과정은 제8장의 부록에 소개되어 있다.

$$a=\bar{y}-b\bar{x}$$

$$b=\frac{\sum_{i=1}^{n}(x_i-\bar{x})(y_i-\bar{y})}{\sum_{j=1}^{n}(x_j-\bar{x})^2}=\frac{\sum_{i=1}^{n}(x_i-\bar{x})y_i-\sum_{i=1}^{n}(x_i-\bar{x})\bar{y}}{\sum_{j=1}^{n}(x_j-\bar{x})^2}=\sum_{i=1}^{n}\frac{x_i-\bar{x}}{\sum_{j=1}^{n}(x_j-\bar{x})^2}y_i$$

이제 b를 a의 식에 대입하면 다음을 얻는다.

$$a=\bar{y}-b\bar{x}=\frac{1}{n}\sum_{i=1}^{n}y_i-\sum_{i=1}^{n}\frac{\bar{x}(x_i-\bar{x})}{\sum_{i=1}^{n}(x_i-\bar{x})^2}y_i=\sum_{i=1}^{n}\left[\frac{1}{n}-\frac{\bar{x}(x_i-\bar{x})}{\sum_{i=1}^{n}(x_i-\bar{x})^2}\right]y_i$$

설명변수들이 주어져 있는 경우 기울기 추정량의 기대치를 구하면

$$E(b)=\frac{\sum_{i=1}^{n}(x_i-\bar{x})(\alpha+\beta x_i)}{\sum_{i=1}^{n}(x_i-\bar{x})^2}=\beta\frac{\sum_{i=1}^{n}(x_i-\bar{x})x_i}{\sum_{i=1}^{n}(x_i-\bar{x})^2}=\beta$$

이다.

그리하여 기울기 추정량은 불편성(unbiasedness)을 띠게 된다. 모집단의 기울기를 편의(bias)없이 추정해준다는 의미이다. 아래서 보는 것처럼 절편 추정량의 기대값은 모집단의 절편과 같아 절편 추정량 역시 불편추정량이 된다.

$$E(a)=E(\bar{y}-b\bar{x})=\alpha+\beta\bar{x}-\beta\bar{x}=\alpha$$

이제 표준오차를 구하자. 기울기 추정량의 분산은 다음과 같다.

$$\mathrm{Var}(b)=\sum_{i=1}^{n}\left[\frac{x_i-\bar{x}}{\sum_{i=1}^{n}(x_i-\bar{x})^2}\right]^2\sigma^2=\frac{\sum_{i=1}^{n}(x_i-\bar{x})^2}{\left[\sum_{i=1}^{n}(x_i-\bar{x})^2\right]^2}\sigma^2=\frac{\sigma^2}{\sum_{i=1}^{n}(x_i-\bar{x})^2}$$

여기서 $\sum_{i=1}^{n}(x_i-\bar{x})^2$은 x의 총변동을 나타낸다.

분산공식에 제곱근을 취하고 회귀분석 오차의 표준편차인 σ를 그 추정치인 $\hat{\sigma}$, 즉 RMSE로 대체하여 기울기 추정량의 표준오차를 추정해 내게 된다.

$$\widehat{\mathrm{SE}}(b)=\frac{\hat{\sigma}}{\sqrt{\sum_{i=1}^{n}(x_i-\bar{x})^2}},\ \text{여기서}\ \hat{\sigma}=\sqrt{\frac{\sum_{i=1}^{n}(y_i-a-bx_i)^2}{n-2}}.$$

절편 추정량의 분산은 다음과 같다.

$$\mathrm{Var}(a)=\sum_{i=1}^{n}\left[\left(\frac{1}{n}-\frac{\bar{x}(x_i-\bar{x})}{\sum_{i=1}^{n}(x_i-\bar{x})^2}\right)\right]^2\sigma^2=\left(\frac{1}{n}+\frac{\bar{x}^2\sum_{i=1}^{n}(x_i-\bar{x})^2}{\left[\sum_{i=1}^{n}(x_i-\bar{x})^2\right]^2}\right)\sigma^2=\left(\frac{1}{n}+\frac{\bar{x}^2}{\sum_{i=1}^{n}(x_i-\bar{x})^2}\right)\sigma^2$$

이로부터 절편 추정량의 표준오차는 다음과 같이 추정됨을 알 수 있다.

$$\widehat{\mathrm{SE}}(a)=\hat{\sigma}\sqrt{\frac{1}{n}+\frac{\bar{x}^2}{\sum_{i=1}^{n}(x_i-\bar{x})^2}},\ \text{여기서}\ \hat{\sigma}=\sqrt{\frac{\sum_{i=1}^{n}(y_i-a-bx_i)^2}{n-2}}$$

(2) 평균값 예측의 표준오차와 개별값 예측의 표준오차

평균값 예측의 분산은 $\hat{y}_0=a+bx_0$의 분산과 같다.

$$\mathrm{Var}(\mathrm{E}y_0-\hat{y}_0)=\mathrm{Var}(\hat{y}_0)$$

이는 다음과 같이 구한다.

$$\begin{aligned}\mathrm{Var}(\hat{y}_0)&=\mathrm{Var}(a+bx_0)=\mathrm{Var}(\bar{y}-b\bar{x}+bx_0)=\mathrm{Var}(\bar{y}+b(x_0-\bar{x}))\\&=\mathrm{Var}(\bar{y})+\mathrm{Var}(b(x_0-\bar{x}))+2\mathrm{Cov}(\bar{y},\ b(x_0-\bar{x}))\\&=\mathrm{Var}(\bar{y})+(x_0-\bar{x})^2\,\mathrm{Var}(b)\\&=\frac{\sigma^2}{n}+\frac{(x_0-\bar{x})^2\,\sigma^2}{\sum_{i=1}^{n}(x_i-\bar{x})^2}\end{aligned}$$

위에서 $\bar{y}$와 b간의 공분산이 0이라는 점(각자 유도하고 의미를 새겨보라)을 활용하였다.

이제 σ를 그 추정치인 $\hat{\sigma}$, 즉 RMSE로 대체하면 최종적으로 평균값 예측의 분산과 그 표준오차를 추정해 낼 수 있다.

$$\widehat{\mathrm{Var}}(\mathrm{E}y_0-\hat{y}_0)=\hat{\sigma}^2\left[\frac{1}{n}+\frac{(x_0-\bar{x})^2}{\sum_{i=1}^{n}(x_i-\bar{x})^2}\right]$$

$$\widehat{\mathrm{SE}}(\mathrm{E}y_0-\hat{y}_0)=\hat{\sigma}\sqrt{\frac{1}{n}+\frac{(x_0-\bar{x})^2}{\sum_{i=1}^{n}(x_i-\bar{x})^2}}$$

한편 개별값 예측의 분산은 다음과 같이 분해할 수 있다(12장 부록 참조).

$$\text{Var}(y_0-\hat{y}_0)=\text{Var}(y_0)+\text{Var}(\hat{y}_0)-2\text{Cov}(y_0,\ \hat{y}_0)=\text{Var}(y_0)+\text{Var}(\hat{y}_0)$$

여기서 y_0와 $\hat{y}_0=a+bx_0$간의 공분산은 0이 되어 사라지는데 그 이유는 a와 b가 y_0 없이 기존의 자료만으로 추정되어 $a+bx_0$와 y_0가 독립이기 때문이다. $\text{Var}(y_0)=\sigma^2$이므로 계별값 예측의 분산은 다음과 같다.

$$\text{Var}(y_0-\hat{y}_0)=\sigma^2+\frac{\sigma^2}{n}+\frac{(x_0-\bar{x})^2\sigma^2}{\sum_{i=1}^{n}(x_i-\bar{x})^2}$$

σ를 그 추정치인 $\hat{\sigma}$로, 즉 RMSE로 대체하면 최종적으로 개별값 예측의 분산과 그 표준오차를 추정해 낼 수 있다.

$$\hat{\text{Var}}(y_0-\hat{y}_0)=\hat{\sigma}^2\left[1+\frac{1}{n}+\frac{(x_0-\bar{x})^2}{\sum_{i=1}^{n}(x_i-\bar{x})^2}\right]$$

$$\hat{\text{SE}}(y_0-\hat{y}_0)=\hat{\sigma}\sqrt{1+\frac{1}{n}+\frac{(x_0-\bar{x})^2}{\sum_{i=1}^{n}(x_i-\bar{x})^2}}$$

(3) 표본크기가 클 때 정규분포를 이용한 런검정

본문에서는 부록에 제시된 "런의 개수"의 상하한 임계치를 이용하여 런검정을 수행하는 방법을 배웠다. 그런데 런검정에서 +와 − 부호를 가진 자료의 수가 모두 많으면 런의 개수를 정규분포로 근사시킬 수 있다. n_1, n_2를 +와 − 부호를 갖는 자료의 개수라고 하자. 둘 모두 20 이상이면 런의 개수 r을 평균과 분산이 다음과 같은 정규분포로 근사시킬 수 있다.

$$\text{평균 } \mu=\frac{2n_1n_2}{n_1+n_2}+1$$

$$\text{분산 } \sigma^2=\frac{2n_1n_2(2n_1n_2-n_1-n_2)}{(n_1+n_2)^2(n_1+n_2-1)}=\frac{(\mu-1)(\mu-2)}{n_1+n_2-1}$$

이제는 r을 표준화하여 z-검정을 수행하면 된다.

$$z=\frac{r-\mu}{\sigma}\sim N(0,\ 1)$$

제 21 장

χ^2-검정

1. χ^2-검정의 소개

χ^2-검정(chi-square test)은 범주(category)별로 관측된 빈도(observed frequency)와 기대빈도(expected frequency)의 차이를 봄으로써 주어진 자료가 특정한 확률모형으로부터 얻어졌는지 검정하는데 쓰인다. χ^2 는 '카이 스퀘어' 라고 읽는다. χ^2-검정은 1900년에 피어슨(Karl Pearson, 영국, 1857–1936)이 고안했다. 앞에서 본 종합주가지수의 예를 이용하여 χ^2-검정을 어떤 경우에 사용하는지, 또 지금까지 공부한 검정방법들과는 어떻게 다른지 살펴보자.

종합주가지수가 오를지 내릴지 예측할 때 예측이 맞거나 틀리거나 두 개의 범주만이 존재했다. 추측이 맞을 확률은 귀무가설 하에서 1/2이었다. 귀무가설은 '칼' 에게 무언가 특별한 예측력이 없다는 것이다. 귀무가설 하에서 그의 추측이 맞을 횟수는 0이 적힌 카드 한 장과 1이 적힌 카드 한 장이 들어 있는 상자로부터 무작위로 복원추출해서 나온 숫자들의 합과 같다. 이 예에서와 같이 두 개의 범주만 존재할 경우 상황에 따라 z-검정 또는 부호검정을 이용한다.

범주의 수가 두 개보다 많으면 일반적으로 z-검정이나 부호검정 대신 χ^2-검정을 쓴다. 예를 들어 어떤 도박사가 균형이 잘 잡히지 않은 주사위를 사용했다는 혐의로 고발당했다고 하자. 도박사는 자신이 결백하다고 항변했다. 이 도박사가 주사위를 60회 던졌을 때 나온 결과는 〈표 21-1〉과 같았다. 이 결과를 놓고 주사위가 균형이 잡혔다 안 잡혔다 의견이 분분한 가운데, 한 통계학자에게 자료의 해석을 의뢰하기로 했다.

표 21-1 주사위를 60회 던진 결과

4	3	3	1	2	3	4	6	5	6
2	4	1	3	3	5	3	4	3	4
3	3	4	5	4	5	6	4	5	1
6	4	4	2	3	3	2	4	4	5
6	3	6	2	4	6	4	6	3	2
5	4	6	3	3	3	5	3	1	4

만약 도박사가 결백하다면, 위의 숫자들은 1부터 6까지의 숫자가 각각 한 장씩 들어 있는 상자로부터 60회 복원추출한 결과와 비슷해야 한다. 이 모형에 따르면 각각의 숫자는 10회씩 나올 것으로 예상된다. 범주별로 기대도수가 10이다. 실제 관측된 도수는 〈표 21-2〉와 같다.

표 21-2 주사위를 60회 던져서 관측된 도수와 기대도수

값	관측된 도수	기대도수
1	4	10
2	6	10
3	17	10
4	16	10
5	8	10
6	9	10
합	60	60

위의 표를 보면 3이 너무 많이 나왔다. 3이 나오는 횟수의 표준오차는 $\sqrt{60}\times\sqrt{1/6\times5/6}\approx2.9$이므로 실제 관측된 도수와 기대도수의 차이 7은 표준오차의 무려 2.4배에 달한다. 표의 다른 행들도 이상하다. 예를 들어 4 역시 너무 높은 도수를 보인다. 그렇다고 하더라도 아직 도박사가 유죄라고 결론지을 수는 없다. 이는 표에서 행의 수가 많으면 많을수록 그 중 최소한 하나는 비정상적으로 보일 가능성이 커지기 때문이다. 여러 행 중에서 한두 행이 이상하다고 해서 전체가 이상하다고 결론짓기는 아직 이르다. 구석구석 털면 먼지 안 나는 사람이 없는 것과 같은 이치다.

표의 모든 행에서 관측된 도수는 기대도수와 차이를 보인다. 이제 각각의 관측된 도수와 기대도수의 차이를 한꺼번에 모아서 종합적인 차이의 척도를 만들자. χ^2-통계량은 각 행별로 차이를 구하여 제곱하고 이를 기대도수로 나눈 뒤 합쳐서 구한다.

$$\chi^2=\sum\frac{(\text{관측된 도수}-\text{기대도수})^2}{\text{기대도수}}$$

〈표 21-2〉의 숫자를 이용하면 다음과 같이 χ^2-통계량의 값을 구할 수 있다.

$$\begin{aligned}\chi^2&=\frac{(4-10)^2}{10}+\frac{(6-10)^2}{10}+\frac{(17-10)^2}{10}+\frac{(16-10)^2}{10}+\frac{(8-10)^2}{10}+\frac{(9-10)^2}{10}\\&=14.2\end{aligned}$$

관측된 도수가 기대도수와 떨어져 있을수록 이에 대응하는 항이 커진다. 반대로 두 도수가 비슷할수록 이에 대응하는 항이 작아진다. 따라서 χ^2-통계량이 크다는 것은 관측된 도수와 기대도수가 전반적으로 큰 차이를 보인다는 뜻이다. χ^2-통계량이 작다면 그 반대가 된다. χ^2-통계량(chi-square statistic)은 관측된 도수와 기대도수 간의 전반적인 차이를 측정한다.

물론 균형이 잘 잡힌 주사위를 60회 던지더라도 운에 따라 14.2 또는 그 이상의 χ^2-통계량 값이 나올 수 있다. 그 가능성의 크기가 문제이다. 가능성이 크다면 주사위가 균형이 잘 안 잡혔다고 주장하기 어려우나, 작다면 그렇게 주장할 수 있다. 균형이 잘 잡힌 주사위를 60회 던졌을 때 χ^2-통계량의 값이 14.2 또는 그 이상 나올 확률을 계산해야 한다. 계산하기 싫으면 단순노동으로 대신할 수도 있다. 균형이 잘 잡힌 주사위를 60회 던져 χ^2-통계량의 값을 구한다. 이 과정을 예컨대 천 번 반복하면 천 개의 χ^2-통계량 값이 얻어진다. 이를 히스토그램으로 정리한 뒤 14.2 오른쪽의 면적을 구하면 된다. 또는 구한 천 개의 χ^2-통계량 값 중에서 14.2보다 같거나 큰 값의 비율이 몇 퍼센트나 되는지 구해 보면 된다.

왜 '14.2 이상'이 나올 확률을 알아야 하는가? 우리는 14.2라는 값이 지나치게 크기 때문에 모형을 의심한다. 그렇다면 14.2보다 큰 χ^2-통계량 값은 이 모형에 대한 더욱 강력한 반증이 된다. 하나의 확률모형이 자체적으로 자신에 대해 이토록 강력한 반증을 만들어낼 확률은 얼마나 되는가? 그 대답을 얻기 위해서, 우리는 14.2 이상의 값이 나올 확률을 계산한다.

이 확률은 1.4%이다. 만약 주사위가 균형이 잘 잡혀 있다면, χ^2-통계량의 값이 관측치인 14.2 또는 그 이상으로 나올 확률은 1.4%에 불과하다. 이제 자료의 해석을 의뢰받은 통계학자는 할 일을 다 마쳤다. 결론은 도박사에게 매우 불리한 방향으로 난 셈이다.

위에서 구한 1.4%가 바로 관측된 유의수준인 p-값이다. 그러면 이 값은 어떻게 얻어졌는가? χ^2-검정을 할 때는 p-값을 계산하기 위해 이른바 χ^2-분포곡선(chi-square distribution)을 이용한다. χ^2-분포곡선은 t-분포곡선이 그랬던 것처럼 각각의 자유도

그림 21-1 자유도 5와 10에 대응하는 χ^2-분포곡선

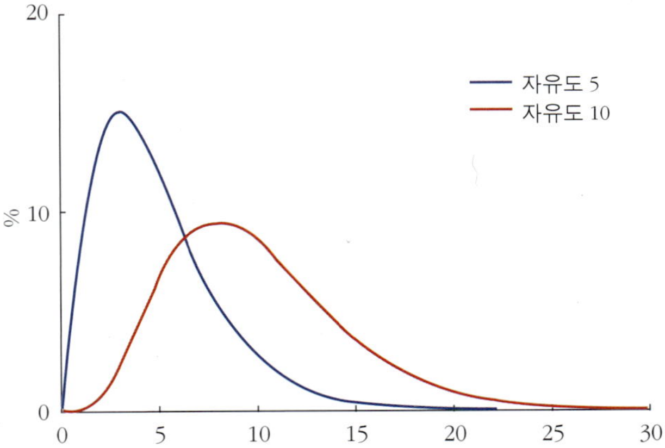

주: 이 분포곡선들은 오른쪽으로 늘어진 꼬리를 갖는다. 자유도가 증가함에 따라 곡선은 오른쪽으로 움직이면서 좀더 대칭적으로 된다.

마다 하나의 곡선이 대응한다. [그림 21-1]은 자유도 5와 10에 대응하는 두 개의 χ^2-분포곡선을 보여준다. 이 분포곡선들 역시 수학적 계산을 통해 구할 수도 있고, 일정한 확률 과정을 예컨대 천 번 반복하여 천 개의 χ^2-통계량 값을 얻은 뒤 이를 밀도 단위 히스토그램으로 나타내 근사적으로 구할 수도 있다.

그러면 자유도는 얼마인가? 앞의 예에서는 모형을 아주 구체적으로 설정했다. 귀무가설 하에서 우리는 상자 안에 무엇이 들어 있는지 알고 있으므로 자료로부터 어떠한 모수도 추정할 필요가 없다. 이런 경우에 자유도를 결정하는 일은 아주 쉽다.

$$\text{자유도} = \chi^2 \text{ 안에 포함된 항의 개수} - 1$$

윗 식을 이용하면 자유도는 6−1=5이다. 왜 그런가? 이유는 다음과 같다. 〈표 21-2〉에서 6개 행의 수치를 더하면 총 60이 된다. 따라서 그 중 5개 행의 수치를 알고 있으면, 나머지 하나는 저절로 알게 된다. 자유로운 행은 최대 5개뿐이다. 그러므로 자유도도 5이다.

> 모형이 구체적으로 설정되어 모수의 추정이 전혀 불필요한 경우:
> 자유도=χ^2 안에 포함된 항의 개수−1

χ^2-검정을 할 때, p-값은 χ^2-분포곡선 아래의 면적 중에서 관측된 χ^2-통계량 오른쪽의 면적으로 구한다.

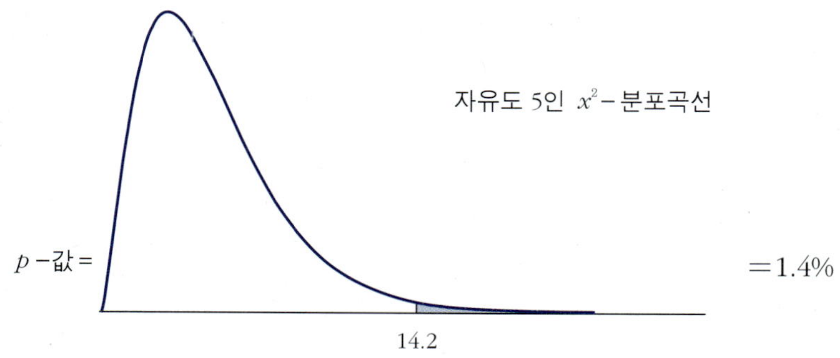

사실상 이 면적은 표를 이용해서 구할 수 있다. 〈표 21-3〉을 보자. 백분율로 표시된 오른쪽의 면적이 첫째 행에 가로로 정렬되어 있다. 자유도는 첫째 열에 세로로 정렬되어 있다. 예를 들어 5% 열에서 자유도 5에 해당되는 수치를 읽으면 11.07이다. 이것은 자유도 5인 χ^2-분포곡선에서 11.07 오른쪽의 면적이 5%라는 뜻이다(다음 그림 참조). 이 표로부터 자유도 5인 χ^2-분포곡선에서 14.2 오른쪽의 면적이 얼마인

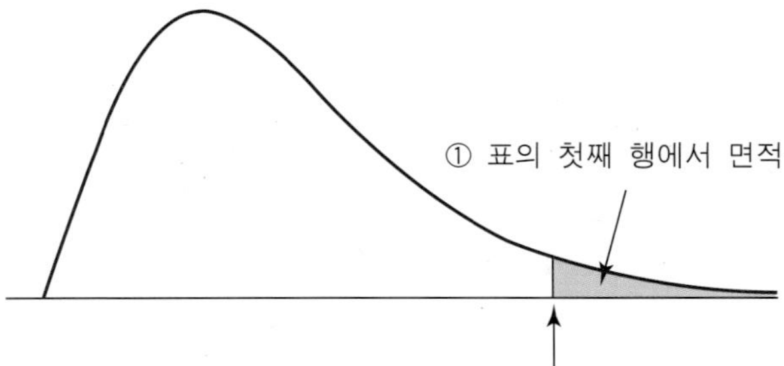

표 21-3 χ^2-분포표의 일부

자유도	90%	50%	10%	5%	1%
1	0.02	0.46	2.71	3.84	6.64
2	0.21	1.39	4.60	5.99	9.21
3	0.58	2.37	6.25	7.82	11.34
4	1.06	3.36	7.78	9.49	13.28
5	1.61	4.35	9.24	11.07	15.09
6	2.20	5.35	10.65	12.59	16.80
7	2.83	6.35	12.02	14.07	18.48
8	3.49	7.34	13.36	15.51	20.09
9	4.17	8.34	14.68	16.92	21.67
10	4.86	9.34	15.99	18.31	23.21

지는 모른다. 하지만 그 면적이 5%(11.07 오른쪽의 면적)와 1%(15.09 오른쪽의 면적) 사이임은 알 수 있다.

언제 χ^2-검정을 쓰고 또 언제 다른 검정, 예컨대 z-검정을 사용하는가? 상자 안에 여러 종류의 카드가 각각 몇 장씩 들어 있는지가 문제된다면 χ^2-검정을 사용한다. 반면 상자 안에 든 카드의 평균만이 문제된다면 z-검정 또는 t-검정을 사용한다. 예를 들어 1부터 6까지의 숫자들이 적힌 카드가 들어 있는 상자로부터 복원추출을 할 때, 상자 안에 각 카드가 몇 장씩 들어 있는지 모른다고 생각해 보자. 이때 각 카드가 나올 확률이 1/6이라는 가설을 검정하고 싶으면, χ^2-검정을 사용한다. 이 가설을 만족하는 상자는 기본적으로 1, 2, 3, 4, 5, 6이 같은 비율로 들어 있는 상자밖에 없다.

반면에 그 상자의 평균이 3.5라는 가설을 검정하고 싶으면 z-검정 또는 t-검정을 사용한다. 위의 상자 말고도 평균이 3.5가 되는 상자는 수없이 많다. 예를 들어, 1과

6만 한 장씩 들어 있는 상자도 그 평균은 3.5이다.

- χ^2-검정은 상자의 내용 구성이 알려져 있을 때, 관측된 자료를 이 상자로부터 무작위 추출한 결과로 볼 수 있는지 그 판단 근거를 제공한다.
- z-검정 또는 t-검정은 상자의 평균이 주어져 있을 때, 관측된 자료를 이 상자로부터 무작위 추출한 결과로 볼 수 있는지 그 판단 근거를 제공한다.

2. χ^2-검정의 구조

앞 절에서 우리는 χ^2-검정에 대해 살펴보았다. 이제 그 구조를 살펴 볼 차례다.

(1) 기본 자료

표본크기 또는 자료의 크기는 n으로 표기한다. 앞의 예에서 n은 60이었다.

(2) 확률모형

지금까지 단 한 종류의 확률모형만을 살펴보았다. 내용구성이 알려진 상자로부터 무작위로 추출하는 모형이었다. 주사위 모형에서는 1, 2, 3, 4, 5, 6이 한 장씩 들어 있는 상자가 바로 확률모형이었다.

(3) 도수분포표

각각의 값에 대해서 관측된 도수는 해당 자료의 개수를 셈으로써 구한다. 기대도수는 자료의 크기 n과 확률모형으로부터 계산한다. 〈표 21-2〉는 관측된 도수와 기대도수를 함께 보여준다.

(4) χ^2-통계량

공식에 따라 계산한다. 앞의 예에서 그 실현된 값은 14.2였다.

(5) 자유도

상자모형을 완벽하게 설정해서 모수의 추정이 전혀 불필요한 경우, 자유도는 χ^2-통계량을 계산할 때 사용한 항의 개수에서 1을 뺀 값으로 주어진다. 주사위 모형에서 그 값은 6에서 1을 뺀 5였다.

(6) 관측된 유의수준(p-값)

p-값은 해당 자유도를 가진 χ^2-분포곡선 아래의 면적 중 관측된 χ^2-통계치 오른쪽의 면적으로 구한다. 앞의 예에서 p-값은 1.4%이었다.

3. 확률적 독립의 검정

χ^2-통계량은 확률변수들이 서로 독립인지 검정하는 데도 사용한다. 지금부터 왼손잡이라는 특성이 성별과 독립인지 아닌지 검정하는 예를 통해서 이를 설명해 보자. 성인 2,237명을 조사하여 다음 〈표 21-4〉의 자료를 얻었다고 하자.

표 21-4 성별 및 사용하는 손의 결합분포(도수)

	남성	여성
오른손잡이	934	1,070
왼손잡이	113	92
양손잡이	20	8

위의 표는 3개의 행과 2개의 열로 구성되어 있는 3×2 분할표이다. 일반적으로 m개의 값을 취하는 변수와 n개의 값을 취하는 변수간의 관계를 살펴보려면 $m \times n$ 분할표가 필요하다. 〈표 21-5〉에서는 〈표 21-4〉에 주어진 자료를 이용하여 성별로 사용하는 손의 비율을 따로따로 계산하였다.

표 21-5 성별로 사용하는 손의 조건부분포(비율)

	남성(100%)	여성(100%)
오른손잡이	87.5%	91.4%
왼손잡이	10.6%	7.9%
양손잡이	1.9%	0.7%

위에서 볼 수 있듯이 남녀간에 오른손/왼손/양손 사용자의 비율이 서로 다르다. 여성의 경우 오른손잡이의 비중이 남성에 비해 높고 왼손잡이와 양손잡이의 비중은 낮다. 일부 생리학자에 의하면 오른손잡이는 이성을 관장하는 왼쪽 뇌의 기능이 우세하다고 한다. 그렇다면 이 자료는 여성이 남성보다 더 이성적임을 의미하는가? 사회학적 설명도 가능하다. 왼손잡이는 사회적으로 부정적인 시선을 받는다고 한다('패닉'의 노래 '왼손잡이'의 메시지). 이 자료는 과연 여성이 남성보다 사회의 규

범을 따르도록 더 강한 압력을 받았음을 보여주는가?

또 다른 시각에서 보면 단지 우연에 의해서 위와 같은 관측이 나왔다는 해석도 가능하다. 사실 남녀간에 오른손/왼손/양손 사용자의 비율은 동일한데, 우연에 의해 마치 다른 것처럼 자료가 얻어졌을 가능성 말이다. 관찰된 남녀간의 차이가 생리학자나 사회학자의 예측대로 실제의 차이를 반영하는지, 아니면 우연히 다른 것처럼 나온 것인지 알기 위해서는 유의성 검정이 필요하다. χ^2-검정을 하자.

표본의 2,237명이 모집단으로부터 무작위로 추출되었다고 치고 상자모형을 세우자. 우선 상자 안에는 어떤 종류의 카드를 넣어야 할까? 성별과 사용하는 손을 기준으로 아래 그림과 같이 여섯 종류의 카드를 넣는다. 각각 몇 장씩 넣어야 할까? 원칙적으로는 모집단에서의 구성비를 반영하도록 넣어야 하는데, 그 구성비를 모른다.

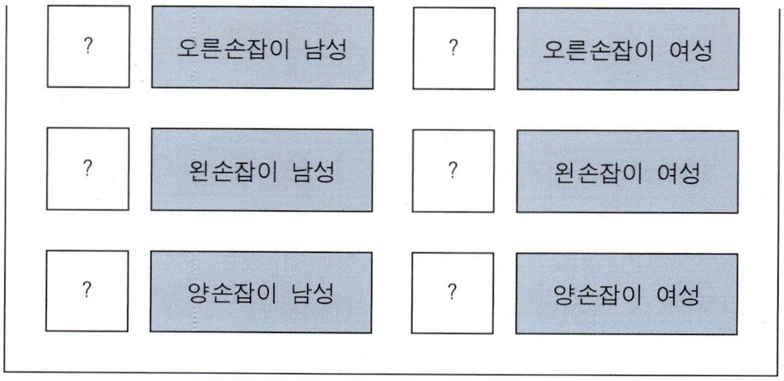

위의 상자로부터 무작위 비복원 추출로 2,237장의 카드를 추출하자. 추출결과를 6개의 범주로 요약한 것이 〈표 21-4〉와 〈표 21-5〉라고 볼 수 있다. 모집단에 각각의 범주에 해당하는 카드가 몇 장씩 들어 있는지 알려져 있지 않다. 우리는 자료로부터 모집단의 구성비를 나타내는 6개의 모수를 추정해야 한다.

이제 상자모형을 이용해서 귀무가설과 대립가설을 세우자. 귀무가설은 성별과 오른손/왼손/양손잡이 여부는 서로 독립이라는 주장이다. 귀무가설에 따르면 남성 중 오른손잡이, 왼손잡이, 양손잡이의 비율은 여성 중 오른손잡이, 왼손잡이, 양손잡이의 비율과 같다. 남녀간 관측된 비율의 차이는 단지 표본추출 과정에서의 우연에 지나지 않는다. 반면 대립가설은 두 특징 사이에 어떤 실질적인 관계가 있다고 본다. 대립가설에 따르면 표본에서 관측된 남녀간의 차이는 모집단에서의 실제 차이를 반영한다.

귀무가설 하에서 χ^2-통계량을 구하기 위해서는 관측된 도수와 기대도수를 비교해야 한다. 기대도수를 구하는 과정은 잠시 후에 설명하기로 하자. 〈표 21-6〉은 범주

표 21-6 범주별 관측된 도수와 기대도수

	관측된 도수		기대도수	
	남성	여성	남성	여성
오른손잡이	934	1,070	956	1,048
왼손잡이	113	92	98	107
양손잡이	20	8	13	15

별로 관측된 도수와 기대도수를 보여준다. 물론 기대도수는 두 특성이 독립이라는 귀무가설 하에서 구한다.

이제 χ^2-통계량을 구할 차례다.

$$\chi^2=\sum\frac{(\text{관측된 도수}-\text{기대도수})^2}{\text{기대도수}}$$

$$=\frac{(934-956)^2}{956}+\frac{(1{,}070-1{,}048)^2}{1{,}048}+\frac{(113-98)^2}{98}+\frac{(92-107)^2}{107}+\frac{(20-13)^2}{13}$$

$$+\frac{(8-15)^2}{15}$$

$$=12$$

χ^2-분포의 자유도는 다음과 같이 구한다.

> $m\times n$ 분할표에서 독립성을 검정할 때, 독립성 이외에는 확률에 대해 다른 아무런 정보가 없으면 자유도는 $(m-1)\times(n-1)$이 된다.

χ^2-통계량에 $3\times2=6$개의 항이 들어 있는데, 자유도는 단지 $(3-1)\times(2-1)=2$이다. 그 이유를 알기 위해 관측된 도수와 기대도수의 차이를 나타내는 다음 표를 보자.

표 21-7 범주별 관측된 도수와 기대도수의 차이

	남성	여성
오른손잡이	−22	22
왼손잡이	15	−15
양손잡이	7	−7

왼쪽 상단의 숫자 −22는 〈표 21-6〉으로부터 934−956=−22라는 계산과정을 통해 얻는다. 왼쪽 중간의 숫자 15도 비슷한 방법으로 얻는다. 이 편차들은 가로든 세

로든 더하면 모두 0이다. 따라서 −22와 15의 두 값만 주어지면, 나머지 네 개 값은 저절로 정해진다. 즉, 6개의 편차 중에서 단지 2개만이 자유롭다. 그러므로 자유도는 2이다. 자유도의 의미를 상기하라.

이제 χ^2-통계량의 값을 알고 그 자유도를 구했으므로 p-값을 계산하자.

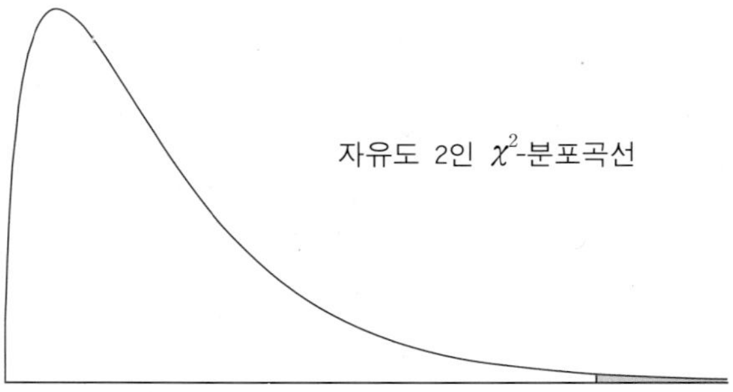

위의 그림에서 볼 수 있듯이 자유도 2인 χ^2-분포곡선에서 12 오른쪽의 면적은 0.2%이다. 따라서 귀무가설은 기각되어야 한다. 성별과 오른손/왼손/양손잡이 여부라는 두 특성이 서로 독립이라는 주장에 대해 강력한 반증을 확보한 셈이다. 이것이 χ^2-검정의 결론이다.

이제 〈표 21-6〉에 제시된 기대도수를 구하는 방법을 설명할 차례다. 아래 〈표 21-8〉은 범주별로 관측된 도수를 나타낸다. 이는 단지 〈표 21-4〉에 행별 합계, 열별 합계 및 전체 합계만을 추가한 것이다.

〈표 21-8〉로부터 오른손잡이의 비율이 (2,004/2,237)×100%≈89.6%임을 알 수 있다. 만약 성별과 오른손잡이라는 특성이 독립이면 오른손잡이 남성의 수는 1,067명의 89.6%인 약 956명일 것으로 기대된다. 다른 범주에 대해서도 이와 같은 방법으로 기대도수를 구하면 된다.

표 21-8 범주별 관측된 도수

	남성	여성	합계
오른손잡이	934	1,070	2,004
왼손잡이	113	92	205
양손잡이	20	8	28
합계	1,067	1,170	2,237

원칙적으로 기대도수는 상자모형에서 직접 구해야 한다. 하지만 우리는 기대도수를 표본과 귀무가설로부터 도출하였다. 사실상 '추정된 기대도수'라고 부르는 것이

정확한 표현이다. 추정을 해서 기대도수를 구했기 때문에 자유도가 더 많이 줄어든다. 만약 추정을 전혀 하지 않고 기대도수를 구했더라면 자유도는 '범주의 개수−1'인 6−1=5이어야 했다. 그러나 추정을 통하여 기대도수를 구했기 때문에 자유도는 5가 아닌 2였다. 일반적으로 추정을 할 때마다 자유도는 줄어든다.

4. 복습문제

1. 자유도 5인 χ^2-분포곡선 아래의 면적 중에서 다음 수치 오른쪽의 면적을 구하라.
   (1) 11.07
   (2) 12.83
   (3) 15.09

2. 하나의 주사위가 균형잡혀 있는지 보기 위해 60회 던져 다음 〈표 A〉의 결과를 얻었다. χ^2-통계치와 p-값을 계산하라. 이 결과로부터 주사위는 균형이 잘 잡혀 있다고 볼 수 있는가?

표 A

값	관측된 도수
1	5
2	7
3	17
4	16
5	8
6	7

표 B

값	관측된 도수
1	10,287
2	10,056
3	9,708
4	10,080
5	9,935
6	9,934

3. 주사위를 6만회 던져 위 〈표 B〉의 결과를 얻었다. 다음 질문에 답하라.
   (1) 관측된 도수를 상대도수로 변환하라.
   (2) 주사위가 균형이 잘 잡혀 있다는 귀무가설에 대하여 χ^2-검정을 실시하라.

4. 위의 문제 3번을 다음과 같은 방식으로 계산한다고 하자. '관측된 도수를 상대도수로 변환한다. 예를 들어 6만회 중 10,287회는 상대도수로 0.1715이다. 각각의 범주에 대하여 관측된 상대도수와 기대된 상대도수의 차이를 구하고 그것을 제곱한다. 제곱된 각각을 다시 기대된 상대도수로 나눈 후 모두 더해서 χ^2-통계량

을 구한다.' 위의 절차는 올바른가?

5. 어떤 자료가 1부터 6까지의 카드가 각각 한 장씩 들어 있는 상자로부터 무작위로 100회 복원추출한 것과 같다는 귀무가설을 검정하려고 한다.

(1) 대립가설이 다음과 같은 상자로부터 무작위로 100회 복원추출한 것이라고 하자. 이 경우 χ^2-검정을 쓸 수 있는가?

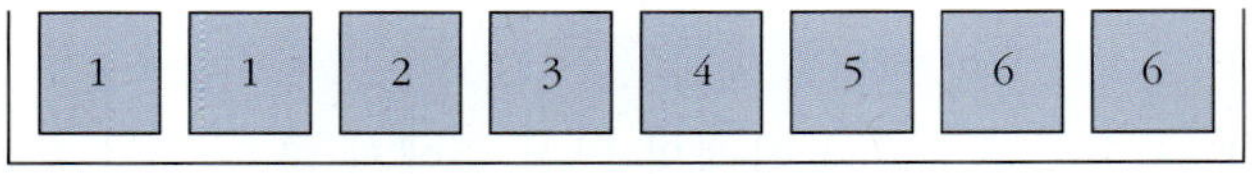

(2) 이제 대립가설이 다음과 같은 상자로부터 무작위로 100회 복원추출한 것이라고 가정하자. 이 경우 χ^2-검정을 쓸 수 있는가?

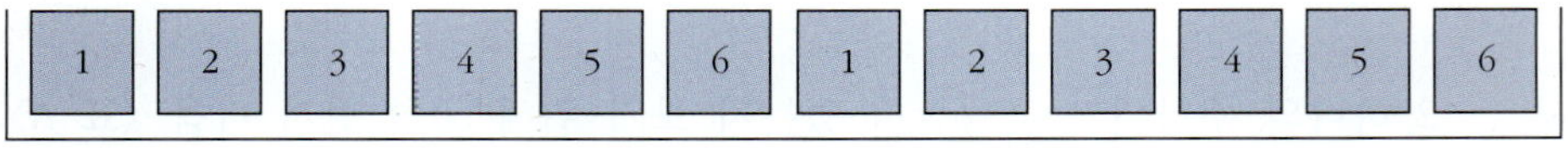

6. 본문 〈표 21-8〉을 보면 표본 중 여성의 비율은 $1,170/2,237 \times 100 \approx 52.3\%$이다. 이때 성별과 양손잡이라는 특성이 독립이면 양손잡이 여성의 수에 대한 기대값을 28의 52.3%인 14.6이라고 계산해도 좋은가?

7. 한 도시에 약 백만 명의 유권자가 있다. 이 중 만 명을 무작위로 추출해 성별과 투표참여의 관계를 조사하여 다음 결과를 얻었다. 성별과 투표참여가 확률적으로 독립인지 χ^2-검정을 통해 밝혀라. 또 남성투표율과 여성투표율간에 차이가 있는지, 앞에서 배운 복수표본 z-검정을 이용해서 밝혀라. χ^2-검정통계량 값과 복수표본 z-검정통계량 값은 어떤 관계를 보이는가?

	남성	여성
투표함	2,792	3,591
투표하지 않음	1,486	2,131

8. 어느 도시에서 25–54세 사이 취업자를 대상으로 소득을 조사하였다. 최종학력이 고졸인 250명을 무작위로 추출하였다. 이들의 연간소득은 평균이 1,405만원이고 표준편차가 800만원이었다. 최종학력이 대졸인 200명을 무작위로 추출해서 동일한 조사를 하였다. 이들의 연간소득은 평균이 1,820만원이고 표준편차가 950만

원이었다. 두 표본평균간의 차이는 실제 차이를 반영하는가? 아니면 우연에 의한 것인가? 어떤 검정을 사용해야 하는지 보기에서 고르고 그 검정을 수행하라.

〈보기〉

① 단일표본 z-검정

② 복수표본 z-검정

③ 상자의 내용물에 관한 귀무가설을 검정하는 χ^2-검정

④ χ^2 를 이용한 독립성 검정

9. 어떤 상자로부터 100회의 복원추출을 한다고 가정하자. 아래 빈칸에 들어갈 말을 다음 보기에서 고르라.

(1) 상자 속 카드의 평균이 2라는 귀무가설을 검정하기 위해서는 (　　)을 해야 한다.

(2) 상자 속에 1, 2, 3이 적힌 카드가 각각 1장씩 들어 있다는 귀무가설을 검정하기 위해서는 (　　)을 해야 한다.

〈보기〉

① 단일표본 z-검정

② 복수표본 z-검정

③ 상자의 내용물에 관한 귀무가설을 검정하는 χ^2-검정

④ χ^2 를 이용한 독립성 검정

10. χ^2-검정에 관한 문제이다. 보기의 숫자를 이용하여 빈칸을 채워라.

(1) $\chi^2=15$일 경우 자유도가 (　)일 때의 p-값이 자유도가 (　)일 때의 p-값보다 작다.

〈보기〉 5, 10

(2) 자유도가 10인 경우, $\chi^2=$(　　)일 때의 p-값이 $\chi^2=$(　　)일 때의 p-값보다 작다.

〈보기〉 15, 20

11. 주사위를 100회 던진 결과 1의 눈이 21회, 2가 15회, 3이 13회, 4가 17회, 5가 19회, 그리고 6이 15회 나왔다. 이로부터 계산하면 나온 눈의 수는 평균이 3.43이고 표준편차가 1.76이다. 이 주사위가 균형이 잘 잡혀 있는지 판단하기 위해 한 사람은 z-검정을 하려고 하고 다른 한 사람은 χ^2-검정을 하려고 한다. 누가 옳은지 밝히고 옳은 검정을 시행하라.

12. 한 통계학 수업에서 출석률과 성별 사이에 유의미한 관계가 있는지 알아보기 위해 총 200명의 출석 통계에 기초하여 다음의 도수분포 자료를 얻었다.

(1) 10% 유의수준에서 z-검정을 이용하여 성별로 출석률에 차이가 없다는 귀무가설을 검정하라.

	남학생	여학생
결석이 한 번이라도 있음	20	10
결석이 전혀 없음	80	90

(2) 10% 유의수준에서 χ^2-검정을 이용하여 출석률과 성별이 독립이라는 귀무가설을 검정하라.

(3) 위의 두 검정간에는 어떤 관계가 있는가?

5. 실제 데이터를 이용한 연습문제

※ 대우 데이터를 이용하여 다음 문제에 답하라.

1. 음주와 결혼여부 사이에는 깊은 연관성이 있다는 주장이 있다. 남성 가구주들을 결혼여부에 따라 미혼, 기혼, 이혼 내지 별거 등 세 그룹으로 나누고 각 그룹별로 음주자의 비율을 계산하라. 또 결혼여부와 음주가 독립인지 5% 유의수준에서 검정하라.

※ 서울 강남구의 아파트 가격 데이터를 이용하여 다음 문제에 답하라.

'대기업일수록 지하철역 가까이에 아파트를 짓는 경향이 있다' 는 주장이 있다. 아파트 가격자료를 이용하여 이 주장이 타당한지 판단하라.

2. 이 문제에 답하기 위한 z-검정을 설계하자. 일단 대기업이 건설한 아파트 표본은 중소기업이 건설한 아파트 표본과 독립이라고 가정하자. 대기업일수록 지하철역 가까이에 아파트를 짓는다는 주장을 검정하기 위한 귀무가설을 제시하라. 복수표본 z-검정을 이용하여 5% 유의수준에서 가설검정을 행하라. p-값을 구하고 그 의미를 해석하라.

3. 이번에는 χ^2-검정을 설계하자. 귀무가설을 '아파트 가까이 지하철역이 있는가

의 여부와 아파트 건설업체가 대기업인가 그렇지 않은가의 여부는 독립이다'로 설정하자. 이 귀무가설 하에서 범주별로 기대도수를 구하라. 사용하는 χ^2-검정의 자유도를 명시하라. p-값을 구하고 귀무가설의 기각여부를 10% 유의수준에서 결정하라.

4. 앞의 2번과 3번에서 동일한 결론을 얻었는가? 두 검정간에는 어떤 관계가 있는가?

※ 엑셀(Excel) 함수 기능을 이용하여 다음 문제에 답하라.

5. 한 상자에 0에서 4까지의 숫자가 적힌 카드가 각각 한 장씩 모두 5장 들어 있다. 엑셀을 이용하여 이 상자에서 20장의 카드를 무작위로 복원추출하라. 각각의 카드가 4장씩 나왔는가?
   아래 20장의 카드는 어느 상자에서 무작위복원추출한 결과이다. 이 상자가 위에서 설명한 상자와 같은 상자인지 유의수준 5%에서 χ^2-검정을 수행하라.
   0 0 3 4 1 0 3 0 0 1 3 4 2 0 4 4 0 4 2 0

6. 인터넷 사이트를 이용한 문제

1. 제2장에서 한국은행 홈페이지(http://ecos.bok.or.kr)와 파이낸스 야후(http://finance.yahoo.com)에 접속하여 코스닥 지수 및 나스닥 지수의 최근 1년치 일간 자료를 확보하고 그 일간 수익률을 구한 바 있다.
   (1) 각각의 일간 수익률을 평균 이상과 평균 미만으로 나누어 2×2 분할표를 작성하라. 이 분할표에 입각하여 두 수익률의 움직임이 상호독립인지 5%유의수준에서 z-검정과 χ^2-검정을 실시하고 그 결과를 해석하라. 또 $z^2 \approx \chi^2$ 임을 확인하라.
   (2) 이제는 각각의 일간 수익률을 평균 주위 표준편차 단위로 ±0.5단위 이내에 있는 것과, −0.5단위 밑에 있는 것과, +0.5단위 위에 있는 것으로 나누어 3×3 분할표를 작성하라. 이 분할표에 입각하여 두 수익률의 움직임이 상호독립인지 χ^2-검정을 실시하고 그 결과를 해석하라.
   (3) 위 (1)과 (2)의 방법은 어떻게 다른지 설명하라.

7. 요 약

1. χ^2-통계량을 이용해서 자료가 어떤 특정한 확률모형으로부터 나온 것인지 검정할 수 있다.

2. 여러 범주에 걸쳐 관측된 도수와 기대도수의 전반적인 차이는 χ^2-통계량으로 측정한다.

$$\chi^2 = \sum \frac{(\text{관측된 도수} - \text{기대도수})^2}{\text{기대도수}}$$

3. 자료로부터 모수를 추정할 필요가 없는 경우 자유도는 다음과 같이 구한다.

$$\text{자유도} = \chi^2 \text{ 안에 포함된 항의 개수} - 1$$

4. χ^2-검정(chi-square test)에서 p-값은 그 자유도에 상응하는 χ^2-분포곡선 아래의 면적 중에서 관측된 χ^2-통계치 오른쪽의 면적으로 구한다. p-값은 귀무가설 하에서 실제 관측된 차이 또는 그보다 더 극단적인 차이가 얻어질 확률을 말해준다.

5. 만약 독립적으로 수행된 실험들이 있다면 각각의 χ^2-통계량을 더해서 새로운 χ^2-통계량을 만든다. 이때 새로운 통계량의 자유도는 각 통계량의 자유도를 더하여 얻는다.

6. χ^2-통계량을 이용해서 확률적 독립 여부도 검정한다. 이때 $m \times n$ 분할표를 사용할 경우 자유도는 $(m-1) \times (n-1)$이 된다.

7. χ^2-검정은 관측된 도수와 기대도수를 비교하는 검정방법이다. 이를 통해 상자의 내용물 분포를 검정하기도 하고 두 변수간 독립성을 검정하기도 한다. 이와 달리 앞서 배운 z-검정은 하나의 표본평균과 그 기대값을 비교하거나 두 표본간 평균을 비교할 때 사용한다.

8. 부　록

(1) χ^2-분포

표준정규분포를 따르고 서로 독립인 m개의 확률변수 Z_1, …, Z_m을 각각 제곱하여 합치면 그 합은 자유도가 m인 χ^2-분포를 따른다.

$$\chi^2 = Z_1^2 + Z_2^2 + \cdots + Z_m^2 \sim \chi^2(m)$$

(2) 상자의 내용물에 관한 χ^2-검정

상자의 내용물에 관한 귀무가설

$$H_0: \text{첫 번째 범주의 확률} = p_1, \cdots, J \text{ 번째 범주의 확률} = p_J$$

를 검정할 때 χ^2-검정을 사용한다. (대립가설 H_1: H_0가 아니다)

$$\chi^2 = \sum_{j=1}^{J} \frac{(O_j - E_j)^2}{E_j} = n \sum_{j=1}^{J} \frac{(\hat{p}_j - p_j)^2}{p_j} \sim \chi^2(J-1)$$

J : 전체 범주의 개수

O_j : 범주 j에 속한 자료의 관측된 도수

E_j : 범주 j에 속한 자료의 기대도수

n : 표본크기

p_j : 귀무가설로 주어진 j번째 범주의 확률

$\hat{p}_j$: $\hat{p}_j = O_j/n$로 정의되는 관측된 비율, 즉 상대도수

기대도수 E_j는 귀무가설 하에서 구한다. $E_j = np_j$이다. ($j=1$, …, J) 위의 χ^2-검정통계량은 귀무가설 하에서 자유도 $J-1$의 χ^2 분포를 따른다. 위와 같이 χ^2-검정통계량 값을 구한 후 자유도 $J-1$의 χ^2 분포표나 χ^2-분포곡선을 이용하여 p-값을 구하고 이를 주어진 유의수준과 비교하여 검정을 수행한다.

(3) z-통계량과 χ^2-통계량의 관계

자유도가 1일 경우 $\chi^2 = z^2$ 의 관계가 성립한다. 예를 들어 이 관계를 설명해 보자. 하나의 동전을 독립적으로 n번 던져 앞면이 나온 횟수를 X라고 하자. 또 X를 n으

로 나누어 구한 상대도수를 $\hat{p}$이라고 하자. 즉, $\hat{p}=X/n$. 이 동전이 잘 균형 잡혀 있는지 검정해 보고 싶다. 이는 귀무가설 H_0 : $p=1/2$로 표현된다.

보다 일반적인 형태의 귀무가설로서 다음을 생각해 보자. H_0 : $p=p_0$. 이 때 χ^2-통계량과 z-통계량의 관계는 다음과 같이 유도된다.

$$\begin{aligned}\chi^2&=\sum_{j=1}^{2}\frac{(\text{관측된 도수}-\text{기대도수})^2}{\text{기대도수}}\\&=\frac{(n\hat{p}-np_0)^2}{np_0}+\frac{\{n(1-\hat{p})-n(1-p_0)\}^2}{n(1-p_0)}\\&=\frac{(n\hat{p}-np_0)^2}{np_0(1-p_0)}=\left\{\frac{\hat{p}-p_0}{\sqrt{p_0(1-p_0)/n}}\right\}^2=\left\{\frac{\hat{p}-p_0}{\text{SE}(\hat{p})}\right\}^2=z^2\end{aligned}$$

좌변 χ^2를 살펴보면 전체 범주의 개수가 2이므로 자유도가 1인 χ^2-분포를 따르게 된다. 우변 역시 표준정규분포를 따르는 확률변수의 제곱이므로 자유도 1의 χ^2-분포를 따른다. 좌변과 우변이 동일한 분포를 따름을 알 수 있다. 물론 이는 표본크기 n이 비교적 큰 경우에 해당되는 말이다.

(4) 독립성에 관한 χ^2-검정

다음 $m\times n$ 분할표를 보자. 표에는 행(row)의 범주가 R_1부터 R_m까지 m개 있다.

범주별 관측된 도수

	C_1	$\cdots$	C_n	합계
R_1	O_{11}	$\cdots$	O_{1n}	$O_{1\cdot}$
$\vdots$	$\vdots$	$\vdots$	$\vdots$	$\vdots$
R_m	O_{m1}	$\cdots$	O_{mn}	$O_{m\cdot}$
합계	$O_{\cdot 1}$	$\cdots$	$O_{\cdot n}$	N

열(column)의 범주는 C_1부터 C_n까지 n개 있다. 행과 열의 조합으로 이루어지는 결합범주(joint category)는 전체 $m\times n$개 있다.

O_{ij} : $(R_i,\ C_j)$의 결합범주에 속하는 관측치 수

$O_{i\cdot}$: R_i행에 속하는 관측치 수

$O_{\cdot j}$: C_j열에 속하는 관측치 수

N : 전체 관측치 수 $N=\sum_{i=1}^{m}O_{i\cdot}=\sum_{j=1}^{n}O_{\cdot j}$

이제 행의 특성과 열의 특성이 독립이라는 가정 하에 관측된 도수 O_{ij}에 대응하는 기대도수 E_{ij}를 구하는 방법을 살펴보자. 확률적 독립의 정의를 상기해 보라. 행과 열의 특성이 독립이면 (R_i, C_j)의 결합확률은 R_i의 주변확률과 C_j의 주변확률을 곱하여 얻는다.

$$P(R_i, C_j) = P(R_i) \cdot P(C_j)$$

귀무가설 하에서 $P(R_i)$와 $P(C_j)$는 주어져 있지 않다. 이를 자료로부터 추정하자. 자료에서 구한 상대도수로 모집단의 확률을 추정하면 된다. 즉,

$$\hat{p}_{i\cdot} = \hat{P}(R_i) = \frac{O_{i\cdot}}{N}, \quad \hat{p}_{\cdot j} = \hat{P}(C_j) = \frac{O_{\cdot j}}{N} \text{ (여기서 } N\text{은 표본크기)}$$

여기서 독립성의 가정을 부과하면 범주 (R_i, C_j)의 결합확률에 대한 추정치는 R_i의 주변확률에 대한 추정치와 C_j의 주변확률에 대한 추정치를 곱하여 얻는다.

$$\hat{p}^0_{ij} = \hat{p}_{i\cdot} \cdot \hat{p}_{\cdot j} = \left(\frac{O_{i\cdot}}{N}\right)\left(\frac{O_{\cdot j}}{N}\right)$$

앞에서 $\hat{p}_{ij}$ 이라는 기호를 쓰지 않고 $\hat{p}^0_{ij}$ 이라는 기호를 쓴 이유가 중요하다. 독립성의 가정을 부과하지 않고 범주 (R_i, C_j)의 결합확률을 자료로부터 직접 구하면 이는 $\hat{p}_{ij} = \dfrac{O_{ij}}{N}$가 된다. 이는 전체 N개의 관측치 가운데 O_{ij}개의 관측치가 (R_i, C_j)의 결합범주에 속하기 때문이다. $\hat{p}_{ij}$을 구할 때는 아무런 가정도 부과하지 않았다. 이는 독립성의 가정 하에서 구한 $\hat{p}^0_{ij}$와 그 의미가 다르다.

이제 범주 (R_i, C_j)의 기대도수, 엄밀하게 말하면 추정된 기대도수 E_{ij}를 구해 보자. 귀무가설 하에서 (R_i, C_j)의 결합확률은 $\hat{p}^0_{ij}$ 으로 추정되므로 그 기대도수는 $E_{ij} = N\hat{p}^0_{ij}$으로 계산된다. E_{ij}는 여러 가지 방식으로 표현된다.

$$E_{ij} = N\hat{p}^0_{ij} = N\hat{p}_{i\cdot}\,\hat{p}_{\cdot j} = O_{i\cdot}\,\hat{p}_{\cdot j} = O_{\cdot j}\,\hat{p}_{i\cdot}$$

도수를 이용하느냐 상대도수를 이용하느냐에 따라 χ^2-검정통계량도 다음 두 가지 방식으로 표현된다.

$$\chi^2=\sum_{i=1}^{m}\sum_{j=1}^{n}\frac{(O_{ij}-E_{ij})^2}{E_{ij}}=N\sum_{i=1}^{m}\sum_{j=1}^{n}\frac{(\hat{p}_{ij}-\hat{p}_{i\cdot}\ \hat{p}_{\cdot j})^2}{\hat{p}_{i\cdot}\ \hat{p}_{\cdot j}}$$

이는 행의 특성과 열의 특성이 독립이라는 귀무가설 하에서 자유도 $(m-1)\times(n-1)$의 χ^2-분포를 따른다.

칼 피어슨(Karl Pearson, 영국, 1857-1936)

'카이스퀘어 검정'의 창시자인 피어슨은 1857년 3월 27일 영국 런던에서 태어났다. 사실 피어슨의 연구 분야는 매우 광범위하여, 통계학뿐만 아니라 수학·과학 등의 분야에서도 많은 업적을 남겼다. 케임브리지 대학에서 그의 전공은 응용수학이었고, 런던 대학의 교수가 된 직후에는 기하학을 강의하였으며(1882-1884), 후에는 응용수학과 역학을 강의하였다. 생물학·우생학 등에도 많은 업적을 남긴 것으로 알려져 있다. 또한 독일의 역사와 철학에도 조예가 깊었으니 그의 광범위한 학문 활동을 짐작해 볼 수 있다. 하지만 근대 통계학을 수립하는데 기여한 것으로 널리 기억되는 만큼 통계학적인 업적이 가장 뛰어나다. 생물학·우생학에 있어서의 업적 역시 통계 내지 측정과 관련된 업적들이 주로 알려져 있다.

통계학은 19세기 말 갈튼(Francis Galton, 영국, 1822-1911), 에지워스(Francis Ysidro Edgeworth, 영국, 1845-1926), 그리고 피어슨(Karl Pearson, 영국, 1857-1936)과 그의 제자인 율(George Udny Yule, 영국, 1871-1951)의 연구에 힘입어 20세기에 들어서야 하나의 독립적인 학문 분야가 되었다. 이들을 따로 떼어서는 얘기할 수 없는데, 만약 이들이 같은 시대에 교류하면서 연구를 진행하지 않고 각자 독자적으로 활동했다면 지금의 통계학은 존재하지 않았을지도 모를 일이다. 갈튼이 아이디어를 제공하고, 에지워스가 갈튼의 아이디어를 토대로 이론적인 완성을 이루었다면, 피어슨은 이를 종합하고 일반화하여 '통계학'이라는 하나의 학문 분야로 발전시켰다. 피어슨은 갈튼만큼의 직관도, 에지워스만큼의 분석 능력도 갖추지 못했지만, 그의 학문에 대한 야심은 엄청나 통계학은 마침내 피어슨에 이르러 구시대의 한계를 벗고 새로운 방법론을 확립할 수 있게 되었다.

피어슨은 젊어서 갈튼의 논문을 접하게 된다. 처음에는 그 잠재성을 인식하지 못해 통계에 별 관심을 보이지 않았으나 훗날 에지워스와의 교류를 통해 이를 다시 되짚어 보게 되었다.

피어슨은 에지워스와 교류가 많았던 것으로 알려져 있다. 그들은 선의의 라이벌 관계였다고 해도 좋을 것이다. 사실 피어슨에게 통계학에 대한 야심이 생긴 것도 어쩌면 에지워스를 능가하는 통계학적 완성을 이루고 싶어서였을지 모른다. 그런 만큼 그의 연구 분야도 에지워스와 겹치는 부분이 많았다. 대개 그렇듯이 이 두 라이벌도 자주 충돌하였는데, 에지워스가 피어슨에 앞서 비슷한 논문을 제출하려고 하자 피어슨이 화를 낸 일과, 에지워스가 통계학회에 제출한 논문이 기각당하자 이를 피어슨의 탓으로 돌린 일 등이 좋은 예이다.

피어슨의 업적 중 하나는 비대칭 분포곡선(skew curve)을 두 개의 정규분포곡선의 합성으로 나타내는데 성공했다는 것이다. 이것은 케틀레(A. Quetelet)의 연구에 내포되어 있으며 갈튼에 의해서도 지적된 바이지만, 이를 수학적으로 완성한 것은 피어슨이다.

또 다른 업적은 상관계수를 계산하는 방법을 도출했다는 것이다. 피어슨은 상관계수와 관련된 확률을 계산하는 방법도 제시함으로써 상관계수의 유용성을 과시하였다.

피어슨의 야심이 얼마나 대단하였는가는 그가 정리한 χ^2-분포표만 보아도 알 수 있다. 이는 수많은 제자들을 마치 컴퓨터처럼 부린 결과이다.

1936년에 사망한 피어슨은 피어슨파 수리통계학의 창시자, 생물통계학의 선구자로 알려져 있으며, 학술지 바이오메트리카(*Biometrika*)와 「우생학 연보」의 편집자로 학계에 큰 족적을 남기게 된다.

제 22 장

유의성 검정에 대한 보충설명

'유의하다/유의하지 않다'의 양분법 대신 p-값을 보고하세요.

1. 결과가 유의한가

가설검정을 하는 이유는 모집단에 실제로 존재하는 차이와 단순히 우연에 의한 차이를 구분하기 위해서이다. 일반적으로 사람들은 하나의 차이가 통계적으로 유의하면 이는 실질적일 것이라고 판단한다. 우연이라고 보기엔 너무 지나치기 때문이다. 유의성 검정에 의한 실제와 우연의 구분은 그 성격이 확률적이지 단정적이지 않다.

유의성 검정의 확률적 성격은 *p*-값에 반영된다. *p*-값은 귀무가설 하에서 판단할 때 실제의 관측치 또는 그 이상 극단적인 값을 관측할 확률이다. 귀무가설을 기각하려면 대체 *p*-값은 얼마나 작아야 하는가? 사람들은 종종 5% 또는 1%를 기준으로 삼는다. *p*-값이 5%보다 작으면 결과가 '통계적으로 유의하다' (statistically significant)라고 표현한다. *p*-값이 1%보다도 작으면 결과가 '통계적으로 아주 유의하다' (statistically very significant)라고 말한다. 급기야 5%, 1%의 자의적인 기준이 매우 당연한 것처럼 받아들여지고 있다. 많은 사람이 분석결과를 '유의하다' 또는 '아주 유의하다' 라고 말로만 보고하는 지경에까지 이르렀다.

이는 잘못된 관행이다. 예컨대 5.1%의 *p*-값과 4.9%의 *p*-값은 엇비슷하다. 하지만 많은 사람들이 이 두 *p*-값을 매우 다르게 취급하는 경향이 있다. 5% 유의수준을 기준으로 할 때 4.9%의 *p*-값은 통계적으로 유의한 결과이고 5.1%의 *p*-값은 통계적으로 유의하지 않다는 것이다. 이처럼 '유의하다 또는 유의하지 않다' 식의 양분법에 의한 유의성 판정은 자의적일 수밖에 없다.

통계적으로 유의한 결과라고 해서 우연에 의해 전혀 설명될 수 없는 것도 아니다. 드물긴 하지만 단지 우연에 의해서도 관측치가 그 기대치로부터 표준오차 단위로 두 단위 이상 떨어져 위치한다. 귀무가설이 맞는데도 통계적으로 유의한 결과가 나올 수 있다. 유의성 판단의 기준인 5%의 가능성이란 희박하기는 하지만 불가능하지는 않다.

귀무가설이 맞는 상황 하에서 연구를 100번 반복한다고 하자. 이때 순전히 우연에 의해서도 그 중 다섯 번은 통계적으로 유의한 연구결과가 나오고 또 한 번은 아주 유의한 연구결과가 나올 것으로 예상된다.

유의성 검정을 할 때 관측된 자료가 우연의 산물인지 필연의 산물인지를 나눌 분명한 경계선은 없다. 이는 마치 기온이 정확히 몇 도 이하로 떨어져야 추운지를 말할 수 없는 것과 같은 이치이다. 연구자는 마땅히 어떤 검정을 사용했는지, 또 *p*-값은 얼마인지 보고해야 한다.

연구자는 자료를 요약 · 정리하고 어떤 검정을 사용했는지 밝혀야 하며, p-값을 보고해야 한다.

2. 자료 미리 훔쳐보기

사람들은 종종 자료를 미리 엿본 뒤에야 어떤 가설을 검정할지 결정한다. 이를 **자료 미리 훔쳐보기**(data snooping)라고 한다. 양심이 있으면 자료를 미리 훔쳐보지 말아야 한다. 또 통계적으로 유의한 결과를 얻기 위해 결과가 마음에 들 때까지 몇 번씩이나 실험을 반복해서도 안 된다. 불행히도 이 중요한 충고를 실천하는 사람은 별로 없다.

자료를 미리 훔쳐보고 나서 검정을 하면 그 검정의 p-값은 해석하기가 어렵다.

자료 미리 훔쳐보기의 한 예로 검정을 하기 전에 슬쩍 표본평균이 큰지 작은지 살펴보는 것을 들 수 있다. 그 방향을 알면 양측검정을 하는 대신 단측검정을 수행함으로써 p-값을 절반으로 줄여 관측된 결과를 좀더 유의하게 보이도록 만들려는 유혹에 빠지게 된다.

제18장 유의성 검정에서 공부한 것처럼 단측검정(one-sided test)이냐 양측검정(two-sided test)이냐의 구분은 대립가설의 형태에 달려 있다. 대립가설이 '상자의 평균은 주어진 값보다 크다' 또는 '상자의 평균은 주어진 값보다 작다' 라는 형태일 때에는 단측검정을 실시한다. 반면 대립가설이 '상자의 평균은 주어진 값과 다르다' 라는 형태일 때에는 양측검정을 실시한다.

예를 들어 모집단의 평균이 50이라는 하나의 귀무가설을 검정한다고 하자. 대립가설에 따르면 모평균이 50과 다르다고 하자. 자료를 미리 훔쳐보니 표본평균이 60으로 귀무가설에서 상정한 50보다 크다는 것을 알았다. 이 경우 대립가설을 '모평균은 50이 아니다' 대신 '모평균은 50보다 크다' 라고 바꿔치기하면, p-값은 졸지에 절반으로 줄어든다. 이는 일종의 사기다.

다른 예를 들어 보자. 하나의 동전을 100회 던져 앞면이 61번 나왔다고 하자. 만약 이 동전이 균형이 잘 잡혀 있다면 앞면이 나올 횟수의 기대값은 50이고, 61과 50의 차이는 우연의 결과이어야 한다. 이 귀무가설을 검정하기 위해 상자모형을 설정하

자. 상자 속에는 0과 1이 적힌 카드가 들어 있다. 0은 동전의 뒷면을 1은 동전의 앞면을 의미한다. 이 상자에서 무작위로 100회 복원추출을 한다. 귀무가설을 받아들인다면 상자 속 카드 중 1이 적힌 카드의 비율은 1/2이다. 검정통계량은 다음과 같다.

$$z=\frac{\text{앞면이 관측된 횟수}-\text{기대값}}{\text{앞면이 나온 횟수의 표준오차}}=\frac{61-50}{5}=2.2$$

한 학자가 대립가설을 '이 동전은 앞면과 뒷면이 균형 잡혀 있지 않다' 라고 설정했다고 하자. 그는 상자 안에 있는 1의 비율이 50%와 다르다고 보는 것이다. 이 경우 검정통계량의 값이 큰 양수이거나 절대값이 큰 음수일수록 귀무가설에 불리해진다. 그리하여 p-값은 정규분포곡선 아래의 면적 중 2.2보다 오른쪽에 있는 부분의 면적과 −2.2보다 왼쪽에 있는 부분의 면적을 합친 값이 된다.

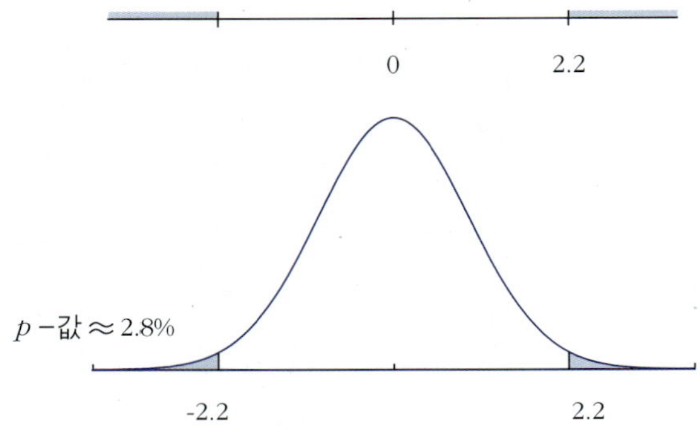

다른 학자는 위와 다른 대립가설을 설정했다고 하자. 즉 대립가설을 '이 동전은 앞면이 더 많이 나온다' 라고 설정했다고 하자. 그는 상자 안에 있는 1의 비율이 50% 이상이라고 보는 것이다. 이 경우 검정통계량의 값이 큰 양수일수록 대립가설에 유리하지만, 절댓값이 큰 음수라면 유리할 것이 없다. 그리하여 p-값은 정규분포곡선 아래의 면적 중 2.2보다 오른쪽에 있는 부분의 면적으로만 계산된다.

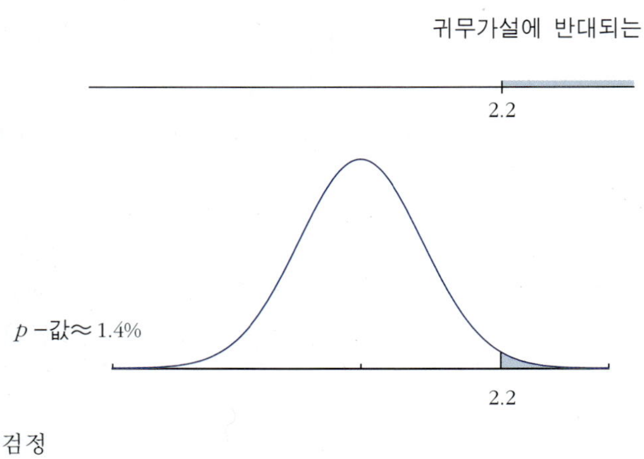

위에서 본 것처럼 단측검정이냐 양측검정이냐에 따라 p-값이 달라진다. 이는 복잡한 문제를 야기한다. 어떤 학자가 z-통계량을 이용하여 양측검정을 수행한다고 하자. 그가 z-값으로 1.85를 얻었다면 p-값은 대략 6%가 된다. 이는 통상적으로 많이 사용하는 유의수준인 5%보다 크기 때문에 결과가 유의하지 않다.

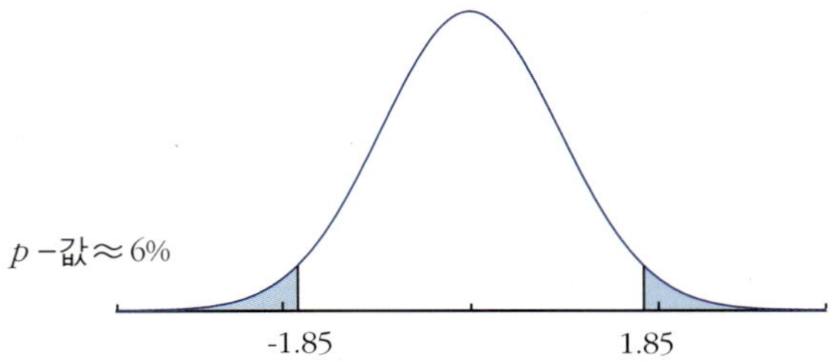

이 학자는 결과가 유의하지 않게 나오자 실망한다. 대부분의 학술지가 자기 논문을 박대할 것을 예감하기 때문이다.

어떻게 대처할 것인가? 더 정교한 실험을 개발하고 더 많은 자료를 수집하며 더 날카로운 분석방법을 채택해야 하나? 힘들고 피곤하다. 쉽게 살자. 그는 다른 잘못된 방법을 찾는다. 양측검정을 단측검정으로 바꾸어버린다. 양측검정 하에서 계산된 p-값 6%가 단측검정 하에서는 그 절반인 3%로 줄어든다. 통계적으로 유의하지 않았던 결과가 갑자기 통계적으로 유의한 결과로 둔갑한다. 힘들지도 않다. 양심만 팔면 된다.

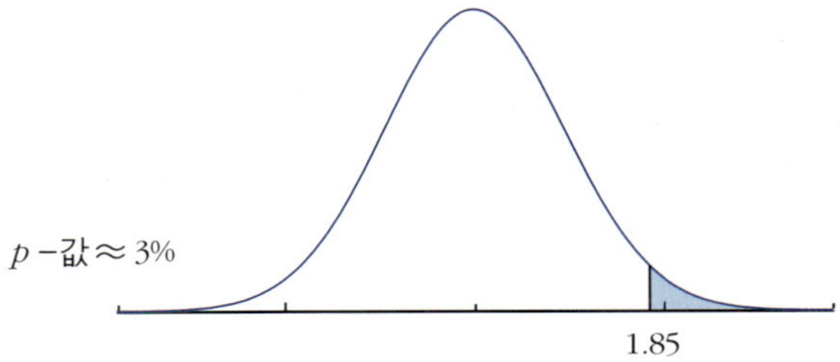

이런 식의 부작용을 막기 위해서 많은 통계학자들은 일반적으로 단측검정보다는 양측검정을 권한다. 단측검정을 했는지 양측검정을 했는지, 나아가 p-값은 얼마인지도 밝히도록 권한다. 실제로 한 연구자가 단측검정을 했는데 이론상 양측검정을 하는 것이 옳다면 그가 단측검정 하에서 구한 p-값을 2배 해주면 된다.

3. 결과가 중요한가

'통계적으로 유의하다' 라 함은 나타난 결과를 단순히 우연의 산물로 보기 어렵다는 뜻이다. '유의하다' 가 '중요하다' 를 의미하지는 않는다. 통계적 유의성과 현실적 중요성은 같은 개념이 아니다.

예를 들어 보자. 도시지역에 비해 농촌지역 학생의 수능시험 외국어 점수가 떨어지는지 검정하려고 한다. 도시와 농촌에서 무작위로 각각 이천오백 명씩의 수험생을 추출한다. 도시 학생들의 평균점수는 61점이고, 농촌 학생들의 평균점수는 60점이다. 표준편차는 각각 14점이다. 1점이라는 평균의 차이가 우연 때문인지 실질적인지 알아내기 위해 복수표본 z-검정을 실시한다. 두 표본평균의 차이는 1이고 이 차이의 표준오차는 대략 0.4이다(각자 제곱근 분산합 공식을 써서 확인해 보라). 따라서 $z=1/0.4=2.5$이고, p-값$=0.62\%$가 된다. 도시 학생과 농촌 학생의 점수 차이는 통계적으로 아주 유의하다.

이 연구결과를 보고 농촌 학생들의 영어 점수를 향상시키기 위해 새로운 프로그램을 도입해야 한다고 주장할 필요는 없다. 위의 검정 결과는 단지 두 집단의 차이인 1점이 우연의 산물이었을 가능성은 아주 희박하다는 것을 말해줄 뿐이다. 100점 만점의 외국어 영역 시험에서 평균 1점의 차이는 통계적으로 유의한 차이일지언정 별로 중요한 차이는 아니다. 이 1점 때문에 많은 예산을 농촌에 투입한다는 것은 상식적으로 납득하기 어렵다. 통계적으로 유의하다고 해서 경제적으로도 중요한 것은 아니다.

다른 예를 보자. 새로운 거래규칙을 개발하여 주식투자에 적용한다고 치자. 시장수익률에 대비한 초과수익률이 0보다 크냐 작으냐가 그 거래규칙의 유용성을 평가하는 하나의 기준이 된다. 과거의 주가 자료를 가지고 분석한 뒤 초과수익률이 통계적으로 유의하게 0보다 높게 나왔다는 연구결과는 많이 존재한다. 그런데 그 차이가 실질적으로도 중요한 차이일까? 거래비용을 제하고도 여전히 돈이 남을까? 그렇다면 연구자는 새로운 거래규칙을 공개하는 대신 그 거래규칙을 무기로 하여 돈을 벌었을 것이다.

표본이 크면 좋다. 표본이 클수록 표준오차가 작아져 두 집단의 차이를 좀더 정확히 측정할 수 있다. 유의성 검정에서 p-값은 표본크기의 영향을 받는다. 표본이 크면 아주 작은 차이라도 통계적으로 유의하게 나온다. 관측된 차이를 우연에 의한 것으로 간주하기 어렵게 된다. 그렇다고 해서 검정결과가 저절로 중요해지는 것은 아니다. 역으로 표본크기가 너무 작으면 중요한 차이라도 통계적으로 유의하지 않을 수 있다. 통계적 유의성! 이 개념을 있는 그대로 해석하라.

4. 모형의 역할

앞의 내용을 요약하면, 유의성 검정은 '관측된 차이가 우연의 산물인가?' 라는 질문에 답하는 과정이다. 따라서 우연의 의미가 잘 정의되어야만 올바른 검정을 할 수 있다. 상자모형을 이용하는 이유가 바로 여기에 있다.

> 유의성 검정을 하기 위해서는 "우연의 의미를 잘 정의하기 위하여" 상자모형이 필요하다.

유의성 검정은 모순에 의한 논증법이다. 우연이 아님을 밝히려면 일단 우연이라고 두고 모순을 찾아내야 한다. 우연이라고 보기엔 너무 심하다는 생각이 들면 우연이 아니라고 판단한다. 여기서 '너무 심하다' 란 무엇을 의미하는가? 우연이라고 보기엔 너무 극단적인 관측치가 나왔음을 의미한다. 우연이라고 보기엔 실제의 관측치 또는 그 이상 극단적인 값이 나올 가능성이 희박하다는 의미이다. 여기서 p-값의 의미를 다시 한 번 새겨 보라.

p-값은 상자모형을 통해서 구한다. 검정통계량에 쓸 기대값과 표준오차는 자료가 상자로부터 나온 것이라는 가정 하에 구한다. 통계학에서 자주 사용하는 정규분포표, t-분포표, 그리고 χ^2-분포표 모두 상자모형을 가정하고 만든다. 만약 상자모형이 틀리면 이 모든 공식과 표는 무용지물이 된다. 다음 예를 살펴보자.

보 기 센서스(census) 자료에 의하면, 1970년 당시 우리나라의 인구는 약 3,224만명이었고, 그 중 3.07%가 65세 이상이었다. 2010년 자료에 의하면, 총 인구는 4,858만명이었고, 그 중 11.3%인 542만명이 65세 이상이었다. 이 차이는 통계적으로 유의한가?

해 설 여기에 복수표본 z-검정을 적용하기는 무척 쉽다. 하지만 그 검정은 아무 의미가 없다. 위의 자료는 전 국민을 대상으로 5년마다 실시하는 센서스의 결과이다. 표본추출 과정에서 발생하는 우연은 처음부터 존재하지 않는다. 물론 센서스 자료에도 많은 문제가 있을 수 있다. 하지만 그 문제는 상자에서 무작위로 추출할 때의 확률오차와는 성격이 전혀 다르다. 전수조사로 얻은 센서스 자료를 두고 통계적 유의성을 논의하는 것은 무의미하다.

만약 유의성 검정이 전체 모집단을 조사한 센서스 자료에 기반하고 있다면 통계적 유의성에 따른 통계적 추론 자체가 무의미하다.

편의표본(convenience sample)은 '걸어 다니다 만난 사람' 100명을 표본으로 삼는 것처럼 제멋대로 추출한 표본이다. 이는 확률적 방법으로 추출한 표본과는 그 성격이 전혀 다르다. 편의표본을 이용하여 가설검정을 할 때는 p-값을 제대로 계산할 방도가 없다. 편의표본을 설명할 마땅한 상자모형을 설정할 수 없기 때문이다. 편의표본으로는 가설검정이 불가능하다.

제멋대로 추출한 편의표본으로는 제대로 된 유의성 검정을 할 수 없다.

5. 자료가 하나의 주장을 뒷받침하는가

하나의 주장을 뒷받침하기 위해 자료를 수집한다. 만약 자료에 나타난 결과가 우연의 산물이라면 자료가 주장을 뒷받침한다고 보기 어렵다. 이런 이유로 유의성 검정을 통해 관측된 차이가 우연에 의한 것이 아니라 실제적인 것임을 보이려고 한다. 반증을 통해 우연의 가능성을 일축하고자 한다. 주의할 점은 검정을 할 때 우연 혹은 확률의 의미가 잘 정의되어야 한다. 이를 위해 상자모형을 이용한다. 상자모형이 잘못되면 유의성 검정도 잘못된다.

예를 들어 주사위를 던져 6의 눈이 나오게 할 능력이 있다고 외치는 자칭 초능력자의 주장을 검정한다고 하자. 이 초능력자에게 주사위를 720회 던지게 했더니 6의 눈이 143회 나왔다. 만약 주사위가 균형이 잘 잡혀 있고 이 초능력자에게 특별한 힘이 없다면 6의 눈은 120회 정도 나올 것으로 기대된다.

관측치 143과 기대값 120의 차이는 실질적인가 아니면 우연인가? 그 판단을 위해 유의성 검정을 한다. 귀무가설 하에서 6의 눈이 나온 횟수는 0이 적힌 카드 다섯 장과 1이 적힌 카드 한 장이 들어 있는 상자로부터 무작위로 720회 복원추출하여 나온 숫자의 합과 같다. 이 상자모형으로부터 구하면 6이 나온 횟수의 표준오차는 $\sqrt{720} \times \sqrt{1/6 \times 5/6} = 10$이다. 따라서 $z = (143 - 120)/10 = 2.3$이고 p-값은 대략 1% 정도이다. 따라서 5% 유의수준에서 검정한다면 관측된 차이를 우연의 산물로 보기는 어렵다.

이제 핵심적인 질문에 답해 보자. 위의 검정 결과는 초능력의 존재를 입증하는가? 반드시 그런 것은 아니다. 유의성 검정은 관측된 차이를 우연의 산물로 보기는 어렵다는 사실만을 알려줄 뿐이다. 주사위가 균형 잡혀 있지 않을 수도 있고 실험 과정에서 다른 잘못을 범했을 수도 있다.

> 유의성 검정을 통해 실험이 올바르게 고안되었는지 그렇지 않은지는 알 수 없다.

위의 초능력 실험에서 z-검정이 잘못된 결론을 알려준 것은 아니다. z-검정에 따라 우리는 6의 눈이 지나치게 많이 나온 것을 단순히 우연으로 돌리기가 어렵게 되었다. 우리는 주사위가 균형이 잘 잡혀 있다는 가정 하에서 초능력의 존재를 검정하고자 했다. z-값을 구하는 데 사용한 표준오차도 이 가정을 전제로 계산했다. 이러한 가정이 틀리면 유의한 검정결과는 주사위의 문제점을 지적한 것일 수도 있고 초능력의 존재를 뒷받침한 것일 수도 있다.

6. 맺음말

유의성 검정에서 확률적 요인은 상자모형을 통해 반영된다. 암묵적으로든 명시적으로든 상자모형은 여러분 자신이 설정한다. 유의성 검정은 모형이 적절하거나 논리적인지를 알려주지 않는다. 유의성 검정은 차이가 중요한 의미를 갖는지 아닌지 분간해주지도 않는다. 그리고 차이가 왜 생겼는지 말해주지도 않는다. 유의성 검정은 차이가 우연의 산물인지 아닌지만을 판단해줄 뿐이다.

요즘에는 너나 할 것 없이 유의성 검정을 쓴다. 하나의 이유는 유의성 검정이 고도로 발달된 통계학 이론에 기반을 두고 있기 때문이고 다른 이유는 '통계적으로 유의하다' 라는 표현이 지닌 마력 때문이다. '유의하다' 는 말은 아주 그럴듯하게 들린다. 어느새 이 표현만 빌리면 엉터리 같은 결과도 매우 과학적인 것처럼 행세하게 되었다.

7. 복습문제

1. 다음이 참인지 거짓인지 판단하라.
   (1) p-값이란 귀무가설이 참일 확률을 말한다.
   (2) 우연의 산물도 가끔씩 통계적으로 유의하게 보일 수 있다. 100번을 반복하면

순전히 우연에 의해서도 다섯 번 정도는 유의한 결과가, 또 한 번 정도는 아주 유의한 결과가 나올 것으로 기대된다.

(3) 통계적으로 유의한 결과는 중요한 결과임에 틀림없다.

(4) 만약 한 연구결과가 통계적으로 유의하면 그 결과가 우연에 의한 것일 확률은 5%이고 그 결과가 실제적일 확률은 95%이다.

2. 100명의 학자들이 각자 서로 다른 귀무가설에 대해 유의성 검정을 실시한다. 이때 100개의 귀무가설은 모두 참이지만 학자들은 아직 이 사실을 모르고 있다고 하자. 첫 번째 학자는 62%라는 p-값을 얻었다. 이는 아래 그림에 점 (1, 62)로 표시되어 있다. 두 번째 학자는 90%의 p-값을 얻었다. 마찬가지로 이는 아래 그림에 점 (2, 90)으로 표시되어 있다. 이와 같은 방법으로 100개의 점을 표시하였다. 그림의 점선은 5%를 의미한다.

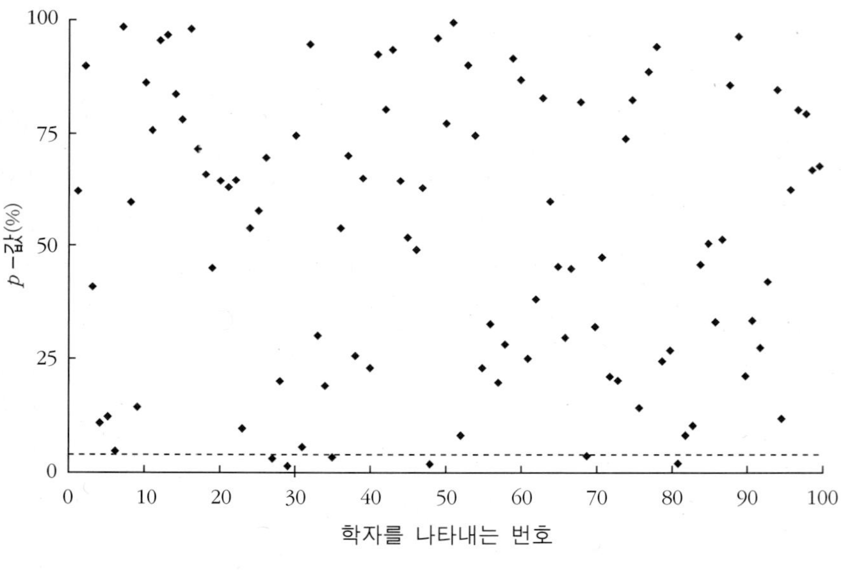

(1) 몇 명의 학자가 통계적으로 유의한 결론을 얻을 것으로 기대하는가?

(2) 실제로는 몇 명이 통계적으로 유의한 결론을 얻었는가?

3. 새로 개발된 화학물질이 발암물질을 포함하고 있는지 알아보기 위해 500마리의 쥐를 이용하여 실험을 했다. 이 중 무작위로 250마리를 추출해서 매일 화학물질이 섞인 음식을 먹이고 나머지 250마리에게는 매일 보통 음식을 먹였다. 30개월이 지난 뒤 두 집단간 발암율의 차이를 복수표본 z-검정을 통해 비교해 보았다.

쥐마다 25개의 개별 신체기관에 암이 생겼는지의 여부를 조사했다. 폐를 조사한 결과 약 −1.8의 z-값을 얻었고, 간의 경우 2.4의 z-값을, 그리고 백혈병에 대해서는 −2.1의 z-값을 얻었다. 나머지 22개 장기에 대해서는 −1.6과 1.5 사이의 z-값을 얻었다. 이 결과를 통해서 새로운 화학물질이 간암을 유발한다고 결론지을 수 있겠는가? 설명하라.

4. 어떤 상자로부터 무작위로 100회의 복원추출을 한다. 표본평균은 51.8이고 표본 표준편차는 9였다. 귀무가설에 따르면 상자의 평균은 50이어야 한다.
   (1) 대립가설은 평균이 50이 아니라는 것으로 설정하였다. 이 경우 단측 z-검정과 양측 z-검정 중 어느 것을 써야 하는가?
   (2) 이제는 대립가설을 평균이 50보다 크다는 것으로 설정했다. 이 경우 단측 z-검정과 양측 z-검정 중 어느 것을 써야 하는가?

5. 상자 A와 상자 B로부터 상호 독립인 두 개의 표본을 추출했다고 하자. 귀무가설은 두 상자의 평균이 같다는 것이다. 복수표본 z-검정의 결과 1.79라는 z-값을 얻었다. 다음에 답하라.
   (1) '상자 A의 평균이 상자 B의 평균과 다르다'는 대립가설을 세우면, 이 결과는 통계적으로 유의한가?
   (2) '상자 A의 평균이 상자 B의 평균보다 크다'는 대립가설을 세우면, 이 결과는 통계적으로 유의한가? 참고로 상자 A의 표본평균이 상자 B의 표본평균보다 컸다고 하자.

6. 다음이 참인지 거짓인지 판별하라.
   (1) 아주 유의한 결과는 매우 중요한 결과이다.
   (2) 표본이 너무 큰 것은 별로 좋은 것이 아니다.

7. 다른 모든 것이 동일하다면 3%의 p-값과 27%의 p-값 중 어느 것이 귀무가설에 대한 더 강한 반증인가?

8. 우리나라의 16세 이상 여성 전체를 대상으로 통계조사를 한 결과 1999년 5월에는 45.7%가 취업한 상태였고 2009년 5월에는 49.1%가 취업한 상태였다. 두 백분율간의 차이는 통계적으로 유의한가?
   (1) 위 질문 자체가 잘못된 것인가?

(2) 만약 위의 통계조사가 16세 이상의 여성 중 만 명씩을 무작위로 추출해서 이루어진 것이라면 어떤가?

8. 요 약

1. 유의성 검정에서 p-값이 5%보다 작으면 그 결과는 통계적으로 유의하다고 말한다. 나아가 1%보다도 작으면 아주 유의하다고 말한다. 하지만 5%와 1%라는 기준은 매우 자의적이다. 우연인지 아닌지를 나눌 수 있는 절대적 기준은 존재하지 않는다.

2. 유의성 검정을 할 때 먼저 자료를 요약 · 정리하고 어떤 검정이 사용되었는지 밝혀야 하며 또 p-값이 얼마인지 보고해야 한다. 단순히 p-값을 5% 또는 1%와 비교해서 '유의하지 않다/유의하다/아주 유의하다'로만 구분하여 말하는 것은 좋은 습관이 아니다.

3. 하나의 결과가 통계적으로 유의하다고 해서 그 결과가 우연의 산물이었을 가능성이 완전히 배제되지는 않는다. 우연이었을 가능성이 5% 미만이기는 하지만 여전히 남아 있기 때문이다. 결과가 통계적으로 아주 유의한 경우에도 우연의 가능성은 1% 미만이지만 여전히 존재한다.

4. 유의성 검정을 하기 전에 자료를 미리 훔쳐보면 p-값의 의미를 해석하기 어렵게 된다.

5. 하나의 검정은 대립가설의 형태에 따라 양측검정과 단측검정으로 나뉜다.

6. p-값은 표본이 커지면 줄어든다. 표본이 크면 매우 사소한 차이도 통계적으로 유의하게 나타난다. 그렇다고 그 결과가 반드시 중요한 것은 아니다. 역으로 표본이 작으면 매우 중요한 차이도 통계적으로 유의하지 않게 나타날 수 있다.

7. 유의성 검정은 관측된 차이가 실질적인 것인지 아니면 단순히 우연에 의한 것인지 판단해 준다. 그러나 이 차이가 중요한 의미를 갖는지 혹은 왜 발생했는지에 대해서는 답해주지 않는다.

8. 일반적으로 모집단 전체를 대상으로 얻은 자료에 대해서는 유의성 검정이 아무런 의미를 갖지 못한다. 유의성 검정을 통해서 판별해 내야 할 표본추출상의 우연이 애시당초 존재하지 않기 때문이다.

9. 관측된 차이가 우연에 의한 것인지 아닌지 판단하기 위해서는 그 우연 혹은 확률적 요인이 무엇인지 정의해야 한다. 이를 위해서 보통 상자모형이 사용된다. 이때 올바른 상자모형이 설정되지 않으면 유의성 검정은 아무런 의미를 갖지 못한다. 특히 제멋대로 추출한 이른바 편의표본에 기초한 유의성 검정은 전혀 의미가 없다.

조지 어드니 율 (George Udny Yule, 영국, 1871-1951)

율은 1871년 2월 18일 영국에서 태어나 런던대학에서 공학을 전공하고 후에 본에서 물리학을 공부했다. 수학을 배울 목적으로 1893년부터 피어슨의 지도를 받게 된 율은 1895년에는 이미 통계학자가 되어 있었다. 또한 바로 이 해부터 피어슨의 제자라는 굴레를 벗어나 독자적인 학문의 길을 걷기 시작했다.

1896년에 그가 통계학회에 제출한 논문은 피어슨의 비대칭 분포곡선에 대한 설명과, 그것을 런던의 빈민도를 재는데 사용한 실험에 관한 것이었다. 이 논문에서 그는 피어슨의 방법론을 전혀 새로운 분야에 도입함으로써 인정받을 수 있었다. 이후의 연구도 빈민도의 측정을 주제로 한 것이 많았다. 그러나 율이 후세에 기억되는 것은 그 이후의 활동 덕분이다. 1897년에 그가 통계학회에 제출한 논문은 에지워스, 갈튼, 피어슨을 참조한 부분이 많고, 새로운 이론도 거의 없지만, 통계학이 사회과학에 응용되도록 하나의 중요한 토대를 마련하였다. 이때 율이 사용한 방법이 바로 르장드르의 최소자승법이다. 현재 통계학의 핵이라고도 할 수 있는 최소자승법이 율에 의해 근대 통계학에 도입된 것이다. 율은 그의 선배들이 고민했던, 빈도를 바탕으로 하는 정규분포곡선과 비대칭 분포곡선의 문제를 벗어나, 최소자승법을 이용하여 회귀직선을 도출하는데 관심을 기울였다.

당시에는 실험 대상이 되는 집단을 정규분포곡선 혹은 비대칭 분포곡선에 맞추는 것이 학자들의 주된 관심이었는데, 율은 독립변수와 종속변수의 관계를 곡선이 아닌, 곡선에 가장 가까운 직선으로 나타냄으로써 이 가정을 대체할 수 있다고 하였다. 즉, 어떤 실험의 결과가 정규분포곡선에 의해 근사되는지를 보기보다는, 산포도상의 회귀선이 직선에 가까운가를 검정하는 것이 간편하다고 주장한 것이다.

피어슨은 선형 모형에서 최소자승법을 이용한다는 율의 의견에는 동의했지만, 율이 더 나아가 그 방법을 일반화하려고 하자 회의적인 반응을 보였다. 그도 그럴 것이, 피어슨의 주된 연구 분야였던 유전학에서는 딱 떨어지는 인과관계보다는 다수의 요인으로 인한 확률적 요소가 훨씬 중요했기 때문에, 이를 표현하는 데는 자연히 빈도에 바탕을 둔 정규분포곡선 내지는 비대칭 분포곡선이 더 유용하다고 생각되었다. 반면에 율은 사회의 어떤 현상이 어떠한 원인으로 인한 것인지에 관심을 두었기 때문에 선형 모형을 선호했던 것으로 보인다.

어쨌든 율의 방법론은 통계학의 새 장을 여는 열쇠가 되었다. 물론 여기에도 허점이 많았다. 당시의 경제학자 피구(A. C. Pigou, 영국, 1877-1959)는 고려되지 않은 변수를 처리할 방법이 없다는 이유로 율을 비판하였다. 율은 그러한 비판을 예상했는지 제약식, 실험설계에서 유의할 점 등을 제시했다.

율은 갈튼으로부터 시작한 근대 통계학에 최소자승법을 도입하고, 통계학이 사회과학에도 이용될 수 있다는 것을 보여줌으로써 통계학의 새 지평을 열었다.

부 록

· Excel 따라잡기
· 복습문제 해설
· 실제 데이터 및 인터넷 사이트를 이용한 문제 해설
· 표준정규분포표
· t-분포표
· χ^2-분포표
· 런검정에서의 임계치

Excel 따라잡기

Microsoft Excel은 데이터를 가공, 처리, 정렬하는 데 있어 많은 기능을 지원하는 사용법이 쉽고 편리한 프로그램이다. Excel은 일반적인 워드프로세서로 수행하기 어려운 많은 작업을 쉽게 처리해준다. Excel의 기능 중에는 통계학의 응용 과정에서 유용하게 쓰이는 것이 많다. Excel을 통하여 통계학을 실습하면 좋다. 별 어려움 없이 통계학에 대한 흥미와 이해를 높이게 된다. 인생에도 도움이 된다.

1. 파일 불러오기

데이터 분석을 하다 보면 Excel에서 직접 데이터를 입력하는 경우도 있으나 대부분의 경우 텍스트 파일, Excel 자체로 작성된 워크시트(worksheet) 파일, MS Access의 데이터베이스 파일 등 외부의 데이터 파일을 불러들여 작업하게 된다. 외부 파일을 어떻게 불러올 것인가? 이제부터 대상파일의 확장자가 .txt인 텍스트 파일을 Excel로 불러들이는 방법에 대해 설명하고자 한다. 대상이 되는 텍스트 파일은 각 데이터 값들이 공백이나 탭으로 구분되어 있어야 한다. 가끔은 콤마(,)로 구분된 텍스트 파일도 있는데 이런 파일은 .csv의 확장자를 갖는다.

[예제 1] 저자인 류근관 교수의 홈페이지(http://ezstat.co.kr)에서 좌측 메뉴 상의 'Statistics Textbook' => 'Useful Data Set'을 차례로 클릭한다. 'Excel 따라잡기 실습용 자료'를 찾아 다운받는다. 다운받은 example.txt 파일을 Excel로 불러오자.

1. Excel을 실행시킨 뒤 좌측 상단의 Office 단추, 에서 열기(O)를 선택하여 외부 파일인 example.txt 파일을 불러들인다. 이 파일은 Excel에서 작성된 파일이 아니므로 「텍스트 마법사」 창이 열린다. 이 파일처럼 파일의 수치들이 콤마나 탭으로 구분되어 있을 경우 ○ 구분 기호로 분리됨(D)을 선택하고 [다음(N) >]을 클릭한다. 디폴트로는 ◉ 구분 기호로 분리됨(D)이 지정되어 있다.

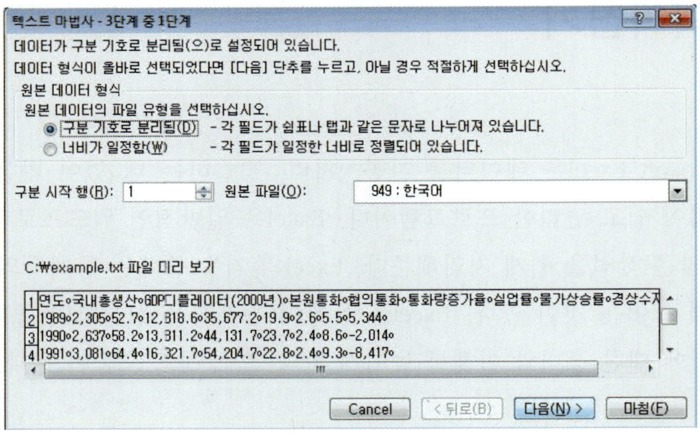

2. 텍스트 마법사 2단계 창이 열리면, 원본 데이터의 수치들을 분류한 뒤 정렬하여야 한다. 이때 1단계에서 구분 기호로 분리됨(D) 을 선택한 경우와 너비가 일정함(W) 을 선택한 경우, 2단계에서 열리는 창이 다르다. 예제 파일의 경우 구분 기호인 탭으로 정렬되어 있어, 아래와 같은 창이 열린다. Excel 스스로 입력된 자료를 변수별로 구분하여 보여준다. 너비로 구분된 경우는 사용자가 직접 구분선을 하나하나 지정해 주어야 한다.

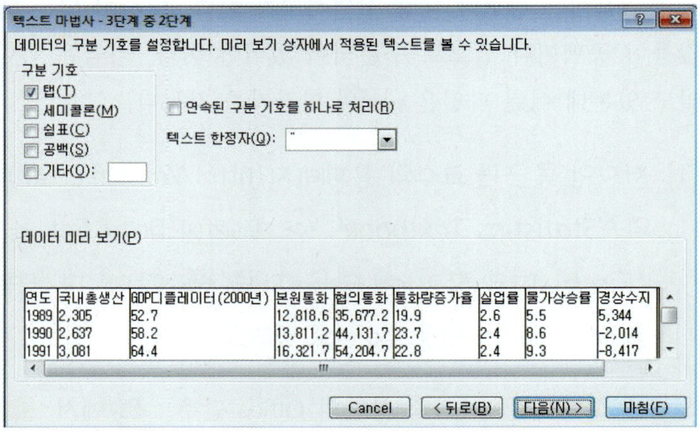

3. 텍스트 마법사 3단계 창이 열리면 원본 데이터가 수치로 이루어져 있으므로 「열 데이터 서식」에서 일반(G) 을 선택한다. 마침(F) 을 클릭하면 수치들이 Excel의 셀(cell) 안에 구분되어 들어간다. 경우에 따라서는 #######와 같은 표시가 나타나기도 한다. 이는 셀의 간격이 너무 좁아 데이터를 셀 안에 나타낼 수 없다는 의미이다. 셀의 간격을 넓혀 주기만 하면 해결된다.

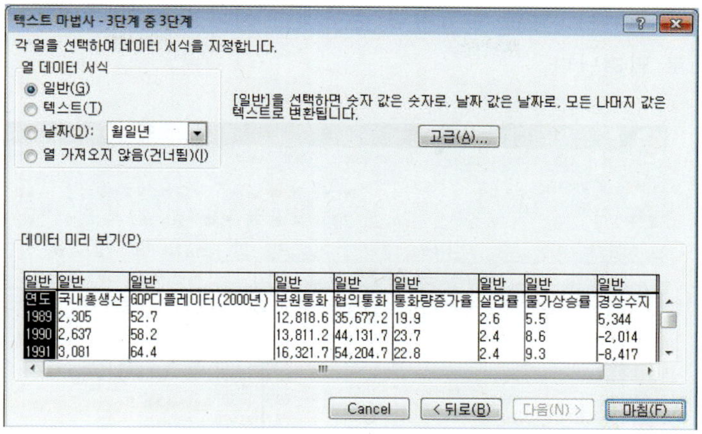

2. 함수 이용하기

Excel의 함수 기능을 이용하면 편리하다. 주어진 자료를 가공하여 새로운 자료를 만들거나 원하는 통계량을 계산해 낼 수 있다. 함수 기능을 이용하는 방법에는 두 가지가 있다. 수식 입력줄 또는 원하는 셀에 수식을 직접 입력해도 되고, 「함수 마법사」 기능을 이용해도 된다.

수식 입력줄 또는 해당 셀에 수식을 직접 입력하는 방법은 시간을 절약하는 장점이 있으나 입력자가 정확한 함수의 형식을 알고 있어야 한다는 제약이 따른다. 반면 함수 마법사를 이용하는 방법은 다소 번거로운 점이 있으나 입력 형식을 컴퓨터가 알아서 지정해주고 사용자에게 묻기 때문에 편리하다.

여기서는 앞서 불러온 example.txt 자료를 토대로 새로운 변수열 두 개를 만들고 두 번째 변수열에 든 숫자들의 평균을 구해 봄으로써 함수를 이용하는 두 가지 방법을 모두 연습해보자.

[예제 2] 실질GDP, 실질GDP 성장률을 나타내는 새로운 두 변수열을 만들고, 평균 실질GDP 성장률도 구해 보자.

1. GDP 디플레이터 열(C열) 오른쪽에 실질GDP 열을 작성하려면 우선 D열(본원통화 열) 전체를 선택한 후, 마우스 오른쪽 버튼을 클릭하여 삽입(I) 을 선택한다. 하나의 특정한 셀만을 지정해 놓고 삽입을 하면 한 셀만 삽입되어 자료가 상 · 하 혹은 좌 · 우로 왜곡된다. 지금과 같이 하나의 새로운 열을 삽입할 경우에는 D열 전체를 지정해 놓은 후에 삽입(I) 을 선택해야 한다. 새로운 열이 삽입되면 지정된 열은 오른

쪽으로 밀려난다. 행을 삽입하는 경우에는 새로운 행이 추가되면서 지정된 행이 아래쪽으로 밀려난다.

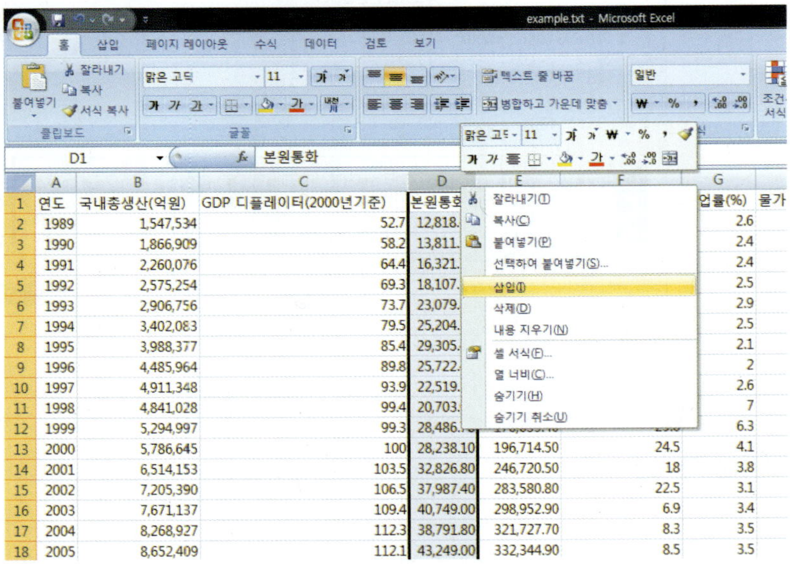

2. 새로운 열이 삽입되었으면, 다음 그림과 같이 D열의 D2셀에 국내총생산(명목 GDP)과 GDP디플레이터로부터 실질GDP를 계산하는 수식을 입력한다. 먼저 해당 셀에 마우스 커서를 이동한 후 셀에 원하는 수식을 입력한다. 이때 함수는 반드시 등호(=)와 함께 시작해야 한다. 수식 입력줄을 클릭하여 수식을 입력해도 좋다.

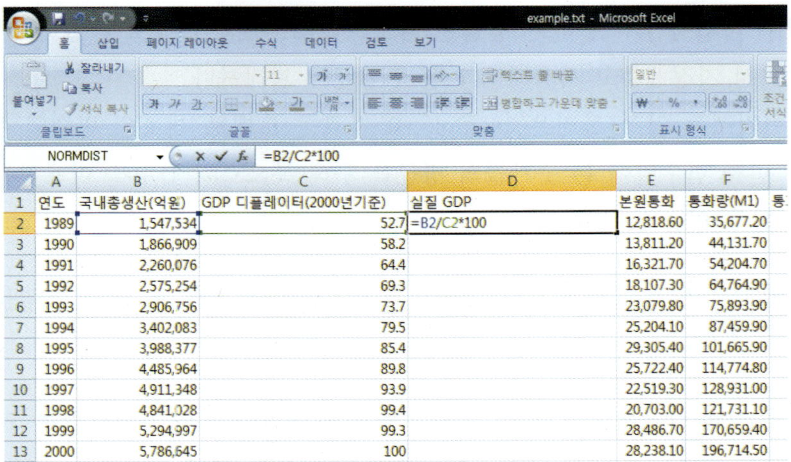

3. 수식 입력을 마쳤으면 Enter를 치고 해당 셀의 함수식이 원하는 수치로 변화되는지 확인한다. 다음으로 D열의 나머지 셀에 대해서도 동일한 계산을 하기 위해 D2셀의 테두리에 마우스 커서를 갖다 댄다. 이때 나타나는 사각형 십자가 표시를 잡아

서 아래 그림과 같이 나머지 셀 방향으로 드래그(drag)한다. (혹은 영역을 지정한 뒤 단축키 Ctrl+D를 사용해도 된다.) 이처럼 셀을 잡아 드래그하면 처음 셀의 함수식이 각각의 셀에 맞게 변환되어 수치로 나타난다. 예컨대, D3셀에는 =B3/C3*100의 값이, D4셀에는 =B4/C4*100의 값이 표시된다.

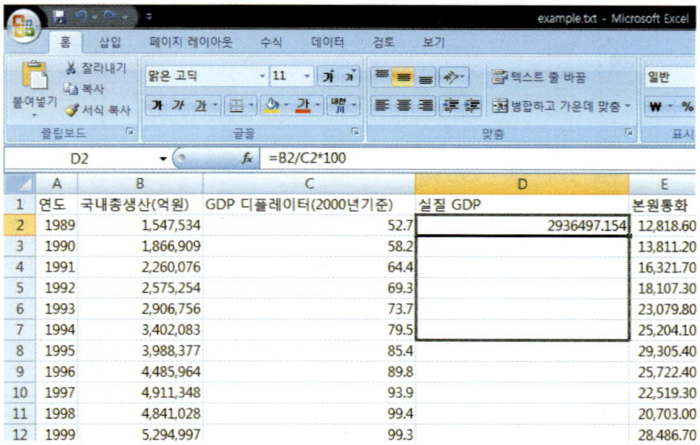

D2 | =B2/C2*100

	A	B	C	D	E
1	연도	국내총생산(억원)	GDP 디플레이터(2000년기준)	실질 GDP	본원통화
2	1989	1,547,534	52.7	2936497.154	12,818.60
3	1990	1,866,909	58.2		13,811.20
4	1991	2,260,076	64.4		16,321.70
5	1992	2,575,254	69.3		18,107.30
6	1993	2,906,756	73.7		23,079.80
7	1994	3,402,083	79.5		25,204.10
8	1995	3,988,377	85.4		29,305.40
9	1996	4,485,964	89.8		25,722.40
10	1997	4,911,348	93.9		22,519.30
11	1998	4,841,028	99.4		20,703.00
12	1999	5,294,997	99.3		28,486.70

4. 이제 실질GDP를 나타내는 열이 완성되었다. 비슷한 방식으로 실질GDP 열 오른쪽에 새로운 열을 삽입하여 실질GDP 성장률 열을 만들어 보자. 여기서 성장률을 구하기 위해 자연로그함수 ln(·)의 차분을 사용하였고, 단위를 %로 하기 위해 100을 곱하였다.

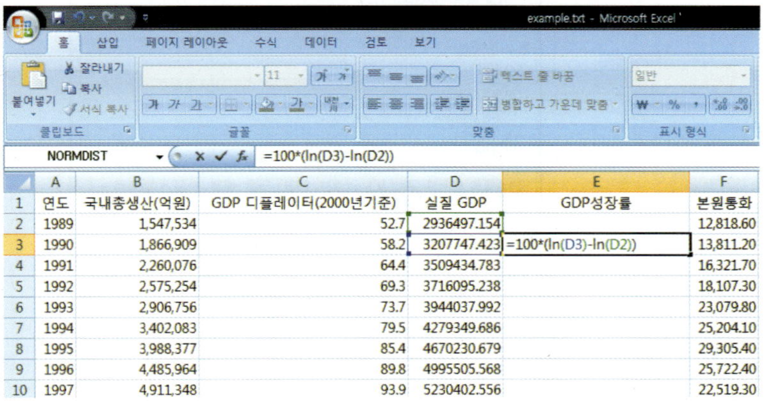

NORMDIST | =100*(ln(D3)-ln(D2))

	A	B	C	D	E	F
1	연도	국내총생산(억원)	GDP 디플레이터(2000년기준)	실질 GDP	GDP성장률	본원통화
2	1989	1,547,534	52.7	2936497.154		12,818.60
3	1990	1,866,909	58.2	3207747.423	=100*(ln(D3)-ln(D2))	13,811.20
4	1991	2,260,076	64.4	3509434.783		16,321.70
5	1992	2,575,254	69.3	3716095.238		18,107.30
6	1993	2,906,756	73.7	3944037.992		23,079.80
7	1994	3,402,083	79.5	4279349.686		25,204.10
8	1995	3,988,377	85.4	4670230.679		29,305.40
9	1996	4,485,964	89.8	4995505.568		25,722.40
10	1997	4,911,348	93.9	5230402.556		22,519.30

5. 이상의 과정을 거치면 실질GDP 성장률을 나타내는 열이 새롭게 만들어진다. 이제 평균 실질GDP 성장률을 구해 보자. 우선 평균 실질GDP 성장률 값이 출력될 셀(E21)을 지정한 후 메뉴의 수식을 클릭하여 함수삽입 메뉴 f_x 를 선택한다.

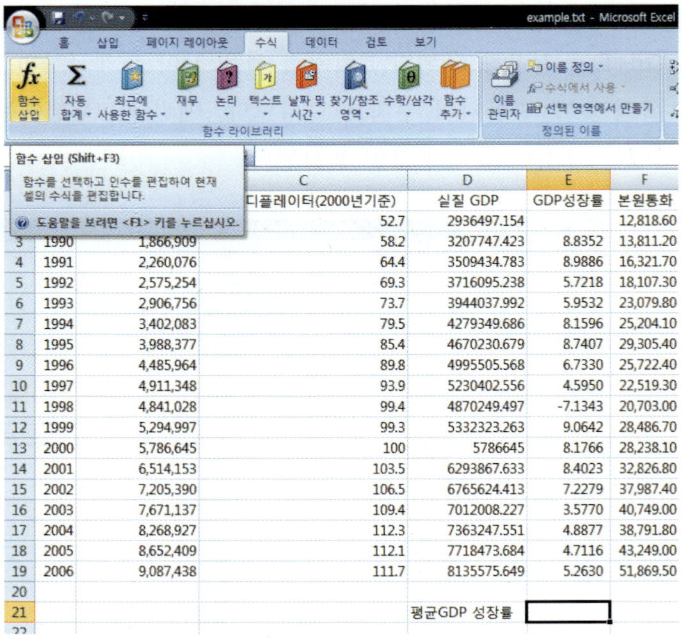

6. 아래 그림과 같이 함수 마법사 창이 열리면, **범주 선택(C)** 항목에서 「통계」를 지정하고, **함수 선택(N)** 항목에서 「AVERAGE」를 지정한 뒤 **확인** 을 클릭한다.

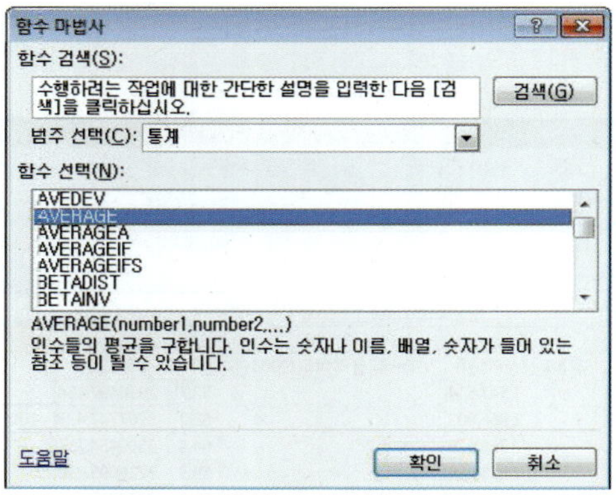

7. 「함수 인수」대화창이 열리면, 「Number1」에 평균을 구하고자 하는 자료의 범위를 입력하여야 한다. 이 칸에 대상 자료가 위치하고 있는 E3:E19를 직접 입력해도 좋고 「지정하기」 아이콘 및 마우스를 이용하여 자료의 범위를 지정해도 좋다.

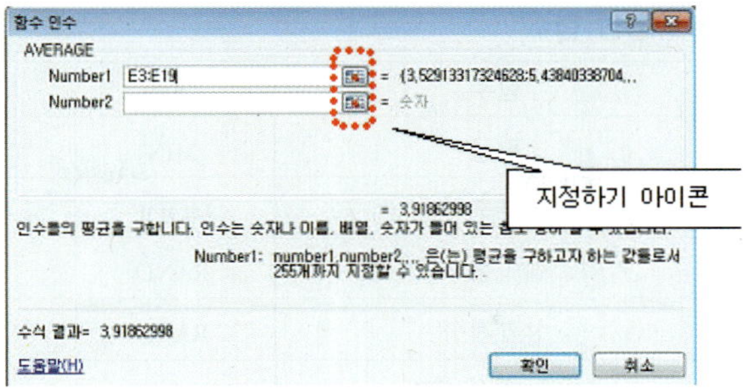

8. 「지정하기」 아이콘을 클릭하면 아래와 같은 화면이 나타난다. 이때 마우스 커서를 드래그하여 자료가 위치한 블록을 지정한다. 「지정하기」 아이콘을 다시 클릭하면, 바로 전 단계였던 「함수 인수」 창으로 돌아가게 된다.

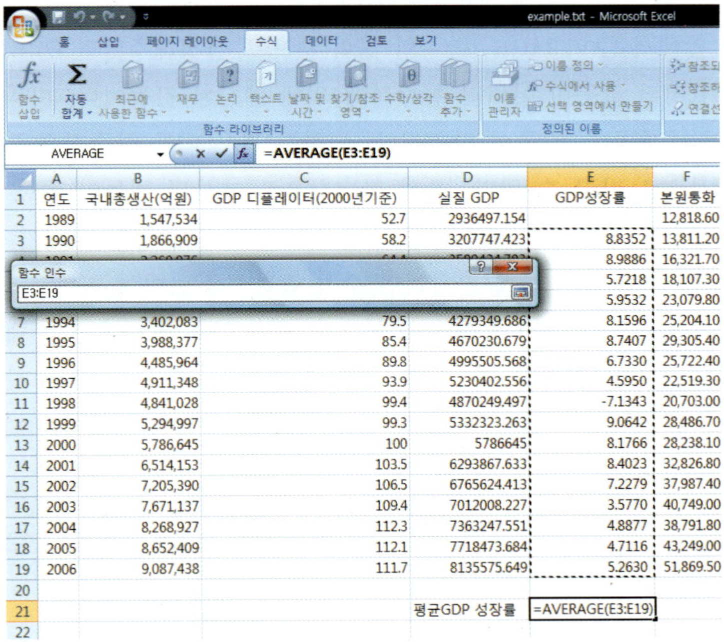

9. 「함수 인수」대화창에서 확인 을 클릭하면, E3:E19 블록에 있는 자료의 산술평균이 계산되어 처음 지정했던 셀인 E21에 나타난다. Excel은 AVERAGE 외에도 다른 많은 함수를 지원한다. 각자 다양한 함수 기능을 실습해보라. 함수별로 요구하는 데이터 범위나 형식이 다르다. Excel의 도움말(F1) 기능을 활용하라.

[참고] 알아두면 유용한 함수

내용	함수	내용	함수
AVERAGE	평균	MIN	최소값
BINOMIDST	이항분포확률	MODE	최빈값
CHIDIST	카이스퀘어분포의 P값	RAND	난수 생성
CORREL	상관계수	RANK	주어진 열에서 선택한 값의 순위
COUNT	자료 개수 세기	ROUND	반올림
COUNTIF	조건에 맞는 자료 세기	STDEV	표준편차
COVAR	공분산	SUMPRODUCT	내적(두 열의 곱의 합)
MAX	최대값	SUMSQ	제곱합
MEDIAN	중앙값	VAR	분산

10. 앞에서 「AVERAGE」 함수의 입력 값으로 설정해주었던 E3:E19 블록 안의 수치들은 고정된 값들이 아니라 함수식에 의해 계산된 값들이다. 따라서 자료의 위치나 순서가 바뀌면 그 값들이 달라진다. 원하는 경우 이들 함수식으로 계산된 값들을 고정된 값으로 바꿀 수 있다. 우선 함수식으로 계산된 셀들이 속한 블록을 찾아낸다. 이때 셀만을 보아서는 함수식으로 계산된 셀인지 고정된 수치가 들어 있는 셀인지 분간하기 어렵다. 이를 분간하려면 수식 입력줄을 보아야 한다.

11. 함수식으로 표시된 블록을 찾으면 해당 블록에 마우스를 대고 오른쪽 버튼을 클릭한다. 다음 그림과 같이 "복사"를 실행한다. 복사 후 메뉴 창이 사라지면 마우스 오른쪽 버튼을 누른다. 새로운 메뉴 창이 뜨면 선택하여 붙여넣기(S).를 클릭한다.

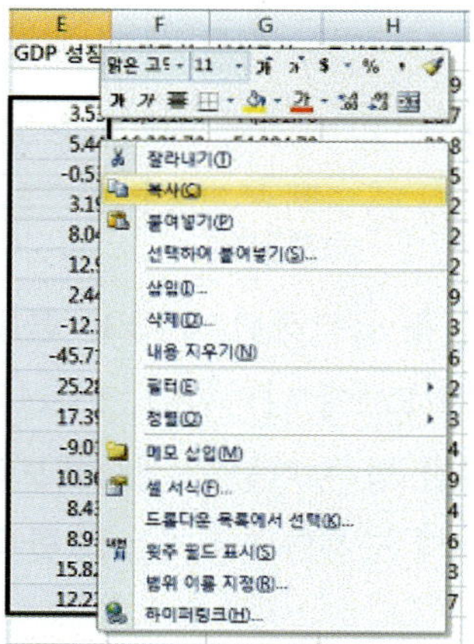

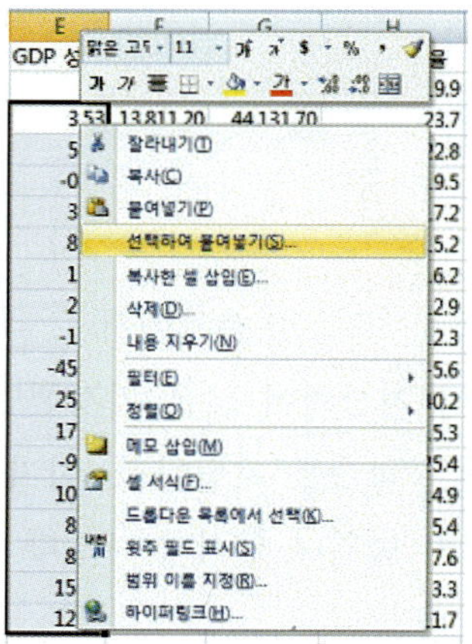

12. 창이 열리면 「붙여넣기」항목에서 값(V)을 지정하고 [확인]을 누른다. 이제 각 셀에는 외형상 보기에는 이전 상태와 전혀 다를 바가 없으나 사실은 함수로 계산된 값이 아닌 고정된 수치 값이 입력된다. 위와 같은 과정 없이 그냥 복사하여 붙여넣기(Ctrl+V)를 시행할 경우에는 함수식 자체가 복사되지 고정된 수치가 복사되지 않는다.

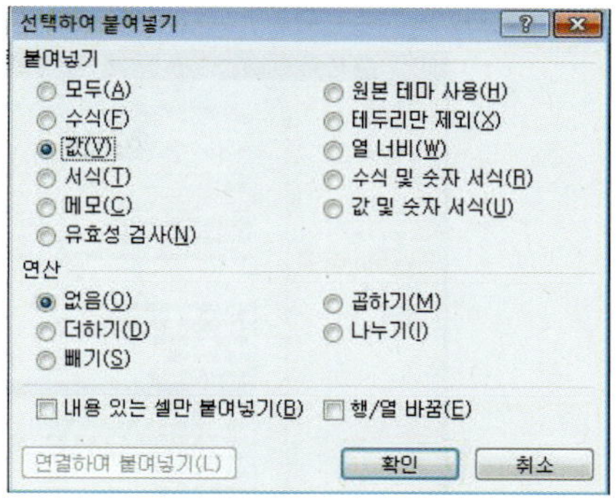

3. Excel 기능 활용하기

자료를 분석할 때 데이터 분석 기능을 사용하면 편리하다. 앞으로 논의될 Excel 기능과 활용법은 대부분 이 기능을 사용하고 있다. 많은 이가 Excel을 처음 접할 때 데이터 분석 이란 메뉴를 찾지 못해 어려움을 겪곤 한다.

Excel 2007을 실행시킨 뒤 왼쪽 상단의 메뉴를 클릭한다.

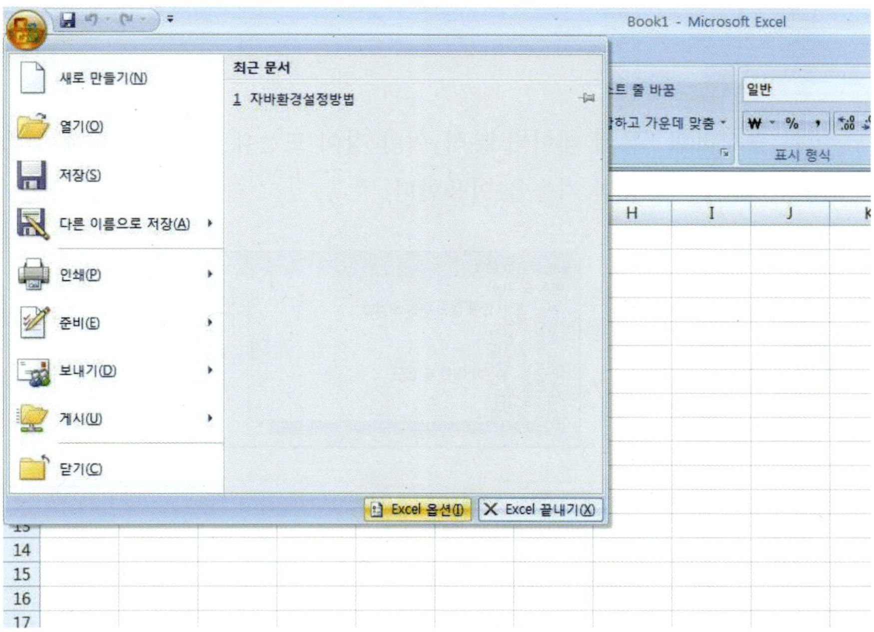

메뉴 하단의 Excel 옵션을 클릭하면 다음과 같은 창이 뜬다. 여기서 「추가기능」을 클릭하여 「분석도구」를 추가한다.

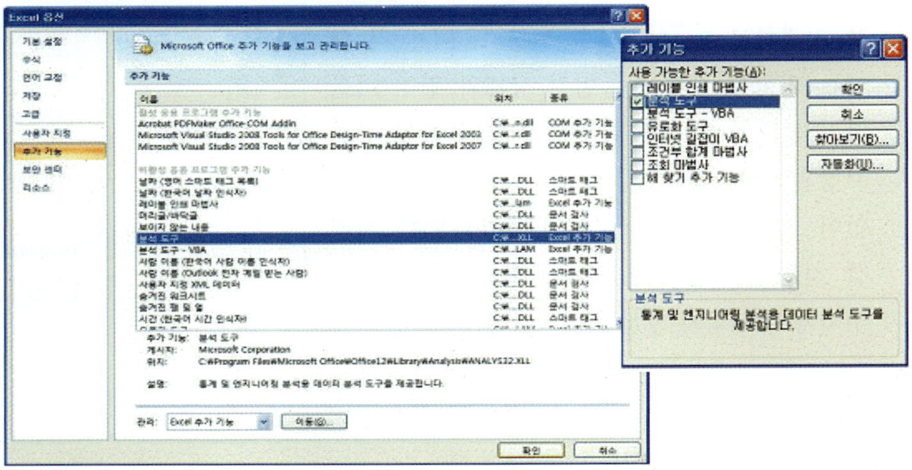

이제 데이터 탭을 선택하면 데이터 분석 기능을 발견하게 된다.

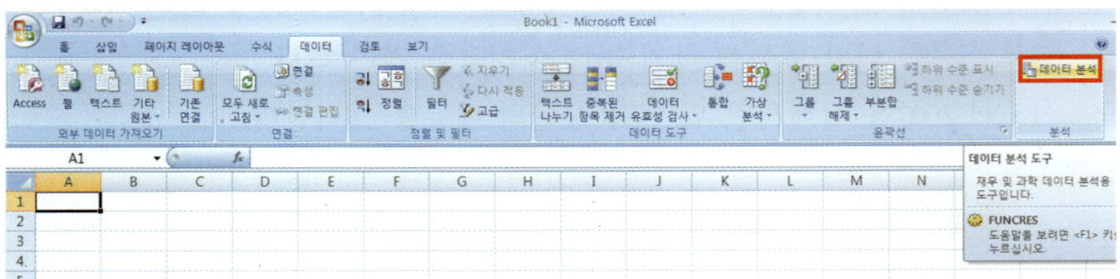

이를 클릭하면 「통계 데이터 분석」이란 창이 뜨는데, 이 창을 통해 히스토그램, 난수생성, 회귀분석 등의 기능을 이용한다.

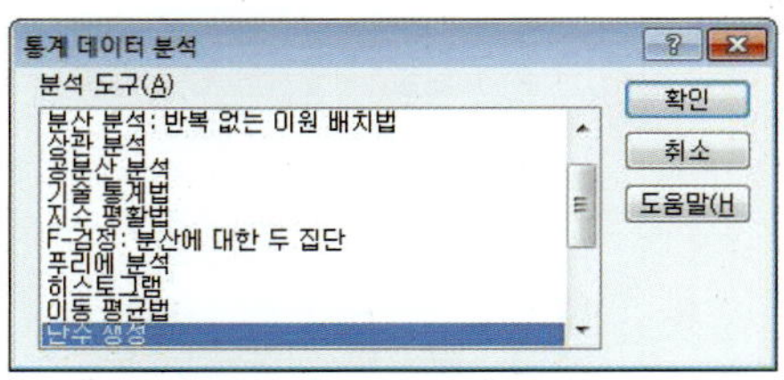

1) 히스토그램 그리기

Excel 데이터 분석 도구의 「히스토그램」 도구를 이용하면 자료의 분포를 보여주는 히스토그램을 쉽게 그린다. 앞서 계산한 GDP성장률 자료를 이용하여 히스토그램을 그리는 방법에 대하여 살펴보자.

[예제 3] 실질GDP 성장률에 관한 히스토그램을 그려보자.

1. 히스토그램을 그리기 위해서는 [데이터 분석] 기능이 추가되어야 한다. 이에 대해서는 앞의 설명을 참고하라.

2. 비어 있는 셀을 찾아 계급구간의 경계점을 미리 설정해 놓는다. (따로 설정하지 않을 경우, Excel이 자동적으로 정한다.) 아래 그림과 같이 계급구간의 경계점을 −5, 0, 5, 10 등으로 4개 설정한 경우 자료는 5개의 구간으로 나뉘게 된다. 즉 자료는 '−5이하, −5초과 0이하, 0초과 5이하, 5초과 10이하, 10초과' 로 구분된다. 여기서 구간의 경계는 아래쪽 구간에 포함된다는 점, 구간별로 그 간격이 같도록 경계점이 설정된다는 점, 양 끝에 위치하는 구간도 그 구간 간격이 다른 구간과 같도록 히스토그램이 그려진다는 점 등에 유의하라. Excel의 히스토그램 도구에 의한 출력물은 절대도수(frequency) 히스토그램이다. 상대도수(relative frequency) 히스토그램이나 밀도단위(density scale) 히스토그램을 얻으려면 출력물을 적절히 수정해주어야 한다.

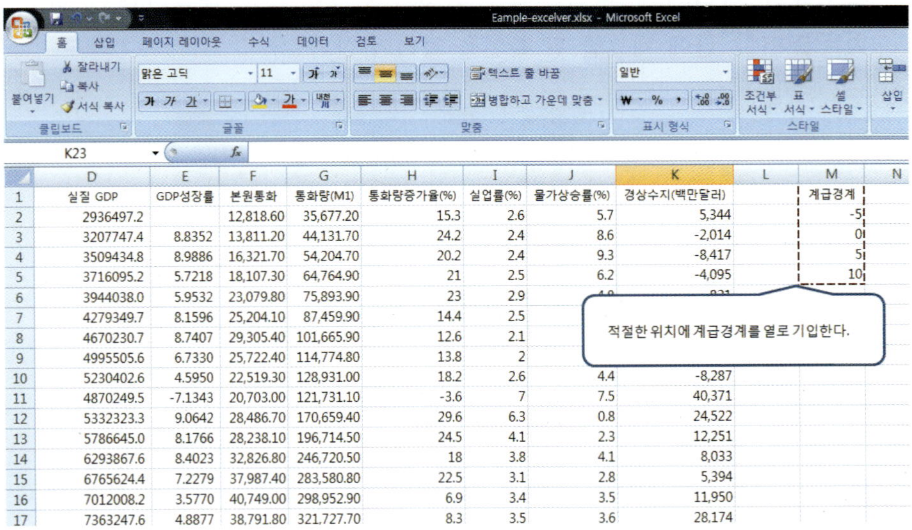

	D	E	F	G	H	I	J	K	L	M
1	실질 GDP	GDP성장률	본원통화	통화량(M1)	통화량증가율(%)	실업률(%)	물가상승률(%)	경상수지(백만달러)		계급경계
2	2936497.2		12,818.60	35,677.20	15.3	2.6	5.7	5,344		-5
3	3207747.4	8.8352	13,811.20	44,131.70	24.2	2.4	8.6	-2,014		0
4	3509434.8	8.9886	16,321.70	54,204.70	20.2	2.4	9.3	-8,417		5
5	3716095.2	5.7218	18,107.30	64,764.90	21	2.5	6.2	-4,095		10
6	3944038.0	5.9532	23,079.80	75,893.90	23	2.9				
7	4279349.7	8.1596	25,204.10	87,459.90	14.4	2.5				
8	4670230.7	8.7407	29,305.40	101,665.90	12.6	2.1				
9	4995505.6	6.7330	25,722.40	114,774.80	13.8	2				
10	5230402.6	4.5950	22,519.30	128,931.00	18.2	2.6	4.4	-8,287		
11	4870249.5	-7.1343	20,703.00	121,731.10	-3.6	7	7.5	40,371		
12	5332323.3	9.0642	28,486.70	170,659.40	29.6	6.3	0.8	24,522		
13	5786645.0	8.1766	28,238.10	196,714.50	24.5	4.1	2.3	12,251		
14	6293867.6	8.4023	32,826.80	246,720.50	18	3.8	4.1	8,033		
15	6765624.4	7.2279	37,987.40	283,580.80	22.5	3.1	2.8	5,394		
16	7012008.2	3.5770	40,749.00	298,952.90	6.9	3.4	3.5	11,950		
17	7363247.6	4.8877	38,791.80	321,727.70	8.3	3.5	3.6	28,174		

3. 데이터 탭을 클릭하면, "데이터 분석" 기능이 있다. 이것을 클릭하면 「통계 데이터 분석」이라는 대화창이 열린다. 「히스토그램」을 찾아 선택한다.

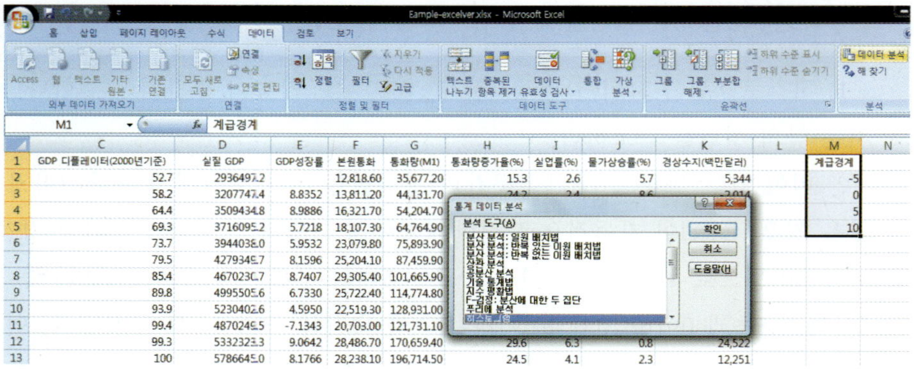

4. 히스토그램 창이 뜨면 입력 범위에는 실질GDP 성장률 자료가 속한 블록의 위치를 직접 입력하거나 지정하기 아이콘을 이용해 입력하면 된다. 앞서 「2. 함수 이용하기」에서 실습했던 것과 똑같은 방식이다. **계급 구간(B)** 에는 미리 입력해 두었던 계급구간 자료가 속한 블록의 위치를 입력해 준다. 이 상태에서 확인을 누르면 도수분포표만 나타나게 된다. 이것을 히스토그램으로 출력하려면 하단에 위치한 **차트 출력(C)** 란에 체크한 뒤 확인을 눌러야 한다.

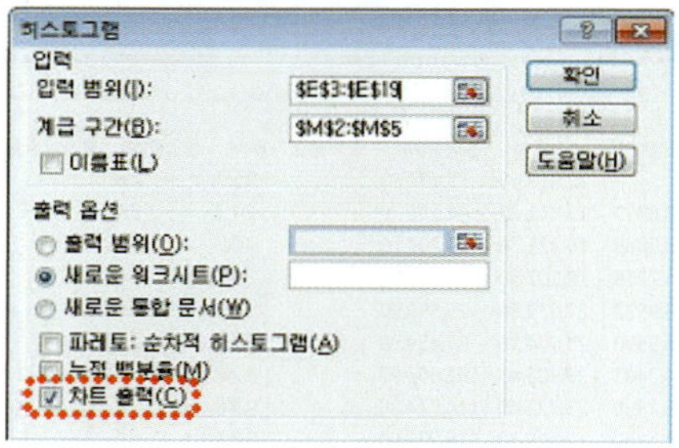

5. 이상 일련의 절차를 거치고 나면 다음과 같은 도수분포표와 히스토그램을 얻게 된다. 히스토그램 상의 정보를 수정하려면, 수정하고자 하는 지점에 대고 마우스 오른쪽 버튼을 클릭하거나, 차트 자체를 클릭한다. 이때 나타나는 「차트 도구」메뉴에서 제목, 범례, 축의 값과 제목, 그래프 모양, 전반적인 그래프 형태 등 필요한 수정을 가한다.

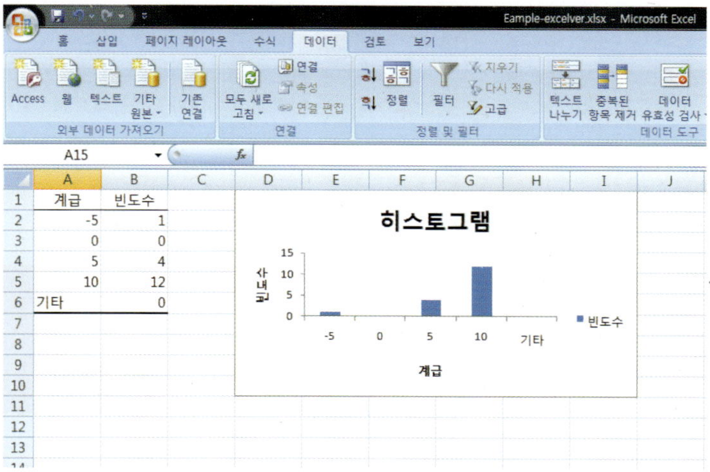

6. 이제는 위에서 구한 도수 히스토그램을 수정하여 밀도단위 히스토그램을 구해 보자. 이를 위해 출력물의 계급과 빈도수 옆의 열에 구간별 밀도를 계산한다. 구간별로 밀도는 도수를 관측치수로 나누어 상대도수로 바꾸고 다시 상대도수를 구간의 폭으로 나누어 구한다. 출력된 그림에 대고 마우스 오른쪽 버튼을 클릭하면 데이터 선택(E) 이 나타난다. 이를 클릭하면 아래의 대화창이 나타나는데 계급구간과 밀도가 포함된 데이터의 위치를 차트 데이터 범위(D):에 지정해준다. 필요에 따라 다른 부분도 수정한다.

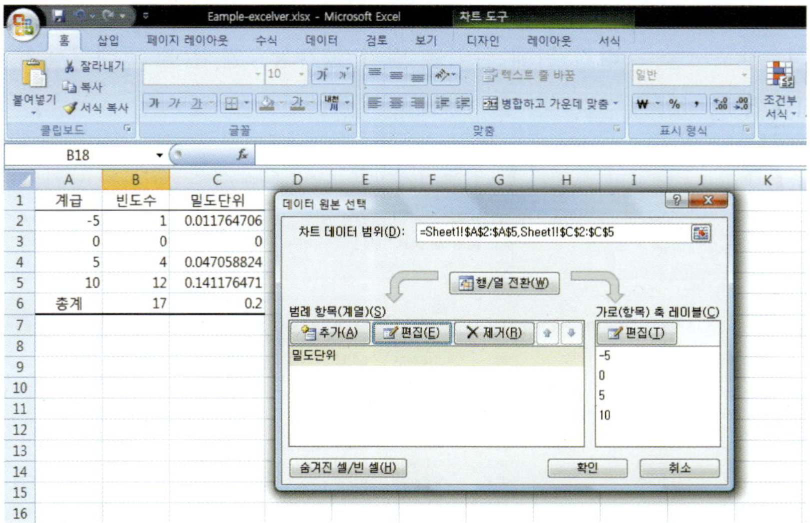

7. 확인을 클릭하고 X축 레이블, Y축 레이블 그리고 제목 등의 옵션을 수정하면 아래와 같은 히스토그램을 얻을 수 있다.

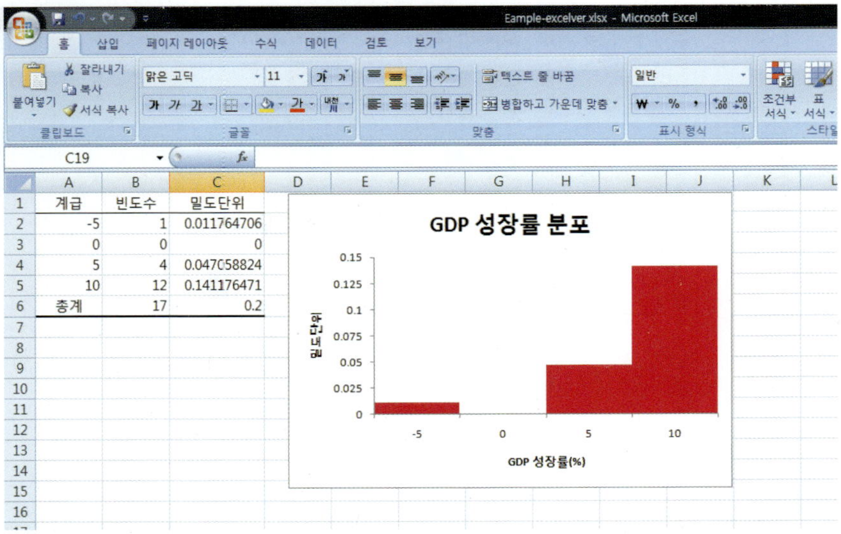

계급	빈도수	밀도단위
-5	1	0.011764706
0	0	0
5	4	0.047058824
10	12	0.141176471
총계	17	0.2

2) 산포도 그리기

이제부터는 하나의 변수가 아닌 두 변수 사이의 상호관계에 대하여 논의해보자. 두 변수 사이의 관계를 이해하기 위해서는 산포도를 그려보는 것이 가장 손쉬운 방법이다.

[예제 4] 가로축에 실업률, 세로축에 물가상승률이 표시되는 산포도를 그려보자.

1. 산포도를 그리기 위해 실업률 열과 물가상승률 열을 드래그해서 자료의 범위를 지정한다.

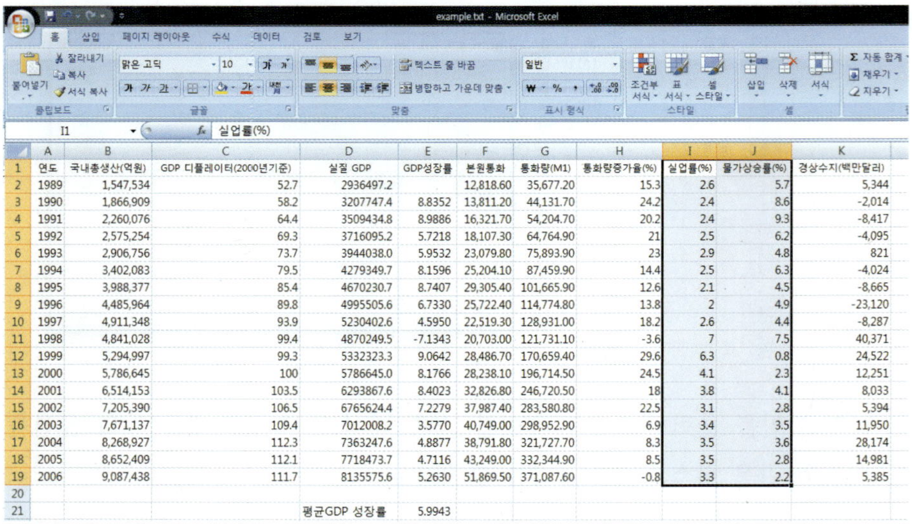

연도	국내총생산(억원)	GDP 디플레이터(2000년기준)	실질 GDP	GDP성장률	본원통화	통화량(M1)	통화량증가율(%)	실업률(%)	물가상승률(%)	경상수지(백만달러)
1989	1,547,534	52.7	2936497.2		12,818.60	35,677.20	15.3	2.6	5.7	5,344
1990	1,866,909	58.2	3207747.4	8.8352	13,811.20	44,131.70	24.2	2.4	8.6	-2,014
1991	2,260,076	64.4	3509434.8	8.9886	16,321.70	54,204.70	20.2	2.4	9.3	-8,417
1992	2,575,254	69.3	3716095.2	5.7218	18,107.30	64,764.90	21	2.5	6.2	-4,095
1993	2,906,756	73.7	3944038.0	5.9532	23,079.80	75,893.90	23	2.9	4.8	821
1994	3,402,083	79.5	4279349.7	8.1596	25,204.10	87,459.90	14.4	2.5	6.3	-4,024
1995	3,988,377	85.4	4670230.7	8.7407	29,305.40	101,665.90	12.6	2.1	4.5	-8,665
1996	4,485,964	89.8	4995505.6	6.7330	25,722.40	114,774.80	13.8	2	4.9	-23,120
1997	4,911,348	93.9	5230402.6	4.5950	22,519.30	128,931.00	18.2	2.6	4.4	-8,287
1998	4,841,028	99.4	4870249.5	-7.1343	20,703.00	121,731.10	-3.6	7	7.5	40,371
1999	5,294,997	99.3	5332323.3	9.0642	28,486.70	170,659.40	29.6	6.3	0.8	24,522
2000	5,786,645	100	5786645.0	8.1766	28,238.10	196,714.50	24.5	4.1	2.3	12,251
2001	6,514,153	103.5	6293867.6	8.4023	32,826.80	246,720.50	18	3.8	4.1	8,033
2002	7,205,390	106.5	6765624.4	7.2279	37,987.40	283,580.80	22.5	3.1	2.8	5,394
2003	7,671,137	109.4	7012008.2	3.5770	40,749.00	298,952.90	6.9	3.4	3.5	11,950
2004	8,268,927	112.3	7363247.6	4.8877	38,791.80	321,727.70	8.3	3.5	3.6	28,174
2005	8,652,409	112.1	7718473.7	4.7116	43,249.00	332,344.90	8.5	3.5	2.8	14,981
2006	9,087,438	111.7	8135575.6	5.2630	51,869.50	371,087.60	-0.8	3.3	2.2	5,385
			평균GDP 성장률	5.9943						

2. 그 상태에서 삽입 탭을 선택하면 여러 가지 형태의 차트 아이콘이 나타난다. 이 중에서 분산형을 클릭하면 산포도가 얻어진다.

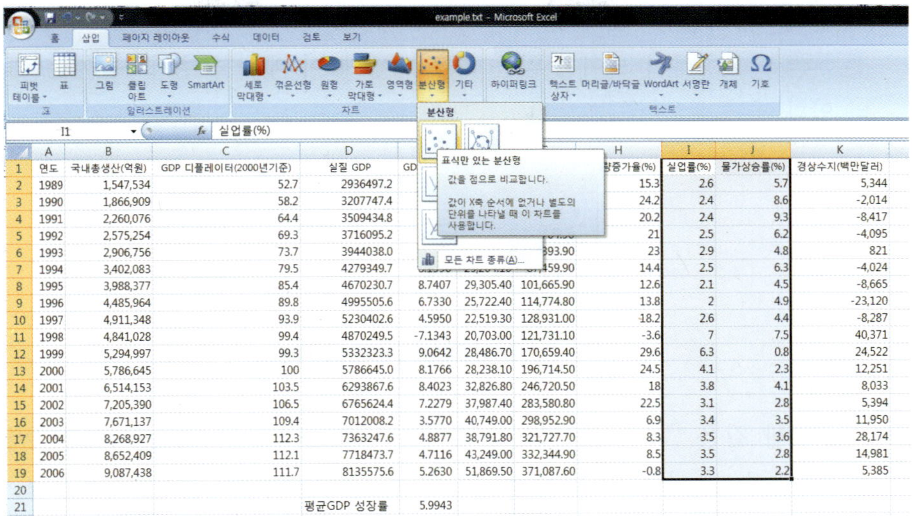

3. 앞서 히스토그램을 그릴 때와 마찬가지로 산포도 또한 데이터 선택(E) 을 통해 계열을 추가하거나 삭제할 수 있다. 그래프 안의 X축, Y축, 공간, 눈금 등에 마우스를 대고 오른쪽 버튼을 클릭한 뒤 필요한 옵션을 취함으로써, 아래와 같이 산포도를 원하는 대로 수정할 수 있다. 각자 연습하라.

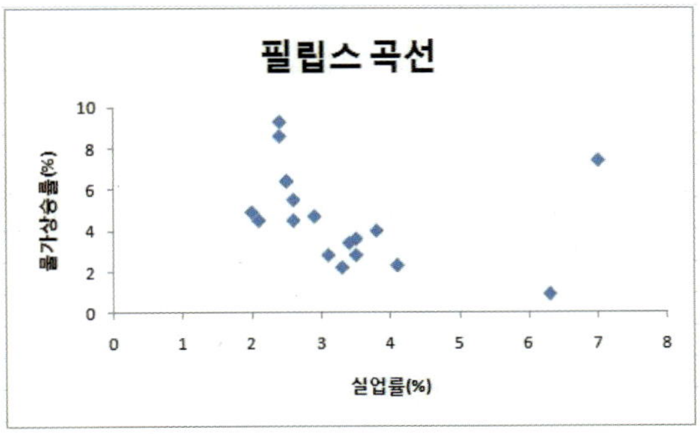

3) 회귀분석

통계학에서 회귀분석은 가장 중요한 기법 가운데 하나이다. 여기서는 통화량과 본원통화의 관계를 회귀분석 방법을 통해 살펴보기로 하자.

[예제 5] 통화량과 본원통화의 관계를 회귀분석을 통해 알아보자.

1. 히스토그램을 그릴 때처럼, 데이터 탭에서 데이터 분석 을 선택한 후, 「통계 데이터 분석」이라는 창이 뜨면 「회귀분석」을 지정한다. 데이터 탭을 눌렀을 때 데이터 분석 항목이 보이지 않는 경우 어떻게 이 메뉴를 추가하는지는 이미 설명한 바 있다.

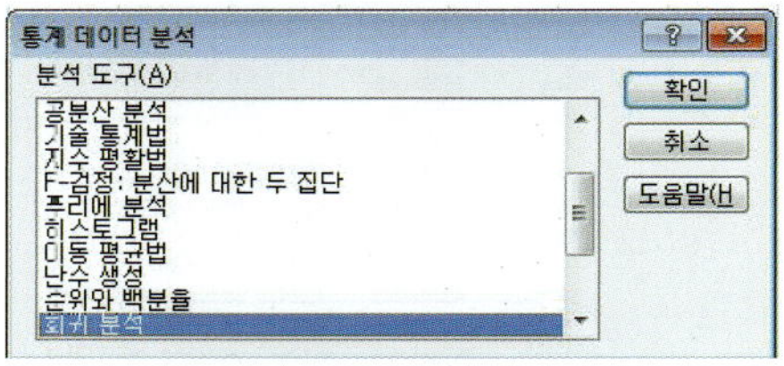

2. 옆과 같은 「회귀 분석」창이 열리면 분석 대상이 되는 데이터의 범위를 X축 입력 범위(X), Y축 입력 범위(Y) 에 입력한다. 또한 이 예제의 경우 Y=bX+u 형태의 상수항이 없는, 이른바 원점을 지나는 회귀직선 모형을 추정해야 하므로 상수에 0을 사용(Z) 에 체크하야 한다. 일반적으로 Y=a+bX+u의 형태는 그 항목에 체크하지 않은 채 두면 된다. 한편 회귀분석과 함께 잔차를 분석하고 싶으면 해당 옵션에 체크하면 된다.

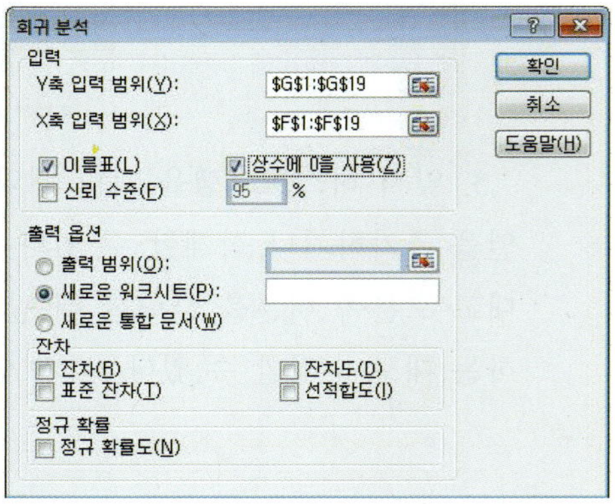

3. 확인 을 누르면, 다른 sheet가 펼쳐지면서 회귀분석 결과가 제시된다. 지정한 옵션에 따라 여러 그림이 나타나기도 한다.

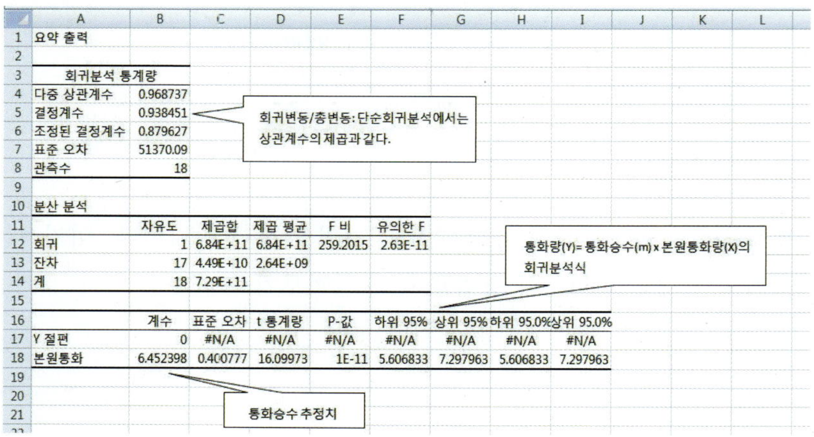

요약 출력	
회귀분석 통계량	
다중 상관계수	0.968737
결정계수	0.938451
조정된 결정계수	0.879627
표준 오차	51370.09
관측수	18

분산 분석

	자유도	제곱합	제곱 평균	F 비	유의한 F
회귀	1	6.84E+11	6.84E+11	259.2015	2.63E-11
잔차	17	4.49E+10	2.64E+09		
계	18	7.29E+11			

	계수	표준 오차	t 통계량	P-값	하위 95%	상위 95%	하위 95.0%	상위 95.0%
Y 절편	0	#N/A	#N/A	#N/A	#N/A	#N/A	#N/A	#N/A
본원통화	6.452398	0.400777	16.09973	1E-11	5.606833	7.297963	5.606833	7.297963

[예제 6] 강남아파트 가격에 영향을 미치는 변수를 중회귀분석을 통해 알아보자.

서울 강남의 아파트 가격은 아파트의 연령만으로는 잘 설명되지 않는다. 아파트 가격을 아파트 연령에 단순회귀분석하면 예상과 다르게 양(+)의 관계를 얻는다. 즉 아파트가 지어진 지 오래될수록 아파트 가격이 높아지는 '이상한' 관계가 얻어지게 된다. 이는 서울 강남에서 오래된 아파트가 대체로 대규모 단지에 속해 있고 대규모 단지에 속한 아파트는 일반적으로 주변의 편의시설로부터 오는 프리미엄을 누리기 때문이다. 아파트 연령이 아파트 가격에 미치는 순수효과를 구하려면 아파트가 속한 단지의 규모를 적절히 통제해줄 필요가 있다. 중회귀분석을 이용하면 아파트 단지규모를 통제하고 나서 아파트 연령이 아파트 가격에 미치는 효과를 추정하게 된다.

Excel로 중회귀분석을 실시하는 방법은 [예제 5]에서 연습한 회귀분석 방식과 동일하다. Y축 입력범위에는 가격 변수를, X축 입력범위에는 가격에 영향을 미치는 제반 변수들, 예를 들어 평수, 연령, 단지규모, 인근 지하철 역 존재 여부 등의 변수를 선택한다. X축에 여러 변수를 입력할 경우는 인접한 열들만 선택할 수 있으므로 자료 입력시 미리 이 점을 고려하면 좋다.

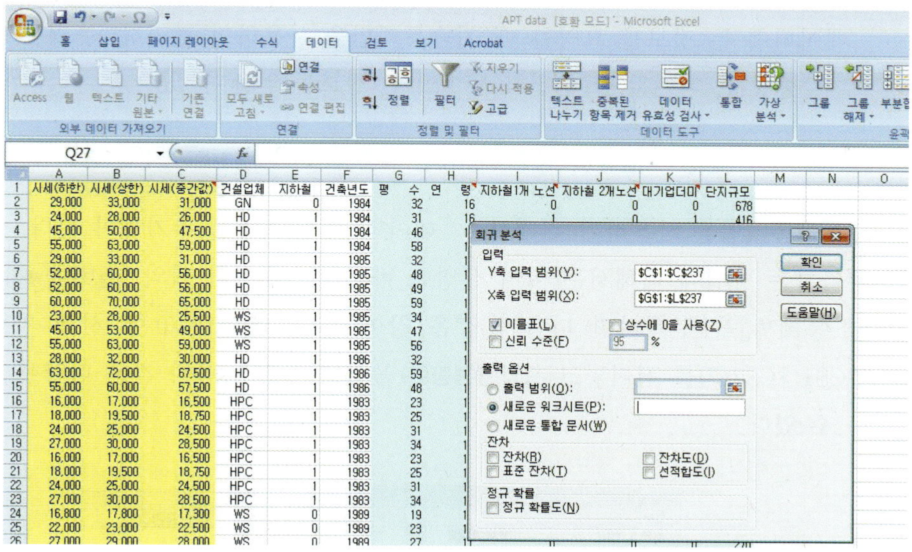

	A	B	C	D	E	F	G	H	I
1	요약 출력								
2									
3	회귀분석 통계량								
4	다중 상관계수	0,937279							
5	결정계수	0,878492							
6	조정된 결정계수	0,875308							
7	표준 오차	7503,464							
8	관측수	236							
9									
10	분산 분석								
11		자유도	제곱합	제곱 평균	F 비	유의한 F			
12	회귀	6	9,32E+10	1,55E+10	275,9403	8E-102			
13	잔차	229	1,29E+10	56301971					
14	계	235	1,06E+11						
15									
16		계수	표준 오차	t 통계량	P-값	하위 95%	상위 95%	하위 95,0%	상위 95,0%
17	Y 절편	-21182,2	1935,166	-10,9459	1,06E-22	-24995,2	-17369,2	-24995,2	-17369,2
18	평 수	1524,802	41,04084	37,15327	6,2E-99	1443,936	1605,668	1443,936	1605,668
19	연 령	-118,283	95,65567	-1,23655	0,217521	-306,761	70,19472	-306,761	70,19472
20	지하철1개 노선	1087,742	1214,796	0,895411	0,371507	-1305,86	3481,349	-1305,86	3481,349
21	지하철 2개노선	2174,349	2373,159	0,916226	0,360512	-2501,67	6850,368	-2501,67	6850,368
22	대기업더미	1299,991	1453,089	0,894639	0,371919	-1563,14	4163,124	-1563,14	4163,124
23	단지규모	2,129635	0,564329	3,773745	0,000205	1,017693	3,241576	1,017693	3,241576

위의 중회귀분석 결과를 통해 연령의 계수가 −118.283으로 음수임을 확인할 수 있다. 아파트 단지 규모 등 아파트 가격에 미치는 제반 변수를 통제하고 나니 이제는 예상과 같이 아파트 연령은 아파트 가격에 음의 효과를 미치는 것으로 드러났다.

4) 기술통계법

데이터에 든 정보를 요약할 때 기술통계법을 사용하면 편리하다. 평균과 그 표준 오차, 중앙값, 최빈값, 표준편차 등 다양한 정보를 얻을 수 있다.

[예제 7] 기술통계법을 사용하여 강남 아파트 가격의 대략적인 정보를 알아보자.

기술통계법을 사용하기 위해서는 「데이터 분석」기능을 추가해야 한다. 이 기능을 추가하는 방법에 대해서는 이미 설명한 바 있다. 데이터 탭의 **데이터 분석** 에서 「기술 통계법」을 선택하면 다음과 같은 창이 뜬다. **입력 범위(I)** 에 시세 자료의 범위($C$1:$C$237)를 집어넣고 **요약 통계량(S)** 을 선택하면 다음과 같은 다양한 정보를 얻을 수 있다.

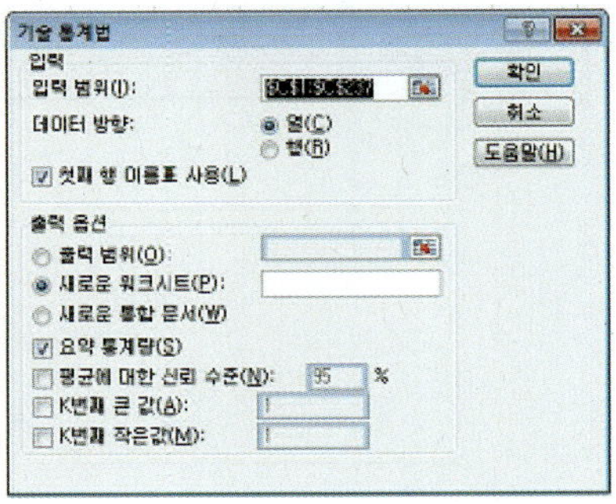

	A	B
1	시세(중간값)	
2		
3	평균	37713,88
4	표준 오차	1383,204
5	중앙값	30250
6	최빈값	26000
7	표준 편차	21249,19
8	분산	4,52E+08
9	첨도	3,04143
10	왜도	1,388705
11	범위	141000
12	최소값	9000
13	최대값	150000
14	합	8900475
15	관측수	236

4. 첨부하기

Excel로 처리한 결과물을 워드프로세서로 작성한 문서에 첨부하는 방법은 간단하다. 우리가 흔히 쓰는 복사하기(Ctrl+C) 및 붙이기(Ctrl+V) 방법이 Excel에서도 그대로 적용되기 때문이다. Excel에서 그려낸 히스토그램, 산포도, 시계열그림 등의 각종 차트는 그대로 오려내기, 복사 및 붙이기가 가능하다.

다만 결과물이 워크시트 내 테이블의 형태로 주어지는 경우에는 좀더 세심한 주의가 필요하다. 여전히 블록을 설정한 뒤 복사하여 붙이기를 할 수도 있으나, 테이블의 크기나 간격이 적당하게 맞춰지지 않게 된다. 이를 해결하려면 별도의 기법이 필요하다.

여기서는 복사하여 붙이기 등을 이용하여 차트를 다른 프로그램에 옮기는 방법은 생략하고 워크시트 전체를 다른 프로그램으로 삽입시키는 방법을 연습해보기로 하자. 이 경우 장점은 다른 프로그램에서 Excel 워크시트를 열어 직접 수정할 수 있다는 점이고 단점은 파일 용량이 커진다는 점이다.

[예제 8] 엑셀 출력물을 한글 2007 파일로 옮겨 보자.

1. Excel 워크시트에 나타난 출력물을 한글 2007 파일로 옮겨보자. 다음 그림과 같이 한글 2007 파일의 상단 메뉴에서 입력(D) 을 선택한 후 OLE 개체(O)... 를 선택한다.

2. 「개체 삽입」창이 열리면, ◉새로 만들기(N) 를 체크하고, 개체 형식(T) 에서 「Microsoft Office Excel 워크시트」를 선택한다.

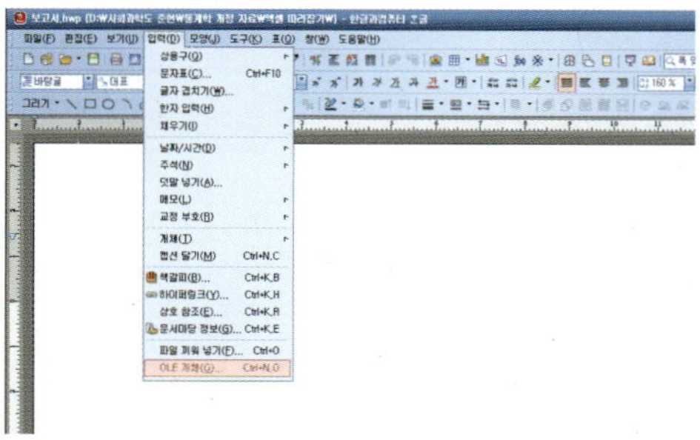

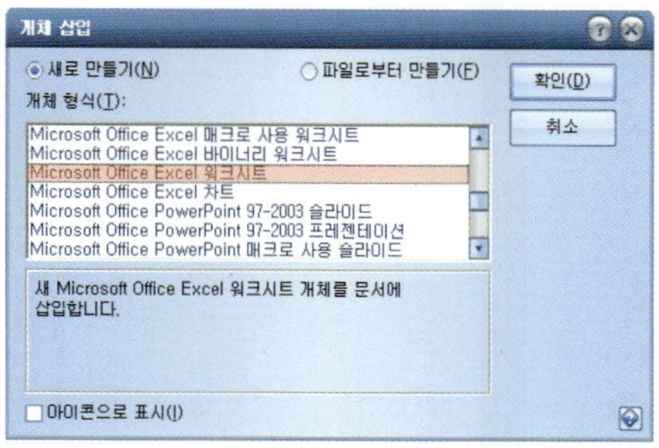

3. 한글 파일에 아래와 같은 Excel sheet 창이 열리게 된다.

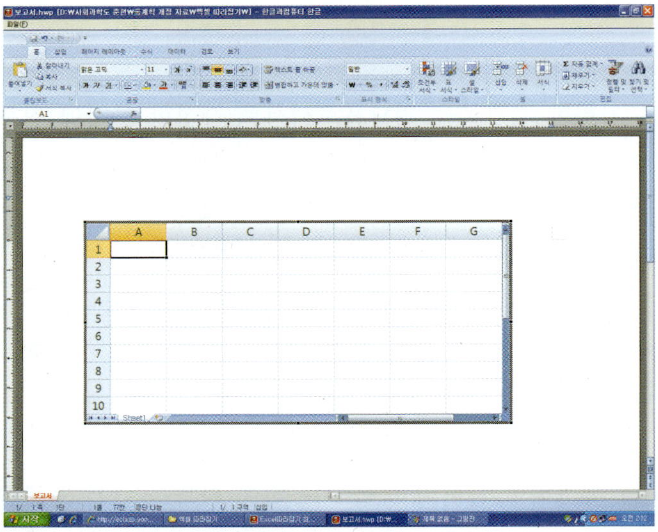

여기서 ESC 버튼을 누르면 다음과 같이 한글 파일로 돌아오게 된다. 이것으로 Excel Worksheet와 한글 파일이 연결되었음을 알게 된다.

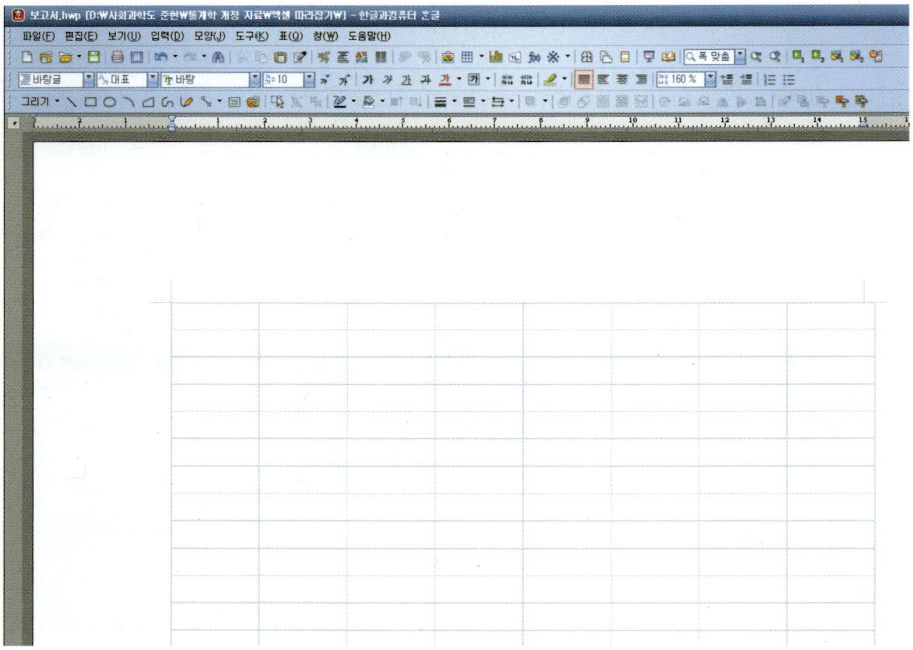

4. 하늘색 눈금 칸을 클릭하여 클릭 표시를 만든 상태에서 편집(E) 을 선택한 뒤 「워크시트 개체(O)」를 선택하고 「열기(O)」를 지정한다. 「******.hwp의 워크시트」라는 엑셀 창이 열리게 된다. 엑셀 창 좌측 상단에 있는  를 누르고  열기(O) 를 선택한 뒤, 출력하고자 하는 엑셀 파일을 선택하여 연다. 이렇게 열린 워크시트의 하

단 시트 가운데 원하는 출력물이 있는 시트에 대고 마우스 오른쪽 버튼을 클릭한다. 이때 나타나는 메뉴 중 「이동/복사(M)...」를 실행시킨다.

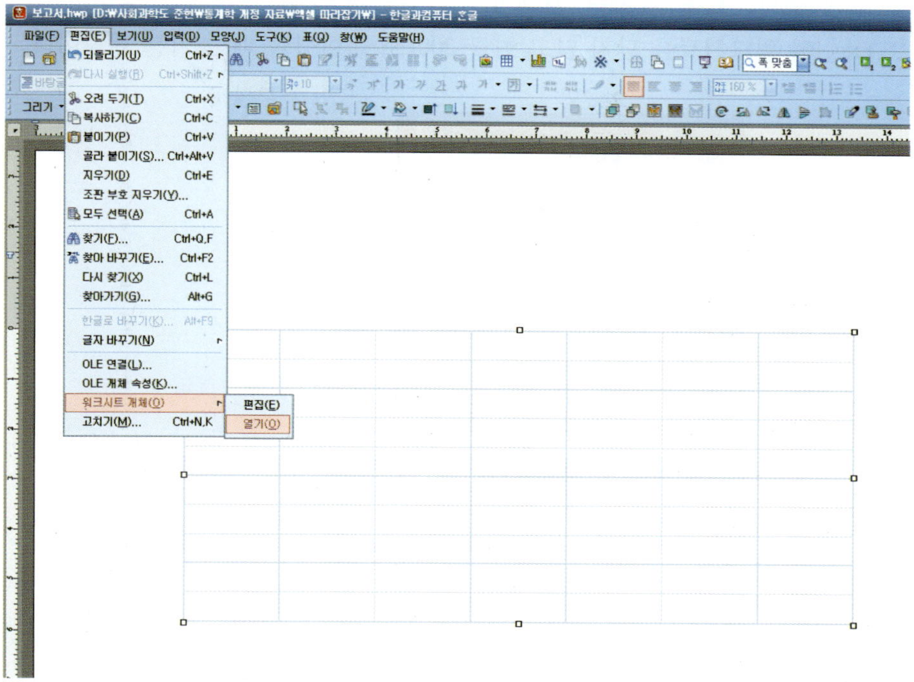

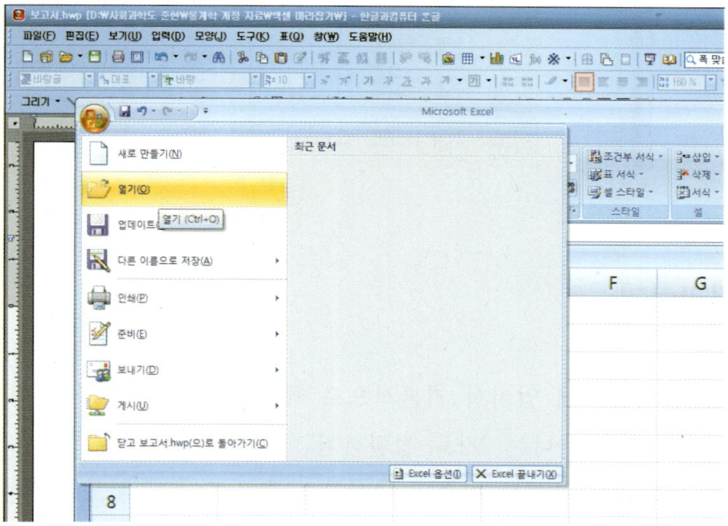

5. 그림과 같은 「이동/복사」창이 열리면, **대상 통합 문서(T):** 에서 반드시 「******.hwp의 워크시트」를 지정하고, 「다음 시트의 앞에(B)」 항목에서는 Sheet1을 지정한다. 이상으로 마치면 대상 파일 전체가 사라지고 한글 2007로 이동하므로

「복사(C)」칸에 체크를 해 두는 편이 좋다. [확인]을 클릭하고 워크시트를 닫은 뒤 한글 2007로 돌아가면 작업 중이던 한글 2007 문서에 원하는 워크시트가 옮겨져 있게 된다. 간혹 복사된 워크시트에 검은색 빗금이 쳐지는 경우가 있는데, 이는 Excel의 워크시트를 닫지 않고 한글 2007로 돌아왔을 때 생기는 현상이다.

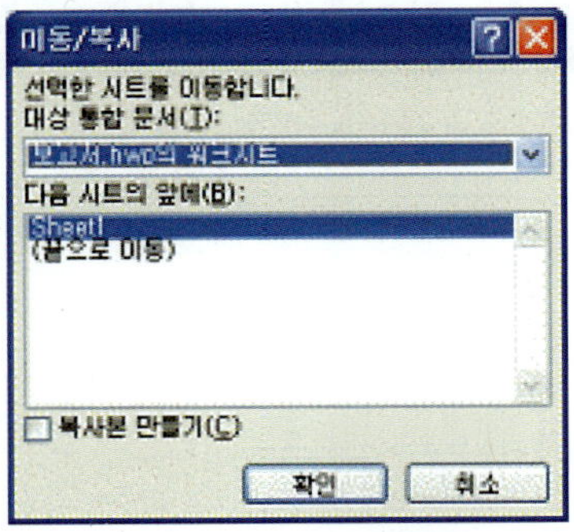

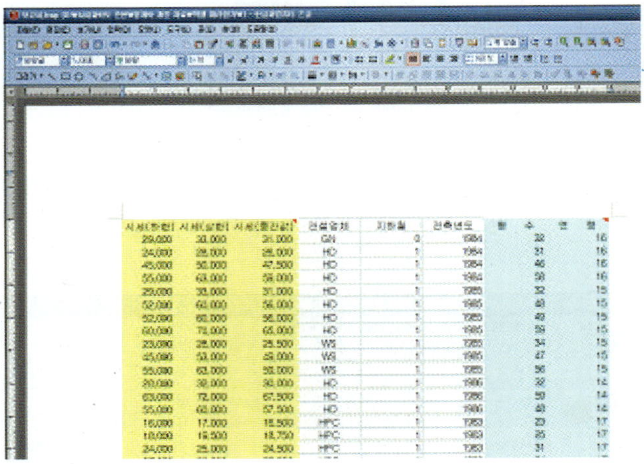

5. 자료 정리하기

Excel을 사용함에 있어서 기본적으로 꼭 알아두어야 할 자료정리 방법에는 크게 두 가지가 있다. 하나는 '자료 정렬하기'이고 다른 하나는 '필터링'이다. 자료 정렬하기는 데이터를 특정한 변수의 내림차순 혹은 오름차순으로 재배열하는 것을 의미한다. 학생들의 성적 자료를 내림차순으로 재배열하는 것이 하나의 예이다. 필터링은 특정 변수에 어떤 제약을 가해 그 제약조건을 충족시키는 자료만을 추출하는 것을 의미한다. 성적 상위자 5명의 정보만을 추출하는 작업이 필터링의 한 예이다.

1) 자료 정렬하기

[예제 9] 데이터를 경상수지 흑자폭이 큰 순서로 나열해보자.

1. 데이터 중 하나의 셀을 선택한 상태에서, 엑셀 상단의 메뉴 가운데 데이터 탭을 클릭하여 정렬 을 실행하면 데이터 전체가 선택되면서 다음과 같은 정렬 창이 뜬다.

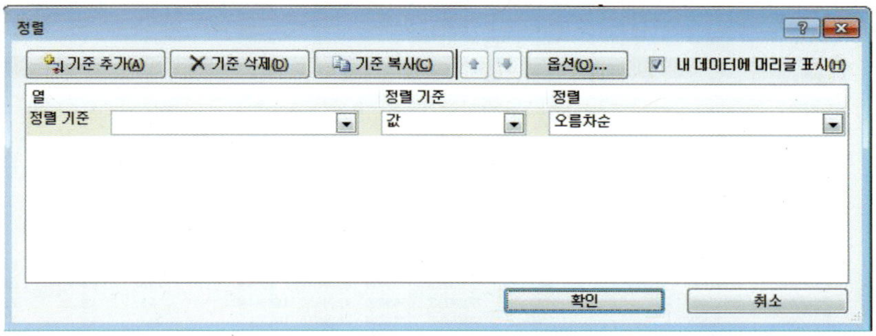

2. 정렬 창이 뜨면, 정렬기준 칸에서 경상수지를 선택하고 정렬방식으로는 「내림차순」을 선택한다. 참고로 「오름차순」을 선택하면 경상수지 적자폭이 큰 해부터 자료가 정렬된다. 또한 기준 추가(A) 를 선택하여 두 번째, 세 번째 기준까지 설정하는 것도 가능하다.

3. 이상 일련의 과정을 마치고 나면 다음과 같이 경상수지 흑자폭이 가장 컸던 1998년 자료가 맨 위로 오게 된다. 데이터 정렬을 할 경우 같은 연도에 속하는 모든 변수 값이 패키지로 함께 이동하므로 자료가 섞이는 것을 걱정할 필요는 없다.

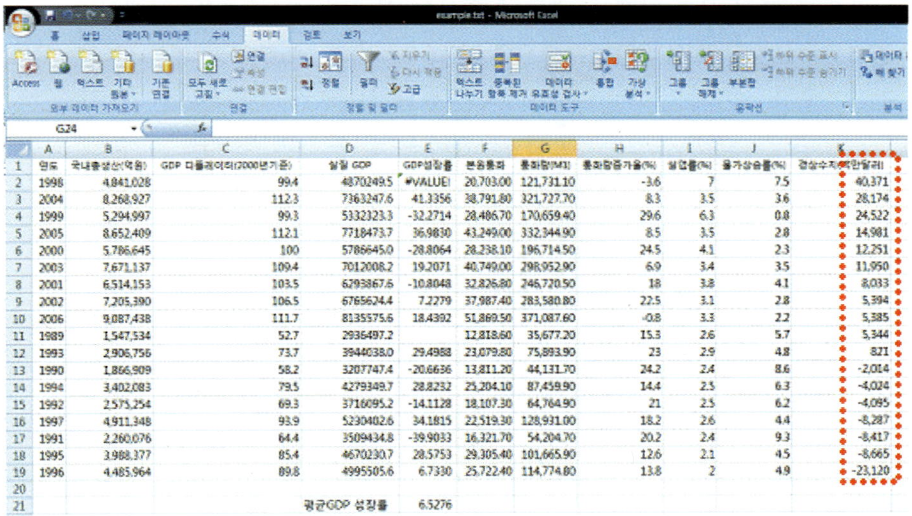

	A	B	C	D	E	F	G	H	I	J	K
1	연도	국내총생산(억원)	GDP 디플레이터(2000년기준)	실질 GDP	GDP성장률	본원통화	통화량(M1)	통화량증가율(%)	실업률(%)	물가상승률(%)	경상수지(백만달러)
2	1998	4,841,028	99.4	4870249.5	#VALUE!	20,703.00	121,731.10	-3.6	7	7.5	40,371
3	2004	8,268,927	112.3	7363247.6	41.3356	38,791.80	321,727.70	8.3	3.5	3.6	28,174
4	1999	5,294,997	99.3	5332323.3	-32.2714	28,486.70	170,659.40	29.6	6.3	0.8	24,522
5	2005	8,652,409	112.1	7718473.7	36.9830	43,249.00	332,344.90	8.5	3.5	2.8	14,981
6	2000	5,786,645	100	5786645.0	-28.8064	28,238.10	196,714.50	24.5	4.1	2.3	12,251
7	2003	7,671,137	109.4	7012008.2	19.2071	40,749.00	298,952.90	6.9	3.4	3.5	11,950
8	2001	6,514,153	103.5	6293867.6	-10.8048	32,826.80	246,720.50	18	3.8	4.1	8,033
9	2002	7,205,390	106.5	6765624.4	7.2279	37,987.40	283,580.80	22.5	3.1	2.8	5,394
10	2006	9,087,438	111.7	8135575.6	18.4392	51,869.50	371,087.60	-0.8	3.3	2.2	5,385
11	1989	1,547,534	52.7	2936497.2		12,818.60	35,677.20	15.3	2.6	5.7	5,344
12	1993	2,906,756	73.7	3944038.0	29.4988	23,079.80	75,893.90	23	2.9	4.8	821
13	1990	1,866,909	58.2	3207747.4	-20.6636	13,811.20	44,131.70	24.2	2.4	8.6	-2,014
14	1994	3,402,083	79.5	4279349.7	28.8232	25,204.10	87,459.90	14.4	2.5	6.3	-4,024
15	1992	2,575,254	69.3	3716095.2	-14.1128	18,107.30	64,764.90	21	2.5	6.2	-4,095
16	1997	4,911,348	93.9	5230402.6	34.1815	22,519.30	128,931.00	18.2	2.6	4.4	-8,287
17	1991	2,260,076	64.4	3509434.8	-39.9033	16,321.70	54,204.70	20.2	2.4	9.3	-8,417
18	1995	3,988,377	85.4	4670230.7	28.5753	29,305.40	101,665.90	12.6	2.1	4.5	-8,665
19	1996	4,485,964	89.8	4995505.6	6.7330	25,722.40	114,774.80	13.8	2	4.9	-23,120
20											
21				평균GDP 성장률	6.5276						

2) 필터링

[예제 10] 경상수지 흑자폭이 큰 순서로 상위 10개 연도의 자료만을 추출해보자.

1. 엑셀 상단 메뉴 가운데 데이터 탭을 클릭하여 필터 를 선택한다. 다음과 같은 화면이 나타나는데 변수 이름 옆에 ▾ 가 생성되어 있음을 확인하게 된다.

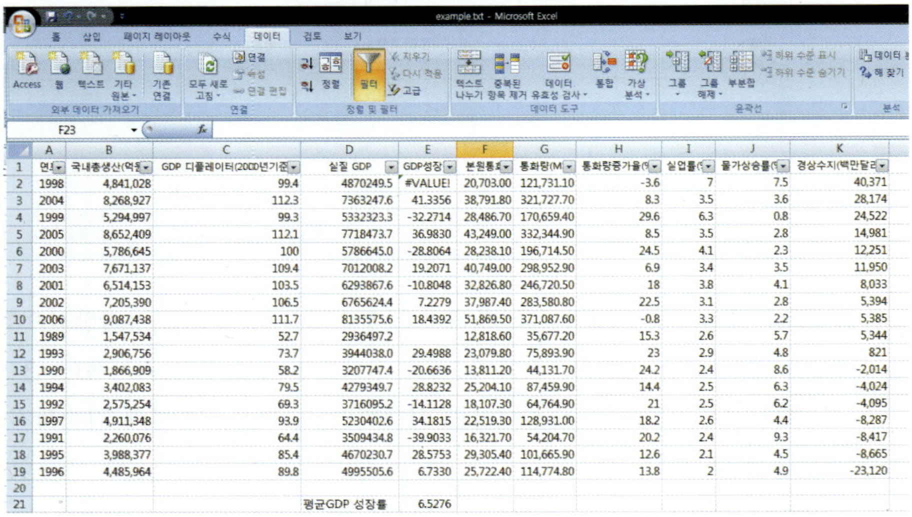

	A	B	C	D	E	F	G	H	I	J	K
1	연도	국내총생산(억원)	GDP 디플레이터(2000년기준)	실질 GDP	GDP성장	본원통화	통화량(M	통화량증가율(%	실업률(	물가상승률(%	경상수지(백만달러
2	1998	4,841,028	99.4	4870249.5	#VALUE!	20,703.00	121,731.10	-3.6	7	7.5	40,371
3	2004	8,268,927	112.3	7363247.6	41.3356	38,791.80	321,727.70	8.3	3.5	3.6	28,174
4	1999	5,294,997	99.3	5332323.3	-32.2714	28,486.70	170,659.40	29.6	6.3	0.8	24,522
5	2005	8,652,409	112.1	7718473.7	36.9830	43,249.00	332,344.90	8.5	3.5	2.8	14,981
6	2000	5,786,645	100	5786645.0	-28.8064	28,238.10	196,714.50	24.5	4.1	2.3	12,251
7	2003	7,671,137	109.4	7012008.2	19.2071	40,749.00	298,952.90	6.9	3.4	3.5	11,950
8	2001	6,514,153	103.5	6293867.6	-10.8048	32,826.80	246,720.50	18	3.8	4.1	8,033
9	2002	7,205,390	106.5	6765624.4	7.2279	37,987.40	283,580.80	22.5	3.1	2.8	5,394
10	2006	9,087,438	111.7	8135575.6	18.4392	51,869.50	371,087.60	-0.8	3.3	2.2	5,385
11	1989	1,547,534	52.7	2936497.2		12,818.60	35,677.20	15.3	2.6	5.7	5,344
12	1993	2,906,756	73.7	3944038.0	29.4988	23,079.80	75,893.90	23	2.9	4.8	821
13	1990	1,866,909	58.2	3207747.4	-20.6636	13,811.20	44,131.70	24.2	2.4	8.6	-2,014
14	1994	3,402,083	79.5	4279349.7	28.8232	25,204.10	87,459.90	14.4	2.5	6.3	-4,024
15	1992	2,575,254	69.3	3716095.2	-14.1128	18,107.30	64,764.90	21	2.5	6.2	-4,095
16	1997	4,911,348	93.9	5230402.6	34.1815	22,519.30	128,931.00	18.2	2.6	4.4	-8,287
17	1991	2,260,076	64.4	3509434.8	-39.9033	16,321.70	54,204.70	20.2	2.4	9.3	-8,417
18	1995	3,988,377	85.4	4670230.7	28.5753	29,305.40	101,665.90	12.6	2.1	4.5	-8,665
19	1996	4,485,964	89.8	4995505.6	6.7330	25,722.40	114,774.80	13.8	2	4.9	-23,120
20											
21				평균GDP 성장률	6.5276						

2. 경상수지를 기준으로 필터링을 시행하려면 경상수지 옆에 위치한 ▾ 을 누르고 **숫자 필터(F)** 를 선택한 후 하위 메뉴에서 필요한 조건식을 고른다. 만약 경상수지 흑자폭이 큰 순서로 자료 10개를 추출하고 싶다면 **상위 10(T)** 을 선택한다.

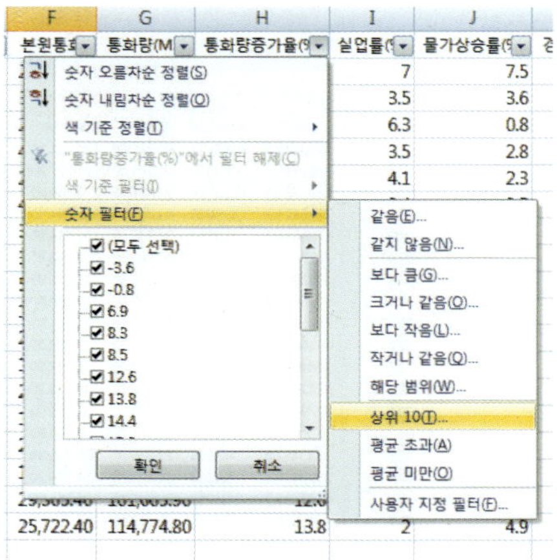

3) 데이터 추출하기

[예제 11] VLOOKUP 함수를 이용해서 자료를 정리해보자.

VLOOKUP 함수는 실제 업무에서 가장 빈번하게 쓰이는 함수 가운데 하나로 필요한 자료만 선택하고자 하는 경우에 유용하다. 여기서 VLOOKUP이란 세로로 자료를 찾아본다는 의미로 가로로 자료를 찾는 HLOOKUP 함수와 대비된다.

VLOOKUP 함수는 다음 형식에 따라 네 개의 인수를 필요로 하는데 마지막 인수는 생략할 수 있다.

=VLOOKUP(lookup_value, table_array, col_index_num, [range_lookup])

예를 들어 2000년의 경상수지 값을 알고 싶다면 아래 그림처럼 원하는 셀인 B22에 =VLOOKUP(A22, A2:K19, 11, FALSE)의 함수식을 입력한다. 이렇게 하면 2000년도의 경상수지 값인 12251이 B22셀에 기록된다.

7	1994	[illegible]		[illegible]	[illegible]	[illegible]	[illegible]	[illegible]
8	1995	3,988,377		85.4	4670230.7	8.7407	29,305.40	101,665.90
9	1996	4,485,964		89.8	4995505.6	6.7330	25,722.40	114,774.80
10	1997	4,911,348		93.9	5230402.6	4.5950	22,519.30	128,931.00
11	1998	4,841,028		99.4	4870249.5	-7.1343	20,703.00	121,731.10
12	1999	5,294,997		99.3	5332323.3	9.0642	28,486.70	170,659.40
13	2000	5,786,645		100	5786645.0	8.1766	28,238.10	196,714.50
14	2001	6,514,153		103.5	6293867.6	8.4023	32,826.80	246,720.50
15	2002	7,205,390		106.5	6765624.4	7.2279	37,987.40	283,580.80
16	2003	7,671,137		109.4	7012008.2	3.5770	40,749.00	298,952.90
17	2004	8,268,927		112.3	7363247.6	4.8877	38,791.80	321,727.70
18	2005	8,652,409		112.1	7718473.7	4.7116	43,249.00	332,344.90
19	2006	9,087,438		111.7	8135575.6	5.2630	51,869.50	371,087.60
20								
21	연도	경상수지						
22	2000	12251						

이제 VLOOKUP 함수의 첫 번째와 두 번째 인수의 의미를 살펴보자. VLOOKUP 함수는 첫 번째 인수에 해당하는 값(A22)과 일치하는 수치를 두 번째 인수로 주어진 범위(A2:K19)의 첫 번째 열에서 찾는다. 세 번째 인수는 몇 번째 열의 값을 가져올 것인지 결정한다. 경상수지 값은 두 번째 인수로 주어진 범위 내에서 11번째 열에 해당된다. 만약 세 번째 인수로 11 대신 2를 입력한다면 VLOOKUP 함수는 2000년의 국내총생산 값을 반환하고, 6을 입력한다면 2000년의 본원통화에 해당하는 수치를 반환한다. 세 번째 인수의 값이 1보다 작거나 두 번째 인수로 주어진 범위 내 열의 개수보다 크면 오류가 발생한다.

네 번째 인수로는 TRUE 혹은 FALSE를 선택할 수 있다. 생략도 가능한데 생략하는 경우 디폴트로는 TRUE값을 취하게 된다. FALSE의 경우 찾은 값이 첫 번째 인수의 값과 정확히 일치하는 경우에만 결과를 반환한다. 반면 TRUE로 설정했을 때에는 찾은 값이 첫 번째 인수의 값과 정확히 일치하지 않는 경우에도 값을 반환한다. 네 번째 인수를 TRUE로 지정할 경우, 자료는 첫 열 기준 오름차순으로 정렬되어 있어야 한다.

참고로 열 기호와 행 번호 앞에 있는 $표시는 절대참조를 의미한다. 절대참조의 $표시 없이 한 셀에 수식을 입력한 뒤 이를 다른 셀로 복사하면 수식의 내용이 변하게 된다. 예를 들어 B22에 $표시 없이 =VLOOKUP(A22, A2:K19, 6, FALSE)라 입력한 뒤 이 식을 드래그하여 B23셀에 복사하는 경우를 생각해보자. 이때 B23셀에는 =VLOOKUP(A23, A3:K20, 6, FALSE)의 원하지 않는 수식이 생성된다. 반면 B22에 $표시를 이용하여 =VLOOKUP(A22, $A$2:$K$19, 6, FALSE)라 입력한 뒤 이 식을 드래그하여 B23셀에 복사하면 B23에 복사된 수식은 =VLOOKUP(A23, $A$2:$K$19, 6, FALSE)가 된다. 아래 그림처럼 참조하는 셀의 영역을 상대화하지 않고 절대적으로 고정하고 싶으면 $표시를 사용한다.

1	연도	국내총생산(억원)	GDP 디플레이터(2000년기준)	실질 GDP	GDP성장률	본원통화	통화량(M1)	통화량증가율(%)	실업률(%)	물가상승률
2	1989	1,547,534	52.7	2936497.2		12,818.60	35,677.20	15.3	2.6	
3	1990	1,866,909	58.2	3207747.4	8.8352	13,811.20	44,131.70	24.2	2.4	
4	1991	2,260,076	64.4	3509434.8	8.9886	16,321.70	54,204.70	20.2	2.4	
5	1992	2,575,254	69.3	3716095.2	5.7218	18,107.30	64,764.90	21	2.5	
6	1993	2,906,756	73.7	3944038.0	5.9532	23,079.80	75,893.90	23	2.9	
7	1994	3,402,083	79.5	4279349.7	8.1596	25,204.10	87,459.90	14.4	2.5	
8	1995	3,988,377	85.4	4670230.7	8.7407	29,305.40	101,665.90	12.6	2.1	
9	1996	4,485,964	89.8	4995505.6	6.7330	25,722.40	114,774.80	13.8	2	
10	1997	4,911,348	93.9	5230402.6	4.5950	22,519.30	128,931.00	18.2	2.6	
11	1998	4,841,028	99.4	4870249.5	-7.1343	20,703.00	121,731.10	-3.6	7	
12	1999	5,294,997	99.3	5332323.3	9.0642	28,486.70	170,659.40	29.6	6.3	
13	2000	5,786,645	100	5786645.0	8.1766	28,238.10	196,714.50	24.5	4.1	
14	2001	6,514,153	103.5	6293867.6	8.4023	32,826.80	246,720.50	18	3.8	
15	2002	7,205,390	106.5	6765624.4	7.2279	37,987.40	283,580.80	22.5	3.1	
16	2003	7,671,137	109.4	7012008.2	3.5770	40,749.00	298,952.90	6.9	3.4	
17	2004	8,268,927	112.3	7363247.6	4.8877	38,791.80	321,727.70	8.3	3.5	
18	2005	8,652,409	112.1	7718473.7	4.7116	43,249.00	332,344.90	8.5	3.5	
19	2006	9,087,438	111.7	8135575.6	5.2630	51,869.50	371,087.60	-0.8	3.3	
20										
21	연도	본원통화		경상수지						
22	2000	28238.1		12251						
23	2005	43249		14981						

셀 번호를 입력하고 F4를 누르면 $표시가 자동으로 첨가된다는 사실도 알아두면 편리하다. 예를 들어 수식 입력줄에 =A24라 입력하고 F4를 누르면 이 수식은 =$A$24로 자동 변환된다. VLOOKUP 함수와 비슷한 함수로 HLOOKUP, LOOKUP 등의 함수가 있다. 이들 함수에 대해 알고 싶으면 Excel의 도움말 기능을 참조하라.

4) 행과 열 변환하기

Excel을 이용하다보면 자료의 행과 열을 전환하고 싶은 경우가 있다. 이런 경우 간편하게 쓸 수 있는 방법을 소개한다.

[예제 12] 데이터의 열과 행을 전환시켜보자.

우선 전환하고자 하는 표 전체를 드래그하여 복사하거나 혹은 Ctrl+C를 사용하여 클립보드에 저장한다. 다음으로 새로운 행렬을 삽입하고 싶은 곳의 빈 셀을 선택한 뒤 마우스 오른쪽 버튼을 클릭한다. 이때 나타나는 [선택하여 붙여넣기]라는 메뉴에서 「행/열 바꿈(E)」을 클릭하고 [확인] 을 누르면 행과 열이 바뀐 결과물을 얻을 수 있다. 셀의 간격이 너무 좁아 주어진 값을 표시할 수 없는 경우에는 #######로 표시되는데 걱정할 필요 없이 셀의 간격을 적절히 조절해주면 된다.

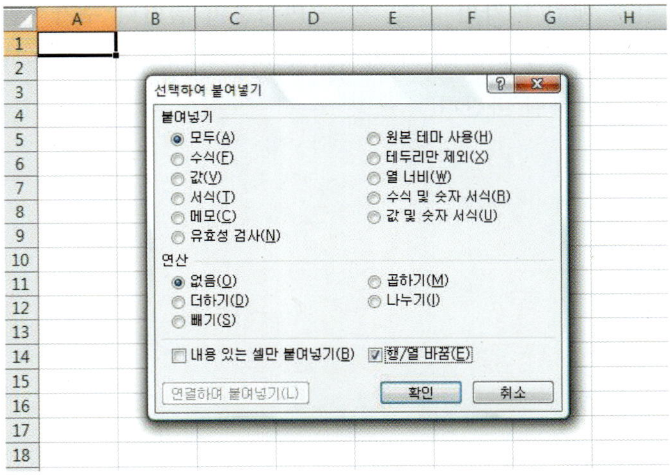

물론 TRANSPOSE 함수를 이용해 행렬을 전환할 수도 있다. 자세한 사용법을 알고 싶으면 엑셀의 도움말 기능을 활용하라.

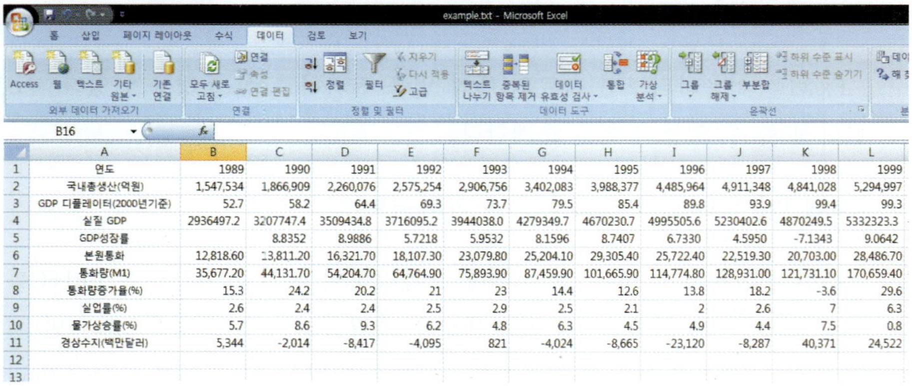

연도	1989	1990	1991	1992	1993	1994	1995	1996	1997	1998	1999
국내총생산(억원)	1,547,534	1,866,909	2,260,076	2,575,254	2,906,756	3,402,083	3,988,377	4,485,964	4,911,348	4,841,028	5,294,997
GDP 디플레이터(2000년기준)	52.7	58.2	64.4	69.3	73.7	79.5	85.4	89.8	93.9	99.4	99.3
실질 GDP	2936497.2	3207747.4	3509434.8	3716095.2	3944038.0	4279349.7	4670230.7	4995505.6	5230402.6	4870249.5	5332323.3
GDP성장률		8.8352	8.9886	5.7218	5.9532	8.1596	8.7407	6.7330	4.5950	-7.1343	9.0642
본원통화	12,818.60	13,811.20	16,321.70	18,107.30	23,079.80	25,204.10	29,305.40	25,722.40	22,519.30	20,703.00	28,486.70
통화량(M1)	35,677.20	44,131.70	54,204.70	64,764.90	75,893.90	87,459.90	101,665.90	114,774.80	128,931.00	121,731.10	170,659.40
통화량증가율(%)	15.3	24.2	20.2	21	23	14.4	12.6	13.8	18.2	-3.6	29.6
실업률(%)	2.6	2.4	2.4	2.5	2.9	2.5	2.1	2	2.6	7	6.3
물가상승률(%)	5.7	8.6	9.3	6.2	4.8	6.3	4.5	4.9	4.4	7.5	0.8
경상수지(백만달러)	5,344	-2,014	-8,417	-4,095	821	-4,024	-8,665	-23,120	-8,287	40,371	24,522

이상으로 통계학을 배우는 과정에서 유용하게 사용할 수 있는 Excel의 다양한 기능에 대하여 알아보았다. 이 정도의 내용만으로도 Excel을 다루는 데 있어서 별다른 문제는 없을 것으로 생각한다. Excel의 보다 상세한 내용은 지금까지 소개한 내용을 토대로 각자 배워 나가면 된다. 이는 여러분이 얼마나 추가적인 노력을 기울이느냐에 달려 있다. 이쯤에서 Excel 가이드를 마친다. Excel을 이용한 통계분석이 여러분의 인생에 유익하길 바란다.

복습문제 해설

제 1 장

1. 역 인과관계일 가능성이 크다. 즉, 자연 유산할 가능성이 낮은 건강한 여성일수록 운동을 많이 하는 경향이 있다.

2.
   (1) 성별과 연령의 효과를 통제하기 위해서이다.
   (2) 흡연을 지속하여 건강한 것이 아니라, 건강해서 흡연을 지속할 수 있었을 것이다.

3. (2)가 옳다. 혼동요인의 의미를 생각해보라.

4.
   (1) 처리집단 : 신병훈련을 받은 재소자 집단
   통제집단 : 그렇지 않은 재소자 집단
   (2) 경험적 연구
   (3) 동기부여가 큰 사람이 신병훈련에 참여하게 되므로 신병훈련의 효과는 과대평가될 것이다.

5.
   (1) 투약거부집단의 발병률이 46 대 44로 유사함
   (2) 통제집단의 발병률이 71 대 54로 상이함
   (3) 가난한 집안의 부모가 투약을 거부했고 가난한 집의 아이일수록 소아마비에 면역되어 있을 가능성이 상대적으로 높기 때문이다.
   (4) 과소평가한다. 부모의 동의 여부가 백신의 효과에 대한 혼동요인으로 작용하는데 부모의 동의가 없는 투약거부집단은 애당초 소아마비 발병률이 낮기 때문이다.

6. "솔크 백신이 아이들에게 소아마비를 예방하기는커녕 촉진했다."고 말하기 어렵다. 솔크 백신을 실험한 지역과 그 밖의 지역이 무작위로 나누어진 것이 아니다. 솔크 백신을 실험한 지역이 다른 지역보다 소아마비 발병률이 높은 지역일 수 있다. 실제로 실험대상은 '발병률이 높은 지역의 초등학교 1,2,3학년에 재학 중인 학생들'로 선정되었다.

7.

(1) 처리집단 여성들의 유방암 사망률 1.3이 통제집단 여성들의 유방암 사망률 2.0보다 낮다는 사실이 검진의 효과를 말해준다.

(2) 처리집단과 통제집단이 무작위 배정되었기 때문이다.

(3) 문제에서 제시된 ②번과 ③번의 요인 때문이다.

(4) 처리집단 거부자의 유방암 사망률 1.5보다 통제집단 여성들의 유방암 사망률 2.0이 높게 나왔다. 두 집단은 정기검진을 안 받았다는 점에서는 동일하다. 다만 거부자 집단이 통제집단보다 평균적으로 가난하여 유방암에 걸릴 가능성이 낮다는 점만 다르다.

(5) 아니다. 정기검진을 수락한 여성들과 거부한 여성들은 부의 측면에서 체계적으로 다르다. 즉 검진의 효과가 아니라 부의 효과일 수 있다. 사실상 처리집단 전체와 통제집단 전체를 비교할 때 기타요인에 의한 사망률에서는 큰 차이가 없는 것으로 보아 정기검진이 기타 사망률에는 영향을 미치지 않는 것으로 판단된다.

(6) 옳지 않다. 부유함의 효과와 검진의 효과를 구별할 수 없기 때문이다. 부유한 여성일수록 검진을 받는 경향이 있고 부유할수록 유방암 사망률이 높으므로 검진의 효과가 과소평가된다. 단순비교는 검진의 효과에 불리하게 작용한다.

제 2 장

1.

(1) B

(2) 20%

(3) 70%

2. (b) 봉우리(peak)가 2개인(bimodal) 히스토그램으로 보아 이질적인 집단으로 이루어진 학급의 성적분포임을 알 수 있다.

3. Y : (b), 2Y : (a), Y+100 : (c)

4.

(1)

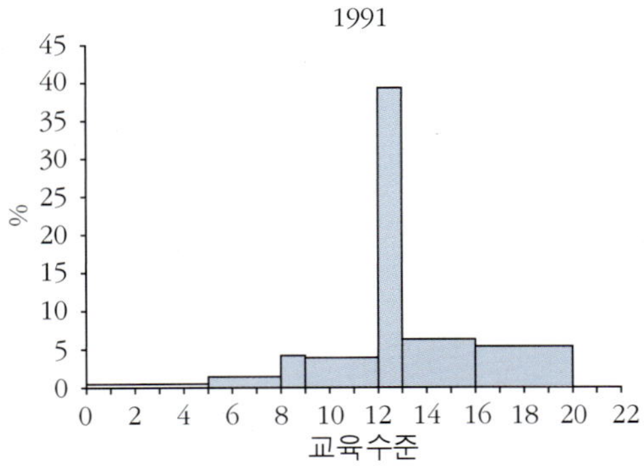

(2)

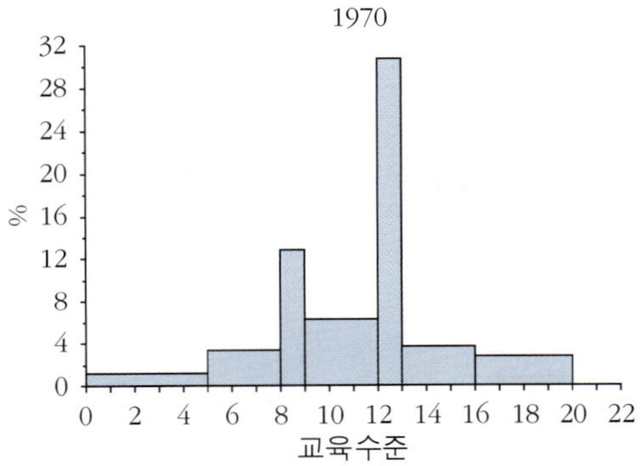

(1)과 (2)의 두 히스토그램을 비교해 보면 1991년의 교육수준이 1970년의 교육수준에 비해 전반적으로 높아졌음을 알 수 있다.

(3)

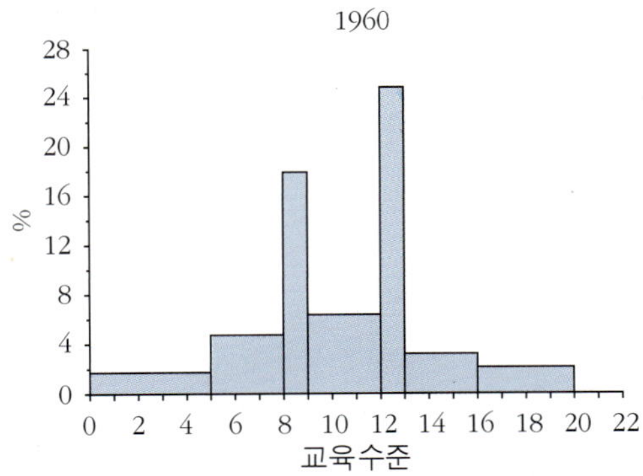

위 (2)에서의 히스토그램과 비교해 볼 때 1960년의 교육수준과 1970년의 교육수준 간에 큰 변화는 없으나 10년간 고졸 이하는 다소 줄고 고졸 이상은 다소 늘었다.

5. 밀도단위 히스토그램의 전체 넓이는 100%가 되어야 하므로,

$10\times1+20\times1+x\times3+5\times5=100$

의 식으로부터 $x=15$ (%/50만원)가 됨을 알 수 있다.

6.

(1) $1.5\times10=15(\%)$

(2) $1.5\times20=30(\%)$

(3) $1.5\times20+0.5\times40=50(\%)$

(4) $(3.5\times10)/10=3.5(\%)$

7.

(1) 이산변수

(2)

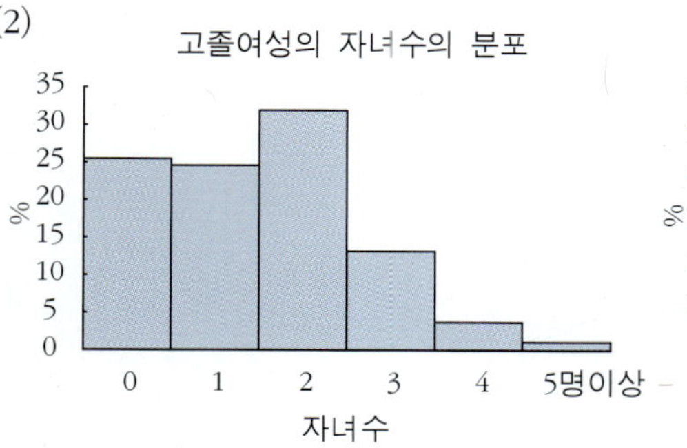

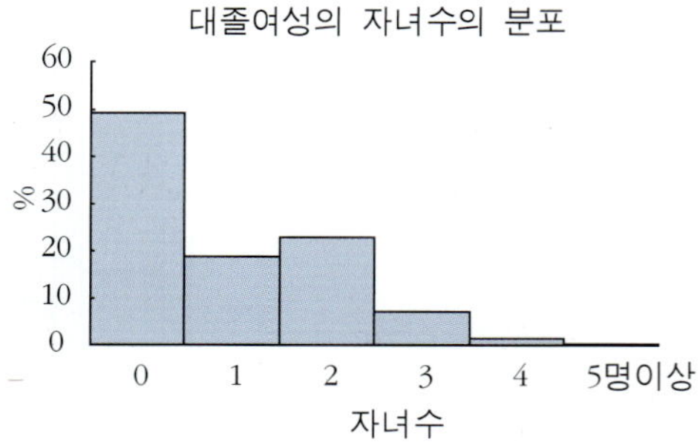

(3) 교육수준이 높을수록 자녀를 적게 갖는다.

8. 자녀가 4명인 여성 집단의 혈압이 평균적으로 더 높다. 그러나 무작위 통제에 의한 실험 결과가 아니므로 출산횟수가 두 집단간 혈압 차이를 가져왔다고 결론지을 수는 없다. 자녀가 4명인 여성집단은 자녀가 2명인 여성집단보다 평균적으로 나이가 많다. 나이가 많을수록 혈압은 높아지는 경향이 있다.

9.

(1) 7%

(2) 5%

(3) 17세-24세 여성의 경우 경구피임약의 복용은 고혈압자의 비율을 높이는 경향이 있다.

(4) 17세-24세 여성의 경우 경구피임약의 복용은 혈압을 전반적으로 높이는 경향이 있다. 경구피임약의 복용자가 비복용자에 비해 혈압이 높다.

17세-24세 여성 경구피임약 복용자의 혈압분포

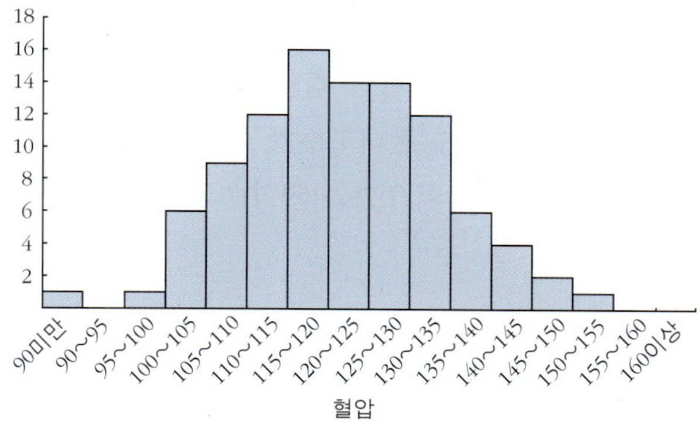

17세-24세 여성 경구피임약 비복용자의 혈압분포

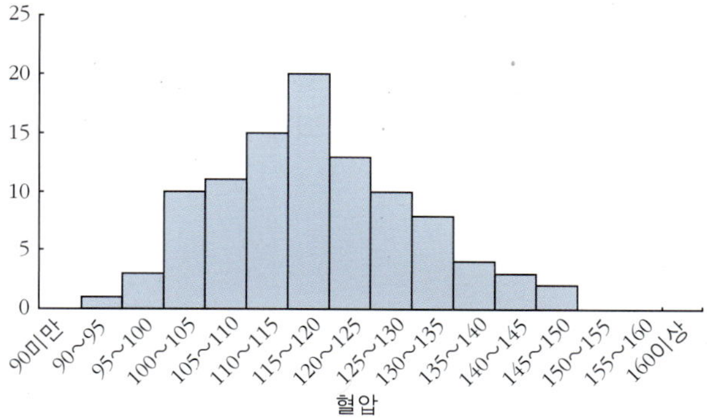

(5) 비복용자로 한정해 볼 때 17세-24세 여성과 25세-34세 여성은 혈압분포에 있어서 큰 차이를 보이지 않는다. 이로부터 20세에서 30세 사이 여성의 경우 혈압은 그다지 나이의 영향을 받지 않는 것으로 보인다.

25세-34세 여성 경구피임약 비복용자의 혈압분포

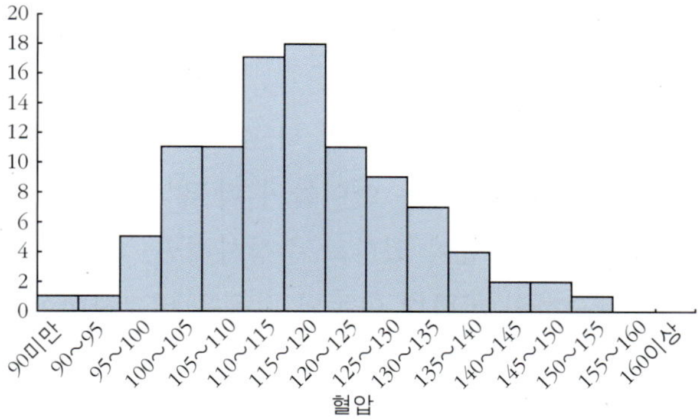

10.

(1) (그림 생략)

(2) 소수점 이하 둘째자리에서 반올림한 근사값들의 합이기 때문에 정확히 100%가

되지 않았을 뿐이다. 정확히 계산한다면 합은 각각 100%가 되어야 한다.

(3) 그렇지 않다. 상대도수가 높은 것과 절대도수가 높은 것은 별개의 문제이다. 임대 소유의 경우 방 1개짜리 집에 사는 사람의 비율이 높게 나타난 것은 상대도수가 높다는 것이지 절대도수가 높다는 것이 아니다.

(4) 임대한 집에 사는 사람이 1,782,459명으로 자가 소유 집에 사는 사람 785,120명보다 많다.

11. 히스토그램을 보면 167.5cm−172.5cm의 구간에 해당하는 사람이 162.5cm−167.5cm의 구간이나 172.5cm−177.5cm의 구간에 해당하는 사람의 2배여야 한다. 이 설명에 부합하는 것은 (1)과 (2)이다.

12. 심장마비, 암 등은 주로 장년기 또는 노인성 질환이고(왼쪽 히스토그램) 교통사고, 살인, 자살은 정신적으로 아직 어리거나 대외활동이 많은 청장년기에 주로 나타난다(오른쪽 히스토그램).

13.

(1) (그림 생략)

(2) 과거 1880년에는 자신의 나이를 정확히 모르는 사람들이 상대적으로 많았거나 기록관이 자료를 끝자릿수까지 기록하지 않았을 수 있기 때문에 나이가 정확히 기록되기보다는 어림잡아 40살, 45살, … 등과 같이 기록되었을 가능성이 크다.

(3) 1880년과 1970년 모두 짝수가 많다. 다만 짝수 쪽이 우세한 정도가 시간이 지남에 따라 약해지고 있다.

14. 기사에서 친부모에게 학대당하는 아동이 더 많은 것은 친부모들이 아이들을 더 미워해서가 아니라 친부모와 함께 자라는 아이들이 더 많기 때문이다. 친부모가 양부모에 비해 아이들을 더 학대하는 경향이 있다고 주장하려면, 친부모 슬하의 피학대 아동의 비율과 계부모/양부모 슬하의 피학대 아동의 비율을 비교하여야 한다.

15.

(1) 참. 1.5−1.6 사이에서보다 2.0−2.1 사이에서 히스토그램의 높이가 더 높다.

(2) 참. 2.5−2.6 사이에서보다 2.0−2.1 사이에서 히스토그램의 높이가 더 높다.

(3) 학점 2.0 미만의 경우, 학사경고를 받게되므로 학생들 관점에서는 이를 면하기

위해 온갖 노력을 기울였을 가능성이 있고 또한 성적을 부여하는 교수의 관점에서도 학생의 장래를 생각하여 학사경고를 면하도록 배려했을 가능성이 있다.

제 3 장

1. 좌표축의 오른쪽에 위치한다.

2. 임금은 단기적으로 하방경직성을 보이는 경향이 있다. 따라서 불경기에는 노동시간이 단축되는데 비해 임금 총액은 상대적으로 덜 감소하므로 시간당 평균임금이 상승한다.

3. 대학에 등록된 학생들 중에는 오랫동안 학교를 다니는 소수의 학생들이 존재한다. 그러므로 대학에 등록된 학생들의 연령을 히스토그램으로 나타내면 꼬리가 오른쪽으로 늘어진 모양에 가까울 것으로 추정되는 까닭에 평균 연령이 중앙값 연령보다 높을 것이다.

4.

(1) 10

(2) 20

(3) 1

5. $\sqrt{\dfrac{1^2+3^2+1^2+5^2}{4}} = \sqrt{9} = 3$

6. 눈대중으로 대충 보아도 대부분의 예측오차는 그 절대값이 3.6을 넘는 것으로 판단된다. 예측오차의 RMS가 3.6이라는 말은 믿을 수 없다.

7.

(1) 평균은 비슷할 것이다.

(2) 표준편차도 비슷할 것이다.

(3) 키가 가장 큰 사람이 백 명의 표본 안에 있을 확률(1/11)보다는 천 명의 표본 안에 있을 확률(10/11)이 높다.

8. (i)에서 무작위 배정이 이루어지지 않았다. 몸무게의 평균과 표준편차 모두 처리집단과

통제집단간 큰 차이를 보이고 있다.

9.

(1) 연령에 따른 차이를 통제하기 위함이다.

(2) 운동을 지속적으로 했느냐 안 했느냐를 구분해준다.

(3) 차장과 운전기사는 근무 시 서 있었는지 앉아 있었는지만 다를 뿐 다른 환경은 상대적으로 비슷할 것으로 여겨진다. 하지만 경영자와 차장을 비교하면 둘은 운동 여부 말고도 다른 많은 요인에 있어서 다를 것이다. 경영자와 차장을 비교하면 운동만의 효과를 분리해서 알아내기 힘들다.

(4) 이 연구에서는 몸집의 크기가 통제되지 않았는데 일반적으로 몸집이 큰 사람은 몸집이 작은 사람에 비해서 심장병에 잘 걸리는 경향이 있기 때문이다.

(5) 지급된 유니폼의 크기를 통해 차장과 운전기사의 체격조건을 통제할 수 있기 때문이다.

10. 이 히스토그램은 꼬리가 오른쪽으로 늘어진 모양(right skewed)을 띨 것으로 추정된다. 따라서 평균이 중앙값보다 크게 된다. 중앙값을 사용하여 '48점×746명' 의 방식으로 총점을 구하는 것은 실제의 총점인 '평균점×746명' 을 과소평가하게 된다.

11. 10년. 주어진 정보를 히스토그램으로 표현한 뒤 표준편차의 값을 대략적으로 구해 보라.

12.

(1) 월평균 소득은 10만원 증가하고 표준편차는 불변이다.

$$E(X+10) = E(X) + 10,\ SD(X+10) = SD(X)$$

(2) 월평균 소득과 표준편차도 모두 5%씩 증가한다.

$$E(1.05X) = 1.05\,E(X),\ SD(1.05X) = 1.05\,SD(X)$$

13.

(1) (a) 70, (b) 50, (c) 30

(2) (i) (c), (ii) (b), (iii) (a)

(3) 15

(4) 첫 번째 히스토그램의 표준편차는 세 번째 히스토그램의 표준편차와 거의 같을 것으로 보인다. 히스트그램을 보면 자료의 흩어진 정도는 비슷한 가운데 꼬리가 늘어진 방향만 반대로 나타나 있기 때문이다.

제 4 장

1.

(1) 평균체온은 섭씨로 (5/9)×(98.6−32)=37(도), 표준편차는 섭씨로 (5/9)×0.3=0.17(도)이다.

(2) 화씨 단위로 $1.5\times SD_F$(여기서 $SD_F=0.3$(도))만큼 평균보다 높다면 섭씨단위로도 $1.5\times SD_C$(여기서 $SD_C=0.17$(도))만큼 높다. 즉 섭씨단위를 써도 표준단위로 환산하면 여전히 1.5단위만큼 높은 것이다.

2. 처음 두 쌍의 정보를 이용하면 자료의 평균이 52, 표준편차가 15임을 구할 수 있다.

79	64	52	72	<u>31</u>
1.8	0.8	<u>0</u>	<u>1.33</u>	−1.4

3. 제시된 10개의 값 중에 평균으로부터 ±3SD 이상 떨어진 값에 해당하는 값, 즉 표준점수값이 절대값으로 3이상인 값들이 지나치게 많다. 표준점수의 계산 과정에 무언가 문제가 있는 것으로 판단된다.

4. LSAT 점수의 분포가 정규분포를 따른다면 평균보다 1SD 높은 178점 이상 득점한 사람의 비율은 전체의 16% 정도가 되어야 한다. 그런데 최고득점자가 178점을 얻었으므로 문제의 점수분포는 정규분포를 따른다고 보기 어렵다.

5.

(1) $\Pr[350\leq Z\leq 650]=\Pr\left[\frac{350-500}{100}\leq Z\leq\frac{650-500}{100}\right]=\Pr[-1.5\leq Z\leq 1.5]=0.87$

약 87% 의 학생들이 있다.

(2) $\Pr[400\leq Z\leq 600]=\Pr\left[\frac{400-500}{100}\leq Z\leq\frac{600-500}{100}\right]=\Pr[-1\leq Z\leq 1]=0.68$

400점에서 600점 사이에 68%의 학생들이 포함될 것이고 이 학생들의 수가 약 1,000명이라고 했으므로 전체 학생수는 약 1,000/0.68=1,470(명)이다. 그리고 450점에서 550점 사이의 학생의 비율은 아래와 같이 계산된다.

$\Pr[450\leq Z\leq 550]=\Pr\left[\frac{450-500}{100}\leq Z\leq\frac{550-500}{100}\right]=\Pr[-0.5\leq Z\leq 0.5]=0.38$

즉 38%의 학생이 이 점수대에 포함되므로 숫자로는 대략 1,470×0.38=559명 정도가 된다. 따라서 보기 중 적절한 답은 560명이다.

6.

(1) $z=\dfrac{3.9-3.0}{0.87}\fallingdotseq 1.03$

표준정규분포표를 보면, $z=0.0$과 $z=1.03$ 사이의 면적은 약 0.35이다. 따라서 학점이 3.9인 학생은 학점 분포에서 85번째 백분위에 위치한다.

(2) 표준정규분포표에서 $z=0.68$에 대응하는 값이 약 0.25이므로, 구하는 학점은 대략 $3.0+0.68\times0.87\fallingdotseq 3.6$ 정도가 되어야 한다.

7. 거짓. 모든 자료의 분포가 언제나 정규분포곡선을 따르는 것은 아니다.

8. 40kg은 평균으로부터 1SD만큼 높은 값이다. 따라서 일일판매량이 40kg 이상이 될 확률은 약 16%이다.

9. 소득의 분포는 오른쪽으로 꼬리가 길게 늘어지는(right-skewed) 분포일 것이므로 전체 소득의 비율을 50%씩 양분하는 중앙값이 평균보다 작다. 따라서 제시된 세 숫자 중에서는 40%가 적절하다.

10. 센서스 조사의 정의에 따르면 모든 '가족'은 '가구'에 해당하지만, '가구'에는 '가족' 외에 혼자 사는 사람도 포함된다는 데에 유의할 필요가 있다. 2000년 센서스 자료는 가구의 평균소득이 가족의 평균소득보다 약 10%가 낮았다는 것인데, 이는 '가족'이 아니지만 '가구'에 해당하는 경우들, 즉 독거노인, 가족과 떨어져 살지만 아직 소득이 없는 학생 등이 평균적인 가족에 비해 대체로 소득이 낮기 때문인 것으로 보인다.

11. 3.6 (개)

2.0 (개)

맞춘 문제의 개수를 X라고 할 때, 틀린 문제의 개수는 $10-X$이다. 변수변환시 평균과 표준편차의 변화를 상기하라.

제 5 장

1.

(1) A, F, B

(2) C, G, H

(3) 50점

(4) 25점

(5) 30점

(6) 거짓

(7) 거짓

2. 거짓. 상관계수는 하나의 직선 주위에 점들이 전체적으로 밀집해 있는 정도를 측정해 준다. 상관계수가 0.90이라는 것이 모든 점의 90%가 하나의 선 주위에 빽빽하게 밀집해 있다는 것을 의미하지는 않는다.

3.

두 변수간 상관계수의 공식을 상기하라.

$$r = \frac{\sum_{i=1}^{n}(X_i - \overline{X})(Y_i - \overline{Y})}{\sqrt{\sum_{i=1}^{n}(X_i - \overline{X})^2}\sqrt{\sum_{i=1}^{n}(Y_i - \overline{Y})^2}}$$

자료는 $(-1,1)$, $(0,0)$, $(1,1)$ 이므로 $n=3$이며 $\overline{X}=0$, $\overline{Y}=\frac{2}{3}$

따라서 $\sum_{i=1}^{n}(X_i - \overline{X})(Y_i - \overline{Y}) = (-1-0)\left(1-\frac{2}{3}\right)+(0-0)\left(0-\frac{2}{3}\right)+(1-0)\left(1-\frac{2}{3}\right)=0$

따라서 상관계수도 0이다.

(W, Y)의 자료는 $(1, 1)$, $(0, 0)$, $(1, 1)$이다. 상관계수는 1이다. 계산을 통해도 알 수 있지만 산포도의 모양이 어떻게 생겼는지 상상해 보면 쉽게 알 수 있다.

4.

10문제로 이루어진 시험에서 부분 점수가 없으므로 산포도 상에(맞은 개수, 틀린 개수)의 자료를 표시하면, 모든 점은 직선 $y=10-x$ 위에 정확히 위치한다. 모든 점이 하나의 우하향하는 선 위에 위치하는 것은 완벽한 음의 상관관계를 의미하므로 상관계수는 -1이다. 이를 수식으로 증명하면,

$$\begin{aligned} r &= \frac{Cov(X,\ Y)}{\sqrt{Var(X)\cdot Var(Y)}} \\ &= \frac{\mathrm{Cov}(X,\ 10-X)}{\sqrt{Var(X)\cdot Var(10-X)}} \end{aligned}$$

$$= \frac{-Var(X)}{\sqrt{Var(X)\cdot Var(X)}} = -1$$

5. 75점일 때이다.

6.

(1) 거짓. 뉴욕 주의 평균점수가 와이오밍 주에 비해 낮다고 해서 뉴욕 주의 학교가 와이오밍 주의 학교보다 수학을 잘 못 가르친다고 말하기 어렵다. 시험에 응시한 학생의 비율 및 다른 요인들도 살펴보아야 한다. 예컨대 와이오밍 주의 응시율이 뉴욕 주의 응시율에 비해 낮고 그 이유가 상대적으로 성적이 높은 학생들만 응시해서 그런 것이면, 두 주간 평균점수만을 비교하는 것은 뉴욕 주에 불리하다. (이는 마치 초등학생, 중학생의 TEPS 평균 성적이 대학생이나 일반인의 TEPS 평균점보다 높게 나오는 것과 같은 이치다.)

(2) 개별 응시생에 대한 자료로부터 수학점수와 언어점수간의 상관계수를 구하면 0.97보다 작을 것이다. 일반적으로 개별 자료가 아닌 비율이나 평균에 기초하여 구한 상관계수는 실제 이상으로 두 변수간의 관계를 과장시키는 경향이 있다.

제 6 장

1.

(1) 중간고사 평균 성적보다 $1SD_x$만큼 크다. 따라서 기말고사 점수 예측치는 평균보다 $0.5 \times 1SD_y$만큼 크다. 따라서 $60 + 0.5 \times 15 = 67.5$(점)이다.

(2) 중간고사 평균 성적보다 $2SD_x$만큼 작다. 따라서 기말고사 점수 예측치는 평균보다 $0.5 \times 2SD_y$만큼 작다. 따라서 $60 - 0.5 \times 2 \times 15 = 45$(점)이다.

(3) 중간고사 평균 성적보다 $0SD_x$만큼 크다. 따라서 기말고사 점수 예측치는 평균보다 $0.5 \times 0SD_y$만큼 크다. 따라서 $60 + 0.5 \times 0 \times 15 = 60$(점)이다.

(4) 평균인 60점으로 예측한다.

2. 상관계수의 절대값이 1이면 모든 점들이 하나의 직선상에 위치하는데 그 직선이 바로 회귀직선인 동시에 표준편차선이다. 상관계수의 부호가 음수이므로 x가 $1SD_x$ 증가할 때 y는 $1SD_y$만큼 감소한다.

3.

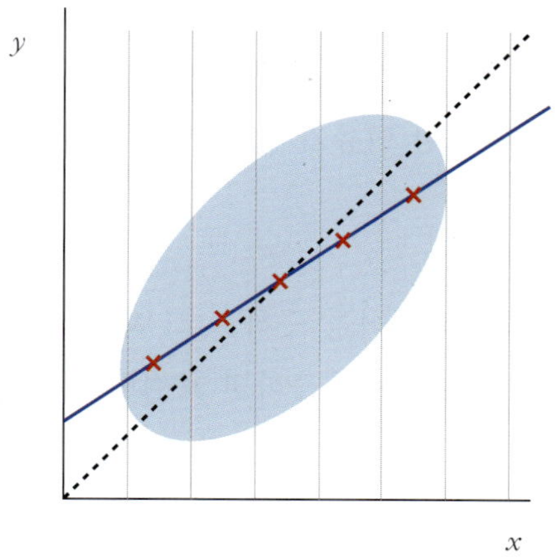

4. y의 x에 대한 회귀직선은 상관계수의 절대값이 1이 아닌 한 그 기울기가 표준편차선보다 완만하다. 따라서 (a), (c)에서는 실선이 회귀직선, 점선이 표준편차선이며, (b), (d)에서는 점선이 회귀직선, 실선이 표준편차선이다.

5. 거짓이다. 경제통계학 성적 백분위가 68%인 학생의 경제원론 성적 백분위는 회귀효과로 인해 50%보다는 크지만 68%보다는 작은 백분위가 될 것이다.

6.

(1) 15세에 IQ 점수가 115였던 사람들은 평균보다 1SD만큼 IQ가 높았고, 상관계수가 0.80이므로 이들은 30세에 평균적으로 $100+(0.80\times 15)=112$의 IQ를 보일 것으로 예상된다.

(2) 15세에 IQ 점수가 115였던 한 개인의 경우에도 마찬가지로 30세에 $100+(0.80\times 15)=112$의 IQ를 보일 것으로 예상된다.
(회귀분석방법을 이용하여 종속변수(y)의 값을 추정할 때 집단별로 평균적인 y값을 예측하는 것이나 개별 y값을 예측하는 것이나 하나의 수치로서의 예측치는 서로 다를 이유가 없다. 다만 예측의 불확실성 정도가 서로 다른데 이 문제는 뒤에서 다루게 된다.)

7. 둘 다 틀렸다. 검사-재검사의 상황에서 관찰되는 회귀효과일 뿐이다. 두 의사 모두 회귀오류를 범하고 있다.

8. 아니오. 첫해에 타율이 가장 좋았던 배경에는 실력과 행운이 함께 작용했을 가능성이 높

다. 실력이야 다음 해로 이어지겠지만 행운이야 매년 반복된다고 볼 수 없기 때문에 신인왕의 2년차 성적은 대체로 1년차에 비해 떨어질 가능성이 크게 된다. 스포츠 기자들은 단순한 회귀효과에 불과한 것을 무언가 중요한 이유가 있는 것처럼 착각하는, 이른바 회귀오류를 범하고 있다.

9. 그렇지 않다. 주어진 자료를 이용하여 회귀분석식을 구하고 그 회귀식을 이용하여 중간고사에서 30점을 받은 학생들의 기말고사 점수를 예측하면 40점이 얻어진다. 특별 수업을 받은 학생들에게서 특별한 점은 관찰되지 않는다.

10.

(1) 평균의 그래프를 하나의 직선으로 근사시키면 이는 회귀직선에 가까울 것이다. 아내 소득의 남편 소득에 대한 회귀방정식에서 기울기는

$$r\times \frac{SD_y}{SD_x}=0.5\times \frac{12,000}{20,000}=0.3$$

이다.

(2) 그와 같이 추정할 수 없다. (1)에서 구한 직선은 '아내 소득의 남편 소득에 대한 회귀직선'이지, 그 반대 경우인 '남편 소득의 아내 소득에 대한 회귀직선'이 아니다. 올바른 추정을 위해서는 남편 소득의 아내 소득에 대한 회귀방정식을 구한 뒤 그 새로운 회귀식에 의거하여 아내 소득 $23,000에 해당되는 남편의 소득을 추정해야 한다.

제 7 장

1. 첫 번째 그림: (3) 회귀분석이 잘못되었다 (잔차의 평균이 0이 아니다.)
   두 번째 그림: (2) RMSE=2만원 (세 번째 그림보다 퍼진 정도가 크다.)
   세 번째 그림: (1) RMSE=1만원 (두 번째 그림보다 퍼진 정도가 작다.)

2.

(1) $\sqrt{1-0.8^2}\times 6.5=3.9(\text{cm})$

(2) $\sqrt{1-0.8^2}\times 4=2.4(\text{cm})$

3.

(1) 12. 정규분포의 68% 법칙을 이용하면, 회귀직선 주위로 1RMSE 이상의 오차를 갖는 학생의 수가 100%−68%=32%로 대략 1/3 정도를 차지한다. 1RMSE는 12점이다. $\sqrt{1-0.6^2}\times 15=12$.

(2) 75점은 평균 50점에 비해 1SD_x만큼 높으므로 기말고사 점수는 평균에 비해 $0.6\text{SD}_y=9.0$점만큼 높다. 따라서 기말고사 점수 추정치는 55+9=64점이다.

(3) RMSE이다. 여기서 $\text{RMSE}=\sqrt{1-(\text{상관계수})^2}\times \text{SD}_y=12$점이다.

(4) 중간고사에서 75점을 얻은 학생은 기말고사에서 64점을 얻을 것으로 예측된 바 있다. 이러한 학생 집단에게 적용될 "새로운 표준편차"는 RMSE인 12점으로 근사되었다. 정규 근사에 의해 원하는 확률을 구하면,

$$\Pr\left[Z\geq\frac{76-64}{12}\right]=\Pr[Z\geq 1.0]=0.16$$

으로 대략 16%가 얻어진다.

4.

(1) 경민이의 중간고사 점수가 평균점보다 2SD_x만큼 높으므로, 기말고사 점수의 예측치는 $70+2\times 0.8\times \text{SD}_y=86$(점)이 된다.

(2) 점수 분포가 정규분포를 따른다고 하면, 중간고사에서 100명 가운데 16등을 차지한 정환이는 중간고사에서 평균보다 1SD_x만큼 높은 점수를 받은 셈이다. 중간고사와 기말고사간 상관계수가 0.8이므로 정환이는 기말고사에서 평균보다 0.8SD_y만큼 높은 점수를 받을 것으로 예상된다. 표준정규분포표로부터 $z=0.8$은 상위 21%에 해당됨을 알 수 있다. 즉, 정환이는 기말고사에서 100명 가운데 21등쯤 할 것으로 예상된다.

5.

(1) 경험이 늘어남에 따라 임금 상승의 정도가 체감한다는 노동경제학자들의 말이 사실이라면 임금을 상수와 노동시장 참여연수에 대해서 선형회귀분석하는 방법은 옳지 않다. 모형을 개선하기 위해 노동시장 참여연수의 제곱항을 추가적인 설명변수로 도입하는 방법이 고려될 수 있겠다. 개선된 회귀모형에서 제곱항의 계수가 음수인지 살펴봄으로써 임금상승이 체감한다는 주장의 타당성을 검정할 수 있다.

(2) 임금상승 정도가 노동시장 참여연수에 대해 체감하는 경우 임금을 상수와 노동시장 참여연수에 대해서 회귀분석 후 잔차도를 그리면 아래의 그림과 같은 형

태를 띨 것으로 예상된다.

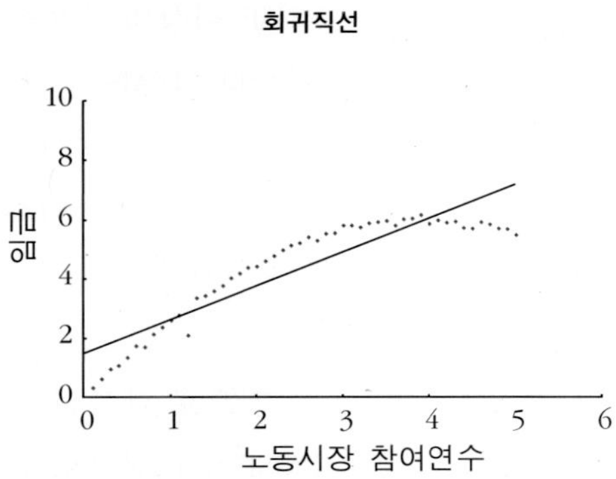

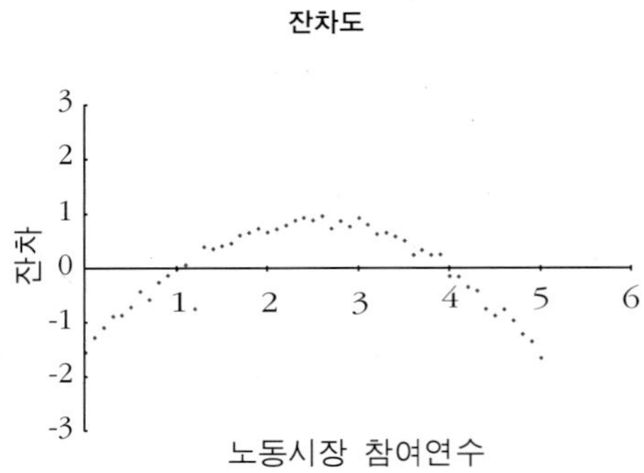

6.

(1) $25+0.6\times[(15-20)/4]\times 6=20.5(\%)$

(2) $\text{RMSE}=\sqrt{1-0.6^2}\times 6=4.8(\%)$

제 8 장

1. 통제된 실험에 의한 자료를 회귀분석하여 한 변수가 다른 변수에 미치는 효과를 추정하기는 상대적으로 쉽다. 많은 경험적 연구에서는 실험적 통제가 안 되어 있기 때문에 통계적 통제를 위한 노력을 기울이게 된다. 통계적 통제의 한 예로 중회귀분석을 들 수 있다. 즉, 회귀분석이 통제된 실험에서 얻은 자료에만 적용되는 것은 아니다.

2.

(1) 옳지 않다. 두 번째로 제시된 방정식은 아내 소득의 남편 소득에 대한 회귀방정식을 좌우변만 바꿔 정리한 것으로 여전히 아내 소득의 남편 소득에 대한 회귀방정식이지 남편 소득의 아내 소득에 대한 회귀방정식이 아니다. 산포도상에서 '아내 소득의 남편 소득에 대한 회귀직선'과 '남편 소득의 아내 소득에 대한 회귀직선'은 서로 다른 직선임을 상기하라.

이제 주어진 통계량을 이용해 '남편 소득의 아내 소득에 대한 회귀직선'을 구해 보면,

$$\text{기울기}=0.2\times\frac{2{,}400}{1{,}500}=0.32$$

이고,

절편 $=$ 3,200만원 $-$ (0.32 $\times$ 1,600만원) $=$ 2,688만원

이다.

따라서 남편 소득의 아내 소득에 대한 회귀방정식은 다음과 같다.

(남편의 소득) $=$ 2,688만 원 $+$ 0.32 $\times$ (아내의 소득)

(2) 모든 사람의 소득이 일률적으로 10%씩 증가하면 평균과 표준편차가 10%씩 증가한다. 그러나 상관계수에는 변함이 없다. 따라서 (남편 소득의 평균) $=$ 3,520만원, (아내 소득의 평균) $=$ 1,760만원으로 놓고 회귀방정식을 구하면, 남편과 아내의 표준편차가 동일한 비율로 증가하므로 기울기는 동일한 반면, 회귀 방정식의 절편은 10% 증가한 1,320만원이 된다.

(아내의 소득) $=$ 1,320만원 $+$ 0.125 $\times$ (남편의 소득)

3.

(1) 기울기 추정치 $=$ 상관계수 $\times$ (몸무게의 표준편차/키의 표준편차).

기울기 추정치는 $0.6 \times (4/4) = 0.6$ 이다.

절편 추정치 $=$ (몸무게의 평균) $-$ (기울기 추정치) $\times$ (키의 평균)

절편 추정치는 $63 - 0.6 \times 173 = -40.8$ 이다.

추정된 회귀 직선은 다음과 같다.

몸무게(kg) $= -40.8 + 0.6 \times$ 키(cm)

(2) 단위를 바꾼다 하더라도 상관계수는 변하지 않음에 유의하라. 무게의 단위 kg은 g의 1,000배이다. 그리고 키의 단위 m는 cm의 100배이다.

따라서 기울기 추정치는 (1)에서 계산된 추정치 0.6의 100,000배가 되어 60,000이 된다. 절편의 단위는 몸무게의 단위이다. 즉 몸무게의 단위가 1,000배가 되었으므로 (1)에서 계산된 절편추정치의 1,000배가 되어 $-40,800$이 된다. 즉,

몸무게(g) $= -40,800 + 60,000 \times$ 키(m)

또한 $\text{RMSE} = \sqrt{1-0.6^2} \times 4,000\text{g} = 3,200\text{g}$

4. 다음을 연립하여 (1), (2), (3)을 구한다.

$$0.5 = r\frac{SD_y}{SD_x},\ \bar{y} = 1 + 0.5\bar{x},\ 0.5 = r\frac{SD_x}{SD_y},\ \bar{x} = -0.5 + 0.5\bar{y},\ \sqrt{1-r^2}\,SD_y \approx \sqrt{0.75}$$

(1) x의 평균 : 0, x의 표준편차 : 1

(2) y의 평균 : 1, y의 표준편차 : 1

(3) 0.5

5. $\hat{y}=134.789+0.3978x$

제 9 장

1.

(1) (vi)

(2) (ii)

(3) (iii)

(4) (iv)

(5) (i)

(6) (v)

(7) (vi)

2. 각각의 상자에서 100장의 카드를 무작위로 복원추출할 때, 표본합의 기대값은 다음과 같다.

(i) $\left(\frac{1}{2}\times1+\frac{1}{2}\times2\right)\times100=150$

(ii) $\left(\frac{1}{2}\times1+\frac{1}{2}\times3\right)\times100=200$

따라서 (ii)가 유리하다.

3.

(1) 1/6

(2) (1/6)×(1/6)×(1/6)=1/216

4.

(1) 4/52=1/13

(2) 각각의 사건은 독립이 아님에 주의해야 한다. 처음에 K를 뽑았다면 두 번째에 Q를 뽑을 확률은 4/51가 된다. 그리고 첫 번째에 K를 뽑고 두 번째에 Q를 뽑았다면 세 번째에 J를 뽑을 확률은 4/50이다. 따라서 구하고자 하는 확률은 다음과 같다.

$$\frac{4}{52}\times\frac{4}{51}\times\frac{4}{50}=\frac{16}{33,150}\approx0.048\%$$

5. 계산을 통하지 않고도 (i)의 경우가 (ii)의 경우보다 유리함을 알 수 있다. 적어도 한 번 1이 나올 확률은 모두 1이 나올 확률보다 크다. 계산해 보면, 딸 확률은 (i) $1-(5/6)^6$, (ii) $(1/6)^6$이다.

6. 선택을 바꾸는 것이 유리하다. 왜 그런지 생각해보라. 진행자 몬티 홀(Monty Hall)의 선택이 추가적인 정보를 제공하기 때문이다. 부연 설명하면, 자동차는 1/3의 확률로 처음 선택한 방에 있고 나머지 2/3의 확률로 선택하지 않은 두 방 중 하나에 있다. 처음 선택한 방에 자동차가 있든 없든 나머지 두 방 중 한 방에는 반드시 염소가 있다. 이를 아는 진행자는 언제나 염소가 있는 방문을 열게 된다. 이제 경우의 수를 따져보자. 첫째, 애당초 자동차가 처음 선택한 방에 있는 경우(이 경우는 1/3의 확률로 발생한다), 나머지 두 방에는 모두 염소가 있으므로 진행자는 아무 방이나 열어 염소를 보여주면 된다. 둘째, 애당초 자동차가 처음 선택한 방을 제외한 나머지 두 방 중 하나에 있는 경우(이 경우는 2/3의 확률로 발생한다), 나머지 두 방 중 한 방에는 염소가 있고 다른 한 방에는 자동차가 있다. 이를 아는 진행자는 아직 열리지 않은 두 방 중에서 염소가 든 방을 열어준다. 처음 선택을 바꾸지 않는 경우, 위 첫 번째 경우에만 자동차를 타게 된다. 그 확률은 위에서 언급한 것처럼 1/3이다. 반면 처음 선택을 최종적으로 열리지 않은 방으로 바꾸는 경우, 위 두 번째 경우라면 반드시 자동차를 타게 된다.(물론 첫 번째 경우라면 다 얻은 자동차를 놓치게 된다). 즉, 처음 선택을 변경하면 자동차를 탈 확률이 두 번째 경우의 확률인 2/3로 증가하게 된다. 그리하여 바꾸는 것이 유리하게 된다. 진행자 몬티 홀은 나머지 두 방을 볼 수 있고 위 두 번째 경우 몬티 홀의 선택은 아주 유용한 정보를 제공해 준다. 처음 선택을 바꾸는 것이 1/3의 확률로는 불리해지나 2/3의 확률로는 상황을 유리하게 전환시키게 된다. 즉, 진행자 몬티 홀의 행동에는 유용한 정보가 담겨있고, 이를 활용하면 자동차 탈 확률을 1/3에서 그 두 배인 2/3로 높일 수 있게 된다.

7. 뽑힌 카드에서 앞에 있는 숫자를 X, 뒤에 있는 숫자를 Y라고 하자. 예를 들어 아래와 같은 카드가 뽑혔다면 $X=1$이고 $Y=2$가 된다.

(1) 독립

$\Pr(X=1,\ Y=2)=1/4$

$\Pr(X=1,\ Y=3)=1/4$

$\Pr(X=4,\ Y=2)=1/4$

$\Pr(X=4,\ Y=3)=1/4$

그리고

$\Pr(X=1)=1/2$, $\Pr(X=4)=1/2$, $\Pr(Y=2)=1/2$, $\Pr(Y=3)=1/2$.

따라서 모든 가능한 X, Y에 대해서 $\Pr(X, Y)=\Pr(X)\Pr(Y)$이다.

(2) 독립

$\Pr(X=1,\ Y=2)=1/6$, $\Pr(X=1,\ Y=3)=1/3$, $\Pr(X=4,\ Y=2)=1/6$, $\Pr(X=4,\ Y=3)=1/3$

$\Pr(X=1)=1/2$, $\Pr(X=4)=1/2$,
$\Pr(Y=2)=1/3$, $\Pr(Y=3)=2/3$

따라서 모든 가능한 X, Y에 대해서 $\Pr(X, Y)=\Pr(X)\Pr(Y)$이다.

(3) 종속

$\Pr(X=1,\ Y=2)=1/6$, $\Pr(X=1,\ Y=3)=1/3$, $\Pr(X=4,\ Y=2)=1/3$, $\Pr(X=4,\ Y=3)=1/6$

$\Pr(X=1)=1/2$, $\Pr(X=4)=1/2$, $\Pr(Y=2)=1/2$, $\Pr(Y=3)=1/2$
$\Pr(X, Y)\neq\Pr(X)\Pr(Y)$인 (X, Y) 쌍이 존재한다. 실제로 $X=1$이면 $Y=3$일 가능성이 커지고, $X=4$이면 $Y=2$의 가능성이 커진다.

8. 10년 동안 단 한번도 당첨되지 않을 확률은 520주 동안 한번도 당첨되지 않을 확률과 같고, 각각의 시행은 모두 독립이므로, 10년 동안 단 한번도 당첨되지 않을 확률은 다음과 같다.

$$\left(1-\frac{1}{10^6}\right)^{520}\approx 99.95\%$$

(참고로 요즘 판매되는 로또 복권의 1등 당첨확률은 $\frac{1}{{}_{45}C_6}=\frac{1}{8,145,060}$로서 백만분의 1이 아니라 천만분의 1에 가깝다.)

9. 한 가지 방법은 첫 번째 뽑은 카드의 숫자가 4인 경우와 그렇지 않은 경우로 나누어 확률을 계산하고 각 확률을 더하면 된다.

(i) 첫 번째 뽑은 카드가 4이고 두 번째 뽑은 카드가 4일 확률 : (1/4) × 0 = 0

(ii) 첫 번째 뽑은 카드가 4가 아니고 두 번째 뽑은 카드가 4일 확률 :

(3/4) × (1/3) = 1/4

따라서 구하고자 하는 확률은 1/4이다.

또 다른 방법은 네 장의 카드 각각이 두 번째로 뽑힐 확률이 동일하므로 두 번째에 4가 뽑힐 확률은 1/4이다.

10.

(1) 여자 상급생이 가장 적은 경우는 남학생이 모두 상급생이고, 신입생이 전부 여학생인 경우이다. 이때, 여자 상급생의 비율은 5%로 최소가 된다.

(2) 여자 상급생이 가장 많은 경우는 여학생이 모두 상급생일 경우이다. 이때 여자 상급생의 비율은 20%로 최대가 된다.

11. 잘못된 계산이다. 성별과 65세 이상 여부가 서로 독립이 아닌 한, 문제에서처럼 계산하면 안 된다. 정확히 계산하기 위해서는 65세 이상 인구 중에서 여성이 차지하는 비율 또는 여성 중 65세 이상인 사람들이 차지하는 비율 등 조건부 비율이 필요하다. 이 경우 65세 이상 여성이 차지하는 비율은 다음과 같이 계산되어야 한다.

- (여성의 비율) × (여성 중 65세 이상인 사람들의 비율) 또는
- (65세 이상인 인구의 비율) × (65세 이상 인구 중 여성의 비율)

즉, 성별과 65세 이상 여부가 독립이 아닌 경우 문제의 결합확률을 구할 때 일반화된 곱셈법칙을 사용해야지 좁은 의미의 곱셈법칙을 사용해서는 안 된다.

12. 분리된 세 벌의 카드로부터 각각 한 장씩의 카드를 무작위로 뽑을 때 이 중 두 장 이상의 카드가 같은 사건은 세 장의 카드가 모두 다른 사건의 여사건이다. 첫 번째 벌의 카드에서 임의의 카드를 뽑았을 때 두 번째 벌에서 뽑은 카드가 첫 번째 벌에서 뽑은 카드와 다를 확률은 51/52이고, 세 번째 벌에서 뽑은 카드가 첫 번째 벌과 두 번째 벌에서 뽑은 카드와 모두 다를 확률은 50/52이다. 따라서 상을 받을 확률은 다음과 같다.

$$\left(1-\frac{51}{52}\times\frac{50}{52}\right)=\frac{154}{2704}\approx 5.7\%$$

13. 두 가지 경우 각각 일어날 확률은 $(1/2)^6$으로 동일하다. 따라서 답은 (3).

14.

(1) 매회의 시행은 독립이므로 좁은 의미의 곱셈법칙을 이용한다.

$$\left(\frac{2}{3}\right)^4 \approx 19.75\%$$

(2) 3 이상의 눈이 전혀 나오지 않을 확률은 매번 2 이하의 눈이 나올 확률과 같다.

$$\left(\frac{1}{3}\right)^4 \approx 1.23\%$$

15. 다음과 같은 25가지 경우가 가능하다.

(1,1), (1,2), (1,3), (1,4), (1,5),
(2,1), (2,2), (2,3), (2,4), (2,5),
(3,1), (3,2), (3,3), (3,4), (3,5),
(4,1), (4,2), (4,3), (4,4), (4,5),
(5,1), (5,2), (5,3), (5,4), (5,5)

이 중 합이 6이 되는 경우는 (1, 5), (2, 4), (3, 3), (4, 2), (5, 1)의 경우로 5가지이다. 따라서 합이 6일 확률은 5/25=1/5이다.

16.

(1) 참. 스페이드 J가 위치할 수 있는 곳은 52개이며 각각의 위치에 있을 확률은 모두 같다.
(2) 참. 위 (1)과 마찬가지 원리.
(3) 거짓. 맨 위의 카드가 스페이드 J인 사건과 맨 아래의 카드가 다이아몬드 J인 사건은 상호배반이 아니므로 좁은 의미의 덧셈법칙을 적용할 수 없다. 일반화된 덧셈법칙을 이용해 $\frac{1}{52}+\frac{1}{52}-\left(\frac{1}{52}\times\frac{1}{51}\right)$과 같이 구해야 옳다.
(4) 참. 스페이드 J가 맨 위에도 위치하고 맨 아래에도 위치할 확률은 0이다. 즉 두 사건은 상호배반이므로 좁은 의미의 덧셈법칙을 적용할 수 있다.
(5) 거짓. 스페이드 J가 맨 위에 위치하고 나면 다이아몬드 J가 놓일 수 있는 곳은 52개가 아닌 51개이다. 즉 두 사건은 독립이 아니므로 좁은 의미의 곱셈법칙을 적용할 수 없다. 일반화된 곱셈법칙에 따라 $\frac{1}{52}\times\frac{1}{51}$과 같이 구해야 옳다.

(6) 거짓. 스페이드 J가 맨 위에도 위치하고 맨 아래에도 위치하는 일은 불가능하다. 즉 이러한 일이 일어날 확률은 0이다.

17.

(1) 거짓

(2) 참

(3) 거짓

(4) 거짓

(5) 거짓

(6) 참

18.

(1) 거짓. 주사위를 세 번 던질 때 각각의 시행에서 1이 나오는 사건은 독립이지 상호배반이 아니므로 좁은 의미의 덧셈법칙을 이용한 것은 잘못이다. '1이 적어도 한번 나오는 사건'은 '1이 한번도 나오지 않는 사건'의 여사건이고, 각각의 시행은 독립이므로 올바르게 구한 확률은 다음과 같다.

$$1-\left(\frac{5}{6}\right)^3=\frac{91}{216}\approx 42.13\%$$

(2) 거짓. '앞면이 적어도 한번 나오는 사건'은 '앞면이 한번도 나오지 않는 사건'의 여사건이고, 각각의 시행은 독립이므로 올바르게 구한 확률은 다음과 같다.

$$1-\left(\frac{1}{2}\right)^2=\frac{3}{4}$$

19.

(1) $\Pr(A)=1/3$이고 $\Pr(B)=1/10$이며 서로 독립이기 때문에, $\Pr(A\cap B)=\Pr(A)\Pr(B)=(1/3)(1/10)=1/30$ 이다. 따라서 사건 A와 사건 B는 배반이 아니고 (1)번 명제는 거짓이다.

(2) 배반인 두 사건은 서로 동시에 일어날 수 없다. 절대로 동시에 일어날 수 없는 두 사건 중 한 사건이 일어나면 다른 사건이 일어날 확률은 0으로 업데이트된다. 따라서 절대로 독립일 수 없다. (2)번 명제는 참이다.

20. 다음과 같이 참인 두 개의 진술을 완성할 수 있다.

(i) 만약 <u>적어도 하나의 사건이 일어날</u> 확률을 계산하려 한다면, 그 사건들이 <u>상호배반</u>인지 아닌지를 보면 된다. 만약 그렇다면 그 확률을 <u>더하면</u> 된다.

(ii) 만약 두 사건 모두 일어날 확률을 계산하려 한다면, 그 사건들이 독립인지 아닌지를 보면 된다. 만약 그렇다면 그 확률을 곱하면 된다.

21. 어느 선택이나 기대할 수 있는 금액은 동일하다. 즉 어느 선택이나 한 번의 추출에서 1,000원을 받을 확률은 1/3이고 0원을 받을 확률은 2/3로 동일하다. 그리고 복원추출이기 때문에 60번의 시행은 서로 독립이다. 이항분포 $B(60,1/3)$을 따르는 하나의 확률변수를 X로 표현할 때 최종적으로 받게 되는 금액은 $1000X$라는 확률변수로 표현된다. 따라서 기대금액은 $1{,}000\times 60\times(1/3)=20{,}000$(원)이다.

22. 주어진 정보만으로는 알 수 없다. 중간고사와 기말고사 중 한 번이라도 만점을 받은 사람의 수 또는 두 번 모두 만점을 받은 사람의 수를 알아야 한다. 한편 중간고사 성적과 기말고사 성적이 서로 독립이라고 볼 수도 없으므로 좁은 의미의 곱셈법칙을 적용할 수도 없다.

23.

(1) Pr(2번째 숫자가 1 이고 3번째 숫자가 1 | 1번째 숫자가 1)을 구하면 된다.

$$\left(\frac{1}{6}\right)^2$$

(2) 첫 번째 숫자가 1이면서 문제의 조건을 만족시킬 확률, …, 첫 번째 숫자가 6이면서 문제의 조건을 만족시킬 확률 등 총 6개의 확률을 구해 이들을 모두 더한다.

$$\frac{1}{6}\times\left(\frac{1}{6}\right)^2+\cdots+\frac{1}{6}\times\left(\frac{1}{6}\right)^2=\frac{1}{36}$$

24.

(1) 남학생의 비율 : $0.01+0.30+0.26=0.57$
따라서 무작위로 추출한 학생이 남학생일 확률은 57%

(2) 25세 이상이라는 조건 하에서 남학생과 여학생의 조건부 비율
남학생 : $0.26/(0.26+0.12)=0.6842$
이 경우 남학생일 확률은 68.42%로 (1)번의 답과는 다르다.

(3) 만일 나이와 성별이 서로 독립이라면 25세 이상인 집단에서도 남학생의 비율이 전체에서의 남학생의 비율과 달라지지 않아야 했다. 그러나 (1), (2)에서 보다시피 비조건부 비율과 조건부 비율이 다르다. 따라서 독립이 아니다. 종속이다.

제10장

1. 붉은 공과 푸른 공이 들어 있는 상자는 다음과 같다. 뽑히는 붉은 공의 개수를 확률변수 X로 표시하면 X는 $X \sim B(4, 1/6)$의 분포를 따른다.

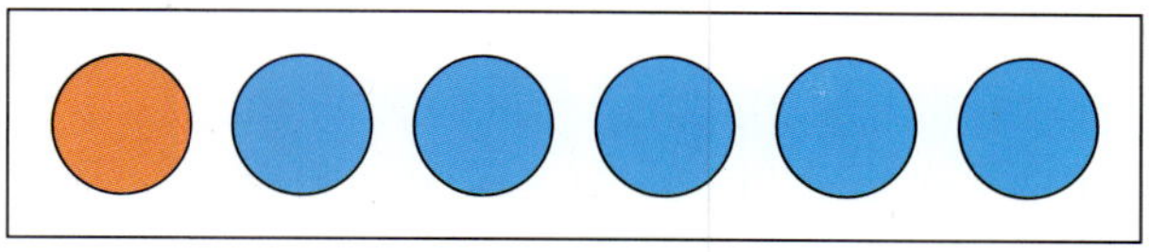

(1) $P(X=0)=\binom{4}{0}\left(\frac{1}{6}\right)^0\left(\frac{5}{6}\right)^{4-0}=48.23(\%)$

(2) $P(X=1)=\binom{4}{1}\left(\frac{1}{6}\right)^1\left(\frac{5}{6}\right)^{4-1}=38.58(\%)$

(3) $P(X=2)=\binom{4}{2}\left(\frac{1}{6}\right)^2\left(\frac{5}{6}\right)^{4-2}=11.57(\%)$

(4) $P(X=3)=\binom{4}{3}\left(\frac{1}{6}\right)^3\left(\frac{5}{6}\right)^{4-3}=1.54(\%)$

(5) $P(X=4)=\binom{4}{4}\left(\frac{1}{6}\right)^4\left(\frac{5}{6}\right)^{4-4}=0.08(\%)$

(6) $P(X\geq 2)=1-P(X=0)-P(X=1)$

$$=1-\binom{4}{0}\left(\frac{1}{6}\right)^0\left(\frac{5}{6}\right)^{4-0}-\binom{4}{1}\left(\frac{1}{6}\right)^1\left(\frac{5}{6}\right)^{4-1}=13.19(\%)$$

2. 동전 한 개를 열 번 던질 때 앞면이 나오는 횟수를 X라 하면 $X \sim B(10, 1/2)$로부터,

$$\Pr(X=5)={}_{10}C_5\cdot(1/2)^5\cdot(1/2)^5\approx 24.61\%$$

$$\Pr(4\leq X\leq 6)=\Pr(X=4)+\Pr(X=5)+\Pr(X=6)$$

$$={}_{10}C_4\cdot(1/2)^4\cdot(1/2)^6+{}_{10}C_5\cdot(1/2)^5\cdot(1/2)^5+{}_{10}C_6\cdot(1/2)^6\cdot(1/2)^4$$

$$=({}_{10}C_4+{}_{10}C_5+{}_{10}C_6)/2^{10}=65.625\%$$

3. 비타민이 아무런 효과가 없다는 가설 하에서 비타민을 먹은 캥거루가 그렇지 않은 캥거루보다 미로를 먼저 빠져 나갈 확률은 $\frac{1}{2}$이다. 그렇다면 10쌍 중 7쌍 이상에서 비타민을 먹은 캥거루가 먼저 미로를 빠져 나갈 확률은 다음과 같다.

$$\binom{10}{7}\left(\frac{1}{2}\right)^{10}+\binom{10}{8}\left(\frac{1}{2}\right)^{10}+\binom{10}{9}\left(\frac{1}{2}\right)^{10}+\binom{10}{10}\left(\frac{1}{2}\right)^{10}$$

$$=\left[\binom{10}{7}+\binom{10}{8}+\binom{10}{9}+\binom{10}{10}\right]\cdot\left(\frac{1}{2}\right)^{10}=17.19(\%)$$

17.19%라는 확률은 작은 값이 아니다. 즉 비타민의 효과가 전혀 없어서 비타민을 먹은 캥

거루가 먼저 미로를 빠져 나가는 일이 단지 운에 의해 벌어진다 하더라도 10쌍 가운데 7쌍 이상에서 비타민을 먹은 캥거루가 미로를 먼저 빠져 나가는 사건은 17.19%의 확률로 일어날 수 있다. 따라서 본 실험의 결과가 "비타민을 먹은 캥거루는 보다 빨리 미로를 빠져 나간다"는 주장을 강하게 뒷받침하지는 못한다. (이러한 추론 방식은 뒤에서 부호검정을 논할 때 좀더 분명해진다.)

4. 주사위를 열 번 던질 때 6의 눈이 나오는 횟수를 X라 하면,
$X \sim B(10,\ 1/6)$
$\Pr(X=0) = {}_{10}C_0 \cdot (1/6)^0 \cdot (5/6)^{10} = (5/6)^{10}$
답은 (iii)이다.

5. 갑 : $\binom{8}{2}$=28가지 경우
을 : $\binom{8}{5}$=56가지 경우
을이 열거한 목록이 더 길다.

6. 흡연이 질병을 초래하지 않는다는 가정 하에서, 22쌍의 쌍둥이 중 흡연자가 먼저 죽는 숫자를 W, 심장병으로 죽은 9쌍의 쌍둥이 중 흡연자가 먼저 죽는 숫자를 X, 폐암으로 죽은 2쌍의 쌍둥이에 대하여 흡연자가 먼저 죽는 숫자를 Y라 하자.
   (1) W~B(22, 1/2)로부터, $\Pr(W \geq 17) = \sum_{k=17}^{22} {}_{22}C_k \cdot \left(\frac{1}{2}\right)^k \cdot \left(\frac{1}{2}\right)^{22-k} \approx 0.85\%$
   (2) X~B(9, 1/2)로부터, $\Pr(X=9) = {}_9C_9 \cdot \left(\frac{1}{2}\right)^9 \cdot \left(\frac{1}{2}\right)^0 \approx 0.2\%$
   (3) Y~B(2, 1/2)로부터, $\Pr(Y=2) = {}_2C_2 \cdot \left(\frac{1}{2}\right)^2 \cdot \left(\frac{1}{2}\right)^0 \fallingdotseq 25\%$
   (4) (i) 확률 : 흡연이 질병을 초래하지 않는다고 할 때, 모든 원인에 있어 22쌍의 쌍둥이 가운데 17쌍 또는 그 이상에서 흡연자가 먼저 사망할 확률은 0.85%에 지나지 않는다. 따라서 흡연자와 비흡연자간의 사망률 차이가 확률로서 설명되기는 어렵다. 심장병에 있어서도 마찬가지다. 그러나 폐암의 경우는 단지 운에 의해 두 쌍 모두에서 흡연자가 먼저 사망할 확률이 25%나 된다. (이는 마치 균형 잡힌 동전을 두 번 던질 때 앞면이 두 번 연거푸 나올 확률이 25%나 되는 것과 같은 이치이다.)
   (ii) 유전적 특질 : 관찰 대상은 일란성 쌍둥이들이므로, 사망률 차이는 유전적 특질로 설명될 수 없다.

(iii) 이상으로 볼 때 일반적으로 흡연은 건강에 악영향을 미치는 것으로 결론내릴 수 있다. 다만 폐암에 관해서는 자료의 수가 적어 흡연이 악영향을 미친다고 통계적 결론을 내리기가 어렵다.

(이 문제는 가설검정, 그 중에서도 부호검정의 한 예이다. '잠정적으로 흡연이 질병을 초래하지 않는다고 해보자' 와 같이 관측된 차이가 단지 우연에 의한 결과라는 주장을 귀무가설이라 한다. 가설검정은 귀무가설의 타당성을 통계적으로 판단하는 절차이다. 일반적인 가설검정의 원리 및 부호검정에 대해서는 제18장에서 자세히 다루게 된다.)

제 11 장

1. 확률오차의 절대적 크기는 일반적으로 시행횟수가 증가하면서 커지나, 전체 시행횟수에 대비한 확률오차의 상대적 크기는 점차 작아져 궁극적으로 0에 수렴하게 된다. 그 결과 전체 시행횟수 대비 앞면이 나온 비율은 0.5로 수렴한다.
   (1) 10번
   (2) 10번
   (3) 100번
   (4) 10번

2.
   (1) (ii)가 사실이다. 확률오차가 존재하기 때문이다. (오차가 왜 약 13개 정도인지 알고 싶으면 제12장을 공부하라. 이는 $\sqrt{1{,}000\times0.2\times0.8}\approx13$의 방식으로 얻어진다.)
   (2) 비복원추출의 경우에도 여전히 확률오차는 존재한다. 따라서 (ii)가 사실에 가깝다. 비복원추출의 경우 한 개의 구슬을 꺼낼 때마다 상자의 크기가 줄어들므로 복원추출일 때보다 확률오차의 대략적인 크기는 작아진다. 그러나 이 경우 상자의 크기가 표본의 크기에 비해 충분히 크므로 복원추출과 비복원추출의 차이는 무시해도 좋을 정도이다. (이에 대해 자세히 알고 싶으면 제12장을 공부한 뒤 제16장을 공부해보라. 특히 보정계수에 대해 잘 읽어보라.)

3. 세 상자 모두 상자 안 카드에 적힌 숫자의 평균(기대치)은 5로 동일하다. 따라서 어느 상자나 복원추출한 100개 숫자를 합치면 그 기대치는 $5\times100 = 500$이다. 문제는 합의 불확실성이다. 합의 불확실성은 상자 안 카드에 쓰여 있는 숫자들의 퍼진 정도 즉 표준편

차가 클수록 커진다. (5, 5) 상자는 표준편차가 0이며 합에 불확실성은 없다. 이 상자가 예측하기에 가장 좋다. 상자의 표준편차가 큰 (1, 9) 상자가 예측하기에 가장 나쁘다.

4. 각각의 상황에서 곰인형을 얻을 확률을 구하면,

   (i) : 9/10

   (ii) : 90/100=9/10

   (iii) : $\left(\frac{9}{10}\right)^{10} < \frac{9}{10}$

   따라서 (i)과 (ii)는 같고, (i)과 (iii) 가운데는 (i)이 유리하다.

5. 거짓. 평균의 법칙에 따라 동전을 던지는 횟수가 증가할수록 앞면이 나오는 비율이 50%에 가까워질 뿐이다.

6. 두 자녀의 성별이 같을 확률이 50%이므로, 자식을 둘 둔 15쌍의 부부 중 자식들의 성별이 같은 부부가 열 쌍 이상일 확률은, 0과 1이 적힌 카드가 각각 한 장씩 들어있는 상자에서 15번 무작위 복원추출하여 얻은 합이 10이상일 확률과 같다. 마찬가지로 30쌍의 부부 중 자식들의 성별이 같은 부부가 20쌍 이상일 확률도 같은 상자에서 30번 무작위 복원추출하여 얻은 합이 20이상일 확률과 같다. 상자의 비율인 모비율이 1/2인 상황에서 표본비율이 2/3 이상 될 확률은 표본크기가 작을수록 높다.

   (자식을 둘 둔 15쌍의 부부 중 자식들의 성별이 같은 부부의 수를 X, 자식을 둘 둔 30쌍의 부부 중 자식들의 성별이 같은 부부의 수를 Y라 하면, X와 Y는 각각 B(15, 1/2), B(30, 1/2)인 이항분포를 따른다. 이를 이용하여 확률을 계산하면

$$\Pr(X \geq 10) = \sum_{j=10}^{15} \Pr(X=j) = \sum_{j=10}^{15} \left\{ {}_{15}C_j \cdot \left(\frac{1}{2}\right)^j \left(\frac{1}{2}\right)^{15-j} \right\} \approx 15.1\%$$

$$\Pr(Y \geq 20) = \sum_{k=20}^{30} \Pr(Y=k) = \sum_{k=20}^{30} \left\{ {}_{30}C_k \cdot \left(\frac{1}{2}\right)^k \left(\frac{1}{2}\right)^{30-k} \right\} \approx 4.9\%$$

   를 얻어 위의 결론을 뒷받침하게 된다.)

제 12 장

1. 합의 불확실성은 합의 표준오차로 측정되는데, 합의 표준오차는 $\sqrt{n}\times$(상자의 표준편차)이다. 따라서 시행횟수가 많을수록 평균으로부터 먼 값으로 실현될 가능성이 커진다.

(1) 100회

(2) 100회

(3) 10회

2.

(i) 상자의 평균 = 5, 상자의 표준편차 = 3,
100회 무작위 복원추출했을 때 표본합의 기대값 = 500,
표본합의 표준오차 = 30

(ii) 상자의 평균 = 20, 상자의 표준편차 = 4,
25회 무작위 복원추출했을 때 표본합의 기대값 = 500,
표본합의 표준오차 = 20

이므로,

(1) 기대값이 같으면 표준오차가 클수록 기대값으로부터 아주 멀리 떨어진 값이 실현될 확률이 높다. 따라서 (i)이 유리하다.

(2) 역시 (i)이 유리하다.

(3) 기대값이 같을 때 표본합이 기대값으로부터 좌우로 똑같은 크기인 구간 이내에 있을 확률은 표준오차가 작을 때 더 높다. 따라서 (ii)가 유리하다.

3. 면담하게 되는 사람들의 총수는 약 $400 \times 2.38 \approx 950$, 약 950명이다.
그리고 이로부터 $\pm\sqrt{400} \times 1.87 \approx \pm 37$, 즉 37여 명의 오차가 있을 수 있다.

4. 무작위로 뽑은 손님 25명의 몸무게의 합의 기대값은 $60 \times 25 = 1{,}500$(kg),
합의 표준오차는 $10 \times \sqrt{25} = 50$(kg)이므로,
$\Pr(X > 1550) = \Pr(Z > 1) = 15.87\% \approx 16\%$

5. 상자의 표준편차를 계산하기 위해 "(큰 수 − 작은 수)$\times\sqrt{\text{큰 수의 비율} \times \text{작은 수의 비율}}$" 공식을 적용할 수 있는 상황은 상자 안에 든 수가 두 종류일 때이다.
따라서 (2), (3)이 참이다.

6. 기대값 : $180 \times \dfrac{1}{6} = 30$,

표준오차 : $\sqrt{\dfrac{1}{6} \times \dfrac{5}{6}} \times \sqrt{180} = 5$

$\Pr(15 \leq X \leq 45) = \Pr(14.5 \leq X < 45.5) <= \Pr(-3.1 \leq Z < 3.1) = 99.74\%$

7.

(1) (표본)평균이 3.78 이므로 (표본)합은 $100 \times 3.78 = 378$이다.

(2) 합이 정규분포로 수렴한다는 중심극한정리를 이용한다. 일단 합의 평균은 $100 \times 3.5 = 350$이고 합의 표준오차는 $\sqrt{100} \times 1.71 = 17.1$이다. (표본)평균이 3과 4 사이일 확률은 (표본)합이 300에서 400 사이일 확률과 같다. 합을 변수 S라 표시하면, S의 분포는 중심극한정리에 의해 정규분포 $N(350,\ 17.1^2)$에 근사한다. 구하는 확률은 다음과 같다.

$$\Pr[300 \leq S \leq 400] = \Pr\left[\frac{300-350}{17.1} \leq Z \leq \frac{400-350}{17.1}\right]$$
$$= \Pr[-2.92 \leq Z \leq 2.92] = 0.4982 \times 2 = 99.6(\%)$$

8. 주사위에서 1이 차지하는 비율이 1/6이며 6이 차지하는 비율도 1/6임에 주목하라. 1이 나오는 횟수와 6이 나오는 횟수의 합이란 결국 1 또는 6이 나오는 횟수임을 의미한다. 이를 변수 X라고 하자. 주사위를 한 번 던질 때 1 또는 6이 나오는 확률은 1/3이다. 변수 X는 이항분포 B(25, 1/3)을 따른다. X의 기대치는 $25 \times (1/3) = 25/3$이고 표준오차는 $\sqrt{25 \times (1/3) \times (2/3)} = 2.36$이다.

9. x축, y축에 표시된 자료 모두 50을 중심으로 표준오차가 5인 정규분포를 따른다. 또한 처음 100번 가운데 앞면이 나온 횟수와 다음 100번 가운데 앞면이 나온 횟수는 상호독립이므로 (i)이 예상된 산포도 모양에 가장 가깝다.

제 13 장

1. 70, 80

2.

(1) 6.5, 10.5

(2) 6.5, 7.5

3.

(1) 7

(2) 7

(3) 그렇지 않다. 두 주사위를 던질 때 나온 눈금의 합으로는 5가 4보다 확률이 높다. 반복시행의 횟수가 100으로 충분히 크지 않아 경험적 히스토그램이 확률히스토그램과 다르게 실현되었을 뿐이다.

(4) (iii)이 경험적 히스토그램을 올바르게 설명하고 있다. (i)은 합의 확률히스토그램에서 8에 해당하는 직사각형의 면적을 의미한다. (ii)는 주사위를 100번 던졌을 때 나온 숫자들의 합이 8일 확률인데 100번 던져 합이 8이 될 리 없다. 즉 그 확률은 0이다. (iii)이 한 쌍의 주사위를 실제로 100번 던졌을 때 관측된 합들 100개 가운데 8의 경험적 상대도수이다.

4. 확률히스토그램, 51.5, 52.5

5.

동전의 앞면이 나오는 횟수를 변수 X라고 하면 이는 평균 5,000 $\left(=10{,}000\times\frac{1}{2}\right)$이고 표준편차 $\sqrt{10{,}000\times\frac{1}{2}\times\frac{1}{2}}=\frac{100}{2}=50$인 정규분포 $N(5{,}000,\ 50^2)$으로 근사시킬 수 있다.

(1)

$$\begin{aligned}\Pr[4900\le X\le 5050]&=\Pr\left[\frac{4900-5000}{50}\le Z\le\frac{5050-5000}{50}\right]\\&=\Pr[-2\le Z\le 1]\\&=0.82\end{aligned}$$

(2)

$$\begin{aligned}\Pr[X\le 4900]&=\Pr\left[Z\le\frac{4900-5000}{50}\right]\\&=\Pr[Z\le -2]\\&=0.025\end{aligned}$$

(3)

$$\begin{aligned}\Pr[X\ge 5050]&=\Pr\left[Z\ge\frac{5050-5000}{50}\right]\\&=\Pr[Z\ge 1]\\&=0.16\end{aligned}$$

6.

(1) 동전의 앞면이 나오는 횟수는 이산적인 값(정수)만을 취하므로 정확한 값을 얻기 위해서는 연속성 수정을 하는 것이 바람직하다. 동전을 100회 던질 때 앞면이 나올 횟수의 기대값은 50, 표준오차는 5이므로,

연속성 수정을 할 경우 : $\Pr(X \leq 50.5) = \Pr(Z \leq 0.1) = 0.5 + 0.0398 = 53.98\%$

연속성 수정을 하지 않을 경우 : $\Pr(X \leq 50) = \Pr(Z \leq 0) = 50\%$

이고, 이항공식에 의해 얻은 실제값과 비교해 보면 연속성 수정을 한 경우가 정확한 값에 가깝다는 것을 알 수 있다. 따라서 끝점을 고려해야 한다.

(2) 시행횟수가 증가할수록 연속성 수정 여부에 의한 차이는 그 크기가 점차 작아진다. 따라서 끝점을 굳이 고려하지 않아도 된다.

7.

$$\binom{400}{40}\left(\frac{1}{10}\right)^{40}\left(\frac{9}{10}\right)^{360} = 0.07$$

또는 $X \sim N(40, 6^2)$의 정규근사를 이용하여 구하면

$\Pr(X=40) = \Pr(39.5 \leq X \leq 40.5) \approx \Pr(-0.08 \leq Z \leq 0.08) \approx 0.064$

8. 너무 낮다. 상자의 내용물이 극단적으로 비대칭이기 때문에 25회는 정규분포로 근사하기 위해 충분한 시행횟수가 아니다. 따라서 이때에는 정규근사를 이용하는 것이 부적절하다. 그리고 확률히스토그램이 꼬리가 오른쪽으로 늘어진(right-skewed) 모양으로 비대칭적이므로, 표본합이 기대값(=2.5)보다 낮을 경우에 있어 확률계산에 정규근사를 이용한다면 이때 얻은 근사값은 이항공식을 이용해 계산한 실제값보다 낮게 된다. 본문 [그림 13-5]를 보더라도 1에 해당되는 정규분포 곡선 아래의 면적은 직사각형의 면적을 과소평가한다.

9.

앞면이 나오는 횟수를 X라고 하면 이는 평균이 $25 \times \frac{1}{2} = 12.5$이고 표준편차가 $\sqrt{25 \times \frac{1}{2} \times \frac{1}{2}} = \frac{5}{2} = 2.5$인 정규분포 $N(12.5, 2.5^2)$으로 근사시킬수 있다.

앞면이 12회 나올 확률은 $\Pr[\,11.5 \leq X \leq 12.5\,]$로서 구하면

$\Pr\left[\frac{11.5-12.5}{2.5} \leq Z \leq \frac{12.5-12.5}{2.5}\right] = \Pr[-0.4 \leq Z \leq 0] = 0.16$이 된다.

10.

(1) 참.

표본합의 기대값 : $\frac{1}{100} \times 100 = 1$,

표본합의 표준오차 : $(1-0) \times \sqrt{\frac{1}{100} \times \frac{99}{100}} \times \sqrt{100} \approx 0.9949 \approx 1$

따라서 합은 1 주위에 있고, 1 정도 오차가 있다.

(2) 거짓. 합이 0과 2 사이가 될 확률이 68% 정도라는 결론을 얻으려면 정규분포로 근사시킬 수 있어야 하는데, 상자의 내용물이 극단적으로 치우쳐 있어 100회의 시행만으로는 정규분포로 근사시킬 수 없다.

11.

상자의 평균은 $1 \times \frac{1}{4} + 2 \times \frac{2}{4} + 5 \times \frac{1}{4} = \frac{1+4+5}{4} = \frac{10}{4} = \frac{5}{2} = 2.5$

상자의 표준편차는

$$\sqrt{(1-2.5)^2 \times \frac{1}{4} + (2-2.5)^2 \times \frac{2}{4} + (5-2.5)^2 \times \frac{1}{4}}$$

$$= \frac{1.5^2 + 2 \times 0.5^2 + 2.5^2}{4} = \sqrt{\frac{9}{4}} = 1.5$$

이다.

따라서

- 표본합의 기대값은 $100 \times 2.5 = 250$, 표준오차는 $\sqrt{100} \times 1.5 = 15$이다.

- 1이 추출된 횟수의 기대값은 $100 \times \frac{1}{4} = 25$, 표준오차는 $\sqrt{100} \times \sqrt{\frac{1}{4} \times \frac{3}{4}} = \frac{10}{4}\sqrt{3} = \frac{5}{2}\sqrt{3}$

- 2가 추출된 횟수의 기대값은 $100 \times \frac{1}{2} = 50$, 표준오차는 $\sqrt{100} \times \sqrt{\frac{1}{2} \times \frac{1}{2}} = \frac{10}{2} = 5$

추출결과는 다음과 같다.

- 표본합 실현치 : $1 \times 17 + 2 \times 54 + 5 \times 29 = 270$

- 1의 횟수 실현치 : 17

- 2의 횟수 실현치 : 54

표본합 관측치는 기대값보다 $\frac{270-250}{15} = 1.33$ (SE)만큼 크다.

1의 횟수 실현치는 기대값보다 $\frac{25-17}{\frac{5}{2}\sqrt{3}}=1.85$ (SE)만큼 작다.

2의 횟수 실현치는 기대값보다 $\frac{54-50}{5}=\frac{4}{5}=0.8$ (SE)만큼 크다.

(1) 2가 추출된 횟수, (2) 추출된 숫자의 합

12.

(1) 구할 수 없다. 최소한 상자의 평균과 표준편차를 알아야 한다. 그래야 표본합의 기대값과 표본합의 표준오차를 구할 수 있기 때문이다.

(2) 구할 수 있다. (표본합의 기대값)=(상자의 평균)×1000, (표본합의 표준오차)=(상자의 표준편차)×$\sqrt{1000}$을 이용해 기대값과 표준오차를 구한 뒤 정규분포로 근사시켜 확률을 구할 수 있다.

13.

(1) 참 : 중심극한정리

(2) 거짓 : 상자 안 숫자들의 분포가 변할 리 없음

(3) 거짓 : 상자 안 숫자들의 확률히스토그램으로 수렴할 것임

(4) 참 : 평균의 법칙

제 14 장

1. 비슷하지 않다. '어떤 종류의 세제를 쓰는가?' 는 중립적인 질문인 반면 '특정세제를 쓰는가?' 는 그다지 중립적이지 못한 질문이다. 응답자는 후자의 질문을 받으면 자신이 특정세제를 쓰지 않으면서도 질문에서 제시된 특정상표를 쓰고 있다고 대답할 가능성이 존재한다. 즉 응답편의의 문제가 발생할 소지가 있다.

2. "카지노에서는 돈을 딴 사람만 목소리가 크다". 카지노 게임의 속성상 돈을 딴 경우보다 잃은 경우가 많음에도 불구하고 돈을 딴 사람만 자랑하기 때문에 일종의 표본추출편의(sample selection bias)가 발생한다. 주식시장의 경우에도 주식투자로 성공한 사례가 실패한 사례보다 더 많이 보도되고 부각되는 일은 흔히 볼 수 있다. 이런 경우 역시 표본추출편의의 한 예이다.

3. 매우 다를 것이다. 먼저 X-ray 검진에 응한 사람일수록 후에 X-ray 검진에 응한 사람보다 진폐증 증세를 더 심하게 느끼고 있어 자신의 진폐증 여부를 빨리 알고 싶어 하는 사람일 가능성이 크다.

4. 확률적 표본조사방법이라고 할 수 없다. 확률적 표본조사방법이라면 (i) 표본을 뽑는 데에 있어 조사원에게 주관적 판단의 여지가 없어야 하고, (ii) 모집단을 이루는 개개의 구성원이 표본으로 선택될 확률을 계산할 수 있어야 한다. 그런데 '특정 시간대에 그 대학의 학생회관 앞을 지나는 학생들'을 표본으로 선택하는 것은 위 (i)과 (ii)의 조건 모두 충족하지 못한다. 지나가는 사람을 붙잡아 면담하는 조사 방식에는 조사원의 주관적 판단이 개입할 여지가 얼마든지 있는데다가, 모집단을 이루는 개개의 구성원이 특정 시간대에 학생회관 앞을 지나가서 표본으로 선택될 확률 또한 계산할 수 없기 때문이다. 이는 제멋대로 추출한 편의표본(conveniecne sample)의 전형적인 예이다. (편의표본에 대해서는 이 책의 제22장을 참조하라.)

5. 그렇게 결론지을 수 없다. 초등학교 학생으로서 TEPS에 응시했다면 영어에 대한 관심이 높고 영어실력이 상당 수준에 이르는 학생일 가능성이 크다. 고등학교 학생의 경우 초등학교 학생들보다는 TEPS가 널리 잘 알려져 있고 남들이 TEPS를 치르니까 따라서 한 번 시험을 보거나 아니면 주위의 권유나 강요로 시험을 보거나 또는 대학을 진학하기 위한 목적 등으로 시험을 보게 되는 경우가 많을 것이다. 즉, 고등학생에 비해 초등학생의 경우 영어실력이 우수한 학생 위주로 TEPS 시험에 응시한 것이다.

6. 집이 없어서 거리에서 생활하거나 수용시설에 들어간 적이 있을 정도의 빈곤층이라면 집에 전화가 없거나 아예 주거부정일 가능성이 높다. 이런 경우에는 표본으로 선택될 가능성이 희박하다. 이러한 빈곤층은 표본에 과소대표(過少代表, under-represented)되는 편의가 있을 것이다.

7.

(1) 참

(2) 거짓: 다단계군집추출임

8.

(1) 참. 이 방법은 {1, 101, 201, …, 19901}, {2, 102, 202, …, 19902}, …, {100, 200, 300, …, 20000}이라는 100개의 부분집단을 만들어 놓고 이 100개의 부분집단

중 하나를 무작위로 선택하는 것과 같다. 주관이 개입할 여지가 없고, 각각의 학생들이 표본으로 추출될 확률이 동일하게 1/100임을 계산할 수 있다. 확률적 표본추출방법이다.

(2) 거짓. 단순무작위추출이라면 매번의 추출마다 모집단에 남아 있는 각 사람이 표본으로 뽑힐 확률이 같아야 하지만 이 실험에서는 그렇지 않다. 처음에 1번부터 100번까지 중 하나의 숫자(학생)를 선택하면, 예컨대 22번을 선택하면, 이후 122번, 222번, …, 19,922번의 학생들이 뽑힐 확률은 100%가 되는 반면에, 나머지 번호의 학생들이 뽑힐 확률은 0%가 된다. 이러한 표본은 단순무작위표본이 아니다. 참고로 여기서의 표본추출법을 계통추출법(systematic sampling)이라 부른다.

9. 12,000명 각각의 종업원이 표본에 뽑힐 확률이 동일하지 않다. 규모가 큰 분점에서 일하는 종업원이 과소대표되는 편의가 발생한다.

10. 애초의 단순무작위추출을 유지해야 한다. 교장선생님께서 재분류하는 과정에 자의성이 개입될 수 있다. 결과적으로 편의를 초래할 수 있다.(교장선생님, 참으시지요!)

제 15 장

1. 경제활동인구조사의 표본추출방법은 다단계군집추출이다. 우선 표본틀을 이루는 각 시도별 10%의 표본조사구로부터 각기 배정된 일정 수의 조사구를 추출할 때 가구수에 비례하는 확률로 추출한다. 다음으로 추출된 표본조사구별로 4개 조사구역의 20가구씩 군집추출을 실시한 뒤 대상 가구별로 만 15세 이상인 사람 전수를 조사한다. 즉, 시도별로 15세 이상인 가구원은 가구원수가 많은 가구에 속하든 가구원수가 적은 가구에 속하든 표본으로 뽑힐 확률이 일정하므로 가구편의가 발생하지 않는다.

2.

(1) 참

(2) 참

(3) 거짓. 우리나라의 실업률은 모비율로서 표본비율 6.25%와는 다른 개념이다.

3.

(1) 추정치: (3,030+2,970)/2=3,000만명

표준오차: 30만명

95% 신뢰구간: 3,000만명 ±2×30만명

(2) 추정치: (3.8+4.2)/2=4.0

표준오차: 0.2

95% 신뢰구간: 4.0±2×0.2

(3) 자료를 살펴보는 것만으로는 편의의 존재를 알아내기 힘들다.

4. 평균=(2.5+2.7+2.9+3.1) / 4=2.8

분산=표준편차^2={(2.5−2.8)^2+(2.7−2.8)^2+(2.9−2.8)^2}+(3.1−2.8)^2} / (4−1)=0.067

표준편차=$\sqrt{0.067}$=0.26

표본평균의 표준오차=표준편차/$\sqrt{4}$=0.26/2=0.13

95% 신뢰도의 신뢰구간=2.8±2×0.13

제 16 장

1. 상자의 표준편차 $\sqrt{0.5\times0.5}=0.5$

400회 추출에서 표본합의 표준오차 $\sqrt{400}\times0.5=10$

맞게 된 것이다.

2. 특정 TV프로그램의 시청률 조사를 상자모형으로 표현하면 다음과 같다. 상자에는 해당 TV프로그램을 시청하면 1, 그렇지 않으면 0이라고 적힌 카드가 TV를 보유한 전체가구수만큼 들어 있다. 이 상자로부터 표본크기만큼의 카드를 뽑아 1의 비율을 구한다. 상자 안 1의 비율인 모비율에 따라 상자의 표준편차가 달라진다. 다만 표준편차의 최대값은 모비율이 0.5인 경우에 0.5의 값을 갖는다. 그 결과 표본비율의 표준오차는 $0.5\times1/\sqrt{n}$을 최대값으로 갖게 된다. 이 값이 0.01보다 작거나 같으려면 표본크기 n은 $n\geq2{,}500$을 만족시켜야 한다. 즉 2,500명을 조사하면 시청률 추정치의 표준오차를 1% 이내로 통제하게 된다. 참고로 시청률 조사는 비복원추출에 해당하지만 통상 시청률 조사에서 모집단은 표본에 비해 충분히 크므로 보정계수는 무시해도 좋다.

3. ② 구성비에 대한 표준오차는 표본크기의 제곱근으로 나누어져 감소한다.

4. 상자 안에 250개의 구슬이 있는 경우에는 모집단이 표본에 비해 충분히 크다고 말하기

어렵다. 이때에는 구슬을 하나씩 꺼낼 때마다 상자의 크기가 점점 작아지면서 불확실성이 줄어드는 비복원추출이 우월하다. 그러나 상자 안에 10만개의 구슬이 있는 경우에는 모집단이 표본에 비해 충분히 크기 때문에 복원추출과 비복원추출의 차이는 무시해도 좋은 수준이다. 보정계수를 구해보면 거의 1에 가까워 비복원추출이라 해도 사실상 보정할 게 없다.

5.

(1) 표본에 있을 푸른 공의 개수에 대한 기대값 =200

관측값 =218

확률오차 =18

표준오차 $=\sqrt{500}\times\sqrt{0.4\times0.6}=\sqrt{120}=10.95$

(2) 기대값 =200

관측값 =191

확률오차 =−9

표준오차 $=\sqrt{500}\times\sqrt{0.4\times0.6}=10.95$

6. 95% 신뢰구간은 평균을 중심으로 ±2SE 구간에 해당하는데 이 구간이 49%±6%로 나타났으므로 평균을 중심으로 ±3SE 구간에 해당하는 99.7% 신뢰구간은 $49\%\pm\frac{3}{2}\times6\%$이다.

7. 기대값 : 950개,

표준오차 : $\sqrt{0.95\times(1-0.95)}\times\sqrt{1{,}000}\fallingdotseq6.89$(개)

$$P(X\geq960)=P\left(Z\geq\frac{960-950}{6.89}\right)=P(Z\geq1.45)=0.0735$$

960개 이상이 품질기준을 통과할 확률은 7.35%이다. 참고로 연속성 수정을 해주면 8.38%의 확률을 얻는데 이 값이 더 나은 값이다.

8. $4\times\frac{0.5}{\sqrt{n}}\leq0.05\Rightarrow n\geq1{,}600$. 따라서 최소 1,600명을 조사해야 한다.

9. 통계학자는 제곱근법칙에 의해 표준오차를 구했다. 이 계산이 올바른 계산이 되기 위해서는 매 거래일의 가격 등락이 독립(independent)이고 동일한 분포를 따른다(identical)는 가정이 필요하다.

10. $SE(\hat{p}) = \sqrt{\frac{0.5 \times 0.5}{1,600}} = 0.0125$

$\Pr(0.48 \le \hat{p} \le 0.52) = \Pr\left(\frac{0.48-0.50}{0.0125} \le Z \le \frac{0.52-0.50}{0.0125}\right)$

$= \Pr(-1.6 \le Z \le 1.6)$

$= 0.8904$

11.

(1) 거짓. '판매한 TV의 불량품 비율'은 표본비율이 아니라 모비율이므로 주어진 진술은 옳지 않다.

(2) 참. $\sqrt{0.0104 \times (1-0.0104)} \times \frac{1}{\sqrt{193}} \times 100 \fallingdotseq 0.73\%$

(3) 거짓. 표본크기에 비해 불량품 비율이 너무 낮아 정규근사를 이용하기 어렵다.

12. 모집단에서 p=0.02일 때 표본 만 가구로부터 구한 표본비율의 표준오차는

$\sqrt{\frac{0.02(0.98)}{10,000}} = 0.0014 = 0.14\%$에 불과하다

따라서 6%와 2%의 차이가 단지 운에 의한 것이라 보기는 어렵다. 이러한 차이가 발생한 이유는 범죄 피해를 입은 가구 가운데 상당수가 피해사실을 경찰에 보고하지 않았기 때문이라 짐작된다.

13.

(1) (표본 내 선거참여율의 표준오차) = $\sqrt{0.7 \times 0.3} / \sqrt{10,000} \fallingdotseq 0.46\%$

(2) 확률오차로 설명할 수 없다. 설문조사를 통해 얻은 표본 내 선거참여율 70%와 실제 선거참여율 64%간의 차이 6%는 표본 내 선거참여율의 표준오차 0.46%의 무려 13배에 해당한다. 이 정도 또는 그 이상의 차이가 순전히 표본 추출상의 운에 의해 나타날 가능성은 거의 없다. 아마도 투표하는 것이 기권하는 것보다 도덕적인 행위라는 인식 때문에 유권자들이 실제로는 투표하지 않고서도 서베이 응답시에는 투표했다고 거짓으로 답하는 일종의 응답편의(response bias)가 발생했던 것으로 판단된다.

제 17 장

1.

(1) 표본크기: 100

표본평균의 기대치는 모집단의 평균과 동일하므로 50. 표본평균의 표준오차는 "모집단의 표준편차/$\sqrt{표본크기}$"임. 따라서 표본평균의 표준오차는 $20/\sqrt{100}=2$가 됨.

(2) 비복원추출시 표본평균의 기대치는 복원추출의 경우와 동일하므로 50.

비복원추출시 표본평균의 표준오차는 복원추출의 경우와 다르다. 아래의 보정계수를 2에 곱하면 비복원추출시 표본평균의 표준오차가 된다. (이 경우에는 보정을 하든 안하든 별 차이가 없다.)

$$\sqrt{\frac{N-n}{N-1}}=\sqrt{\frac{10{,}000-100}{10{,}000-1}}=\sqrt{\frac{9{,}900}{9{,}999}}\approx 1$$

(3) 상자에 든 카드가 100장이라는 것은 모집단의 크기가 100이라는 것이다. 여기서 표본의 크기도 100임에 유의한다.

복원추출시 표본평균의 기대치는 상자안의 평균 즉 모집단의 평균과 동일하다. 따라서 50.

복원추출시 표본평균의 표준오차는 "모집단의 표준편차/$\sqrt{표본크기}$"이다. 따라서 2이다.

비복원추출시 표본평균의 기대치는 복원추출의 경우와 동일하므로 50.

비복원추출시 표본평균의 표준오차는 보정계수를 곱해야 하는데, $N=n=100$이므로 보정계수는 0이다. 따라서 이 경우 비복원추출시 표본평균의 표준오차는 0이다. 이는 정확히 모집단의 평균과 표본평균이 같다는 것을 의미한다. 왜 이럴까? 사실상 전수조사를 실시한 셈이기 때문이다.

2.

(1) 왼쪽 그림은 50회의 무작위 복원추출에 의해 얻은 표본의 분포를 나타내는 히스토그램이다. 따라서 음영으로 표시된 영역은 50회의 추출에서 숫자 4를 얻은 도수 내지 상대도수를 나타낸다.

(2) 오른쪽 그림은 표본평균의 확률히스토그램이다. 따라서 음영으로 표시된 영역은 표본평균이 (2.25, 2.75)의 구간에 존재할 확률을 나타낸다.

3.

(1) 1부터 7까지의 카드가 들어 있는 상자로부터 무작위로 복원추출한 25개 값의 합이 90 이상이 될 확률.

(2) 1부터 7까지의 카드가 들어 있는 상자로부터 무작위로 복원추출한 25개 값의 평균이 3.6 이상이 될 확률.

(3) 표본합$\geq$90 $\Longleftrightarrow$ 표본평균$\geq$3.6

4.

(1) 의미 없다. 개념상 '상자의 표준편차'는 있어도 상자의 표준오차는 없다.

(2) 의미 있다. '상자의 표준편차'는 곧 모표준편차에 해당하며, 이는 상자 안에 들어있는 각각의 카드가 상자의 평균, 즉 모평균으로부터 전형적으로 떨어진 정도를 나타낸다.

(3) 의미 없다. '상자평균의 표준오차'란 곧 '모평균의 표준오차'를 말하는 셈인데, 모평균은 하나의 상수로서 그 확률오차도 표준오차도 없다.

(4) 의미 있다. '표본평균의 표준오차'란 추출한 카드들의 평균이 상자의 평균으로부터 전형적으로 떨어져 있는 정도를 나타낸다.

5. −상자의 평균: 5

−상자의 표준편차: $\sqrt{\frac{20}{3}}$

(1) 표본크기: 25

표본합의 기대값: $5\times25=125$

표본합의 표준오차: $5\sqrt{\frac{20}{3}}=12.91$

표본평균의 기대값: 5

표본평균의 표준오차: $\frac{\sqrt{\frac{20}{3}}}{5}=0.52$

(2) 표본크기: 100

표본합의 기대값: $5\times100=500$

표본합의 표준오차: $10\sqrt{\frac{20}{3}}=25.82$

표본평균의 기대값: 5

표본평균의 표준오차: $\frac{\sqrt{\frac{20}{3}}}{10}=0.26$

(3) 표본크기: 400

표본합의 기대값: $5\times 400=2000$

표본합의 표준오차: $\sqrt{\dfrac{20}{3}}==51.64$

표본평균의 표준오차: $\dfrac{\sqrt{\dfrac{20}{3}}}{20}=\dfrac{\sqrt{15}}{30}=0.13$

6. 모평균은 $1\times\dfrac{1}{4}+2\times\dfrac{1}{2}+3\times\dfrac{1}{4}=2$이고 표본평균의 기대값은 모평균과 같다.

(1) 참

(2) 거짓

(3) 참

7.

(1) 매 반복 시행마다 표본평균이 다르기 때문

(2) 매 반복 시행마다 표본표준편차가 다르기 때문

(3) 95개

8.

(1) 표본평균의 표준오차가 $4/\sqrt{100}=0.4$이므로 평균교육기간에 대한 95% 신뢰구간은 $12\pm 2\times 0.4$, 즉 (11.2, 12.8)이다.

(2)

(i) 보현과 혁린 두 명의 자료를 결합하면 표본크기는 200, 표본평균은 11.7, 그리고 표본평균의 표준오차는 대략 $4/\sqrt{200}=0.3$이다. 따라서 95% 신뢰구간은 $11.7\pm 2\times 0.3$이다. 즉, (11.1, 12.3)이다.

(ii) 네 명 모두의 자료를 결합하면 표본크기는 400, 표본평균은 12, 그리고 표본평균의 표준오차는 대략 $4/\sqrt{200}=0.2$이다. 따라서 95% 신뢰구간은 $12\pm 2\times 0.2$이다. 즉, (11.6, 12.4)이다.

(iii) 우선 3개 표본평균의 평균과 표준편차를 구해보자. 평균은 12, 표준편차는 $\sqrt{\dfrac{(11.4-12)^2+(12.2-12)^2+(12.4-12)^2}{3-1}}=0.53$이다. 여기서 0.53은 표본평균 하나 하나가 전반적인 평균으로부터 벗어난 정도를 측정해 준다. 따라서 표본 평균 3개 평균의 표준오차는 0.53을 $\sqrt{3}$으로 나누어 구한다. 즉, 전반적인 평균의 표준오차는 $0.53/\sqrt{3}=0.3$이다. 결국 이들 3개 표본평균의 정보만을 이용하여 구한 교육기간 평균에 대한 95% 신뢰구간은 $12\pm 2\times 0.3$, 즉 (11.4, 12.6)이다.

9.

(1) 표본평균의 표준오차 : $\frac{\hat{s}}{\sqrt{n}}=\frac{1.75}{\sqrt{625}}=0.07$, 따라서 T

(2) 주어진 구간은 모평균에 대한 신뢰구간임. 표본평균에 대해서는 신뢰구간의 개념이 어불성설임. F

(3) 95% 신뢰구간 : $2.30\pm2\times0.07$. 따라서 (2.16, 2.44). T

(4) 주어진 구간은 모평균에 대한 신뢰구간임. F

10.

(1) 표본에서 개별 숫자의 히스토그램은 상자의 히스토그램과 유사한 모양이 될 것이다. 즉 표본의 분포는 모집단의 분포와 비슷할 것이다.

(2) 평균의 히스토그램은 중심극한정리에 의해 그 모양이 정규분포곡선과 비슷해진다.

(3) (1)에서의 모양은 상자의 히스토그램과 비슷한 반면 (2)에서의 모양은 정규분포곡선과 유사하다. (1)에서 구한 히스토그램은 개별 자료의 히스토그램인 반면 (2)에서 구한 히스토그램은 표본평균의 히스토그램이다.

11. 정보량이 작아 추정량의 표준오차가 크다.

12.

(i) 추출한 숫자들의 히스토그램

(ii) 표본평균의 히스토그램

(iii) 상자에 든 숫자들의 히스토그램

13.

(1) T

(2) F

(3) F

(4) F

(5) F

14.

(1) 참.

'225명 응답자의 평균' 은 표본평균에 해당한다.

(이동거리에 대한 95% 신뢰구간) = (표본평균) ± 2SE = (488, 592)이므로,

$$(\text{표본평균}) = \frac{488+592}{2} = 540(\text{km})$$

(2) 참.

'225명 응답자의 표준편차' 는 표본표준편차에 해당한다.

95% 신뢰구간의 길이는 표본평균으로부터 양쪽으로 2SE씩 총 4SE에 해당된다는 사실과 표본평균의 표준오차(SE)는 표본표준편차를 표본크기의 제곱근으로 나누어 구한다는 사실로부터

$4\times(\text{표본표준편차}) / \sqrt{225} = 592 - 488$

의 식을 얻는다. 이를 풀면, 표본표준편차는 약 390km가 된다.

(3) 거짓. '225명의 응답을 히스토그램으로 그린 것' 은 표본추출한 개별관측치의 히스토그램에 해당하고, 이는 모집단의 분포와 비슷할 것이다. 모집단의 분포가 정규분포와 거리가 멀면, 표본자료를 가지고 구한 히스토그램도 정규분포와 다를 것이다.

(4) 참. 개별관측치의 히스토그램이 정규분포곡선과 다르더라도 중심극한정리에 의해 표본평균의 확률분포를 히스토그램으로 그리면 그 모양은 정규분포곡선과 비슷해진다.

(5) 거짓. 중심극한정리에 의해 정규분포로 수렴하는 것은 어디까지나 '표본평균의 확률분포' 이지 '모평균의 확률분포' 가 아니다. 모평균은 하나의 상수값으로 존재한다. '모평균의 확률분포' 라는 개념은 존재하지 않는다.

(6) 거짓. 동일한 신뢰도 하에서 모평균에 대한 신뢰구간의 길이는 표본평균의 표준오차에 정비례한다. 그리고 제곱근 법칙에 의해 표본크기(n)가 증가하면 표본평균의 표준오차는 $1/n$배로 줄어드는 것이 아니라 $1/\sqrt{n}$배로 줄어든다. 450명을 이용하여 95% 신뢰구간을 구하면 225명을 이용하여 구했을 때보다 구간의 길이가 $1/\sqrt{2}$배로 감소하지 1/2배로 감소하지 않는다.

15. 적절하지 않다. 매일매일의 날씨는 독립적으로 실현되지 않는다.

16. 거짓. 모비율, 모평균 등의 신뢰구간을 구할 때 종종 표준정규분포곡선이 이용된다. 이때 표본비율이나 표본평균의 확률히스토그램 대신 정규분포곡선을 사용하는 것은 중심극한정리 때문이다. 표본이 충분히 크기만 하면 모집단의 분포가 정규분포를 따르지 않더라도 표본비율이나 표본평균의 확률히스토그램은 정규분포곡선과 비슷해진다.

17.

(1) 15

(2) $\frac{15}{\sqrt{25}}$

18. 독립적으로 얻은 다양한 측정치들을 있는 그대로 이용하는 게 좋다. 주관적 개입은 자료를 왜곡시키게 된다.

19.

(1) 표본에서의 흰 공 비율을 $\hat{\mathrm{p}}$이라고 하자.

$$\Pr\left(\hat{\mathrm{p}}=\frac{k}{10}\right)=\binom{10}{k}0.6^{k}(1-0.6)^{10-k},\ k=0,\ 1,\ \cdots,\ 10.$$

위의 수식을 히스토그램으로 표현하면 원하는 확률히스토그램이 얻어진다.

반복 시행의 횟수가 증가할수록 경험적 히스토그램은 그 모양이 확률히스토그램으로 수렴한다.

(2) 뽑힌 두 장 카드의 평균을 $\overline{\mathrm{Y}}$라고 하자.

$$\Pr(\overline{\mathrm{Y}}=1)=\frac{4}{25}$$

$$\Pr(\overline{\mathrm{Y}}=1.5)=\frac{8}{25}$$

$$\Pr(\overline{\mathrm{Y}}=2)=\frac{8}{25}$$

$$\Pr(\overline{\mathrm{Y}}=2.5)=\frac{4}{25}$$

$$\Pr(\overline{\mathrm{Y}}=3)=\frac{1}{25}$$

위에서 구한 확률 일체를 그림으로 표현하면 원하는 확률히스토그램을 얻게 된다.

제 18 장

1.

(1) $329-311=18$, 따라서 18만원

(2) 새로운 법안이 유리하다.

2. $z=\dfrac{318\text{만원}-322\text{만원}-0}{7\text{만}3\text{천원}}\approx-0.55$

$p=\Pr[Z\leq-0.55]=0.5-0.2088=0.2912=29.12\%$

귀무가설을 기각하지 못하게 된다.

3.

주사위에 문제가 없다고 가정하자.

그러면 나온 눈의 기대값은 3.5이고 표준편차는 $\sqrt{\dfrac{35}{12}}$이다.

표본크기 $n=1{,}000$인 표본에서 표본합의 기대값은 $3.5\times1{,}000=3{,}500$이고,

표준오차는 $\sqrt{1{,}000}\times\sqrt{\dfrac{35}{12}}=54.01$이다.

합의 실현치 3,680의 z- 통계량을 계산하면 다음과 같다.

$$\frac{3{,}680-3{,}500}{54.01}=3.33$$

p-값을 계산하면 $\Pr[Z\geq3.33]=0.0004$이다.

이는 우연에 의한 결과라고 보기 어렵다. 무언가 주사위에 문제가 있어 보인다.

4. 100장의 카드를 무작위 복원추출하였으므로 표본평균의 표준오차는 $\dfrac{10}{\sqrt{100}}=1$이다.

(i) 평균이 100이라고 주장하는 경우 : $z=2.7$, $p=0.70\%$

(ii) 평균이 101.1이라고 주장하는 경우 : $z=1.6$, $p=10.96\%$

따라서 (i)의 주장은 믿을만하지 않은 반면, (ii)의 주장은 믿을만하지 않다고 말할 근거가 불충분하다.

5.

(1) 참.

(2) 거짓. 유의수준의 의미를 새겨 보라.

6. 귀무가설(H_0) : 결근일수의 평균이 감소한 것은 우연의 산물이다.

대립가설(H_1) : 결근일수의 평균이 감소한 것은 새로운 제도에 기인한 것이다.

표본평균의 표준오차 $=\dfrac{2.9}{\sqrt{100}}=0.29$(일)

(1) $z=\dfrac{5.5-6.3}{0.29}\approx-2.76$,

$p=\Pr[Z \le -2.76]=0.5-0.4971=0.0029=0.29\%$

귀무가설을 기각한다. 즉, 이 자료에 따르면 새로운 제도가 결근을 줄인 것으로 판단된다.

(2) $z=\dfrac{5.9-6.3}{0.29} \approx -1.38$,

$p=\Pr[Z \le -1.38]=0.5-0.4162=0.0838=8.38\%$

귀무가설을 기각할 수 없다. 새로운 제도가 결근을 줄인다고 결론짓기는 어렵다.

7.

(1) 거짓. 관측된 현상이 우연에 의해 발생했을 가능성이 매우 낮다는 의미이다.

(2) 거짓. 유의수준은 귀무가설 하에서 계산된 하나의 확률이지 귀무가설이 맞을 확률이 아니다.

8.

(1) 참. 귀무가설 하에서 표본평균의 기대치가 50이므로 이보다 큰 표본평균이 실현되었을 때 z-통계량 값은 양수가 된다.

(2) 100명의 연구원 중 2명 내지 3명. 실제 관측된 수는 3명

9.

(1)

H_0 : 0과 1로 이루어진 상자에서 상자 내 1의 비율 p가 50%이다.

H_1 : 0과 1로 이루어진 상자에서 상자 내 1의 비율 p가 50%보다 크다.

(2)

$$z=\frac{0.5167-0.5}{\sqrt{\dfrac{0.5(1-0.5)}{10{,}000}}}=3.34$$

$p=\Pr[Z \ge 3.34]=0.0005=0.05(\%)$

(3) 귀무가설 기각(앞면이 나올 확률을 50%로 보기에는 너무 많은 수의 앞면이 나왔다.)

10.

(1) 그 학기에 그 대학에 등록한 학생들

(2) 1, 0

(3) 2만5천 개, 100개

(4) 100, 무작위 비복원추출

(5) 67%

(6) 귀무가설로부터 주어진 것

(7) 53명

(8) 67명

(9) 귀무가설로부터 계산된다.

(10) 합

(11) $\sqrt{100}\times\sqrt{0.67\times(1-0.67)}\approx\sqrt{100}\times\sqrt{0.53\times(1-0.53)}\approx5.0$

(12)

$$z\text{-값}: \frac{53-67}{5.0} = -2.80$$

$$p\text{-값}: 2\times\Pr[Z\le -2.80]=0.0052=0.52(\%)$$

(13) 한 것이 아니라고 본다.

11.

귀무가설(H_0) : 특별가 할인판매의 효과는 없다.

대립가설(H_1) : 특별가 할인판매는 도리어 판매액을 감소시키는 효과가 있다.

(i) z-검정시 p-값의 계산 : $z=\dfrac{7.0-12.5}{\sqrt{25\cdot\frac{1}{2}\cdot\frac{1}{2}}}=-2.2\Rightarrow\Pr[Z\le-2.2]=0.014$. 따라서 1.4%.

(ii) 부호검정시 p-값의 계산 : $P(X\le7)=\sum_{x=0}^{7}\binom{25}{x}\left(\frac{1}{2}\right)^{25}=0.022$, 따라서 2.2%.

(iii) 부호검정을 하든 z-검정을 하든 귀무가설을 기각한다. 이 경우 표본크기가 25이므로 z-검정보다는 부호검정이 다소나마 나아 보인다. 다만 z-검정시 연속성 수정을 가하여 p-값을 계산하면 부호검정과 거의 차이가 없다.

$$P(X\le7.5)=P\left(Z\le\frac{7.5-12.5}{\sqrt{25\times\frac{1}{2}\times\frac{1}{2}}}\right)=\mathrm{P}(\mathrm{Z}\le-2.0)=0.0228=2.28\%$$

12.

(1) 귀무가설(H_0) : $E(X_i)=512,\ i=1,\ \cdots,\ 100$

대립가설(H_1) : $E(X_i)<512,\ i=1,\ \cdots,\ 100$

(2) 50g을 이용한다. 수천 번 측정해서 구한 표준편차가 백 번 측정해서 구한 표준편차보다 좀 더 믿을만하다.

(3) $z=\dfrac{508-512}{50/\sqrt{100}}=-0.8$

$p = \Pr[Z \leq -0.8] = 0.5 - 0.2881 = 21.19\%$

(4) 귀무가설을 기각할 수 없으므로 실제로 무게가 가벼워졌다고 말하기 어렵다.

13.

(1) 참. 균형이 잘 잡힌 동전을 세 번 던졌을 때, 앞면이 나오는 횟수 X는 이항분포 $B\left(3, \frac{1}{2}\right)$을 따른다.

따라서 $\Pr[X=3] = \binom{3}{3}\left(\frac{1}{2}\right)^3 = \frac{1}{8} = 12.5\%$

(2), (3) 모두 거짓.

14.

(1) 60쌍, 53쌍

(2)

정규분포로 근사 가능하다. 각각의 쌍에서 처리효과가 없다면, 처리집단에 속한 쥐의 대뇌피질이 쌍을 이룬 다른 통제집단에 속한 쥐의 대뇌피질보다 무거울 확률은 1/2이다. 따라서 처리효과가 없다는 전제 하에서는 처리집단에 속하면서 대뇌피질이 더 무거운 쥐의 숫자는 그 평균이 30이고, 표준오차가 $\sqrt{60} \times \sqrt{0.5 \times 0.5} = \sqrt{15}$이다. 이 중 관측된 53쌍 또는 그 이상의 쌍에서 대뇌피질이 더 무거운 쥐가 처리집단의 쥐일 확률은 다음과 같다.

$$\Pr[53\text{쌍 이상}] = \Pr\left[Z \geq \frac{53-30}{\sqrt{15}}\right] = \Pr[Z \geq 5.94] \approx 0.00$$

거의 0이다. 따라서 처리효과가 없다는 귀무가설을 기각한다.

(3)

60쌍에서 관측된 차이의 평균 : 36.13

60쌍에서 관측된 차이의 표준편차 : 31.23

$$z = \frac{36.13 - 0}{31.23/\sqrt{60}} = 8.96$$

처리효과가 없다는 귀무가설 기각.

(4)

좋은 조치이다. 이중 눈가림 가운데 연구자의 눈가림에 해당하는 조치로서 연구자의 선입견이나 순수하지 못한 의도에 의해 결과가 왜곡되는 것을 막을 수 있다.

제 19 장

1.

복수표본 z-검정을 이용한다.

상자 A에서 얻은 표본평균의 표준오차 : $\dfrac{3}{\sqrt{100}} = 0.3$

상자 B에서 얻은 표본평균의 표준오차 : $\dfrac{8}{\sqrt{400}} = 0.4$

$$z = \frac{\text{관측된 차이} - \text{기대된 차이}}{\text{관측된 차이의 표준오차}} = \frac{(51-48)-0}{\sqrt{0.3^2+0.4^2}} = 6$$

p-값은 0에 가깝다. 두 상자간 관측된 표본평균의 차이는 우연의 산물이라고 보기 어렵다.

2.

대도시 : 평균 26점, 표준편차 10점

시골 : 평균 25점, 표준편차 10점

(1) 차이의 표준오차 : $\sqrt{\dfrac{10^2}{400}+\dfrac{10^2}{400}} = \sqrt{\dfrac{200}{400}} = \sqrt{\dfrac{1}{2}} \approx 0.71$

$z = \dfrac{1-0}{0.71} \approx 1.41$

우연의 산물이 아니라고 볼 통계적 근거가 없다.

(2) 차이의 표준오차 : $\sqrt{\dfrac{10^2}{1000}+\dfrac{10^2}{1000}} = \sqrt{\dfrac{200}{1000}} = \sqrt{\dfrac{1}{5}} \approx 0.45$

$z = \dfrac{1-0}{0.45} \approx 2.22$. 우연의 산물이라고 보기 어렵다.

3. 주어진 정보만으로는 답하기 곤란하다. 겉으로 보기엔 복수표본 z-검정을 이용하여 두 표본비율간 차이의 통계적 유의성을 검정하면 될 것 같지만, 두 표본비율은 서로 독립일 수 없다. 이는 학생의 관점에서 볼 때 지리에 관심이 있으면 두 문제 모두 맞출 가능성이 높고 지리에 관심이 없으면 두 문제 모두 틀릴 가능성이 있어 두 표본비율은 양의 상관관계를 보일 것이기 때문이다. 그 상관관계의 강도를 알아야 두 표본비율의 차이에 대한 분산을 추정할 수 있는데 그 정보가 주어져 있지 않다. 달리 말하면, 두 표본비율이 서로 독립이 아니므로 이른바 "제곱근 분산합" 공식에 따라 표본비율의 차이에 대한 표준오차를 구할 수 없다.

4.

(1)

집단 1(모유 권고) : 표본크기 $n_1 = 388$, 비율 : $\hat{p}_1 = 0.547$

집단 2(분유 지급) : 표본크기 $n_2 = 393$, 비율 : $\hat{p}_2 = 0.541$

- 두 비율 차이 : 0.006

- 두 비율 차이의 표준오차 :

$$\sqrt{\frac{\hat{p}_1(1-\hat{p}_1)}{n_1}+\frac{\hat{p}_2(1-\hat{p}_2)}{n_2}}=\sqrt{\frac{0.547\times(1-0.547)}{388}+\frac{0.541\times(1-0.541)}{393}}=0.0356$$

$z=\dfrac{0.006}{0.0356}\approx 0.17$. 통계적으로 유의하지 않다.

(2)

무작위로 배정되었다면 두 집단간 신생아 무게 평균의 차이가 통계적으로 유의하지 않아야 한다.

집단 1 : 신생아 무게 평균 3,459, 표준편차 434, 표본크기 388

집단 2 : 신생아 무게 평균 3,486, 표준편차 438, 표본크기 393

$$z=\frac{(3{,}459-3{,}486)-0}{\sqrt{\frac{434^2}{388}+\frac{438^2}{393}}}=-0.87$$

두 집단 간 평균의 차이가 없다는 귀무가설을 기각할 수 없다. 몸무게로 판단해 볼 때 무작위 배정이 아니라고 볼 통계적 근거가 없다.

5.

귀무가설 : 경제적 합리성의 가정이 옳다.

- 집단 A에서 "예" 의 비율 : $\dfrac{92}{200}$

- 집단 B에서 "예" 의 비율 : $\dfrac{161}{183}$

$$z=\frac{\left(\frac{161}{183}-\frac{92}{200}\right)-0}{\sqrt{\frac{161}{183}\left(1-\frac{161}{183}\right)\Big/183+\frac{92}{200}\left(1-\frac{92}{200}\right)\Big/200}}=9.84$$

귀무가설을 기각한다. 경제적 합리성의 가정이 옳다고 보기 어렵다. 두 상황은 사실상 같은데 표를 잃은 학생들은 돈을 잃은 학생들보다 입장권을 다시 사려는 경향이 낮다.

6.

$$z=\frac{(0.59-0.18)-0}{\sqrt{\frac{0.59\times(1-0.59)}{100}+\frac{0.18\times(1-0.18)}{100}}}=6.57$$

우연의 산물이라고 보기 어렵다.

7.

(1) 귀무가설(H_0) : 소득보조를 받은 집단에서 재범률이 감소한 것은 우연에 의한 변동이다.

대립가설(H_1) : 소득보조를 받은 집단에서 재범률이 감소한 것은 소득보조의 산물이다.

무작위 통제가 이루어진 실험이므로, 이른바 "제곱근 분산합" 공식에 따라 두 표본비율의 차이에 대한 표준오차를 추정할 수 있다.

(소득보조를 받은 집단의 표본비율의 표준오차)

$=\sqrt{0.45\times(1-0.45)}\times\frac{1}{\sqrt{592}}\times100(\%)\approx2(\%)$

(소득보조를 받지 않은 집단의 표본비율의 표준오차)

$=\sqrt{0.49\times(1-0.49)}\times\frac{1}{\sqrt{154}}\times100(\%)\approx4(\%)$

(표본비율의 차이의 표준오차$=\sqrt{2^2+4^2}\fallingdotseq4.47(\%)$

$z=\frac{(49\%-45\%)-0\%}{4.47\%}\approx-0.89$

$p=\Pr[Z\leq-0.89]=0.5-0.3133=0.1867=18.67\%$

귀무가설을 기각할 수 없다. 소득보조가 재범자가 될 가능성을 줄였다고 볼 통계적 근거가 없다.

(2) 귀무가설(H_0) : 소득보조를 받은 집단에서 출옥 후 근로기간이 감소한 것은 우연에 의한 변동이다.

대립가설(H_1): 소득보조를 받은 집단에서 출옥 후 근로기간이 감소한 것은 소득보조의 결과이다.

(소득보조를 받은 집단의 표본평균의 표준오차)

$=15.9\times\frac{1}{\sqrt{592}}\approx0.65$(주)

(소득보조를 받지 않은 집단의 표본평균의 표준오차)

$=17.3\times\frac{1}{\sqrt{154}}\approx1.39$(주)

(표본평균의 차이의 표준오차$=\sqrt{0.65^2+1.39^2}\approx1.53$(주)

$z=\frac{(16.8-24.3)-0}{1.53}\approx-4.9$

p-값은 0에 가깝다. 귀무가설을 기각한다. 소득보조는 전과자가 출옥 후 일하려는 의지를 약화시켰다고 볼 수 있다.

8.

귀무가설 하에서는 부정적인 기사든 긍정적인 기사든 내용이 같으면 기사로 채택될 확률도 같아야 한다.

- 부정적 기사가 기사화된 비율 : $\frac{28}{53}=0.53$
- 긍정적 기사가 기사화된 비율 : $\frac{8}{54}=0.15$

복수표본 z-통계량을 계산해 보자.

$$z=\frac{0.53-0.15}{\sqrt{\frac{0.53\times0.47}{53}+\frac{0.15\times0.85}{54}}}=4.53$$

언론사가 편견이 없는 상황에서 우연히 위와 같은 결과가 나올 가능성은 거의 없다. 언론사는 편견을 가지고 있다고 할 수 있다.

9. 타당한 검정 절차라고 하기 어렵다. 첫째 아이와 둘째 아이는 지능지수(IQ)에 있어서 유전적 요인, 가정의 교육환경, 부모의 태도 등 여러 가지 면을 공유한다. 그 결과 첫째 아이의 평균과 둘째 아이의 평균은 독립이 아니어서 이른바 제곱근 분산합 공식에 근거한 복수표본 z-검정을 사용할 수 없다. 대안으로는 차이의 평균이 0이 되는지 단일표본 z-검정을 실시하면 된다.

10.

귀무가설 : 남편과 아내간 교육수준의 차이는 없다.

부호검정 : 이항분포에 근거한다. 즉 교육수준의 차이가 없다면 남편이 아내보다 교육수준이 높을 확률이 1/2이다.

p-값 : $\sum_{x=7}^{10}\binom{10}{x}\left(\frac{1}{2}\right)^{10}\approx0.17$

귀무가설을 기각하지 못한다. 참고로 z-검정을 적용하기 위해서는 정규분포에 근거해야 하는데 정규분포로 근사시키기에는 표본크기가 작다.

제 20 장

1.

(1) $t = \dfrac{-0.49}{0.07} = -7.00$

유의한 영향을 미친다.

(2) 계수 β에 대한 95% 신뢰구간은 $b \pm 2\,\mathrm{SE}(b)$. 따라서

$-0.09 \pm 2 \times 0.07 = (-0.23, 0.05)$로 얻어진다.

2.

(+) 의 개수 : 10개

(−) 의 개수 : 8개

(10개의 +, 8개의 −)로 이루어진 런검정의 하한 임계치 : 5

(10개의 +, 8개의 −)로 이루어진 런검정의 상한 임계치 : 15

관측된 런의 개수는 5개로 하한 임계치 5이하이다. 5% 유의수준에서 잔차에 계열상관이 없다는 귀무가설을 기각한다. 양의 계열상관이 존재하는 것으로 판단한다.

제 21 장

1.

부록의 χ^2−분포표를 보거나 Excel 함수인 CHIDIST( )를 이용하여 구할 수 있다.

(1) 5%

(2) 2.5%

(3) 1%

2. 귀무가설(H_0) : 주사위를 60회 던져 얻은 관측도수와 기대도수의 차이는 우연에 의한 것이다(주사위는 균형이 잘 잡혀 있다).

대립가설(H_1) : 주사위를 60회 던져 얻은 관측도수와 기대도수의 차이는 우연의 의한 것

이 아니다(주사위에 문제가 있다).

$$\chi^2=\sum \frac{(\text{관측된 도수}-\text{기대도수})^2}{\text{기대도수}}$$

$$=\frac{(5-10)^2}{10}+\frac{(7-10)^2}{10}+\frac{(17-10)^2}{10}+\frac{(16-10)^2}{10}+\frac{(8-10)^2}{10}+\frac{(7-10)^2}{10}$$

$$=13.2$$

자유도 : $v=6-1=5$

χ^2-분포표에 의하면 $\chi^2_{0.05,\ 5}=11.07$이므로 $p<0.05$. 귀무가설을 기각한다.

주사위는 균형이 잘 잡혀있다고 볼 수 없다.

3.

(1)

값	관측된 도수	상대도수
1	10,287	0.1715
2	10,056	0.1676
3	9,708	0.1618
4	10,080	0.1680
5	9,935	0.1656
6	9,934	0.1656
계	60,000	100

(2) 균형이 잘 잡혀 있다는 귀무가설 하에서 χ^2-통계량의 값을 구해보면 18.575가 된다. 자유도 5인 χ^2-분포에서 18.575의 오른쪽 면적, 즉 p-값은 0.2%이므로 귀무가설을 기각한다. 주사위가 균형잡혀 있지 않다고 판단한다.

4. 옳지 않다.

$$\chi^2=\sum \frac{(\text{관측된 도수}-\text{기대도수})^2}{\text{기대도수}} \text{ 이므로}$$

눈이 1부터 6까지 있는 주사위를 n번 던져 얻은 도수분포표로부터 이 주사위가 균형이 잘 잡혀 있다는 귀무가설을 검증하기 위한 χ^2-통계량값은 다음과 같이 구한다.

$$\chi^2=\sum_{j=1}^{6}\frac{\left(X_j-\frac{n}{6}\right)^2}{\frac{n}{6}} \text{ (단, } X_j\text{는 주사위의 눈 } j\text{가 관측된 도수)}$$

그런데, 문제에서 예시한 절차와 같이 위 식에 관측된 도수와 기대도수 대신 관측된 비율과 그 비율의 기대값을 대입할 경우, 위 식의 우변은

$$\sum_{j=1}^{6} \frac{\left[\left(X_j - \frac{n}{6}\right) \times \frac{1}{n}\right]^2}{\frac{n}{6} \times \frac{1}{n}} = \frac{1}{n}\chi^2$$

가 되어, 잘못된 χ^2-통계량 값을 구하게 된다.

아래 올바른 식을 참고하라.

도수를 이용해 χ^2-통계량을 구하는 식 : $\chi^2 = \sum_{j=1}^{J} \frac{(O_j - E_j)^2}{E_j}$

비율을 이용해 χ^2-통계량을 구하는 식 : $\chi^2 = n\sum_{j=1}^{J} \frac{(\hat{p}_j - p_j)^2}{p_j}$

(J : 범주의 개수, O_j : 범주 j에 속한 자료의 관측된 도수, E_j : 귀무가설하에서 구한 범주 j에 속한 자료의 기대도수, n : 표본크기, $\hat{p}_j$: $\frac{O_j}{n}$로 정의되는 관측된 비율, p_j : 귀무가설하에서 주어진 비율로 $\frac{E_j}{n}$와 같음. 자유도 : $v = J - 1$)

5.

(1) 가능. 귀무가설과 대립가설이 상이.

(2) 불가능. 귀무가설과 대립가설이 근본적으로 동일.

6. 옳다. 표본으로부터 무작위로 추출한 한 사람이 여성일 사건을 A, 양손잡이일 사건을 B라 하면, 두 사건이 독립일 때는 좁은 의미의 곱셈법칙에 의해 $P(A \cap B) = P(A) \cdot P(B)$가 된다. 이때 남녀 전체에서 양손잡이인 사람 수에 대한 기대값 28명은 전체 도수의 합에 이미 P(B)를 곱하여 얻은 것이므로, 여기에 P(A)=52.3%만을 추가로 곱해주면 양손잡이 여성의 수에 대한 기대값을 얻게 된다.

7.

(i)

	관측된 도수		기대도수	
	남성	여성	남성	여성
투표함	2,792	3,591	2,731	3,652
투표 않음	1,486	2,131	1,547	2,070

성별과 투표참여 여부가 독립이라는 귀무가설 하에서 χ^2-통계량은 6.66이 된다.

자유도 1인 카이제곱분포에 근거하여 p-값을 구하면 0.99%이다. 따라서 귀무가설을 기각한다. 성별과 투표참여는 독립이라고 보기 어렵다.

(ii)

- 남성의 투표율 : 65%
- 여성의 투표율 : 63%
- 귀무가설 : "남성이나 여성이나 투표비율은 같다." (귀무가설하의 기대된 차이는 0)

$$z\text{-통계량} : z = \frac{0.65-0.63}{\sqrt{\frac{0.65\times(1-0.65)}{4,278}+\frac{0.63\times(1-0.63)}{5,722}}} = 2.59$$

따라서, z-검정 결과 남녀간 투표율에 차이가 없다는 귀무가설을 기각한다.

(iii)

z-통계량을 제곱하면 자유도 1의 χ^2-통계량과 거의 같다(제21장의 부록 참조). 즉 $z^2 \approx \chi^2$. 귀무가설 하에서 z-통계량은 두 모비율이 같다는 사실을 활용하여 다음과 같이 계산할 수도 있다.

$$z\text{-통계량} : z = \frac{0.65-0.63}{\sqrt{\hat{p}(1-\hat{p})\left(\frac{1}{4,278}+\frac{1}{5,722}\right)}} = 2.58,$$

$$\text{여기서 } \hat{p} = \frac{2,792+3,591}{2,792+3,591+1,486+2,131} = 0.6383$$

8.

복수표본 z-검정

귀무가설 : 두 집단간 평균소득의 차이는 없다.

고졸집단 : 평균 1,405만원, 표준편차 800만원, 표본크기 250명

대졸집단 : 평균 1,820만원, 표준편차 950만원, 표본크기 200명

$$z = \frac{1,820-1,405}{\sqrt{\frac{800^2}{250}+\frac{950^2}{200}}} = 4.93,\ p\text{-값} \approx 0.00$$

귀무가설을 기각한다.

9.

(1) 단일표본 z-검정

(2) 상자의 내용물에 관한 귀무가설을 검정하는 χ^2-검정

10.

(1) 5, 10

(2) 20, 15

11.

χ^2-검정을 해야 한다. z-검정은 분포의 평균을 검정할 뿐 분포의 전반적인 양상을 검정해 주지는 못한다.

χ^2-통계량 : 2.6

주사위 눈	100회중 빈도	기대도수
1	21	17
2	15	17
3	13	17
4	17	17
5	19	17
6	15	17
계	100	100

$$\chi^2 = \frac{(21-17)^2}{17} + \frac{(15-17)^2}{17} + \frac{(13-17)^2}{17} + \frac{(17-17)^2}{17} + \frac{(19-17)^2}{17} + \frac{(15-17)^2}{17} = 2.6$$

자유도 5인 χ^2분포에 근거하여 p-값을 구하면 76%가 된다. 귀무가설을 기각하지 못한다.

12.

(1) 복수표본 z-검정을 이용하여 두 비율간 차이의 통계적 유의성 검정. z-통계량은 2, p-값은 4.6% (양측검정이므로 2.3% 아님). 귀무가설 기각.

(2) χ^2-독립성 검정 이용하여 성별과 출석률의 독립성 검정. χ^2-통계량은 3.9이며 자유도 1인 χ^2분포에 따라 구해보면 p-값은 4.7%. 귀무가설 기각.

(3) 여기서 χ^2분포의 자유도가 1이므로 문제 7번에서처럼 $z^2 \approx \chi^2$이다. 참고로 복수표본 z-검정에서 두 표본비율의 차이에 대한 표준오차를 추정할 때, 공통의 표본비율 추정치를 이용하면 정확히 $z^2 = \chi^2$이 성립한다. 각자 확인해보라.

제 22 장

1.

(1) F

(2) T

(3) F

(4) F

2.

(1) 5명. '통계적으로 유의하다'는 표현은 p-값이 5%보다 작은 경우에 사용한다.

(2) 6명

3. 처음부터 두 집단간 간암의 발병률만 비교해서 2.4%의 p-값을 얻었다면 새로운 화학물질이 간암을 유발한다고 볼 수 있으나 여기서는 폐, 간, 백혈병, 기타 22개 장기 등 총 25개의 복수표본 z-검정을 실시한 결과 간과 백혈병에 대해서만 통계적으로 유의한 z-값을 얻은 것이다. "주머니 털어 먼지 안나는 사람 없다"는 말처럼 수많은 검정의 결과 소수 유의미한 z-값을 얻은 것이므로 그 통계적 유의성은 할인해서 해석해야 한다.

4.

(1) 양측 z-검정

(2) 단측 z-검정

5.

(1) p-값이 7.3%. 통계적으로 유의하지 않다.

(2) p-값이 3.7%. 통계적으로 유의하다.

6.

(1) F

(2) F

7. 3%의 p-값

8.

(1) 잘못된 질문이다. 전수조사이므로 통계적 유의성이란 개념이 정의되지 않는다.

(2) 통계적 유의성이란 개념이 잘 정의된다.

복수표본 z-검정을 적용하면,

$$z=\frac{0.491-0.457}{\sqrt{\frac{0.491\times 0.509}{10,000}+\frac{0.457\times 0.543}{10,000}}}=4.81$$
이므로

두 비율간 차이는 통계적으로 유의하다.

실제 데이터 및 인터넷 사이트를 이용한 문제 해설

제 1 장

8. 인터넷 사이트를 이용한 문제

1.

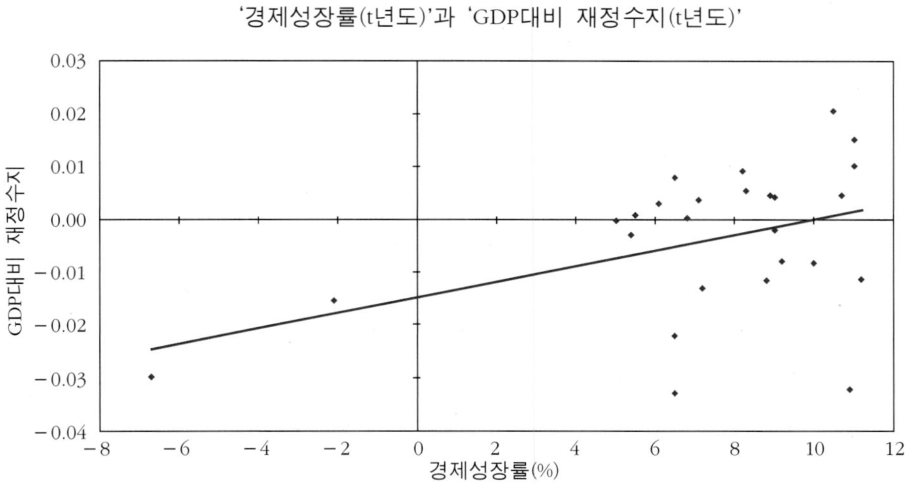

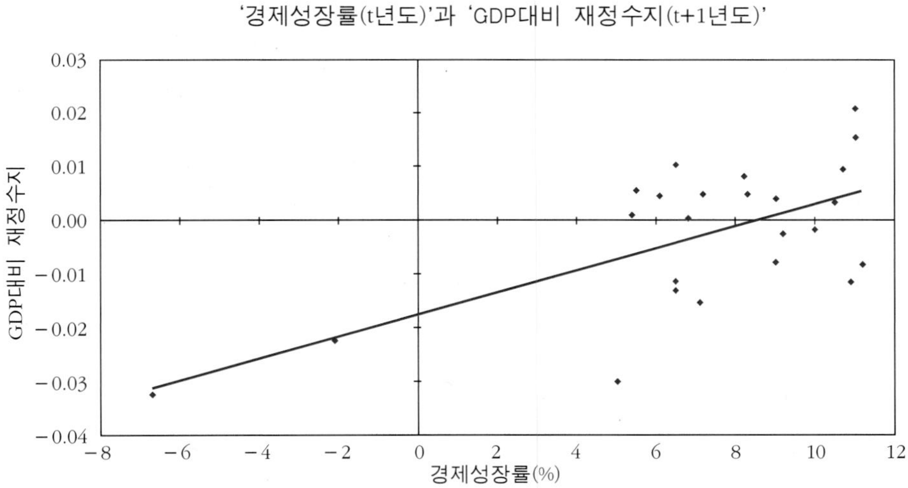

위의 두 그림을 보면 경제성장률과 당해년도의 재정수지간 관계나 경제성장률과 다음 년도의 재정수지간 관계나 모두 양(+)의 관계로 나타났다. 주어진 자료는 경기가 좋으면 흑자재정을, 경기가 나쁘면 적자재정을 쓴다는 견해를 뒷받침하는 것처럼 보인다. 하지만 위 그림에 나타난 관계만 보고서 정부가 불경기에 경제활성화를 위해 적자재정정책을 사용한다고 주장하기는 어렵다. 경제성장률과 재정수지에 미치는 많은 요인들이 두 비율간 관계에 혼동요인으로 작용했을 가능성을 배제하기 어렵기 때문이다. 한편 재정수지보다는 GDP대비 재정수지를 사용하는 것이 시간의 흐름에 따른 GDP 수준의 변화, 즉 규모효과를 통제한다는 면에서 보다 적절해 보인다.

제 2 장

7. 실제 데이터를 이용한 연습문제

1.

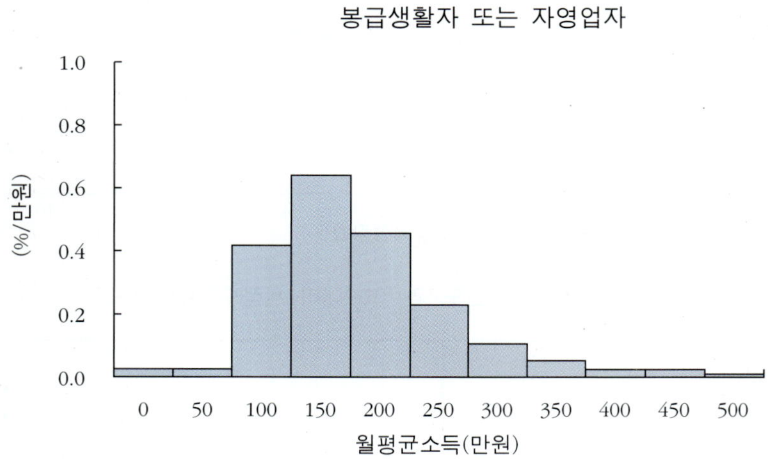

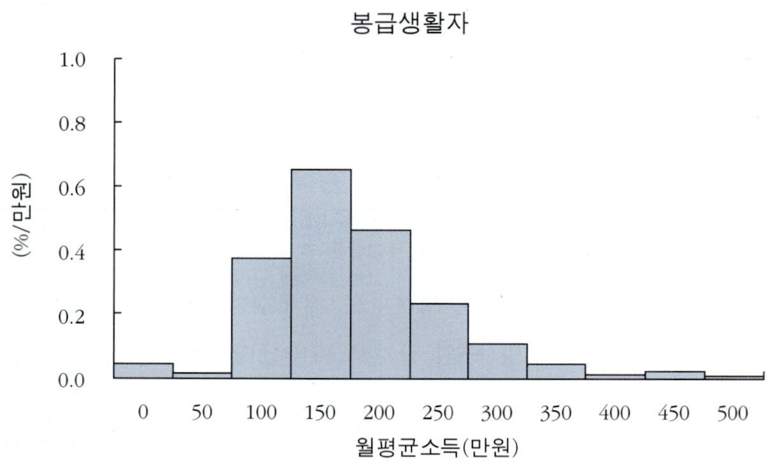

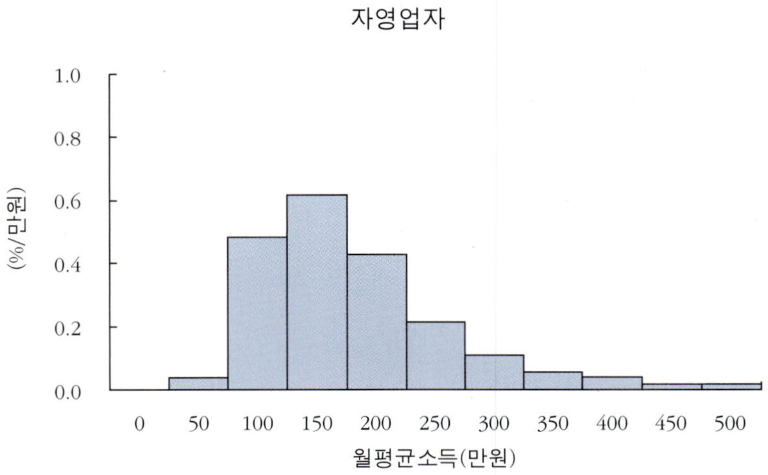

2. 12개 변수, 236개 아파트 관측치.

	질적변수/양적변수	단위
시세(하한)	양	만원
시세(상한)	양	만원
시세(중간값)	양	만원
건설업체	질	.
지하철	.	.
건축연도	.	.
평수	양	평
연령	양	년
지하철 1개 노선	질	.
지하철 2개 노선	질	.
대기업더미	질	.
단지규모	양	호

3.

시세(단위: 만원)

평균	37,713.9
표준 편차	21,249.2
가장 큰 값	150,000.0
가장 작은 값	9,000.0

4.

시세(단위: 만원)		평수(단위: 평)		단지규모(단위: 호)	
평균	37,713.9	평균	37.5	평균	1,109.9
표준 편차	21,249.2	표준 편차	12.8	표준 편차	989.5
가장 큰 값	150,000.0	가장 큰 값	80.0	가장 큰 값	4,424.0
가장 작은 값	9,000.0	가장 작은 값	14.0	가장 작은 값	106.0

5. 구간의 길이를 1로 설정, 도수를 전체 관측치 개수인 236으로 나누어 상대도수로 바꾸면 구간의 크기가 1이므로 그 자체가 밀도단위임.

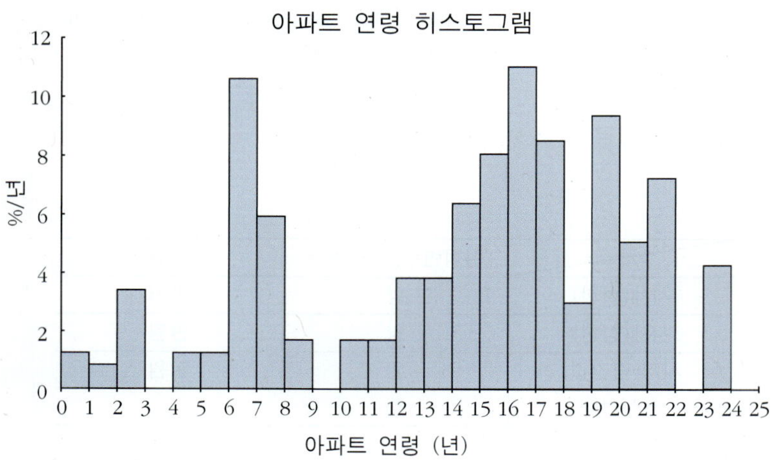

a. 연령이 10년 이상 15년 이하인 아파트의 상대도수=약 17%

연령이 20년 이상인 아파트의 상대도수=약 26%

b. 건축연도가 1981년에서 1983년 사이인 아파트의 상대도수=약 22%

6.

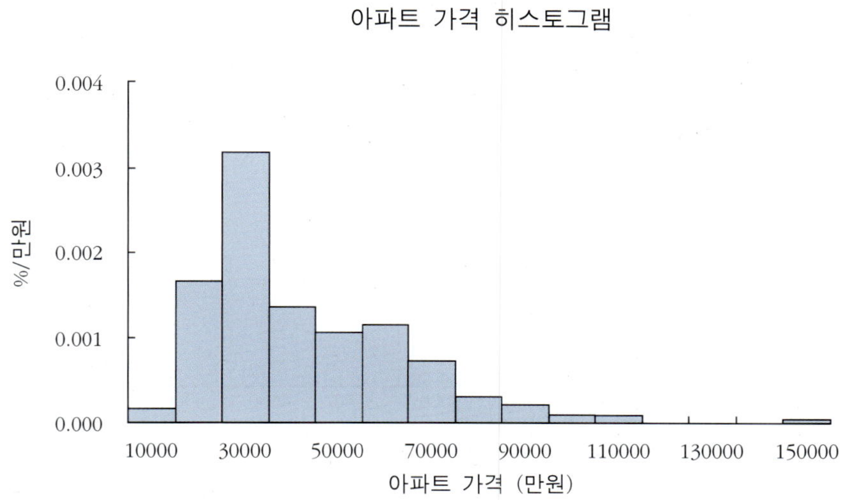
아파트 가격 히스토그램
%/만원
0.004
0.003
0.002
0.001
0.000
10000
30000
50000
70000
90000
110000
130000
150000
아파트 가격 (만원)

7.

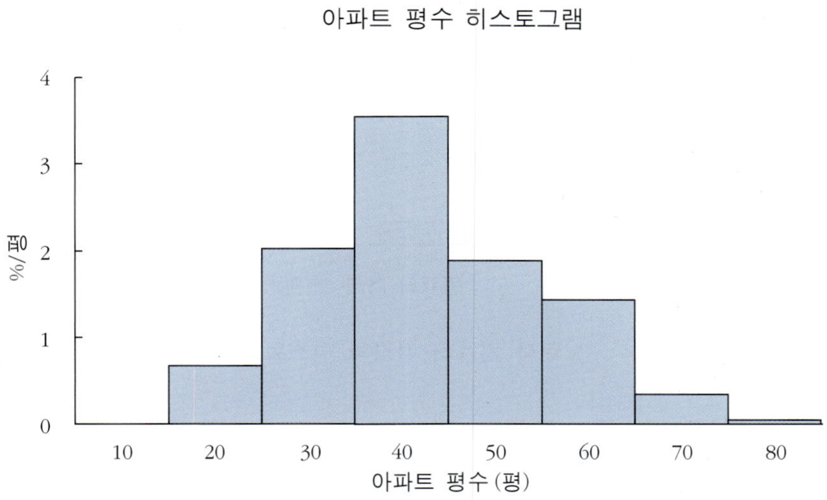
아파트 평수 히스토그램
%/평
4
3
2
1
0
10
20
30
40
50
60
70
80
아파트 평수(평)

8.

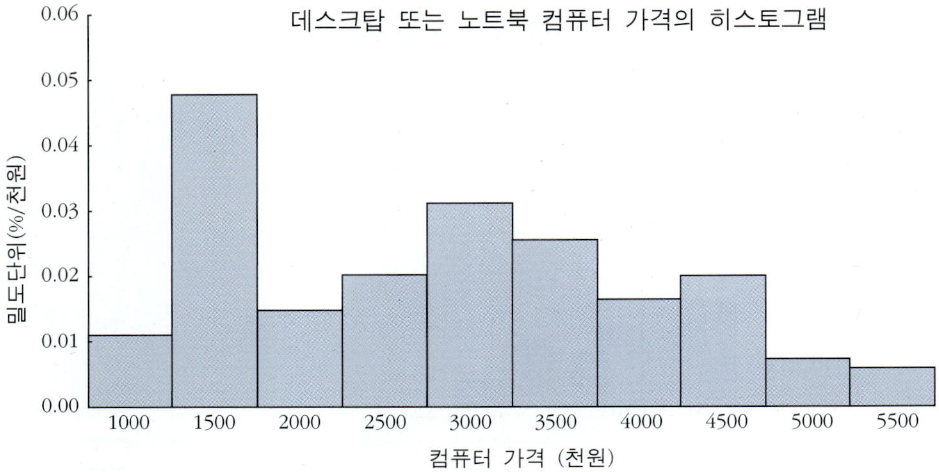
데스크탑 또는 노트북 컴퓨터 가격의 히스토그램
밀도단위(%/천원)
0.06
0.05
0.04
0.03
0.02
0.01
0.00
1000 1500 2000 2500 3000 3500 4000 4500 5000 5500
컴퓨터 가격 (천원)

9.

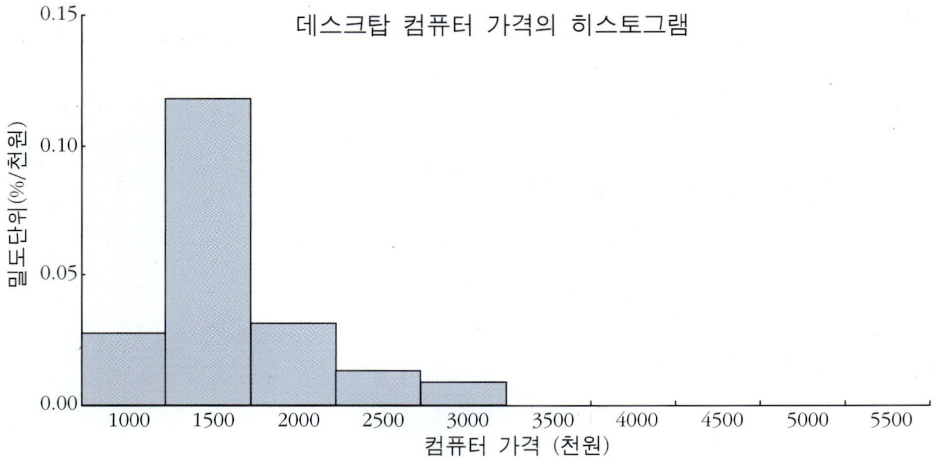
데스크탑 컴퓨터 가격의 히스토그램
밀도단위(%/천원)
0.15
0.10
0.05
0.00
1000 1500 2000 2500 3000 3500 4000 4500 5000 5500
컴퓨터 가격 (천원)

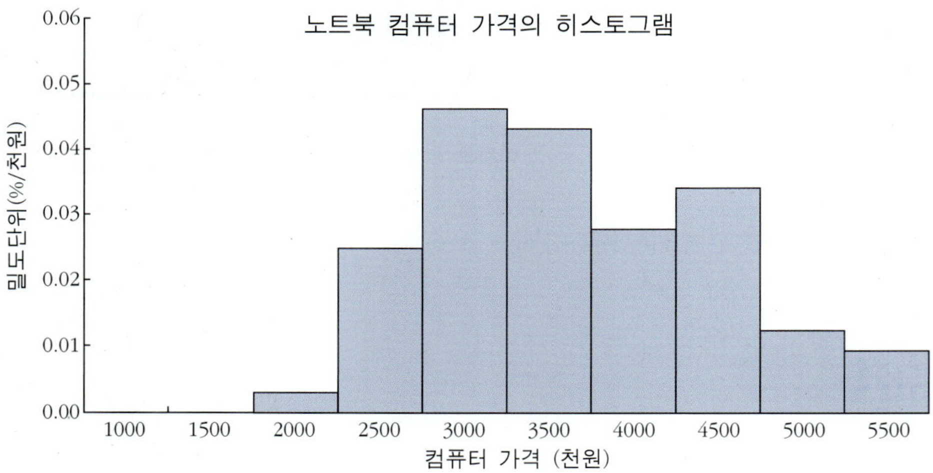
노트북 컴퓨터 가격의 히스토그램
밀도단위(%/천원)
0.06
0.05
0.04
0.03
0.02
0.01
0.00
1000 1500 2000 2500 3000 3500 4000 4500 5000 5500
컴퓨터 가격 (천원)

8. 인터넷 사이트를 이용한 문제

1.

(1)

(2)

코스닥지수의 연율로 환산된 일간수익률의 분포(2011년)

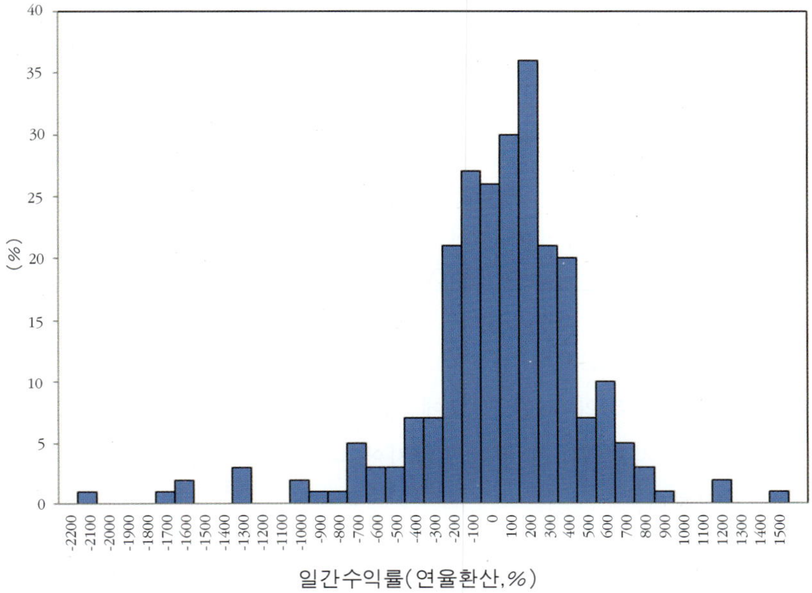

나스닥지수의 연율로 환산된 일간수익률의 분포(2011년)

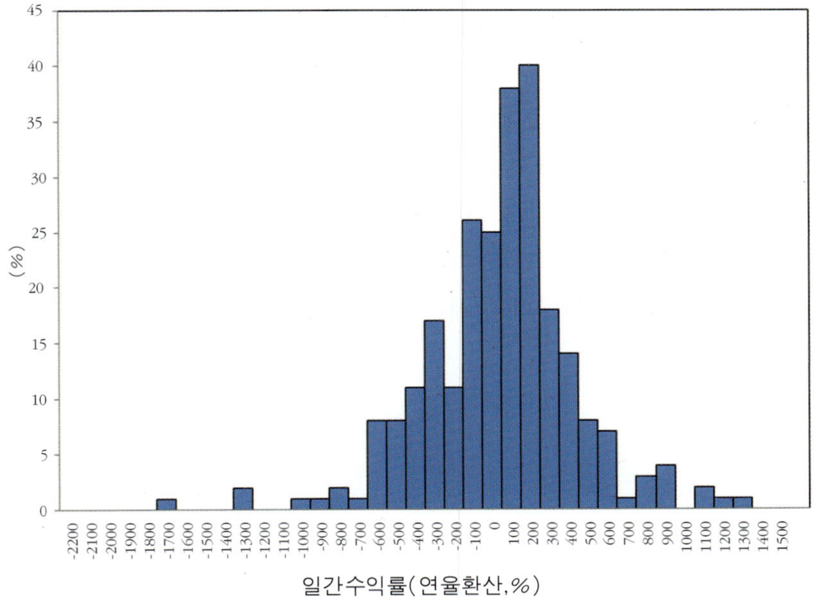

제 3 장

8. 실제 데이터를 이용한 연습문제

1.

봉급생활자와 자영업자 비교 (단위 : 만원)

봉급생활자 월소득		자영업자의 월소득		봉급생활자 또는 자영업자의 월소득	
평균	138.33	평균	155.33	평균	144.84
중앙값	126.33	중앙값	140.00	중앙값	130.00
표준편차	52.14	표준편차	87.52	표준편차	68.30
관측치	235	관측치	146	관측치	381

봉급생활자와 자영업자의 소득을 비교할 때 평균소득 및 중앙값이 봉급생활자보다 자영업자가 크다. 하지만 소득의 퍼진 정도에 있어서도 자영업자가 봉급생활자보다 크다. 전반적인 소득수준은 자영업자가 봉급생활자에 비해 높지만 소득의 편차도 자영업자가 봉급생활자보다 심하다.

2. 아래 그림에 기초하여 사람의 소득이 나이에 따라 어떻게 변화할 것인가를 추론할 수는 없다. 여기서 사용한 자료는 종적 자료가 아닌, 횡단면 자료로서 같은 사람의 소득 변화를 나이에 따라 추적한 것이 아니라, 같은 시점의 나이가 다른 사람들을 비교한 것이다. 이러한 경우 연령집단에 걸친 평균근로소득의 차이를 통하여 한 사람의 일생에 걸친 소득변화의 추이를 추론할 수는 없다. 예를 들어, 봉급생활자의 경우 40세-44세 집단의 평균근로소득이 35세-39세 집단의 평균근로소득 수준에 비하여 낮은 것으로 나타나는데, 이로부터 사람이 30대 후반에서 40대 초반으로 나이가 들어감에 따라 소득이 줄어든다고 추론하기는 어렵다. 즉, 횡단면 자료에는 출생집단 효과(cohort effect)가 내재되므로, 횡단면 자료를 통해 한 개인의 생애주기(life cycle)에 따른 소득변화의 추이를 추론할 수는 없다.

봉급생활자와 자영업자의 연령집단별 평균근로소득

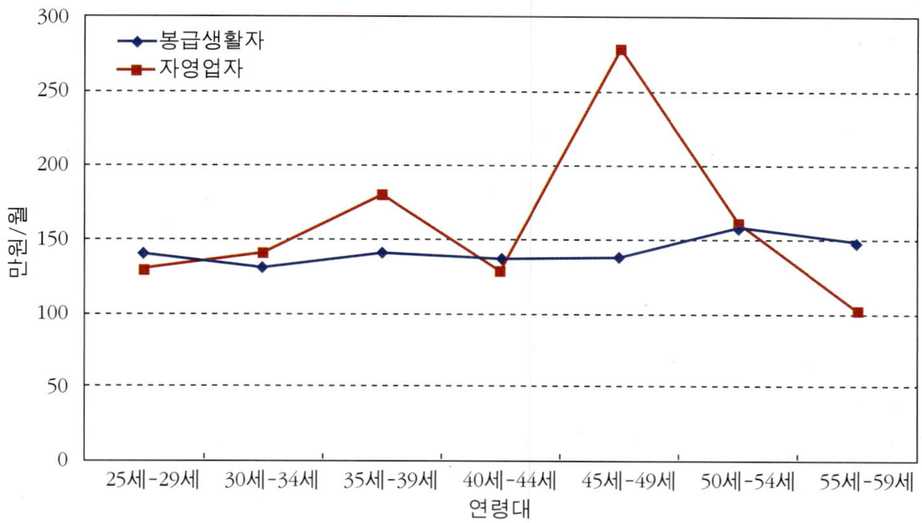

3\.

음주자의 소득과 비음주자의 소득 (단위 : 만원)

음주자의 소득		비음주자의 소득	
평균	147.9만원	평균	135.6만원

가능한 혼동 요인 : 직업, 성별, 연령 등.

4\. 최빈치는 2억 6,000만원이고 평균은 약 3억 7,700만원이다. 아파트 가격의 분포를 히스토그램으로 그리면 이는 아래에서 보듯이 꼬리가 오른쪽으로 치우친 모양을 띤다.

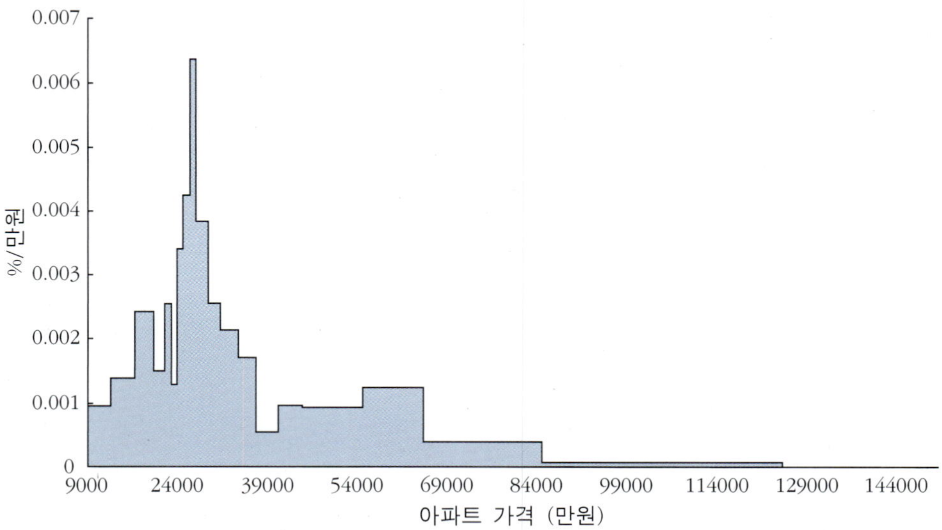

5.

데스크탑 컴퓨터 가격과 노트북 컴퓨터 가격 (단위 : 원)

	데스크탑	노트북
평균	1,373,090	3,442,830
중앙값	1,225,000	3,430,000
표준편차	427,155	851,226

9. 인터넷 사이트를 이용한 문제

1.

연율로 환산한 2011년도 코스닥 일간 수익률과 나스닥 일간 수익률 (단위 : %/년)

	코스닥	나스닥
평균	−2.10%	1.43%
표준편차	450.13%	398.02%

일일수익률 자료를 사용한 결과 연율로 환산된 수익률의 표준편차가 지나치게 높은 값으로 얻어졌다.

제 4 장

9. 실제 데이터를 이용한 연습문제

1.

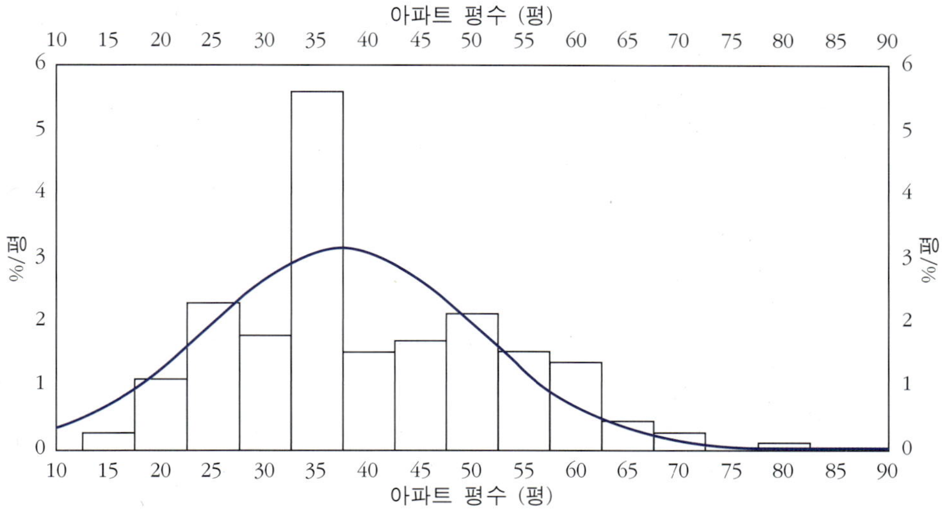

2.

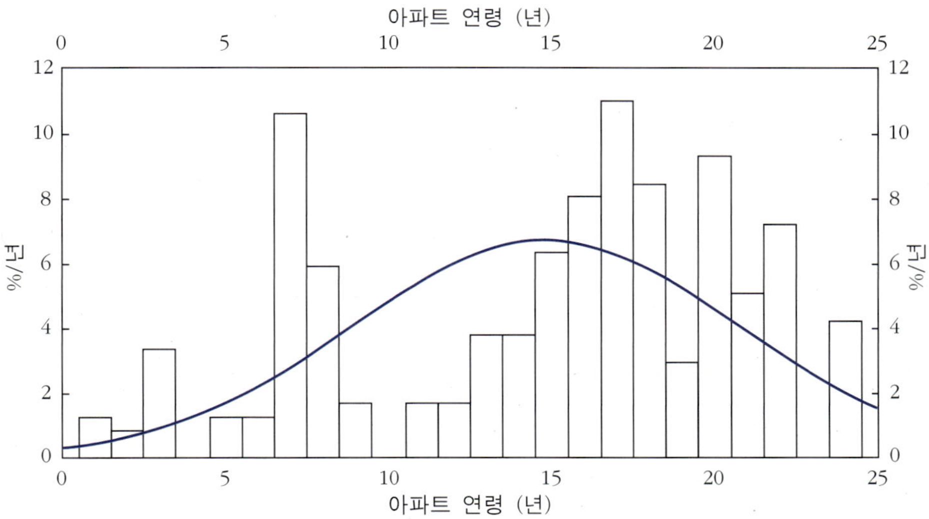

3. 상위 25%에 해당하는 사람들은 236×0.25=59번째로 큰 평수와 같거나 더 큰 평수에 사는 사람들이다. 자료상에서 59번째로 큰 평수는 47평임을 알 수 있다. 또한, 40평짜리 아파트는 상위 약 38%에 해당하며 이는 백분위로 62%에 해당된다.

10. 인터넷 사이트를 이용한 문제

1.

1981년부터 2011년까지 각 관측지점에서 연간강수량의 평균과 중앙값 (단위 : mm)

	평균	중앙값
서울	1468.8	1386.0
부산	1517.7	1422.9
대전	1390.4	1378.7
광주	1388.0	1429.7
대구	1076.2	1094.1

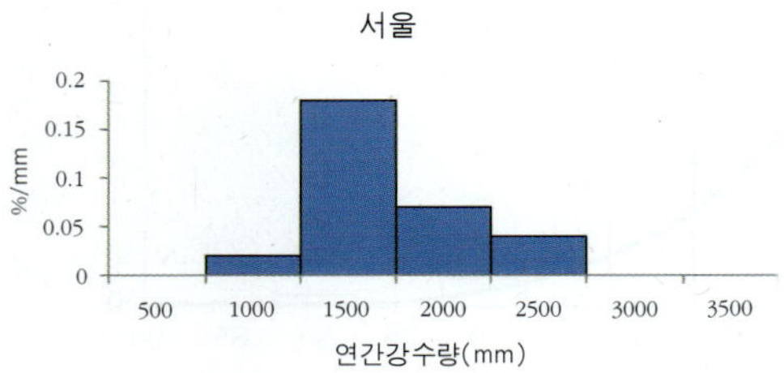

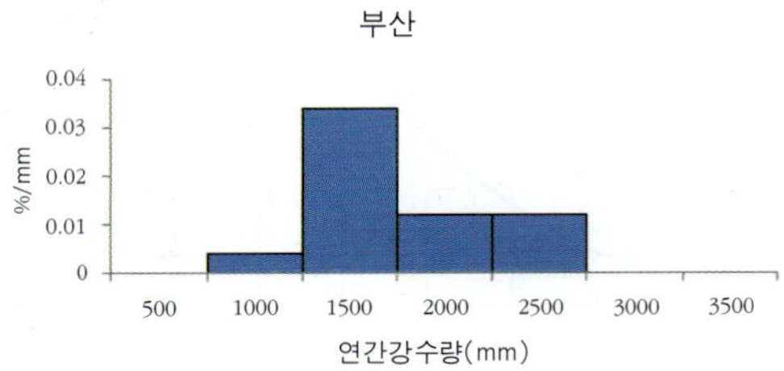

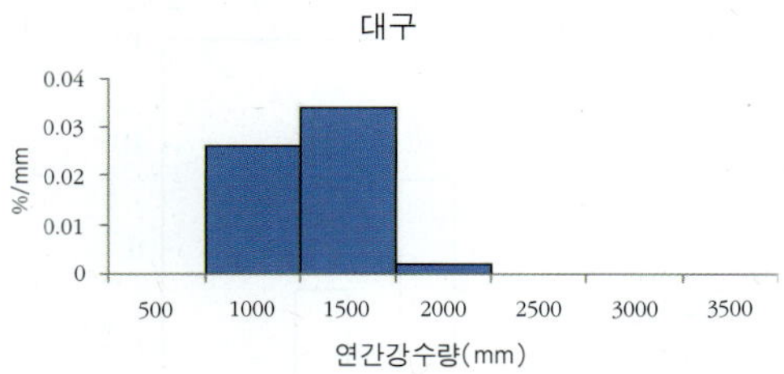

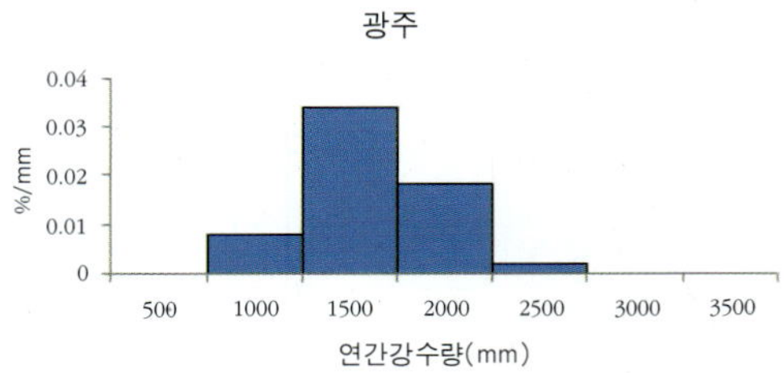

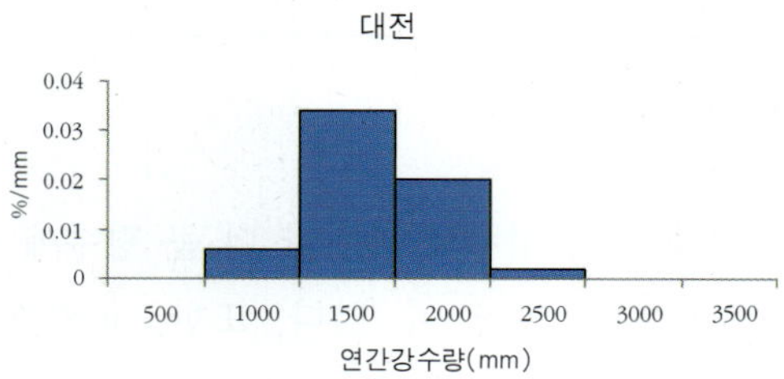

제 5 장

7. 실제 데이터를 이용한 연습문제

1.

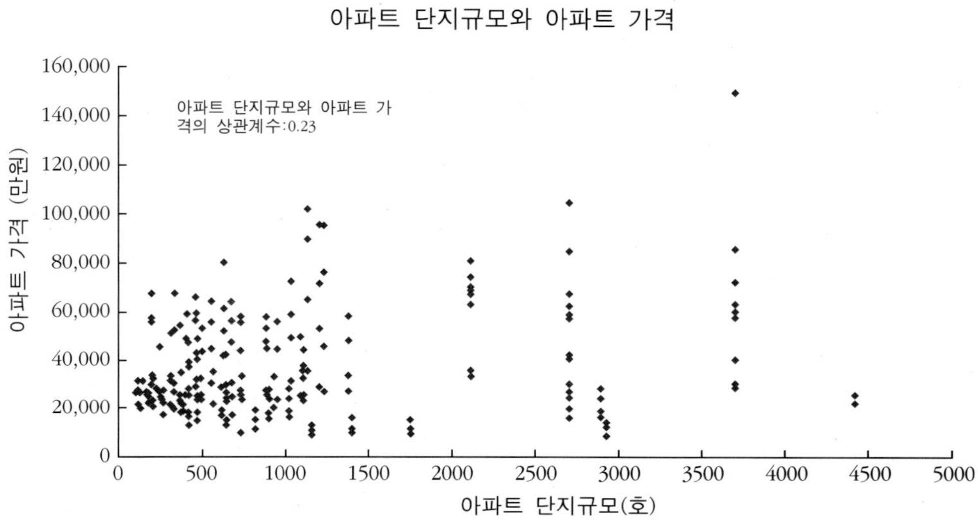

2.

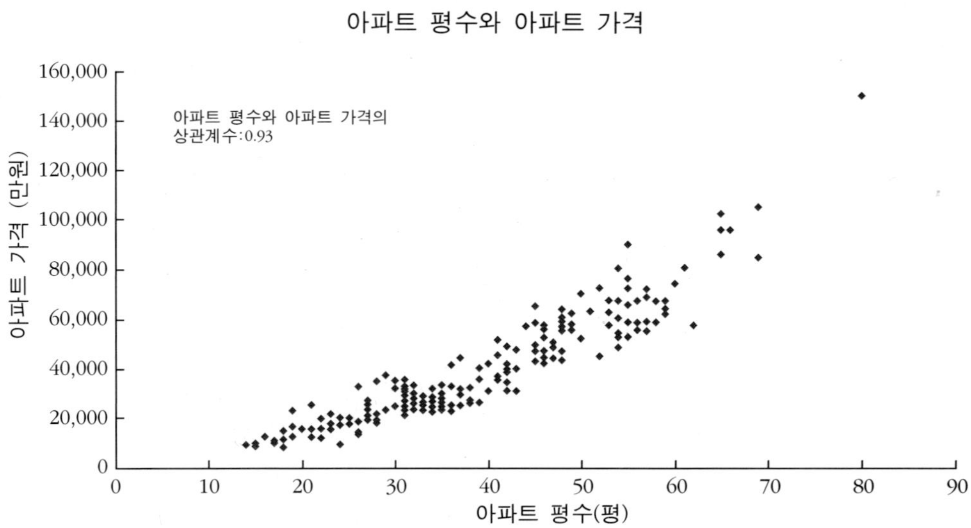

3. 음의 상관관계 예상. 상식적으로 오래된 아파트일수록 가격이 낮을 것이다. 하지만 자

료를 이용해 두 변수간의 상관계수를 구하면 양수가 얻어진다. 가격 및 연령 모두와 관련된 제 3의 요인이 존재할 가능성이 있고 이러한 혼동요인이 통제되지 않은 결과라 할 수 있다.

아파트 연령과 아파트 가격

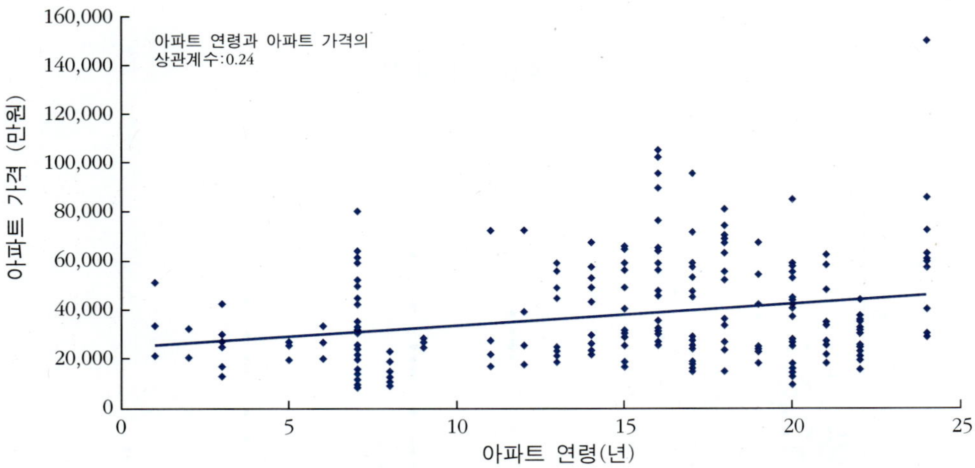

4. 양의 상관관계.

아파트 연령과 아파트 단지규모

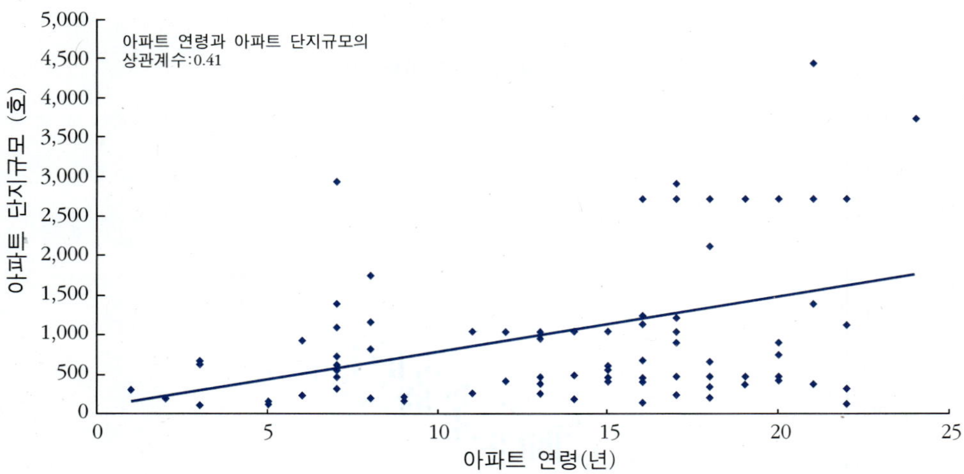

5. 아래의 히스토그램에서 보다시피 정규분포로 근사시키기에 적절하지 않다.

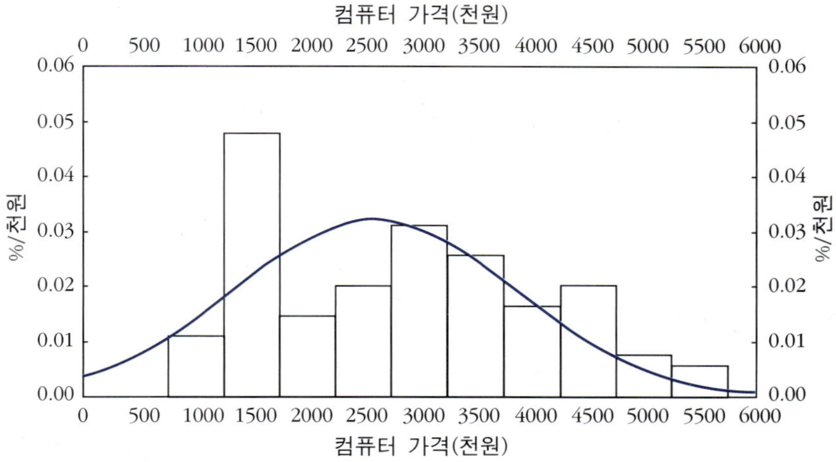

6.

노트북 컴퓨터와 데스크탑 컴퓨터의 평균가격 (단위 : 원)

노트북 평균가격	3,442,831
데스크탑 평균가격	1,373,091
평균가격의 차이	2,069,740

노트북 컴퓨터 가격이 데스크탑 컴퓨터 가격보다 평균적으로 2,069,740원 비싸다.

7. 1달러가 1,100원이라고 가정했으므로 원 단위로 표시된 표준편차를 1,100으로 나누어 주면 달러단위 표준편차가 얻어짐.

원단위 표준편차	1,242,088
달러단위 표준편차	1,129.17

8.

상관계수	
전체표본	−0.06
부분표본(노트북)	0.55
부분표본(데스크탑)	0.60

위의 표를 보면 CPU 속도와 가격은 노트북에서든 데스크탑에서든 양의 상관관계를 갖는다. 하지만 상호 이질적인 노트북과 데스크탑 컴퓨터를 합친 전체표본에서는 CPU속

도와 가격이 음의 상관관계를 보인다. 이는 '노트북인가? 아닌가?' 여부가 컴퓨터 가격과 CPU 속도의 관계를 추론하는데 있어 하나의 혼동요인으로 작용했기 때문이다. 아래 그림을 보라.

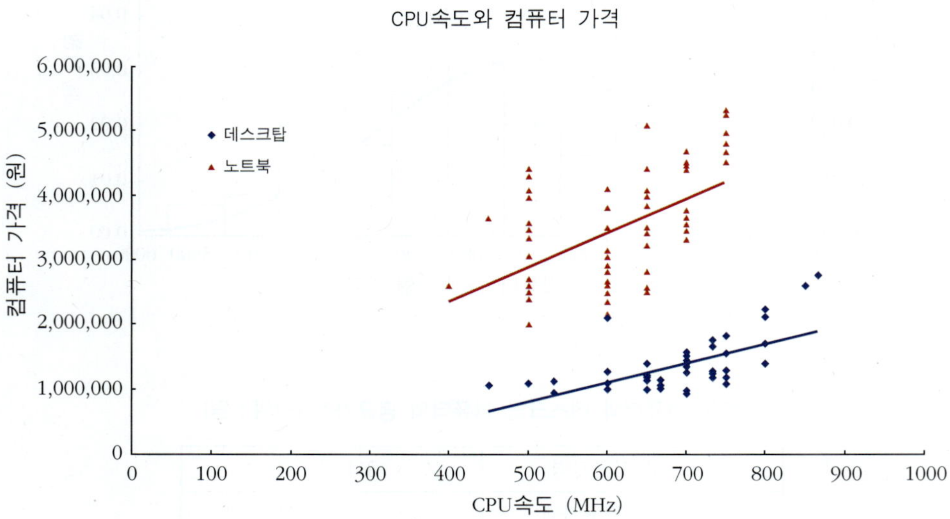

주: 위 그림에 표시된 직선은 부분표본별로 구한 회귀직선이다. 회귀직선에 대해서는 제6장에서 공부하게 된다. 회귀직선의 기울기는 상관계수와 부호가 같다.

8. 인터넷 사이트를 이용한 문제

(1) 상관계수 : 0.1652

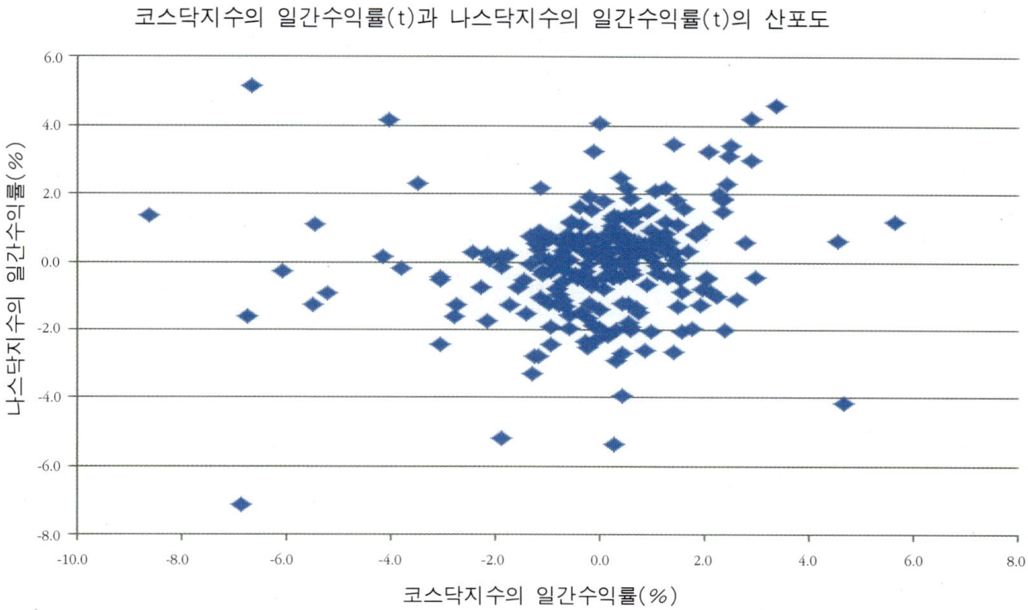
코스닥지수의 일간수익률(t)과 나스닥지수의 일간수익률(t)의 산포도
나스닥지수의 일간수익률(%)
코스닥지수의 일간수익률(%)
6.0
4.0
2.0
0.0
-2.0
-4.0
-6.0
-8.0
-10.0
-8.0
-6.0
-4.0
-2.0
0.0
2.0
4.0
6.0
8.0

(2) 상관계수 : 0.4034

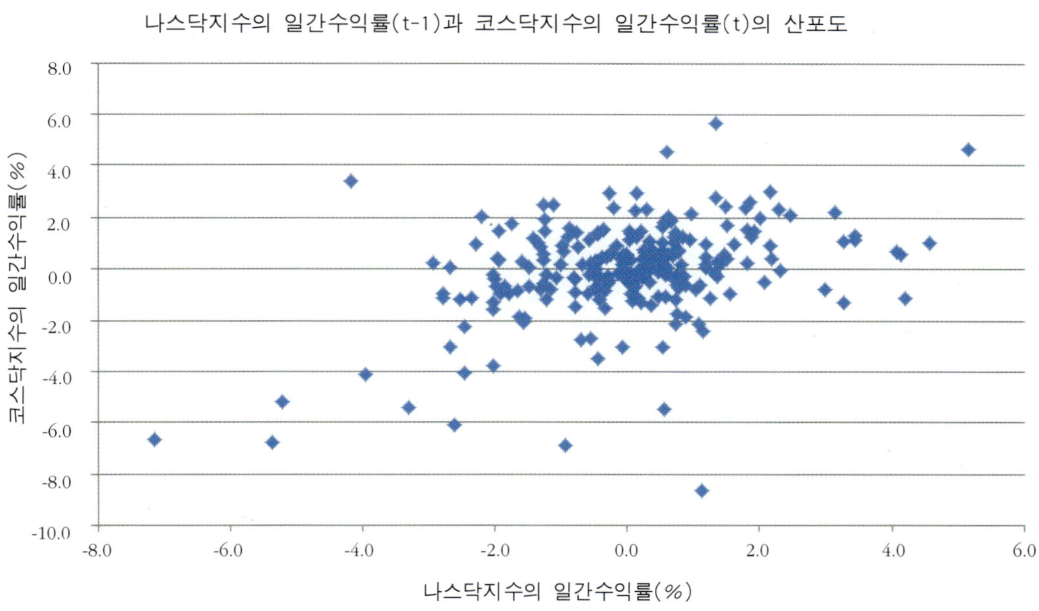
나스닥지수의 일간수익률(t-1)과 코스닥지수의 일간수익률(t)의 산포도
코스닥지수의 일간수익률(%)
나스닥지수의 일간수익률(%)
8.0
6.0
4.0
2.0
0.0
-2.0
-4.0
-6.0
-8.0
-10.0
-8.0
-6.0
-4.0
-2.0
0.0
2.0
4.0
6.0

(3) 미국시장이 앞선 경우의 상관계수가 더 크다. 두 시장이 동시에 열리지 않는다는 것을 감안할 때 두 상관계수는 한 시장이 다른 시장에 대한 영향력으로 판단할 수 있다. 따라서 현재의 상황은 미국시장의 변화가 한국시장의 변화에 더 큰 영향력을 미친다고 볼 수 있다.

제 6 장

7. 인터넷 사이트를 이용한 문제

1. 한계소비성향 추정치 : 0.61

(i) 가처분소득을 실질 GDP에서 실질 조세수입을 빼주는 방식으로 계산했을 경우(1970년–2004년) 한계소비성향 추정치는 약 0.6112이다.

가처분소득과 민간소비(1970년-2004년, 연간자료, 한국)

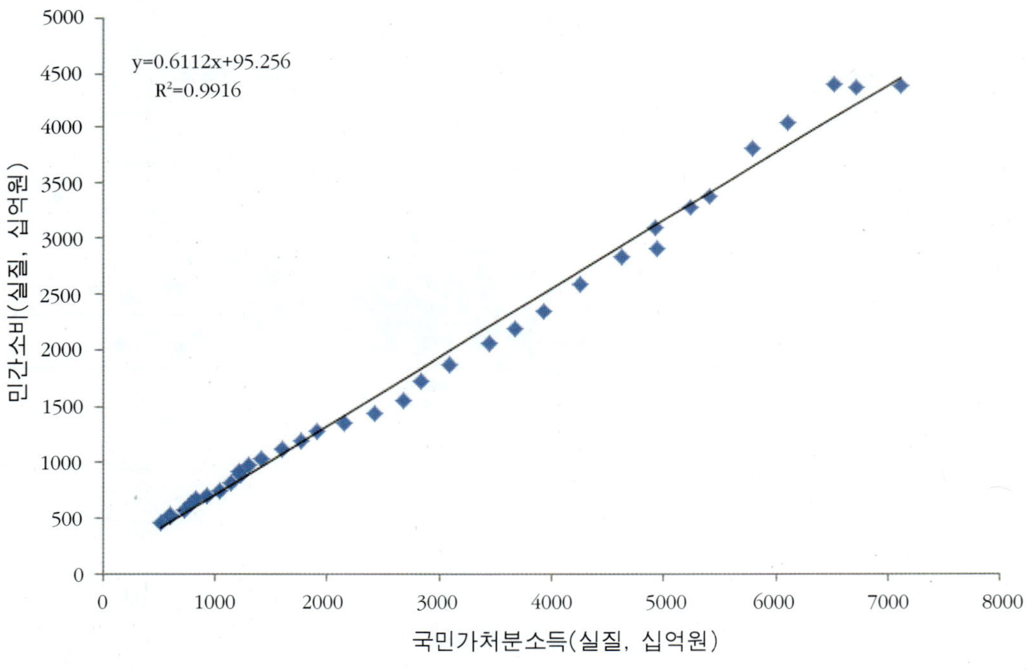

(ii) 가처분소득으로 통계청에서 제공하는 국민처분가능소득을 활용하는 경우(1970년–2010년) 한계소비성향 추정치는 약 0.6138이다.

가처분소득과 민간소비(1970년-2010년, 연간자료, 한국)

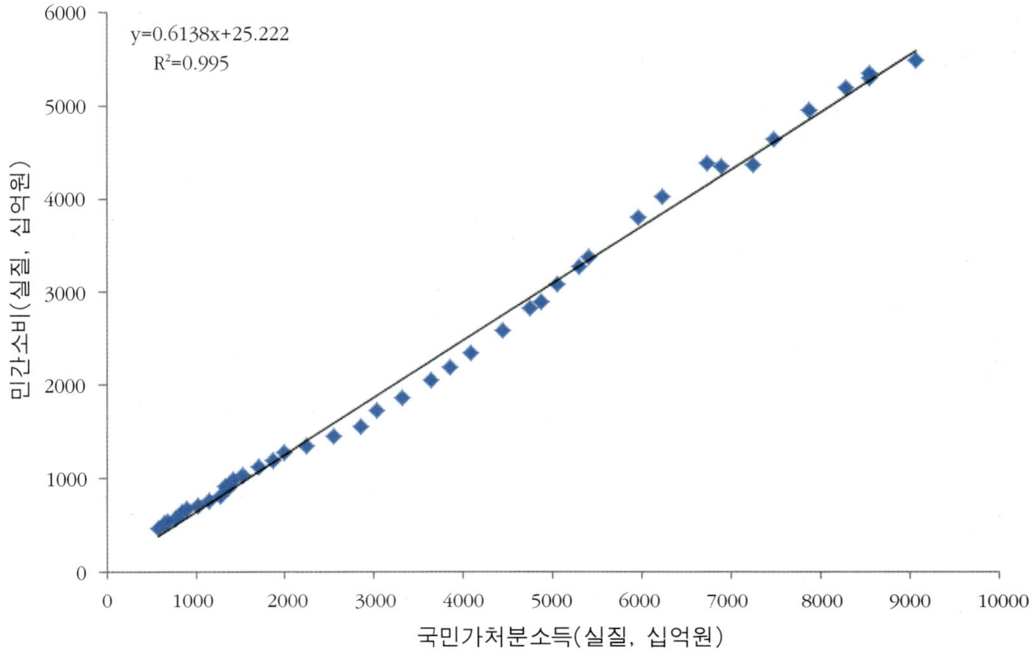

2. (1) α는 1.56이고 β는 −0.40이므로, $-\alpha/\beta$는 3.9(%)로 추정됨

경제성장률과 실업률 변화(1947년-1960년, 미국)

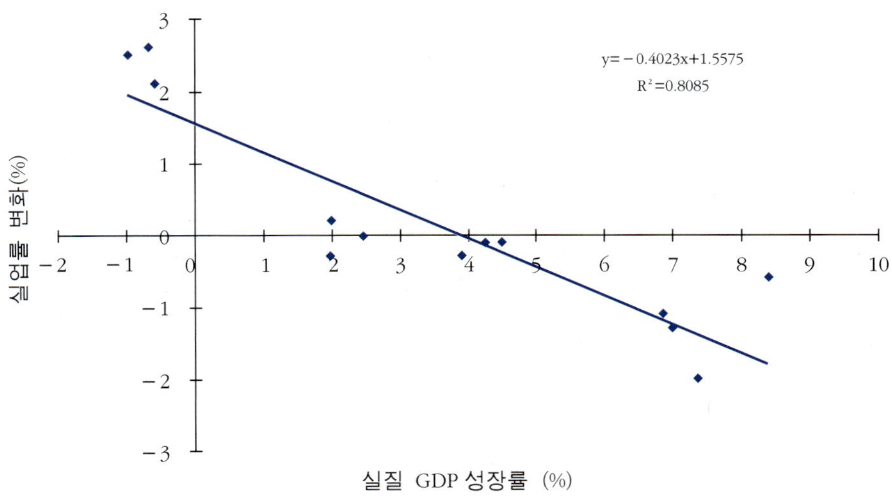

(2) $\hat{\alpha}=6.7874$, $\hat{\beta}=-2.9615$이므로 자연실업률은 $-\hat{\alpha}/\hat{\beta}=2.29$(%)로 추정됨.

경제성장률과 실업률의 변화(1971년-2011년, 한국)

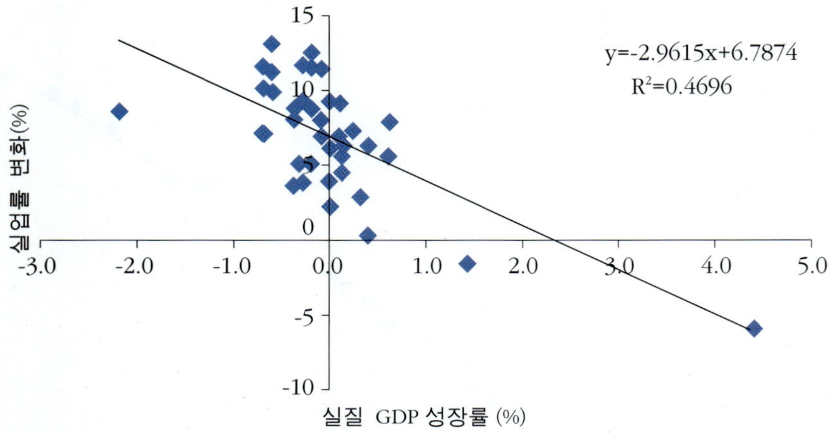

7. 실제 데이터를 이용한 연습문제

1.

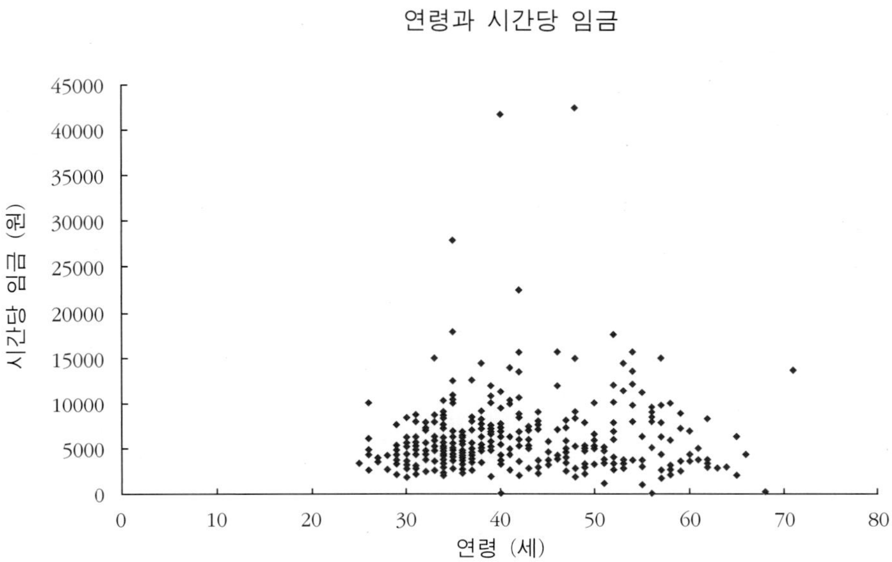

2. (1) $\hat{\alpha}=5188$, $\hat{\beta}=21$

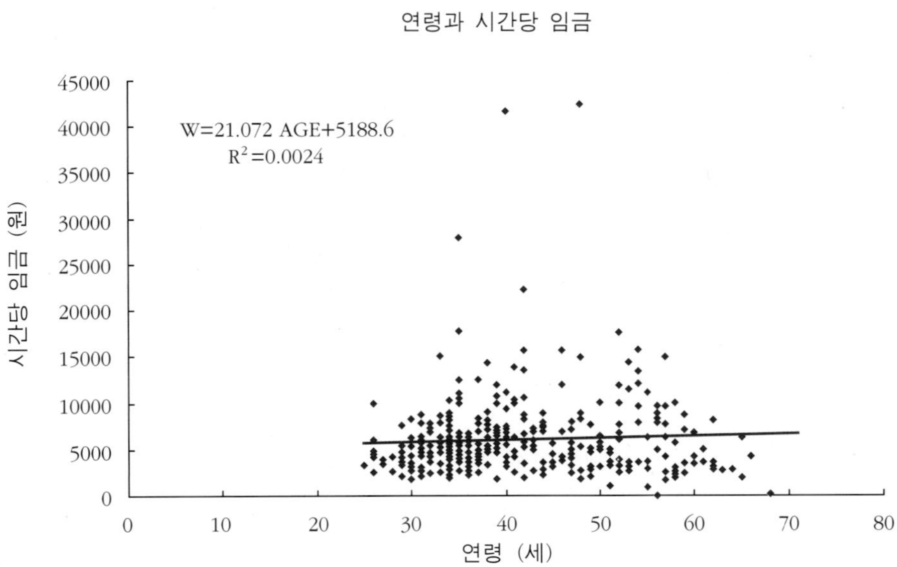

(2) 시간당 임금을 연령에 관한 선형함수로 적합시키기보다는 연령에 관한 이차다항식으로 적합시키는 모형이 보다 나아보인다.

3. 최소자승추정치는 그림에 표시되어 있다.

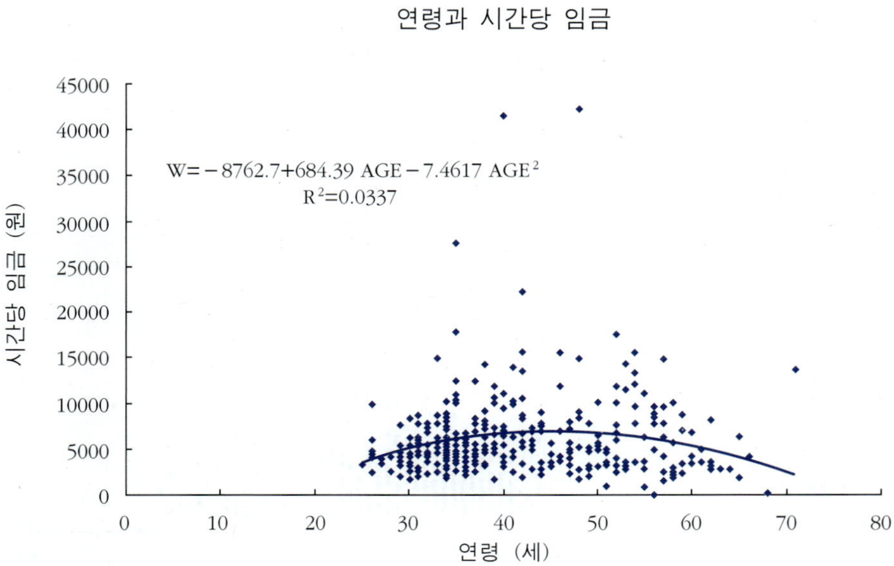

근사된 이차다항식을 보면 46세 정도에서 시간당 임금이 최대인 것을 알 수 있다. 추정된 이차다항식으로부터 최대점을 구하면 684.39/(2×7.4617)=45.86(세)이다. 즉 대략 46세 이전 연령대에서는 연령이 증가할수록 시간당 임금이 늘어나고 그 이후에는 연령이 증가할수록 시간당 임금이 줄어든다.

주의: 여기에 사용된 자료는 종적자료가 아닌 횡단면자료이므로 관측된 결과를 한 개인의 생애주기(life cycle)에 걸친 효과로 확대 해석해서는 곤란하다.

4. 아래의 표는 Excel로부터 얻은 중회귀분석의 출력물이다. 더미변수 SEX(남성이면 1, 여성이면 0)의 계수는 양수이며 1,754이다. 즉 동일한 연령에서 남성은 여성보다 시간당임금이 평균적으로 1,754원 더 높은 것으로 추정되었다. 이 결과만을 놓고 성차별이 있다고 판단할 순 없다. 연령만 통제되었을 뿐 그 외 임금에 영향을 미치는 경력, 학력, 직무능력 등의 요인이 통제되지 않았기 때문이다.

W를 AGE, AGE^2, SEX에 회귀분석

회귀분석 통계량	
다중 상관계수	0.20
결정계수	0.04
조정된 결정계수	0.03
표준오차	4123.31
관측수	382.00

분산분석

	자유도	제곱합	제곱 평균	F비	유의한 F
회귀	3.00	272021339.72	90673779.91	5.33	0.00
잔차	378.00	6426631255.99	17001669.99		
계	381.00	6698652595.71			

	계수	표준 오차	t통계량	P-값
Y절편	-10263.79	4170.74	-2.46	0.01
AGE	669.72	189.73	3.53	0.00
AGE^2	-7.22	2.12	-3.40	0.00
SEX	1754.31	1096.77	1.60	0.11

5. W를 AGE, AGE^2, MAR에 회귀분석

회귀분석 통계량	
다중 상관계수	0.19
결정계수	0.04
조정된 결정계수	0.03
표준오차	4135.09
관측수	382.00

분산분석

	자유도	제곱합	제곱 평균	F비	유의한 F
회귀	3.00	235247695.91	78415898.64	4.59	0.00
잔차	378.00	6463404899.81	17098954.76		
계	381.00	6698652595.71			

	계수	표준 오차	t통계량	P-값
Y절편	-8947.28	4086.22	-2.19	0.03
AGE	669.01	191.39	3.50	0.00
AGE^2	-7.26	2.14	-3.39	0.00
MAR	512.57	817.35	0.63	0.53

대우데이터로부터 배우자와 결혼하여 이루어진 가구이면 1, 기타의 이유(미혼, 이혼 등)로 결혼한 상태가 아니면 0의 값을 취하는 변수 MAR을 정의하였다. 위 회귀분석 결과 MAR의 계수는 양수로서 512이다. 이는 결혼한 가구주가 그렇지 않은 가구주에 비해 시간당 임금이 512원 높다는 것이다. 그러나 결혼을 하고 안 하고는 통제된 실험에서의 집단분류기준이 아니다. 즉 무작위적으로 결혼시키고 이혼시키는 실험에서의 결과가 아니며 인륜적으로 그런 실험이 있을 수도 없다. 그 결과 나이 이외의 다른 제반요인이 통제되지 못했다. 소득이 높을수록 결혼할 가능성이 크다는 점을 감안하면 결혼으로 인해 소득이 높아진 것

이라기 보다는 거꾸로 소득 높은 사람이 결혼할 수 있었다고 볼 수도 있다.

6.
(1)

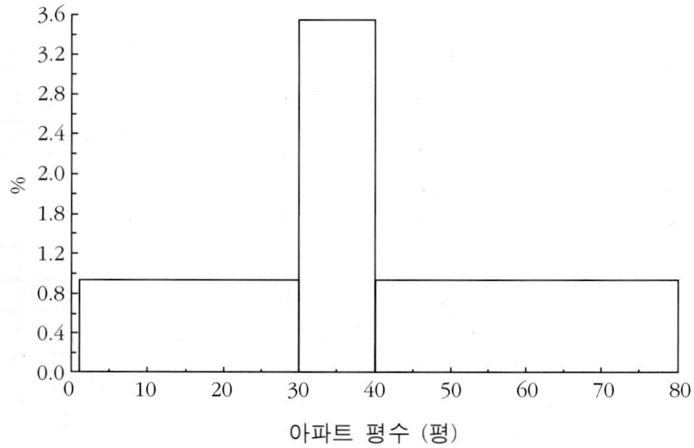

(2)

	30평 이하	30평 초과 40평 이하	40평 초과
평균가격 (만원)	18,855	28,652	60,080

(3)

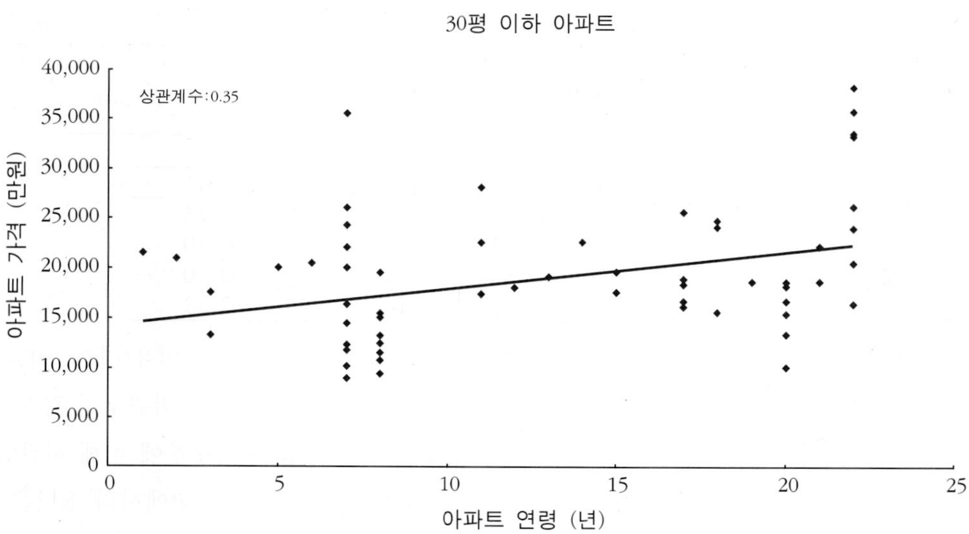

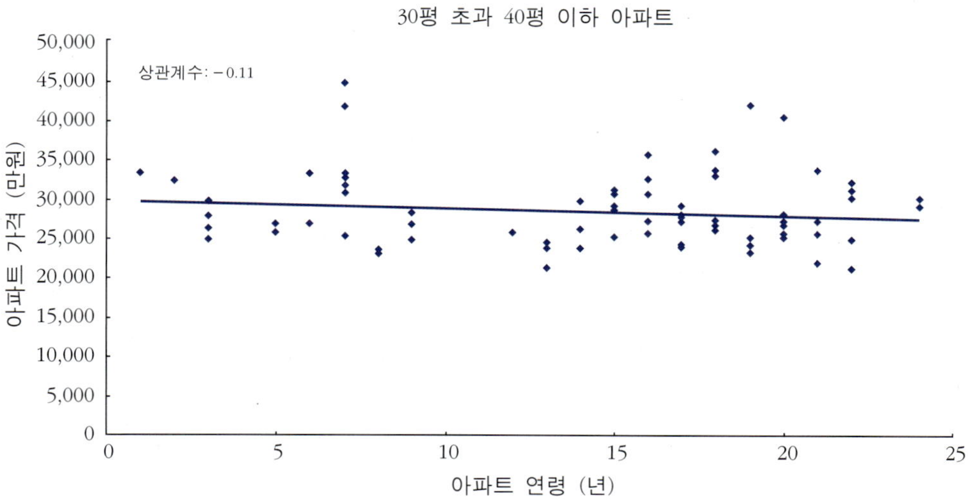

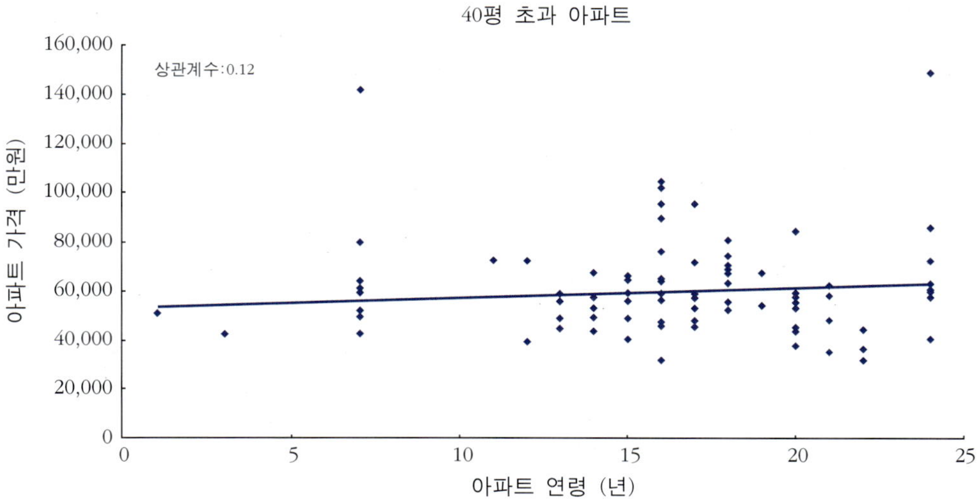

큰 아파트와 작은 아파트에서 상관계수가 양으로 나와 상식과 부합하지 않는 결과가 얻어진다.

(4) 9개 그룹으로 분류하고 상관계수를 구해보면 아래와 같다. 3개의 그룹을 제외하고는 모두 음의 상관계수 값이 나와 대체적으로 상식에 부합하는 결과가 얻어진다.

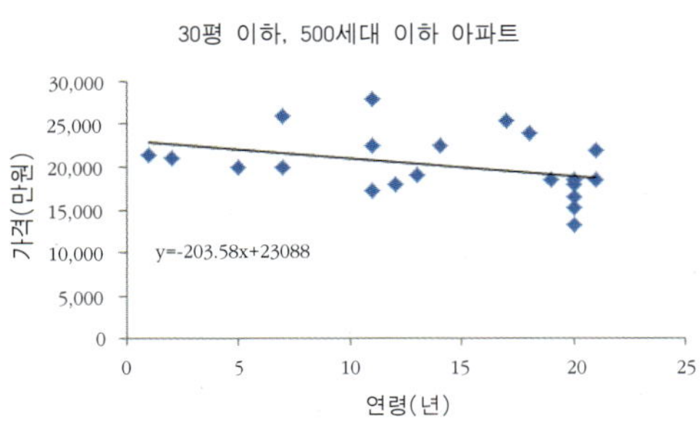

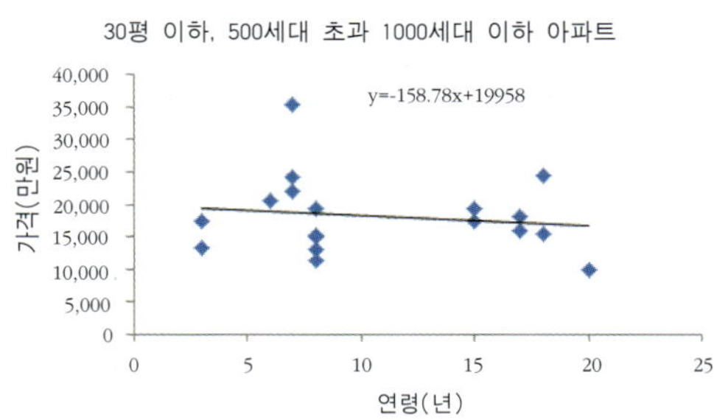

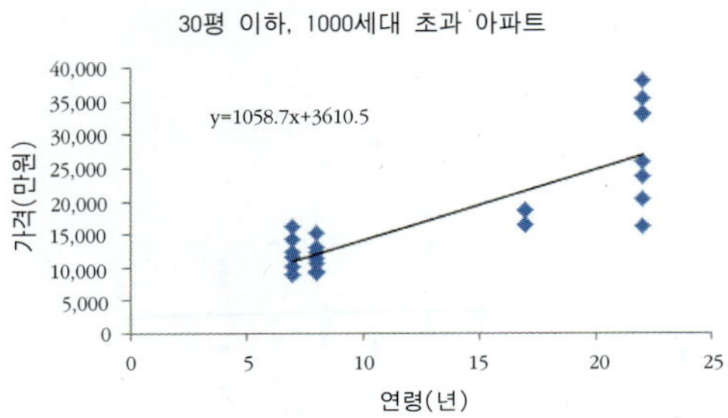
30평 이하, 1000세대 초과 아파트
y=1058.7x+3610.5
가격(만원)
연령(년)

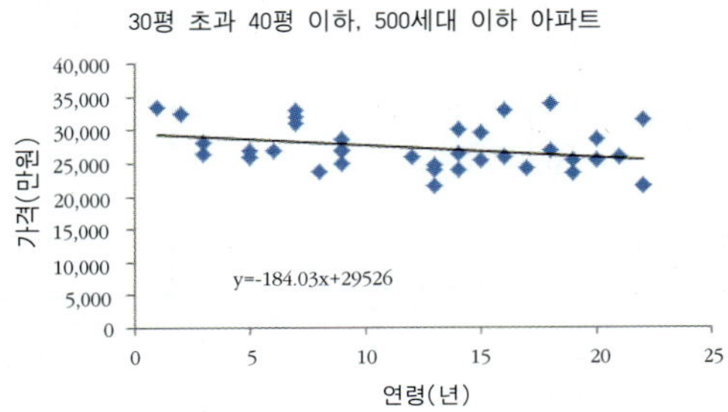
30평 초과 40평 이하, 500세대 이하 아파트
y=-184.03x+29526
가격(만원)
연령(년)

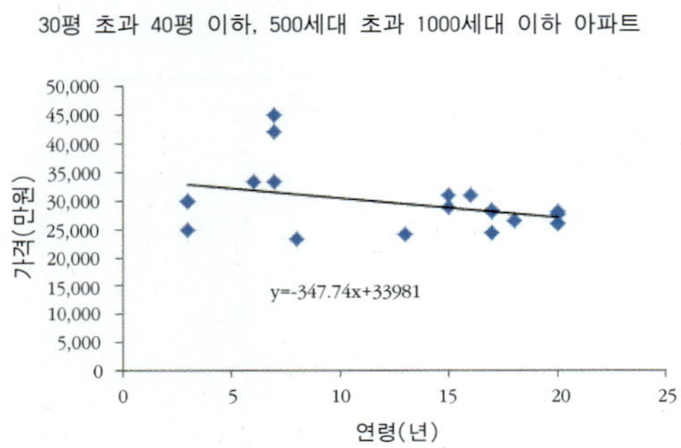
30평 초과 40평 이하, 500세대 초과 1000세대 이하 아파트
y=-347.74x+33981
가격(만원)
연령(년)

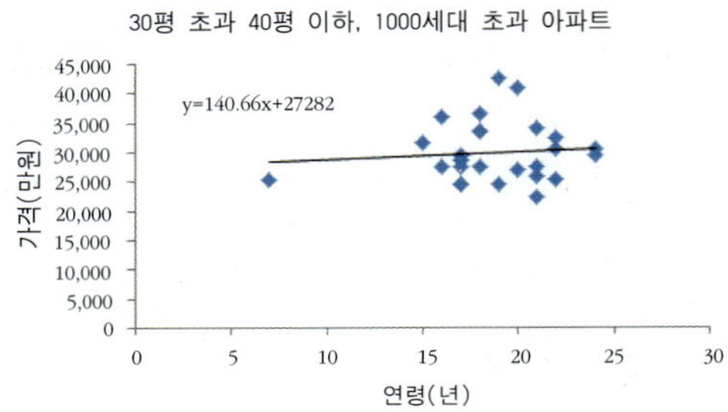
30평 초과 40평 이하, 1000세대 초과 아파트
y=140.66x+27282
가격(만원)
연령(년)

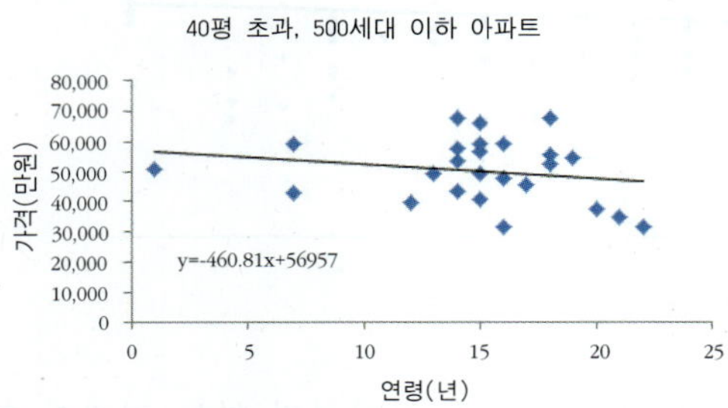
40평 초과, 500세대 이하 아파트
y=-460.81x+56957
가격(만원)
연령(년)

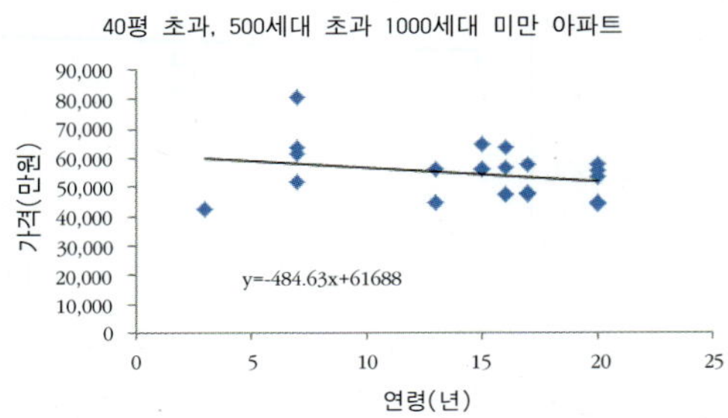
40평 초과, 500세대 초과 1000세대 미만 아파트
y=-484.63x+61688
가격(만원)
연령(년)

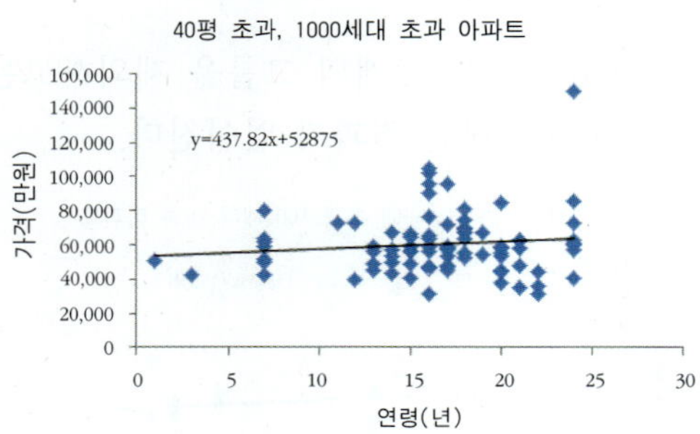
40평 초과, 1000세대 초과 아파트
y=437.82x+52875
가격(만원)
연령(년)

7.

■ 가격을 연령에 회귀분석

	계수	표준 오차	t통계량	P-값
Y절편	24547.75	3623.72	6.77	0.00
연 령	889.81	227.46	3.91	0.00

■ 가격을 연령 및 평수에 회귀분석

	계수	표준 오차	t통계량	P-값
Y절편	-20394.15	1798.31	-11.34	0.00
평 수	1549.07	40.78	37.98	0.00
연 령	0.76	88.17	0.01	0.99

■ 가격을 연령 및 단지규모에 회귀분석

	계수	표준 오차	t통계량	P-값
Y절편	24216.50	3590.79	6.74	0.00
연 령	648.40	246.99	2.63	0.01
단지규모	3.52	1.48	2.38	0.02

■ 가격을 연령, 평수 및 단지규모에 회귀분석 (연령의 계수가 음수이다. 상식과 부합되는 결과이다.)

	계수	표준 오차	t통계량	P-값
Y절편	-20290.77	1747.16	-11.61	0.00
평 수	1538.71	39.71	38.75	0.00
연 령	-137.10	92.80	-1.48	0.14
단지규모	2.10	0.54	3.86	0.00

8.

	계수	표준 오차	t통계량	P-값
Y절편	-21175.7	1931.955	-10.9607	9.13E-23
평 수	1526.708	40.79492	37.42398	8.6E-100
연 령	-121.308	95.30638	-1.27282	0.204367
지하철 더미	1156.892	1204.857	0.96019	0.337968
대기업 더미	1244.771	1446.48	0.860552	0.390381
단지규모	2.112639	0.562374	3.756642	0.000218

8. 인터넷 사이트를 이용한 문제

(1) 다음 산포도는 아르헨티나, 호주, 브라질, 캐나다, 중국, 체코, 덴마크, 이집트, 유럽연합, 홍콩, 헝가리, 일본, 말레이시아, 멕시코, 뉴질랜드, 페루, 폴란드, 러시아, 싱가포르, 남아공, 스웨덴, 스위스, 대만, 터키 등 24개국의 2012년 1월 11일 자료를 이용하여 로그 빅맥지수와 로그 환율의 산포도를 그린 것이다.

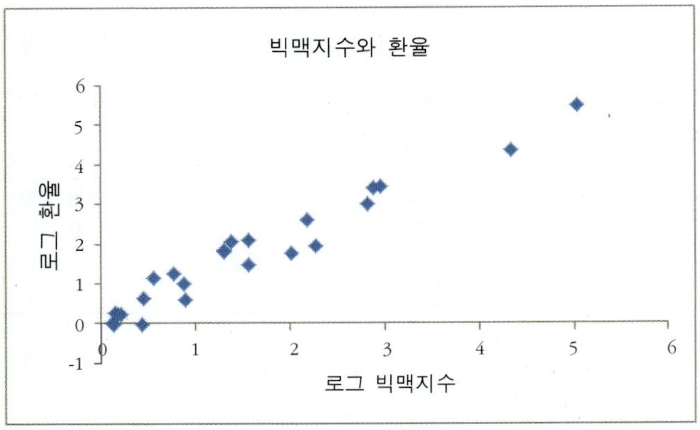

(2) 다음은 로그 환율을 로그 빅맥지수에 회귀분석한 결과이다.

	계수	표준 오차	t통계량	P-값
Y절편	0.079759	0.106034	0.752199	0.459904376
로그빅맥지수	1.063176	0.052946	20.08037	1.22527E-15

아르헨티나의 경우 로그 빅맥지수의 값은 약 1.56이고, 로그 실제 환율은 약 1.46이다. 회귀분석에 근거하여 아르헨티나의 로그 빅맥지수를 이용한 로그 환율 예측치는 약 1.74이다. 따라서 아르헨티나의 실제 환율이 빅맥지수에 의해 예측된 환율에 비해 1.46−1.74=−0.28, 즉 약 28%정도 낮다는(화폐가치가 고평가되어 있다는) 것을 알 수 있다. 이러한 방식으로 각국 화폐의 고평가/저평가 정도를 추정하면 다음 그림과 같이 나타낼 수 있다. 자국화폐가 가장 고평가된 나라는 스위스이다.

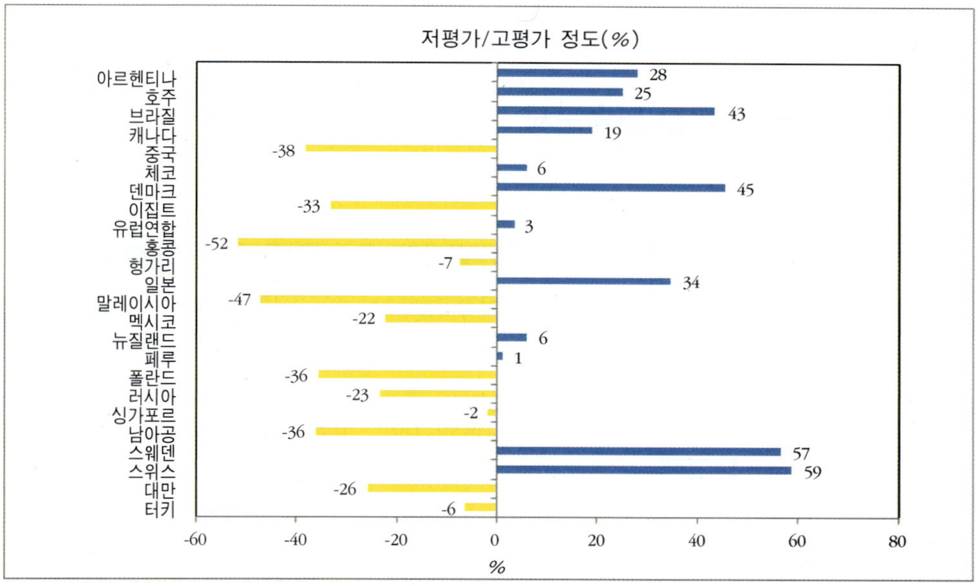

저평가/고평가 정도(%)
아르헨티나
호주
브라질
캐나다
중국
체코
덴마크
이집트
유럽연합
홍콩
헝가리
일본
말레이시아
멕시코
뉴질랜드
페루
폴란드
러시아
싱가포르
남아공
스웨덴
스위스
대만
터키
28
25
43
19
-38
6
45
-33
3
-52
-7
34
-47
-22
6
1
-36
-23
-2
-36
57
59
-26
-6
-60
-40
-20
0
20
40
60
80
%

제 13 장

10. 실제 데이터를 이용한 연습문제

1. (1)

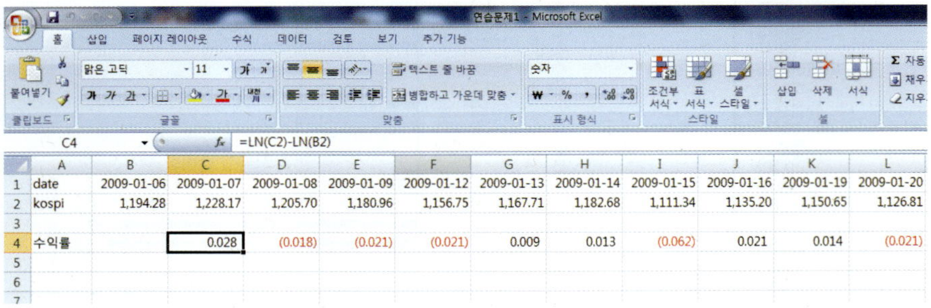

한국거래소(www.krx.co.kr) 홈페이지의 '주식' => '주식통계' => '주가지수/주가평균'으로 들어간다. 원하는 KOSPI 계열 및 KOSDAQ 계열의 주기(frequency)와 날짜 범위를 지정한 뒤 자료를 조회한다. 마우스를 이용하여 필요한 자료의 범위를 지정한 뒤 마우스 우클릭으로 '엑셀 저장'을 선택한다. 이제 엑셀 프로그램 내에서 세로로 정렬된 자료를 위의 그림처럼 가로로 다시 정렬해보자. 가로로 정렬된 자료를 복사한 뒤 마우스 우클릭으로 '선택하여 붙여넣기'를 실행하되 '행/열 바꿈' 옵션을 선택하면 된다. 수익률은 위 그림에서처럼 함수식을 이용해 계산한다.

(2) ① 복원추출

> [Excel 힌트] 엑셀(Excel)을 이용하여 기존 250개의 일별수익률 자료로부터 복원추출로 125개의 가상적 일별수익률 자료를 추출할 수 있다. 첫째, 함수식으로 "1+250*RAND()"라고 쓰면 1.00과 250.99...사이의 실수값이 생성된다. 둘째, 추출된 수를 이용하여 일별수익률 자료를 지정하려면 INDEX 함수를 이용한다. 예컨대 위에서 추출한 실수값이 15.73이라고 치자. 이때 우리는 250개의 일별수익률 자료로부터 그 15번째 자료를 얻고자 한다. 이를 위해 INDEX(범위, 15)라고 쓰면 된다. 여기서 범위로는 일별수익률 자료 250개를 포함한 셀(cell)의 범위를 지정한다. 이러한 과정을 125번 반복하면 총 125개의 가상적 일별수익률 자료를 얻게 된다. 참고로 위의 예에서 INDEX(범위, 15.73)이라고 써도 된다. 이는 INDEX 함수가 그 두 번째 인자의 소숫점 아래를 버리고 앞의 자연수 부분만을 취하기 때문이다.

C9 =INDEX(($C$4:$IR$4),1+250*RAND())

	A	B	C	D	E	F	G	H	I	J	K
1	date	2009-01-06	2009-01-07	2009-01-08	2009-01-09	2009-01-12	2009-01-13	2009-01-14	2009-01-15	2009-01-16	2009-01-19
2	kospi	1,194.28	1,228.17	1,205.70	1,180.96	1,156.75	1,167.71	1,182.68	1,111.34	1,135.20	1,150.65
3											
4	수익률		0.028	(0.018)	(0.021)	(0.021)	0.009	0.013	(0.062)	0.021	0.014
5											
6											
7											
8	복원추출	수익률합	1	2	3	4	5	6	7	8	9
9	시행1	0.106	-0.014	0.005	-0.003	0.023	0.003	-0.007	-0.002	0.011	-0.021
10	시행2	0.335	-0.004	0.019	0.004	-0.002	-0.015	-0.028	0.005	-0.008	-0.013
11	시행3	0.311	0.019	0.001	0.019	0.006	-0.002	0.002	-0.010	0.008	0.002
12	시행4	0.373	0.004	0.002	0.014	0.015	0.005	-0.006	0.012	0.027	-0.011
13	시행5	0.205	0.025	-0.008	0.005	-0.007	-0.006	0.005	0.001	0.003	0.027
14	시행6	0.256	-0.009	-0.003	0.014	0.025	0.001	0.002	-0.011	0.002	0.004

이제 위에서 구한 250일의 KOSPI 수익률 자료에서 125개의 수익률을 무작위로 복원추출하자. 위의 그림과 같이 C9 셀에 '=INDEX(($C$4:$IR$4),1+250*RAND())' 라고 함수식을 적으면 C9 셀에 하나의 수익률 자료가 추출되어 기록된다. 그 과정을 살펴보자. 여기 사용된 INDEX 함수는 두 개의 인자를 갖는데, 첫 번째 인자 ($C$4:$IR$4)는 250개 수익률로 이루어진 원 자료의 범위를 나타낸다. 이때, 첫 번째 인자는 직접 입력할 수도 있고 원하는 셀을 지정한 후 F4키를 눌러 그 값을 자동으로 생성할 수도 있다. '$' 표시는 셀을 고정하는 역할을 한다. 두 번째 인자 1+250*RAND()는 RAND()함수를 이용하여 0보다 크거나 같고 1보다 작은 한 실수값을 생성한 뒤 이를 선형 변환하여 1부터 250.99…사이의 한 실수 값을 생성한다. INDEX 함수는 첫 번째 인자의 범위로부터 두 번째 인자의 자연수 부분에 해당되는 값을 출력시켜준다(소수점 이하의 수는 자동으로 버림). 즉, 위의 예에서 INDEX 함수는 250개로 이루어진 수익률의 원자료로부터 그 중 하나의 값을 무작위로 추출해 준다. 이제 C9셀을 선택한 뒤 십자표시가 생길 때 이를 오른쪽 방향으로 드래그(drag)하여 나머지 124개 셀에도 수익률을 무작위로 복원추출한다. 이렇게 구한 총 125개의 수익률 자료가 전체로서 하나의 시행을 이루게 되는데 이를 시행1이라고 하자. 마지막으로 시행1을 이루는 125개 셀을 지정한 후 아래쪽 방향으로 드래그(drag)하여 시행2, 시행3, ... 시행1,000 등 원하는 만큼의 시행을 천 번 반복할 수 있다.

② 수익률 합의 히스토그램

우선 시행별로 '=SUM(125개 셀의 범위)' 의 함수식을 이용하여 125개 수익률의 합을 구한다.

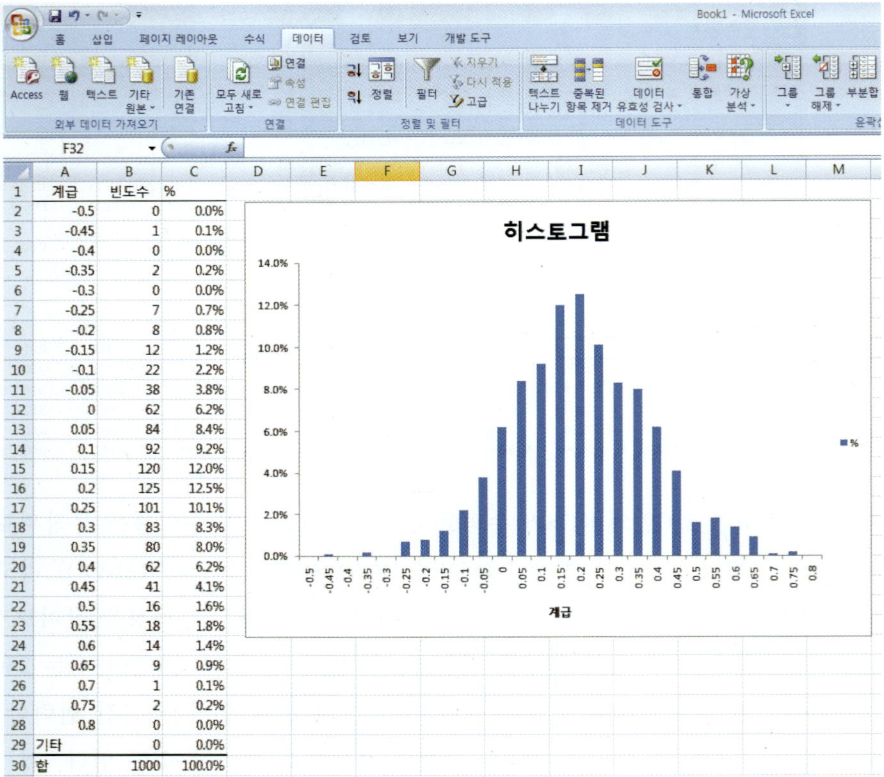

다음으로 부록의 엑셀따라잡기에 소개된 히스토그램 그리기 설명을 참조하여 1,000개 반복시행에서 얻은 1,000개 수익률 합의 자료로 히스토그램을 그리면 된다. 이를 위해 엑셀 '데이터' => '데이터 분석' => '히스토그램' 기능을 활용한다. 참고로 데이터 분석 기능은 엑셀의 옵션에서 '추가기능 설치'를 통해 미리 마련해 두어야 한다. 입력범위와 계급구간을 설정하고, 차트 출력을 지정한 후 확인키를 누르면 히스토그램이 그려진다.

(3) 125거래일-95% VaR'은 1,000개의 반복시행 중 50번째로 그 수익률 합이 작은 시행에서 계산된 손해액으로 정의된다. 이때 엑셀의 SMALL 함수를 이용하여 '=SMALL(1,000개 자료의 범위, 50)'이라고 함수식을 기입하면 1,000개의 수익률 합 중 50번째로 작은 값을 찾을 수 있다. 아래 그림의 예시를 보면 '125거래일-95% VaR'이 약 1억 1,353만원으로 얻어졌다.

참고: 아래 함수식 입력 칸에 예시된 '=kospi수익률표!B9'는 'kospi수익률표' sheet의 B9 셀을 불러온다. 여기서 '!'는 sheet를 의미하는 부호이다.

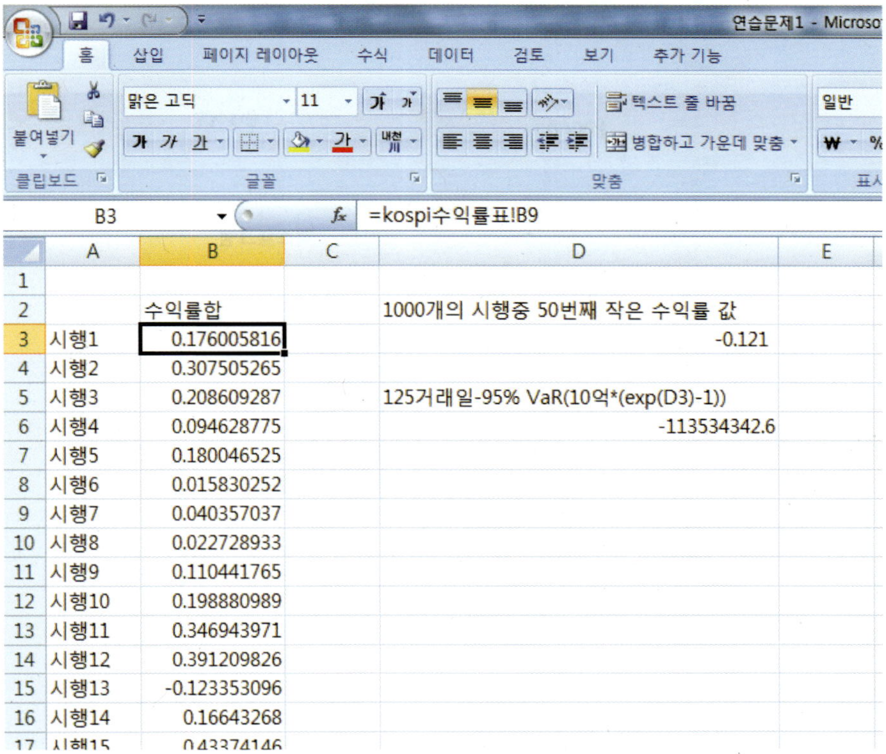

B3 =kospi수익률표!B9

	A	B	C	D	E
1					
2		수익률합		1000개의 시행중 50번째 작은 수익률 값	
3	시행1	0.176005816		-0.121	
4	시행2	0.307505265			
5	시행3	0.208609287		125거래일-95% VaR(10억*(exp(D3)-1))	
6	시행4	0.094628775		-113534342.6	
7	시행5	0.180046525			
8	시행6	0.015830252			
9	시행7	0.040357037			
10	시행8	0.022728933			
11	시행9	0.110441765			
12	시행10	0.198880989			
13	시행11	0.346943971			
14	시행12	0.391209826			
15	시행13	-0.123353096			
16	시행14	0.16643268			
17	시행15	0.43374146			

2.

앞서와 동일한 방식으로 하면 된다. 다만 원자료로는 최근 251거래일 자료 대신 최근 126거래일에 해당되는 KOSPI 지수 및 KOSDAQ 지수를 사용한다.

(1) 최근 125거래일의 수익률 및 복원추출

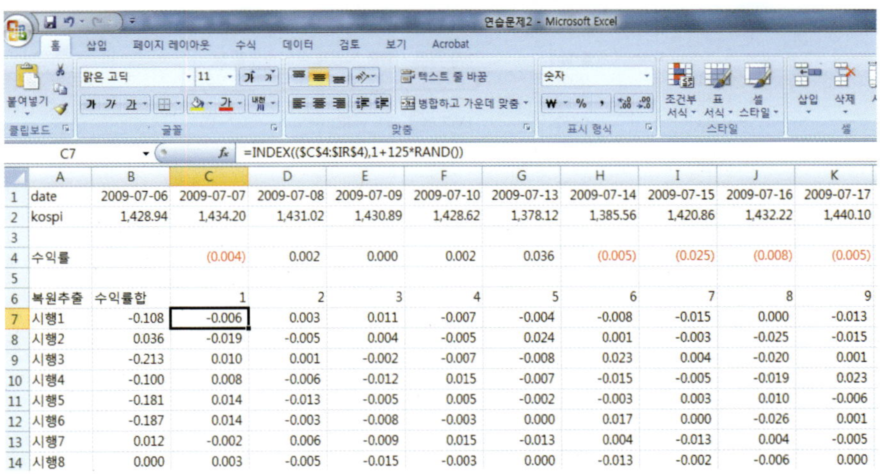

C7 =INDEX(($C$4:$IR$4),1+125*RAND())

	A	B	C	D	E	F	G	H	I	J	K
1	date	2009-07-06	2009-07-07	2009-07-08	2009-07-09	2009-07-10	2009-07-13	2009-07-14	2009-07-15	2009-07-16	2009-07-17
2	kospi	1,428.94	1,434.20	1,431.02	1,430.89	1,428.62	1,378.12	1,385.56	1,420.86	1,432.22	1,440.10
3											
4	수익률		(0.004)	0.002	0.000	0.002	0.036	(0.005)	(0.025)	(0.008)	(0.005)
5											
6	복원추출	수익률합	1	2	3	4	5	6	7	8	9
7	시행1	-0.108	-0.006	0.003	0.011	-0.007	-0.004	-0.008	-0.015	0.000	-0.013
8	시행2	0.036	-0.019	-0.005	0.004	-0.005	0.024	0.001	-0.003	-0.025	-0.015
9	시행3	-0.213	0.010	0.001	-0.002	-0.007	-0.008	0.023	0.004	-0.020	0.001
10	시행4	-0.100	0.008	-0.006	-0.012	0.015	-0.007	-0.015	-0.005	-0.019	0.023
11	시행5	-0.181	0.014	-0.013	-0.005	0.005	-0.002	-0.003	0.003	0.010	-0.006
12	시행6	-0.187	0.014	-0.003	-0.008	-0.003	0.000	0.017	0.000	-0.026	0.001
13	시행7	0.012	-0.002	0.006	-0.009	0.015	-0.013	0.004	-0.013	0.004	-0.005
14	시행8	0.000	0.003	-0.005	-0.015	-0.003	0.000	-0.013	-0.002	-0.006	0.000

(2) 히스토그램 그리기

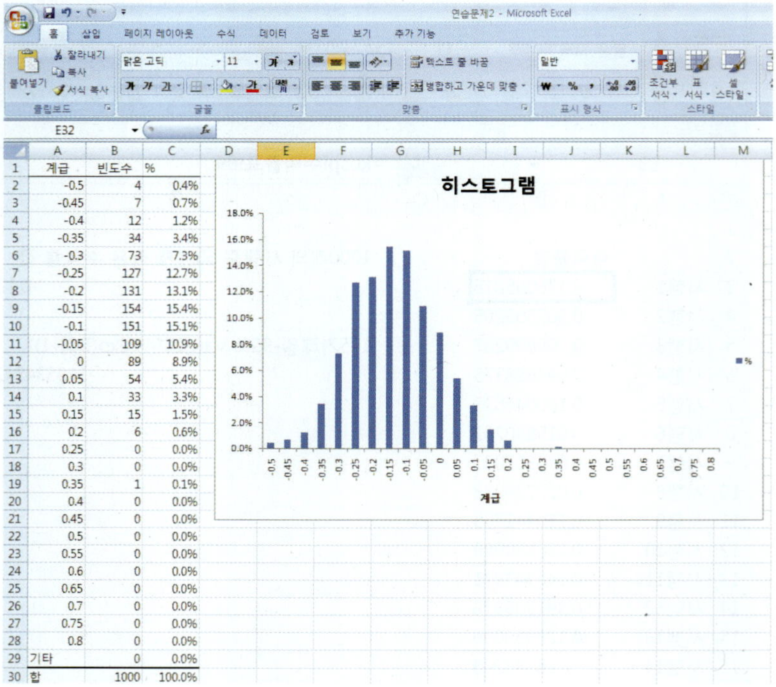

계급	빈도수	%
-0.5	4	0.4%
-0.45	7	0.7%
-0.4	12	1.2%
-0.35	34	3.4%
-0.3	73	7.3%
-0.25	127	12.7%
-0.2	131	13.1%
-0.15	154	15.4%
-0.1	151	15.1%
-0.05	109	10.9%
0	89	8.9%
0.05	54	5.4%
0.1	33	3.3%
0.15	15	1.5%
0.2	6	0.6%
0.25	0	0.0%
0.3	0	0.0%
0.35	1	0.1%
0.4	0	0.0%
0.45	0	0.0%
0.5	0	0.0%
0.55	0	0.0%
0.6	0	0.0%
0.65	0	0.0%
0.7	0	0.0%
0.75	0	0.0%
0.8	0	0.0%
기타	0	0.0%
합	1000	100.0%

(3) '125거래일−95% VaR' 구하기

아래 그림의 예시를 보면 이번에는 '125거래일−95% VaR'이 약 3억 1,408만원으로 얻어졌다.

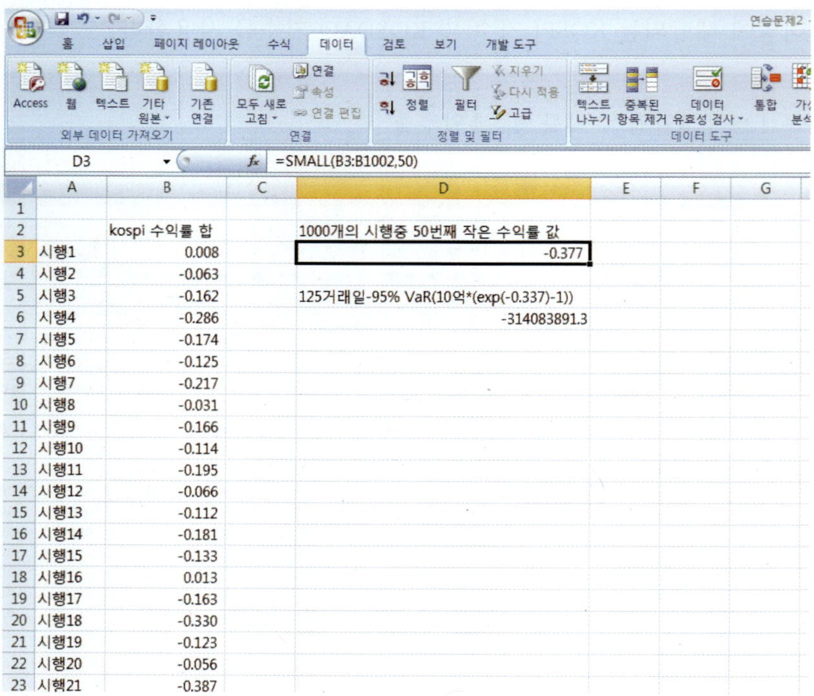

=SMALL(B3:B1002,50)

	kospi 수익률 합
시행1	0.008
시행2	-0.063
시행3	-0.162
시행4	-0.286
시행5	-0.174
시행6	-0.125
시행7	-0.217
시행8	-0.031
시행9	-0.166
시행10	-0.114
시행11	-0.195
시행12	-0.066
시행13	-0.112
시행14	-0.181
시행15	-0.133
시행16	0.013
시행17	-0.163
시행18	-0.330
시행19	-0.123
시행20	-0.056
시행21	-0.387

3.

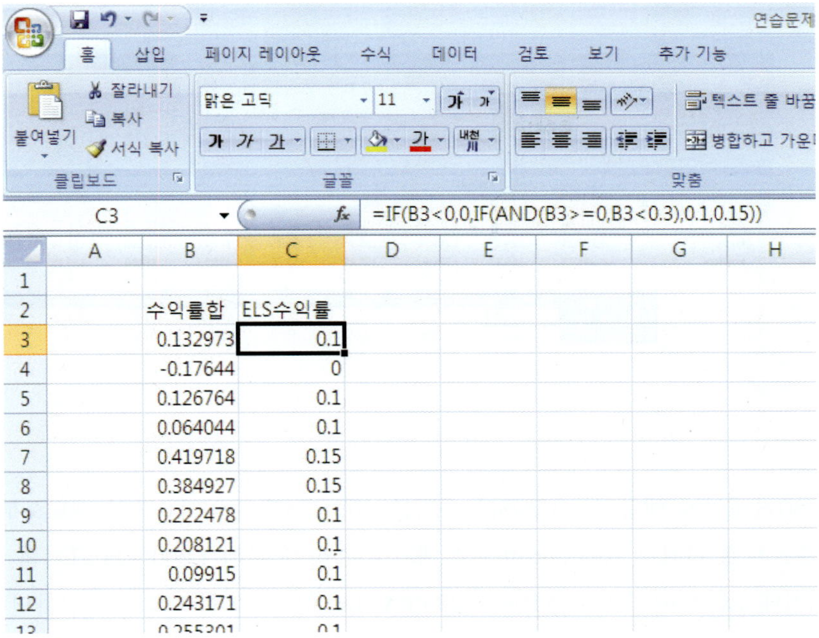

C3 =IF(B3<0,0,IF(AND(B3>=0,B3<0.3),0.1,0.15))

	A	B	C
1			
2		수익률합	ELS수익률
3		0.132973	0.1
4		-0.17644	0
5		0.126764	0.1
6		0.064044	0.1
7		0.419718	0.15
8		0.384927	0.15
9		0.222478	0.1
10		0.208121	0.1
11		0.09915	0.1
12		0.243171	0.1

먼저 위 1번에서처럼 복원추출로 1,000개 수익률 합의 자료를 만든다. 다음으로 엑셀의 IF 함수를 이용하여 KOSPI 수익률 자료를 ELS 수익률 자료로 변환한다. 예컨대 '=IF(B3〈0,0,IF(AND(B3〉=0,B3〈0.3),0.1,0.15))' 라고 함수식을 쓰면, B3의 KOSPI 수익률로부터 문제에서 주어진 ELS 수익률 구조를 만들어 낼 수 있다. 위 함수식은 B3 셀의 값이 0보다 작으면 0의 값을 부여하고, 0 이상이나 0.3보다 작으면 0.1의 값을 부여하며, 나머지 경우에 대해서는 0.15를 부여한다.

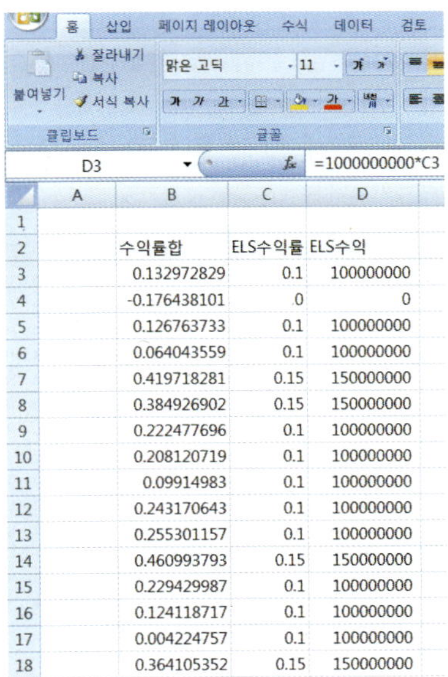

D3 =1000000000*C3

	A	B	C	D
1				
2		수익률합	ELS수익률	ELS수익
3		0.132972829	0.1	100000000
4		-0.176438101	0	0
5		0.126763733	0.1	100000000
6		0.064043559	0.1	100000000
7		0.419718281	0.15	150000000
8		0.384926902	0.15	150000000
9		0.222477696	0.1	100000000
10		0.208120719	0.1	100000000
11		0.09914983	0.1	100000000
12		0.243170643	0.1	100000000
13		0.255301157	0.1	100000000
14		0.460993793	0.15	150000000
15		0.229429987	0.1	100000000
16		0.124118717	0.1	100000000
17		0.004224757	0.1	100000000
18		0.364105352	0.15	150000000

4. (1)

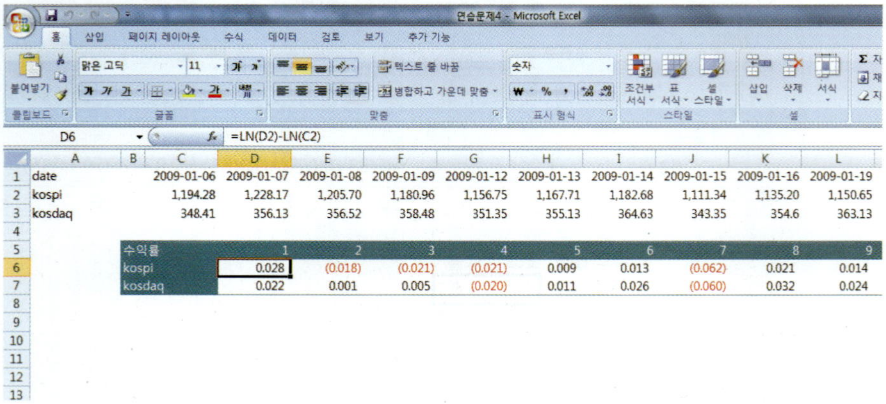

D6 =LN(D2)-LN(C2)

	A	B	C	D	E	F	G	H	I	J	K	L
1	date		2009-01-06	2009-01-07	2009-01-08	2009-01-09	2009-01-12	2009-01-13	2009-01-14	2009-01-15	2009-01-16	2009-01-19
2	kospi		1,194.28	1,228.17	1,205.70	1,180.96	1,156.75	1,167.71	1,182.68	1,111.34	1,135.20	1,150.65
3	kosdaq		348.41	356.13	356.52	358.48	351.35	355.13	364.63	343.35	354.6	363.13
4												
5		수익률		1	2	3	4	5	6	7	8	9
6		kospi		0.028	(0.018)	(0.021)	(0.021)	0.009	0.013	(0.062)	0.021	0.014
7		kosdaq		0.022	0.001	0.005	(0.020)	0.011	0.026	(0.060)	0.032	0.024

최근 250거래일에 해당되는 (KOSPI 수익률, KOSDAQ 수익률) 쌍의 자료로부터 125거래일의 부트스트랩 자료를 총 1,000번 반복해서 추출하기 위해 1,000*125 크기의 난수표를 만든다. 예컨대 B2 셀에 '=ROUND(0.5+250*RAND(),0)' 라고 함수식을 기입하면 첫 번째 인자 '0.5+250* RAND()' 에서 만들어진 0.50과 250.49… 사이의 실수값을 두 번째 인자의 지시에 따라 소수 첫째 자리에서 반올림하여 1과 250 사이 하나의 자연수를 추출하게 된다. (앞 1번에서는 INDEX 함수가 소숫점 이하를 버리는 방식으로 자연수를 취하기 때문에 '1+250*RAND()' 의 함수식으로 INDEX 함수의 두 번째 인자를 표현한 반면, 여기서는 ROUND 함수의 반올림 성질을 반영하여 ROUND 함수 내 인자를 '0.5+250*RAND()' 로 설정하였다. 차이에 주목하라.) 이렇게 얻어진 1,000*125 크기의 난수표가 아래 그림에 제시되어 있다.

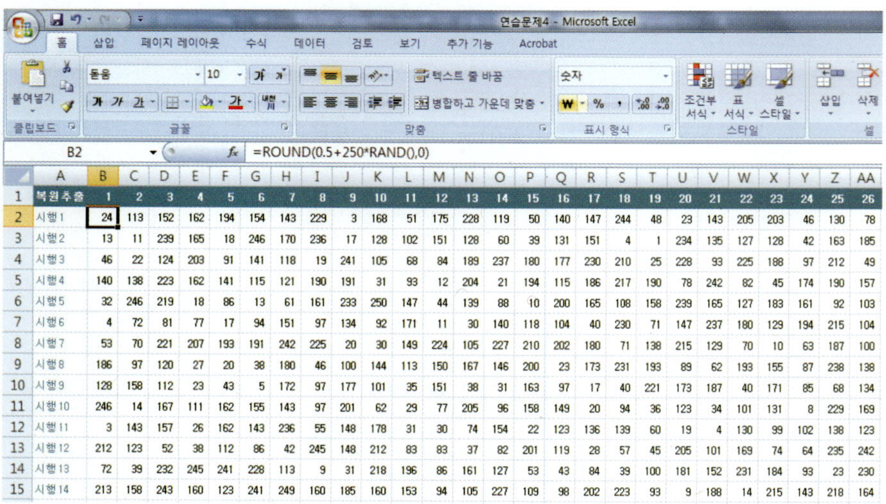

B2 =ROUND(0.5+250*RAND(),0)

	A	B	C	D	E	F	G	H	I	J	K	L	M	N	O	P	Q	R	S	T	U	V	W	X	Y	Z	AA
1	복원추출	1	2	3	4	5	6	7	8	9	10	11	12	13	14	15	16	17	18	19	20	21	22	23	24	25	26
2	시행1	24	113	152	162	194	154	143	229	3	168	51	175	228	119	50	140	147	244	48	23	143	205	203	46	130	78
3	시행2	13	11	239	165	18	246	170	236	17	128	102	151	128	60	39	131	151	4	1	234	135	127	128	42	163	185
4	시행3	46	22	124	203	91	141	118	19	241	105	68	84	189	237	180	177	230	210	25	228	93	225	188	97	212	49
5	시행4	140	138	223	162	141	115	121	190	191	31	93	12	204	21	194	115	186	217	190	78	242	82	45	174	190	157
6	시행5	32	246	219	18	86	13	61	161	233	250	147	44	139	88	10	200	165	108	158	239	165	127	183	161	92	103
7	시행6	4	72	81	77	17	94	151	97	134	92	171	11	30	140	118	104	40	230	71	147	237	180	129	194	215	104
8	시행7	53	70	221	207	193	191	242	225	20	30	149	224	105	227	210	202	180	71	138	215	129	70	10	63	187	100
9	시행8	186	97	120	27	20	38	180	46	100	144	113	150	167	146	200	23	173	231	193	89	62	193	155	87	238	138
10	시행9	128	158	112	23	43	5	172	97	177	101	35	151	38	31	163	97	17	40	221	173	187	40	171	85	68	134
11	시행10	246	14	167	111	162	155	143	97	201	62	29	77	205	96	158	149	20	94	36	123	34	101	131	8	229	169
12	시행11	3	143	157	26	162	143	236	55	148	178	31	30	74	154	22	123	136	139	60	19	4	130	99	102	138	123
13	시행12	212	123	52	38	112	86	42	245	148	212	83	83	37	82	201	119	28	57	45	205	101	169	74	64	235	242
14	시행13	72	39	232	245	241	228	113	9	31	218	196	86	161	127	53	43	84	39	100	181	152	231	184	93	23	230
15	시행14	213	158	243	160	123	241	249	160	185	160	153	94	105	227	109	98	202	223	93	9	188	14	215	143	218	164

이제는 이미 작성한 난수표에 따라 난수별로 그 난수에 해당되는 거래일의 KOSPI 수익률과 KOSDAQ 수익률을 불러오면 된다. 이를 위해 매번 난수를 새로 만드는 대신 여기서는 예컨대 '난수표!B2' 등의 방식으로 이미 생성된 난수를 하나씩 가져와 그 난수에 해당되는 KOSPI 수익률과 KOSDAQ 수익률을 쌍으로 생성하면 된다. 사실상 난수표 상의 난수들을 이용하여 KOSPI 수익률을 복원추출한 뒤 동일한 난수표 상의 난수를 이용하여 KOSDAQ 수익률을 복원추출하면 된다.

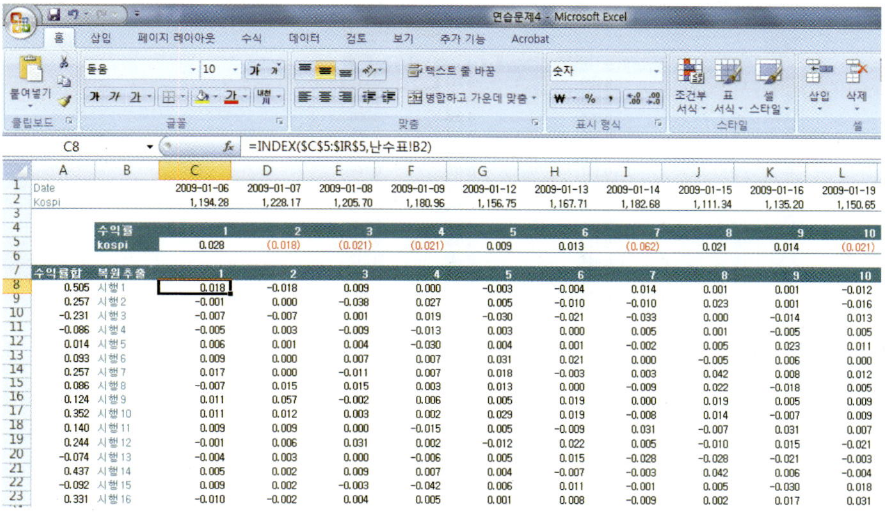

	A	B	C	D	E	F	G	H	I	J	K	L
1	Date		2009-01-06	2009-01-07	2009-01-08	2009-01-09	2009-01-12	2009-01-13	2009-01-14	2009-01-15	2009-01-16	2009-01-19
2	Kospi		1,194.28	1,228.17	1,205.70	1,180.96	1,156.75	1,167.71	1,182.68	1,111.34	1,135.20	1,150.65
3												
4		수익률	1	2	3	4	5	6	7	8	9	10
5		kospi	0.028	(0.018)	(0.021)	(0.021)	0.009	0.013	(0.062)	0.021	0.014	(0.021)
6												
7	수익률합	복원추출	1	2	3	4	5	6	7	8	9	10
8	0.505	시행 1	0.018	-0.018	0.009	0.000	-0.003	-0.004	0.014	0.001	0.001	-0.012
9	0.257	시행 2	-0.001	0.000	-0.038	0.027	0.005	-0.010	-0.010	0.023	0.001	-0.016
10	-0.231	시행 3	-0.007	-0.007	0.001	0.019	-0.030	-0.021	-0.033	0.000	-0.014	0.013
11	-0.086	시행 4	-0.005	0.003	-0.009	-0.013	0.003	0.000	0.005	0.001	-0.005	0.005
12	0.014	시행 5	0.006	0.001	0.004	-0.030	0.004	0.001	-0.002	0.005	0.023	0.011
13	0.093	시행 6	0.009	0.000	0.007	0.007	0.031	0.021	0.000	-0.005	0.006	0.000
14	0.257	시행 7	0.017	0.000	-0.011	0.007	0.018	-0.003	0.003	0.042	0.008	0.012
15	0.086	시행 8	-0.007	0.015	0.015	0.003	0.013	0.000	-0.009	0.022	-0.018	0.005
16	0.124	시행 9	0.011	0.057	-0.002	0.006	0.005	0.019	0.000	0.019	0.005	0.009
17	0.352	시행 10	0.011	0.012	0.003	0.002	0.029	0.019	-0.008	0.014	-0.007	0.009
18	0.140	시행 11	0.009	0.009	0.000	-0.015	0.005	-0.009	0.031	-0.007	0.031	0.007
19	0.244	시행 12	-0.001	0.006	0.031	0.002	-0.012	0.022	0.005	-0.010	0.015	-0.021
20	-0.074	시행 13	-0.004	0.003	0.000	-0.006	0.005	0.015	-0.028	-0.028	-0.021	-0.003
21	0.437	시행 14	0.005	0.002	0.009	0.007	0.004	-0.007	-0.003	0.042	0.006	-0.004
22	-0.092	시행 15	0.009	0.002	-0.003	-0.042	0.006	0.011	-0.001	0.005	-0.030	0.018
23	0.331	시행 16	-0.010	-0.002	0.004	0.005	0.001	0.008	-0.009	0.002	0.017	0.031

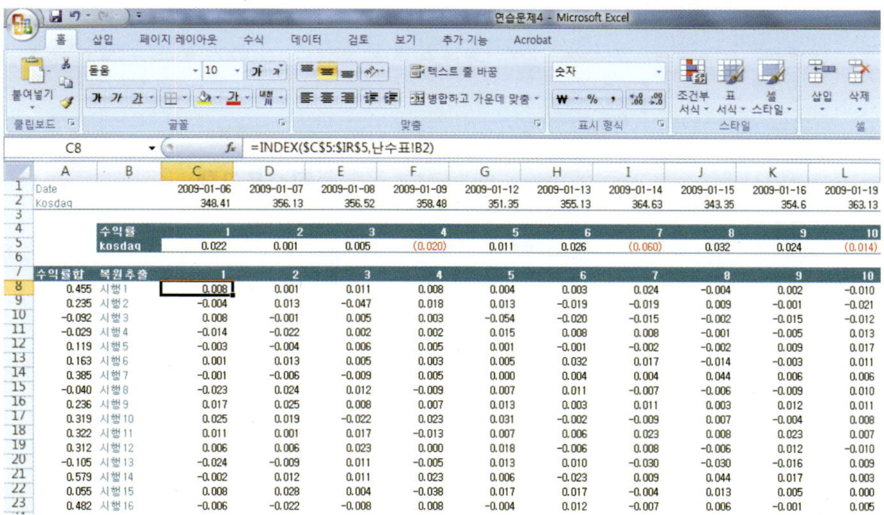

	A	B	C	D	E	F	G	H	I	J	K	L
1	Date		2009-01-06	2009-01-07	2009-01-08	2009-01-09	2009-01-12	2009-01-13	2009-01-14	2009-01-15	2009-01-16	2009-01-19
2	Kosdaq		348.41	356.13	356.52	358.48	351.35	355.13	364.63	343.35	354.6	363.13
3												
4		수익률	1	2	3	4	5	6	7	8	9	10
5		kosdaq	0.022	0.001	0.005	(0.020)	0.011	0.026	(0.060)	0.032	0.024	(0.014)
6												
7	수익률합	복원추출	1	2	3	4	5	6	7	8	9	10
8	0.455	시행 1	0.008	0.001	0.011	0.008	0.004	0.003	0.024	-0.004	0.002	-0.010
9	0.235	시행 2	-0.004	0.013	-0.047	0.018	0.013	-0.019	-0.019	0.009	-0.001	-0.021
10	-0.092	시행 3	0.008	-0.001	0.005	0.003	-0.054	-0.020	-0.015	-0.002	-0.015	-0.012
11	-0.029	시행 4	-0.014	-0.022	0.002	0.002	0.015	0.008	0.008	-0.001	-0.005	0.013
12	0.119	시행 5	-0.003	-0.004	0.006	0.005	0.001	-0.001	-0.002	-0.002	0.009	0.017
13	0.163	시행 6	0.001	0.013	0.005	0.003	0.005	0.032	0.017	-0.014	-0.003	0.011
14	0.385	시행 7	-0.001	-0.006	-0.009	0.005	0.000	0.004	0.004	0.044	0.006	0.006
15	-0.040	시행 8	-0.023	0.024	0.012	-0.009	0.007	0.011	-0.007	-0.006	-0.009	0.010
16	0.236	시행 9	0.017	0.025	0.008	0.007	0.013	0.003	0.011	0.003	0.012	0.011
17	0.319	시행 10	0.025	0.019	-0.022	0.023	0.031	-0.002	-0.009	0.007	-0.004	0.008
18	0.322	시행 11	0.011	0.001	0.017	-0.013	0.007	0.006	0.023	0.008	0.023	0.007
19	0.312	시행 12	0.006	0.006	0.023	0.000	0.018	-0.006	0.008	-0.006	0.012	-0.010
20	-0.105	시행 13	-0.024	-0.009	0.011	-0.005	0.013	0.010	-0.030	-0.030	-0.016	0.009
21	0.579	시행 14	-0.002	0.012	0.011	0.023	0.006	-0.023	0.009	0.044	0.017	0.003
22	0.055	시행 15	0.008	0.028	0.004	-0.038	0.017	0.017	-0.004	0.013	0.005	0.000
23	0.482	시행 16	-0.006	-0.022	-0.008	0.008	-0.004	0.012	-0.007	0.006	-0.001	0.005

마지막으로 IF 함수를 이용해서 (KOSPI 수익률, KOSDAQ 수익률) 자료를 원하는 ELS 수익률 자료로 전환한다.

예제에서는 '=IF(AND(C3>0, D3>0), MIN(C3, D3), IF(AND(C3<=0, D3<=0), MAX(C3, D3), 0))' 의 함수식을 사용하였다. 이 함수는 C3과 D3의 값이 모두 0보다 크면 둘 중에 작은 값을,

C3과 D3의 값이 모두 0보다 작거나 같으면 둘 중에 큰 값을, 그 외의 경우에는 0을 부여하라는 의미이다.

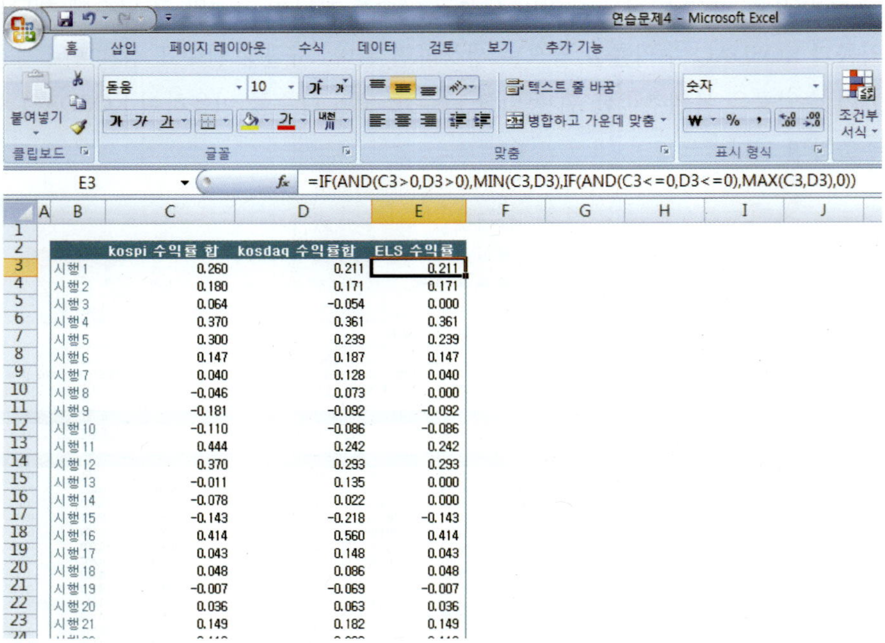

	kospi 수익률 합	kosdaq 수익률합	ELS 수익률
시행 1	0.260	0.211	0.211
시행 2	0.180	0.171	0.171
시행 3	0.064	-0.054	0.000
시행 4	0.370	0.361	0.361
시행 5	0.300	0.239	0.239
시행 6	0.147	0.187	0.147
시행 7	0.040	0.128	0.040
시행 8	-0.046	0.073	0.000
시행 9	-0.181	-0.092	-0.092
시행 10	-0.110	-0.086	-0.086
시행 11	0.444	0.242	0.242
시행 12	0.370	0.293	0.293
시행 13	-0.011	0.135	0.000
시행 14	-0.078	0.022	0.000
시행 15	-0.143	-0.218	-0.143
시행 16	0.414	0.560	0.414
시행 17	0.043	0.148	0.043
시행 18	0.048	0.086	0.048
시행 19	-0.007	-0.069	-0.007
시행 20	0.036	0.063	0.036
시행 21	0.149	0.182	0.149

도출된 ELS수익률로 히스토그램을 그리면 다음과 같다.

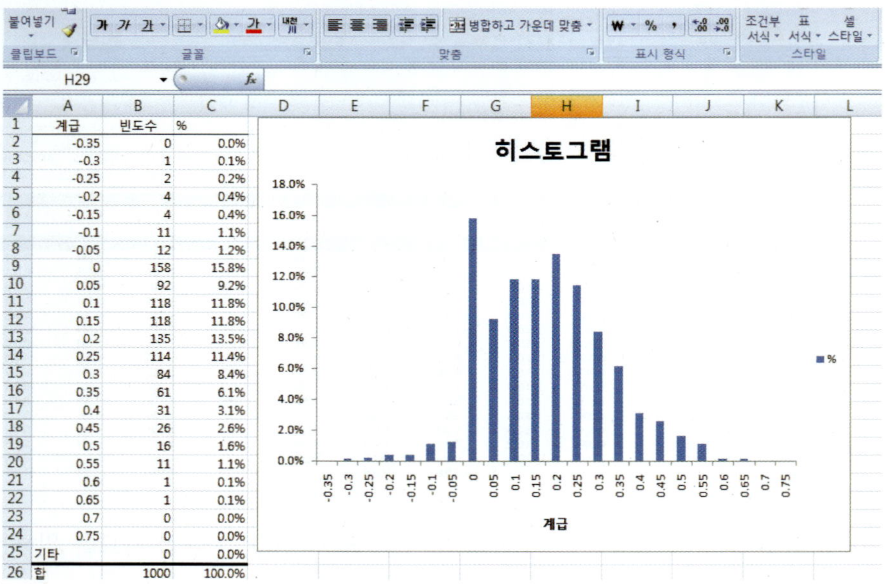

계급	빈도수	%
-0.35	0	0.0%
-0.3	1	0.1%
-0.25	2	0.2%
-0.2	4	0.4%
-0.15	4	0.4%
-0.1	11	1.1%
-0.05	12	1.2%
0	158	15.8%
0.05	92	9.2%
0.1	118	11.8%
0.15	118	11.8%
0.2	135	13.5%
0.25	114	11.4%
0.3	84	8.4%
0.35	61	6.1%
0.4	31	3.1%
0.45	26	2.6%
0.5	16	1.6%
0.55	11	1.1%
0.6	1	0.1%
0.65	1	0.1%
0.7	0	0.0%
0.75	0	0.0%
기타	0	0.0%
합	1000	100.0%

(2)

KOSPI와 KOSDAQ 등 두 수익률간의 확률적 관계를 유지하기 위해서이다.

제 15 장

7. 실제 데이터를 이용한 연습문제

1. 계통표본은 단순무작위표본이 아니다. 아래는 하나의 예시이다.

주기 10의 컴퓨터 가격 계통표본 (원) 표본크기 : 11
990,000
1550,000
2750,000
1390,000
1703,000
3300,000
2340,000
3820,000
2690,000
3630,000
3050,000

2. 가격자료가 기록된 열의 바로 옆의 열에 「난수생성」 도구를 이용하여 일양분포에서 난수를 생성한다. 「데이터 정렬」기능을 이용하여 생성된 난수를 기준으로 전체 자료를 다시 정렬한다. 정렬된 가격 데이터 열에서 제일 상단에 있는 11개의 자료를 취하면 이는 크기 11인 하나의 단순무작위표본이 된다. 아래는 하나의 예시이다.

단순무작위표본 (원) 표본크기 : 11
999,000
2,690,000
2,700,000
1,279,000
1,140,000
3,490,000
1,180,000
1,180,000
3,300,000
2,690,000
1,200,000

3. 단순무작위표본에서 계산된 표본평균은 모집단(전체 컴퓨터 가격 자료)의 평균인 2,607,339원 근처가 될 것으로 예상된다. 제시된 단순무작위 표본에서 구한 표본평균은 1,986,182원, 표본표준편차는 979,614원, 그리고 표본평균의 표준오차는 $979,614/\sqrt{11}=295,365$원이다.

4. Excel의 기술통계법 도구에서 계산되는 표준오차는 복원추출에 의한 무작위표본을 가정하고 계산된 것이다. 따라서 비복원추출의 경우 보정계수를 곱해 주어야 한다. 보정계수는 모집단의 크기와 표본의 크기에 의해 결정되는데 모집단의 크기는 109, 표본의 크기는 11이다. 따라서 보정계수는 $\sqrt{(109-11)/(109-1)}=0.95$이다. 결국 보정계수로 수정된 표본평균의 표준오차는 $295,365\times0.95=280,597$(원)이다.

5. $1,986,182 \pm 2\times280,597$(원)이다.

제 16 장

9. 실제 데이터를 이용한 연습문제

이 문제를 Excel을 이용하여 해결하기 위해서 Excel의 논리함수인 IF(· , · , ·) 및 AND(· , ·) 그리고 OR(· , ·)을 이용하라.

1. 표본크기는 236이다.
   대기업이 건설한 아파트의 비율 : 14.83(%)
   표준오차 : $100\times\sqrt{\{0.1483\times(1-0.1483)\}/236}=2.31$(%)

2. 대기업이 건설했으면서 동시에 도보거리 10분 이내에 지하철역이 있는 아파트의 비율 : 13.14(%)
   표준오차 : $100\times\sqrt{\{0.1314\times(1-0.1314)\}/236}=2.20$(%)

3. 도보거리 10분 이내에 지하철역이 있는 아파트의 비율 : 77.54(%)
   표준오차 : $100\times\sqrt{\{0.7754\times(1-0.7754)\}/236}=2.72$(%)
   95%신뢰구간 : $77.54\pm2\times2.72$(%)

제 18 장

10. 실제 데이터를 이용한 연습문제

1. 대우데이터에서 가구원수는 “num” 이란 항목이다.

표본크기 : 500가구

가구원수의 표본평균 : 3.86

가구원수의 표본표준편차 : 1.20

z-통계량 : $\frac{3.86-3.75}{1.20/\sqrt{500}}=2.05$

p-값 : 4% (양측검정)

유의수준 5% 하에서 귀무가설을 기각한다. 즉 평균가구원수가 변하지 않았다는 귀무가설을 기각한다.

2.

	계수	표준 오차	t통계량	P-값
절편	91.8102	6.815654	13.47049	0.0000
소득	0.198694	0.030444	6.526431	0.0000

제 19 장

5. 실제 데이터를 이용한 연습문제

1.

귀무가설 : 자영업자의 흡연율 = 봉급생활자의 흡연율

대립가설 : 자영업자의 흡연율 > 봉급생활자의 흡연율

	봉급생활자	자영업자
표본크기	236	150
흡연율(%)	64.44	70.67

두 표본비율 차이의 표준오차 : $\sqrt{\frac{0.6444\times(1-0.6444)}{236}+\frac{0.7067\times(1-0.7067)}{150}}=0.0485$

$z=(0.7067-0.6444)/0.0485=1.28$

귀무가설을 기각할 수 없다.

제 20 장

7. 실제 데이터를 이용한 연습문제

1.

회귀분석 결과는 아래와 같다.

회귀분석 통계량	
다중 상관계수	0.932459
결정계수	0.86948
조정된 결정계수	0.868923
표준오차	7693.184
관측수	236

	계수	표준 오차	t-통계량	p-값
절편	−20386.4	1554.436	−13.115	7.97E−30
평 수	1549.164	39.23715	39.48208	19.E−105

위의 결과 표로부터 $\hat{\alpha}=-20{,}386.4$, $\hat{\beta}=1{,}549.164$, $\hat{\sigma}=7{,}693.184$, $\hat{\sigma}_{\hat{\beta}}=39.23715$, $n=236$이다. 한편 $x_0=30$이고 $\bar{x}=37.5$이다.

(1) $\hat{\alpha}+\hat{\beta}\times 30\pm 1.96\times\hat{\sigma}\times\sqrt{1+\frac{1}{n}+\frac{(30-\bar{x})^2}{\sum_{i=1}^{n}(x_i-\bar{x})^2}}=(10{,}967.0,\ 41{,}210.1)$

(2) $\hat{\alpha}+\hat{\beta}\times 30\pm 1.96\times\hat{\sigma}\times\sqrt{\frac{1}{n}+\frac{(30-\bar{x})^2}{\sum_{i=1}^{n}(x_i-\bar{x})^2}}=(24{,}949.9,\ 27{,}227.2)$

(3) 평균가격 예측의 신뢰구간이 좁다. 좁은 이유는 평균가격 예측의 표준오차가 개별가격 예측의 표준오차보다 작기 때문이다.

(4) $\hat{\beta}\pm 1.96\times\hat{\sigma}_{\hat{\beta}}=(1{,}472.6,\ 1{,}626.1)$

2.

(1)

회귀분석 결과는 다음과 같다.

회귀분석 통계량	
다중 상관계수	0.94
결정계수	0.88
조정된 결정계수	0.88
표준오차	7489.49
관측수	236.00

	계수	표준 오차	t-통계량	p-값
절편	-20290.77	1747.16	-11.61	0.00
평 수	1538.71	39.71	38.75	0.00
연 령	-137.10	92.80	-1.48	0.14
단지규모	2.10	0.54	3.86	0.00

아파트 연령의 계수 추정치 : －137.10

아파트 연령 계수 추정치의 표준오차 : 92.80

따라서 아파트 연령의 효과를 나타내는 계수의 95% 신뢰구간은 다음과 같다.

$-137 \pm 2 \times 92.80 = (-322.6,\ 48.6)$

(2)

양측검정한다. 단지규모의 효과를 나타내는 계수 추정치의 p-값이 0.01%이다. 유의수준 5% 하에서 단지규모가 아파트 가격에 영향을 주지 않는다는 귀무가설을 기각한다.

(3)

(아파트 가격)＝－20,290 ＋1,538(아파트 평수)－137(아파트 나이)＋2.10(아파트 단지규모)

(1,747) (39.7) (92.8) (0.54)

관측치 수 : 236, 결정계수 : 0.88, RMSE : 7,489.49

3.

(1) 16 (부록 런검정에서의 상한 임계치)

(2) 50개 (부록을 보면 상한 임계치 16은 5% 유의수준에 해당됨)

8. 인터넷 사이트를 이용한 문제

1. (예시) 2012년 9월 26일 ~ 2012년 11월 2일, 총 26일 동안의 종합주가지수(KOSPI)등락 현황은 다음과 같다.

＋＋－－＋－－－－＋－＋＋＋－－－－－－＋－＋＋＋－＋

런의 개수 : 13개

총 12개의 플러스와 13개의 마이너스로 이루어진 자료에서 하한 임계치와 상한 임계치는 각각 8과 19이다. 런의 개수가 13개로 두 임계치 사이에 있기 때문에, 특정한 계열상관이 존재한다고 볼 통계적 근거가 없다.

제 21 장

5. 실제 데이터를 이용한 연습문제

1.

	음주○	음주×	음주비율
미혼	319	127	0.6471
기혼	11	6	0.7152
이혼/별거	1	1	0.5

χ^2 통계량 값을 구하면 약 3.71정도가 나오며 p-값은 약 0.156이다. 음주와 결혼여부 가 독립이라는 귀무가설을 기각하지 못한다.

2. 귀무가설 : 주변에 지하철역이 존재하는 아파트의 비율은 대기업이 건설하나 중소기업이 건설하나 차이가 없다.(대기업 건설 p_1, 중소기업 건설 p_2 : $p_1=p_2$)

대립가설 : 주변에 지하철역이 존재하는 아파트의 비율은 대기업이 건설했을 때가 중소기업이 건설했을 때보다 높다.(대기업 건설 p_1, 중소기업 건설 p_2 : $p_1>p_2$)

방향이 주어져 있으므로 단측검정을 실시한다.

- 지하철역 존재하는 아파트 비율 (대기업 건설)=0.8857 (표본크기 35)
- 지하철역 존재하는 아파트 비율 (중소기업 건설)=0.7562 (표본크기 201)

귀무가설 하에서는 두 집단에서의 비율이 같다. 이를 이용하여 대기업, 중소기업 구분 없이 전체 자료에서 지하철역이 존재하는 아파트의 비율을 계산한다. 그리고 이 비율을 이용해 표준오차를 구한다.

지하철역 존재하는 아파트 비율=0.7754

비율 차이의 표준오차 : $\sqrt{0.7754\times(1-0.7754)\times\left(\frac{1}{35}+\frac{1}{201}\right)}=0.0764$

z-통계량 : (0.8857−0.7562)/0.0764=1.69

p-값 : 4.5% (단측검정)

유의수준 5% 하에서 귀무가설 기각.

3.

관측도수

	대기업	중소기업
지하철역 있음	31	152
지하철역 없음	4	49

기대도수

	대기업	중소기업
지하철역 있음	27	156
지하철역 없음	8	45

χ^2-통계량 : 2.87, 자유도 : $(2-1)\times(2-1)=1$

p-값 : 9.02(%) (위 문제 2에서 구한 p-값의 2배임에 주목)

유의수준 10% 하에서 인근 지하철역 유무와 건설업체의 규모가 독립이라는 귀무가설 기각.

4. 2번과 3번에서 각각의 귀무가설은 서로 동치이지만 각각의 대립가설은 그렇지 않다. 즉 2번에서의 대립가설은 $p_1 > p_2$ 이지만 3번에서의 대립가설은 사실상 $p_1 \neq p_2$이다. 2번에서 p_1이 p_2보다 큰지 알아보기 위해 단측검정을 행하였음에 유의하라. 그러므로 2번에서의 p-값의 2배가 3번의 p-값과 동일하다. 만일 2번에서 대립가설이 $p_1 \neq p_2$로 양측검정을 행하여야 할 상황이었다면 2번과 3번의 검정결과는 동일할 것이며 p-값도 동일할 것이다. 참고로 2번과 3번에서 계산된 z-통계량과 χ^2-통계량간에는 다음 관계가 성립한다. "z-통계량 1.69의 제곱이 χ^2-통계량 2.87과 일치한다."
이는 2번의 풀이에서처럼 공통의 비율 추정치를 이용하여 두 비율 간 차이의 표준오차를 구하는 경우 z-통계량의 제곱이 정확히 χ^2-통계량이 된다는 것으로 쉽게 증명된다.

(증명) 자유도가 1일 때 $\chi^2=z^2$이다.

관측도수가 다음과 같다고 하자.

	집단 1	집단 2
조건 ○	a	b
조건 ×	c	d

여기서 $a+c=n_1$, $b+d=n_2$라고 하자.

전체자료에서의 비율 : $\bar{p}=\dfrac{a+b}{n_1+n_2}$

각 집단에서의 비율 : $\bar{p}_1=\dfrac{a}{n_1}$, $\bar{p}_2=\dfrac{b}{n_2}$

그러면 귀무가설 하에서 기대도수는 다음과 같다.

	집단 1	집단 2
조건 ○	$n_1\bar{p}$	$n_2\bar{p}$
조건 ×	$n_1(1-\bar{p})$	$n_2(1-\bar{p})$

χ^2-검정에서의 χ^2-통계량은 비율의 차이에 대한 z-검정에서의 z-통계량의 제곱으로 변형됨을 아래에서 볼 수 있다. 수식의 전개가 다소 복잡하긴 하나 단순계산에 지나지 않는다.

$$
\begin{aligned}
\chi^2 &= \frac{(a-n_1\bar{p})^2}{n_1\bar{p}}+\frac{(b-n_2\bar{p})^2}{n_2\bar{p}}+\frac{(c-n_1(1-\bar{p}))^2}{n_1(1-\bar{p})}+\frac{(d-n_2(1-\bar{p}))^2}{n_2(1-\bar{p})}\\
&= \frac{n_1^2(\bar{p}_1-\bar{p})^2}{n_1\bar{p}}+\frac{n_2^2(\bar{p}_2-\bar{p})^2}{n_2\bar{p}}+\frac{n_1^2(1-\bar{p}_1-1+\bar{p})^2}{n_1(1-\bar{p})}+\frac{n_2^2(1-\bar{p}_2-1+\bar{p})^2}{n_2(1-\bar{p})}\\
&= \frac{n_1(\bar{p}_1-\bar{p})^2+n_2(\bar{p}_2-\bar{p})^2}{\bar{p}}+\frac{n_1(\bar{p}_1-\bar{p})^2+n_2(\bar{p}_2-\bar{p})^2}{1-\bar{p}}\\
&= \{n_1(\bar{p}_1-\bar{p})^2+n_2(\bar{p}_2-\bar{p})^2\}\cdot\frac{1}{\bar{p}(1-\bar{p})}\\
&= \left(n_1\left(\frac{a}{n_1}-\frac{a+b}{n_1+n_2}\right)^2+n_2\left(\frac{b}{n_2}-\frac{a+b}{n_1+n_2}\right)^2\right)\cdot\frac{1}{\bar{p}(1-\bar{p})}\\
&= \left(n_1\frac{n_1^2n_2^2(\bar{p}_1-\bar{p}_2)^2}{n_1^2(n_1+n_2)^2}+n_2\frac{n_1^2n_2^2(\bar{p}_1-\bar{p}_2)^2}{n_2^2(n_1+n_2)^2}\right)\cdot\left(\frac{1}{\bar{p}(1-\bar{p})}\right)\\
&= \frac{(\bar{p}_1-\bar{p}_2)^2\cdot\left(n_1\dfrac{n_1^2n_2^2}{n_1^2(n_1+n_2)^2}+n_2\dfrac{n_1^2n_2^2}{n_2^2(n_1+n_2)^2}\right)}{\bar{p}(1-\bar{p})}
\end{aligned}
$$

$$= \frac{(\overline{p}_1 - \overline{p}_2)^2 \cdot \left(\frac{n_1 n_2^2 + n_1^2 n_2}{(n_1+n_2)^2} \right)}{\overline{p}(1-\overline{p})} = \frac{(\overline{p}_1 - \overline{p}_2)^2 \cdot \left(\frac{n_1 n_2 (n_1+n_2)}{(n_1+n_2)^2} \right)}{\overline{p}(1-\overline{p})}$$

$$= \frac{(\overline{p}_1 - \overline{p}_2)^2 \cdot \frac{n_1 n_2}{n_1+n_2}}{\overline{p}(1-\overline{p})} = \frac{(\overline{p}_1 - \overline{p}_2)^2}{\frac{n_1+n_2}{n_1 n_2} \cdot \overline{p}(1-\overline{p})} = \left[\frac{\overline{p}_1 - \overline{p}_2}{\sqrt{\overline{p}(1-\overline{p})\left(\frac{1}{n_1} + \frac{1}{n_2}\right)}} \right]^2 = z^2$$

5. 20장의 카드를 무작위복원추출하려면

데이터 분석 → 난수 생성을 통해 0과 5 사이의 난수를 20개 얻은 다음

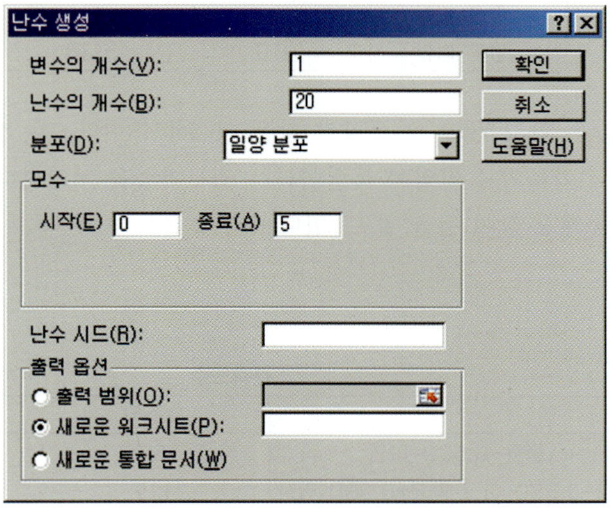

INT( ) 함수를 이용해서 정수로 전환하면 된다.

RAND( )함수를 이용해서 INT(RAND( ) * 5)를 20번 반복(복사)해도 된다.

추출된 결과는 난수에 따라 다르게 나타난다. 예를 들면, 2 1 2 0 3 4 0 4 3 2 4 1 4 4 3 0 2 1 3 1이 추출된 경우 각각의 카드가 4장씩 나오지 않았다.

이제 문제에서 주어진 카드들에 대해 χ^2-검정을 하자.

귀무가설(H_0) : 주어진 카드들이 같은 상자에서 추출되었다.

대립가설(H_1) : 주어진 카드들은 같은 상자에서 추출되지 않았다.

	0	1	2	3	4	Total
기댓값	4	4	4	4	4	20
관측값	8	2	2	3	5	20

자유도 4의 χ^2 검정을 실시하면 된다.

CHITEST( ) 함수를 이용하면 p-값은 0.162702≈16.27%이다.
유의수준 5% 하에서 귀무가설을 기각할 수 없다. 같은 상자에서 추출되지 않았다고 볼 통계적 근거가 없다.

6. 인터넷 사이트를 이용한 문제

1.

(1)

	코스닥	나스닥
평균 이상	138	114
평균 미만	110	138

z-통계량 값은 약 2.3398, χ^2-통계량 값은 약 5.4748이다. 두 경우 모두 5% 유의수준 하에서 두 수익률의 움직임이 독립이라는 귀무가설을 기각한다. 한편, z-통계량 값의 제곱이 χ^2-통계량 값이 됨을 알 수 있다.

(2)

관측도수

	코스닥	나스닥
평균-0.5SD 미만	52	60
평균-0.5SD 이상 평균+0.5SD 이하	129	129
평균+0.5SD 초과	67	63

기대도수

	코스닥	나스닥
평균-0.5SD 미만	55.552	56.448
평균-0.5SD 이상 평균+0.5SD 이하	127.968	130.032
평균+0.5SD 초과	64.48	65.52

χ^2-통계량 : 0.665, 자유도: $(2-1)\times(3-1)=2$

p-값 : 0.7171

유의수준 5% 하에서 두 수익률의 움직임이 독립이라는 귀무가설을 기각할 수 없다.

(3) 연속으로 주어진 원 자료를 어느 정도로 세분하여 집단화 할 것인가의 차이이다.

[표 1] 표준정규분포표: 주어진 z-값에 대응하는 $\Pr(0 \le Z \le z) = \int_0^z \varphi(s)ds$

z	.00	.01	.02	.03	.04	.05	.06	.07	.08	.09
0.0	.0000	.0040	.0080	.0120	.0160	.0199	.0239	.0279	.0319	.0359
0.1	.0398	.0438	.0478	.0517	.0557	.0596	.0636	.0675	.0714	.0753
0.2	.0793	.0832	.0871	.0910	.0948	.0987	.1026	.1064	.1103	.1141
0.3	.1179	.1217	.1255	.1293	.1331	.1368	.1406	.1443	.1480	.1517
0.4	.1554	.1591	.1628	.1664	.1700	.1736	.1772	.1808	.1844	.1879
0.5	.1915	.1950	.1985	.2019	.2054	.2088	.2123	.2157	.2190	.2224
0.6	.2257	.2291	.2324	.2357	.2389	.2422	.2454	.2486	.2517	.2549
0.7	.2580	.2611	.2642	.2673	.2704	.2734	.2764	.2794	.2823	.2852
0.8	.2881	.2910	.2939	.2967	.2995	.3023	.3051	.3078	.3106	.3133
0.9	.3159	.3186	.3212	.3238	.3264	.3289	.3315	.3340	.3365	.3389
1.0	.3413	.3438	.3461	.3485	.3508	.3531	.3554	.3577	.3599	.3621
1.1	.3643	.3665	.3686	.3708	.3729	.3749	.3770	.3790	.3810	.3830
1.2	.3849	.3869	.3888	.3907	.3925	.3944	.3962	.3980	.3997	.4015
1.3	.4032	.4049	.4066	.4082	.4099	.4115	.4131	.4147	.4162	.4177
1.4	.4192	.4207	.4222	.4236	.4251	.4265	.4279	.4292	.4306	.4319
1.5	.4332	.4345	.4357	.4370	.4382	.4394	.4406	.4418	.4429	.4441
1.6	.4452	.4463	.4474	.4484	.4495	.4505	.4515	.4525	.4535	.4545
1.7	.4554	.4564	.4573	.4582	.4591	.4599	.4608	.4616	.4625	.4633
1.8	.4641	.4649	.4656	.4664	.4671	.4678	.4686	.4693	.4699	.4706
1.9	.4713	.4719	.4726	.4732	.4738	.4744	.4750	.4756	.4761	.4767
2.0	.4772	.4778	.4783	.4788	.4793	.4798	.4803	.4808	.4812	.4817
2.1	.4821	.4826	.4830	.4834	.4838	.4842	.4846	.4850	.4854	.4857
2.2	.4861	.4864	.4868	.4871	.4875	.4878	.4881	.4884	.4887	.4890
2.3	.4893	.4896	.4898	.4901	.4904	.4906	.4909	.4911	.4913	.4916
2.4	.4918	.4920	.4922	.4925	.4927	.4929	.4931	.4932	.4934	.4936
2.5	.4938	.4940	.4941	.4943	.4945	.4946	.4948	.4949	.4951	.4952
2.6	.4953	.4955	.4956	.4957	.4959	.4960	.4961	.4962	.4963	.4964
2.7	.4965	.4966	.4967	.4968	.4969	.4970	.4971	.4972	.4973	.4974
2.8	.4974	.4975	.4976	.4977	.4977	.4978	.4979	.4979	.4980	.4981
2.9	.4981	.4982	.4982	.4983	.4984	.4984	.4985	.4985	.4986	.4986
3.0	.4987	.4987	.4987	.4988	.4988	.4989	.4989	.4989	.4990	.4990

$$\varphi(z) = \frac{1}{\sqrt{2\pi}} e^{-\frac{1}{2}z^2}$$

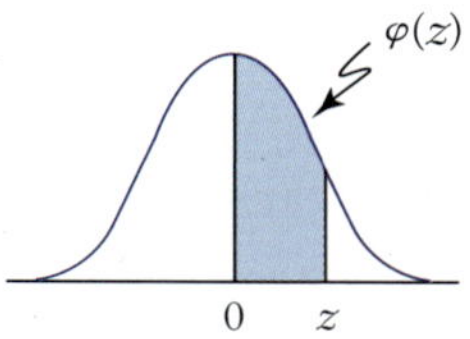

[표 2] t-분포표: 자유도(v)별로 주어진 α-값에 대응하는 $t_{\alpha, v}$의 값

v \ α	0.1	0.05	0.025	0.01	0.005
1	3.078	6.314	12.706	31.821	63.656
2	1.886	2.920	4.303	6.965	9.925
3	1.638	2.353	3.182	4.541	5.841
4	1.533	2.132	2.776	3.747	4.604
5	1.476	2.015	2.571	3.365	4.032
6	1.440	1.943	2.447	3.143	3.707
7	1.415	1.895	2.365	2.998	3.499
8	1.397	1.860	2.306	2.896	3.355
9	1.383	1.833	2.262	2.821	3.250
10	1.372	1.812	2.228	2.764	3.169
11	1.363	1.796	2.201	2.718	3.106
12	1.356	1.782	2.179	2.681	3.055
13	1.350	1.771	2.160	2.650	3.012
14	1.345	1.761	2.145	2.624	2.977
15	1.341	1.753	2.131	2.602	2.947
16	1.337	1.746	2.120	2.583	2.921
17	1.333	1.740	2.110	2.567	2.898
18	1.330	1.734	2.101	2.552	2.878
19	1.328	1.729	2.093	2.539	2.861
20	1.325	1.725	2.086	2.528	2.845
21	1.323	1.721	2.080	2.518	2.831
22	1.321	1.717	2.074	2.508	2.819
23	1.319	1.714	2.069	2.500	2.807
24	1.318	1.711	2.064	2.492	2.797
25	1.316	1.708	2.060	2.485	2.787
26	1.315	1.706	2.056	2.479	2.779
27	1.314	1.703	2.052	2.473	2.771
28	1.313	1.701	2.048	2.467	2.763
29	1.311	1.699	2.045	2.462	2.756
inf.	1.282	1.645	1.960	2.326	2.576

$$f_v(t)=\frac{\Gamma\left(\frac{v+1}{2}\right)}{\sqrt{\pi v}\,\Gamma\left(\frac{v}{2}\right)}\cdot\left(1+\frac{t^2}{v}\right)^{-\frac{v+1}{2}},\ -\infty<t<\infty$$

여기서, $\Gamma(\cdot)$는 $\Gamma(v)=\int_0^\infty y^{v-1}e^{-y}dy$로 정의되는 이른바 감마함수이다.

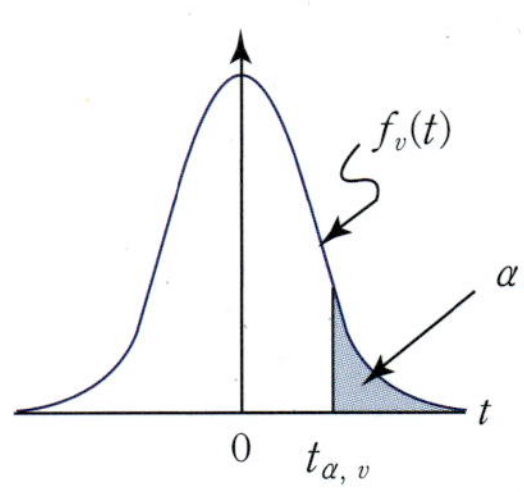

[표 3] χ^2-분포표: 자유도(v)별로 주어진 α-값에 대응하는 $\chi^2_{\alpha,v}$의 값

v \ α	0.995	0.99	0.975	0.95	0.05	0.025	0.01	0.005
1	0.00	0.00	0.00	0.00	3.84	5.02	6.63	7.88
2	0.01	0.02	0.05	0.10	5.99	7.38	9.21	10.60
3	0.07	0.11	0.22	0.35	7.81	9.35	11.34	12.84
4	0.21	0.30	0.48	0.71	9.49	11.14	13.28	14.86
5	0.41	0.55	0.83	1.15	11.07	12.83	15.09	16.75
6	0.68	0.87	1.24	1.64	12.59	14.45	16.81	18.55
7	0.99	1.24	1.69	2.17	14.07	16.01	18.48	20.28
8	1.34	1.65	2.18	2.73	15.51	17.53	20.09	21.95
9	1.73	2.09	2.70	3.33	16.92	19.02	21.67	23.59
10	2.16	2.56	3.25	3.94	18.31	20.48	23.21	25.19
11	2.60	3.05	3.82	4.57	19.68	21.92	24.73	26.76
12	3.07	3.57	4.40	5.23	21.03	23.34	26.22	28.30
13	3.57	4.11	5.01	5.89	22.36	24.74	27.69	29.82
14	4.07	4.66	5.63	6.57	23.68	26.12	29.14	31.32
15	4.60	5.23	6.26	7.26	25.00	27.49	30.58	32.80
16	5.14	5.81	6.91	7.96	26.30	28.85	32.00	34.27
17	5.70	6.41	7.56	8.67	27.59	30.19	33.41	35.72
18	6.26	7.01	8.23	9.39	28.87	31.53	34.81	37.16
19	6.84	7.63	8.91	10.12	30.14	32.85	36.19	38.58
20	7.43	8.26	9.59	10.85	31.41	34.17	37.57	40.00
21	8.03	8.90	10.28	11.59	32.67	35.48	38.93	41.40
22	8.64	9.54	10.98	12.34	33.92	36.78	40.29	42.80
23	9.26	10.20	11.69	13.09	35.17	38.08	41.64	44.18
24	9.89	10.86	12.40	13.85	36.42	39.36	42.98	45.56
25	10.52	11.52	13.12	14.61	37.65	40.65	44.31	46.93
26	11.16	12.20	13.84	15.38	38.89	41.92	45.64	48.29
27	11.81	12.88	14.57	16.15	40.11	43.19	46.96	49.65
28	12.46	13.56	15.31	16.93	41.34	44.46	48.28	50.99
29	13.12	14.26	16.05	17.71	42.56	45.72	49.59	52.34
30	13.79	14.95	16.79	18.49	43.77	46.98	50.89	53.67

$$f_v(x)=\frac{1}{2^{\frac{v}{2}}\Gamma\left(\frac{v}{2}\right)}x^{\frac{v-2}{2}}e^{-\frac{x}{2}},\ x>0$$

여기서, $\Gamma(\cdot)$는 $\Gamma(v)=\int_0^\infty y^{v-1}e^{-y}dy$로 정의되는 이른바 감마함수이다.

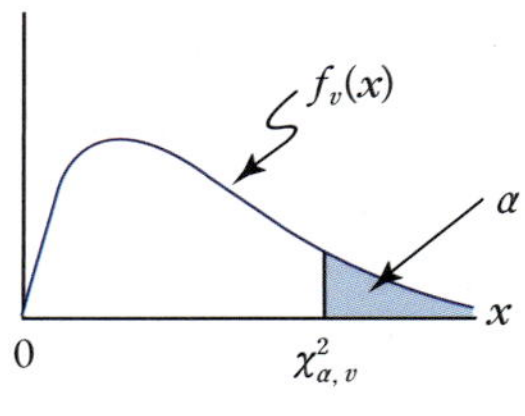

[표 4] 런검정(runs test)에서의 하한임계치와 상한임계치

하한임계치 (5% 유의 수준)

#(−) / #(+)	2	3	4	5	6	7	8	9	10	11	12	13	14	15	16	17	18	19	20
2																			
3																			
4																			
5		2	2	3															
6		2	2	3	3														
7		2	2	3	3	3													
8		2	3	3	3	4	4												
9		2	3	3	4	4	5	5											
10		2	3	3	4	5	5	5	6										
11		2	3	4	4	5	5	6	6	7									
12	2	2	3	4	4	5	6	6	7	7	7								
13	2	2	3	4	5	5	6	6	7	7	8	8							
14	2	2	3	4	5	5	6	7	7	8	8	9	9						
15	2	3	3	4	5	6	6	7	7	8	8	9	9	10					
16	2	3	4	4	5	6	6	7	8	8	9	9	10	10	11				
17	2	3	4	4	5	6	7	7	8	9	9	10	10	11	11	11			
18	2	3	4	5	5	6	7	8	8	9	9	10	10	11	11	12	12		
19	2	3	4	5	6	6	7	8	8	9	10	10	11	11	12	12	13	13	
20	2	3	4	5	6	6	7	8	9	9	10	10	11	12	12	13	13	13	14

(북동쪽은 남서쪽과 대칭이다.)

상한임계치 (5% 유의 수준)

#(−) / #(+)	2	3	4	5	6	7	8	9	10	11	12	13	14	15	16	17	18	19	20
2																			
3																			
4																			
5			9	10															
6			9	10	11														
7				11	12	13													
8				11	12	13	14												
9					13	14	14	15											
10					13	14	15	16	16										
11					13	14	15	16	17	17									
12					13	14	16	16	17	18	19								
13						15	16	17	18	19	19	20							
14						15	16	17	18	19	20	20	21						
15						15	16	18	18	19	20	21	22	22					
16							17	18	19	20	21	21	22	23	23				
17							17	18	19	20	21	22	23	23	24	25			
18							17	18	19	20	21	22	23	24	25	25	26		
19							17	18	20	21	22	23	23	24	25	26	26	27	
20							17	18	20	21	22	23	24	25	25	26	27	27	28

(북동쪽은 남서쪽과 대칭이다.)

국문색인

ㅇ

ㅈ

ㅊ

ㅋ

ㅌ

ㅍ

영문색인

[저자 소개]

서울대학교 경제학과(학사, 석사)
미국 스탠포드 대학교(경제학 박사, 통계학 석사)
미국 UCLA 대학교 경제학과 조교수
미국 스탠포드 대학교 경제학과 방문 조교수, 방문 부교수, 방문 교수
국제통화기금(IMF) 방문학자
현재, 서울대학교 경제학부 교수

Journal of American Statistical Association, Journal of Econometrics, Review of Economics and Statistics 등 통계학, 계량경제학 분야의 학술지에 많은 논문 발표

통 계 학 [제3판]

2003년 2월 25일 초 판 발행
2010년 2월 25일 제2판 발행
2013년 2월 20일 제3판 발행
2024년 8월 25일 제3판 13쇄 발행

저 자 류 근 관
발행인 배 효 선
발행처 도서출판 法 文 社
주 소 10881 경기도 파주시 회동길 37-29
등 록 1957년 12월 12일 / 제2-76호 (윤)
전 화 (031)955-6500~6 FAX (031)955-6525
E-mail (영업) bms@bobmunsa.co.kr
(편집) edit66@bobmunsa.co.kr
홈페이지 http://www.bobmunsa.co.kr
조 판 (주) 동 국 문 화

정가 35,000원 ISBN 978-89-18-11025-7